westermann

Autoren: Joachim Weiß, Michael Kleer, Sebastian Engel

Herausgeber: Joachim Weiß

Mitarbeit: Ariane Gerhart

D1985284

# Ausbildung im Dialogmarketing

Band 1

7. Auflage

Bestellnummer 23022

Zu diesem Produkt sind digitale Zusatzmaterialien kostenlos online für Sie erhältlich. Sie können diese ganz einfach über die Eingabe des nachfolgenden Codes im Suchfeld unter www.westermann.de abrufen.

**BVE-23022-007**

**Zusatzmaterialien zu Ausbildung im Dialogmarketing – Band 1**

Für Lehrerinnen und Lehrer

Lösungen Download: 978-3-427-23023-6

BiBox Einzellizenz für Lehrer/-innen (Dauerlizenz) 978-3-427-86328-1
BiBox Kollegiumslizenz für Lehrer/-innen (Dauerlizenz) 978-3-427-86329-8
BiBox Kollegiumslizenz für Lehrer/-innen (1 Schuljahr) 978-3-427-87937-4

inkl. E-Book

Für Schülerinnen und Schüler

BiBox Einzellizenz für Schüler/-innen (1 Schuljahr): 978-3-427-86332-8
BiBox Klassensatz PrintPlus (1 Schuljahr): 978-3-427-81154-1

inkl. E-Book

Haben Sie die Anregungen oder Kritikpunkte zu diesem Produkt? Dann senden Sie eine E-Mail an **dialogmarketing@t-online.de**

Autoren und Verlag freuen sich auf Ihre Rückmeldung.

© 2023 Westermann Berufliche Bildung GmbH, Ettore-Bugatti-Straße 6-14, 51149 Köln
www.westermann.de

Das Werk und seine Teile sind urheberrechtlich geschützt. Jede Nutzung in anderen als den gesetzlich zugelassenen bzw. vertraglich zugestandenen Fällen bedarf der vorherigen schriftlichen Einwilligung des Verlages. Nähere Informationen zur vertraglich gestatteten Anzahl von Kopien finden Sie auf www.schulbuchkopie.de.

Für Verweise (Links) auf Internet-Adressen gilt folgender Haftungshinweis: Trotz sorgfältiger inhaltlicher Kontrolle wird die Haftung für die Inhalte der externen Seiten ausgeschlossen. Für den Inhalt dieser externen Seiten sind ausschließlich deren Betreiber verantwortlich. Sollten Sie daher auf kostenpflichtige, illegale oder anstößige Inhalte treffen, so bedauern wir dies ausdrücklich und bitten Sie, uns umgehend per E-Mail davon in Kenntnis zu setzen, damit beim Nachdruck der Verweis gelöscht wird.

Druck und Bindung: Westermann Druck GmbH, Georg-Westermann-Allee 66, 38104 Braunschweig

ISBN 978-3-427-**23022**-9

# Vorwort

Dialogmarketing boomt – weit mehr als 500000 Menschen arbeiten in Deutschland in dieser Branche, Tendenz weiter steigend. Mit den beiden Ausbildungsberufen **„Servicefachkraft für Dialogmarketing“** und **„Kaufmann/-frau für Dialogmarketing“** steht inzwischen eine etablierte, branchenspezifische Ausbildung zur Verfügung, die sich einer hohen Akzeptanz bei Unternehmen und Auszubildenden erfreut.

Beschäftigte im Dialogmarketing sind mit rasch wechselnden Einsatzgebieten und Rahmenbedingungen konfrontiert. Die Ausbildungsberufe im Dialogmarketing beinhalten daher ein breites Grundlagenwissen und eine umfangreiche Methoden- und Sozialkompetenz. Um den daraus resultierenden Herausforderungen gerecht zu werden, haben wir – ein Autorenteam aus Schule und Berufspraxis – die **dreiteilige Lehrbuchreihe „Ausbildung im Dialogmarketing“** konzipiert. Unser Leitgedanke ist dabei, die notwendige fachtheoretische Fundierung auf verständlichem Niveau mit den konkreten betrieblichen Arbeitsabläufen und Dialogprozessen zu verknüpfen.

Die Lehrbuchreihe zeichnet sich durch eine **enge Verzahnung des Rahmenlehrplans mit der Ausbildungsordnung** aus. Dadurch ist neben dem Einsatz im Unterricht auch eine solide Vorbereitung für die Zwischen- und Abschlussprüfung gewährleistet. Die durchgängige Berücksichtigung der Prüfungsinhalte kommt auch den Leserinnen und Lesern zugute, die bereits im Dialogmarketing tätig sind und sich einer externen Prüfung unterziehen möchten.

Jedes Kapitel eines Lernfeldes beginnt mit einer einführenden Handlungssituation und Arbeitsaufträgen. Nach dem Sachinhalt runden eine Zusammenfassung und zahlreiche Übungsaufgaben das jeweilige Kapitel ab. Verweise auf andere Lernfelder finden sich in der Randspalte. Ein **hoher Praxisbezug** ist durch zahlreiche Gesprächssituationen, Beispiele und Praxistipps gegeben.

Um der Verschiedenheit der Ausbildungsbetriebe Rechnung zu tragen, basieren die Beispiele und Situationen des Buches auf zwei unterschiedlichen **Modellunternehmen** – der Dialogfix GmbH und der KommunikativAktiv KG –, die eine weitgehende Identifizierung der Auszubildenden mit der betrieblichen Praxis ermöglichen.

Der vorliegende Band 1 deckt die **Lernfelder 1 bis 5** des KMK-Rahmenlehrplans und damit den kompletten Stoff bis zur Zwischenprüfung ab. Für die **7. Auflage** wurden umfangreiche Aktualisierungen und Ergänzungen vorgenommen, die sich u. a. aus der **Neufassung des IHK-Prüfungskatalogs (2022)** ergeben haben.

Unter dem vorne abgedruckten Webcode finden Sie ergänzende Materialien zu diesem Titel. Um die Materialien abzurufen, geben Sie auf der Internetseite www.westermann.de einfach den Webcode in das Suchfeld ein.

Lassen Sie uns ins Gespräch kommen!

Saarbrücken, Frühjahr 2023 — Joachim Weiß (Herausgeber)

# Geleitwort

TeleTalk

**Immer am Puls der Zeit ...**

Wenn man etwas mehr über die Dynamik und Innovationskraft einer Branche erfahren möchte, lohnt sich oft ein Blick zurück. Deshalb möchte ich Sie, liebe Auszubildende, zu einer kleinen Zeitreise ins Jahr 1983 einladen: Telex, Wählscheibentelefone, die ersten elektrischen Schreibmaschinen und die ersten Modelle eines Profi-Telefons waren die topmoderne technologische Ausstattung eines Telemarketing-Unternehmens in den Achtzigern. Technologie war Werkzeug und Mittel zum Zweck. Innovative und mutige Unternehmer-Persönlichkeiten wie die 2018 verstorbene Barbara Klug prägten die junge, sich gerade dynamisch entwickelnde Branche und wirkten daran mit, dass sich aus dem vor 40 Jahren vielleicht belächelten Job, bei dem man ja „nur" einen Telefonhörer halten musste, über die Jahre ein attraktives Berufsprofil mit anspruchsvollen Tätigkeiten und vielfältigen Möglichkeiten entwickelte.

Und obgleich im Laufe der Jahre niemand auch nur ansatzweise die rasante technologische Entwicklung hin zu Handy, Computer, Internet und Künstlicher Intelligenz erahnen konnte, war der neuste technologische Standard jederzeit auch immer Treiber für den Wandel unserer Branche. Und die Entwicklung geht weiter. Technologisch am Puls der Zeit zu sein, wird auch 2023 und danach erfolgsentscheidend bleiben. Aber mehr als je zuvor, rückt der Mensch dabei heute in den Fokus. Nur durch das optimale Zusammenspiel von Mensch und Maschine lassen sich die Herausforderungen unserer Zeit und unserer Branche meistern. Dies optimal zu orchestrieren und zum Wohle aller nutzbar zu machen, wird eine der größten Aufgaben der nachfolgenden Generationen unserer Branche sein.

Sie haben sich mit Ihrer Berufswahl für ein dynamisches, abwechslungsreiches Umfeld entschieden, in dem es Ihnen nicht an immer neuen Impulsen und Erkenntnissen mangeln wird. Ein Umfeld mit vielen Gestaltungsmöglichkeiten und Herausforderungen, an denen Sie wachsen und Ihre Spuren hinterlassen können. Ich wünsche Ihnen viel Erfolg für Ihre berufliche Zukunft!

Manuela Micheli-Liebsch,
Chefredakteurin des Fachmagazins TeleTalk – Customer Care & Servicemanagement

# Inhaltsverzeichnis

---

## Lernfeld 4

## Simultan Gespräche führen, Datenbanken nutzen und Informationen verarbeiten

## Lernfeld 5

## Kundinnen und Kunden im Dialogmarketing betreuen und binden

# Einleitung

Thomas Müller und Julia Lauer treffen sich am Einschulungstag im Foyer der Berufsschule. Thomas und Julia kennen sich bereits von ihrer vorherigen Schule und stellen überrascht fest, dass beide eine Ausbildung im Dialogmarketing beginnen. Neugierig tauschen sie sich über ihre unterschiedlichen Ausbildungsbetriebe aus:

Thomas hat seine Ausbildung bei der **Dialogfix GmbH** begonnen, einer Tochterfirma der Dialogfix AG, eines weltweit bekannten Herstellers von Hard- und Software. Die Dialogfix GmbH übernimmt dabei den gesamten Servicebereich des Konzerns, wie z. B.

- Bestellannahme,
- Support,
- Beschwerdemanagement,
- Kundenbindung,
- Messung der Kundenzufriedenheit,
- Social Media.

Im Service werden neben den traditionellen Medien Telefon, Fax, Brief und E-Mail auch soziale Medien, wie z. B. Facebook und Twitter, genutzt. Der Telefonservice findet hauptsächlich im Inbound statt, vereinzelt aber auch im Outbound.

Mit der Zeit haben sich die Betätigungsfelder allerdings deutlich verschoben. Stand zunächst die Telefonie, also das klassische Callcenter-Geschäft, im Mittelpunkt, kommt nun dem Support über Social Media Kanäle ein erhebliches Gewicht zu. Bei den nach wie vor vorhandenen telefonischen Kontakten werden die Gespräche zunehmend komplexer und anspruchsvoller, da einfache Sachverhalte inzwischen über Webangebote oder Chatbots erledigt werden. In der firmeninternen Kommunikation, aber auch nach außen, bezeichnet sich die Dialogfix GmbH daher nun auch als **Contact Center** und versucht, den traditionellen Begriff Callcenter nach Möglichkeit zu vermeiden.

Das Unternehmen wurde 1996 gegründet, nachdem die Muttergesellschaft entschieden hatte, den gesamten Servicebereich auszulagern. Zu Beginn arbeiteten bei Dialogfix nur 15 Agents im Support, mittlerweile hat das Unternehmen über 400 Beschäftigte. Die meisten davon sind in Teams zwischen acht und 20 Mitarbeitern in der Abteilung Kundenservice beschäftigt. Um der wachsenden Mitarbeiterzahl der Dialogfix GmbH Rechnung zu tragen, ist das Unternehmen bereits mehrfach in größere Räumlichkeiten umgezogen und befindet sich inzwischen am Stadtrand mit einem firmeneigenen Gebäude in einem Gewerbegebiet.

Ein festgelegtes Auftreten und Design der Konzernmarke Dialogfix sowie eine einheitliche Kommunikation und einheitliches Auftreten aller Beschäftigten im Kundenkontakt sollen ein klares Bild des Unternehmens nach außen spiegeln. Jeder Kunde oder Partner, der Kontakt mit dem Unternehmen hat oder die Räumlichkeiten besucht, soll ein einheitliches und positives Bild von Dialogfix bekommen. Außerdem engagiert sich das Unternehmen in verschiedenen sozialen Projekten.

Neben der Abteilung Kundenservice gibt es noch vier Zentralabteilungen. Die Geschäftsführung der Dialogfix GmbH wird von der Stabsstelle Öffentlichkeitsarbeit unterstützt.

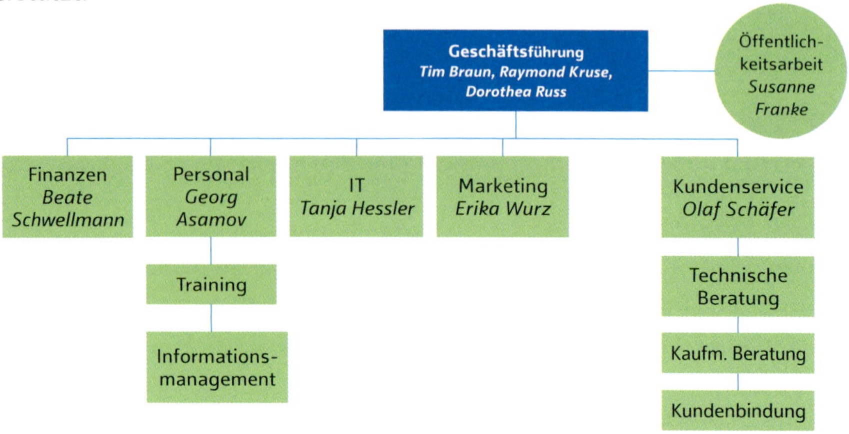


*Abb.: Auszug aus dem Organigramm der Dialogfix GmbH*

Die Geschäftsführung von Dialogfix legt großen Wert auf eine hochwertige und qualitative Ausbildung, um so langfristig qualifiziertes Personal zu gewinnen. **Thomas** ist im Rahmen seiner dreijährigen Ausbildung zum Kaufmann für Dialogmarketing zunächst der Abteilung Kundenservice zugeordnet. Nachdem für das 1. Ausbildungsjahr schwerpunktmäßig der Einsatz in der Hotline sowie im Social Media Team geplant ist, soll er im späteren Verlauf der Ausbildung auch in Projekten eingesetzt werden sowie die klassischen kaufmännischen Bereiche wie Rechnungswesen und Marketing durchlaufen.

Neben Thomas hat auch **Karla** in diesem Jahr ihre Ausbildung als Kauffrau für Dialogmarketing bei der Dialogfix GmbH begonnen. Während ihres inzwischen abgebrochenen Germanistik-Studiums hat sie bereits als studentische Aushilfskraft im Unternehmen gejobbt. Aufgrund ihrer bisherigen schulischen Abschlüsse und der bereits vorhandenen Erfahrung im telefonischen Kundenservice hat wurde ihr seitens des Unternehmens angeboten, den Ausbildungsvertrag auf zwei Jahre zu verkürzen, dies hat Karla auch gerne angenommen. Von ihrer Ausbilderin wird sie daher bereits jetzt für anspruchsvollere Aufgaben und komplexere Projekte eingesetzt. Die Geschäftsführung erhofft sich, mit Karla eine potentielle Führungskraft im eigenen Haus ausbilden zu können.

**Julia** hat ihre Ausbildung als Servicefachkraft für Dialogmarketing bei der **KommunikativAktiv KG** begonnen. Das Unternehmen ist als externes Callcenter für verschiedene Auftraggeber in unterschiedlichen Projekten tätig. Der eigentliche Firmenname „KommunikativAktiv" tritt dabei kaum in Erscheinung, da das Unternehmen meist im Namen der jeweiligen Auftraggeber agiert. Je nach Auftrag ist KommunikativAktiv im Inbound oder im Outbound tätig. Der telefonische Kundenkontakt in sämtlichen Bereichen steht daher auch zunächst im Mittelpunkt von Julias Ausbildung.

Seit Längerem arbeitet KommunikativAktiv auch für die Dialogfix GmbH. Anrufe, die zu Spitzenzeiten bei Dialogfix nicht bewältigt werden können, werden dann weitergeleitet. Auch spezielle Aufträge, z. B. im Mahn- und Inkassowesen, hat Dialogfix an KommunikativAktiv vergeben. Bestandteil der Kooperation sind zudem regelmäßige Outbound-Aktionen, etwa zur Kundenrückgewinnung.

Für das 2006 von Hans Herrmann und Reinhold Groß gegründete Unternehmen arbeiten 80 fest angestellte Mitarbeiter sowie – je nach Bedarf und aktueller Auftragslage – auch Aushilfskräfte auf Minijob-Basis. KommunikativAktiv hat mittlerweile drei Etagen in einem Geschäftshaus in der Innenstadt angemietet. Die beiden Gründer sind aktiv am Tagesgeschäft beteiligt und treffen alle wichtigen unternehmerischen Entscheidungen. Sie haben auch entscheidend das charakteristische und unverwechselbare Unternehmensleitbild geprägt.

Die KommunikativAktiv KG zeichnet sich durch eine sehr flache Hierarchie aus. Neben einer kleinen Verwaltungsabteilung, die z. B. für Personalangelegenheiten und die Buchhaltung zuständig ist, sind alle anderen Beschäftigten im Telefonservice tätig. Julias betrieblicher Ausbilder ist zugleich auch Teamleiter des Inbound-Teams. Je nach Projekt werden wechselnde Teams in unterschiedlicher Größe gebildet. Damit kann die KommunikativAktiv KG flexibel auf neue Aufträge und geänderte Anforderungen ihrer Auftraggeber reagieren. So ist es dem Unternehmen gelungen, auch in wirtschaftlich herausfordernden Zeiten seine Selbstständigkeit zu wahren.

Lernfeld 1

# Die Ausbildung im Dialogmarketing mitgestalten

## 1 Den Ausbildungsbetrieb präsentieren

### ▪ *Einstiegssituation*

Die Geschäftsleitung der Dialogfix GmbH sitzt im Meeting zusammen. Einer der wichtigsten Tagesordnungspunkte lautet „Ausbildungsberuf Dialogmarketing". Es soll entschieden werden, wie viele Auszubildende im nächsten Jahr eingestellt werden. Wie so häufig vertreten Personalchef Georg Asamov und die Leiterin der Abteilung Finanzen, Beate Schwellmann, unterschiedliche Standpunkte.

**Beate Schwellmann:** *„Wir können maximal zwei bis drei Auszubildende einstellen, und das auch nur unter der Bedingung, dass die Ausbildung nicht von mehreren Führungskräften gestaltet wird. Maximal einen Teamleiter kann ich für die Betreuung abstellen. Unser vorrangiges Ziel für das nächste Jahr ist es, die Kosten zu senken!"*

**Georg Asamov:** *„Frau Schwellmann, verlieren Sie mal nicht unser Unternehmensleitbild aus den Augen. Dialogfix hat auch eine soziale Verantwortung, nicht nur eine finanzielle. Außerdem kosten Auszubildende nicht nur Geld, sie bringen ja auch Leistung."*

**Beate Schwellmann:** *„Sie reden ja schon wie der Ausbildungsberater von der IHK, der liegt mir auch ständig in den Ohren, dass wir mehr ausbilden müssen. Ich frage mich wirklich, auf wessen Seite Sie stehen, Herr Asamov."*

Da schaltet sich **Tim Braun**, einer der Geschäftsführer, ein: *„Bitte, hören Sie jetzt auf zu streiten. Bevor ich in dieser Angelegenheit weiter diskutiere, möchte ich von Ihnen eine objektive Entscheidungsvorlage sehen. Bitte erledigen Sie das bis zu unserem nächsten Meeting."*

■ ***Arbeitsaufträge***

1. ***Diskutieren Sie in der Klasse, welche Ziele Unternehmen verfolgen können.***
2. ***Welche Möglichkeiten der Entscheidungsfindung werden in Ihrem Ausbildungsbetrieb eingesetzt? Welche davon sind geeignet, den Konflikt in der vorliegenden Situation zu lösen?***
3. ***Stellen Sie die Informationen zusammen, die Sie bislang über die Dialogfix GmbH erhalten haben. Berücksichtigen Sie dabei auch die Einleitung. Vergleichen Sie das Ergebnis mit Ihrem Ausbildungsbetrieb.***

## 1.1 Entscheidungsprozesse

### 1.1.1 Unternehmensführung

\# *Definition*

**Unternehmensführung**, oft auch als **Management** bezeichnet, beschäftigt sich mit betrieblichen Fragen der Planung, Organisation und Kontrolle.

Die zentralen Aufgaben der Unternehmensführung, bei der Dialogfix GmbH werden sie hauptsächlich durch die drei Geschäftsführer Tim Braun, Raymond Kruse und Dorothea Russ wahrgenommen, bestehen darin

- die Ziele des Unternehmens festzulegen, 1|1.1.2
- strategische Entscheidungen zu treffen, 1|1.1.3
- die Führung der Mitarbeiter zu organisieren, 1|1.1.4
- die Unternehmenskultur mit zu beeinflussen, 1|1.1.5
- organisatorische Rahmenbedingungen schaffen, 1|1.2
- rechtliche Fragen zu klären, 1|1.3
- mit externen Institutionen zu kooperieren. 1|1.4

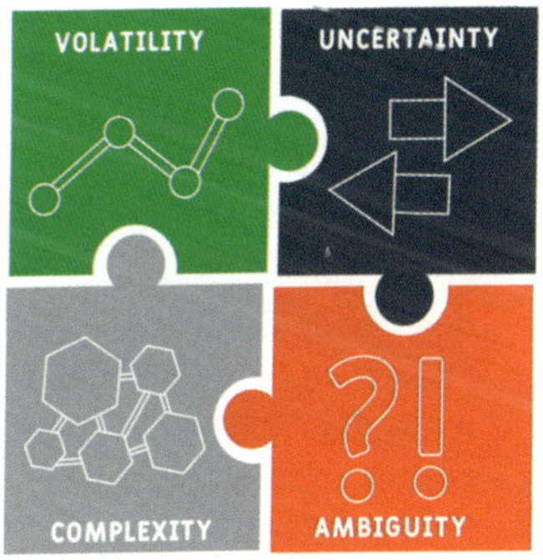


Die Unternehmensführung muss sich heute, wahrscheinlich mehr als je zuvor, mit einer sich zunehmend schneller verändernden Welt auseinandersetzen. Die Komplexität steigt und es wird immer schwieriger, zukünftige Entwicklungen in Wirtschaft und Gesellschaft vorauszusagen. Aktuelle Herausforderungen zeigen sich z. B. in der Digitalisierung, der Globalisierung und den enormen Veränderungen durch vielschichtige und globale Krisen. Als Sammelbegriff für diese gebündelten Herausforderungen hat sich inzwischen die Bezeichnung **VUCA-Welt** eingebürgert. VUCA setzt sich aus den englischen Wörtern volatility (Volatilität, Flüchtigkeit), uncertainty (Unsicherheit), complexity (Komplexität) und ambiguity (Mehrdeutigkeit) zusammen.

| Volatility | Uncertainty | Complexity | Ambiguity |
|---|---|---|---|
| Neuerungen und Veränderungen schreiten mit wachsender Geschwindigkeit voran, Produkte und Prozesse ändern sich laufend. | Abläufe und Entwicklungen sind immer weniger vorhersehbar, eine langfristige Planung wird immer schwieriger. | Digitalisierung und globale Märkte verursachen Abhängigkeiten und machen Sachverhalte komplizierter. Auswirkungen von Entscheidungen sind unklar. | Ursache und Wirkung verschwimmen, Situationen lassen sich unterschiedlich deuten, Entscheidungen können viele unvorhersehbare Konsequenzen nach sich ziehen. |

### 1.1.2 Unternehmensziele

Bevor ein Unternehmen eine Entscheidung über den Einsatz von knappen Ressourcen, wie z. B. Finanzmitteln oder der menschlichen Arbeitskraft, treffen kann, müssen klare Unternehmensziele definiert werden. Nur so ist ein wirtschaftlicher Einsatz der Mittel zu gewährleisten. Die Festlegung der Unternehmensziele ist grundsätzlich Gegenstand eines Entscheidungsprozesses der Unternehmensführung, der jedoch auch von verschiedenen externen Faktoren beeinflusst werden kann.

**hey contact heroes feiert erste Jahresbilanz**

Der jüngste Contact Center Dienstleister Deutschlands ist in einem Jahr von 0 auf 200 Mitarbeitende und knapp drei Millionen Euro Umsatz gewachsen. Die Erfolgsfaktoren: Home Office und Schnelligkeit, ausschließlich feste und faire Arbeitsverträge – was für Auftraggeber immer wichtiger wird.

Der Hamburger Contact Center Dienstleister hey contact heroes blickt auf ein erfolgreiches erstes Jahr zurück. Im Juni 2021 gestartet, erzielte das Unternehmen im ersten Jahr seines Bestehens einen Umsatz von fast drei Mio. Euro. Stand Ende Juli 2022 waren über 200 Mitarbeitende bei hey contact heroes beschäftigt. Mit diesem Wachstum hat das junge Unternehmen die eigenen Erwartungen übertroffen. Benjamin Barnack, Geschäftsführer der hey contact heroes, ist mit der bisherigen Entwicklung zufrieden. [...]

Was Benjamin Barnack im ersten Jahr mit hey contact heroes gelernt hat? Die Art der komplett virtualisierten Zusammenarbeit erfordere eine vollkommen andere Unternehmensführung. Das beginne bei der Rekrutierung: Neben fachlicher Qualifikation und Teamfähigkeit komme der Fähigkeit und Möglichkeit, von zu Hause oder anderswo aus zu arbeiten große Bedeutung zu. Kommunikation finde immer und überall statt. [...]

Das weitere Wachstum von hey contact heroes in Deutschland sieht Benjamin Barnack perspektivisch limitiert. Einerseits aufgrund der zunehmenden Herausforderungen am Arbeitsmarkt, andererseits aber auch aufgrund der Anforderungen seitens der Auftraggeber. Daher bereitet hey contact heroes für 2023 Nearshore- und Offshore-Angebote vor.

*Quelle: Redaktion Teletalk: hey contact heroes feiert erste Jahresbilanz. Veröffentlicht am 19.08.2022 unter https://www.teletalk.de/nachrichten/detail/ac/hey-contact-heroes-feiert-erste-jahresbilanz/?L=0&cHash=be91d11099d5ddd5fd3d69f5b1d8cf4f&sword_list[]=hey&sword_list[]=cotact&sword_list[]=heroes&no_cache=1 [02.11.2022].*

## Sachziele

Als Sachziel wird der Zweck bzw. das Betätigungsfeld eines Unternehmens bezeichnet. Es geht also um die Frage, was das Unternehmen macht. Das Sachziel muss z. B. bei der Gründung eines Unternehmens in das Handelsregister eingetragen werden und ist somit für jedermann einsehbar. 1 | 1.3.1

**Beispiel**

Sachziel der Dialogfix GmbH sind der Vertrieb und Support von Hard- und Software über die Kommunikationsmedien Telefon, Social Media, E-Mail und Brief.

## Wirtschaftliche Ziele

Die wirtschaftlichen (ökonomischen) Ziele eines Unternehmens können unterschieden werden in

- Leistungsziele, z. B. Produktpalette, Marktanteil;
- Finanzziele, z. B. Stärkung der Eigenkapitalbasis, Bildung von Rücklagen;
- Erfolgsziele, z. B. Umsatz, Rentabilität.

**Beispiel**

Dialogfix möchte im nächsten Jahr den Marktanteil beim Vertrieb von Finanzsoftware von 10 % auf 12 % steigern (Leistungsziel), die Gewinnrücklagen um 20 % erhöhen (Finanzziel) und den Umsatz in der Sparte „Drucker" um 5 % ausbauen (Erfolgsziel).

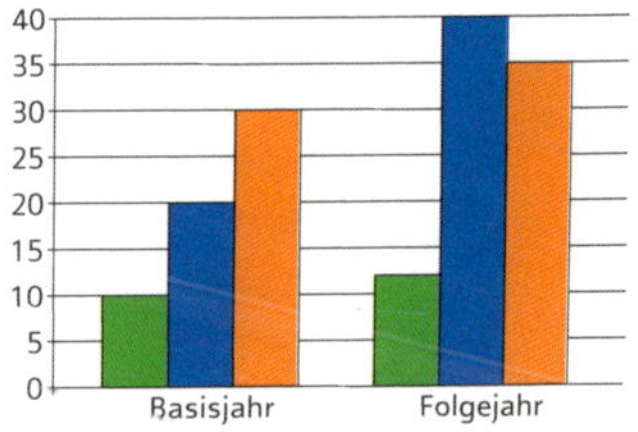


## Soziale Ziele

Die sozialen Ziele beziehen sich vorrangig auf das Verhältnis zwischen dem Unternehmen und den Beschäftigten. Im Mittelpunkt stehen dabei Maßnahmen der Arbeitsplatzschaffung, -erhaltung und -gestaltung. Darüber hinaus können sich die Ziele auch auf die Übernahme von sozialer Verantwortung gegenüber anderen Menschen und gesellschaftlichen Gruppen außerhalb des eigenen Unternehmens beziehen.

**Beispiel**

Dialogfix möchte langfristig die Arbeitsplätze der Belegschaft sichern, Auszubildende sollen bei entsprechender Leistung in ein festes Arbeitsverhältnis übernommen werden. Außerdem engagiert sich Dialogfix in verschiedenen Aktionen für die Arbeit eines örtlichen Kindergartens.

### Ökologische Ziele

Die ökologischen Ziele drücken die Verantwortung eines Unternehmens für den Erhalt einer lebenswerten Umwelt aus. In diesem Zusammenhang ist oft vom Prinzip der **Nachhaltigkeit** die Rede, d.h., die Unternehmen richten ihre Entscheidungen so
1 | 3.4 aus, dass diese langfristig im Einklang mit der Umwelt stehen. Das umweltschonende Verhalten eines Unternehmens kann sich z.B. in der Verwendung klimafreundlicher Produkte, dem Einsatz energiesparender Geräte oder der umweltgerechten Abfallentsorgung äußern.

**Beispiel**

Dialogfix benutzt im Büro und in der Kundenkorrespondenz ausschließlich Papier aus ökologischer, nachhaltiger Forstwirtschaft.

### Zielharmonie und Zielkonflikt

Da jedes Unternehmen verschiedene Ziele gleichzeitig verfolgt, spricht man von einem **Zielsystem**, das erreicht werden soll. Im Zielsystem werden alle aufgestellten Unternehmensziele gebündelt. Wenn sich die betrieblichen Ziele gegenseitig ergänzen, spricht man von **Zielharmonie**, der gemeinsamen Erreichung verschiedener Ziele steht nichts im Wege. Wenn aber unterschiedliche Ziele im Gegensatz zueinander stehen, also Ziel A nur erreicht werden kann, wenn man Ziel B dafür aufgibt, spricht man von einem **Zielkonflikt**. In einem solchen Fall muss in einem Unternehmen entweder einem der Ziele Priorität eingeräumt oder ein Kompromiss gefunden werden.

**Beispiel**

Durch das angestrebte Umsatzwachstum können die Arbeitsplätze gesichert und erweitert werden (Zielharmonie). Der Einsatz des vergleichsweise teuren Papiers geht jedoch zulasten der Rentabilität (Zielkonflikt).

## 1.1.3 Entscheidungsfindung

Auf allen Ebenen des Unternehmens, von der Unternehmensleitung bis zum einzelnen bzw. zur einzelnen Beschäftigten werden regelmäßig **Entscheidungen** getroffen. Bei jedem Entscheidungsprozess steht derjenige, der die Entscheidung zu treffen hat, vor der Frage, welche der Wahlmöglichkeiten die richtige ist. Wichtig ist, dass der Führungskraft oder dem Mitarbeiter genügend Informationen über mögliche Alternativen sowie über die möglichen Auswirkungen der Entscheidung zur Verfügung stehen.

Entscheidungen der **Unternehmensführung** beziehen sich dabei oft auf Planung, Zielsetzung, Steuerung, Realisierung, Analyse und Strategiefindung. Entscheidungsanlässe können z.B. die Wahl des Standortes, der Rechtsform, der Geschäftsfelder, der Aufbau- und Ablauforganisation oder Investitionsentscheidungen sein.

## Entscheidungsarten

Der unternehmerische Entscheidungsprozess lässt sich grundsätzlich aufteilen in
- strategische Entscheidungen und
- operative Entscheidungen.

### Strategische Entscheidungen

Von strategischen Entscheidungen spricht man, wenn sich die Entscheidung **langfristig** auf das Unternehmen, dessen Zielsetzung oder Entwicklung auswirkt. Diese Entscheidungen werden von langer Hand geplant und vorbereitet, die Auswirkungen betreffen Handlungen und Ergebnisse, die in der Zukunft liegen.

**Beispiel**

Das Management von Dialogfix beschließt, in den nächsten zwei Jahren 50 % der E-Mail- und Briefbearbeitung an einen Outsourcing-Partner abzugeben.

### Operative Entscheidungen

Eine operative Entscheidung liegt dann vor, wenn eine Entscheidung im Tagesgeschäft getroffen wird. Die Auswirkungen sind **kurzfristig** spürbar und haben meist keine langfristigen Konsequenzen. Der Anlass ist in der Regel aktuell und nicht vorhersehbar.

**Beispiel**

An einem Montagmorgen liegen zahlreiche Krankmeldungen vor. Daher entscheidet die verantwortliche Teamleiterin von Dialogfix, mehrere Mitarbeiter anzurufen, die eigentlich frei haben, um sie als Unterstützung anzufordern.

## Methoden der Entscheidungsfindung

Im unternehmensinternen Entscheidungsprozess sind zwei Fragen zu klären:

1. **Wer** entscheidet? (Entscheidungssystem)
2. **Wie** wird die **richtige** Entscheidung gefunden? (Entscheidungsmethoden)

Die Frage, **wer** entscheidet, kann unterschiedlich geklärt werden.

Trifft eine **einzelne Person** alleine die Entscheidung, spricht man von **Entscheidungszentralisation** oder Direktorialsystem.

**Beispiel**

Reinhold Groß, Komplementär der KommunikativAktiv KG, ist kraft Rechtsform berechtigt, Entscheidungen alleine zu treffen. Er entscheidet sich, einen Auftrag abzulehnen, der ihm nicht lukrativ genug erscheint. 1 | 1.3.2

Wird die Entscheidung von einer **Gruppe** oder einem **Team** getroffen, wird das **Kollegialprinzip** angewandt. Es kann weiter festgelegt werden, dass alternativ einstimmig oder nach Mehrheit entschieden werden muss oder dass eine bestimmte Person bei Stimmengleichheit den Ausschlag gibt.

**Beispiel**

Die Beschlüsse auf der Gesellschafterversammlung der Dialogfix GmbH werden nach Mehrheit der abgegebenen Stimmen gefasst.

Um die **richtige Entscheidung** treffen zu können, ist es zunächst wichtig zu wissen,

- was mit der Entscheidung erreicht werden soll (**Ziele**),
- welche **Einflussfaktoren** bedeutsam sind,
- welche **Alternativen** zur Verfügung stehen und
- welche **Konsequenzen** die einzelnen Alternativen nach sich ziehen.

Außerdem sollte immer klar sein, ob die Entscheidung selbst getroffen werden kann oder ob die Auswirkungen so nachhaltig sind, dass die Entscheidung an eine höhere Instanz weitergegeben werden muss.

Im nächsten Schritt gilt es, Kriterien zu entwickeln, um die eigentliche Entscheidung zu finden. Hierzu werden relevante Daten und Fakten gesammelt und ausgewertet. Das Ergebnis wird als **Entscheidungsgrundlage** herangezogen. Verschiedene Methoden können dann helfen, die richtige Entscheidung zu fällen.

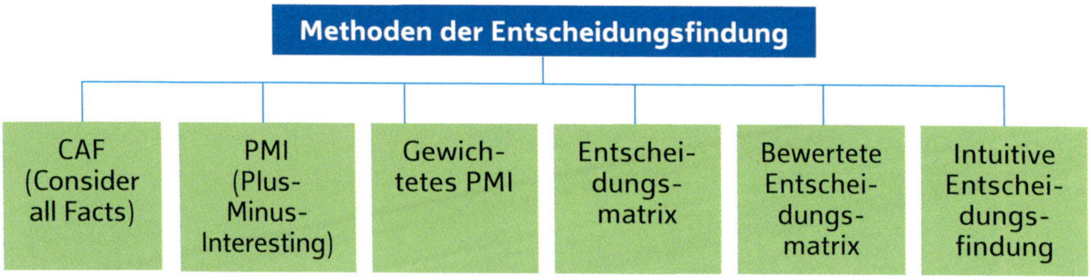


| Methode | CAF (Consider all Facts – Beachte alle Fakten) |
|---|---|
| **Beschreibung** | Es werden ohne Nummerierung oder Gewichtung alle wichtigen Einflussfaktoren für die Entscheidung aufgeschrieben. |
| **Bewertung** | Der Vorteil dieser Methode liegt in der umfassenden Sammlung der relevanten Informationen. Dadurch kann die Entscheidungssituation besser erkannt und eingeschätzt werden. Allerdings ist diese Methode allein nicht dazu geeignet, tatsächlich eine Entscheidung herbeizuführen. Daher wird CAF eher als Grundlage für weitere Entscheidungsmethoden – z. B. für ein PMI – genutzt. |

**Beispiel**

Ein Teamleiter von Dialogfix steht vor der Entscheidung, ob er einen Auszubildenden in sein Team aufnehmen soll. Er bekommt von der Unternehmensleitung einen Tag

Bedenkzeit und soll dann einen Entscheidungsvorschlag unterbreiten. Er bereitet die Entscheidung mit einem CAF vor und listet folgende Faktoren auf:

- Teamgröße
- Betreuungsaufwand
- Einsatzgebiete des neuen Mitarbeiters
- Schulungsaufwand
- Reaktionen des Teams auf einen neuen Mitarbeiter
- Leistungsänderung des Teams
- neue und anspruchsvolle Aufgabe für einen Teamleiter
- Pluspunkte bei der Unternehmensleitung

| Methode | PMI (Plus-Minus-Interesting – Plus-Minus-Methode) |
|---|---|
| **Beschreibung** | Beim PMI wird die Aufmerksamkeit auf die positiven und die negativen Aspekte einer anstehenden Entscheidung gelenkt. Positive Aspekte werden mit einem Plus gekennzeichnet, negative mit einem Minus. Aspekte, die man weder als positiv noch als negativ einstufen kann, werden mit einem „i" (interessant) versehen.<br>Damit möglichst viele Einflussfaktoren der jeweiligen Entscheidung bekannt sind und für das PMI berücksichtigt werden können, sollte vorher ein CAF angefertigt werden, alternativ kann auch ein Brainstorming erfolgen. 1\|6.5 |
| **Bewertung** | Der Vorteil des PMI liegt in der Gegenüberstellung der positiven und negativen Aspekte. Der Nachteil dieser Methode ist, dass allein dadurch noch kein klares Ergebnis geliefert wird. Auch wenn zehn Punkte auf der Negativseite und nur drei Punkte auf der Positivseite stehen, kann es sein, dass gerade diese drei Positivpunkte den Ausschlag geben. |

**Beispiel**

Nachdem der Teamleiter die Entscheidung, ob er einen Auszubildenden in sein Team aufnehmen soll, mit einem CAF vorbereitet hat, fertigt er ein PMI an.

**Pluspunkte:**
+ Ansehen bei der Unternehmensleitung
+ neue und anspruchsvolle Aufgabe
+ größeres Team bedeutet mehr Flexibilität

**Minuspunkte:**
- Betreuungsaufwand
- zusätzlicher Aufwand durch Azubi-Status
- viel Zeit für das Anlernen des Azubis

**Interessant:**
i Reaktion des bisherigen Teams?
i Einsatzgebiet des Azubis?
i Leistungsänderung (nach oben oder unten)?

| Methode | Gewichtetes PMI |
|---|---|
| **Beschreibung** | Das gewichtete PMI ist eine erweiterte Variante des einfachen PMI. Hier werden die einzelnen Positiv- und Negativaspekte mit einer Gewichtung versehen, um als Ergebnis eine klare Antwort zu erhalten.<br><br>Die einzelnen Plus- und Minusaspekte werden mit einer Zahl zwischen 1 und 6 bewertet, je nach Bedeutung des jeweiligen Aspekts. 6 bedeutet „sehr wichtig" und 1 „gar nicht wichtig". Hinter dem jeweiligen Punkt wird die Zahl aufgeschrieben. Für einen wichtigen Aspekt werden z. B. fünf Punkte und für einen weniger bedeutenden Aspekt z. B. nur zwei Punkte gegeben.<br><br>Dann werden alle Punkte auf der Plusseite addiert und mit den addierten Punkten der Minusseite verglichen. Ist das Ergebnis auf einer der Seiten größer, hat man eine klare Entscheidungsvorlage. |
| **Bewertung** | Der Vorteil dieser Methode ist, dass ein genaues rechnerisches Ergebnis geliefert wird. Die Entscheidung wird dadurch sehr stark vorgegeben. Nachteilig ist der größere Aufwand in der Vorbereitung im Vergleich zum einfachen PMI. |

### Beispiel

Der Teamleiter fertigt nun ein gewichtetes PMI an:

| Plus | Gewicht | Minus | Gewicht | Interessant |
|---|---|---|---|---|
| Ansehen bei der Unternehmensleitung | 5 | Betreuungsaufwand | 3 | Reaktion des Teams? |
| neue und anspruchsvolle Aufgabe | 4 | Aufwand durch Azubi-Status | 4 | Einsatzgebiet des Azubis? |
| mehr Flexibilität durch größeres Team | 5 | Zeit für das Anlernen des Neuen | 3 | Leistungsänderung? |
| **Summe** | **14** | **Summe** | **10** | |

In diesem Fall spricht das gewichtete PMI eindeutig für die Aufnahme des Auszubildenden in das Team.

| Methode | Entscheidungsmatrix |
|---|---|
| **Beschreibung** | Die Entscheidungsmatrix bewertet nicht wie das PMI einzelne positive oder negative Aspekte für eine Entscheidung, sondern hilft, verschiedene Entscheidungsalternativen gegenüberzustellen. Bei dieser Methode steht am Ende ganz klar fest, für welche der möglichen Alternativen eine Entscheidung zu treffen ist.<br><br>Zunächst werden alle entscheidungsrelevanten Kriterien notiert. Dabei ist zu beachten, dass für jedes Kriterium nur positiv formulierte Aspekte aufgestellt werden.<br><br>**Beispiel**<br>Ein Team der Personalabteilung steht vor der Auswahl eines neuen Mitarbeiters aus drei möglichen Kandidaten. Wenn ein Kriterium z. B. die Fachkompetenz ist, dann kann nur formuliert werden: „Je mehr Fachkompetenz, desto besser". Ein weiteres Kriterium darf dann nicht lauten: „Je weniger schlechte Noten, desto besser", sondern müsste ebenso positiv formuliert sein: „Je mehr gute Noten, desto besser". |

| Methode | Entscheidungsmatrix |
|---|---|
| | Bei der eigentlichen Durchführung geht es darum, für jede der Alternativen die einzelnen Aspekte zu bewerten. Dies passiert mit Punkten von 1 bis 6. Sechs Punkte werden vergeben, wenn das Kriterium bei einer Entscheidungsalternative optimal erfüllt ist, und ein Punkt, wenn es gar nicht erfüllt wird. Es werden alle Aspekte für jede der möglichen Alternativen entsprechend bewertet und danach die Punkte zusammengezählt. Die Alternative mit den meisten Punkten wird dann als Entscheidung ausgewählt. |
| **Bewertung** | Der Vorteil dieser Methode ist, dass sie ein klares Ergebnis für eine der möglichen Alternativen liefert. Allerdings kann keine Gewichtung der einzelnen Aspekte vorgenommen werden. Jeder Aspekt hat die gleiche Relevanz für das Ergebnis. |

**Beispiel**

Beim Einstellungsverfahren haben es drei Kandidaten in die engere Wahl geschafft. Die Verantwortlichen stellen eine Entscheidungsmatrix auf.

| | Alternativen | | |
|---|---|---|---|
| **Aspekte** | **Kandidat A** | **Kandidat B** | **Kandidat C** |
| Fachkompetenz | 5 | 4 | 3 |
| Kommunikationsfähigkeit | 2 | 6 | 3 |
| Auftreten | 2 | 5 | 2 |
| Erfahrung | 6 | 2 | 2 |
| Schulnoten | 6 | 3 | 3 |
| **Summe** | **21** | **20** | **13** |

Nach dieser Entscheidungsmatrix kann hier Kandidat A knapp gegenüber Kandidat B als die bessere Alternative angesehen werden. Sollte für das Unternehmen aber z. B. Kommunikationsfähigkeit wichtiger sein als Schulnoten, dann liefert die Entscheidungsmatrix nicht das optimale Ergebnis.

| Methode | Bewertete Entscheidungsmatrix |
|---|---|
| **Beschreibung** | Bei der bewerteten Entscheidungsmatrix werden die einzelnen Aspekte der zur Wahl stehenden Alternativen **gewichtet**. Somit beeinflussen nicht alle Aspekte das Ergebnis gleichermaßen. Dafür wird zunächst eine (einfache) Entscheidungsmatrix angefertigt. Dann wird eine weitere Spalte eingefügt, in der die prozentuale Gewichtung des einzelnen Aspektes eingetragen wird. Die wichtigsten Kriterien bekommen eine höhere Prozentzahl als die weniger wichtigen. Alle Prozentzahlen addiert müssen in der Summe 100 % ergeben. Die durchschnittliche Wichtigkeit für ein Kriterium ergibt sich, indem man 100 % durch die Anzahl der Kriterien teilt.<br><br>In einem zweiten Schritt werden dann die verteilten Punkte (1–6) mit der jeweiligen Gewichtung multipliziert. Zum Schluss bildet man die Summe der jeweils gewichteten Noten. Wie auch bei der einfachen Entscheidungsmatrix wird die Alternative mit dem höchsten Gesamtergebnis ausgewählt. |
| **Bewertung** | Die bewertete Entscheidungsmatrix liefert ein klares Ergebnis unter Berücksichtigung aller Aspekte, ohne dabei aus den Augen zu verlieren, dass einzelne Aspekte unterschiedlich wichtig sein können. Diesem fundierten Ergebnis liegt allerdings ein vergleichsweise hoher Aufwand zugrunde. |

**Beispiel**

Da die Entscheidung zwischen den Kandidaten A und B sehr knapp war, sollen sie nochmals unter Gewichtung der einzelnen Aspekte betrachtet werden. Hierzu wird eine bewertete Entscheidungsmatrix angefertigt.

| | | Kandidat A | | Kandidat B | |
|---|---|---|---|---|---|
| **Aspekte** | **Gewicht** | **Punkte** | **Ergebnis** | **Punkte** | **Ergebnis** |
| Fachkompetenz | 20 % | 5 | 1,0 | 4 | 0,8 |
| Kommunikationsfähigkeit | 30 % | 2 | 0,6 | 6 | 1,8 |
| Auftreten | 25 % | 2 | 0,5 | 5 | 1,25 |
| Erfahrung | 15 % | 6 | 0,9 | 2 | 0,3 |
| Schulnoten | 10 % | 6 | 0,6 | 3 | 0,3 |
| **Summe** | **100 %** | **21** | **3,6** | **20** | **4,45** |

Hier schneidet Kandidat B deutlich besser ab, da die Aspekte Kommunikationsfähigkeit und Auftreten stärker gewichtet werden als Schulnoten und Erfahrung.

| **Methode** | **Intuitive Entscheidungsfindung** |
|---|---|
| **Beschreibung** | Das menschliche Unterbewusstsein hat viel mehr Erfahrungen, Eindrücke und Erlebnisse gespeichert, als der Mensch bewusst abrufen kann. Diese Informationen sind aber trotzdem vorhanden und können in Beziehung gesetzt werden. Wenn man Zugang zu diesem Wissen bekommt, können Entscheidungen aus diesem Wissen heraus gefällt werden, weil man dann bewusste und (vormals) unbewusste Informationen in der Entscheidung berücksichtigen kann.<br><br>Daher ist es möglich, ohne System und Methodik Entscheidungen auch intuitiv, also „**aus dem Bauch heraus**“ zu treffen. Von einer intuitiven Entscheidung spricht man, wenn zur Entscheidungsfindung weder einzelne Aspekte analysiert noch das Für und Wider abgewogen werden. Basis für intuitive Entscheidungen sind die Erfahrung und das Unterbewusstsein jedes Einzelnen. |
| **Bewertung** | Klarer Vorteil der intuitiven Entscheidung ist, dass sie sehr schnell und ohne lange Bedenkzeit getroffen werden kann. Außerdem benötigt man nur wenige Informationen, um eine Entscheidung herbeizuführen.<br><br>Problematisch ist allerdings, dass Entscheidungen dieser Art oft nicht rational und logisch begründet sind, sondern alleine auf dem subjektiven und emotionalen Wahrnehmen einer Person beruhen. Die mangelnde Nachvollziehbarkeit der Entscheidung kann zudem die Akzeptanz schmälern. Gerade strategische Entscheidungen sollten deshalb nicht intuitiv getroffen werden. |

**Beispiel**

Eine Teamleiterin wird von einem ihrer Teammitglieder kurzfristig nach einem Tag Urlaub gefragt. Alle Aspekte, Vor- und Nachteile sowie die äußeren Einflussfaktoren, wie z. B. das aktuelle Anrufaufkommen, sprechen gegen den Wunsch des Mitarbeiters. Die Teamleiterin hat aber das Gefühl, dass dieser Tag Urlaub extrem wichtig für den Mitarbeiter ist und dass es besser ist, den Urlaub zu gewähren, auch wenn sachlich vieles dagegen spricht. Also stimmt sie dem Ersuchen zu.

## 1.1.4 Mitarbeiterführung

Um die aufgestellten Unternehmensziele zu erreichen, bekommen Unternehmenseinheiten, Gruppen, Teams und schließlich der einzelne Mitarbeiter Teilziele zugewiesen. Für die jeweilige Umsetzung der Teilziele sind in jedem Unternehmen auf den verschiedensten Hierarchieebenen **Führungskräfte** eingesetzt.

Die Aufgabe der Führungskraft ist es, die Ziele des einzelnen Mitarbeiters mit den Unternehmenszielen in Einklang zu bringen. Neben sachlichen und betriebswirtschaftlichen Faktoren spielt hierbei auch die soziale Komponente, also der einzelne Mitarbeiter, eine entscheidende Rolle.

### Führungsstile

#

***Definition***

Als **Führungsstil** wird die **persönliche** Art und Weise bezeichnet, wie die einzelne Führungskraft den Umgang mit den ihr unterstellten Mitarbeitern gestaltet.

**Warum Chefs Mutmacher sein sollten**

Studien zeigen: Wer freier im Job entscheiden kann, ist mutiger und zufriedener. Nun müssen nur noch die Chefs daran mitwirken. Deutsche Arbeitnehmer sind mit ihren Vorgesetzten unzufrieden. Diese pflegen oft einen autoritären Führungsstil, treffen einsame Entscheidungen und führen ihre Mitarbeiter nach dem Top-down-Prinzip: von oben nach unten. Das ist das Ergebnis des *Kelly Global Workforce Index*. Der Vorschlag der Befragten: Mehr *Empowerment*! Also mehr Selbstbestimmung und Eigenverantwortung in den Unternehmen. [...] Die US-Forscher Gretchen Spreitzer und Christine Porath fanden heraus, dass die Entfaltung des Einzelnen eine entscheidende Rolle dafür spielt, wie leistungsfähig er ist. Das Ergebnis: Arbeitnehmer sind in solchen Fällen nicht nur produktiv und zufrieden, sie gestalten auch die eigene Zukunft und die des Unternehmens mit. Mitarbeiter mit großen Entfaltungsmöglichkeiten brachten nach Angaben ihrer Vorgesetzten 16 % mehr Gesamtleistung. [...]

*Quelle: © Sabine Hockling für ZEIT ONLINE (www.zeit.de) vom: 30.11.2012 „Warum Chefs Mutmacher sein sollten"*
*Link: https://www.zeit.de/karriere/2012-11/chefsache-mutmacher-entscheidungen [03.11.2022].*

In der betrieblichen Praxis hat sich im Laufe der Zeit eine Vielzahl von **Führungsstilen** entwickelt. Die langfristigen Auswirkungen des Führungsstils auf das gesamte Unternehmen sind dabei nicht zu unterschätzen. Die folgenden „klassischen" Führungsstile sollen näher betrachtet werden:

- Autoritäre Führung
- Kooperative Führung
- Laissez-faire-Führung
- Situative Führung

### Autoritäre Führung

Die Führungskraft trifft Entscheidungen, ohne ihre Mitarbeiter dabei einzubeziehen. Es werden Arbeitsanweisungen und Anforderungen von oben herab formuliert, die von den Untergebenen umzusetzen sind, notfalls unter Druck. Von den Untergebenen wird bedingungsloser Gehorsam erwartet, Widerspruch und Kritik gegenüber der Führungskraft sind nicht gestattet. Ein autoritärer Vorgesetzter wird bei einem Fehler des Mitarbeiters eher eine Strafe verhängen, anstatt ihm eine Hilfestellung anzubieten.

| Vorteile | Nachteile |
|---|---|
| • Entscheidungen können schnell getroffen werden.<br>• hohes Maß an Kontrolle einzelner Unternehmenseinheiten bzw. Mitarbeiter<br>• kurzfristige Leistungssteigerung möglich | • Falsche Entscheidungen können durch das Team nicht korrigiert werden.<br>• Bei Ausfall des Vorgesetzten fehlt der Entscheidungsträger.<br>• Erhebliches Potenzial an Ideen und Kreativität geht verloren, da sich einzelne Mitarbeiter kaum einbringen können.<br>• fehlende Motivation der Mitarbeiter<br>• Langfristig kann eine gespannte, teilweise sogar aggressive Atmosphäre entstehen. |

### Kooperative Führung

Bei diesem Führungsstil bezieht der Vorgesetzte seine Mitarbeiter in die Entscheidungsfindung sowie in die Zieldefinitionen mit ein. Daher ist auch die Bezeichnung **„demokratischer Führungsstil“** geläufig. Teilweise werden Entscheidungsprozesse und Verantwortlichkeiten an die Mitarbeiter delegiert. Darüber hinaus erhalten die Mitarbeiter dauerhaft Zugang zu allen wichtigen Informationen („Empowerment“). Diskussionen und Verbesserungsvorschläge sind erlaubt und erwünscht, es herrscht eine Atmosphäre gegenseitiger Wertschätzung. Wenn ein Mitarbeiter Fehler begeht, wird er in der Regel nicht bestraft, sondern verbessernd unterstützt.

| Vorteile | Nachteile |
|---|---|
| • Freisetzung von Kreativität<br>• Entlastung des Vorgesetzten durch Delegation von Verantwortung<br>• steigende Motivation der Mitarbeiter<br>• hohe Zufriedenheit, die sich positiv auf das Betriebsklima auswirkt | • Die Entscheidungsgeschwindigkeit sinkt.<br>• Es besteht die Gefahr, dass unreife Mitarbeiter den Freiraum ausnutzen.<br>• Mitarbeiter können durch die Eigenverantwortung überfordert werden.<br>• Es kann zu langen Debatten und Disziplinproblemen kommen. |

### Laissez-faire-Führung

Der Vorgesetzte lässt seine Untergebenen gewähren und gibt ihnen sehr viele Freiheiten. Die Mitarbeiter können ihre Arbeit selbst organisieren, ohne dass die Führungskraft in das Geschehen aktiv eingreift oder überwachend tätig wird. Die Teammitglieder werden weder kontrolliert noch erhalten sie Feedback oder Unterstützung. Mit der Zeit entsteht oft ein distanziertes, gleichgültiges Verhältnis zur Führungskraft.

| Vorteile | Nachteile |
|---|---|
| • Freiheit der Mitarbeiter, eigene Entscheidungen zu treffen<br>• Kreativität wird freigesetzt.<br>• Der Vorgesetzte wird entlastet.<br>• eigenständige Arbeitsweise | • Die Führungskraft ist passiv.<br>• Die Mitarbeiter erhalten keine Vorgaben im Sinne der Unternehmensziele.<br>• Die Beschäftigten verfolgen eher ihre eigenen Interessen.<br>• Es entstehen Disziplinprobleme. |

### Situative Führung

**In der Praxis** hat sich gezeigt, dass manchmal der Einsatz nur eines Führungsstils nicht auf alle Situationen passt. Auch wenn inzwischen viele Unternehmen zum kooperativen Führungsstil tendieren, kann zeitweilig eine autoritäre Führung angebracht sein. Wenn die Führungskraft den passenden Führungsstil **je nach Situation** einsetzt bzw. wechselt, spricht man von **situativer Führung**.

**Beispiel**

Der Teamleiter von Thomas Müller bietet bei Teammeetings, in denen es um die Erreichung der Teamziele geht, viel Raum für Diskussionen. Die Mitarbeiter können eigene Ideen zur Zielerreichung einbringen sowie Fragen stellen. In dieser Situation nutzt er den kooperativen Stil.

Als sich Beschwerden über die Freundlichkeit in der Gesprächsführung häufen, ordnet er für alle Mitarbeiter seines Teams ein zusätzliches Training an. Diskussionen darüber lässt er nicht zu. In dieser Situation greift er auf die autoritäre Führung zurück.

## Führungstechniken

#

*Definition*

Während beim Führungsstil die persönliche Art der Mitarbeiterführung des Vorgesetzten im Mittelpunkt steht, geht es bei den **Führungstechniken** (auch Führungsprinzipien genannt) um in sich geschlossene **organisatorische Techniken** zur Lösung von Führungsaufgaben.

**Praxistipp**
Aufbauend auf den gebräuchlichen englischsprachigen Bezeichnungen sind die Führungstechniken auch als **Management-by-Techniken** bekannt.

Die gebräuchlichsten Führungstechniken lauten:
- Management by Objectives (Führen durch Zielvereinbarung)
- Management by Results (Führen durch Ergebnisorientierung)
- Management by Exception (Führen nach dem Ausnahmeprinzip)
- Management by Delegation (Führen durch Aufgabenübertragung)

### Management by Objectives

Hier werden von der Führungskraft gemeinsam mit dem Mitarbeiter präzise **Ziele vereinbart**, die im Einklang mit den Unternehmenszielen stehen. Diese Ziele werden in der Regel schriftlich festgehalten und nach Ablauf einer vereinbarten Zeit auf Zielerreichung überprüft. Sobald das Unternehmen neue Ziele vorgibt, können auch neue Ziele für den einzelnen Mitarbeiter formuliert werden.

Bei der Zielformulierung werden die Beschäftigten in der Regel einbezogen. Außerdem müssen die Ziele so formuliert sein, dass diese anhand von Ergebnissen messbar und nachvollziehbar sind.

9|1.6 Um dies zu erreichen, werden die Ziele nach der **SMART-Regel** formuliert:

**S** – spezifisch, so konkret und abgegrenzt wie möglich
**M** – messbar, Zielerreichung ist überprüfbar
**A** – aktiv beeinflussbar, durch Einsatz erreichbar
**R** – realistisch, Erreichbarkeit ist möglich
**T** – terminiert, mit Zeitvorgaben versehen

**Beispiel**
Im Rahmen der halbjährlichen Mitarbeitergespräche werden bei Dialogfix zwischen Teamleiter und Mitarbeiter individuelle Ziele vereinbart. Diese bauen auf der Auswertung des letzten Mitarbeitergesprächs auf, brechen die Unternehmensziele auf den Einzelnen herunter und dokumentieren die Entwicklung des Mitarbeiters.

### Management by Results

Erfolgt die Führung nach dieser Technik, werden dem Mitarbeiter seine Ziele sowie umzusetzenden **Ergebnisse** durch die Führung klar vorgegeben. Dies passiert durch die Vorgabe eindeutiger Kennzahlen, wie z. B. Stückzahlen, Callzeiten, Verkaufszahlen etc. Die zu erzielenden Ergebnisse für den Mitarbeiter werden schriftlich festgehalten. Die Einhaltung der Vorgaben wird dann von der Führungskraft durch einen Soll-Ist-Vergleich regelmäßig überwacht.

Im Vergleich zu Management by Objectives zeichnet sich diese Führungstechnik durch eine stärker autoritäre Ausrichtung aus, da die Mitarbeiter deutlich weniger Mitbestimmungsmöglichkeiten über die Ziele haben. Der **Kontrollgedanke** wird durch den häufigen Einsatz von Checklisten, Tabellen, Rankings etc. unterstützt.

**Beispiel**

Im Rahmen eines zweiwöchigen Outbound-Projekts hat KommunikativAktiv einen Bestand von 10000 Adressen erhalten. Ziel ist es, 90 % der Adressen zu erreichen und bei 20 % einen Vertragsabschluss zu erzielen. Diese Ziele werden von der Unternehmensleitung auf die einzelnen Teams und schließlich auf die einzelnen Mitarbeiter heruntergebrochen. Das Team mit der höchsten Abschlussquote erhält einen Sonderbonus. Der aktuelle Stand wird täglich im Intranet veröffentlicht.

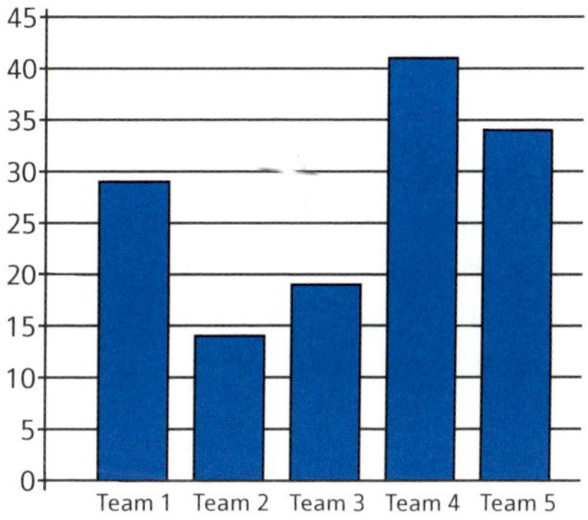


### Management by Exception

Die Mitarbeiter haben bei dieser Methode für alle vorher festgelegten Routineaufgaben vollständige Entscheidungsgewalt, die Führungskraft kommt nur bei **Ausnahmefällen** zum Einsatz. Dies führt zu einer deutlichen Entlastung der Führungskraft im operativen Tagesgeschäft. Dazu ist es jedoch notwendig, die Weisungs- und Entscheidungskompetenzen der einzelnen Entscheidungsträger klar abzugrenzen und Regeln für den Informationsfluss aufzustellen.

**Beispiel**

Bei der Kundenrückgewinnung von ehemaligen Abonnenten der Antivirensoftware haben die Mitarbeiter von Dialogfix die Entscheidungskompetenz, eine Gutschrift bis zu einer Höhe von 20,00 € vorzunehmen. Darüber hinausgehende Gutschriften müssen vom Teamleiter genehmigt werden.

### Management by Delegation

Dieses Prinzip besagt, dass klar abgegrenzte einzelne Aufgaben und Aufgabenbereiche der oberen Hierarchieebenen und die damit verbundenen Entscheidungskompetenzen auf die unteren Ebenen bis hin zum einzelnen Mitarbeiter **übertragen** werden. Die Führungsverantwortung des Vorgesetzten bleibt nach wie vor bestehen, ein Eingriff erfolgt aber lediglich bei erkennbaren Fehlentwicklungen. Management by Delegation basiert auf einem **kooperativen Führungsstil**.

**Beispiel**

Die Beschäftigten bei Dialogfix können die Lage ihrer Pausenzeiten frei wählen. Lediglich bei einem erkennbaren Serviceengpass greift der Teamleiter regulierend ein und blockiert im Einzelfall einen Pausenwunsch.

Daraus abgeleitet hat sich das **Management by Decision Rules**. Ergänzend werden hier für die delegierten Aufgaben klare **Entscheidungsregeln** vorgegeben.

### 1.1.5 Unternehmenskultur

Im allgemeinen Sprachgebrauch bezeichnet der Begriff „Kultur" die **Summe der Überzeugungen**, die eine Gemeinschaft, ein Volk oder eine Gruppe im Laufe ihrer gemeinsamen Geschichte geschaffen hat. Diese Überzeugungen werden entwickelt, um den Zusammenhalt der Gruppe zu gewährleisten und gemeinsam gegen externe Einflüsse vorzugehen. Dabei wird die Kultur durch Regeln, Gesetze und Normen innerhalb dieser Gruppe beeinflusst.

#### Elemente der Unternehmenskultur

Auch in einem Unternehmen werden Arbeit, Miteinander und der Auftritt nach außen von bestimmten Regeln und Normen geprägt. Daher entsteht eine eigene **Unternehmens- oder Organisationskultur**.

#

*Definition*

**Unternehmenskultur (Corporate Culture)** beschreibt die von den Mitgliedern eines Unternehmens gemeinsam getragenen Grundüberzeugungen, Einstellungen und Werte, die nach innen und außen wirken.

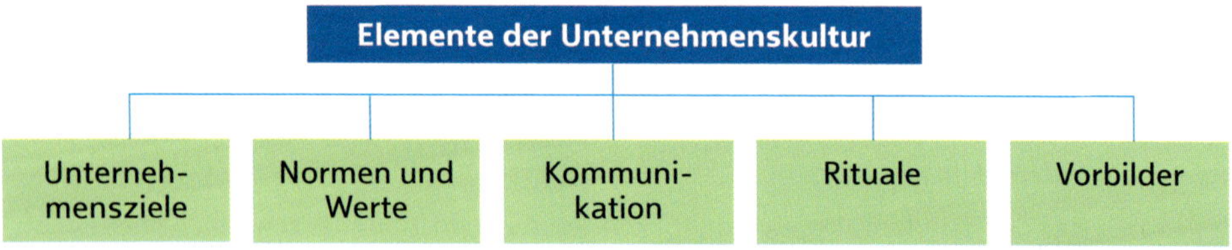


**Unternehmensziele**

Einen starken Einfluss auf die Unternehmenskultur üben die festgelegten Unternehmensziele aus. Je nachdem, welche Schwerpunkte sich ein Unternehmen setzt, wird sich auch das Handeln innerhalb der Organisation entwickeln. Auch einzelne
1 | 1.1.2 wirtschaftliche Ziele können die Unternehmenskultur erheblich mitbestimmen (z. B. ehrgeizige Wachstumsziele oder Gewinnerwartungen). Aber auch soziale oder ökologische Ziele können hier kulturprägend sein.

**Normen und Werte**

Je nach Ausrichtung des Unternehmens sind verschiedene Normen und Werte wichtig. Daraus entstehen dann Regeln, die die Kultur maßgeblich beeinflussen. Bedeutsam ist hier z. B. der Grad der Wertschätzung, sowohl nach innen als auch nach außen.

> **Beispiel**
>
> Basierend auf dem Leitsatz **„Zufriedene Kunden und zufriedene Mitarbeiter sind unser Kapital"** hat Dialogfix Standards für den Umgang mit Kunden aufgestellt: Reklamationen sind ernst zu nehmen, Kunden sind freundlich und entgegenkommend zu behandeln etc.

**Kommunikation**

Bei diesem Element der Unternehmenskultur geht es um Fragen wie z. B.:

- Worüber wird im Unternehmen gesprochen?
- Wie wird kommuniziert, wie ist der Umgangston?
- Welche Informationen werden an die Mitarbeiter weitergegeben?

**Rituale**

Rituale sind Praktiken, die sich in einem Unternehmen ständig wiederholen, z. B.

- Gestaltung von Betriebsfeiern und Teamevents,
- Vorbereitung und Ablauf von Meetings,
- Kleiderordnung.

**Vorbilder**

Als Vorbilder werden Menschen innerhalb einer Organisation bezeichnet, die die Werte und Normen des Unternehmens verkörpern. Dazu gehören z. B. charismatische Führungskräfte oder Unternehmensgründer. Vorbilder können als Leitfiguren für andere Mitarbeiter dienen und beeinflussen somit auch deren Handeln.

> **Beispiel**
>
> Firmengründer Reinhold Groß ist für viele Mitarbeiter von KommunikativAktiv ein Vorbild, da er in wenigen Jahren vom einfachen Mitarbeiter im Telefonservice zum erfolgreichen Manager aufgestiegen ist.

Vereinen sich die Elemente der Unternehmenskultur zu einem harmonischen Ganzen, spricht man häufig auch von der **Unternehmensidentität** oder **Corporate Identity** eines Unternehmens.

## Corporate Identity

> **# *Definition***
> Die **Corporate Identity (CI)** repräsentiert die Gesamtheit der „Charaktereigenschaften“ eines Unternehmens.

Das Konzept der CI entstand aus der Idee, dass Unternehmen wie Persönlichkeiten wahrgenommen werden und ähnlich wie solche handeln können. Insofern wird einem Unternehmen eine fast menschliche „Persönlichkeit“ zugesprochen bzw. es wird als Aufgabe der Unternehmenskommunikation angesehen, einem Unternehmen eine solche Identität zu geben.

Die Identität einer Person ergibt sich für den Beobachter üblicherweise aus der optischen Erscheinung sowie der Art und Weise zu sprechen und zu handeln. Betrachtet man ein Unternehmen als einen menschlichen Akteur, so lässt sich seine Identität mit einer Kombination aus schlüssigem Handeln, Kommunizieren und visuellem Auftreten übermitteln. Falls alle Teile ein einheitliches Ganzes ergeben, entsteht eine stabile Wahrnehmung eines Akteurs mit einem kennzeichnenden Charakter.

Corporate Identity besteht aus den folgenden Elementen:

- **Corporate Design (einheitliches Design)**
  Das Corporate Design bezeichnet die sichtbare Identität des Unternehmens, also z. B. Form und Farbe des Logos, Geschäftspapiere, Internetauftritt etc. Zunehmend wird dies durch weitere sinnlich wahrnehmbare Merkmale wie den akustischen Auftritt ergänzt. So kann ein Unternehmen etwa eine eindeutige Erkennungsmelodie in Werbespots verwenden.

- **Corporate Communication (einheitliche Kommunikation)**
  Die Corporate Communication umfasst die gesamte Unternehmenskommunikation, egal ob diese an den Kunden gerichtet ist oder intern abläuft.

- **Corporate Image (einheitliches Image)**
  Das Corporate Image ist die Wahrnehmung eines Unternehmens durch Außenstehende hinsichtlich Kultur, Leistungsangebot und Erfolg des Unternehmens.

- **Corporate Behavior (einheitliches Handeln)**
  Zum Corporate Behavior gehört das Verhalten der Mitarbeiter gegenüber dem Kunden, untereinander sowie gegenüber Partnern oder Lieferanten.

**Beispiel**

Dialogfix gestaltet die Corporate Identity u. a. anhand der folgenden Richtlinien:

**Design**

Das wichtigste Erkennungsmerkmal von Dialogfix ist das einprägsame Logo der Firma. Das Logo ist überall zu finden: auf Briefen und E-Mails, auf der Webseite des Unternehmens, den unterschiedlichen Social-Media-Kanälen sowie auf Bildern überall in den Büroräumen. Die Mitarbeiter tragen sogar Schlüsselbänder, auf denen das Logo abgedruckt ist.

Dialogfix hat in einem Regelwerk genau festgelegt, wie das Unternehmen sich nach außen optisch präsentiert. Dieses **Regelwerk** (Styleguide) kommt bei jeder optischen Präsentation des Unternehmens zum Einsatz. Dabei spielt es keine Rolle, ob sich das Unternehmen an seine Kunden oder an seine Mitarbeiter wendet.

*Auszug aus dem Styleguide:*
- *Einsatz, Aussehen, Position und Größe des Firmenlogos*
- *Die Schriftart ist Arial.*
- *Die Schriftgröße bei Überschriften ist 14, bei Text 11.*
- *Das Logo wird immer farbig abgedruckt bzw. angezeigt.*

So werden der Internetauftritt von Dialogfix, alle Werbebroschüren und Kundenanschreiben nach diesen Regeln erstellt. Aber auch Programme oder Intranetseiten, die nur von den Beschäftigten eingesehen werden können, entsprechen genau diesem Regelwerk.

**Kommunikation**

Auch zu diesem Thema hat das Unternehmen genaue Regeln im Styleguide hinterlegt. So ist z. B. genau festgelegt
- wie der Kunde am Telefon angesprochen wird,
- wie man sich in Briefen oder bei Telefonaten von Kunden verabschiedet,
- wie oft der Name des Kunden genannt wird,
- wie die Meldeformel für die Hotline gestaltet ist,
- wie das Unternehmen auf Beschwerden reagiert,
- welche Inhalte im Zusammenhang mit dem Unternehmen von welchen Personen genannt werden dürfen.

## Unternehmensleitbild

Eine explizite Ausformulierung der häufig unterschwellig wirkenden Unternehmenskultur und der Unternehmensidentität wird auch als **Unternehmensleitbild** bezeichnet. Im Leitbild finden sich sowohl Angaben zur Unternehmenskultur als auch zur Unternehmensphilosophie (Gesellschafts- und Menschenbild, Normen und Werte) und zu den Unternehmenszielen. Nach diesem Leitbild handeln das Unternehmen und seine Mitarbeiter. Das Unternehmensleitbild wirkt dabei sowohl nach innen als auch nach außen: Nach außen stellt es eine **Orientierung** und Positionierung gegenüber Kunden, Partnern, externen Institutionen und Mitbewerbern dar. Nach innen hat es eine **Integrationsfunktion** für die Mitarbeiter, durch die das tägliche Miteinander geprägt wird.

> **→ *Praxistipp***
> In vielen Unternehmen wird mittlerweile statt von „Unternehmensleitbild“ von einem „Mission Statement“ gesprochen.

Damit das Unternehmensleitbild die angestrebten Effekte erzielen kann, ist es unabdingbar, dass es mit Leben gefüllt wird. Nicht selten verbergen sich dahinter lediglich leere Worthülsen, die im Tagesgeschäft ohne Bedeutung bleiben. Daher sollte immer darauf geachtet werden, dass Unternehmensleitbild und tatsächliches Handeln eine **stimmige Einheit** bilden, die von allen Mitarbeitern gelebt wird.

Wie unterschiedlich Unternehmensleitbilder ausgestaltet sein können, zeigt ein Vergleich von Dialogfix und KommunikativAktiv:

**Beispiel 1: Auszug aus dem Unternehmensleitbild der Dialogfix GmbH**

**dialogfix GmbH**

*Zufriedene Kunden und zufriedene Mitarbeiter sind unser Kapital.*

Dieser Leitsatz verpflichtet uns zur ständigen Weiterentwicklung und definiert unseren täglichen Arbeitsauftrag.

Wir erfüllen unsere Aufgaben im Team – geplant und zielorientiert, ressourcenschonend und mit hoher Qualität.

Wir verpflichten uns dem Umweltschutz und treffen Maßnahmen, sparsam mit natürlichen Ressourcen umzugehen.

Die individuellen Wünsche und die Zufriedenheit unserer Kunden haben höchste Priorität.

Wir pflegen einen kooperativen Führungsstil und geben unseren Mitarbeitern die Chance, sich ständig weiterzuentwickeln.

Im Zuge unserer flachen Hierarchien sind alle Mitarbeiter über alle Ebenen per Du, ein Zeichen unseres starken Gemeinschaftsgefühls.

Wir begegnen allen Menschen mit Freundlichkeit und Respekt, unabhängig von Hautfarbe, Herkunft, Religion oder sozialem Status.

Wir arbeiten wirtschaftlich, um unsere Zukunft zu sichern.

**Beispiel 2: Auszug aus dem Unternehmensleitbild der KommunikativAktiv KG**

> **KommunikativAKTIV**
>
> Die KommunikativAktiv KG ist ein im deutschsprachigen Raum tätiges Unternehmen der Callcenter-Branche. Unser Kerngeschäft ist die erfolgsorientierte Kundenberatung für namhafte Auftraggeber.
>
> Jegliche Aktivität ist mit unserem Qualitätsmanagement verknüpft. Diese Richtlinien sind eine wichtige Basis für unseren wirtschaftlichen Erfolg. Unternehmensleitung und Mitarbeiter leben dieses Qualitätsmanagement täglich und sehen es als einen steten Ansporn für kontinuierliche Verbesserungen in den Arbeitsprozessen. So können wir unseren Auftraggebern eine 100 %-Zufriedenheitsgarantie bieten.
>
> Jeder Mitarbeiter erhält vielfältige Unterstützung zur optimalen Ausführung seiner Tätigkeit sowie zur persönlichen und beruflichen Weiterentwicklung. Mit nachvollziehbaren Karrierewegen bietet KommunikativAktiv jedem leistungswilligen Mitarbeiter außergewöhnliche Entwicklungsmöglichkeiten.
>
> Wir bewerten unsere Mitarbeiter nach Einsatz, Leistung und Durchsetzungskraft – nicht nach Alter, Geschlecht, Herkunft oder Vorbildung.
>
> Durch diese Grundsätze wurde KommunikativAktiv zu einem wachstumsstarken Anbieter in einem hart umkämpften Markt. Sie sind die Basis für ein weiteres robustes Wachstum.

## 1.2 Organisationsprozesse

Unternehmen im Dialogmarketing sind charakterisiert durch **Mitarbeiterinnen und Mitarbeiter**, die besondere Kompetenzen aufweisen, und **Kommunikationsanlagen**, die sehr branchenspezifisch sind. Um einen kundenorientierten und wirtschaftlichen Einsatz dieser wertvollen Ressourcen zu gewährleisten, sind einige organisatorische Voraussetzungen zu erfüllen.

2 | 2.3
4 | 1

Von **Organisation** im betrieblichen Zusammenhang spricht man, wenn

- sich mehrere **Personen** zusammenschließen,
- um ein **gemeinsames Ziel** zu erreichen, und
- die anfallenden Tätigkeiten **systematisch und dauerhaft geregelt** werden.

Die betriebliche Organisation unterscheidet die Aufbau- und die Ablauforganisation:

- Die **Aufbauorganisation** beschäftigt sich mit der Strukturierung eines Unternehmens in **organisatorische Einheiten**, z. B. in Stellen, Teams und Abteilungen, sowie mit den **Weisungsbefugnissen**.

- Bei der **Ablauforganisation** geht es hingegen darum, **Arbeitsabläufe** unter Berücksichtigung von Raum, Zeit, Mitarbeitern, Technik und Arbeitsmitteln festzulegen.

Die Aufbauorganisation und die Ablauforganisation stehen dabei in einem engen Abhängigkeitsverhältnis und betrachten die unternehmerischen Prozesse unter verschiedenen Blickwinkeln. Während es bei der Aufbauorganisation um die Bildung von **organisatorischen Einheiten** geht, beschäftigt sich die Ablauforganisation mit der **optimalen Nutzung** dieser Einheiten.

### 1.2.1 Aufbauorganisation

Der organisatorische Aufbau eines Unternehmens wird oft als die **Hierarchie** (Rangordnung) in einem Unternehmen bezeichnet. Typisch für Contact Center ist eine flache Hierarchie. Diese Organisation ermöglicht eine rasche Reaktion auf häufig wechselnde Rahmenbedingungen, z. B. auf neue Produkte, ein neues Projekt oder auf einen neuen externen Auftraggeber.

In der Aufbauorganisation tauchen immer wieder typische Begriffe auf:

| | |
|---|---|
| **Stelle** | kleinste Einheit der Organisation, umfasst das Arbeitsgebiet einer Person |
| **Abteilung** | Zusammenfassung von sachlich zusammenhängenden Stellen |
| **Instanz** | Stelle, die anderen Stellen Weisungen erteilen darf |
| **Stabsstelle** | unterstützende Stelle, die spezielle Funktionen außerhalb des normalen Tagesgeschäfts ausführt |
| **Leitungssystem** | Regelung der Weisungsbefugnisse (Weisungssystem) |

Die organisatorischen Einheiten sowie deren Aufgabenverteilung und Kommunikationsbeziehungen werden meist mittels eines **Organigramms** dargestellt.

Ein Organigramm **visualisiert** dabei die

- Verteilung betrieblicher Aufgaben auf die ausführenden Stellen (z. B. einzelne Mitarbeiter, Teams oder Abteilungen),
- hierarchische Struktur und Weisungsbefugnisse,
- Einordnung von eventuell vorhandenen Stabsstellen,
- personelle Besetzung der einzelnen Stellen.

Der Grad der Detaillierung eines Organigramms kann unterschiedlich sein. So können z. B. alle Beschäftigten des Unternehmens abgebildet werden oder nur die einzelnen Teams oder Abteilungen. Denkbar ist auch, dass in einem Organigramm der Kunde und seine Beziehung zu den einzelnen Stellen ausdrücklich dargestellt werden.

> **Praxistipp**
>
> Für die **grafische Darstellung** von Organigrammen gibt es keine eindeutigen Regelungen, sodass häufig auch unternehmensspezifische Darstellungsweisen zu finden sind. Oft findet man aber Rechtecke und Kreise.
>
> In einem **Rechteck** kann sowohl eine einzelne Person stehen, die eine Stelle innehat, als auch ein Team oder eine Abteilung. Rechtecke mit einer Verbindung nach unten stellen darüber hinaus die Rolle eines Vorgesetzten dar.
>
> Stabsstellen werden in Form eines **Kreises** dargestellt und finden sich meist neben der Managementebene oder einzelnen Abteilungen.

Die Vorteile eines Organigramms liegen in der klaren und übersichtlichen Darstellung der Unternehmensstruktur und der eindeutige Regelung von Zuständigkeiten. Ein Organigramm wirkt dadurch sowohl unternehmensintern als auch nach außen. Nachteilig ist die vereinfachende und starre, wenig flexible Form.

## 1.2.2 Leitungssysteme

Um innerhalb eines Unternehmens Aufgaben übertragen zu können und Abstimmungsprobleme zu vermeiden, ist im Rahmen der Aufbauorganisation eine klare Regelung der Weisungsbefugnisse notwendig. Dabei lassen sich grundsätzlich **Einliniensysteme** und **Mehrliniensysteme** unterscheiden, die in der Praxis neben der jeweiligen Grundform auch in einer Vielzahl von Variationen auftreten können.

### Einlinienorganisation

Die Grundform der Einlinienorganisation orientiert sich am **Grundsatz der Einheitlichkeit der Auftragserteilung**, d. h., jede Anweisung an eine Stelle kann nur von einer übergeordneten Instanz veranlasst werden.

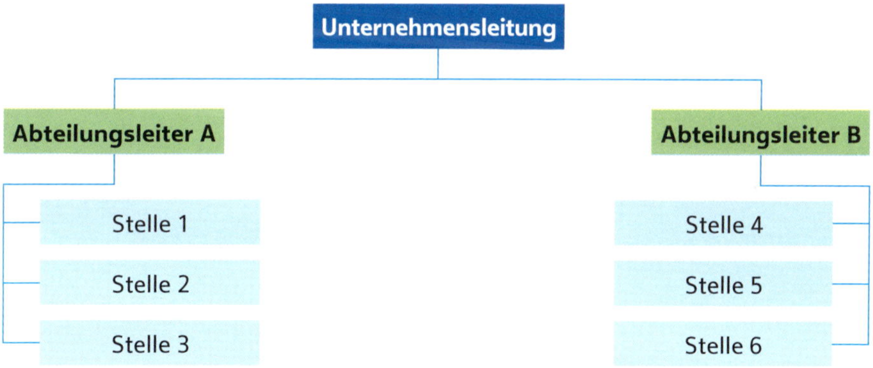


*Abb.: Einliniensystem*

Vorteile dieser straffen Organisation ergeben sich in der klaren Abstufung der Leitungsebenen und der damit verbundenen Rangordnungen. Ebenso zählen eine exakte Kompetenzabgrenzung sowie eine klare Übersicht über die Gliederung der Organisation zu den weiteren Vorteilen dieses Leitungssystems.

Nachteilig ist der unter Umständen zu langwierige Instanzenweg, der den Informationsfluss zwischen den Stellen behindert und für eine mangelnde Dynamik bei Arbeitsprozessen sorgen kann. Ebenso ist häufig eine hohe Belastung der Führungsinstanzen durch Routineaufgaben und fachliche Details zu beobachten. Ein reines Einliniensystem ist daher vor allem für kleinere Unternehmen geeignet.

## Stablinienorganisation

Die Stablinienorganisation ist eine um Stabsstellen erweiterte Form des Einliniensystems. Bei einem Stab handelt es sich um sogenannte **Querschnittsfunktionen**, also Aufgaben, die neben dem eigentlichen Unternehmensgeschäft anfallen und zur Entlastung und Beratung der Führungsebene dienen. Typische Stabsstellen sind z. B. Qualitätsmanagement oder Öffentlichkeitsarbeit.

Die Stäbe haben meist keine oder lediglich fachliche Weisungsbefugnis gegenüber dem unterstellten Bereich des Vorgesetzten. Jeder Mitarbeiter hat wie beim Einliniensystem genau einen Vorgesetzten. Durch den Einsatz von Spezialisten wird aber die **Entscheidungsqualität** erhöht und die Abhängigkeit des Vorgesetzten vom unterstellten Bereich verringert. Durch die Einbeziehung von Stabsstellen werden sowohl die Linieninstanzen als auch die Führungskräfte entlastet, ohne in deren Entscheidungskompetenzen einzugreifen.

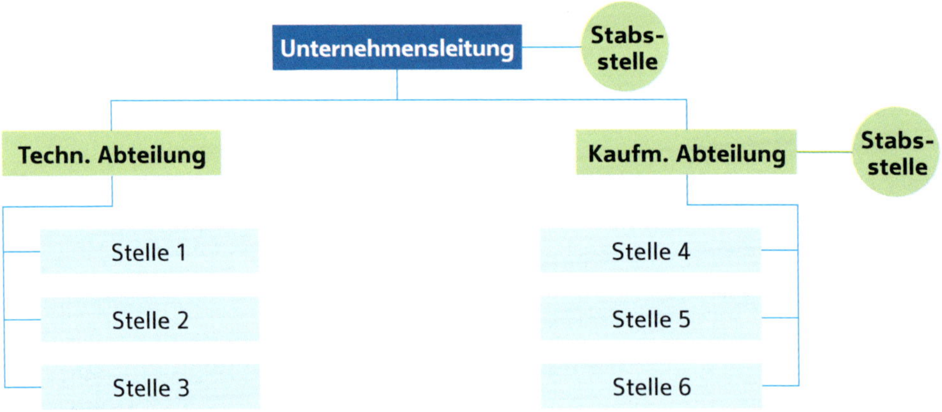


***Abb.: Stablinienorganisation***

**Beispiel**

Bei der Dialogfix GmbH ist zur Unterstützung der Geschäftsführung die Stabsstelle Öffentlichkeitsarbeit eingerichtet.

Obwohl die Stabsstellen meist keine ausdrückliche Entscheidungsbefugnis besitzen, ergibt sich in der Praxis aufgrund des Spezialwissens eine gewisse Entscheidungsgewalt. Durch Machtausübung aufgrund von Wissensvorsprüngen gegenüber der zugehörigen Linienstelle kann ein Konfliktpotenzial entstehen.

## Spartenorganisation

Eine weitere Form der Einlinienorganisation ist die **Divisional-** oder **Spartenorganisation**, die man hauptsächlich bei großen Unternehmen mit verschiedenen Geschäftsbereichen findet. Bei dieser Organisationsform wird das Unternehmen in einzelne Geschäftsbereiche (Sparten) – oft mit eigener Ergebnisverantwortung – unterteilt. Die Bildung der Geschäftsbereiche ist meist objektbezogen, z. B. als Unterteilung in Privat- und Geschäftskunden oder als Einteilung nach verschiedenen Produktgruppen.

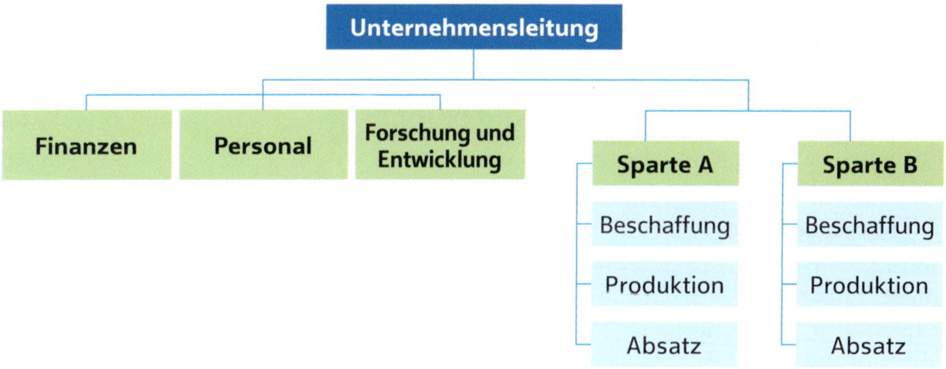


*Abb.: Spartenorganisation*

Kennzeichnend für diese Organisationsform ist die Aufspaltung in **strategische Aufgaben**, die von der Unternehmensleitung wahrgenommen werden, und in operative Aufgaben, die von der jeweiligen Sparte ausgeführt werden. Durch das eigenständige Arbeiten der einzelnen Sparten erfolgt eine spürbare Entlastung der Unternehmensleitung. Allerdings kann die erhöhte Eigenverantwortung zu Schwierigkeiten führen, wenn einzelne Sparten verstärkt nach Autonomie streben und dies zulasten des Gesamtunternehmens geht.

Dem wird in der Praxis meist durch die Einrichtung von spartenübergreifenden Zentralbereichen begegnet, die – ähnlich den Stabsstellen – bestimmte Unternehmensaufgaben, z. B. Personal oder Rechnungswesen, wahrnehmen.

## Mehrlinienorganisation

Bestimmendes Merkmal der einlinienorientierten Organisationsformen ist die **Einheitlichkeit der Auftragserteilung**, d.h., jeder Mitarbeiter und jede Stelle ist grundsätzlich nur einem Weisungsgeber unterstellt. Die Grundform der Mehrlinienorganisation hingegen folgt dem Prinzip der **Funktionalisierung der Leitung**. Der Weg der Aufträge wird hier nicht durch den Instanzenweg festgelegt, sondern durch die Art der betreffenden Aufgabe. Dies führt dazu, dass der einzelne Mitarbeiter nicht mehr nur von einer Stelle, sondern von vielen Stellen Aufträge erhalten kann. Dadurch wird das **Prinzip des kürzesten Weges** realisiert, da nun der Mitarbeiter direkt mit den betroffenen Spezialisten, z. B. aus dem IT-Bereich, verbunden ist. Dies erfordert eine enge Zusammenarbeit und erleichtert die Spezialisierung für die Instanzen sowie die Aneignung von Fachwissen und verkürzt die Informations- und Kommunikationswege zu der untergeordneten Ebene.

Problematisch für den einzelnen Mitarbeiter ist, dass die verschiedenen Anweisungen sich ggf. überschneiden oder widersprechen und sich somit motivations- und leistungshemmend auswirken können. Die Kompetenzen der einzelnen Instanzen lassen sich ebenfalls nicht so scharf trennen. Somit beinhaltet dieses System die Gefahr von **Kompetenzkonflikten** und birgt Probleme bei der Abgrenzung von Zuständigkeiten. Sinnvoll ist diese Organisation daher eher bei kleineren Unternehmen, in denen es relativ wenige Leitungsebenen (z.B. kaufmännische und technische Abteilung) gibt und somit die Vorteile die Nachteile überwiegen.

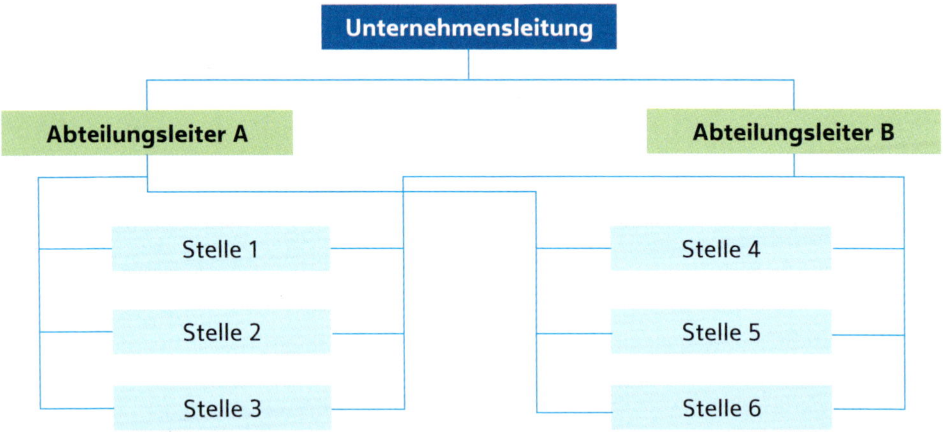


***Abb.: Mehrlinienorganisation***

Um die Vorteile der Mehrlinienorganisation auch bei großen Unternehmen zu nutzen, wurden im Laufe der Zeit verschiedene Formen der Mehrlinienorganisation entwickelt, wie z.B. die **Matrixorganisation**, die durch die Überlagerung von funktionsorientierten und objektorientierten Organisationsstrukturen, die formal einer Matrix gleichen,
9|3.3 gekennzeichnet ist. Diese Organisationsform ist häufig in **Projekten** anzutreffen.

## 1.2.3 Ablauforganisation

Im Mittelpunkt der Ablauforganisation steht die Gestaltung der **Arbeitsabläufe** (engl. = workflow). Dazu gehören auch die zur Aufgabenerfüllung benötigten Arbeitsmittel und Informationen. Häufig spricht man in diesem Zusammenhang auch von einem **Prozess**. **8|6**

**Beispiele**

Typische **Arbeitsabläufe** bei Dialogfix sind

- Bestellannahme,
- Beschwerdemanagement,
- technischer Support,
- Verkauf.

Typische **Arbeitsmittel** sind

- Telefon,
- Headset,
- PC.

Die Ablauforganisation dient dazu, komplexe betriebliche **Arbeitsabläufe** mittels Standardisierung und Routinisierung besser zu beherrschen. Im Callcenter sollen damit insbesondere folgende **Ziele** erreicht werden:

- Maximierung der Kapazitätsauslastung
- Verringerung der Warte- und Leerlaufzeiten
- kürzere Gesprächs- und Nachbearbeitungszeiten
- Reduzierung der Kosten der Vorgangsbearbeitung
- Qualitätssteigerung der Vorgangsbearbeitung und der Arbeitsbedingungen
- Optimierung der Arbeitsplatzgestaltung und -anordnung

Die konkrete Ausgestaltung der einzelnen Arbeitsprozesse in der gesamten Ablauforganisation ist von verschiedenen, oft unternehmensspezifischen Faktoren abhängig:

- die bislang bestehende Aufbau- und Ablauforganisation des Unternehmens
- die Qualifikation der Mitarbeiterinnen und Mitarbeiter
- die zur Verfügung stehenden Arbeitsmittel und Räumlichkeiten
- rechtliche Rahmenbedingungen (z. B. Unfallverhütung, Datenschutz, Arbeitszeit)
- Erwartungshaltung der Kunden
- Stellung des Unternehmens am Markt
- Unternehmenskultur
- finanzielle Rahmenbedingungen

→ ***Praxistipp***
Die **grafische Darstellung** der Ablauforganisation, z. B. mittels eines Flussdiagramms (PAP), ist Inhalt des 2. Ausbildungsjahres (Prozesse organisieren). **8|6.2**

## 1.3 Rechtsformen des Unternehmens

### 1.3.1 Handelsrechtliche Grundbegriffe

Die Rechtsform ist die **Rechtsverfassung** eines Unternehmens. Sie regelt die Rechtsbeziehungen innerhalb des Unternehmens (Innenverhältnis) sowie zwischen dem Unternehmen und Dritten (Außenverhältnis). Die gesetzlichen Regelungen der Rechtsformen finden sich im **Handelsgesetzbuch (HGB)**.

#### Handelsregister

> #
> ***Definition***
> Das **Handelsregister** (HR) ist ein öffentliches Verzeichnis aller Kaufleute in einem Amtsgerichtsbezirk, in dem über wichtige Sachverhalte informiert wird.

Das Handelsregister wird in elektronischer Form beim Amtsgericht geführt. Es besteht aus zwei Abteilungen: In der **Abteilung A** sind Einzelkaufleute und Personengesellschaften eingetragen (HRA), in der **Abteilung B** die Kapitalgesellschaften (HRB). Im Handelsregister werden z. B. die Firma, der Firmensitz, sämtliche Gesellschafter, die vertretungsberechtigten Personen, Stammkapital bzw. Kapitaleinlagen und die Rechtsform eingetragen. Die Eintragungen genießen **öffentlichen Glauben**. Damit erfüllt das Handelsregister auch eine Schutzfunktion, da jeder Interessierte die eingetragenen Information einsehen kann und auf deren Richtigkeit vertrauen kann (§ 9 Abs. 1 HGB).

> →
> ***Praxistipp***
> Die Eintragungen sind im Internet unter www.handelsregister.de abrufbar.

#### Kaufmannseigenschaft

Umgangssprachlich werden häufig alle kaufmännisch tätigen Personen als „Kaufleute“ bezeichnet, z. B. „Kaufleute für Dialogmarketing“ oder „Bankkaufleute“. Genau genommen verbergen sich hinter diesen Bezeichnungen jedoch sogenannte **Kaufmannsgehilfen**, also Angestellte in einem Handelsgewerbe (kaufmännische Angestellte). Im **rechtlichen Sinne** ist der Begriff des **Kaufmanns** jedoch anders definiert.

> #
> ***Definition***
> **Kaufmann** ist, wer ein Handelsgewerbe betreibt. Ein Handelsgewerbe ist jeder Gewerbebetrieb, es sei denn, dass das Unternehmen nach Art oder Umfang einen in kaufmännischer Weise eingerichteten Geschäftsbetrieb nicht erfordert (§ 1 HGB).

Ein **Handelsgewerbe** liegt vor, wenn es sich um eine Tätigkeit handelt, die

- selbstständig und auf Dauer angelegt ist,
- nach außen erkennbar ist und
- einen Gewinn erzielen soll.

Ob ein in kaufmännischer Weise eingerichteter Geschäftsbetrieb erforderlich ist, entscheidet man im Einzelfall. Dazu werden verschiedene Kriterien wie z. B. die Höhe des Umsatzes oder die Anzahl der Beschäftigten herangezogen.

> *Praxistipp*
> Die freien Berufe (z. B. Ärzte oder Rechtsanwälte) gelten nicht als Handelsgewerbe und fallen daher auch nicht unter die Regelungen des HGB.

Das **HGB** differenziert in unterschiedliche **Arten von Kaufleuten**:

- Treffen die genannten Merkmale des Handelsgewerbes zu, spricht man von einem **Istkaufmann**. Die Eintragung ins Handelsregister (s. o.) dokumentiert lediglich die Kaufmannseigenschaft (rechtsbezeugende, deklaratorische Wirkung).
- Ein Kleingewerbetreibender ohne einen in kaufmännischer Weise eingerichteten Geschäftsbetrieb erlangt durch die **freiwillige Eintragung** ins Handelsregister die Kaufmannseigenschaft (rechtsbegründende, konstitutive Wirkung). In diesem Fall spricht man auch von einem **Kannkaufmann**. Gleiches gilt für Betriebe der Land- und Forstwirtschaft.
- Bestimmte juristische Personen sind kraft ihrer Rechtsform Kaufmann. Es handelt sich dann um einen **Formkaufmann**. Dies gilt in erster Linie für Kapitalgesellschaften (z. B. GmbH). Die Kaufmannseigenschaft wird jedoch erst mit der Eintragung ins Handelsregister erworben (rechtsbegründende, konstitutive Wirkung). 1 | 1.3.3

Für Kaufleute gelten grundsätzlich die Rechte und Pflichten des HGB. So leitet sich z. B. aus der Kaufmannseigenschaft die **Buchführungspflicht** ab. Auch ergibt sich daraus das Recht, eine **Firma** zu führen. 7 | 1.1

## Firma

Der Begriff „Firma“ wird umgangssprachlich meist als Bezeichnung für einen Betrieb oder ein Unternehmen verwendet. Aber auch hier gibt es im rechtlichen Sinne eine abweichende Bedeutung.

> # *Definition*
> Die **Firma** eines Kaufmanns ist der Name, unter dem er seine Geschäfte betreibt und die Unterschrift abgibt (§ 17 HGB).

Das **HGB** legt einige **Grundsätze der Firmenwahl** fest:

- **Rechtsformzusatz**
  Die Firma muss einen Zusatz enthalten, aus dem die Rechtsform des Unternehmens hervorgeht. Dies dient der Offenlegung der Haftungs- und Gesellschaftsverhältnisse. Eine allgemein verständliche Abkürzung ist zulässig (z. B. KG, GmbH).
- **Firmenwahrheit und Firmenklarheit**
  Für Außenstehende muss erkennbar sein, wer Firmeninhaber ist und welche Art von Unternehmung vorliegt. Es dürfen keine falschen Angaben über Art und Umfang der Firma gemacht werden.
- **Firmenausschließlichkeit**
  Die Firma muss sich von anderen Firmen unterscheiden, die sich am selben Ort befinden und bereits ins Handelsregister eingetragen sind.
- **Firmenbeständigkeit**
  Um Irreführungen zu vermeiden, kann die Firma nur gemeinsam mit dem zugrunde liegenden Handelsgeschäft verkauft werden.
- **Firmenöffentlichkeit**
  Jeder Kaufmann muss seine Firma ins Handelsregister eintragen lassen. Auf den Geschäftsbriefen muss die Firma neben weiteren Pflichtangaben genannt werden.

Für die Bezeichnung des Firmennamens sind verschiedene **Firmenarten** möglich:

| | | |
|---|---|---|
| **Personenfirma** | der Name des Kaufmanns bzw. eines oder mehrerer Gesellschafter | Beispiel:<br>Schmidt & Meyer KG |
| **Sachfirma** | eine sachliche Beschreibung der Unternehmenstätigkeit | Beispiel:<br>Straßenbau AG |
| **Fantasiefirma** | eine frei erdachte Bezeichnung | Beispiel:<br>Dialogfix GmbH |
| **Mischfirma** | eine Kombination aus Personen-, Sach- bzw. Fantasiefirma | Beispiel:<br>Georg Westermann Verlag GmbH & Co. KG |

## 1.3.2 Personengesellschaft am Beispiel der KG

#

***Definition***

Bei einer **Personengesellschaft** schließen sich zwei oder mehr Personen zusammen, um ein Unternehmen zu gründen. Die Gesellschafter haften mit ihrem gesamten Geschäfts- und Privatvermögen für die Verbindlichkeiten des Unternehmens.

Mindestens einer der Gesellschafter leitet das Unternehmen persönlich und vertritt es nach außen. Typische Personengesellschaften sind die offene Handelsgesellschaft (OHG) und die **Kommanditgesellschaft (KG)**.

Die KG zeichnet sich durch zwei Arten von Gesellschaftern aus, von denen jeweils mindestens einer vorhanden sein muss:

1. Die **Komplementäre** (= Vollhafter) sind die persönlich haftenden Gesellschafter, die mit ihrem gesamten Vermögen haften.
2. **Kommanditisten** (= Teilhafter) sind Gesellschafter, deren Haftung den Gläubigern gegenüber lediglich auf den Betrag ihrer Kapitaleinlage beschränkt ist.

Die rechtlichen Grundlagen der KG finden sich in §§ 161 bis 177a HGB.

| | |
|---|---|
| **Gründung** | Zur Gründung sind mindestens ein Komplementär und ein Kommanditist erforderlich, die einen Gesellschaftsvertrag abschließen. Das Eigenkapital wird durch Einlagen der Gesellschafter aufgebracht. Ein Mindestkapital ist nicht vorgeschrieben. Ins Handelsregister werden die Namen aller Gesellschafter sowie die Höhe der Kapitaleinlagen der Kommanditisten eingetragen. Die Firma muss den Zusatz „Kommanditgesellschaft" bzw. „KG" tragen. |
| **Haftung** | **Komplementäre** haften<br>• **unbeschränkt** mit ihrem gesamten Vermögen (persönliche Haftung),<br>• für **sämtliche** Verbindlichkeiten der KG (gesamtschuldnerische Haftung),<br>• **unmittelbar** gegenüber jedem einzelnen Gläubiger (direkte Haftung).<br>Die **Kommanditisten** haften lediglich in Höhe ihrer Kapitaleinlage. |
| **Geschäftsführung** | Die unternehmerischen Entscheidungen werden nur von den **Komplementären** getroffen. Dabei kann jeder Komplementär alleine handeln (Einzelgeschäftsführung). Dies erstreckt sich auf alle gewöhnlichen Handlungen des Handelsbetriebes, lediglich außergewöhnliche Handlungen (z. B. Aufnahme neuer Gesellschafter) benötigen die Zustimmung aller Komplementäre. Die **Kommanditisten** sind von der Geschäftsführung ausgeschlossen und haben lediglich bei außergewöhnlichen Handlungen ein Widerspruchsrecht. Ihnen stehen jedoch gewisse Kontrollrechte zu, so dürfen sie z. B. Bilanzabschriften und Bucheinsichten verlangen.<br>Auch **nach außen** vertreten nur die Komplementäre die Gesellschaft, jeder Vollhafter hat dabei eine Einzelvertretungsmacht für gerichtliche und außerordentliche Geschäfte. Die Kommanditisten treten nach außen nicht in Erscheinung. |
| **Gewinnverteilung** | Bei der Gewinnverteilung bekommt zunächst **jeder Gesellschafter** eine Verzinsung von 4 % seines Kapitalanteils. Der restliche Gewinn wird in einem **angemessenen Verhältnis**, das meist im Gesellschaftsvertrag festgelegt wird, verteilt. Dabei steht den Komplementären, die die Geschäftsführung innehaben und zudem mit ihrem ganzen Vermögen haften, im Allgemeinen ein größerer Gewinnanteil zu als den Kommanditisten.<br>Auch die **Verteilung eines Verlustes** wird im Gesellschaftsvertrag geregelt. An dem Verlust darf der Kommanditist aber nur bis zum Betrag seines Kapitalanteils beteiligt werden. |

Vorteilhaft bei der KG ist die Möglichkeit zur Aufnahme neuer Gesellschafter. Die Kommanditisten gehen dabei nicht das Risiko ein, auch ihr Privatvermögen bei Verlusten der Gesellschaft zu verlieren. Durch den Eintritt von Kommanditisten erhöht sich demzufolge das Eigenkapital des Unternehmens, für das keine festen Zinszahlungen anfallen. Die unternehmerischen Entscheidungen verbleiben dennoch bei den Komplementären.

**Beispiel**

Die beiden Komplementäre Hans Herrmann und Reinhold Groß führen die Geschäfte der KommunikativAktiv KG. Darüber hinaus gibt es noch vier Kommanditisten, die finanziell am Unternehmen beteiligt sind, aber nach außen nicht in Erscheinung treten.

### 1.3.3 Kapitalgesellschaft am Beispiel der GmbH

> **#** *Definition*
> Bei einer **Kapitalgesellschaft** haften die Gesellschafter lediglich mit dem eingebrachten Kapital (Gesellschaftsvermögen), es gibt keine persönliche Haftung.

8|3.2 Kapitalgesellschaften besitzen eine eigene Rechtspersönlichkeit (juristische Person), die zahlreichen gesetzlichen Bestimmungen unterliegt. Typische Kapitalgesellschaften sind die Aktiengesellschaft (AG) und die **Gesellschaft mit beschränkter Haftung (GmbH)**.

Die näheren Bestimmungen zur GmbH sind im GmbH-Gesetz (GmbHG) geregelt, welches zuletzt 2008 umfassend modernisiert wurde.

| | |
|---|---|
| **Gründung** | Die GmbH ist eine Kapitalgesellschaft mit eigener Rechtspersönlichkeit. Das **Gesellschaftskapital (Stammkapital)** beträgt grundsätzlich mindestens 25 000,00 €. **Geschäftsanteile (Stammeinlagen)** sind die Beiträge der einzelnen Gesellschafter zum Stammkapital. Die Höhe der Stammeinlage kann für die einzelnen Gesellschafter unterschiedlich hoch sein, sie muss je Gesellschafter nur mindestens 1,00 € betragen. Die Gründung ist auch durch lediglich eine Person möglich (sogenannte „Ein-Mann-GmbH"). Die **Firma** muss den Zusatz „Gesellschaft mit beschränkter Haftung" bzw. „GmbH" tragen.<br><br>Zudem kann eine GmbH auch ohne ein bestimmtes Mindeststammkapital gegründet werden. Bei einer solchen GmbH handelt es sich um eine **haftungsbeschränkte Unternehmergesellschaft** (sogenannte „Mini-GmbH" oder „Ein-Euro-GmbH"). Allerdings dürfen dann die Gewinne nicht voll ausgeschüttet werden, um auf diese Weise das Mindeststammkapital der normalen GmbH nach und nach anzusparen. |
| **Haftung** | Für die Verbindlichkeiten der Gesellschaft haftet den Gläubigern grundsätzlich nur die GmbH mit ihrem **Gesellschaftsvermögen**. Die Gesellschafter haften nicht mit ihrem Privatvermögen, es gilt eine strikte Trennung zwischen der juristischen Person der GmbH und dem Vermögen der Gesellschafter. Dies macht die GmbH zu einer beliebten Rechtsform, wenn es darum geht, die persönliche Haftung der Gesellschafter möglichst gering zu halten. |
| **Geschäftsführung** | Die GmbH hat verschiedene gesetzlich geregelte **Organe**:<br>• Die **Geschäftsführer** treffen die unternehmerischen Entscheidungen und vertreten die GmbH nach außen. Die Geschäftsführer müssen keine Gesellschafter sein, sondern können angestellt werden.<br>• Die **Gesellschafterversammlung** wird durch die Geschäftsführer einberufen. Sie ist das oberste Organ der GmbH. Hier entscheiden die Gesellschafter mit der Mehrheit der abgegebenen Stimmen (je 1,00 € Stammeinlage eine Stimme) über grundsätzliche Angelegenheiten wie etwa Jahresabschluss und Gewinnverteilung oder Bestellung und Abberufung der Geschäftsführer.<br>• Gemäß Gesellschaftsvertrag kann ein **Aufsichtsrat** als Kontrollorgan eingerichtet werden. Gesetzlich durch das Betriebsverfassungsgesetz vorgeschrieben ist er nur für GmbHs, die mehr als 500 Arbeitnehmer beschäftigen. Seine Aufgaben liegen im Wesentlichen in der Überwachung der Geschäftsführer und der Prüfung des Jahresabschlusses. |
| **Gewinnverteilung** | Die **Gesellschafter** haben grundsätzlich Anspruch auf den von der GmbH erzielten Gewinn. Falls der Gesellschaftsvertrag nichts anderes bestimmt und die Gesellschafterversammlung der Gewinnausschüttung zustimmt, wird nach dem Verhältnis der Geschäftsanteile verteilt. |

Die GmbH wird als Unternehmensform oft gewählt, um die Haftung der Gesellschafter zu begrenzen. Zudem ist die Zahl der Gesellschafter unbegrenzt. Sie ist hauptsächlich bei kleineren und mittleren Unternehmen anzutreffen. Auch die meisten Neugründungen erfolgen als GmbH, da die gesetzlichen Vorschriften, die für eine GmbH gelten, relativ einfach zu erfüllen sind.

**Beispiel**

Die Gesellschafterversammlung der Dialogfix GmbH hat Tim Braun, Raymond Kruse und Dorothea Russ die Geschäftsführung übertragen.

➔ ***Praxistipp***

Eine besondere Konstruktion stellt die **GmbH & Co. KG** dar. Sie ist rechtlich eine KG (Personengesellschaft), als deren einziger Vollhafter eine GmbH (Kapitalgesellschaft) auftritt. Somit führt in dieser Gesellschaft eine juristische Person das Unternehmen. Dadurch wird die unmittelbare und unbeschränkte Haftung des Komplementärs in eine mittelbare und beschränkte Haftung zu verwandelt. Über aktuelle Entwicklungen zu den Rechtsformen informieren die Kammern, z. B. unter www.frankfurt-main.ihk.de/hauptnavigation/gruendung-und-foerderung/rechtsinformationen-fuer-gruender/rechtsformen-gesellschaftrechtsformen/gmbh-5249392.

## 1.4 Zusammenarbeit mit externen Institutionen

Unternehmen im Dialogmarketing agieren in einem Geflecht von unterschiedlichen externen Organisationen, Behörden und Interessenvertretungen. Zusammenarbeit und Berührungspunkte ergeben sich auf den verschiedensten Ebenen:

| Institution | Funktion | |
|---|---|---|
| **Industrie- und Handelskammern** | Als **Interessenvertreter der gewerblichen Wirtschaft** nehmen sie zahlreiche Aufgaben in der Beratung, Wirtschaftsförderung und der Aus- und Weiterbildung wahr. Die IHK ist „zuständige Stelle“ im Sinne des Berufsbildungsgesetzes (BBiG). Die Zwischen- und Abschlussprüfung werden von der regional zuständigen IHK durchgeführt. | |
| **Aufsichtsbehörden** | Zur Überwachung der verschiedenen **Schutzgesetze** haben die Bundesländer Aufsichtsbehörden eingesetzt. Die Zuordnung ist hier länderspezifisch. Auch die **Gewerbeaufsichtsämter**, die sich z. B. um die Einhaltung der Umweltschutzbestimmungen kümmern, sind länderspezifisch ausgestaltet. | 1\|2.2 |
| **Berufsgenossenschaften** | Als Träger der gesetzlichen **Unfallversicherung** nehmen sie Aufgaben der Unfallverhütung und der Rehabilitation wahr. Zuständig für kaufmännische Tätigkeiten wie z. B. in der Dialogmarketingbranche ist die **Verwaltungsberufsgenossenschaft**. | 1\|2.4 |
| **Sozialversicherungsträger** | Hier spielen insbesondere die **gesetzlichen Krankenkassen** eine wichtige Rolle, die den Beitragseinzug für die Zweige der Sozialversicherung übernehmen, für die sowohl Arbeitgeber als auch Arbeitnehmer Beiträge zahlen. | 1\|2.4 |

| Institution | Funktion |
|---|---|
| 1\|2.3 **Gewerkschaften** | Die **Interessenvertretung der Arbeitnehmer** nimmt zahlreiche Beratungs- und Unterstützungsaufgaben für ihre Mitglieder wahr. Dies reicht vom Rechtsschutz über die betriebliche Mitbestimmung bis zum Abschluss von **Tarifverträgen**. Bedeutendste Gewerkschaft in der Dialogmarketingbranche ist die Dienstleistungsgewerkschaft **ver.di**. |
| **Berufsvertretungen** | Sie sind meist als Verein organisiert und haben das Ziel, die beruflichen, wirtschaftlichen und sozialen Belange ihrer Mitglieder zu fördern, ohne dabei jedoch die gesetzlich verbürgten Aufgaben einer Gewerkschaft wahrzunehmen. Beispiel: Bundesverband höherer Berufe der Technik, Wirtschaft und Gestaltung e. V. (BVT). |
| **Interessenverbände** | Unternehmen einer Branche können sich zusammenschließen, um ihre gemeinsamen Interessen gegenüber der Politik und der Öffentlichkeit besser zu kommunizieren. Intern bieten sie für ihre Mitglieder als Netzwerk einen Erfahrungs- und Wissensaustausch an. Die wichtigsten Interessenverbände im Dialogmarketing sind der **Customer Service & Call Center Verband Deutschland e. V. (CCV)** und der **Deutscher Dialogmarketing Verband e. V. (DDV).** |
| 8\|5 **Verbraucherzentralen** | Die Verbraucherzentralen in den einzelnen Bundesländern bieten Beratung und Information zu Fragen des **Verbraucherschutzes** und helfen bei Rechtsproblemen. Die Dachorganisation, der **Verbraucherzentrale Bundesverband**, vertritt die Interessen der Verbraucher gegenüber Politik, Wirtschaft und Gesellschaft auf Bundesebene. Verbraucherzentralen gehen z. B. gegen unlautere Geschäftspraktiken und Werbemaßnahmen vor. |
| **Presse/Medien** 13\|4.4 | Durch die Berichterstattung der Medien wird das Bild von Unternehmen in der Öffentlichkeit entscheidend mitgeprägt. Presseberichte können neben einzelnen Unternehmen auch ganze Branchen betreffen. Große Unternehmen unterhalten daher eine eigene Abteilung für Öffentlichkeitsarbeit (Public Relations). |
| **Politik** | Durch Änderungen der gesetzlichen Rahmenbedingungen (z. B. Neufassung des Bertriebsverfassungsgesetzes) beeinflussen die Entscheidungen der Politik in hohem Maße die Tätigkeit von Unternehmen. |

## *Zusammenfassung*

- **Unternehmensführung** (Management) beschäftigt sich mit betrieblichen Fragen der Planung, Organisation und Kontrolle. Aktuelle Herausforderungen lassen sich in der **VUCA-Welt** (Volatility, Uncertainty, Complexity, Ambiguity) abbilden
- Das **Zielsystem** eines Unternehmens besteht aus Sachzielen sowie wirtschaftlichen, sozialen und ökologischen Zielen. Ergänzen sich die Ziele gegenseitig, spricht man von **Zielharmonie**, widersprechen sie sich, spricht man von **Zielkonflikt**.
- **Strategische** Entscheidungen wirken sich **langfristig** auf das Unternehmen aus, **operative** Entscheidungen nur kurzfristig.
- Zur **Entscheidungsfindung** können verschiedene **Methoden** verwendet werden: CAF (Consider all Facts), PMI (Plus-Minus-Interesting), gewichtetes PMI, Entscheidungsmatrix, bewertete Entscheidungsmatrix, intuitive Entscheidungsfindung.

- **Unternehmensführung**

  **Führungsstil**
  (persönlicher Umgang)
  - Autoritäre Führung
  - Kooperative Führung
  - Laissez-faire-Führung
  - Situative Führung

  **Führungstechnik (Führungsprinzipien)**
  (organisatorische Technik)
  - Management by Objectives (Zielvereinbarung)
  - Management by Results (Ergebnisorientierung)
  - Management by Exception (Ausnahmeprinzip)
  - Management by Delegation (Aufgabenübertragung)

- Die **Unternehmenskultur** als Summe der Überzeugungen und Gemeinsamkeiten eines Unternehmens wird geprägt durch Unternehmensziele, Normen und Werte, Kommunikation, Rituale und Vorbilder.
- Wird ein Unternehmen als eigenständige Persönlichkeit wahrgenommen, spricht man von der **Unternehmensidentität** oder der **Corporate Identity** (**CI**).
- Eine explizite Ausformulierung der häufig unterschwellig wirkenden Unternehmenskultur und der Unternehmensidentität wird als **Unternehmensleitbild** bezeichnet.
- **Organisationsprozesse**

  **Aufbauorganisation**
  Strukturierung eines Unternehmens in **organisatorische Einheiten** und Regelung der Weisungsbefugnisse
  - Einlinienorganisation
  - Stablinienorganisation
  - Spartenorganisation
  - Mehrlinienorganisation

  **Ablauforganisation**
  Gestaltung der **Arbeitsabläufe** sowie deren Ausstattung mit den zur Aufgabenerfüllung nötigen Arbeitsmitteln und Informationen

- **Handelsrechtliche Grundbegriffe**

  **Handelsregister**
  - Abteilung A (Einzelkaufleute, Personengesellschaften)
  - Abteilung B (Kapitalgesellschaften)

  **Kaufmannseigenschaften**
  - Istkaufmann
  - Kannkaufmann
  - Formkaufmann

  **Grundsätze der Firmenwahl**
  - Rechtsformzusatz
  - Firmenwahrheit/Firmenklarheit
  - Firmenausschließlichkeit
  - Firmenbeständigkeit
  - Firmenöffentlichkeit

  **Firmenart**
  - Personenfirma
  - Sachfirma
  - Fantasiefirma
  - Mischfirma

- Die **Rechtsform** eines Unternehmens regelt die Rechtsbeziehungen innerhalb des Unternehmens sowie zwischen dem Unternehmen und Dritten. Grundsätzlich wird unterschieden in **Personengesellschaften** (z. B. KG) und **Kapitalgesellschaften** (z. B. GmbH). Wichtige **Unterscheidungskriterien** sind Gründung, Haftung, Geschäftsführung und Gewinnverteilung.
- Unternehmen im Dialogmarketing können mit einer Vielzahl **externer Institutionen** in Kontakt stehen: Industrie- und Handelskammern (IHK), Aufsichtsbehörden, Berufsgenossenschaften, Sozialversicherungsträgern, Gewerkschaften, Berufsvertretungen, Interessenverbänden, Verbraucherzentralen, Presse/Medien, Politik.

## *Aufgaben*

1. ***Recherchieren Sie in Kleingruppen aktuelle Herausforderungen der VUCA-Welt und präsentieren Sie Ihre Ergebnisse auf einem Wandplakat.***
2. ***Unternehmen können unterschiedliche Ziele verfolgen.***
   *a)* ***Welche Unternehmensziele tauchen in dem Zeitungsartikel auf Seite 16 auf?***
   *b)* ***Ermitteln Sie das Zielsystem Ihres Ausbildungsbetriebes. Gehen Sie dabei explizit auf die unterschiedlichen Unternehmensziele ein.***
3. ***Überlegen Sie, ob es sich bei den nachfolgenden Situationen um operative oder strategische Entscheidungen handelt:***
   *a)* ***Dialogfix erweitert die Produktpalette um Fitnesstracker.***
   *b)* ***KommunikativAktiv beschließt, im nächsten Jahr zwei Auszubildende einzustellen.***
   *c)* ***Das Anrufvolumen bei Dialogfix steigt am Freitagnachmittag unerwartet um 30 % an, es müssen Überstunden gemacht werden.***
   *d)* ***Dialogfix beschließt, das Geschäftsgebäude zu erweitern, und nimmt dafür einen Kredit über 750 000,00 € auf.***
   *e)* ***Azubi Thomas entscheidet sich in der Kantine für Stammessen B.***
4. ***Entwerfen Sie eine Entscheidungsvorlage für die Diskussion aus der Einstiegssituation. Schlüpfen Sie dazu in die Rolle von Georg Asamov und fertigen Sie zunächst ein CAF und dann ein gewichtetes PMI an. Die vorzubereitende Entscheidung lautet: „Sollen mehr als drei Auszubildende im Dialogmarketing eingestellt werden?“***
5. ***Die Dialogfix GmbH plant, die Kundenzufriedenheit durch einen externen Dienstleister messen zu lassen. Drei Agenturen haben es in die Auswahl geschafft. Um sich endgültig zu entscheiden, greift die Geschäftsführung auf die bewertete Entscheidungsmatrix zurück.***

| Aspekte | Gewicht | Agentur A | | Agentur B | | Agentur C | |
|---|---|---|---|---|---|---|---|
| | | Punkte | Ergebnis | Punkte | Ergebnis | Punkte | Ergebnis |
| Größe der Agentur | 10 % | 4 | | 2 | | 5 | |
| Kosten des Auftrages | 30 % | 2 | | 4 | | 3 | |
| Qualität der eingereichten Vorschläge | 30 % | 4 | | 3 | | 5 | |
| Erfahrung | 20 % | 4 | | 1 | | 4 | |
| Sympathie des Teams | 10 % | 3 | | 5 | | 2 | |
| Summe | 100 % | | | | | | |

***Ermitteln Sie das Gesamtergebnis, indem Sie die Tabelle vollständig ausfüllen. Für welche Agentur sollte sich demnach die Dialogfix GmbH entscheiden?***

**6. Bewerten Sie den folgenden Zeitungsartikel im Hinblick auf die unterschiedlichen Führungsstile. Welche Erklärung haben Sie für das Ergebnis?**

## Frauen führen besser

Immer öfter wird betont, wie wichtig emotionale und soziale Kompetenzen für Vorgesetzte sind. Häufig wurde vermutet, dass Frauen bei diesen führungsrelevanten Soft Skills besser abschneiden. Laut einer weltweiten Studie ist dies nun nachgewiesen. Weibliche Chefs punkten vor allem bei der Empathie. Emotionale und soziale Kompetenzen gehören dazu, um Mitarbeiter effektiv zu führen. Dabei schneiden weibliche Manager fast durchgehend besser ab als ihre männlichen Kollegen. Der größte Unterschied zwischen den Geschlechtern liegt im Bereich der Selbstwahrnehmung: Frauen haben im Vergleich zu Männern weltweit eine mehr als hundert Prozent höhere Wahrscheinlichkeit, sich selbst richtig wahrzunehmen. Zu diesem Ergebnis kommt eine globale Studie der Korn Ferry Hay Group, für die in den Jahren 2011 bis 2015 über 55.000 Mitarbeiter aus 90 Ländern befragt wurden. Bei der Auswertung für Europa zeigt sich außerdem, dass Frauen mit 74 Prozent höherer Wahrscheinlichkeit ein durchgehend empathisches Verhalten aufweisen. Auch bei den Kompetenzen Coaching & Mentoring, Einfluss auf andere, motivierendes Führungsverhalten, Konfliktmanagement, Sensibilität für organisatorische Aspekte, Anpassungsfähigkeit und Teamwork schneiden Frauen laut Studie global besser ab als Männer.

Der kleinste Unterschied zwischen den Geschlechtern zeigt sich bei der positiven Grundhaltung. Hier schneiden Frauen mit lediglich neun Prozent höherer Wahrscheinlichkeit durchgehend besser ab. Es gibt eine einzige soziale Kompetenz, bei der Männer vorn liegen: die Selbstkontrolle. [...]

*Quelle: Redaktion Personalwirtschaft: Frauen führen besser. In: www.personalwirtschaft.de. Veröffentlicht am 31.03.2016 unter: https://www.personalwirtschaft.de/news/hr-organisation/frauen-fuehren-besser-105857/ [03.11.2022].*

**7. Die Teamleiterin Julia Brill steht vor der Aufgabe, die Hälfte der Urlaubsstunden ihres Teams für den folgenden Monat abzulehnen, da aufgrund vieler unerwarteter Krankheitsfälle in der Hotline alle Agents gebraucht werden.**

**Wie wird die Teamleiterin handeln, wenn sie**

**a) den autoritären Führungsstil,**

**b) den kooperativen Führungsstil oder**

**c) den Laissez-faire-Führungsstil einsetzt?**

**8. Im Mitarbeitergespräch werden Ihnen folgende Zielvereinbarungen von Ihrer Führungskraft vorgeschlagen. Würden Sie diese Zielvereinbarungen so unterschreiben? Prüfen Sie die einzelnen Ziele auf ihre Richtigkeit nach der SMART-Regel:**

**a) In der nächsten Zeit soll die durchschnittliche Bearbeitungszeit am Telefon (AHT, Average Handling Time) vier Minuten betragen.** 5 | 5.1.1

**b) Alle Kunden sollen bis zum nächsten Mitarbeitergespräch in sechs Monaten bei Inbound-Gesprächen nach der standardisierten Begrüßungsformel begrüßt werden.**

**c) 100 % der Kunden sollen bei Abschluss eines DSL-Tarifes zusätzlich ein Abonnement für das Premium-Sicherheitspaket abschließen.**

**d) Teilnahme an insgesamt vier Fortbildungsmaßnahmen zu Stimmschulung und Beschwerdemanagement bis Jahresende**

**e) Die Kunden sollen sich nicht mehr über den DSL-Anschluss beschweren.**

9. *Um welche Führungstechnik handelt es sich jeweils?*
   a) *Bei einer Kundenbeschwerde dürfen Sie im Rahmen der internen Kulanzregelung einen Rechnungsbetrag maximal um 20,00 € eigenverantwortlich reduzieren. Höhere Kulanzzusagen bedürfen der Genehmigung durch den Teamleiter.*
   b) *Ein Teamleiter meldet dem Leiter des Kundenservice, wenn die Stornoquote bei Vertragsneuabschlüssen im Monat 5 % überschreitet.*
   c) *Im Personalentwicklungsgespräch wurde vereinbart, dass Sie im nächsten Jahr monatlich 50 Neukunden für das Premium-Onlinesicherheitspaket werben.*
   d) *Ein Teamleiter hat die Personalverantwortung für sein Team und fällt selbstständige Entscheidungen. Er berichtet alle zwei Wochen an den Leiter des Kundenservice.*
   e) *Während eines Zeitraums von vier Wochen soll bei 100 % aller Inbound-Gespräche nach Beendigung des Gespräches eine Kundenzufriedenheitsbefragung durchgeführt werden. Ziel ist es, 70 % aller Anrufer zur Teilnahme an der Befragung zu bewegen. Durch verbesserte Kommunikationsschulungen soll sich das Gesamtergebnis von 3,5 auf 2,5 verbessern. Die Ergebnisse der bewerteten Gespräche können auf Teamebene heruntergebrochen werden. Jedes Team trifft sich wöchentlich zur Überprüfung der Zwischenergebnisse. Das Team mit dem besten Endergebnis erhält einen Sonderbonus.*

10. *Erarbeiten Sie in Kleingruppen:*
   a) *Was versteht man unter Corporate Identity?*
   b) *Erläutern Sie die einzelnen Elemente der Corporate Identity.*
   c) *Welche dieser Elemente finden Sie in Ihrem Ausbildungsbetrieb?*

11. *Welche Unterschiede im Unternehmensleitbild lassen sich zwischen Dialogfix und KommunikativAktiv festhalten? Achten Sie dabei auf die Unternehmensziele, die Rolle der Mitarbeiter und die gewählte Sprache.*

12. *Stellen Sie in der Klasse die unterschiedlichen Organigramme Ihrer Ausbildungsbetriebe gegenüber. Finden Sie in den Organigrammen – sofern möglich – passende Beispiele für Stelle, Abteilung, Instanz, Stabsstelle und Leitungssystem.*

13. *Betrachten Sie das Organigramm auf Seite 12. Welches Leitungssystem liegt hier vor?*

14. *Entscheiden Sie in den nachfolgenden Fällen, ob die Aufbau- oder die Ablauforganisation der Dialogfix GmbH betroffen ist:*
   a) *Die Stabsstelle „Qualitätsmanagement“ wird neu eingerichtet.*
   b) *Der Abteilungsleiter Rechnungswesen erhält eine erweiterte Weisungsbefugnis.*
   c) *Alle eingehenden Kundenbriefe werden mittels OCR-Technologie eingescannt.*
   d) *Frau Wagner wird neue Personalleiterin.*
   e) *Die Abteilung Kundenservice ist jetzt auch für den technischen Support zuständig.*
   f) *Um Papier zu sparen, werden sämtliche Rundschreiben per E-Mail verschickt.*

15. *Prüfen Sie, welche Kaufmannsart jeweils vorliegt:*
   a) *Dialogfix GmbH*
   b) *Großhandel für Bürobedarf, 25 Beschäftigte, 3 Mio. € Jahresumsatz*
   c) *Rechtsanwaltspraxis Dr. jur. Lieblang*
   d) *Dialogmarketingkaufmann Thomas Müller*
   e) *Dieter Schwarz, Landwirtschaft*

16. *Erläutern Sie die Grundsätze der Firmenwahl und finden Sie jeweils ein Beispiel.*

17. *Die Auszubildende Karla hat sich in einer innerbetrieblichen Schulung einige Notizen zum Thema Handelsregister gemacht. Überprüfen Sie ihre Aufzeichnungen und nehmen Sie erforderliche Korrekturen vor:*
   a) *In jedem Bundesland wird ein Handelsregister geführt.*
   b) *Formkaufleute können sich freiwillig ins Handelsregister eintragen lassen, sie erhalten dadurch die Kaufmannseigenschaft.*
   c) *Istkaufleute erlangen durch die Eintragung ins Handelsregister die Kaufmannseigenschaft.*

d) Das Handelsregister informiert u. a. über den Umsatz des Unternehmens.
e) Die Dialogfix GmbH ist in Abteilung A des Handelsregisters eingetragen.
f) Bei einer GmbH muss mindestens ein Gesellschafter eingetragen werden.
g) Das Handelsregister dient ausschließlich der Information von Behörden (z. B. Finanzamt).
h) Werden Auskünfte aus dem Handelsregister notariell beurkundet, genießen sie öffentlichen Glauben.
i) Vertretungsberechtigte Personen dürfen aus Datenschutzgründen nicht eingetragen werden.
j) Nach ausdrücklicher Zustimmung des Einzutragenden werden die entsprechenden Information auch veröffentlicht.

18. Die Komplementäre der KommunikativAktiv KG haften laut Gesetz persönlich, gesamtschuldnerisch und direkt. Erläutern Sie die drei Haftungsgrundsätze anhand eines Beispiels.

19. Die beiden Komplementäre der KommunikativAktiv KG haben jeweils eine Kapitaleinlage von 100 000,00 € geleistet, die vier Kommanditisten jeweils 50 000,00 €. Über die Regelungen des HGB hinaus ist im Gesellschaftsvertrag festgelegt worden, dass der Restgewinn zu 80 % in gleichen Teilen auf die Komplementäre und zu 20 % in gleichen Teilen auf die Kommanditisten verteilt werden soll. Im vergangenen Jahr fiel ein Gewinn von 192 000,00 € an. Führen Sie eine Gewinnverteilung durch.

20. Vergleichen Sie die Rechtsformen KG und GmbH anhand folgender Kriterien: Mindestgründungskapital, Mindestpersonenzahl bei Gründung, Rechtspersönlichkeit, Geschäftsführung, Haftung, Gewinnverteilung.
Erstellen Sie dazu eine tabellarische Übersicht.

21. Thomas und Julia überlegen, ob sie sich nach erfolgreicher Ausbildung mit einem eigenen Callcenter selbstständig machen sollen.
a) Die beiden sind unschlüssig, ob sie eine KG oder eine GmbH gründen sollen. Geben Sie jeweils drei Vorteile dieser Rechtsformen an.
b) Thomas und Julia entscheiden sich zur Gründung einer GmbH. Welche Bestimmungen hinsichtlich des Mindestkapitals müssen dabei beachtet werden?
c) Nennen Sie drei mögliche Firmenbezeichnungen, die diese GmbH führen kann.
d) Für die neu zu gründende GmbH erfolgte bereits ein erster Entwurf für eine Satzung. Prüfen Sie den Entwurf (zu finden unter dem vorne abgedruckten Webcode auf www.westermann.de) und korrigieren Sie mögliche Fehler.

Web

22. Die Dialogfix GmbH kommt mit verschiedenen externen Institutionen in Kontakt. Welche Institution ist in den folgenden Situationen der geeignete Ansprechpartner?
a) Im Lager ist es bei Transportarbeiten zu einem Arbeitsunfall gekommen.
b) Azubi Thomas plant, seine Ausbildungszeit um ein halbes Jahr zu verkürzen.
c) Die Geschäftsführung möchte gemeinsam mit anderen Unternehmen ihre Interessen im Gesetzgebungsprozess für ein neues Telemarketinggesetz kundtun.
d) In einer Fachzeitschrift soll ein Unternehmensporträt veröffentlicht werden.
e) Bei der Überweisung der monatlichen Sozialversicherungsbeiträge hat sich ein Rechenfehler eingeschlichen.

# 2 Rechtliche Rahmenbedingungen in der Ausbildung und der Arbeitswelt berücksichtigen

## *Einstiegssituation*

Einige Tage nach Ausbildungsbeginn bei Dialogfix hat Thomas den Zugriff für seinen E-Mail-Account im Unternehmen bekommen. Nachdem er die Zugangsdaten eingegeben und sein Passwort geändert hat, öffnet sich die Mailbox. *„Aha, schon so viel Post ... Was haben wir denn da? ... Die Personalabteilung, hmmm, ... die wollen noch verschiedene Unterlagen von mir haben ... Eine Nachricht von der Industrie- und Handelskammer, ... was habe ich denn mit denen zu tun? Und was ist das hier, ... eine Einladung vom Betriebsrat zu einer Infoveranstaltung am Montag ... , Rechte und Pflichten in der Arbeitswelt' ... Jetzt wird es aber kompliziert ...“*

**Thomas** ist etwas ratlos. *„Am besten, ich frage mal den Daniel, der ist doch schon mit seiner Ausbildung hier fertig, der kennt sich doch sicher mit diesen Sachen aus.“*

## *Arbeitsaufträge*

1. ***Welche Unterlagen mussten Sie zu Beginn Ihrer Ausbildung bei der Personalabteilung abgeben?***
2. ***Gibt es in Ihrem Ausbildungsbetrieb einen Betriebsrat? Informieren Sie sich, welche Aufgaben der Betriebsrat hat.***
3. ***Erstellen Sie eine Übersicht von Gesetzen und Vorschriften, die im Laufe Ihrer Ausbildung von Bedeutung sein könnten.***
4. ***Betrachten Sie Ihre aktuelle Abrechnung der Ausbildungsvergütung. Ermitteln Sie, welche Abzüge dort auftauchen und welche Leistungen bzw. Ansprüche damit verbunden sein könnten.***

## 2.1 Duale Ausbildung

### 2.1.1 Organisation der Ausbildung

Die Berufsausbildung in Deutschland erfolgt überwiegend im **dualen Ausbildungssystem**. Damit ist gemeint, dass die Ausbildung an zwei voneinander unabhängigen Lernorten stattfindet:

- an der **Berufsschule**, die überwiegend für die fachtheoretischen und allgemeinbildenden Inhalte zuständig ist;
- im **Ausbildungsbetrieb**, der vorwiegend die berufspraktische Ausbildung übernimmt.

Die rechtlichen Rahmenbedingungen sind dabei im **Berufsbildungsgesetz** (BBiG) festgelegt. Durch verschiedene Regelungen ergibt sich in der Praxis eine enge Zusammenarbeit zwischen den beiden Lernorten. Eine wichtige Rolle im Rahmen des dualen Ausbildungssystems nehmen die regionalen **Industrie- und Handelskammern (IHK)** ein, die sich neben Verwaltungs- und Prüfungsaufgaben auch um die Schlichtung von Problemen in der Ausbildung kümmern.

Die rechtlichen Rahmenbedingungen einer Ausbildung sind vom Gesetzgeber in der **Ausbildungsordnung** festgelegt. Diese enthält die Berufsbezeichnung, Angaben zur Ausbildungsdauer, zum Ausbildungsberufsbild, den Ausbildungsrahmenplan und die Prüfungsanforderungen. Die Ausbildungsordnung ist Grundlage der betrieblichen Ausbildungsplanung. Sie soll eine bundeseinheitliche Ausbildung und gleiche Prüfungsanforderungen sichern sowie zur Kontrolle der betrieblichen Ausbildung dienen.

→ ***Praxistipp***
Die Ausbildungsordnungen für die Ausbildungsberufe im Dialogmarketing sind z. B. über das Bundesinstitut für Berufsbildung verfügbar: www.bibb.de/de/berufeinfo.php.

Für einen ersten Überblick über einen Ausbildungsberuf ist vor allem das **Ausbildungsberufsbild** geeignet. Es ist ein kurzer Auszug aus der Ausbildungsordnung und gibt Auskunft über die wesentlichen Kenntnisse und Qualifikationen, die während der Ausbildung erworben werden sollen. 2|2.3.3

Der **Ausbildungsrahmenplan** (für den betrieblichen Teil der Ausbildung) ist ein weiterer wesentlicher Teil der Ausbildungsordnung. Der Ausbildungsrahmenplan ist die sachliche und zeitliche Gliederung der zu erwerbenden Kenntnisse und Fertigkeiten. Er gibt für jeden Ausbildungsberuf Auskunft zu den Fragen:

- In welchem Ausbildungsjahr sollen welche Inhalte vermittelt werden?
- Welche Anzahl an Wochen ist pro Ausbildungsinhalt einzuplanen?

In der **Ausbildungsordnung** wird der jeweilige Ausbildungsverlauf dabei aber nicht in allen Einzelheiten festgelegt. Den Betrieben bleibt vielmehr noch einiger Gestaltungsspielraum, um die eigenen Anforderungen und Gegebenheiten berücksichtigen zu können.

Das wesentliche Instrument für diesen Zweck ist der betriebliche Ausbildungsplan. Darin wird für den Auszubildenden auf der Basis des **Ausbildungsrahmenplans** die zeitliche Gliederung der Ausbildung im Betrieb festgelegt.

Grundlage für den schulischen Teil der Ausbildung ist der **Rahmenlehrplan**. In ihm werden die Ausbildungsinhalte bestimmt, die im Berufsschulunterricht vermittelt werden sollen. Für jeden Ausbildungsberuf gibt es einen bundesweiten Rahmenlehrplan der Kultusministerkonferenz, der entweder vom jeweiligen Bundesland übernommen oder in einen eigenen landesspezifischen Lehrplan umgesetzt werden kann.

> **→ *Praxistipp***
> Der bundesweite Rahmenlehrplan für die Berufe im Dialogmarketing ist über die Kultusministerkonferenz (KMK) verfügbar: www.kmk.org. Sofern vorhanden, finden sich bundesländerspezifische Lehrpläne auf dem Bildungsserver des jeweiligen Kultusministeriums.

## 2.1.2 Abschluss des Ausbildungsvertrages

Der Ausbildungsvertrag zwischen dem **Ausbildenden** (Unternehmen) und dem **Auszubildenden** muss spätestens zu Beginn der Berufsausbildung schriftlich festgehalten werden. Nach **§ 11 BBiG** sind mindestens folgende Inhalte zu regeln:

**Auszug aus dem Berufsbildungsgesetz (BBiG) § 11 Abs. 1**

1. Name und Anschrift der Ausbildenden sowie der Auszubildenden, bei Minderjährigen zusätzlich Name und Anschrift ihrer gesetzlichen Vertreter oder Vertreterinnen,
2. Art, sachliche und zeitliche Gliederung sowie Ziel der Berufsausbildung, insbesondere die Berufstätigkeit, für die ausgebildet werden soll,
3. Beginn und Dauer der Berufsausbildung,
4. die Ausbildungsstätte und Ausbildungsmaßnahmen außerhalb der Ausbildungsstätte,
5. Dauer der regelmäßigen täglichen Ausbildungszeit,
6. Dauer der Probezeit,
7. Zahlung und Höhe der Vergütung sowie deren Zusammensetzung, sofern sich die Vergütung aus verschiedenen Bestandteilen zusammensetzt,
8. Vergütung oder Ausgleich von Überstunden,
9. Dauer des Urlaubs,
10. Voraussetzungen, unter denen der Berufsausbildungsvertrag gekündigt werden kann,
11. ein in allgemeiner Form gehaltener Hinweis auf die Tarifverträge, Betriebs- oder Dienstvereinbarungen, die auf das Berufsausbildungsverhältnis anzuwenden sind,
12. die Form des Ausbildungsnachweises nach § 13 Satz 2 Nummer 7.

Nach der Unterzeichnung des Ausbildungsvertrages durch den Ausbildenden und den Auszubildenden (ggf. bei Minderjährigen durch den gesetzlichen Vertreter) erhält der Auszubildende umgehend ein Exemplar des Vertrags. Führt der Ausbildende die Ausbildung nicht selbst durch, kann er einen **Ausbilder** beauftragen, der die Ausbildungsinhalte im Unternehmen vermittelt.

**Beispiel**

Die **Auszubildende** Julia Lauer hat mit dem **Ausbildenden** KommunikativAktiv KG, vertreten durch die beiden Komplementäre Hans Herrmann und Reinhold Groß, einen Ausbildungsvertrag abgeschlossen. Der Teamleiter Jean Bayard wurde als **Ausbilder** im Unternehmen bestimmt.

### 2.1.3 Rechte und Pflichten während der Ausbildung

Durch den Abschluss des **Ausbildungsvertrages** gehen die Vertragspartner verschiedene Pflichten ein, die hauptsächlich in den §§ 14–19 BBiG geregelt sind.

| Pflichten des Auszubildenden (= Rechte des Ausbildenden) | Pflichten des Ausbildenden (= Rechte des Auszubildenden) |
|---|---|
| muss sich bemühen, die notwendigen Fertigkeiten und Kenntnisse zu erwerben, die zur Erreichung des Ausbildungsziels erforderlich sind | Vermittlung der für den Beruf notwendigen Handlungsfähigkeit |
| sorgfältige Ausführung der übertragenen Aufgaben | Freistellung zum Besuch der Berufsschule und zur Teilnahme an Prüfungen |
| Teilnahme an betrieblichen Ausbildungsmaßnahmen, Berufsschulunterricht und Prüfungen | muss Arbeitsmittel kostenlos zur Verfügung stellen |
| Weisungen des Ausbildenden befolgen | Urlaubsgewährung |
| Betriebsordnung der Ausbildungsstätte beachten | Fürsorgepflicht auf verschiedenen Ebenen |
| Arbeitsmittel und betriebliche Einrichtungen pfleglich behandeln | Zahlung einer angemessenen, jährlich ansteigenden Ausbildungsvergütung |
| Schweigepflicht über betriebliche Vorgänge | Erteilung eines Zeugnisses nach Beendigung der Ausbildung |

### 2.1.4 Beendigung des Ausbildungsvertrages

Der Ausbildungsvertrag endet mit dem Ablauf der vereinbarten Ausbildungszeit. Besteht der Auszubildende die **Abschlussprüfung** vor Ablauf der Ausbildungszeit, endet das Ausbildungsverhältnis am **Tag der Bekanntgabe des Prüfungsergebnisses**. Möchte der Auszubildende vorzeitig zur Abschlussprüfung zugelassen werden, so ist dies bei guten Leistungen möglich. Die Zulassungsentscheidung trifft die zuständige Stelle (IHK). Gemäß § 45 BBiG sind allerdings vorher der Ausbildende und die Berufsschule zu hören.

Soll der Ausbildungsvertrag vor Beendigung der Ausbildungszeit **gekündigt** werden, so ist grundsätzlich zu unterscheiden, ob dies während oder nach der vertraglich vereinbarten Probezeit (mindestens 1 Monat, maximal 4 Monate) erfolgt (§ 22 BBiG).

- **Kündigung während der Probezeit**
  Für Ausbildende und Auszubildende ist eine Kündigung während der Probezeit jederzeit ohne Angabe von Gründen möglich.

- **Kündigung nach der Probezeit**
  Für Ausbildende und Auszubildende ist eine **fristlose Kündigung** möglich, wenn ein **wichtiger Grund** vorliegt. Ein wichtiger Grund für den Ausbildenden kann z. B. sein, wenn der Auszubildende ständig unpünktlich ist oder dem Berufsschulunterricht unentschuldigt fernbleibt. Für den Auszubildenden wäre z. B. ein wichtiger Grund, wenn die Ausbildungsvergütung nicht gezahlt oder der Besuch der Berufsschule verwehrt wird. Auszubildende können mit einer **Frist von vier Wochen** kündigen, wenn sie die Ausbildung aufgeben oder sich in einem anderen Beruf ausbilden lassen wollen. In jedem Fall ist bei der Kündigung die **Schriftform** erforderlich.

Nach Beendigung der Ausbildung ist der Ausbilder nach § 16 BBiG verpflichtet, dem Auszubildenden ein **Zeugnis** auszustellen. Dieses Zeugnis muss Angaben über **Art**, **Dauer** und **Ziel der Berufsausbildung** sowie über die erworbenen beruflichen **Fertigkeiten**, **Kenntnisse** und **Fähigkeiten** des Auszubildenden enthalten (einfaches Zeugnis). Auf Wunsch des Auszubildenden können auch Angaben über Verhalten und Leistung während der Ausbildung aufgenommen werden (qualifiziertes Zeugnis).

Werden Auszubildende nach Abschluss der Ausbildung weiterbeschäftigt, entsteht nach § 24 BBiG auch ohne ausdrückliche Vereinbarung ein unbefristetes Arbeitsverhältnis.

## 2.2 Schutzbestimmungen

Die Schutzbestimmungen, mit denen Auszubildende und Arbeitnehmer in Kontakt kommen, stellen **Mindestansprüche** gegenüber dem Arbeitgeber bzw. dem Ausbildenden dar. Ziel der Schutzbestimmungen ist es, den **sozialen Arbeitsschutz**
1 | 3.1 zu gewährleisten.

> ➔ ***Praxistipp***
> In vielen Fällen gibt es tarifvertragliche Regelungen oder Betriebsvereinbarungen, die günstigere Regelungen als die gesetzlichen Mindestansprüche vorsehen.

1 | 2.3

### 2.2.1 Jugendarbeitsschutzgesetz

Das Jugendarbeitsschutzgesetz (JArbSchG) soll jugendliche Auszubildende und Arbeitnehmer vor Überforderung, Überbeanspruchung und Gefährdung im Berufsleben schützen. **Jugendlicher** im Sinne dieses Gesetzes ist, **wer 15, aber noch nicht 18 Jahre alt ist**. Die wesentlichen Bestimmungen des JArbSchG sind:

| | |
|---|---|
| **Arbeitszeit** | • Wöchentlich ist eine Arbeitszeit von maximal 40 Stunden erlaubt.<br>• Die tägliche Arbeitszeit darf maximal 8 Stunden betragen, in Ausnahmefällen 8,5 Stunden, wenn dadurch die Wochenarbeitszeit von 40 Stunden nicht überschritten wird.<br>• Die Schichtzeit (Arbeitszeit plus Ruhepausen) darf maximal 10 Stunden betragen.<br>• Jugendliche dürfen nur an 5 Tagen in der Woche beschäftigt werden, die beiden Ruhetage sollen dabei aufeinanderfolgen.<br>• An Samstagen, Sonntagen und gesetzlichen Feiertagen dürfen Jugendliche nicht beschäftigt werden.<br>• Jugendliche dürfen nur zwischen 6 und 20 Uhr beschäftigt werden. |
| **Ruhezeiten** | • Mindestdauer der Ruhepausen: 30 Minuten bei einer Arbeitszeit von mehr als 4,5 bis zu 6 Stunden, 60 Minuten bei einer Arbeitszeit von mehr als 6 Stunden<br>• Die Ruhepausen müssen in angemessener zeitlicher Lage gewährt werden, frühestens 1 Stunde nach Beginn und spätestens 1 Stunde vor Ende der Arbeitszeit.<br>• Länger als 4,5 Stunden hintereinander dürfen Jugendliche nicht ohne Ruhepause beschäftigt werden.<br>• Als Ruhepause gilt dabei nur eine Arbeitsunterbrechung von mindestens 15 Minuten.<br>• Nach Beendigung der Arbeitszeit steht Jugendlichen eine ununterbrochene Freizeit von mindestens 12 Stunden zu. |
| **Berufsschule** | • Sofern der Unterricht in der Berufsschule vor 9 Uhr beginnt, darf der Jugendliche vorher nicht mehr beschäftigt werden (gilt auch für Auszubildende über 18 Jahren).<br>• Umfasst der Unterricht in der Berufsschule mehr als 5 Unterrichtsstunden, so ist der Jugendliche an diesem Tag von der Arbeit freizustellen. Dieser Berufsschultag wird mit 8 Stunden auf die wöchentliche Arbeitszeit angerechnet. Das gilt allerdings nur einmal in der Woche. Diese Regelung gilt auch für Auszubildende über 18 Jahren.<br>• Der zweite Berufsschultag wird lediglich mit der tatsächlichen Zeit in der Berufsschule angerechnet (Unterrichtszeit und Pausen), eine Freistellung nach dem Schulbesuch muss nicht mehr erfolgen. Zudem wird die Fahrtzeit zwischen Berufsschule und Betrieb auf die Arbeitszeit angerechnet.<br>• Blockunterricht mit mindestens 25 Stunden Unterricht pro Woche wird mit 40 Stunden angerechnet, eine Beschäftigung nach Unterrichtsende ist nicht zulässig.<br>• Jugendliche (gilt auch für Auszubildende über 18 Jahren) sind am Tag vor der schriftlichen Abschlussprüfung freizustellen, eine Freistellung für alle Auszubildenden am Prüfungstag ergibt sich bereits aus dem BBiG. 1 \| 2.1.2 |
| **Urlaub** | Die Mindestdauer des Urlaubs ist vom Alter des Jugendlichen zu Beginn des Kalenderjahres abhängig und beträgt<br>• mindestens 30 Werktage, wenn der Jugendliche noch nicht 16 Jahre alt ist,<br>• mindestens 27 Werktage, wenn der Jugendliche noch nicht 17 Jahre alt ist,<br>• mindestens 25 Werktage, wenn der Jugendliche noch nicht 18 Jahre alt ist.<br>Als Werktage gelten dabei alle Tage außer Sonn- und Feiertage. |
| **Beschäftigungsverbote** | • Beschäftigungsverbot für gefährliche Arbeiten (Arbeiten, die das physische oder psychische Leistungsvermögen des Jugendlichen überfordern oder mit besonderen Unfallgefahren verbunden sind)<br>• Akkordarbeit und andere tempoabhängige Arbeiten sind verboten, sofern sie nicht zur Erreichung des Ausbildungsziels notwendig sind. |
| **Gesundheitliche Betreuung** | • Bevor Jugendliche eine Ausbildung beginnen oder eine andere Tätigkeit aufnehmen, muss eine ärztliche Untersuchung erfolgen (Erstuntersuchung). Die Untersuchung darf maximal 14 Monate zurückliegen.<br>• Ein Jahr nach Ausbildungsbeginn muss eine zweite ärztliche Untersuchung erfolgen (Nachuntersuchung). Weitere Nachuntersuchungen sind freiwillig.<br>• Die Untersuchungskosten trägt das jeweilige Bundesland. |

> **→ *Praxistipp***
> Das JArbSchG sieht insbesondere bei den Arbeits- und Ruhezeiten eine Vielzahl von **Ausnahmeregelungen** für bestimmte Branchen oder in Verbindung mit abweichenden Tarifverträgen vor, die im Einzelfall zu beachten sind. Der jeweils aktuelle Gesetzesstand findet sich im Internet, z. B. auf den Seiten des Bundesministeriums der Justiz unter: www. bundesrecht.juris.de.

Die Überwachung des JArbSchG obliegt der staatlichen **Gewerbeaufsicht**. Innerbe-
1|2.3.1 trieblich setzt sich der Betriebsrat für die Einhaltung der Schutzbestimmungen ein.

## 2.2.2 Arbeitszeitgesetz

10|1.5

Eine ganz besondere Bedeutung für die Dialogmarketingbranche hat das Arbeitszeitgesetz (ArbZG). Insbesondere Callcenter zeichnen sich häufig durch **flexible Arbeitszeiten** aus. Um aber z. B. einen 24-Stunden-Betrieb oder Wochenendarbeit gewährleisten zu können, müssen bei der **Personaleinsatzplanung** verschiedene Vorschriften beachtet werden. Im **ArbZG** werden zunächst die Ziele und wichtige Begriffe erläutert.

### Auszug aus dem Arbeitszeitgesetz (ArbZG)

**§ 1 Zweck des Gesetzes**
Zweck des Gesetzes ist es,

1. die Sicherheit und den Gesundheitsschutz der Arbeitnehmer in der Bundesrepublik Deutschland und in der ausschließlichen Wirtschaftszone bei der Arbeitszeitgestaltung zu gewährleisten und die Rahmenbedingungen für flexible Arbeitszeiten zu verbessern sowie
2. den Sonntag und die staatlich anerkannten Feiertage als Tage der Arbeitsruhe und der seelischen Erhebung der Arbeitnehmer zu schützen.

**§ 2 Begriffsbestimmungen**
(1) Arbeitszeit im Sinne dieses Gesetzes ist die Zeit vom Beginn bis zum Ende der Arbeit ohne die Ruhepausen; [...]
(2) Arbeitnehmer im Sinne dieses Gesetzes sind Arbeiter und Angestellte sowie die zu ihrer Berufsbildung Beschäftigten.
(3) Nachtzeit im Sinne dieses Gesetzes ist die Zeit von 23 bis 6 Uhr [...]
(4) Nachtarbeit im Sinne dieses Gesetzes ist jede Arbeit, die mehr als zwei Stunden der Nachtzeit umfasst.
(5) Nachtarbeitnehmer im Sinne dieses Gesetzes sind Arbeitnehmer, die

1. aufgrund ihrer Arbeitszeitgestaltung normalerweise Nachtarbeit in Wechselschicht zu leisten haben oder
2. Nachtarbeit an mindestens 48 Tagen im Kalenderjahr leisten.

Die wichtigsten Regelungen des Gesetzes lauten:

- Die **werktägliche Arbeitszeit** der Arbeitnehmer darf acht Stunden nicht überschreiten. Sie kann nur in Ausnahmefällen auf bis zu zehn Stunden verlängert werden, wenn ein Ausgleich innerhalb von sechs Kalendermonaten erfolgt (§ 3 ArbZG).
- Für **Nachtarbeitnehmer** muss der Ausgleich bei verlängerten Arbeitszeiten auf durchschnittlich acht Stunden innerhalb eines Monats hergestellt werden. Darüber hinaus genießen Nachtarbeitnehmer weitere besondere Schutzrechte (§ 6 ArbZG).
- Das Arbeitszeitgesetz schreibt im Voraus feststehende **Ruhepausen** vor. Mindestens 30 Minuten sind bei einer Arbeitszeit von mehr als sechs Stunden, 45 Minuten bei einer Arbeitszeit von mehr als neun Stunden zu gewähren (§ 4 ArbZG).
- Die Arbeitnehmer müssen nach Beendigung ihrer täglichen Arbeitszeit eine ununterbrochene **Ruhezeit** (Freizeit) von mindestens elf Stunden haben (§ 5 ArbZG).
- Für das **Verbot von Arbeiten an Sonn- und Feiertagen** gelten branchenspezifische **Ausnahmen**. Zudem kann auch unter bestimmten Bedingungen eine behördliche Ausnahmegenehmigung der jeweiligen Landesregierung eingeholt werden. Für Arbeiten an Sonn- und Feiertagen gelten verschiedene Ausgleichsregelungen (§§ 10–13 ArbZG).

Das **Betriebsverfassungsgesetz** sieht zudem bei der betrieblichen Arbeitszeitgestaltung der Arbeitnehmer umfassende **Mitbestimmungsrechte** des Betriebsrats 1|2.3 vor. In Form von **Betriebsvereinbarungen** können Regelungen zu Beginn und Ende der täglichen Arbeitszeit sowie zur Verteilung der Wochenarbeitszeit auf die einzelnen Tage getroffen werden. Von besonderer Bedeutung ist dieses Mitbestimmungsrecht im Zusammenhang mit Formen der Schichtarbeit, Teilzeitarbeit oder gleitender Arbeitszeit.

### 2.2.3 Bundesurlaubsgesetz

Durch das Bundesurlaubsgesetz (BUrlG) werden **Mindestbedingungen** für die Urlaubsgewährung festgelegt. In den meisten Fällen stehen den Arbeitnehmern aber

durch Tarifverträge oder arbeitsvertragliche Regelungen günstigere Regelungen zu. Laut den Bestimmungen des BUrlG hat jeder Arbeitnehmer lediglich Anspruch auf **24 Werktage** Urlaub im Kalenderjahr. Zudem zählt das Gesetz auch die Samstage zu den Werktagen, sodass sich bei einer 5-Tage-Woche sogar nur ein Anspruch von **20 Arbeitstagen** ergibt.

Über den Mindesturlaub hinaus haben jedoch einige andere Bestimmungen Bedeutung für die **betriebliche Urlaubsregelung**:

- Bei der zeitlichen Festlegung des Urlaubs sind die **Urlaubswünsche des Arbeitnehmers** zu berücksichtigen. Dies gilt nicht, wenn dringende betriebliche Belange oder Urlaubswünsche anderer Arbeitnehmer, die unter sozialen Gesichtspunkten vorrangig sind (z. B. schulpflichtige Kinder), dem entgegenstehen (§ 7 BUrlG).
- Der Urlaub muss im laufenden Kalenderjahr gewährt und genommen werden. Eine **Übertragung des Urlaubs** auf das nächste Kalenderjahr ist nur möglich, wenn dringende Gründe dies rechtfertigen. Bei einer Übertragung muss der Urlaub in den ersten drei Monaten des folgenden Kalenderjahrs gewährt und genommen werden (§ 7 BUrlG).
- Während des Urlaubs darf der Arbeitnehmer **nicht erwerbstätig** sein (§ 8 BUrlG), da Urlaub der Erholung dienen soll.
- **Erkrankt** ein Arbeitnehmer während des Urlaubs, so werden die bescheinigten Krankheitstage auf den Jahresurlaub **nicht angerechnet** (§ 9 BUrlG).

## 2.2.4 Entgeltfortzahlungsgesetz

Im Regelfall zahlt der Arbeitgeber nur eine Vergütung, wenn auch eine Arbeitsleistung erbracht wurde. Allerdings gibt es zwei Ausnahmen, die im Entgeltfortzahlungsgesetz (EntgFG) geregelt sind:

1. **Entgeltfortzahlung an Feiertagen** (§ 2 EntgFG): Wird aufgrund eines gesetzlichen Feiertags nicht gearbeitet, muss der Arbeitgeber trotzdem die Vergütung zahlen, die der Arbeitnehmer ohne den Arbeitsausfall erhalten hätte.
2. **Entgeltfortzahlung im Krankheitsfall** (§ 3 EntgFG): Unverschuldet arbeitsunfähig erkrankte Arbeitnehmer haben für 6 Wochen Anspruch auf Lohnfortzahlung.

Voraussetzungen für die Lohnfortzahlung im Krankheitsfall sind, dass

- das Arbeitsverhältnis mindestens 4 Wochen ununterbrochen bestanden hat,
- der Arbeitnehmer erkrankt ist und dies zur Arbeitsunfähigkeit geführt hat,
- die Arbeitsunfähigkeit vom Arbeitnehmer nicht absichtlich oder grob fahrlässig verursacht wurde.

Der Arbeitnehmer ist verpflichtet, dem Arbeitgeber die Arbeitsunfähigkeit und deren voraussichtliche Dauer unverzüglich mitzuteilen. Dauert die Arbeitsunfähigkeit länger als drei Tage, muss der Arbeitnehmer eine ärztliche Bescheinigung vorweisen. Diese **Arbeitsunfähigkeitsbescheinigung (AU)** wird seit 2023 elektronisch über die Krankenkasse zur Verfügung gestellt. Der Arbeitgeber ist berechtigt, die AU früher zu verlangen. Dauert die Erkrankung **länger als sechs Wochen**, erhält der
1 | 2.4.1 Arbeitnehmer von seiner Krankenkasse **Krankengeld**.

## 2.2.5 Mutterschutzgesetz

Das Mutterschutzgesetz (MuSchG) sichert Frauen **während der Schwangerschaft** und für einen bestimmten Zeitraum **nach der Entbindung** einen besonderen Schutz zu. Der Schutz beginnt mit dem Tag, an dem der Arbeitgeber über die Schwangerschaft in Kenntnis gesetzt wurde. Das Gesetz gilt nur für Frauen, die in einem Arbeitsverhältnis stehen, nicht jedoch für Hausfrauen, Selbstständige und Beamtinnen.

Die **wesentlichen Bestimmungen** des MuSchG lauten:

| | |
|---|---|
| **Beschäftigungsverbote** | • Körperlich schwere oder gesundheitsgefährdende Arbeiten sind untersagt.<br>• Die tägliche Arbeitszeit ist beschränkt auf 8,5 Stunden, bei unter 18-Jährigen auf 8 Stunden. Überstunden sind verboten.<br>• Nachts zwischen **20 und 6** Uhr sowie an Sonn- und Feiertagen darf keine Beschäftigung erfolgen. In der Zeit nach **20 bis 22 Uhr** darf mit behördlicher Genehmigung gearbeitet werden, wenn die Frau sich ausdrücklich dazu bereit erklärt.<br>• Besondere **Schutzfristen**: In den letzten **6 Wochen vor** dem errechneten Entbindungstermin ist eine Beschäftigung verboten, es sei denn, die werdende Mutter erklärt ausdrücklich, dass sie arbeiten möchte. **Nach der Entbindung** gilt ein generelles Beschäftigungsverbot von **8 Wochen** beziehungsweise 12 Wochen bei Früh- und Mehrlingsgeburten. |
| **Kündigungsschutz** | • **Während** der gesamten Schwangerschaft und **bis 4 Monate** nach der Entbindung darf der Arbeitgeber das Arbeitsverhältnis nicht kündigen. |
| **Mutterschaftshilfe** | • Anspruch auf ärztliche Betreuung und Hebammenhilfe<br>• Während der beschäftigungsfreien Schutzfristen Anspruch auf **Mutterschaftsgeld** in Höhe des durchschnittlichen Nettoverdienstes (Zahlung durch Krankenkasse und Arbeitgeber) |

Nach der Geburt des Kindes greifen die Regelungen des **Bundeselterngeld- und Elternzeitgesetzes (BEEG)**. Während der **Elternzeit** werden die Eltern vom Arbeitgeber unbezahlt von der Arbeit freigestellt. Das Arbeitsverhältnis ruht also während der Elternzeit, es besteht **Kündigungsschutz**.

Auf die Elternzeit besteht ein gesetzlicher Anspruch, eine Zustimmung des Arbeitgebers ist somit nicht erforderlich. Der Wunsch nach Elternzeit muss jedoch spätestens sieben Wochen vor Beginn schriftlich beim Arbeitgeber beantragt werden. Der Anspruch auf Elternzeit besteht für **jeden Elternteil** unabhängig voneinander bis zu einer Dauer von maximal **drei Jahren**. Mütter und Väter können 24 Monate der Elternzeit im Zeitraum zwischen dem dritten Geburtstag und der Vollendung des achten Lebensjahres des Kindes beanspruchen. Während der Elternzeit ist eine Erwerbstätigkeit von bis zu 30 Wochenstunden zulässig.

Als Ersatz für den Verdienstausfall können Eltern für einen begrenzten Zeitraum **Elterngeld** erhalten. Die Höhe ist u. a. vom vorherigen Nettogehalt abhängig.

> **➔ *Praxistipp***
> Aktuelle Infos zum Thema Familie und Beruf bietet www.familienportal.de, dort finden Sie auch einen Elterngeldrechner.

### 2.2.6 Schwerbehindertenrecht

Rechtsgrundlage für den Schutz **schwerbehinderter Arbeitnehmer** ist das 9. Sozialgesetzbuch (SGB IX) „Rehabilitation und Teilhabe behinderter Menschen". Das Schwerbehindertenrecht orientiert sich an den allgemeinen Zielen des SGB IX, insbesondere der **Förderung der Teilhabe und Selbstbestimmung** sowie der **Vermeidung von Diskriminierung**. Als schwerbehindert gelten Personen mit einem Behinderungsgrad von mindestens 50 %.

Im **Arbeitsleben** ist das Schwerbehindertenrecht an zwei Stellen bedeutsam:

1. Schwerbehinderte genießen einen besonderen **Kündigungsschutz**. Eine Kündigung ohne Zustimmung des zuständigen Integrationsamts ist unwirksam.
2. Arbeitgeber mit mindestens 20 Beschäftigten sind verpflichtet, auf wenigstens 5 % der Arbeitsplätze schwerbehinderte Menschen zu beschäftigen. Erreicht der Arbeitgeber diese Quote nicht, ist eine **Ausgleichsabgabe** zu zahlen, mit der anderweitige Arbeitsplätze für Schwerbehinderte finanziert werden.

### 2.2.7 Arbeitsschutzgesetz

Ziel des Arbeitsschutzgesetzes (ArbSchG) ist es, die **Sicherheit und den Gesundheitsschutz der Beschäftigten** zu sichern und zu verbessern. Dies soll durch Maßnahmen der Verhütung von Unfällen und arbeitsbedingten Erkrankungen so-
1 | 3.1 wie durch eine **menschengerechte Gestaltung der Arbeit** erreicht werden.

Grundgedanke des Gesetzes ist die **Prävention**, d. h., möglichen Gefährdungen soll durch vorausschauende Maßnahmen vorgebeugt werden. Verantwortlich für Gesundheit und Sicherheit der Arbeitnehmer ist der Arbeitgeber.

Folgende zentrale **Schutzbestimmungen** lassen sich aus dem Gesetz ableiten:

- Der Arbeitgeber muss die mögliche **Gefährdung** an einem Arbeitsplatz oder bei einer typischen Tätigkeit **beurteilen und dokumentieren**.
- Der Arbeitgeber hat die Beschäftigten über Sicherheit und Gesundheitsschutz bei der Arbeit zu **unterweisen**. Die Unterweisung muss bei der Einstellung, bei Veränderungen im Aufgabenbereich sowie vor der Einführung neuer Arbeitsmittel oder einer neuen Technologie erfolgen.

- Der Arbeitgeber muss kontinuierlich Maßnahmen ergreifen, durch die die Sicherheit und der Gesundheitsschutz der Beschäftigten **verbessert** werden.
- Der Arbeitnehmer kann sich regelmäßig **arbeitsmedizinisch untersuchen** lassen.

Das Arbeitsschutzgesetz ist zudem gesetzliche Grundlage für weitere Verordnungen, die sich mit der **Sicherheit am Arbeitsplatz** beschäftigen. Für die Dialogmarketingbranche sind dabei insbesondere die **Arbeitsstättenverordnung** und die dort integrierten Regelungen zur **Bildschirmarbeit** von Bedeutung. 1|4.2

## 2.3 Betriebliche Mitbestimmung und Tarifverträge

Das **Betriebsverfassungsgesetz** (BetrVG) regelt die Grundlagen der Zusammenarbeit zwischen der Unternehmensleitung und den beschäftigten Arbeitnehmern, mit Ausnahme der leitenden Angestellten. Im Mittelpunkt des Gesetzes stehen die gewählten betrieblichen Interessenvertretungen, insbesondere der **Betriebsrat** und die **Jugend- und Auszubildendenvertretung**, und deren Rechte.

→ ***Praxistipp***
Bedeutende Anpassungen wurden durch das Betriebsrätemodernisierungsgesetz in 2021 vorgenommen.

### 2.3.1 Betriebsrat

#### Wahl des Betriebsrats

In einem Unternehmen besteht kein Zwang, einen Betriebsrat zu bilden. Liegen jedoch die notwendigen gesetzlichen Voraussetzungen zur Errichtung eines Betriebsrats vor, darf der Arbeitgeber dies nicht verhindern. Die Rahmenbedingungen zur Wahl des Betriebsrats werden im Gesetz erläutert:

**Auszug aus dem Betriebsverfassungsgesetz (BetrVG)**

**§ 1 Errichtung von Betriebsräten**
(1) In Betrieben mit in der Regel mindestens fünf ständigen wahlberechtigten Arbeitnehmern, von denen drei wählbar sind, werden Betriebsräte gewählt. Dies gilt auch für gemeinsame Betriebe mehrerer Unternehmen.

**§ 5 Arbeitnehmer**
(1) Arbeitnehmer (Arbeitnehmerinnen und Arbeitnehmer) im Sinne dieses Gesetzes sind Arbeiter und Angestellte einschließlich der zu ihrer Berufsausbildung Beschäftigten, unabhängig davon, ob sie im Betrieb, im Außendienst oder mit Telearbeit beschäftigt werden. Als Arbeitnehmer gelten auch die in Heimarbeit Beschäftigten, die in der Hauptsache für den Betrieb arbeiten. [...]

**§ 7 Wahlberechtigung**
Wahlberechtigt sind alle Arbeitnehmer des Betriebs, die das 16. Lebensjahr vollendet haben. Werden Arbeitnehmer eines anderen Arbeitgebers zur Arbeitsleistung überlassen, so sind diese wahlberechtigt, wenn sie länger als drei Monate im Betrieb eingesetzt werden.

**§ 8 Wählbarkeit**
(1) Wählbar sind alle Wahlberechtigten, die das 18. Lebensjahr vollendet haben und sechs Monate dem Betrieb angehören oder als in Heimarbeit Beschäftigte in der Hauptsache für den Betrieb gearbeitet haben. [...]

**§ 9 Zahl der Betriebsratsmitglieder**
Der Betriebsrat besteht in Betrieben mit in der Regel
5 bis 20 wahlberechtigten Arbeitnehmern aus einer Person,
21 bis 50 wahlberechtigten Arbeitnehmern aus 3 Mitgliedern,
51 bis 100 wahlberechtigten Arbeitnehmern aus 5 Mitgliedern,
101 bis 200 Arbeitnehmern aus 7 Mitgliedern [...]

**§ 13 Zeitpunkt der Betriebsratswahlen**
(1) Die regelmäßigen Betriebsratswahlen finden alle 4 Jahre in der Zeit vom 1. März bis 31. Mai statt. [...]

**§ 15 Zusammensetzung nach Beschäftigungsarten und Geschlechter**
(1) Der Betriebsrat soll sich möglichst aus Arbeitnehmern der einzelnen Organisationsbereiche und der verschiedenen Beschäftigungsarten der im Betrieb tätigen Arbeitnehmer zusammensetzen.
(2) Das Geschlecht, das in der Belegschaft in der Minderheit ist, muss mindestens entsprechend seinem zahlenmäßigen Verhältnis im Betriebsrat vertreten sein, wenn dieser aus mindestens drei Mitgliedern besteht.

Die Größe des Betriebsrats steigt nach § 9 BetrVG mit der Zahl der wahlberechtigten Arbeitnehmer. Der gewählte Betriebsrat wählt aus seiner Mitte einen Vorsitzenden.

**Beispiel**

KommunikativAktiv beschäftigt 80 wahlberechtigte Mitarbeiter. Somit besteht der Betriebsrat aus fünf Mitgliedern, Frau Schmitz wurde zur Vorsitzenden gewählt.

## Aufgaben und Rechte des Betriebsrats

Der Betriebsrat ist die Interessenvertretung der Arbeitnehmer. Die Befugnisse des Betriebsrats lassen sich nach den §§ 74–113 BetrVG in vier Bereiche unterteilen.

**Betriebsrat**

- **Aufgaben:**
  - **allgemeine Aufgaben**, betreffen **Schutzbestimmungen** für die Arbeitnehmer
- **Beteiligungsrechte:**
  - **soziale Angelegenheiten**, betreffen die **Arbeitsbedingungen** der Arbeitnehmer
  - **personelle Angelegenheiten**, betreffen **personalwirtschaftliche Fragen** für einzelne oder Gruppen von Arbeitnehmern
  - **wirtschaftliche Angelegenheiten**, betreffen **unternehmerische Entscheidungen** für den Betrieb

Bei den **allgemeinen Aufgaben** des Betriebsrats geht es z. B. darum,

- darüber zu wachen, dass die zugunsten der Arbeitnehmer geltenden Gesetze, Verordnungen, Unfallverhütungsvorschriften, Tarifverträge und Betriebsvereinbarungen durchgeführt werden;
- Maßnahmen, die dem Betrieb und der Belegschaft dienen, beim Arbeitgeber zu beantragen;
- die Durchsetzung der tatsächlichen Gleichstellung von Frauen und Männern zu fördern;
- die Vereinbarkeit von Familie und Erwerbstätigkeit zu fördern;
- die Eingliederung schwerbehinderter Menschen und sonstiger besonders schutzbedürftiger Personen zu fördern;
- Anregungen und Beschwerden entgegenzunehmen und mit dem Arbeitgeber zu verhandeln;
- Arbeitsschutz und betrieblichen Umweltschutz zu fördern.

Über die allgemeinen Aufgaben hinaus hat der Betriebsrat **abgestufte Beteiligungsrechte** von unterschiedlicher Qualität:

a) **Mitbestimmungsrechte**

Dies sind die stärksten Rechte des Betriebsrats. Betriebliche Entscheidungen werden erst mit der **Zustimmung des Betriebsrats wirksam**. Daher spricht man auch von einer „Mitbestimmung im engeren Sinne" oder **„echten Mitbestimmung"**. Der Betriebsrat ist gleichberechtigt mit dem Arbeitgeber, ohne seine Zustimmung können mitbestimmungspflichtige Entscheidungen nicht getroffen werden. Dies gilt vor allem in **sozialen Angelegenheiten**, wie z. B.

- Beginn und Ende der täglichen Arbeitszeit,
- Pausenregelungen,
- Regelungen über den Gesundheits- und Unfallschutz,
- Einführung von Arbeitskontrollen (Monitoring etc.),
- Überstunden.

8|7.2

Auch bei bestimmten **allgemeinen personellen Maßnahmen** ist die Zustimmung des Betriebsrats zwingend erforderlich, etwa für die Bestimmung von **Auswahlrichtlinien** für die Einstellung, Versetzung oder Entlassung von Mitarbeitern. Zudem kann der Betriebsrat eine interne Ausschreibung von Arbeitsplätzen verlangen. Kommt **keine Einigung** zwischen Unternehmensleitung und Betriebsrat zustande, ist die **Einigungsstelle** (s. u.) anzurufen. 10|4.2.1

**Beispiel**

Die Dialogfix GmbH erwartet im nächsten Monat ein überdurchschnittliches Anrufaufkommen und möchte daher begrenzt Überstunden anordnen. Dies ist nur mit Zustimmung des Betriebsrats möglich.

b) **Mitwirkungsrechte**
Die Mitwirkungsrechte des Betriebsrats werden auch als „**eingeschränkte Mitbestimmung**“ oder **Widerspruchsrechte** bezeichnet. Damit ist gemeint, dass der Betriebsrat vor jeder Maßnahme anzuhören ist und zustimmen muss. Stimmt der Betriebsrat nicht zu, kann der Arbeitgeber die fehlende Zustimmung durch eine Entscheidung des Arbeitsgerichts ersetzen. Dies gilt z. B. für **personelle Einzelmaßnahmen** wie

10|4.2.1
- Einstellungen,
- Versetzungen oder
- Umgruppierungen.

Bei personellen Einzelmaßnahmen gelten die Mitwirkungsrechte des Betriebsrats allerdings erst ab 20 wahlberechtigten Arbeitnehmern.

**Beispiel**
Die Geschäftsleitung von Dialogfix möchte den Mitarbeiter Christian Port aus der technischen Beratung in die kaufmännische Beratung versetzen, da aus dieser Abteilung ein Personalbedarf gemeldet wurde. Der Betriebsrat ist anzuhören und kann die Zustimmung verweigern.

6|3.3.1
Soll eine Kündigung ausgesprochen werden, muss der Betriebsrat nach § 102 BetrVG **vorher angehört** werden. Erfolgt dies nicht, ist die Kündigung **unwirksam**. Hat der Betriebsrat gegen eine ordentliche Kündigung Bedenken, so hat er diese unter Angabe der Gründe dem Arbeitgeber spätestens innerhalb einer Woche schriftlich mitzuteilen. Äußert sich der Betriebsrat innerhalb dieser Frist nicht, gilt seine Zustimmung zur Kündigung als erteilt.

Allerdings ist die Kündigung auch bei Widerspruch des Betriebsrats gültig. Der betroffene Arbeitnehmer hat aber in jedem Fall die Möglichkeit, beim Arbeitsgericht eine **Kündigungsschutzklage** zu erheben.

c) **Informations- und Beratungsrechte**
Die Unternehmensleitung muss den Betriebsrat unterrichten und sich mit ihm beraten. Eine abweichende Meinung des Betriebsrats hat allerdings keine rechtlichen Folgen, es handelt sich also um ein eher schwaches Recht. Dies gilt vor allem in **wirtschaftlichen Angelegenheiten**, z. B. für

- unternehmerische Entscheidungen (z. B. Produktpalette, Marketing, Finanzierung),
- Verlegung oder Zusammenschluss von Betrieben oder Betriebsteilen,
- langfristige Personalplanung,
- Investitionen oder Baumaßnahmen,
- Veränderungen in der wirtschaftlichen und finanziellen Lage des Unternehmens.

**Beispiel**

Die Geschäftsführung der Dialogfix GmbH überlegt, für eine Erweiterungsmaßnahme einen Gebäudeanbau durchzuführen. Dieses Vorhaben muss mit dem Betriebsrat beraten werden, seine Zustimmung ist aber nicht erforderlich.

### Organe der betrieblichen Mitbestimmung

Das Betriebsverfassungsgesetz sieht verschiedene Organe der Zusammenarbeit vor:

| | |
|---|---|
| **Betriebsversammlung (§ 42 ff. BetrVG)** | Der Betriebsrat berichtet auf der Betriebsversammlung über seine Tätigkeit. An der Betriebsversammlung nehmen auf Einladung des Betriebsratsvorsitzenden alle Arbeitnehmer des Betriebs teil, sie findet mindestens vierteljährlich statt. Die Teilnahme wird als Arbeitszeit vergütet. Der Arbeitgeber muss eingeladen werden und mindestens einmal im Jahr über die wirtschaftliche Lage und Entwicklung des Unternehmens berichten. |
| **Einigungsstelle (§ 76 BetrVG)** | Die Einigungsstelle dient dazu, Meinungsverschiedenheiten zwischen Arbeitgeber und Betriebsrat beizulegen. Sie wird zu gleichen Teilen aus Vertretern des Betriebsrats und der Arbeitgeberseite sowie einem unparteiischen Vorsitzenden gebildet. Die Einigungsstelle wird insbesondere bei mitbestimmungspflichtigen Angelegenheiten angerufen, ihre Entscheidung ist verbindlich. |
| **Wirtschaftsausschuss (§ 106 BetrVG)** | Ein Wirtschaftsausschuss wird ab 100 Beschäftigten eingerichtet. Er besteht aus drei bis sieben Mitgliedern, von denen mindestens eine Person Mitglied des Betriebsrats sein muss. Der Wirtschaftsausschuss hat die Aufgabe, wirtschaftliche Angelegenheiten mit dem Arbeitgeber zu beraten und den Betriebsrat darüber zu informieren. |

## 2.3.2 Jugend- und Auszubildendenvertretung

Die Jugend- und Auszubildendenvertretung (JAV) ist Interessenvertretung und Ansprechpartner für Jugendliche unter 18 Jahren und alle Auszubildende.

### Auszug aus dem Betriebsverfassungsgesetz (BetrVG)

**§ 60 Errichtung und Aufgabe**

(1) In Betrieben mit in der Regel mindestens fünf Arbeitnehmern, die das 18. Lebensjahr noch nicht vollendet haben (jugendliche Arbeitnehmer) oder die zu ihrer Berufsausbildung beschäftigt sind, werden Jugend- und Auszubildendenvertretungen gewählt.

(2) Die Jugend- und Auszubildendenvertretung nimmt nach Maßgabe der folgenden Vorschriften die besonderen Belange der in Absatz 1 genannten Arbeitnehmer wahr.

**§ 61 Wahlberechtigung und Wählbarkeit**
(1) Wahlberechtigt sind alle in § 60 Abs. 1 genannten Arbeitnehmer des Betriebs.
(2) Wählbar sind alle Arbeitnehmer des Betriebs, die das 25. Lebensjahr noch nicht vollendet haben oder die zu ihrer Berufsausbildung beschäftigt sind; § 8 Abs. 1 Satz 3 findet Anwendung. Mitglieder des Betriebsrats können nicht zu Jugend- und Auszubildendenvertretern gewählt werden.

**§ 62 Zahl der Jugend- und Auszubildendenvertreter, Zusammensetzung der Jugend- und Auszubildendenvertretung**
(1) Die Jugend- und Auszubildendenvertretung besteht in Betrieben mit in der Regel
5 bis 20 der in § 60 Abs. 1 genannten Arbeitnehmer aus einer Person,
21 bis 50 der in § 60 Abs. 1 genannten Arbeitnehmer aus 3 Mitgliedern,
51 bis 150 der in § 60 Abs. 1 genannten Arbeitnehmer aus 5 Mitgliedern, [...]
(2) Die Jugend- und Auszubildendenvertretung soll sich möglichst aus Vertretern der verschiedenen Beschäftigungsarten und Ausbildungsberufe der im Betrieb tätigen in § 60 Abs. 1 genannten Arbeitnehmer zusammensetzen.

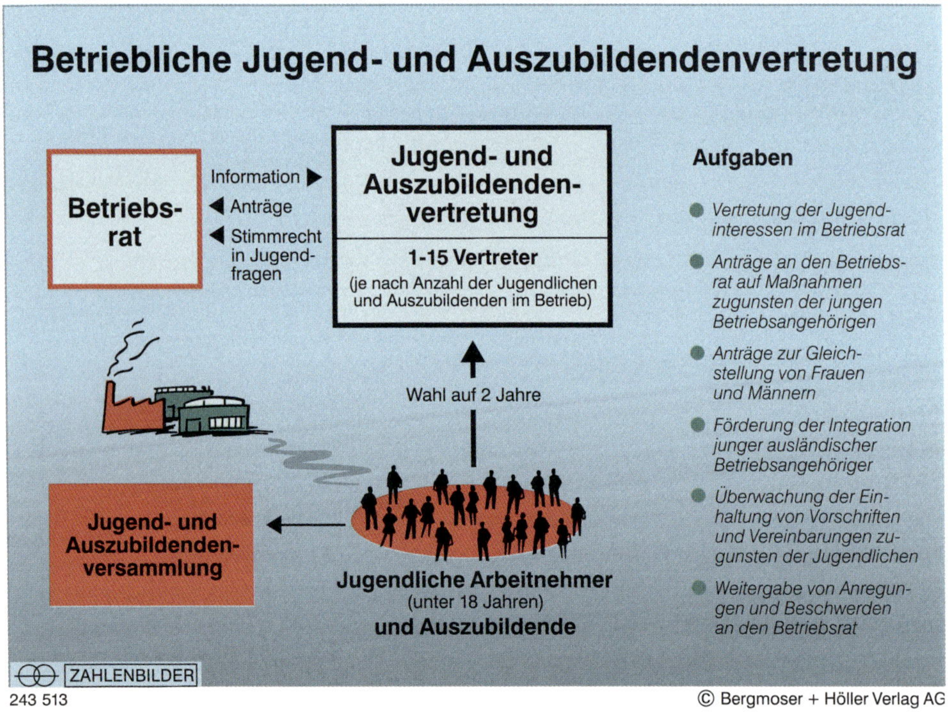


Eine Jugend- und Auszubildendenvertretung kann nur eingerichtet werden, sofern ein Betriebsrat besteht. Eine enge Zusammenarbeit mit dem Betriebsrat ist üblich, jedoch dürfen Mitglieder der JAV nicht zeitgleich Mitglieder des Betriebsrats sein. Die JAV kann zu allen Sitzungen des Betriebsrats einen Vertreter entsenden und hat aber nur dann ein Stimmrecht, wenn die Beschlüsse des Betriebsrats überwiegend Jugendliche und Auszubildende betreffen.

- **Wahlberechtigt** (aktives Wahlrecht) sind alle Jugendlichen unter 18 Jahren und alle Auszubildenden (unabhängig vom Alter).
- **Wählbar** (passives Wahlrecht) sind hingegen **alle Arbeitnehmer** unter 25 Jahren sowie alle Auszubildenden (unabhängig vom Alter).

Die **Größe der JAV** (zwischen einem Mitglied und 15 Mitgliedern) steigt mit der Zahl der Wahlberechtigten. Die Amtszeit beträgt zwei Jahre, im Gegensatz zum Betriebsrat, der eine Amtszeit von vier Jahren hat. Die Wahlen zur JAV finden im Oktober oder November statt.

### 2.3.3 Betriebsvereinbarungen

#

*Definition*

In einer **Betriebsvereinbarung** werden innerbetriebliche Regelungen **zwischen Betriebsrat und einem einzelnen Arbeitgeber** getroffen.

Betriebsvereinbarungen werden schriftlich abgeschlossen und im Unternehmen ausgelegt. Typische Inhalte einer Betriebsvereinbarung sind die Themen, bei denen der Betriebsrat ein **gesetzliches Mitbestimmungsrecht** hat. Dies gilt insbesondere für soziale Angelegenheiten, wie z. B. die Gestaltung der Arbeitszeit oder Arbeitskontrollen.

**dialogfix** GmbH

## Auszug aus der Betriebsvereinbarung: „Regelung der wöchentlichen Arbeitszeit“

**§ 1 Geltungsbereich**

Diese Betriebsvereinbarung (BV) gilt für alle Arbeitnehmer und Arbeitnehmerinnen der Dialogfix GmbH.

**§ 2 Zweckbestimmung**

Zweck dieser Betriebsvereinbarung ist die Regelung der Wahrnehmung von Mitbestimmungsrechten des Betriebsrates bei der Erstellung von Dienstplänen gemäß § 87 Abs. 1 Satz 2 BetrVG.

**§ 3 Durchführung**

Der Arbeitgeber legt dem Betriebsrat wöchentlich, spätestens am Donnerstag bis 15 Uhr, die Dienstpläne der zu planenden Woche zur Zustimmung vor. Sofern kein Widerspruch bis 17 Uhr vorliegt, gelten die Dienstpläne als genehmigt. [...]

Beim Abschluss einer Betriebsvereinbarung ist das **Prinzip des Tarifvorrangs** zu beachten: Sofern ein Tarifvertrag besteht, können dort geregelte Inhalte nicht Gegenstand einer Betriebsvereinbarung sein. 1 | 2.3.4

## 2.3.4 Tarifverträge

> **# *Definition***
> In einem **Tarifvertrag** werden von Tarifvertragsparteien einheitliche Arbeitsbedingungen für ganze Wirtschaftszweige (Branchen) in einem bestimmten Gebiet (z. B. bundesweit, regional oder einzelne Unternehmen) festgelegt.

Damit ein Tarifvertrag abgeschlossen werden kann, sind immer zwei Partner erforderlich, die sogenannten Tarifvertragsparteien. Als **Tarifvertragsparteien** kommen infrage:

- einzelne Arbeitgeber, z. B. Deutsche Telekom AG;
- Vereinigungen von Arbeitgebern, meist branchenbezogen zusammengeschlossen in Arbeitgeberverbänden, z. B. Arbeitgeberverband der Versicherungsunternehmen in Deutschland;
- Gewerkschaften, z. B. ver.di (Vereinte Dienstleistungsgewerkschaft).

Ein Tarifvertrag wird im Rahmen der durch Art. 9 Abs. 3 Grundgesetz geschützten **Tarifautonomie** ohne Einmischung vom Staat nur zwischen den Tarifvertragsparteien verhandelt. Nicht selten werden **Tarifverhandlungen** von Streiks und anderen Arbeitskampfmaßnahmen begleitet.

6 | 3.3.2

### 700 Telekom-Beschäftigte demonstrieren in Berlin – Service eingeschränkt

Hunderte Beschäftigte der Telekom haben am Dienstag in Berlin für höhere Gehälter demonstriert. Anlass waren bundesweite Warnstreiks bei dem Konzern. Einschränkungen beim Service der Telekom sollten den Druck auf die laufenden Tarifverhandlungen erhöhen. „Wir gehen stark davon aus, dass es dem Unternehmen schwerfallen wird, die Anfragen wegzuleiten", sagte der Berlin-Brandenburger Streikleiter der Gewerkschaft Verdi, Olaf Budert. Nach seinen Angaben zogen etwa 700 Beschäftigte durch Mitte, vorbei auch an der Konzernrepräsentanz an der Französischen Straße. [...]

Bereits am Montag hatte die Gewerkschaft Verdi angekündigt, dass Berliner und Brandenburger Kunden der Deutschen Telekom am Dienstag mit erheblichen Service-Einschränkungen rechnen müssten. Wegen des Warnstreiks könnten Störungen voraussichtlich nicht beseitigt werden; auch bei Bauvorhaben wie Neuanschließungen und Breitbandausbau werde es möglicherweise zu Verzögerungen kommen. Am Dienstag hat die dritte Verhandlungsrunde im festgefahrenen Tarifkonflikt begonnen. Verdi fordert für die Telekom-Beschäftigten bundesweit sechs Prozent mehr Geld bei einer Laufzeit des Tarifvertrages von zwölf Monaten. Zudem sollen die Vergütungen für Auszubildende und für Studierende in dualen Studiengängen um 80 Euro pro Monat steigen. [...]

*Quelle: rbb24 Inforadio: 700 Telekom-Beschäftigte demonstrieren in Berlin – Service eingeschränkt. In: www.rbb24.de. Veröffentlicht am 10.05.2022 unter www.rbb24.de/wirtschaft/beitrag/2022/05/warnstreik-telekom-berlin-brandenburg-tarifstreit.html [28.10.2022].*

Je nach geregeltem **Inhalt** werden drei Arten von Tarifverträgen unterschieden:

| | |
|---|---|
| **Manteltarifvertrag** | einzelne **Rahmenbedingungen des Arbeitsverhältnisses** wie Urlaub, Arbeitszeit, Arbeitsschutz, Weiterbildung, Entgeltfortzahlung im Krankheitsfall etc.<br>**Laufzeit:** langfristig |
| **Lohn- und Gehaltsrahmentarifvertrag** (Entgeltrahmentarifvertrag) | **Rahmenbedingungen der Entgeltzahlung** wie Zuordnung von Tätigkeiten in einzelne Tarifgruppen, Beschreibung von Tätigkeiten, Gewährung von Leistungszulagen und Prämien etc.<br>**Laufzeit:** meist 2–4 Jahre |
| **Lohn- und Gehaltstarifvertrag** (Entgelttarifvertrag) | **konkrete Höhe** der Entgelte wie Löhne und Gehälter in einzelnen Tarifgruppen, Ausbildungsvergütungen, Zulagen, Erfolgsbeteiligung etc.<br>**Laufzeit:** meist 1–2 Jahre |

Ein Tarifvertrag kann verschiedene **Geltungsbereiche** haben:

- **Räumlich:** Bestimmt das geografische Gebiet, z. B. bundesweit, einzelne Bundesländer, Tarifbezirke, einzelne Unternehmen. Verträge für ein größeres Geltungsgebiet werden als **Flächentarifvertrag** oder **Branchentarifvertrag** bezeichnet, bei einzelnen Unternehmen spricht man von einem **Haustarifvertrag** oder **Firmentarifvertrag**.
- **Zeitlich:** Regelt die Gültigkeitsdauer, z. B. festgelegter Zeitraum, Gültigkeit bis zur Kündigung.
- **Fachlich:** Legt fest, in welchen Branchen, Wirtschaftsbereichen, Unternehmenstypen etc. der Tarifvertrag gilt, z. B. Versicherungsbranche.
- **Persönlich:** Bestimmt die Personengruppen, die durch den Tarifvertrag erfasst werden, z. B. Angestellte, Arbeiter, Auszubildende.

Tarifverträge finden in der Dialogmarketingbranche unterschiedliche Anwendung. Während reine Inhouse-Callcenter oft unter den Branchentarifvertrag des Mutterunternehmens fallen (z. B. Tarifvertrag für den Einzelhandel), haben die wenigsten externen Dienstleister einen Tarifvertrag abgeschlossen.

Damit liegt die Branche im allgemeinen Trend, der eher auf eine zurückgehende Bedeutung der Tarifverträge hinausläuft. Derzeit sind auch lediglich Haus- bzw. Firmentarifverträge mit einzelnen Arbeitgebern denkbar, da es bisher **keinen Arbeitgeberverband** in der Dialogmarketingbranche gibt. 2 | 1.2.1

→ ***Praxistipp***

Weitere (individuelle) Regelungen zwischen Arbeitgeber und Arbeitnehmer können in einem **Arbeitsvertrag** geregelt werden. Dies ist Thema des 2. Ausbildungsjahres. 6 | 3.3.1

## 2.4 Soziale Sicherung

### 2.4.1 Zweige der gesetzlichen Sozialversicherung

Grundlage der sozialen Sicherung in Deutschland ist die **gesetzliche Sozialversicherung.** Im Laufe der Zeit entstanden insgesamt **fünf Zweige.**

**Gesetzliche Sozialversicherung**

- Krankenversicherung (seit 1883)
- Unfallversicherung (seit 1884)
- Rentenversicherung (seit 1889)
- Arbeitslosenversicherung (seit 1927)
- Pflegeversicherung (seit 1995)

Die gesetzliche Sozialversicherung basiert auf einigen **Grundprinzipien:**

- **Versicherungspflicht**
  Die Sozialversicherung ist eine **Pflichtversicherung**, also eine gesetzlich erzwungene Vorsorge durch den Staat. Weite Teile der Bevölkerung sind somit in der Sozialversicherung (pflicht-)versichert. Die Mitgliedschaft in der Sozialversicherung tritt automatisch mit der Aufnahme eines Ausbildungs- bzw. Beschäftigungsverhältnisses ein. **Nicht** sozialversicherungspflichtig sind Selbstständige (mit Ausnahmen), Beamte sowie geringfügig Beschäftigte (Minijobs).

- **Beitragsfinanzierung**
  Die Sozialversicherungen werden überwiegend aus **Beiträgen der Arbeitnehmer und Arbeitgeber finanziert** und – von wenigen Ausnahmen abgesehen – von beiden Seiten zu gleichen Teilen übernommen (paritätische Finanzierung).

> → ***Praxistipp***
> Abweichend von der Finanzierung durch Arbeitgeber und Arbeitnehmer ist die gesetzliche Unfallversicherung, die ausschließlich vom Arbeitgeber finanziert wird.

- **Solidarität**
  Die zu versichernden Risiken werden von allen Versicherten gemeinsam getragen. Unabhängig davon, wie viel die Versicherten an die Sozialversicherungen gezahlt haben, sind sie in umfassendem Maße abgesichert. Leistungen richten sich nicht nach der Höhe der Beiträge, sondern nach der **Bedürftigkeit**.

**Praxistipp**
Ausnahmen vom Solidaritätsprinzip stellen Rentenversicherung und (in Teilen) die Arbeitslosenversicherung dar. Hier gilt das sogenannte **Äquivalenzprinzip**, welches besagt, dass sich die Leistungen (auch) nach der Höhe der gezahlten Beiträge richten.

Bemessungsgrundlage für die Beiträge zur Sozialversicherung ist die Bruttovergütung (Gehalt bzw. Ausbildungsvergütung sowie ggf. Zuschläge, Sonderzahlungen, Prämien und die vermögenswirksamen Leistungen). Die **gesamten** Beiträge zur Sozialversicherung werden vom Arbeitgeber bei der Gehaltsabrechnung einbehalten und direkt an die Einzugsstelle (gesetzliche Krankenversicherung) abgeführt.

**Beispiel: Gehaltsabrechnung Julia Lauer**

## Gehaltsabrechnung

**Kommunikativ AKTIV AG**

**für Monat:** August **Jahr: 2023**
**Name:** Julia Lauer

| Lohnsteuer-klasse: | Kinderfrei-betrag: | Steuerfreibetrag pro Monat: | Konfession: | Bundesland: | Jahrgang: |
|---|---|---|---|---|---|
| I | 0 | 0 | r.-k. | Saarland | 2004 |

| | | |
|---|---|---|
| **Bruttogehalt:** | | € 745,00 |
| **Gesetzliche Abzüge** | | |
| Lohnsteuer: | € **0,00** | |
| Solidaritätszuschlag: | € **0,00** | |
| Kirchensteuer: | € **0,00** | |
| **Summe Steuern:** | | € **0,00** |
| Krankenversicherung (Arbeitnehmeranteil): | € **60,34** | |
| Pflegeversicherung (Arbeitnehmeranteil): | € **11,36** | |
| Arbeitslosenversicherung (Arbeitnehmeranteil): | € **9,69** | |
| Rentenversicherung (Arbeitnehmeranteil): | € **69,29** | |
| **Summe Sozialversicherungsbeiträge:** | | € **150,69** |
| **Nettogehalt:** | | € **594,31** |

**Praxistipp**
Da Julia mit ihrer Ausbildungsvergütung unter dem sogenannten Grundfreibetrag liegt, muss sie **keine Steuern** (Lohnsteuer, Solidaritätszuschlag, Kirchensteuer) zahlen. 6 | 4.3.1

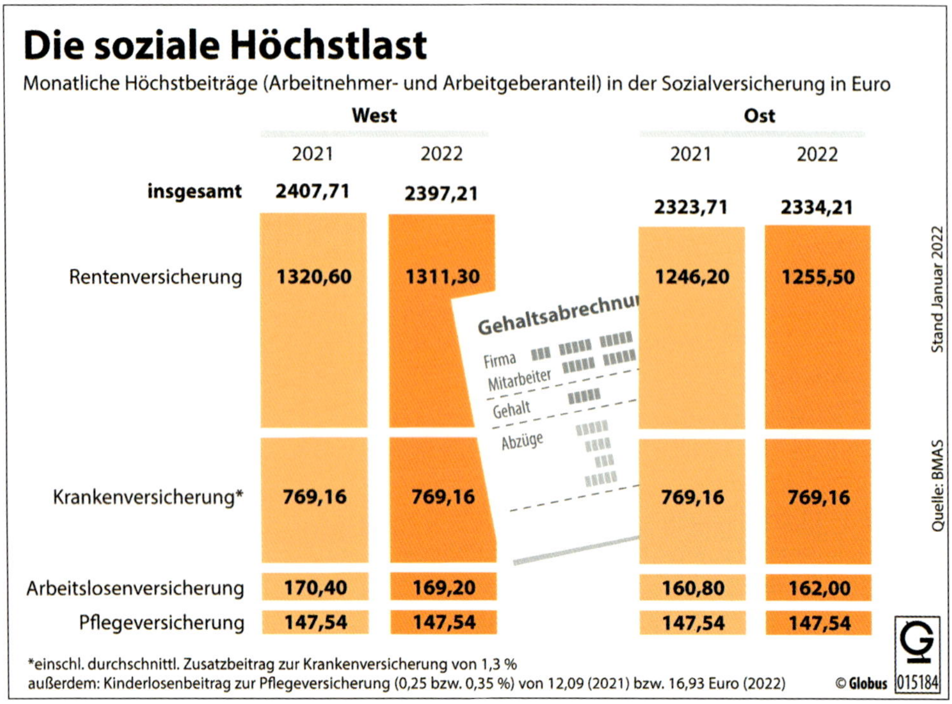


In vielen Zweigen der Sozialversicherung gibt es eine **Beitragsbemessungsgrenze**. Damit ist gemeint, dass Beiträge nur bis zu einem bestimmten Grenzbetrag erhoben werden (Deckelung), darüber liegende Bruttovergütungen sind sozialabgabenfrei. Dies ist nicht zu verwechseln mit der **Versicherungspflichtgrenze**. Sie bezeichnet die Höhe des Bruttoeinkommens, bis zu dem für abhängig Beschäftigte eine Pflichtmitgliedschaft in der gesetzlichen Kranken- und Pflegeversicherung besteht. Wer darüber liegt, kann freiwillig Mitglied bleiben oder austreten und sich privat versichern. Aus allen anderen Zweigen der Sozialversicherung ist für Arbeitnehmer unabhängig vom Einkommen kein Austritt möglich.

In der nachfolgenden Übersicht werden (Stand: 01.01.2023) die wesentlichen Aspekte der gesetzlichen Sozialversicherung für Arbeitnehmer (Arbeiter, Angestellte und Auszubildende) dargestellt.

## Gesetzliche Rentenversicherung

| | |
|---|---|
| **Leistungen** | Altersrente, Hinterbliebenenrente, Erwerbsminderungsrente, Rehabilitationsmaßnahmen |
| **Träger** | Deutsche Rentenversicherung (DRV) Bund mit regionalen Trägern sowie Deutsche Rentenversicherung (DRV) Knappschaft-Bahn-See |
| **Versicherte Personen** | alle Arbeitnehmer |
| **Finanzierung** | hälftig von Arbeitgeber und Arbeitnehmer |
| **Beitrag** | 18,6 % bis zur Beitragsbemessungsgrenze von monatlich 7.300,00 € (West) bzw. 7.100,00 € (Ost) |

## Gesetzliche Krankenversicherung

| | |
|---|---|
| **Leistungen** | Krankenhilfe (Arzt-, Zahnarzt- und Krankenhausbehandlung, Arznei-, Hilfs- und Heilmittel), Früherkennung, Krankengeld ab der 7. Woche |
| **Träger** | gesetzliche Krankenkassen (AOK, Innungs-, Betriebs- und Ersatzkrankenkassen) |
| **Versicherte Personen** | alle Arbeitnehmer bis zur Versicherungspflichtgrenze von 5.550,00 € (W/O) |
| **Finanzierung** | hälftig von Arbeitgeber und Arbeitnehmer, kassenindividueller Zusatzbeitrag möglich (siehe Beitrag) |
| **Beitrag** | 14,6 %; die gesetzlichen Krankenkassen können einen kassenindividuellen Zusatzbeitrag erheben, der bei durchschnittlich 1,6 % liegt und je zur Hälfte von Arbeitnehmer und Arbeitgeber getragen wird; bis zur Beitragsbemessungsgrenze von monatlich 4 987,50 € (W/O) |

## Gesetzliche Pflegeversicherung

| | |
|---|---|
| **Leistungen** | häusliche und stationäre Pflege gestaffelt nach Pflegestufen, Pflegegeld, Pflegesachleistungen |
| **Träger** | Pflegekassen bei den gesetzlichen Krankenkassen |
| **Versicherte Personen** | alle Mitglieder der gesetzlichen Krankenversicherung (gleiche Regelung zur Versicherungspflichtgrenze) |
| **Finanzierung** | hälftig von Arbeitgeber und Arbeitnehmer, kinderlose Arbeitnehmer ab 23 Jahren zahlen einen Zusatzbetrag von 0,35 %, der vom Arbeitnehmer allein zu tragen ist |
| **Beitrag** | 3,05 % bis zur Beitragsbemessungsgrenze von monatlich 4 987,50 € (W/O) |

## Gesetzliche Arbeitslosenversicherung

| | |
|---|---|
| **Leistungen** | Arbeitslosengeld, Arbeitsvermittlung, Berufsberatung. Achtung: Das Bürgergeld, früher als Arbeitslosengeld II („Hartz IV") bezeichnet, wird nicht aus der Arbeitslosenversicherung, sondern aus Steuergeldern finanziert! |
| **Träger** | Bundesagentur für Arbeit (BA) |
| **Versicherte Personen** | alle Arbeitnehmer |
| **Finanzierung** | hälftig von Arbeitgeber und Arbeitnehmer |
| **Beitrag** | 2,6 % bis zur Beitragsbemessungsgrenze von monatlich 7 300,00 € (West) bzw. 7 100,00 € (Ost) |

## Gesetzliche Unfallversicherung

| | |
|---|---|
| **Leistungen** | Kostenübernahme bei Unfällen am Arbeitsplatz oder auf dem direkten Weg zur Arbeit (Wegeunfälle), Maßnahmen zur Unfallverhütung, Leistungen bei Berufskrankheiten |
| **Träger** | Berufsgenossenschaften (BG) der einzelnen Branchen |
| **Versicherte Personen** | alle Arbeitnehmer |
| **Finanzierung** | nur vom Arbeitgeber |
| **Beitrag** | abhängig von der Gefahrenklasse des Betriebes |

## 2.4.2 Probleme der gesetzlichen Sozialversicherung

Die Zahl der **Reformen** in den verschiedenen Zweigen in den letzten Jahrzehnten, vor allem in der Renten- und Krankenversicherung, ist nahezu unüberschaubar. Dies führt dazu, dass einzelne Bestimmungen der Sozialversicherung häufigen Änderungen unterworfen sind.

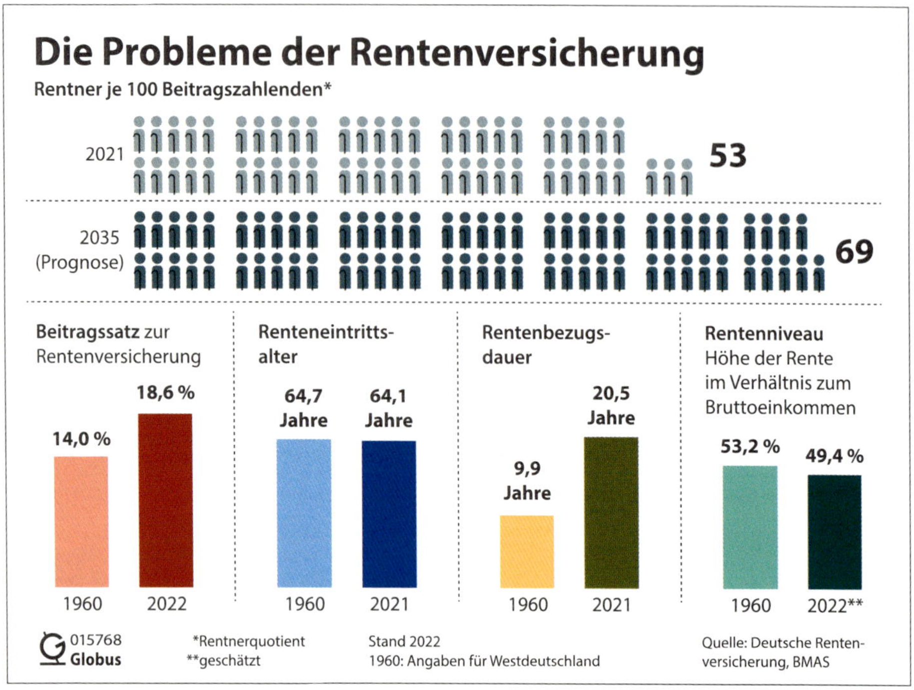


Zu den **Problemen der gesetzlichen Sozialversicherung** lässt sich festhalten:

- **Missverhältnis** zwischen Beitragszahlern und Leistungsempfängern. Dieses tritt besonders deutlich durch das **Umlageverfahren** in der gesetzlichen Rentenversicherung zutage, durch das die jeweilige Rentnergeneration lediglich durch die jetzigen Beitragszahler finanziert wird (**Generationenvertrag**).
- Die **Kosten im Gesundheitswesen** wachsen durch den medizinischen Fortschritt und die steigende Lebenserwartung.
- Durch die Kopplung der Sozialversicherungsbeiträge an das Arbeitseinkommen stehen bei **Arbeitslosen bzw. Geringverdienern** keine oder nur niedrige Beiträge für die Sozialversicherung zur Verfügung.
- Eine Vielzahl **versicherungsfremder Leistungen** (Leistungen ohne Beitragszahlungen) belastet die Sozialkassen.

Durch die **Veränderung der Altersstruktur** (demografische Entwicklung) in Deutschland ist in Zukunft eher mit einer Verschärfung der Probleme zu rechnen.

**→ *Praxistipp***
Aktuelle Daten und Informationen finden Sie unter www.sozialpolitik.com.

## 2.4.3 Private Vorsorge

Die Entwicklungen im Bereich der gesetzlichen Sozialversicherung deuten tendenziell auf steigende Beiträge bei sinkenden Leistungen hin. Eine zusätzliche private Absicherung ist daher insbesondere bei der Altersversorgung unumgänglich. Inzwischen setzt sich dabei immer mehr das sogenannte **3-Schichten-Modell** durch:

**1. Schicht – Basisversorgung:**
Hierunter fallen Ruhestandsbezüge aus der **gesetzlichen** Rentenversicherung, der Beamtenversorgung und aus der Basisrente für Selbstständige oder Gewerbetreibende.

**2. Schicht – Zusatzversorgung:**
Diese Schicht umfasst die **betriebliche** Altersvorsorge. Hierzu zählen Betriebsrenten, Einzahlungen in Pensionskassen und Pensionsfonds oder der Abschluss von Direktversicherungen. Hierunter fallen auch die zulagen- oder steuerbegünstige private Zusatzversorgung (sogenannte Riester-Rente).

**3. Schicht – Private Versorgung:**
Zur dritten Schicht gehören sonstige Kapitalanlagen, wie etwa Kapitallebens- und Rentenversicherungen, Banksparverträge, Investmentfonds sowie eigene Immobilien, als **private** Altersvorsorge.

### Umfrage: Deutsche sind Vorsorge-Amateure

[...] Die Deutschen machen sich große Sorgen um ihre finanzielle Versorgung im Alter, scheuen jedoch die Beschäftigung mit dem Thema. Ein wichtiger Grund: Viele haben schlicht keine Ahnung von Altersvorsorgeprodukten, oder sie haben kein Geld. Das ist das nicht ganz unerwartete Ergebnis des aktuellen Themenradars der Deutschen Bank für das online 500 Bundesbürger im Alter von 18–59 Jahren befragt wurden. Mehr als 80 Prozent der Befragten sind demnach überzeugt, dass ohne zusätzliche private Altersvorsorge niemand seinen Lebensstandard im Alter wird aufrechterhalten können. 52 Prozent (61 Prozent in der Gruppe der 18–35-Jährigen) äußern konkret Angst vor Altersarmut. Und 61 Prozent glauben gar, dass das gesetzliche Rentensystem in Deutschland über kurz oder lang zusammenbrechen wird. Aber auch wenn die Deutschen damit die Notwendigkeit der privaten Altersvorsorge sehen, werden zu wenige tatsächlich aktiv. 43 Prozent der Befragten geben an, dass sie sich noch um ihre private Vorsorge kümmern müssen, bei den Jüngeren sind es 58 Prozent. Die Gründe sind vielfältig, wie die Deutsche Bank schreibt: 70 Prozent sagen, dass ihnen Altersvorsorgeprodukte oft zu unverständlich oder kompliziert sind, 49 Prozent empfinden es als sehr lästig, sich um die Altersvorsorge kümmern zu müssen. 42 Prozent sagen, sie würden gerne etwas in die private Vorsorge stecken, haben aber kein Geld übrig. 44 Prozent scheitern nach eigenen Angaben aber auch daran, dass sie sich nicht zwischen der Vielzahl verschiedener Produkte entscheiden können. [...]

„Die verschiedenen Instrumente der privaten Altersvorsorge sind für die meisten Bürger kaum verständlich. Deshalb ist es kein Wunder, dass sie sich zu wenig mit ihrer Absicherung in der Zukunft auseinandersetzen", sagt Frank Breiting, Leiter private Altersvorsorge bei der Deutschen Asset Management. „Angesichts der vielfach drohenden Altersarmut ist das aber fatal. Die Politik sollte sich bei ihren kommenden Reformen vor allem auf die Vereinfachung des bestehenden Systems konzentrieren und nicht noch weitere Instrumente schaffen."

*Quelle: jb: Umfrage: Deutsche sind Vorsorge-Amateure. In: www.fondsprofessionell.de. Veröffentlicht am 20.07.2016 unter: www.fondsprofessionell.de/news/uebersicht/headline/umfrage-deutsche-sind-vorsorge-amateure-125850/ [03.11.2022].*

## *Zusammenfassung*

- Das Zusammenspiel der beiden Lernorte Berufsschule und Ausbildungsbetrieb bezeichnet man als **duales System der Ausbildung.**
- Wichtige Begriffe im dualen System sind **Ausbildungsordnung, Ausbildungsberufsbild, Ausbildungsrahmenplan, Ausbildungsplan und Rahmenlehrplan.**
- Im **Berufsbildungsgesetz** ist u. a. geregelt, welche Inhalte ein Ausbildungsvertrag hat, welche Rechte und Pflichten ein Auszubildender hat und unter welchen Bedingungen ein Ausbildungsvertrag endet.
- **Schutzbestimmungen**
  - Jugendarbeitsschutzgesetz
  - Arbeitszeitgesetz
  - Bundesurlaubsgesetz
  - Entgeltfortzahlungsgesetz
  - Mutterschutzgesetz
  - Schwerbehindertenrecht
  - Arbeitsschutzgesetz
- Das **Betriebsverfassungsgesetz** regelt die Grundlagen der Zusammenarbeit zwischen Unternehmen und Arbeitnehmern. Im Mittelpunkt des Gesetzes stehen die Aufgaben von **Betriebsrat** und **Jugend- und Auszubildendenvertretung (JAV)**.
- Zu den allgemeinen **Aufgaben des Betriebsrats** gehört es, die Einhaltung der Schutzrechte zu überwachen. Darüber hinaus hat er Mitbestimmungs-, Mitwirkungs- sowie Informations- und Beratungsrechte.
- In **Betriebsvereinbarungen** werden innerbetriebliche Regelungen zwischen Arbeitgeber und Betriebsrat getroffen.
- Abhängig vom jeweils **geregelten Inhalt** werden Lohn- und Gehaltstarifvertrag, Lohn- und Gehaltsrahmentarifvertrag und Manteltarifvertrag unterschieden.
- **Gesetzliche Sozialversicherung**
  - Krankenversicherung
  - Unfallversicherung
  - Rentenversicherung
  - Arbeitslosenversicherung
  - Pflegeversicherung

## Aufgaben

1. ***Da Karla bereits ein Studium abgebrochen hat, möchte Dialogfix den Ausbildungsvertrag zu Beginn der Ausbildung zunächst nur mündlich abschließen. Nach der Probezeit soll der Vertrag dann schriftlich abgeschlossen werden.***
   a) ***Überprüfen Sie begründet die Zulässigkeit dieser Vereinbarung.***
   b) ***Wie lange darf die Probezeit für Karla maximal dauern?***
   c) ***Überlegen Sie, welchen Zweck die Probezeit erfüllen soll.***
   d) ***Mit welcher Frist könnte Karla ihren Ausbildungsvertrag innerhalb der Probezeit kündigen? Wie wäre eine Kündigung nach der Probezeit geregelt?***
2. ***Unterscheiden Sie die nachfolgenden Akteure im dualen System der Berufsausbildung:***
   a) ***Auszubildender*** b) ***Ausbilder*** c) ***Ausbildender***
3. ***Karlas Ausbilderin möchte einen betrieblichen Ausbildungsplan erstellen. Wo kann sie Informationen über die zeitliche und inhaltliche Gliederung der Ausbildung finden?***
4. ***Recherchieren Sie im Internet die Regelungen des BBiG zu folgenden Fällen:***
   a) ***Eine Auszubildende wird von ihrem Vorgesetzten aufgefordert, privat im Haushalt zu helfen.***
   b) ***Thomas soll einen Scanner in einen Nebenraum des Großraumbüros tragen. Weil er das Licht nicht eingeschaltet hat, läuft er gegen ein Regal und der Scanner fällt zu Boden. Er fürchtet, dass er den Schaden bezahlen muss.***
   c) ***Die Berufsschule schreibt die Anschaffung eines Lehrbuches vor. Kann der Auszubildende vom Betrieb verlangen, die Kosten zu erstatten?***
   d) ***Eine Auszubildende weigert sich, das Berichtsheft zu führen.***
   e) ***Der Ausbildungsvertrag von Julia begann am 01.09. Mit Ablauf welchen Tages endete die Probezeit spätestens?***
   f) ***An der Berufsschule werden Wahlen zum Schülerrat durchgeführt. Thomas ist hierzu eingeladen. Sein Ausbilder weigert sich, ihn hierfür freizustellen.***
   g) ***Eine Auszubildende ist ernsthaft erkrankt. Sie macht sich Sorgen, dass der Betrieb die Ausbildungsvergütung kürzen könnte.***
5. ***Die 17-jährige Auszubildende Rengin hat eine Wochenarbeitszeit von 40 Stunden. Am Dienstag besucht sie die Berufsschule von 08:10 Uhr bis 13:00 Uhr und am Donnerstag von 08:10 Uhr bis 12:20 Uhr. Ermitteln Sie nachvollziehbar, wie viele Stunden sie ihrem Ausbildungsbetrieb für den Rest der Woche noch zur Verfügung steht.***
6. ***Thomas ist im 1. Ausbildungsjahr auch in der Schichtplanung der Dialogfix GmbH eingesetzt. In seinem ersten selbst erstellten Plan für den kommenden Mittwoch sind u. a. folgende Personen vorgesehen:***

| Name | Schichtzeit | Pause |
|---|---|---|
| a) Sibel Yilmaz, Auszubildende (17 Jahre) | 09:00 Uhr–17:00 Uhr | 14:00 Uhr–15:00 Uhr |
| b) Jens Börnsen, Auszubildender (16 Jahre) | 14:00 Uhr–20:30 Uhr | 17:30 Uhr–18:00 Uhr |
| c) Petra Britten, Auszubildende (19 Jahre) | 08:00 Uhr–17:00 Uhr | 13:00 Uhr–13:30 Uhr |
| d) Maxi Kiefer, Angestellte (23 Jahre, schwanger) | 16:00 Uhr–22:00 Uhr | 19:00 Uhr–19:30 Uhr |
| e) Anthony Clarkin, Angestellter (64 Jahre) | 08:00 Uhr–15:00 Uhr, letzte Schicht endete am Dienstag um 22:00 Uhr | 11:30 Uhr–12:00 Uhr |

***Prüfen Sie jeweils, ob die Planung den gesetzlichen Vorschriften entspricht.***

7. *In Julias Ausbildungsvertrag sind 30 Arbeitstage Urlaub je volles Kalenderjahr vereinbart. Wie viele Tage Urlaub stehen ihr anteilig im ersten Jahr zu, wenn die Ausbildung am 01.09. begonnen hat?*

8. *Aus gegebenem Anlass erhalten Sie von Ihrem Teamleiter die Aufgabe, ein Merkblatt mit den wichtigsten Regelungen zum Mutterschutz zu erstellen. Nutzen Sie dazu den Gesetzestext (www.gesetze-im-internet.de/muschg_2018/) und geben Sie auch den jeweiligen Paragrafen an.*

9. *Entscheiden Sie bei den nachfolgenden Situationen, welche Rechte des Betriebsrates von KommunikativAktiv betroffen sind:*
   a) *Eine Teamleiterstelle soll ausgeschrieben werden.*
   b) *Die Geschäftsleitung entwickelt eine neue Brandschutzordnung.*
   c) *Wegen eines neuen Auftrags sollen alle Agents zwei Überstunden pro Woche machen.*
   d) *Im nächsten Jahr sollen zwei Auszubildende eingestellt werden.*
   e) *Da die Geschäftsräume mittlerweile zu klein sind, soll noch das Dachgeschoss zu Büroräumen ausgebaut werden.*
   f) *Die Regelungen für das Coaching am Telefon sollen geändert werden.*
   g) *Änderung der Pausenzeiten*
   h) *Einer Mitarbeiterin wird wegen eines Diebstahls gekündigt.*
   i) *Einführung von Arbeitszeitkonten für die gesamte Belegschaft*

10. *Wer ist bei der Jugend- und Auszubildendenvertretung wahlberechtigt, wer ist wählbar? Was versteht man in diesem Zusammenhang unter aktivem bzw. passivem Wahlrecht?*

11. *Bei der Dialogfix GmbH stehen Wahlen zur Jugend- und Auszubildendenvertretung an. Personalleiter Georg Asamov hat eine Liste der Auszubildenden erstellt, weitere Mitarbeiter unter 18 Jahren sind bei Dialogfix nicht beschäftigt.*

| Name | Alter | Bemerkung |
|---|---|---|
| **Thomas Müller** | 18 | Azubi KDM |
| **Jonny Zimmermann** | 20 | Azubi SFK, 2. Ausbildung |
| **Jasmin Faller** | 15 | Azubi Bürokommunikation |
| **Doris Wagena** | 35 | Azubi KDM |
| **Pascal Valentin** | 22 | Azubi Lagerlogistik, noch in der Probezeit |
| **Krystina Charkiev** | 24 | Azubi SFK |

   a) *Wie viele Personen sind wahlberechtigt (aktives Wahlrecht)?*
   b) *Wie viele Personen sind in die JAV zu wählen?*

   *Hinweis: Verwenden Sie den Gesetzestext von Seite 68f.*

12. *Thomas hat es geschafft. Der Azubi ist in die Jugend- und Auszubildendenvertretung der Dialogfix GmbH gewählt worden. In der Berufsschule unterhält er sich mit Julia. Beantworten Sie folgende Fragen bzw. beurteilen Sie Julias Aussagen:*
   a) *„Ich habe gehört, du bist bei den Betriebsratssitzungen dabei und hast auch Stimmrecht. In unserem Betrieb haben sie bei der letzten Betriebsratssitzung gegen das Aufstellen von Getränkeautomaten gestimmt. Fand ich blöd. Könntest du in einer solchen Situation für das Aufstellen stimmen?“*
   b) *„Ist ja schon blöd, dass ich in meinem Betrieb nicht mehr die JAV wählen darf, weil ich letzte Woche volljährig geworden bin.“*
   c) *„Frau Wiesler aus der Verwaltung will sich zur Wahl stellen, aber die ist doch schon 23 und außerdem schon längst nicht mehr in der Ausbildung.“*

*d) „Aber das Amt ist doch bestimmt auch total anstrengend, weil du ja immer bei den ganzen Betriebsratssitzungen anwesend sein musst."*

*e) „Und ob ich das dann ganze vier Jahre im Amt bis zur nächsten Wahl aushalten würde, wüsste ich auch nicht."*

*f) „Aber jetzt sag doch mal, welche Aufgaben habt ihr eigentlich in der betrieblichen Jugend- und Auszubildendenvertretung?"*

*g) „Willst du dich nicht auch gleich in den Betriebsrat wählen lassen?"*

**13.** *Klären Sie anhand des Zeitungsartikels von Seite 72 folgende Fragen:*

*a) Inwiefern wird in dem Tarifkonflikt die „Tarifautonomie" umgesetzt?*

*b) Wer sind die beteiligten Tarifvertragsparteien?*

*c) Um welche Inhalte geht es in dem Tarifstreit?*

*d) Welchen Geltungsbereich hat der auszuhandelnde Tarifvertrag?*

**14.** *Seit Jahren sinkt die Zahl der tarifgebundenen Unternehmen.*

*a) Diskutieren Sie Vor- und Nachteile von Tarifverträgen aus Arbeitgeber- und Arbeitnehmersicht und tragen Sie Ihre Ergebnisse in einer Tabelle zusammen.*

*b) Nennen Sie mögliche Gründe für die zurückgehende Bedeutung von Tarifverträgen.*

**15.** *Zu welchen Themen gibt es in Ihrem Ausbildungsbetrieb eine Betriebsvereinbarung? Vergleichen Sie die unterschiedlichen Regelungen in der Klasse.*

**16.** *Entscheiden Sie in den folgenden Situationen, welcher Zweig der gesetzlichen Sozialversicherung zuständig ist:*

*a) Mit Vollendung des 65. Lebensjahres scheidet der Hausmeister von Dialogfix aus dem Berufsleben aus.*

*b) Die Mutter von Thomas erleidet einen Schlaganfall und kann nicht mehr für sich selbst sorgen.*

*c) Nach einer schweren Katzenhaarallergie wird der Betriebsratsvorsitzenden Frau Schmitz eine Reha-Maßnahme an der Nordsee verordnet.*

*d) Für ein Vorstellungsgespräch werden Julia die Kosten der Bahnfahrt erstattet.*

*e) Auf dem Weg zur Arbeit rutscht Karla aus und bricht sich den Arm.*

**17.** *Julia freut sich auf ihr erstes Gehalt. Aufgeregt öffnet sie ihre Gehaltsabrechnung. Jetzt ist sie enttäuscht: „Was da alles von meinem Bruttolohn abgeht, ist doch total unnötig!" Thomas wirft ein: „Jetzt überleg doch mal, welche Leistungen mit der Sozialversicherung verbunden sind." „Ach ja, welche denn?", meint Julia. „Na, ich habe z. B. was gelesen von ..."*

*a) Früherkennung,*

*b) Rehabilitationsmaßnahmen,*

*c) Leistungen bei Berufskrankheiten,*

*d) Krankengeld ab der 7. Woche,*

*e) Kostenübernahme Arbeitsunfall,*

*f) Arznei-, Hilfs- und Heilmittel,*

*g) Arbeitsvermittlung,*

*h) Bürgergeld*

*i) Altersrente,*

*j) Berufsberatung.*

*Julia: „Und zu welchen Gehaltsabzügen gehören die Punkte jeweils?"*

**18.** *Karla (22 Jahre) erhält in ihrem 2. Ausbildungsjahr ein Bruttogehalt von 985,00 €.*

*a) Berechnen Sie Karlas Abzüge jeweils für die einzelnen Sozialversicherungszweige (Zusatzbeitrag KV: 1,6 %) und insgesamt von der Ausbildungsvergütung.*

*b) Ermitteln Sie den Beitrag, den Karlas Arbeitgeber noch zusätzlich zahlen muss (Arbeitgeberanteil).*

*c) An wen muss der Arbeitgeber die Sozialversicherungsbeiträge abführen?*

*d) Warum „fehlt" auf der Gehaltsabrechnung die gesetzliche Unfallversicherung?*

# 3 Sicherheit, Gesundheits- und Umweltschutz am Arbeitsplatz beachten

## ■ *Einstiegssituation*

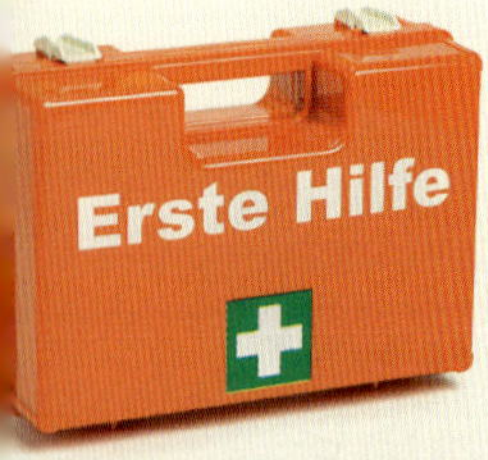


Thomas ist auf dem Weg in den Erste-Hilfe-Raum von Dialogfix. Beim Versuch, leere Tonerkartuschen und einen Stapel Prospekte in die Müllpresse zu werfen, hat er sich an der scharfen Kante des Deckels verletzt und hat nun eine Schnittwunde am Handrücken. Seine Mitauszubildende Karla ist Ersthelferin bei Dialogfix und begleitet ihn, um die Wunde zu versorgen. *„Mensch Thomas, wie hast du das denn hinbekommen? Altpapier gehört doch in die Blaue Tonne! Außerdem solltest du leere Tonerkartuschen nicht einfach in die Müllpresse werfen, die kann man doch ganz leicht wieder auffüllen. Und alleine an der Müllpresse zu hantieren ist auch nicht gerade clever, was da alles passieren kann! Hast du denn nicht aufgepasst, als die Sicherheitsvorschriften vorgestellt wurden?"*

## ■ *Arbeitsaufträge*

1. ***Welche gesundheitlichen Gefahren lauern an Ihrem Arbeitsplatz?***
2. ***In welcher Form wurden Sie an Ihrem Arbeitsplatz über Sicherheitsmaßnahmen, Gesundheits- und Umweltschutz informiert? Welche Vorschriften und Regeln sind Ihnen in diesem Zusammenhang begegnet?***
3. ***Sammeln Sie mögliche Umweltbelastungen, die von Unternehmen im Dialogmarketing ausgehen können.***

## 3.1 Arbeitsschutz

Aufgrund von **Arbeitsunfällen und Berufskrankheiten** gehen in Deutschland jährlich rund 500 Mio. Arbeitstage verloren. Krankheitsbedingte Fehlzeiten durch schlechte oder unmotivierende Arbeitsbedingungen kommen hinzu. Gerade in einem Contact Center stellt dabei die Belastung durch **Stress** eine besondere Herausforderung dar. Die volkswirtschaftlichen Kosten durch entsprechende Fehlzeiten und eine schlechte Arbeitsqualität sind enorm.

3|6

\# *Definition*

Der **Arbeitsschutz** beschäftigt sich mit sicheren Arbeitsbedingungen, dem Schutz der Gesundheit und dem Schutz besonderer Personengruppen. Ziel ist eine menschengerechte Gestaltung der Arbeit.

Üblicherweise wird der Arbeitsschutz in zwei Bereiche unterteilt:

| | | | |
|---|---|---|---|
| **Technischer Arbeitsschutz** | schützt die Beschäftigten vor Gefährdungen, die von der **Gestaltung des Arbeitsplatzes** ausgehen<br>**Ziel:** sicherer Arbeitsplatz | **Beispiele:**<br>Arbeitsstättenverordnung, Unfallverhütung | 1 \| 4 |
| **Sozialer Arbeitsschutz** | beinhaltet spezielle Schutzrechte, welche die Beschäftigten **gegenüber dem Arbeitgeber** haben<br>**Ziel:** Schutz der Person | **Beispiele:**<br>Jugendarbeitsschutzgesetz, Arbeitszeitgesetz | 1 \| 2.2 |

Betriebliche Regelungen zum Arbeitsschutz sind gemäß Betriebsverfassungsgesetz **mitbestimmungspflichtig**. Sie werden meist in Form von Betriebsvereinbarungen zwischen Arbeitgeber und Betriebsrat ausgehandelt. Zudem kümmert sich der Betriebsrat um die Einhaltung der entsprechenden Bestimmungen im Betrieb. 1 | 2.3.1

> ➔ ***Praxistipp***
> Arbeitsschutz kostet Zeit und Geld, macht sich aber auf Dauer bezahlt.

### Überwachung des Arbeitsschutzes

Das Arbeitsschutzsystem in Deutschland ist traditionell **zweigleisig** organisiert: Zuständig ist zum einen der **Staat**. Für die Überwachung der Arbeitsschutzbestimmungen sind – je nach Bundesland – die staatlichen **Gewerbeaufsichtsämter** oder Ämter für Arbeitsschutz zuständig.

Auf der anderen Seite fällt der Arbeitsschutz in die Verantwortung der Unfallversicherungsträger, d. h. der **Berufsgenossenschaften**. Ihnen weist das Sozialgesetzbuch (§ 14 SGB VII) die Aufgabe zu, „mit allen geeigneten Mitteln für die Verhütung von Arbeitsunfällen, Berufskrankheiten und arbeitsbedingten Gesundheitsgefahren und für eine wirksame Erste Hilfe zu sorgen“. Sie erfüllen diese Aufgabe u. a. dadurch, dass sie das staatliche Regelwerk durch rechtsverbindliche **Unfallverhütungsvorschriften** ergänzen und konkretisieren. Zur Überwachung werden die technischen Aufsichtsdienste der Berufsgenossenschaften eingesetzt.

## 3.2 Unfallverhütung und Erste Hilfe

### Unfallverhütung

Unfallverhütung ist nicht nur ein Thema für offenkundig gefährliche Industriebetriebe, auch an scheinbar sicheren Büroarbeitsplätzen passieren mehr Unfälle als gedacht. Unfälle durch Stolpern, Ausrutschen, Stürzen und Umknicken sind auch im Büro nicht selten. Wichtig ist, neben einer sicher gestalteten Arbeitsstätte, dass die Mitarbeiter über die örtlichen Gegebenheiten und die sichere Nutzung des Büros unterrichtet werden.

**Berufsgenossenschaftliche Vorschriften** zur Unfallverhütung und die Regelungen des **Arbeitsschutzgesetzes** sind zunehmend enger miteinander verzahnt. Besonders deutlich wird dies in der zentralen Unfallverhütungsvorschrift „**Grundsätze der Prävention**" DGUV Vorschrift 1, die seit 2014 gültig ist.

1 | 2.2.7

### Auszug aus DGUV Vorschrift 1 „Grundsätze der Prävention"

**§ 2 Grundpflichten des Unternehmers**

(1) Der Unternehmer hat die erforderlichen Maßnahmen zur Verhütung von Arbeitsunfällen, Berufskrankheiten und arbeitsbedingten Gesundheitsgefahren sowie für eine wirksame Erste Hilfe zu treffen. Die zu treffenden Maßnahmen sind insbesondere in staatlichen Arbeitsschutzvorschriften (Anlage 1), dieser Unfallverhütungsvorschrift und in weiteren Unfallverhütungsvorschriften näher bestimmt. Die in staatlichem Recht bestimmten Maßnahmen gelten auch zum Schutz von Versicherten, die keine Beschäftigten sind.

(2) Der Unternehmer hat bei den Maßnahmen nach Abs. 1 von den allgemeinen Grundsätzen nach § 4 Arbeitsschutzgesetz auszugehen und dabei vorrangig das staatliche Regelwerk sowie das Regelwerk der Unfallversicherungsträger heranzuziehen.

(3) Der Unternehmer hat die Maßnahmen nach Abs. 1 entsprechend den Bestimmungen des § 3 Abs. 1 Sätze 2 und 3 und Abs. 2 Arbeitsschutzgesetz zu planen, zu organisieren, durchzuführen und erforderlichenfalls an veränderte Gegebenheiten anzupassen.

(4) Der Unternehmer darf keine sicherheitswidrigen Weisungen erteilen. [...]

Die demgemäß zu ergreifenden **Maßnahmen der Unternehmen** lassen sich in drei Kategorien unterteilen:

1. **Technische Maßnahmen:** Geräte und Arbeitsmittel sollen möglichst gefahrenarm und einfach gehalten sein.
2. **Personenbezogene Maßnahmen:** Hier steht der Faktor „Mensch am Arbeitsplatz" im Mittelpunkt. Es geht somit vorrangig darum, die Beschäftigten zu schulen und für Gefahren zu sensibilisieren, entsprechende Sicherheitszeichen aufzustellen und bei Bedarf eine individuelle Schutzausrüstung bereitzustellen.

3. **Organisatorische Maßnahmen:** Darunter versteht man die Gefährdungsbeurteilung, regelmäßige Kontrollen der Schutzmaßnahmen und die Regelung der Verantwortlichkeiten.

Im Rahmen der organisatorischen Maßnahmen der Unfallverhütung tauchen unterschiedliche **personelle Verantwortlichkeiten** auf, die im **Sozialgesetzbuch** und im **Arbeitssicherheitsgesetz** verankert sind.

| | |
|---|---|
| **Sicherheitsbeauftragter** | Dies ist eine vom Unternehmen ernannte Person, die **unterstützend** mitwirkt, Unfälle, berufsbedingte Krankheiten und Gesundheitsgefahren zu vermeiden. Ihre Aufgabe liegt insbesondere darin, Unfall- und Gesundheitsgefahren zu erkennen, zu melden sowie zu beobachten, ob die vorgeschriebenen Schutzvorrichtungen und -ausrüstungen vorhanden sind. Der Sicherheitsbeauftragte ist Mitarbeiter des Unternehmens. Unternehmen mit **mehr als 20 Beschäftigten** sind verpflichtet, Sicherheitsbeauftragte zu bestellen, deren Anzahl von verschiedenen betrieblichen Bedingungen abhängt. |
| **Fachkraft für Arbeitssicherheit (Sicherheitsfachkraft)** | Die zentrale Aufgabe der Sicherheitsfachkraft ist es, den Arbeitgeber beim Arbeitsschutz und bei der Unfallverhütung **fachlich zu beraten**, z. B. bei der Gestaltung der Arbeitsplätze oder der Beschaffung von Arbeitsmitteln. Darüber hinaus sind überwachende und überprüfende Aufgaben zu erledigen. Die Fachkraft für Arbeitssicherheit kann ein Mitarbeiter des Unternehmens, aber auch eine extern bestellte Fachkraft sein. **Jedes Unternehmen** mit Beschäftigten ist dazu verpflichtet, eine Fachkraft für Arbeitssicherheit zu bestellen. |
| **Betriebsarzt** | Der Betriebsarzt kümmert sich um die **Förderung und Erhaltung der Gesundheit** sowie die Arbeits- und Beschäftigungsfähigkeit der Beschäftigten. Auch Maßnahmen der Rehabilitation können zu seinen Aufgaben gehören. Der Betriebsarzt kann ein angestellter Mitarbeiter des Unternehmens oder eine extern bestellte Fachkraft sein. **Jedes Unternehmen** mit Beschäftigten ist dazu verpflichtet, einen Betriebsarzt zu bestellen. |

## Erste Hilfe

Trotz der besten Arbeitsschutzvorschriften kann es zu einem Unfall bzw. zu einer Erste-Hilfe-Situation kommen. Nach deutschem Recht ist jeder **gesetzlich verpflichtet**, Erste Hilfe zu leisten, sofern ihm die Hilfeleistung den Umständen nach zuzumuten ist, er durch die Hilfeleistung nicht andere wichtige Pflichten verletzt und sich der Helfer durch die Hilfeleistung nicht selbst in Gefahr bringen muss (§ 323c StGB). Bevor derartige Maßnahmen eingeleitet werden, ist zunächst ein Absichern der Unfallstelle unter Beachtung des Eigenschutzes notwendig. Die **Rettungskette** zeigt die Abfolge und Verzahnung der einzelnen Maßnahmen.

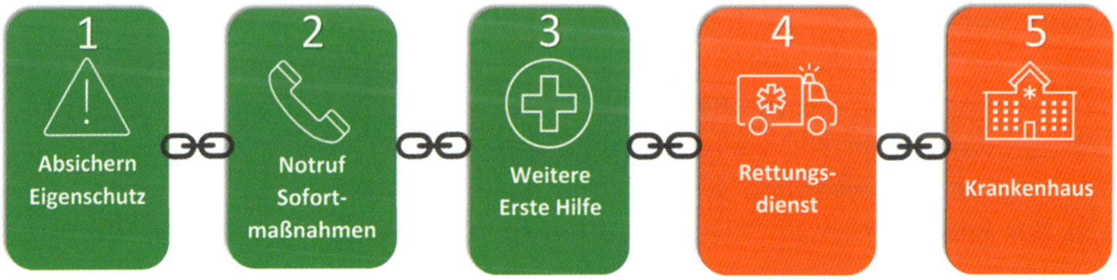


Jede Kette ist so stark wie ihr schwächstes Glied. Betriebliche Unterweisungen in Erster Hilfe sollen daher mit dazu beitragen, die ersten Glieder der Rettungskette zu stärken, bis professionelle Hilfe eintrifft.

Üblicherweise werden Unfälle oder Notsituationen im Betrieb per Telefon gemeldet. An den Apparaten müssen die Notfallnummern gut lesbar angebracht sein. Bei der **Meldung eines Notfalls** sind die **fünf Ws** zu beachten:

| | | |
|---|---|---|
| **WO** | ist etwas passiert? | Ort, Straße, Gebäude, Etage etc. |
| **WAS** | ist passiert? | Feuer, Unfall, Erkrankung, besondere Gefahren |
| **WIE VIELE** | Verletzte, Erkrankte? | Anzahl der betroffenen Personen |
| **WELCHE** | Art von Verletzungen? | Wie schwer sind die Verletzungen? Wie ist der Zustand der Verletzten (Bewusstlosigkeit, Schockzustand)? |
| **WARTEN** | auf Rückfragen! | Erst dann auflegen, wenn der Gesprächspartner das Gespräch beendet. |

In einer Unfall- oder sonstigen Notsituation sind **lebensrettende Sofortmaßnahmen** zu ergreifen. Dazu können je nach Situation gehören:

- Absichern des Unfallortes
- stabile Seitenlage des Notfallpatienten
- Beatmung
- Blutstillung
- Schockbekämpfung

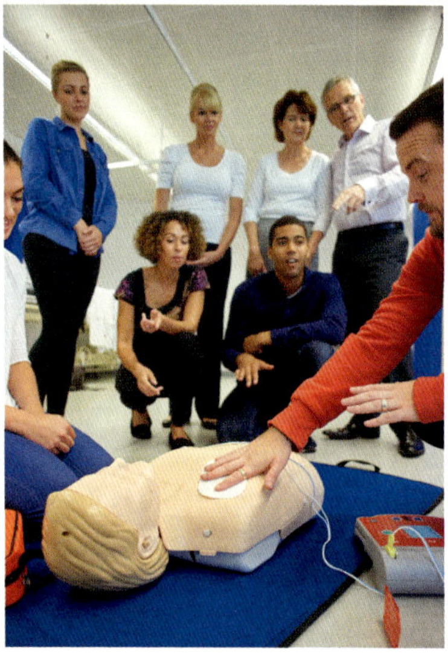

Gemäß der zentralen Unfallverhütungsvorschrift „Grundsätze der Prävention“ müssen in einem kaufmännischen Betrieb mit mehr als 20 Arbeitnehmern mindestens 5 % davon zum **Ersthelfer** ausgebildet worden sein, in anderen Betrieben aufgrund der höheren Verletzungsgefahr sogar 10 %. Die Ersthelfer werden bei einer zugelassenen Einrichtung ausgebildet, z. B. beim Deutschen Roten Kreuz oder beim Arbeiter-Samariter-Bund. Die Unterweisung der Ersthelfer muss alle zwei Jahre aufgefrischt werden.

Im Betrieb muss je nach Mitarbeiteranzahl für ausreichend **Erste-Hilfe-Material** gesorgt sein. Für einen kaufmännischen Betrieb mit bis zu 50 Mitarbeitern reicht ein „kleiner Verbandkasten“ (DIN 13157) aus. Für Betriebe mit zwischen 50 und 300 Mitarbeitern ist ein „großer Verbandkasten“ (DIN 13169) erforderlich und jeweils ein weiterer je 300 weitere Beschäftigte. Unfälle und Erste-Hilfe-Maßnahmen sind im **Verbandbuch** schriftlich zu dokumentieren. Dadurch wird gegenüber der gesetzlichen Unfallversicherung (Berufsgenossenschaft) der Nachweis erbracht, dass ein Schadensfall bei einer versicherten Tätigkeit eingetreten ist.

→ ***Praxistipp***
Weitere Hinweise zur Ersten Hilfe bietet das Deutsche Rote Kreuz unter www.drk.de/hilfe-in-deutschland/erste-hilfe/.

# 3.3 Brandschutz

Unter betrieblichem Brandschutz versteht man alle Maßnahmen, um einerseits einem Brand vorzubeugen, andererseits im Falle eines Brandes angemessen zu reagieren.

> ***Praxistipp***
> Informieren Sie sich eigenständig über Rettungswege, Notfallpläne und sonstige Vorschriften in Ihrem Betrieb. Fragen Sie aktiv nach solchen Regelungen.

## Vorbeugender Brandschutz

Der vorbeugende Brandschutz umfasst alle Maßnahmen, um die **Entstehung eines Brandes zu verhindern** bzw. im Ernstfall Schlimmeres zu verhüten.

### Organisatorischer Brandschutz

Hier geht es um sämtliche Maßnahmen zur Planung, Organisation und Vorbereitung des Brandschutzes in einem Unternehmen. Grundlage für den organisatorischen Brandschutz ist die in DIN 14096 geregelte **Brandschutzordnung**. Demnach werden drei Personenkreise unterschieden:

1. **Teil A** ist für alle Personen, die sich (auch kurzfristig) in einem Gebäude aufhalten. Hier erfolgt ein Aushang mit Hinweisen über das Verhalten im Brandfall (siehe Abb.).
2. **Teil B** gilt für alle Personen, die sich regelmäßig in dem Gebäude aufhalten. Hier gibt es zusätzliche Hinweise zur Brandverhütung.
3. **Teil C** richtet sich an Personen mit besonderen Brandschutzaufgaben, z. B. Sicherheitsbeauftragte.

§ 55 der Arbeitsstättenverordnung schreibt vor, dass im Gebäude **Flucht- und Rettungspläne** aushängen müssen, auf denen der aktuelle Standort des Betrachters abgebildet ist sowie der schnellste Fluchtweg, der von dieser Position aus dem Gebäude herausführt. Diese Hinweisschilder müssen auch im Dunklen sowie bei starker Rauchentwicklung gut erkennbar sein. Meist ist ein spezieller Fluchtweg vorgesehen. Dieser **Notausgang** muss mit einem Piktogramm oberhalb der Tür gekennzeichnet sein, oft in Kombination mit einer Notbeleuchtung. Der Notausgang muss jederzeit erreichbar und zu öffnen sein und darf nicht durch Gegenstände zugestellt werden.

Häufig ernennt das Unternehmen einen **Brandschutzbeauftragten**, der sich um den organisatorischen Brandschutz kümmert und in Schulungen und betrieblichen Veranstaltungen den Mitarbeitern das sachgerechte Verhalten im Ernstfall vermittelt. Eine bundeseinheitliche gesetzliche Verpflichtung dazu gibt es allerdings nicht, die Bundesländer können aber entsprechende Vorschriften erlassen.

#### Baulicher Brandschutz

Bereits bei der Konstruktion von Gebäuden müssen sich Architekten mit dem vorbeugenden Brandschutz auseinandersetzen. Die genaue Gesetzgebung kann von Bundesland zu Bundesland variieren, da baulicher Brandschutz Ländersache ist.

**Beispiele für bauliche Überlegungen zum Brandschutz:**

- Planung von Fluchtwegen und Notausgängen
- Evakuierungsszenarien mit Sammelpunkten
- Brandverhalten von Baustoffen
- Aufteilung des Gebäudes in Brandabschnitte
- Einbau von Feuer hemmenden Brandschutztüren
- integrierte Löschsysteme

#### Technischer Brandschutz

Zum technischen Brandschutz gehören alle technischen Einrichtungen, um Brände vorbeugend zu verhindern und Brände zu bekämpfen. Zunächst sind hier die **Brandmeldeanlagen** zu nennen, daneben ggf. automatische Feuerlöschanlagen und Rauchabsauganlagen. Die Räumlichkeiten müssen ausreichend mit **Feuerlöschgeräten** (Handfeuerlöscher) ausgestattet sein. Um Sofortmaßnahmen bei Verletzungen zu unterstützen, müssen zudem ausreichend **Verbandkästen** bereitstehen (s. o.). Wie die Feuerlöschgeräte müssen diese leicht zu erreichen sein und gut sichtbar angebracht werden.

### Abwehrender Brandschutz

Der abwehrende Brandschutz beinhaltet alle Maßnahmen, die **im Falle eines Brandes** getätigt werden. Spätestens hier ist die Feuerwehr zuständig. Dazu gehört aber im ersten Schritt die **Brandmeldung** über Brandmeldeanlage oder Telefon.

Bis zum Eintreffen der Feuerwehr muss je nach Lage Wichtiges getan werden:

- Hilfsbedürftige Personen (Kinder, Alte, Kranke etc.) in Sicherheit bringen: **Menschenrettung geht vor Brandbekämpfung!**
- Räume verlassen und Sammelplätze aufsuchen, dabei keine Aufzüge benutzen.
- Ruhe bewahren und Panik vermeiden.
- Fenster und Türen schließen.
- Vollzähligkeit der Personen überprüfen.
- Kleinere Brände selbst löschen.
- Feuerwehr einweisen.

## 3.4 Umweltschutz

**Umweltschutz** gehört zu den zentralen Herausforderungen der heutigen Gesellschaft. In Deutschland ist der Schutz der natürlichen Lebensgrundlagen seit 1994 gemäß **Artikel 20a Grundgesetz** ein erklärtes Staatsziel. Auch die EU sieht sich seit dem Vertrag von Maastricht dem Umweltschutz verpflichtet.

### Gesetze und Normen

Die rechtlichen Grundlagen zum Umweltschutz sind in einer Vielzahl von nationalen und europäischen Gesetzen und Verordnungen verstreut, sodass man kaum von einem einheitlichen Umweltrecht sprechen kann.

Von zentraler Bedeutung für den betrieblichen Alltag ist dabei das Kreislaufwirtschaftsgesetz (KrWG). Das Gesetz soll der Schonung der natürlichen Ressourcen und der umweltverträglichen Beseitigung von Abfällen dienen. Schon die Bezeichnung des Gesetzes macht deutlich, dass der Gedanke des **Recyclings** einen besonderen Stellenwert in der Umweltpolitik genießt. Recycling bezeichnet die Aufbereitung und Rückführung von Abfall in den Wirtschaftsprozess. Daraus resultiert dann im Idealfall ein Kreislauf der Wertstoffe.

Im Sinne des Gesetzes werden folgende **Prioritäten** gesetzt (Zielhierarchie):

| | |
|---|---|
| **1. Abfallvermeidung** | Im **Idealfall** wird Abfall vermieden bzw. die Abfallmenge vermindert.<br>**Beispiel:**<br>Durch eine verstärkte Nutzung des Intranets gelingt es der Dialogfix GmbH, den Papierabfall um 30 % zu vermindern. |
| **2. Wiederverwendung** | Ein Produkt wird nach seinem Gebrauch nicht zu Abfall, sondern kann zum gleichen Zweck oder für andere Zwecke wiederverwendet werden.<br>**Beispiel:**<br>Die Getränkeautomaten der Dialogfix GmbH sind mit Pfandflaschen bestückt, die später erneut mit Getränken gefüllt werden. |

| | |
|---|---|
| **3. Wiederverwertung** | Ein Produkt wird zwar zu Abfall, kann aber in seine Wertstoffe aufgelöst und zu einem neuen Produkt oder Rohstoff weiterverarbeitet werden. Hier handelt es sich um klassisches **Recycling**.<br>**Beispiel:**<br>Das verbleibende Altpapier der Dialogfix GmbH wird eingesammelt und zu neuem Papier (Recyclingpapier) verarbeitet. |
| **4. Energetische Verwertung** | Ein Produkt wird zu Abfall. Anschließend wird dieser mit dem Ziel der Energiegewinnung verbrannt.<br>**Beispiel:**<br>Die im Betriebskindergarten der Dialogfix GmbH anfallenden Babywindeln werden als Restmüll in einem Müllheizkraftwerk verbrannt, welches wiederum Heizwärme für das Unternehmen liefert. |
| **5. Beseitigung** | Im **Ausnahmefall** werden verbleibende Verbrennungsreste oder Problemabfälle („Sondermüll") endgültig auf einer Deponie eingelagert.<br>**Beispiel:**<br>Nicht mehr nachfüllbare (defekte) Tonerkartuschen der Dialogfix GmbH müssen auf einer Sondermülldeponie entsorgt werden. |

Weitere wichtige gesetzliche Regelungen zum Umweltschutz sind:

- **Verpackungsgesetz** (VerpackG): beinhaltet die Rücknahmepflicht von Verpackungen und verpflichtet Handel und Hersteller, Verpackungsabfälle vorrangig zu vermeiden, ansonsten wiederzuverwenden oder zu recyceln
- **Gewerbeabfallverordnung** (GewAbfV): besagt, dass Unternehmen Abfälle bereits an der Anfallstelle trennen müssen, um eine optimale Verwertung zu gewährleisten
- **Gesetz über die Umweltverträglichkeitsprüfung** (UVPG): legt fest, dass bei wirtschaftlichen Vorhaben im Vorfeld die Auswirkungen auf die Umwelt ermittelt, beschrieben und bewertet werden müssen
- **Bundes-Immissionsschutzgesetz** (BImSchG): regelt den Schutz vor schädlichen Umwelteinwirkungen, z. B. durch Luftverschmutzung und Geräusche

Über die gesetzlichen Regelungen hinaus finden international anerkannte **Normen**, sogenannte Umweltmanagementsysteme, zunehmende Beachtung. Sie legen den Schwerpunkt auf eine kontinuierliche Verbesserung der betrieblichen Umweltbilanz. So hat etwa die EU mit dem **EMAS Öko-Audit** ein entsprechendes Prüfsystem entwickelt. International verbreitet ist die Norm **DIN EN ISO 14001**.

EMAS
GEPRÜFTES UMWELTMANAGEMENT

Der kontinuierliche Verbesserungsprozess der Umweltma-
8|6.3 nagementsysteme beruht dabei auf dem **PDCA-Zyklus**.

| | |
|---|---|
| **Plan (Planen)** | Ziele und Prozesse festlegen, die in der Umweltpolitik des jeweiligen Unternehmens erreicht werden sollen |
| **Do (Durchführen)** | festgelegte Maßnahmen durchführen |
| **Check (Überprüfen)** | Ergebnisse überwachen, Abweichungen feststellen |
| **Act (Handeln)** | Maßnahmen anpassen und optimieren, kontinuierlicher Verbesserungsprozess beginnt erneut |

## Umweltbelastungen

Beim Thema Umweltbelastungen denkt man zunächst meist an rauchende Fabrikschlote, gefährliche Chemikalien, radioaktiven Abfall etc. Aber auch der scheinbar „saubere“ Bürobetrieb, wie er z. B. in einem Contact Center vorherrscht, verursacht nicht unerhebliche Umweltbelastungen.

**Beispiele für typische Umweltbelastungen in der Dialogmarketingbranche**

- **Papierverbrauch:** Obwohl es bereits vielfältige Möglichkeiten gibt, auf Papier zu verzichten (E-Mail, PDF-Dokumente, Intranet etc.), werden täglich unzählige Seiten Papier ausgedruckt, beschrieben und wieder weggeworfen.
- **Energieverbrauch:** Computer, Drucker, Faxgeräte, Telefone, Kopierer, Bildschirme etc. verbrauchen ständig Energie. Viele Geräte sind eingeschaltet, selbst wenn sie zurzeit nicht gebraucht werden, oder stehen auf Stand-by.
- **Abfall:** Neben dem „normalen“ Abfall ist hier insbesondere der Problemabfall („Sondermüll“, gefährlicher Abfall) zu erwähnen: Computerschrott, Druckerpatronen, Tonerreste etc. bedürfen einer besonderen Entsorgung.

Neben dem ökologischen Gedanken stellt eine hohe Umweltbelastung für die Unternehmen auch eine **ökonomische Belastung** dar, die erhebliches Einsparpotenzial bietet. So kann z. B. ein sinkender Verbrauch von Material und Energie zu spürbaren Kostensenkungen führen. Zudem sorgt Umweltschutz im eigenen Betrieb für ein gutes Image nach außen. Es lohnt also in jeder Hinsicht, sich für den Umweltschutz stark zu machen.

## Umweltschonende Maßnahmen

Jeder einzelne Beschäftigte kann einen Beitrag zum aktiven Umweltschutz leisten. Ein umweltschonendes Verhalten kann sowohl durch Vermeidung der umweltbelastenden Faktoren als auch durch die Verwendung umweltfreundlicher Produkte erreicht werden. Von zentraler Bedeutung ist dabei der Recycling-Gedanke.

Für die aufgeführten Umweltbelastungen sind folgende Maßnahmen denkbar:

### Papierverbrauch

- Drucken Sie so wenig wie möglich aus. Nutzen Sie nach Möglichkeit E-Mails, PDF-Dokumente oder andere papierlose Verfahren.
- Verwenden Sie die Rückseite von nicht mehr benötigten Ausdrucken erneut für Notizen oder als Schmierzettel.
- Kopieren Sie nach Möglichkeit beidseitig, um Papier zu sparen.
- Verwenden Sie Recyclingpapier. Immer wieder hört man irrtümlich, dass Recyclingpapier die Drucker oder Kopierer beschädigen würde. Recyclingpapier steht heutzutage normalem Office-Papier in nichts nach.
- Typisches Erkennungszeichen von Recyclingpapier ist der Blaue Engel, das Umweltzeichen für besonders umweltschonende Produkte.

**Energieverbrauch**

- Schalten Sie Bildschirme aus, wenn diese länger nicht benötigt werden. Bildschirmschoner steigern den Energieverbrauch und sorgen dafür, dass der Bildschirm weiter Energie verbraucht.
- Nutzen Sie die Energiesparoptionen Ihres Betriebssystems. Stellen Sie Monitore und PCs so ein, dass sie nach einer gewissen Zeit ohne Nutzung in den Energiesparmodus wechseln.
- Schalten Sie Bürogeräte, die längere Zeit nicht benötigt werden, komplett aus. Auch im Stand-by-Betrieb verbrauchen diese Geräte weiterhin Energie.
- Schalten Sie nicht benötigte Lampen aus.
- Verwenden Sie Steckdosenleisten mit Kippschalter, um mehrere Geräte gleichzeitig ausschalten zu können.
- Temperieren Sie die Klimaanlage angemessen.
- Kurzes Stoßlüften ist sparsamer, als Fenster dauerhaft in der Kippstellung zu öffnen.
- Achten Sie bei Geräteneuanschaffungen auf einen niedrigen Energieverbrauch. Nehmen Sie in diesen Fällen einen höheren Anschaffungspreis in Kauf, auf Dauer rechnet sich diese Investition.

Energiesparende Bürogeräte können häufig an einem Prüfsiegel erkannt werden. Sehr bekannt ist hier z. B. das **Energy-Star®-Kennzeichen**. Ursprünglich in den USA entwickelt, hat es mittlerweile weltweit Verbreitung gefunden. Lange Zeit war diese Kennzeichnung auch in der EU, z. B. bei der Vergabe von öffentlichen Aufträgen, verpflichtend. Eine entsprechende Verordnung ist jedoch 2018 ausgelaufen.

ENERGY STAR

***Praxistipp***
Weitere Gütezeichen zu den unterschiedlichsten Produktgruppen können Sie unter www.kompass-nachhaltigkeit.de finden.

**Abfallentsorgung**

Früher gab es nur eine Tonne, die alles schluckte, was man loswerden wollte. Doch inzwischen schreibt das Kreislaufwirtschaftsgesetz die **Mülltrennung** vor:

- Grüne oder braune **Biotonne**: kompostierbare, organische Abfälle aus Küche und Garten
- **Blaue Tonne**: Papier, Pappe, Kartons
- **Gelber Sack/gelbe Tonne**: Leichtverpackungen aus Metall, Kunststoff oder Verbundstoffen mit dem „Grünen Punkt“
- **Orange Wertstofftonne:** wiederverwertbare Metalle und Kunststoffe (bislang erst regional eingeführt)
- **Altglascontainer**: nach den Farben Weiß, Grün und Braun getrenntes Altglas
- **Graue Restmülltonne**: alle nicht verwertbaren, **schadstofffreien** Abfälle

- **Besondere Annahmestellen**: Alle **schadstoffhaltigen** Abfälle (Problemabfälle) müssen einer gesonderten Entsorgung zugeführt werden. Eventuell ist ein teilweises Recycling möglich (z. B. bei Computerschrott), ansonsten bleibt nur die Deponie für Sondermüll.

> **→ *Praxistipp***
> Ihr Wissen zur Mülltrennung können Sie spielerisch testen auf der Webseite www.faz.net/aktuell/generation-plastik/muelltrennungs-quiz-was-gehoert-in-welche-tonne-15782611.html.

In den letzten Jahren ist es bereits gelungen, die Müllmenge in Deutschland zu reduzieren und durch eine konsequente Mülltrennung den Recycling-Gedanken aufzugreifen. Inzwischen wurde sogar der **Abfall als Rohstoff** entdeckt.

## *Zusammenfassung*

- Beim **Arbeitsschutz** unterscheidet man zwischen technischem Arbeitsschutz (sicherer Arbeitsplatz) und sozialem Arbeitsschutz (Schutz der Person).
- Neben dem Staat (Gewerbeaufsichtsämter, Ämter für Arbeitsschutz) sind die Berufsgenossenschaften als Träger der Unfallversicherung für die **Überwachung** des Arbeitsschutzes zuständig.
- Die **Unfallverhütung** im Betrieb ist in den „Grundsätzen der Prävention" der Berufsgenossenschaften geregelt.
- Die **Rettungskette** zeigt das richtige Verhalten in Erste-Hilfe-Situationen.
- 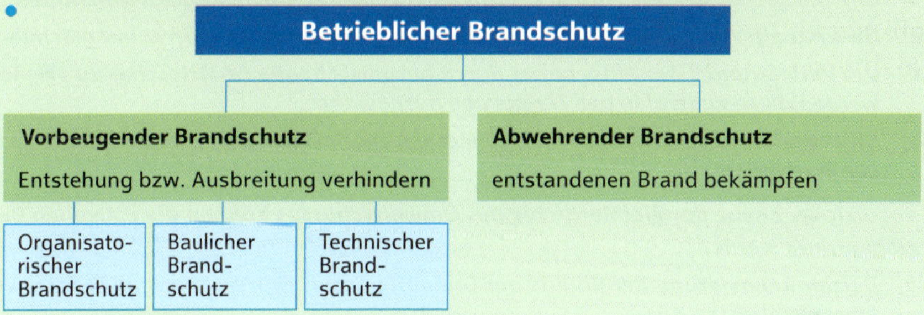

- Die Zielhierarchie gemäß dem **Kreislaufwirtschaftsgesetz** lautet: Abfallvermeidung vor Wiederverwendung vor Wiederverwertung (Recycling) vor energetischer Verwertung vor Beseitigung (Deponierung).
- Weitere **wichtige umweltbezogene Regelungen** finden sich im Verpackungsgesetz (VerpackG), der Gewerbeabfallverordnung (GewAbfV), dem Gesetz über die Umweltverträglichkeitsprüfung (UVPG) und im Bundes-Immissionsschutzgesetz (BImSchG).
- Der kontinuierliche Verbesserungsprozess der Umweltmanagementsysteme beruht auf dem **PDCA-Zyklus** (Plan, Do, Check, Act).
- Zu den **Hauptumweltbelastungen** in einem Bürobetrieb gehören Papier- und Energieverbrauch sowie Abfälle unterschiedlichster Art.

## Aufgaben

1. *Begründen Sie die Notwendigkeit des Arbeitsschutzes. Welche Folgen hat ein unzureichender Arbeitsschutz für Beschäftigte und Unternehmen? Was versteht man in diesem Zusammenhang unter dem sozialen Arbeitsschutz?*
2. *Analysieren Sie die Unfallverhütungsvorschrift „Grundsätze der Prävention" (erhältlich z. B. über die Verwaltungsberufsgenossenschaft: www.vbg.de) und vergleichen Sie die Regelungen mit der Situation in Ihrem Ausbildungsbetrieb.*
3. *Bei der KommunikativAktiv KG steht eine Überwachung der Arbeitsschutzbestimmungen an. Julia soll bei der Vorbereitung helfen und einige Daten überprüfen.*
   a) *Ermitteln Sie, wie viele Ersthelfer die KommunikativAktiv KG beschäftigen muss.*
   b) *Überprüfen Sie, welche Menge an Erste-Hilfe-Material (Verbandkasten) vorgehalten werden muss.*

   *Hinweis: Beachten Sie die Unternehmensbeschreibung auf Seite 13!*
4. *Julia erhält zudem die Aufgabe, eine Übersicht der gängigen Sicherheitszeichen (Verbotszeichen, Warnzeichen, Gebotszeichen, Rettungszeichen, Brandschutzzeichen, Hinweiszeichen) gemäß der „Technischen Regel für Arbeitsstätten ASR A1.3" zu erstellen. Fertigen Sie dazu eine Tabelle an, in der die Sicherheitszeichen abgebildet und erklärt werden. Nutzen Sie dazu auch die Hinweise der Berufsgenossenschaften (z. B. unter www.bghm.de/arbeitsschuetzer/praxishilfen/sicherheitszeichen/).*
5. *Welche Maßnahmen des vorbeugenden Brandschutzes werden in Ihrem Ausbildungsbetrieb umgesetzt?*
6. *Beurteilen Sie folgende Verhaltensweisen im Hinblick auf die Sicherheit am Arbeitsplatz:*
   a) *Um zusätzlichen Stauraum zu gewinnen, werden bei Dialogfix einige nicht mehr benötigte Kartons mit Ordnern vor dem Notausgang abgestellt. Um die Kartons schnell wieder wegstellen zu können, steht eine Sackkarre in der Nähe.*
   b) *Um Energie zu sparen, wird die Notbeleuchtung der Fluchtwege abgeschaltet.*
   c) *Die Ersthelfer von Dialogfix nehmen alle zwei Jahre an einer Auffrischungsschulung teil.*
   d) *Um Verletzungen der Mitarbeiter durch herumstehende Feuerlöscher zu vermeiden, werden diese zentral in der Tiefgarage aufbewahrt.*
   e) *Die Betriebsärztin der Dialogfix GmbH bietet eine regelmäßige wöchentliche Sprechstunde für alle Beschäftigten an.*
7. *Auf welcher Ebene der Zielhierarchie des Umweltschutzes können die einzelnen Beispiele eingeordnet werden?*
   a) *Bei der Renovierung der Räume der Dialogfix GmbH fällt Sondermüll in Form von Lösemittelresten an.*
   b) *Die Dialogfix GmbH bezieht ihre Heizwärme aus einer regionalen Biogasanlage.*
   c) *Julia benutzt die Rückseite von alten Ausdrucken als Schmierpapier.*
   d) *Plastikverpackungen wirft Julia in den gelben Sack.*
   e) *Interessante Artikel aus dem Umlauf von Fachzeitschriften werden bei der KommunikativAktiv KG eingescannt.*
8. *Stellen Sie die Idee des Recyclings dar und finden Sie heraus, welche recycelten Produkte es gibt. Fertigen Sie dazu in Gruppenarbeit ein Wandplakat an.*
9. *Julia hat sich vorgenommen, heute ihren Schreibtisch auszumisten: ein abgelaufener Kalender aus Pappe, leere Batterien, eine Plastikverpackung, alte Werbeprospekte, ein gesprungenes Wasserglas, ein kleiner kaputter Holzrahmen sowie der Rest ihres kurz zuvor gegessenen Apfels. Als Julia gerade alles in ihren Papierkorb neben sich werfen will, meint ihre Kollegin: „Dir ist aber schon klar, dass wir hier bei KommunikativAktiv unseren Müll trennen?"*

   *In welche Behälter muss Julia ihre Abfälle einsortieren?*

# 4 Den Arbeitsplatz gestalten

## Einstiegssituation

Julia und Thomas unterhalten sich in der Berufsschule. **Julia** klagt über Rückenschmerzen und ständige Migräne, die sie seit geraumer Zeit plagen. „*Die Stühle bei uns im Büro sind aber auch so schrecklich unbequem und eigentlich viel zu hoch für mich, ich kann da einfach nicht gut drauf sitzen. Und der Monitor an meinem Arbeitsplatz, der flimmert nun schon seit Wochen, das macht mich noch ganz wahnsinnig! Ich denke manchmal, da kommt auch mein Kopfweh her.*“ „*Also da kann ich mich überhaupt nicht beschweren*“, entgegnet **Thomas**. „*Bei Dialogfix ist das gesamte Büro nach ergonomischen Erkenntnissen eingerichtet. Alle Stühle, Tische und Monitore sind nach den persönlichen Erfordernissen einstellbar*“

## Arbeitsaufträge

1. ***Beschreiben Sie den Aufbau Ihres Arbeitsplatzes, zeichnen Sie dazu auch einen Grundriss. Welche Arbeitsmittel nutzen Sie regelmäßig?***
2. ***Notieren Sie, was Sie gerne an der Einrichtung Ihres Arbeitsplatzes ändern würden. Welche Probleme können bei schlechter Arbeitsplatzgestaltung auftreten?***

Beschäftigte im Dialogmarketing verbringen in der Regel viele Stunden am Tag an einem **festen Arbeitsplatz**. Neben den üblichen Eigenschaften eines Büroarbeitsplatzes kommen noch branchenspezifische Besonderheiten hinzu.

### Gute Arbeitsbedingungen für gute Mitarbeiter

Die Anforderungen an die Arbeits- und Raumgestaltung haben sich verändert. Der Qualitätsanspruch an Call-Center-Einrichtung und Personal steigt. [...] Wer gute Mitarbeiter finden und halten will, muss in ein entsprechendes Arbeitsumfeld investieren. Auch im Hinblick auf die demografische Entwicklung wird es immer wichtiger, die Gesundheit der Mitarbeiter langfristig zu erhalten. Zu einer ergonomischen Arbeitsplatz-Gestaltung gehören, neben dem entsprechenden klassischen Mobiliar, eine gute Raumakustik, ein blendfreies Licht und eine optimale Rückenentlastung. [...] Egal, ob offene Großraumstrukturen oder kleines Contact-Center, die Situation ist die gleiche. Es gilt, Nachhallzeit, Direktschall und Schallreflexionen im Raum zu reduzieren. Raumakustik, Mobiliar, Licht und Blendschutz müssen aufeinander abgestimmt sein. [...]

*Quelle: ORG-DELTA GmbH (Hrsg.): Gute Arbeitsbedingungen für gute Mitarbeiter. In: www.marketing-boerse.de. Veröffentlicht am 14.10.2014 unter: www.marketing-boerse.de/fachartikel/details/1442-gute-arbeitsbedingungen-fuergute-mitarbeiter/49539 [03.11.2022].*

Die Gestaltung des Arbeitsplatzes spielt daher gerade im Contact Center eine große Rolle. Der Mensch wird bei seiner täglichen Arbeit von vielen äußeren Faktoren beeinflusst, die sich auf die Arbeitsleistung auswirken. Neben **Umweltfaktoren** wie Lärm, Luft, Klima, Licht oder Farben wirkt auch die **Arbeitsplatzausstattung** (z. B. Bürostuhl, Schreibtisch, Bildschirm) auf den Menschen. Es hat sich gezeigt, dass bei einer durchdachten Gestaltung der Arbeitsumgebung die Produktivität und das Wohlbefinden der Arbeitnehmer erheblich steigen. Zielsetzung der Arbeitsplatzgestaltung ist es also, die Arbeitsumgebung an die Bedürfnisse der Beschäftigten anzupassen. Somit sollte bereits bei der **Planung von Arbeitsräumen** darauf geachtet werden, dass der Arbeitsplatz nach **ergonomischen Erkenntnissen** gestaltet wird.

> #
> ***Definition***
> Die **Ergonomie** beschäftigt sich mit den Arbeitsbedingungen und der Arbeitsplatzausstattung sowie deren Anpassung an die Bedürfnisse des Menschen.

Die Berücksichtigung der Ergonomie soll die Gesundheit und die Zufriedenheit von Arbeitnehmern im Arbeitsprozess erhöhen und das Arbeitsergebnis verbessern.

> →
> ***Praxistipp***
> Viele Tipps rund um das Thema Ergonomie am Arbeitsplatz finden Sie unter www.ergo-online.de/ergonomie-und-gesundheit/.

Neben ergonomischen Gesichtspunkten spielen bei der Arbeitsplatzgestaltung im Dialogmarketing auch gesetzliche Regelungen, Normen sowie Bestimmungen der Berufsgenossenschaften eine wichtige Rolle. Hier sind insbesondere zu nennen:

- **Arbeitsschutzgesetz (ArbSchG):** beschäftigt sich mit der Sicherheit und dem
1|2.2.7 Gesundheitsschutz der Arbeitnehmer
- **Arbeitsstättenverordnung (ArbStättV):** Legt grundsätzliche Anforderungen an Arbeitsstätten fest (z. B. Arbeits-, Sanitär- und Pausenräume, Nichtraucherschutz) und enthält eher allgemein gehaltene Ziele. Im Anhang werden einzelne Arbeitsbereiche, z. B. **Bildschirmarbeitsplätze**, näher ausgeführt.

- **Technische Regeln für Arbeitsstätten (ASR):** Einzelne Anforderungen der Arbeitsstättenverordnung werden **konkretisiert** (z. B. Raumabmessungen, Raumtemperatur, Beleuchtung).
- **Unfallverhütungsvorschriften der Berufsgenossenschaften:** beinhalten alle
1|3.2 Pflichten des Unternehmens, um Unfällen am Arbeitsplatz vorzubeugen
- **DIN-Normen:** enthalten Anforderungen an einzelne Teile der Arbeitsplatzausstattung (z. B. Maße von Bürostuhl und Schreibtisch)

## 4.1 Arbeitsraum

Die Gestaltung des Arbeitsraums wird entscheidend von den zu erledigenden Aufgaben und den Arbeitsabläufen beeinflusst. Es sind z. B. Fragen zu klären wie:

- Steht Einzel- oder Teamarbeit im Mittelpunkt?
- Welches Maß an Konzentration ist erforderlich?
- Wie sieht der Kommunikations- und Informationsfluss aus?
- Welche Flächen sind notwendig (Arbeitsfläche, Bewegungsfläche etc.)?

In § 1 ArbStättV wird gefordert, dass „der Arbeitgeber solche Arbeitsräume bereitzustellen hat, die eine ausreichende Grundfläche und Höhe sowie einen ausreichenden Luftraum aufweisen." Dies wird in der ASR A1.2 „Raumabmessungen und Bewegungsflächen" konkretisiert. Demnach ergibt sich z. B. in Großraumbüros ein Flächenbedarf von 12 bis 15 $m^2$ je Arbeitsplatz, die Bewegungsfläche muss mindestens 1,5 $m^2$ betragen.

Je nach Erfordernissen können unterschiedliche Raumformen eingerichtet werden:

- Einzelbüro
- Gruppen- oder Teambüro
- Großraumbüro

### Einzelbüro

Im Einzelbüro ist der Mitarbeiter ungestört und kann seine Arbeitsumgebung individuell nach seinen Bedürfnissen einrichten. Vertrauliche Gespräche können geführt werden. Nachteilig ist jedoch, dass der Informations- und Kommunikationsfluss zu den anderen Mitarbeitern erschwert wird. Teamarbeit ist kaum möglich, es besteht die Gefahr der Isolation. Zudem macht der hohe Flächenverbrauch Einzelbüros zu einer kostspieligen Angelegenheit. Daher ist diese Raumform meist **Führungskräften** vorbehalten.

### Gruppen- oder Teambüro

Diese Raumform kann für Gruppengrößen von ca. vier bis zwölf Personen eingerichtet werden. Dies ist dann vorteilhaft, wenn die Mitarbeiter mit ähnlichen Tätigkeiten beschäftigt sind und eng zusammenarbeiten, z. B. in der Personalabteilung oder der Buchhaltung. Der Informations- und Kommunikationsfluss läuft reibungslos, Arbeitsmittel können gemeinsam genutzt werden. Als störend im Vergleich zum Einzelbüro sind der erhöhte Geräuschpegel und die ständige Öffentlichkeit zu nennen. Nachhaltige Probleme können entstehen, wenn sich die Mitarbeiter nicht vertragen und die Gruppe nicht harmoniert. Eine frostige Arbeitsatmosphäre ist dann vorprogrammiert.

## Großraumbüro

Viele Arbeitsplätze im Dialogmarketing sind in einem Großraumbüro eingerichtet, insbesondere im **operativen Geschäft** am Telefon. Zu den unbestreitbaren Vorteilen eines Großraumbüros gehören z. B. eine vereinfachte Kommunikation zwischen Mitarbeitern und Führungskraft und eine Erleichterung der Teamarbeit. Großraumbüros sind außerdem sehr wirtschaftlich. Sie weisen niedrige Kosten pro Arbeitsplatz auf, da der Flächenverbrauch vergleichsweise gering ist und Arbeitsmittel (z. B. Drucker, FAX) gemeinsam genutzt werden können.

Viele Mitarbeiter in Großraumbüros empfinden allerdings den Geräuschpegel, die Ablenkungsmöglichkeiten, schlechte klimatische Bedingungen und die fehlende Privatsphäre als sehr belastend. Um diesen Nachteilen entgegenzuwirken, wurden im Laufe der Zeit neue Konzepte entwickelt. Es sind **Bürolandschaften** oder **Raum-in-Raum-Systeme** entstanden, die sich z. B. durch eine aufgelockerte Gruppierung der Arbeitsplätze, Stell- und Trennwände oder Pflanzengruppen auszeichnen. Dadurch wird das Großraumbüro wieder in optisch kleinere Einheiten zerlegt, viele Nachteile können dadurch abgemildert werden. Gerade in einem Callcenter ist es besonders wichtig, auch im Großraumbüro auf die Raumakustik zu achten, um einem übermäßigen **Lärmpegel** vorzubeugen.

### Warum das Großraumbüro doch keine Vorhölle ist – wenn man es richtig macht

Die einen finden sie motivierend, für die anderen sind sie die Hölle der Arbeitswelt: Großraumbüros polarisieren. Bei der Frage nach dem perfekten Arbeitsraum geht es nicht nur um Produktivität und zufriedene Mitarbeiter. Die Luft ist muffig, irgendwo keucht und schnupft jemand, der Elektrosmog der vielen Rechner und Monitore heizt die Luft unangenehm auf, ein wabernder Geräuschteppich macht es fast unmöglich, seine eigenen Gedanken zu hören – so oder ähnlich ist die Horrorvision von Großraumbüros. Statt die Produktivität oder gar Kreativität der Mitarbeiter zu fördern, sind es moderne Arbeitslager. Viele Menschen auf zu wenig Raum, ohne Rückzugsflächen. So zumindest die Vorurteile. [...]

Hui, das klingt schaurig - aber stimmt das so? Was macht Großraumbüros zur Vorhölle? Sind moderne Bürohallen immer gleich schlecht für Mitarbeiter – und somit auch für Unternehmen? Oder liegt es an der falschen Ausgestaltung einer gar nicht so blöden Idee? [...]

Das Ergebnis: Wer im Großraumbüro arbeitet, ist häufiger krank, fanden Forscher der Hochschule Luzern heraus. „Je mehr Menschen in einem Büro arbeiten, desto größer ist die Unzufriedenheit mit den allgemeinen Arbeitsbedingungen", sagt Sibylla Amstutz, die die Studie betreut hat, so das „Handelsblatt". Australische Forscher analysierten verschiedene Studien zum Arbeitsplatz und kamen 2009 zu dem Urteil, dass 90 Prozent der Befragten das Großraumbüro als negativ für Psyche und Gesundheit bewerteten. Vor allem der Lärmpegel wird als Belastung empfunden. Tatsächlich kann dauerhafter Krach am Arbeitsplatz krank machen. Aber auch das Licht und die Temperatur wurden als nicht optimal eingeschätzt.

Kurzum: Wirklich glücklich machen Großraumbüros derzeit nur die Controller der Unternehmen. Denn bis zu 20 Prozent sparen sich die Firmen bei den Büroflächen im Vergleich zum Einzel- oder Zweierbüro. Doch das reichte wohl häufig nicht, denn die Flächen lassen sich noch besser nutzen, wenn nicht jeder seinen eigenen Schreibtisch hat, sondern diese geteilt werden. „Der Ärger fängt direkt mit dem Arbeitsbeginn an, wenn man sich einen Schreibtisch suchen muss. Meist ist einer frei, alle zwei Wochen aber heißt es Warten. Mal zehn Minuten, mal eine ganze Stunde, bis einer frei wird. Eigentlich kein Problem, denn die Uhr tickt und der Arbeitgeber will es ja so. Sinnvoll ist diese Form der ‚sharing economy' natürlich trotzdem nicht", schreibt der „F.A.Z"-Kollege. Effizienzmaximierung – aber zu welchem Preis? [...]

*Quelle: Grimm, Katharina: Warum das Großraumbüro doch keine Vorhölle ist – wenn man es richtig macht. In: www.stern.de. Veröffentlicht am 22.01.2019 unter: www.stern.de/wirtschaft/news/grossraumbuero--vorhoelleoder-arbeitsplatz-der-zukunft--7818200.html [03.11.2022].*

Die Bedeutung des Arbeitsraums im Büro hat sich in den letzten Jahren durch den Trend zu **Remote Work** relativiert. Darunter ist das Arbeiten von zu Hause **4|1.1.4** oder von einem beliebigen Ort aus zu verstehen. Meist wird dazu nur schnelles Internet und ein Laptop benötigt. Mit dem (zusätzlichen) Angebot von **Homeoffice** und ortsunabhängigem Arbeiten können Unternehmen ihren Beschäftigten mehr Flexibilität und Freiraum gewähren und müssen gleichzeitig weniger Büroflächen bereitstellen.

## 4.2 Arbeitsplatzausstattung

Zur Arbeitsplatzausstattung von Mitarbeitern im Dialogmarketing gehören

- **Kommunikationsanlagen** (Telefon, Fax etc.), **4|1**
- **Büromöbel** (Bürostuhl, Schreibtisch),
- **Bildschirmarbeitsplatz** (Monitor, Tastatur etc.),
- **berufsspezifische Arbeitsmittel** (insbesondere Headset).

Häufig werden von einem Agent mehrere Tätigkeiten gleichzeitig erledigt (Bildschirmarbeit, Telefonieren, Kommunikationsanlagen bedienen etc.). Man spricht hier auch von **Multitasking**. Dies ist körperlich (physisch) und geistig (psychisch) **5|2.4** außerordentlich belastend. Damit die Beschäftigten dennoch leistungsfähig und gesund bleiben, muss bei der Arbeitsplatzausstattung auf das optimale Zusammenspiel der einzelnen Komponenten geachtet werden.

## Bürostuhl

Büroangestellte verbringen durchschnittlich über 80 % ihrer Arbeitszeit **im Sitzen**, zudem meist am Bildschirm. Da verwundert es kaum, dass viele Mitarbeiter über Schulter-, Nacken- oder Rückenschmerzen klagen. Diese Erkrankungen lassen sich meist auf zwei Faktoren zurückführen: Der Bürostuhl entspricht nicht den ergonomischen Erfordernissen oder der Mitarbeiter hat eine falsche Sitzhaltung.

### Wer länger sitzt, ist früher tot

[...] Für viele Mediziner und Wissenschaftler ist Sitzen bereits das neue Rauchen: So haben beispielsweise Daniela Schmid und Michael Leitzmann von der Universität Regensburg in einer Studie einen Zusammenhang zwischen Krebserkrankungen und langem Sitzen festgestellt. Unter den vier Millionen Teilnehmern, deren Sitzgewohnheiten sie in ihrer Metastudie analysierten, traten Lungen-, Darm- und Gebärmutterschleimhautkrebs häufiger auf, je länger die Personen am Tag vor Computer oder Fernseher saßen. [...] Hierzulande reagieren Arbeitgeber und Krankenkassen schleichend auf den täglichen Bewegungsmangel. Und zwar mit Sportprogrammen, Rückenschulen und Zuschüssen für Fitnesskurse. „Das stärkt dann zwar unsere Ausdauer und unsere Kraft, aber wir bekommen unsere Stoffwechselfunktionen nicht mehr in den Griff", weiß Froböse von der Sporthochschule Köln. Der ganze Organismus liege nach einem solchen Bürotag im Koma. Deshalb solle man zwar nicht mit dem Freizeitsport aufhören – Stichwort Bewegungsmangel – aber das inaktive Verhalten in Angriff nehmen, also mehr Bewegung in die Büros selbst bringen. Letztlich können schon kleine Veränderungen etwas bewirken, wie Froböse sagt: „Wir müssen stündlich aufstehen und uns fünf Minuten bewegen. Es reicht schon, statt im Sitzen im Gehen zu telefonieren." Natürlich ist auch die Industrie schon auf das Problem aufmerksam geworden und hat verschiedene Büromöbel entwickelt. [...]

*Quelle: Dämon, Kerstin: Wer länger sitzt, ist früher tot. In: www.wiwo.de. Veröffentlicht am 09.07.2014 unter: www.wiwo.de/erfolg/beruf/ungesunde-bueroarbeit-wer-laenger-sitzt-ist-frueher-tot/10134854.html [03.11.2022].*

Ein guter Bürostuhl muss sich an den natürlichen Bewegungsablauf des Menschen anpassen und so wenig wie möglich einengen. Die **Mindestanforderungen an einen Bürostuhl** regeln die DIN-Normen 4550 und 4551 sowie die berufsgenossenschaftlichen Vorschriften DGUV Information 215-410.

Im Wesentlichen sind zu nennen:

- Individuelle Anpassbarkeit wird ermöglicht.
- Wechselnde Sitzhaltungen sind möglich (dynamisches Sitzen).
- Der Körper wird in allen Sitzpositionen gut abgestützt.

- Es treten keine Durchblutungsstörungen der Beine auf.
- Eine standsichere Konstruktion mit mindestens fünf Rollen ist gegeben.
- Das Verletzungsrisiko wird minimiert.

Damit Fehleinstellungen vermieden und die positiven Möglichkeiten des Büroarbeitsstuhles richtig genutzt werden, ist eine praxisnahe Einweisung in die Benutzung unerlässlich. Gemäß Arbeitsschutzgesetz sind Arbeitgeber zu entsprechenden **Unterweisungen** verpflichtet.

Ein weitverbreitetes Gütesiegel ist das **GS-Zeichen** (geprüfte Sicherheit). Es wird vergeben, wenn die Anforderungen nach dem Produktsicherheitsgesetz, welches wiederum DIN-Normen und andere Regelungen konkretisiert, eingehalten sind.

dialogfix GmbH

## Hinweise für gesundes Sitzen am Arbeitsplatz

- Ober- und Unterschenkel sowie Ober- und Unterarme sollten im 90-Grad-Winkel stehen.
- Stellen Sie die Füße immer vollflächig auf den Boden.
- Halten Sie grundsätzlich Kontakt zur Rückenlehne.
- Nutzen Sie die gesamte Tiefe der Sitzfläche aus.
- Korrigieren Sie die Sitzhaltung, wenn Sie im Sitz nach vorne rutschen.
- Vermeiden Sie starke seitliche Neigungen beim Sitzen.
- Ändern Sie so oft wie möglich die Sitzposition (dynamisches Sitzen).
- Führen Sie regelmäßige Bewegungsübungen am Arbeitsplatz durch (z. B. aufstehen, umherlaufen).

Als **arbeitsmedizinisch ideal** im Büro gelten 60 % dynamisches Sitzen, 30 % stehende Tätigkeiten und 10 % bewusstes Umhergehen. In letzter Zeit rücken daher **Sitz-Steh-Konzepte** in den Vordergrund, die neben einem Schreibtisch auch ein Stehpult bieten.

→ ***Praxistipp***
Viele Kommunikationsprofis vertreten die Meinung, dass Telefongespräche im Stehen eine größere Überzeugungskraft entfalten. 3|3.2.6

### Schreibtisch

Der Arbeitstisch bzw. die Arbeitsfläche muss eine ausreichend große, reflexionsarme und kratzfeste Oberfläche besitzen. Eine flexible Anordnung des Bildschirms, der Tastatur, der Schriftstücke und der sonstigen Arbeitsmittel sollte möglich sein.

Die Arbeitsmittel sind je nach Grad der Benutzung anzuordnen. Häufig Benötigtes sollte sich nah im Blickfeld und Greifraum befinden, nur gelegentlich Benötigtes weiter entfernt. Unterhalb der Schreibtischplatte befinden sich meist Rollcontainer oder ein Schubladensystem. Detaillierte Anforderungen legen **DIN 4543** sowie die berufsgenossenschaftlichen Vorschriften **DGUV Information 215-410** fest:

- individuelle Anpassbarkeit, z. B. Arbeitsflächenhöhe, aufgabenorientierte Arbeitsfläche, Wechsel zwischen Sitz- und Stehhaltung;
- sicherheitstechnische Anforderungen, z. B. Standsicherheit und Stabilität;
- ergonomische Gestaltung, z. B. Höhe, Breite und Tiefe, Flächenform, Bein- und Fußraum.

Wie auch beim Bürostuhl belegen Gütesiegel, dass die Anforderungen eingehalten wurden.

## Bildschirmarbeitsplatz

In der Regel ist ein Arbeitsplatz im Contact Center ein Bildschirmarbeitsplatz. Arbeiten am Bildschirm sind eine zusätzliche gesundheitliche Belastung für die Beschäftigten. Daher sind wichtige **ergonomische Erkenntnisse** zu beachten. Der Bildschirm muss so aufgestellt werden, dass der Mitarbeiter nicht geblendet wird. Um eine Störung durch die Tageslichteinstrahlung zu vermeiden, ist es empfehlenswert, den Bildschirm rechtwinklig zu einem Fenster zu stellen. Auch andere Reflexionen, z. B. durch helle Wandflächen oder Deckenleuchten sind zu vermeiden.

Die **Arbeitsstättenverordnung (ArbStättV)** beinhaltet ein Bündel von „Maßnahmen zur Gestaltung von Bildschirmarbeitsplätzen", die dazu dienen sollen, den Gesundheitsschutz an Computerarbeitsplätzen sicherzustellen. Demnach ist der Arbeitgeber u. a. verpflichtet,

- eine **Gefährdungsbeurteilung** der Bildschirmarbeitsplätze vorzunehmen. Dies
1 | 2.2.7 entspricht auch den Anforderungen des Arbeitsschutzgesetzes.
- durch regelmäßige **Bildschirmpausen** die Belastungen der Arbeitnehmer zu reduzieren. In dieser Zeit können z. B. andere Tätigkeiten erledigt werden.
- eine regelmäßige arbeitsmedizinische **Augenuntersuchung** anzubieten.

> **_Praxistipp_**
> Die bis 2016 geltende **Bildschirmarbeitsverordnung (BildscharbV)** ist verändert in der **Arbeitsstättenverordnung (ArbStättV)** aufgegangen.

## 6 Auszug aus der Verordnung über Arbeitsstätten (ArbStättV)

**Anhang: 6 Maßnahmen zur Gestaltung von Bildschirmarbeitsplätzen**

**6.1 Allgemeine Anforderungen an Bildschirmarbeitsplätze**

(1) Bildschirmarbeitsplätze sind so einzurichten und zu betreiben, dass die Sicherheit und der Schutz der Gesundheit der Beschäftigten gewährleistet sind. Die Grundsätze der Ergonomie sind auf die Bildschirmarbeitsplätze und die erforderlichen Arbeitsmittel sowie die für die Informationsverarbeitung durch die Beschäftigten erforderlichen Bildschirmgeräte entsprechend anzuwenden.

(2) Der Arbeitgeber hat dafür zu sorgen, dass die Tätigkeiten der Beschäftigten an Bildschirmgeräten insbesondere durch andere Tätigkeiten oder regelmäßige Erholungszeiten unterbrochen werden.

(3) Für die Beschäftigten ist ausreichend Raum für wechselnde Arbeitshaltungen und -bewegungen vorzusehen.

(4) Die Bildschirmgeräte sind so aufzustellen und zu betreiben, dass die Oberflächen frei von störenden Reflexionen und Blendungen sind.

[...]

(6) Die Arbeitsflächen sind entsprechend der Arbeitsaufgabe so zu bemessen, dass alle Eingabemittel auf der Arbeitsfläche variabel angeordnet werden können und eine flexible Anordnung des Bildschirms, des Schriftguts und der sonstigen Arbeitsmittel möglich ist. Die Arbeitsfläche vor der Tastatur muss ein Auflegen der Handballen ermöglichen.

Die Fülle von Empfehlungen, wie der Büroarbeitsplatz in Verbindung mit dem Bildschirmarbeitsplatz ergonomisch zu gestalten ist, stellt sich insgesamt so dar:

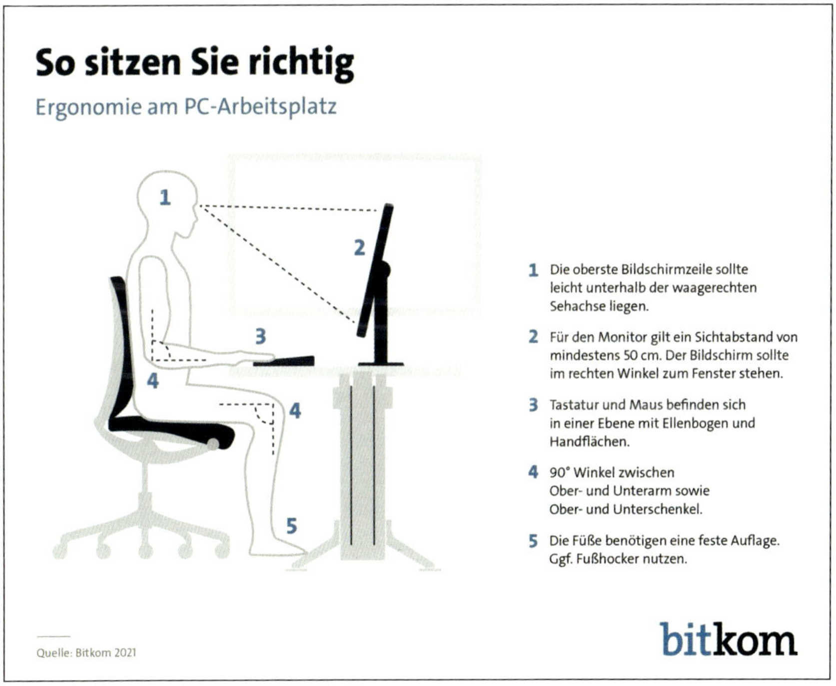

### Headset

Im telefonischen Kundenservice gehört das Headset zu den wichtigsten Arbeitsmitteln, ermöglicht es doch gleichzeitiges Telefonieren und Arbeiten am PC. Technisch lassen sich zwei Arten unterscheiden: Headsets mit **Sprechröhrchen** sind sehr klein und fallen kaum auf. Allerdings übertragen sie auch störende Umgebungsgeräusche und sind daher für den Kunden unangenehmer. Da sich in den Sprechröhrchen die Atemluft niederschlägt, müssen sie aus hygienischen Gründen auswechselbar sein. Bei Headsets mit **Mikrofonen** wird die Übertragung der Umgebungsgeräusche nahezu vollständig vermieden. Sie sind aber vergleichsweise groß und reichen bis in das Sichtfeld des Mitarbeiters.

Bei der Auswahl des Headsets sollten die Agents beteiligt werden, um ein Gerät zu finden, das angenehm sitzt und den individuellen Bedürfnissen entspricht. Es gibt Headsets für beide Ohren, einseitige Headsets, kabellose Headsets etc. Aus hygienischen Gründen empfiehlt es sich, dass jeder Beschäftigte ein **persönliches Headset** hat. Die Headsets sollten stets auf einem modernen Entwicklungsstand sein. Knackende oder mit Störgeräuschen behaftete Headsets stören den Gesprächsverlauf und können beim Verwender für Kopfschmerzen sorgen. Ebenso ist die Möglichkeit einer individuellen Lautstärkeregelung empfehlenswert.

## 4.3 Umweltfaktoren

Günstige Umweltbedingungen im Büro beeinflussen die Leistungsfähigkeit des Mitarbeiters positiv. Übermäßige Hitze, Lärm oder eine schlechte Luftqualität hingegen haben negative Auswirkungen. Im Dialogmarketing sind vor allem nachfolgend aufgeführte Aspekte von Bedeutung.

### Lärm

Zu viel Lärm wirkt belastend, macht nervös und stört die Konzentration. Gerade im Callcenter sind Gehörschäden keine Seltenheit, da bei oft hohen Umgebungsgeräuschen ständiges Zuhören erforderlich ist. Jeder Mensch reagiert individuell auf Lärm bzw. auf einen Geräuschpegel. Die „Schmerzgrenze“, also der Lärm, der vom Menschen als störend empfunden wird, ist unterschiedlich hoch. Um **Lautstärke** zu messen und darzustellen, haben sich zwei Einheiten etabliert: Sone und Dezibel (dB). Werteangaben in Sone eignen sich für das menschliche Verständnis besser, da 2 sone doppelt so laut ist wie 1 sone. Dies ist bei Dezibel nicht der Fall. Sone stellt das subjektive Geräuschempfinden dar, wohingegen mit Dezibel der Schalldruck gemessen wird.

**Beispiele für Lautstärke in Sone:**

- 0,3 sone: Blätterrascheln
- 1 sone: Rauschen von Klimaanlagen
- 2 sone: normale Unterhaltung
- 4 sone: Fernseher auf Zimmerlautstärke
- 8 sone: alte Schreibmaschine

6. *Um sich selbst ein besseres Bild machen zu können, möchte die Geschäftsleitung im Vorfeld des Workshops den typischen Arbeitsplatz eines Agents begutachten. Dabei werden folgende Merkmale festgestellt:*
   a) *Der Bürostuhl hat vier Rollen.*
   b) *Der Bürostuhl ist drehbar und ermöglicht wechselnde Sitzhaltungen.*
   c) *Der Schreibtisch ist höhenverstellbar.*
   d) *Ein Bein des Schreibtisches wackelt, wird jedoch mit einem Stück Karton gestützt.*
   e) *Die Tastatur ist rutschfest mit dem Schreibtisch verbunden.*
   f) *Der Abstand zwischen Agent und Bildschirm beträgt maximal 30 cm.*

   *Prüfen Sie, ob an diesem Arbeitsplatz die jeweiligen Mindestanforderungen bzw. gesetzlichen Vorschriften eingehalten wurden, und machen Sie bei Bedarf Verbesserungsvorschläge.*
7. *Im Rahmen des Workshops soll ein Merkblatt „Maßnahmen zur Gestaltung von Bildschirmarbeitsplätzen" erarbeitet werden. Helfen Sie dabei mit, indem Sie die wesentlichen Bestimmungen zusammentragen. Nutzen Sie dazu die gesetzlichen Regelungen unter www.gesetze-im-internet.de/arbst_ttv_2004/anhang.html.*
8. *Die Geschäftsleitung der KommunikativAktiv KG beschließt im Anschluss an den Workshop u. a., den Agents neue Headsets zur Verfügung zu stellen. Entwerfen Sie eine Checkliste, was bei der Anschaffung beachtet werden sollte, nutzen Sie dazu auch den online abrufbaren Ratgeber unter https://bit.ly/3ChY91H.*
9. *Einige Agents der Dialogfix GmbH beschweren sich beim Betriebsrat über den hohen Geräuschpegel bei der Arbeit.*
   a) *Welche Auswirkungen hat Lärm am Arbeitsplatz?*
   b) *Wie kann Lärm gemindert werden?*
10. *Um sich an seinem Arbeitsplatz wohlzufühlen und gute Leistungen erbringen zu können, ist es wichtig, ein angenehmes Raumklima zu schaffen. Durch das Zusammenwirken welcher Faktoren wird das Raumklima bestimmt?*
11. *Die Gesundheit der Beschäftigten in einem Großraumbüro wird häufig durch ein schlechtes Raumklima belastet. Es kann zu Bindehautentzündungen, trockenen Schleimhäuten, allergischen Reaktionen, Erkältungen und Schwindelgefühlen kommen. Auch Kopfschmerzen, Ermüdungserscheinungen und Konzentrationsstörungen können im Zusammenhang mit einem schlechten Raumklima auftreten. Welche Anforderungen an ein gutes Raumklima sind zur Prävention einzuhalten?*
12. *Welche weiteren Umweltfaktoren tragen neben einem gesunden Raumklima noch zum Wohlbefinden der Angestellten bei?*
13. *Die richtige Farbgestaltung von Wänden und Möbeln beeinflusst die Arbeitsleistung. Schlagen Sie geeignete Farben für die folgenden Räume vor, nutzen Sie dazu auch die Seite www.buerowissen.de/Ergonomie-Gesundheit/Farb-Ergonomie/:*
    a) *Räume, in denen die Arbeitsabläufe relativ monoton gestaltet sind (z. B. in der Buchhaltung).*
    b) *Viel frequentierte Räume, in denen auch Durchgangsverkehr herrscht (z. B. Empfangsbereich, Großraumbüro).*
    c) *Welche Farben sollten generell vermieden werden?*

# 5 Informationen verwalten

## Einstiegssituation

**Julia** kommt nach der Berufsschule aufgeregt zu ihrem Ausbilder. *„Herr Bayard, alle Mitschüler haben bereits das Anmeldeformular für die Zwischenprüfung bekommen. Das muss bis Freitag bei der IHK sein. Ist denn für mich noch nichts angekommen?"*

**Julias Ausbilder** ist ratlos: *„Hmmm ... mal überlegen, vielleicht liegt das hier in einem der Stapel auf meinem Schreibtisch ... aha, da ist ja auch das Angebotsschreiben für das Projekt der Teleserv AG, nach dem ich schon so lange gesucht habe ... und hier, das sieht doch ganz nach IHK aus ... bis wann soll das weggeschickt werden?"* **Julia** ist entsetzt: *„Aber Herr Bayard, alle wichtigen Termine für die Azubis stehen doch im Intranet!"*

## Arbeitsaufträge

1. ***Mit welchen Informationen sind Sie an Ihrem Arbeitsplatz konfrontiert? Wie werden diese Informationen weitergeleitet?***
2. ***Diskutieren Sie in der Klasse, welche Bedeutung ein reibungsloser und vollständiger Informationsfluss hat.***
3. ***Stellen Sie zusammen, welche Informationen dauerhaft erhalten bleiben sollten und welche nur einen kurzfristigen Wert haben.***

Im Tagesgeschäft kann ein Mitarbeiter mit einer **Fülle von Informationen** konfrontiert werden. Typische Beispiele aus dem Alltag von Mitarbeitern im Dialogmarketing sind etwa

- Preise und Konditionen,
- Produktbeschreibungen,
- Anfragen und Angebote,
- Formulare und Vordrucke,
- Projektinformationen,
- Arbeitsanweisungen,
- Gesprächsleitfäden,
- Ansprechpartner,
- Bedienungsanleitungen.

Diese Informationen müssen **beschafft**, **weitergeleitet** und **verwaltet** werden.

## 5.1 Informationsmanagement

Die Aufgaben von Beschäftigten im Dialogmarketing werden immer umfangreicher und komplexer. Dies bringt es mit sich, dass auch die Anforderungen an die Qualifikation und den Wissensstand des Personals ansteigen. Damit gewinnt das Thema **Informationsmanagement** an Bedeutung.

### Bedeutung des Informationsmanagements

Für die Qualität und den Erfolg der täglichen Arbeit eines Unternehmens im Dialogmarketing ist es außerordentlich wichtig, dass jeder einzelne Mitarbeiter alle relevanten Informationen zeitnah, inhaltlich richtig und vollständig zur Verfügung hat. Oft werden kurzfristig Informationen benötigt, um eine sehr hohe Anzahl an Kundenkontakten professionell bearbeiten zu können. Dies kann z. B. durch eine neue Marketingaktion oder ein unerwartet eingetretenes Ereignis ausgelöst werden.

**Beispiel**

Um die angestrebte Erhöhung des Marktanteils bei der Finanzsoftware zu erreichen, startet Dialogfix eine Rabattaktion. 100 000 Bestandskunden werden über E-Mail informiert. In kurzer Zeit melden sich 2 500 Kunden telefonisch, um von der Rabattaktion zu profitieren. In dieser Situation ist es unverzichtbar, dass jeder Mitarbeiter von Dialogfix und vom beteiligten Outsourcing-Partner KommunikativAktiv das Angebot kennt und über die notwendigen Prozesse informiert ist. Es darf nicht geschehen, dass ein Mitarbeiter, der eine Anfrage zu dieser Aktion hat, nicht informiert ist. Der betroffene Kunde würde dies als sehr unprofessionell empfinden.

Die Zielsetzung, alle Organisationseinheiten zeitnah mit den wichtigsten Informationen zu versorgen, stellt an die Verantwortlichen sehr hohe Anforderungen. Um dafür zu sorgen, dass alle betroffenen Mitarbeiter den gleichen aktuellen Wissensstand haben, ist ein professionelles Informationsmanagement unabdingbar.

Informationsmanagement bedeutet in diesem Fall

- Informationen zeitnah beschaffen,
- Informationen empfängergerecht aufbereiten,
- den Informationsfluss steuern,
- Informationen über den passenden Weg an die richtigen Empfänger weiterleiten,
- Informationen archivieren.

Neben der gesteigerten Qualität durch ein professionelles Informationsmanagement steigt auch die Zufriedenheit der Mitarbeiter. Ein Mitarbeiter, der sich gut informiert fühlt, dankt dies seinem Unternehmen mit hoher Loyalität und Zufriedenheit.

## Informationsarten

In der betrieblichen Praxis sind folgende Arten der Information zu unterscheiden:

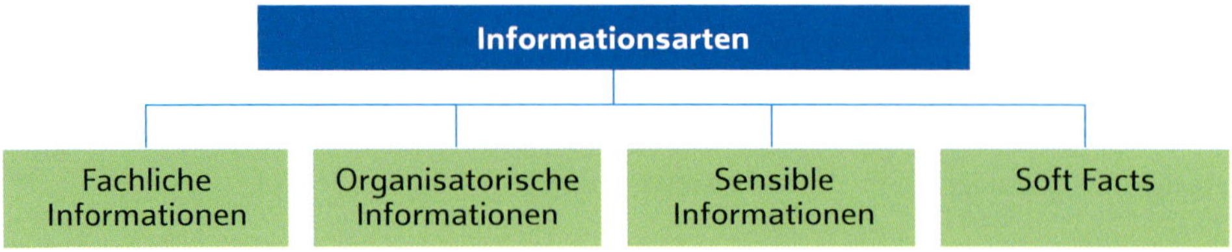


### Fachliche Informationen

Fachliche Informationen resultieren meist aus der Produktgestaltung oder dem Tagesgeschäft. Es kann sich dabei z. B. um Informationen über neue Preise, neue Produkte oder Aktionen handeln. Meist werden fachliche Informationen direkt in der Kommunikation mit dem Kunden verwendet. Daher müssen sie präzise und zeitnah an die Kundenbetreuer in der Hotline weitergegeben werden.

### Organisatorische Informationen

Hier stehen Maßnahmen der Planung und Organisation der Arbeit im Mittelpunkt. Dies können Informationen darüber sein, dass eine neue Werbung geschaltet wurde und deshalb mit erhöhten Anrufaufkommen zu rechnen ist oder dass durch Wartungsarbeiten einige Computerprogramme nicht funktionieren. Diese Art der Information muss frühzeitig an die Führungskräfte und die Planungsorgane weitergegeben werden, damit die Organisation sich auf veränderte Rahmenbedingungen einstellen kann, z. B. durch Änderungen in der Personaleinsatzplanung. Stockt hier der Informationsfluss, sind Probleme im Betriebsablauf vorprogrammiert.

### Sensible Informationen

Dies sind Informationen, die aufgrund ihrer hohen **Vertraulichkeit** nur Einzelpersonen oder kleinen Gruppen zugänglich gemacht werden. Diese Vertraulichkeit kann geschäftspolitische Gründe (z. B. strategische Entscheidungen, die den Mitbewerbern nicht bekannt gemacht werden dürfen) oder soziale Gründe (z. B. persönliche Probleme eines Mitarbeiters) haben. Die (begrenzte) Übermittlung dieser Art von Information erfolgt in der Regel nicht durch das Informationsmanagement, sondern obliegt der Unternehmensleitung oder einzelnen Führungskräften.

**Soft Facts**

Als Soft Facts bezeichnet man betriebliche Informationen, die vor allem die sozialen bzw. menschlichen Aspekte der Arbeit betreffen und den Zusammenhalt und das Betriebsklima im Unternehmen stärken sollen. Dies können z. B. Informationen über das Miteinander im Unternehmen, Betriebsfeiern oder aktuelle Aktionen für die Mitarbeiter sein.

## Informationsbeschaffung

Je nach Größe des Unternehmens wird ein Verantwortlicher (**Informationsmanager**) bestimmt oder eine Abteilung (**Informationsmanagement**) geschaffen, die für die Informationsbeschaffung, -aufbereitung und -weitergabe zuständig ist. Um regelmäßig aktuelle Informationen zu erhalten, steht dieser Verantwortliche in ständigem Kontakt mit allen Organisationseinheiten bzw. wird bei Veränderungen von der entsprechenden Abteilung informiert. Da Angestellte in den Schlüsselpositionen verschiedener Organisationseinheiten oft nicht wissen, welche Informationen für die Weitergabe relevant sind, ist es durchaus sinnvoll, den Kontakt aktiv zu gestalten, also auch aktiv nach neuen Informationen zu recherchieren.

Nur wenn das Informationsmanagement weiß, welche Informationen für welche Unternehmenseinheit wichtig sind, können diese entsprechend weitergegeben werden. Um dies sicherzustellen, werden regelmäßige Austauschtreffen zwischen Vertretern der verschiedenen Abteilungen mit dem Informationsmanager organisiert.

## Aufbereitung der Informationen nach Empfängerkreis

Informationen können also sowohl einen fachlichen oder organisatorischen Hintergrund haben als auch sozialer oder sensibler Art sein. Während Soft Facts meistens allen Mitarbeitern jeder Organisationseinheit zugänglich gemacht werden, sind sensible Informationen in der Regel nicht Bestandteil des Informationsmanagements.

Um fachliche und organisatorische Nachrichten an die richtige Empfängergruppe weiterzuleiten, wird bei der Aufbereitung dieser Informationen meist ein **modularer Aufbau** gewählt:

- **Empfängerkreis 1:** Mitarbeiter, die nur fachliche Informationen benötigen, z. B. Mitarbeiter der Hotline
- **Empfängerkreis 2:** Mitarbeiter, die nur organisatorische Informationen benötigen, z. B. Mitarbeiter der Einsatz- und Kapazitätsplanung

- **Empfängerkreis 3:** Mitarbeiter, die organisatorische und fachliche Informationen benötigen, z. B. Teamleiter, Supervisor und sonstige Führungskräfte

Die Informationen werden dabei einmal vollständig verfasst (passend für Empfängerkreis 3) und dann in den jeweils notwendigen Bestandteilen an die unterschiedlichen Empfängergruppen übergeben.

## Informationskanäle

Um die jeweiligen Informationen sachgerecht an den richtigen Empfängerkreis weiterzuleiten, steht eine Fülle von Informationskanälen zur Verfügung.

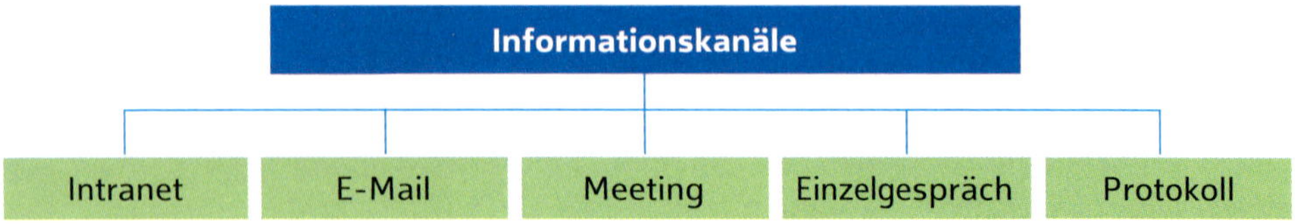


### Intranet

4|1.1.7 # *Definition*

Das **Intranet** ist ein mit dem Internet vergleichbares Rechnernetzwerk, das jedoch nur von den Mitarbeitern eines Unternehmens oder einer bestimmten Gruppe genutzt werden kann.

Das Intranet kann sowohl betriebsinternen Organisationseinheiten als auch externen Partnern sehr einfach zur Verfügung gestellt werden. Alle Beschäftigten können über einen täglichen Zugriff wichtige Informationen abrufen. Dabei kann über Benutzergruppen gesteuert werden, welche Informationen dem Einzelnen angezeigt werden.

Somit ist das Intranet ein geeignetes Medium für einfache fachliche oder organisatorische Informationen.

| Vorteile | Nachteile |
|---|---|
| Alle Benutzer greifen auf den gleichen Datenbestand zu. | nicht für komplexe Informationen geeignet |
| Informationen sind schnell, kurzfristig und papierlos verfügbar. | steht bei technischen Problemen eventuell nicht zur Verfügung |
| gezielte Informationssteuerung durch Benutzergruppen | Der Mitarbeiter muss das Intranet aktiv, selbstständig öffnen, um die Information zu erhalten. |
| Die Information kann gleichzeitig allen Mitarbeitern zur Verfügung gestellt werden. | Der Mitarbeiter hat keine Möglichkeit zu kurzfristigen Rückfragen. |

Inzwischen hat das Intranet nahezu vollständig das klassische Schwarze Brett abgelöst, das mittlerweile lediglich – wenn überhaupt – für betriebliche Soft Facts genutzt wird. Auch typische „Rundschreiben" werden mit dem Intranet seltener.

### E-Mail

> # *Definition*
> Eine **E-Mail** ist eine über das Internet verschickte Textnachricht.

3|1.4

Neben dem Einsatz in der Kundenkommunikation bieten sich auch **innerbetrieblich** viele Nutzungsmöglichkeiten für die E-Mail an, z. B. Einladungen, Rückfragen oder Mitteilungen. Unkompliziert und kostengünstig können in Sekundenschnelle ausgewählte Mitarbeiter erreicht werden. Neben der eigentlichen Nachricht ist es möglich, umfangreiche Anlagen (Attachments) zu verschicken, z. B. Dateien oder Fotos.

| Vorteile | Nachteile |
|---|---|
| schnell, kostengünstig, papierlos | E-Mail muss vom Nutzer aktiv geöffnet werden |
| ausgewählter Empfängerkreis möglich | technische Abhängigkeit |
| zusätzliche Anlagen können mitgeschickt werden | mögliche Sicherheitslücken beim E-Mail-Versand, daher nicht für sehr vertrauliche Informationen geeignet |
| leichte Speicher- und Zugriffsmöglichkeiten bei erhaltenen E-Mails | Wichtige Informationen können in der Informationsflut untergehen. |

### Meeting

> # *Definition* 9|3.2.1
> Als **Meeting** oder Besprechung bezeichnet man die Zusammenkunft einer Gruppe von Mitarbeitern an einem bestimmten Ort und zu einer bestimmten Zeit, häufig unter Teilnahme der Führungskraft.

Inhaltlich kann es bei Meetings um arbeitsbezogene Informationen oder auch um Diskussionen, z. B. über eine zukünftige Strategie oder bestimmte zu erreichende Ziele gehen. Die Teilnehmer eines Meetings werden in der Regel per E-Mail eingeladen und erhalten die Tagesordnungspunkte in einer Agenda. Wichtige Besprechungen werden protokolliert und das Protokoll danach an alle Teilnehmer verschickt, um Details des Inhalts und erzielte Ergebnisse festzuhalten.

Das Meeting ist ein geeigneter Informationskanal für fachliche oder organisatorische Informationen, die aufgrund der Komplexität nicht für das Intranet geeignet sind. Das Meeting kann ebenfalls für sensible Informationen genutzt werden, die nur für eine bestimmte Personengruppe geeignet sind und bei denen Diskussionsbedarf besteht. Da das Meeting einen direkten Austausch zulässt, kann es auch für – aus Sicht der Mitarbeiter – unangenehme Themen genutzt werden.

| Vorteile | Nachteile |
|---|---|
| Es können auch komplexe Themen diskutiert werden. | Durch den erforderlichen Planungsvorlauf ist das Meeting nicht geeignet, um Informationen schnell zu vermitteln. |
| Die Mitarbeiter erhalten die Gelegenheit, Fragen zu stellen und sich einzubringen. | Es besteht die Gefahr von langwierigen Diskussionen. |
| Der direkte Austausch ermöglicht es, auch unangenehme Themen zu platzieren. | Arbeitszeit geht verloren. |
| In einem Meeting können direkt Beschlüsse aufgrund der neuen Informationen gefasst werden. | In einem Meeting kann nur eine begrenzte Zahl an Mitarbeitern erreicht werden. |

Sollen Meetings über verschiedene Standorte durchgeführt werden, bietet sich je
4|1.1.1 nach technischen Möglichkeiten eine **Telefon- oder Videokonferenz** an.

### Einzelgespräch

> # *Definition*
> Beim **Einzelgespräch** treffen sich zwei Personen, um Informationen weiterzugeben oder Maßnahmen abzuleiten.

Einzelgespräche können zwischen Führungskraft und Mitarbeiter, aber auch zwischen Kollegen stattfinden. Meistens wird diese Methode genutzt, um sensible Informationen zu vermitteln oder bei sehr komplexen Fach- oder Organisationsinformationen, die nur einen Mitarbeiter betreffen und eine offene, nicht durch weitere Personen gestörte Diskussion erfordern.

| **Vorteile** | **Nachteile** |
|---|---|
| Es können auch komplexe Themen diskutiert werden. | Informationen können nur an Einzelne weitergegeben werden. |
| Der Mitarbeiter kann direkt Fragen stellen. | nur für sensible oder äußerst komplexe Themen geeignet |
| Die diskrete Atmosphäre ermöglicht es, auch kritische Themen anzusprechen. | Andere Mitarbeiter fühlen sich ausgeschlossen oder übergangen. |

### Protokoll

> #
> *Definition*
> Das **Protokoll** ist ein übersichtlicher, schriftlicher Bericht über eine Veranstaltung.

Zweck eines Protokolls ist die Information über Meetings, Informationsveranstaltungen, Schulungen etc. Den Teilnehmern einer protokollierten Veranstaltung dient das Protokoll als Gedächtnisstütze und spätere Nachschlagemöglichkeit, interessierten Nichtanwesenden (z. B. erkrankten Kollegen) als Informationsquelle. Um diese Ziele zu erfüllen, sollte ein Protokoll vollständig sein und keine persönlichen Anmerkungen, Einschätzungen und Gedanken enthalten, weil es als objektive Darstellung eines Veranstaltungsverlaufes und/oder -ergebnisses dient.

Bei der Erstellung eines Protokolls sind bestimmte **formale Regelungen** einzuhalten: Ein Protokoll beginnt immer mit einem Protokollkopf, in dem Anlass, Ort, Datum, Teilnehmer, Leitung, Beginn und Ende der Veranstaltung vermerkt werden. Protokolle sollen knapp und sachlich informieren und sollten daher ohne Ausschmückungen kurz und eindeutig formuliert werden. Protokolle werden im Präsens geschrieben, dabei wird meist eine stichwortartige Form gewählt, es gibt aber auch wörtliche Protokolle (z. B. im Parlament). Man unterscheidet dabei Verlaufsprotokoll und Ergebnisprotokoll.

Ein **Verlaufsprotokoll** dokumentiert den Verlauf der Veranstaltung. Es soll nachvollziehbar bleiben, was in der Veranstaltung behandelt wurde und welche Beiträge die Teilnehmer geleistet haben. Neben dem Thema der Veranstaltung und ggf. der Tagesordnung umfasst ein Verlaufsprotokoll Angaben zum Ablauf, Vorschläge, Einwände, Diskussionsbeiträge und mögliche Beschlüsse mit Abstimmungsergebnissen und etwaigen nächsten Schritten (To-do-Liste). Beendet wird das Verlaufsprotokoll mit der Unterschrift des Protokollführers und des Vorsitzenden oder der Führungskraft sowie der Angabe von Anlagen. Ist eine Weitergabe des Protokolls an mehrere Personen geplant, bietet sich die Angabe eines **Verteilers** an.

Das **Ergebnisprotokoll** zeichnet hingegen lediglich die wesentlichen Inhalte und Beschlüsse einer Zusammenkunft unabhängig von deren Zustandekommen auf. Somit ist ein Ergebnisprotokoll deutlich kürzer als ein Verlaufsprotokoll. Der formale Aufbau gleicht jedoch dem Verlaufsprotokoll.

| Vorteile | Nachteile |
|---|---|
| dauerhafte Dokumentation und Archivierung möglich | langwierige Erstellung |
| Auch nicht anwesende Mitarbeiter können informiert werden. | zeitliche Verzögerung im Informationsfluss |
| disziplinierende Wirkung bei Diskussionen | Kritische Inhalte werden häufig nur „außerhalb des Protokolls“ geäußert. |

## 5.2 Vordrucke und Formulare

Vordrucke und Formulare werden verwendet, um den inner- und außerbetrieblichen Informationsfluss zu vereinfachen und zu beschleunigen.

# ***Definition***

Ein **Vordruck** ist ein Schriftstück, in dem bereits verschiedene Informationen oder Anforderungen niedergeschrieben sind. Verbleibende leere Felder werden durch Ankreuzen oder Ausfüllen vervollständigt.

**Beispiele für Vordrucke und Formulare:**

- Urlaubsantrag
- Kurzmitteilung/Kurzbrief
- Überweisungsformular
- Anmeldeformular

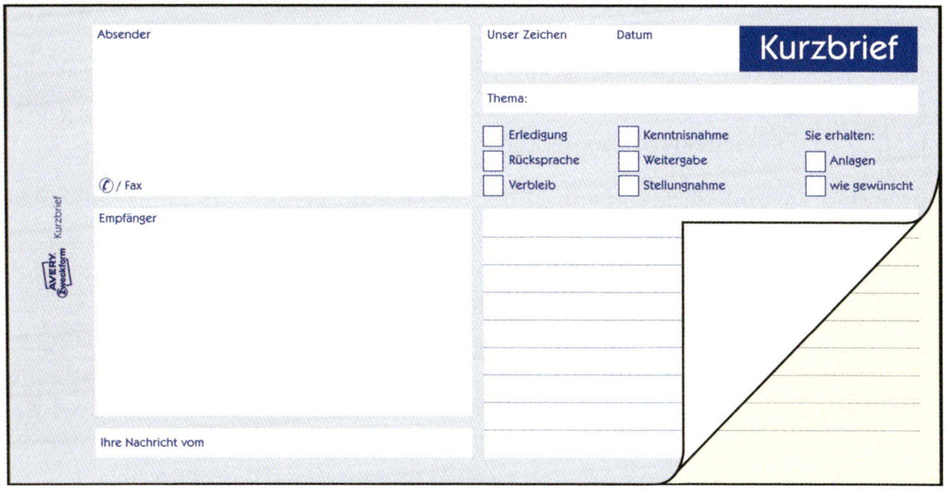

**Vorteile** von Vordrucken und Formularen:

- Vorgänge werden vereinheitlicht und überschaubar.
- Wiederkehrende Arbeitsschritte sind standardisiert.
- Fehlende Informationen fallen sofort auf.
- Das Ausfüllen folgt immer dem gleichen Schema.
- Zeit- und Kostenersparnis

Im Arbeitsalltag kommen meist verschiedene Arten von Vordrucken zum Einsatz. Je nach Bedarf können in Schreibwarenläden komplett fertige Vordrucke gekauft werden, diese eignen sich z. B. für oft wiederkehrende Formulare wie Quittungen oder Standardverträge. Zusätzlich benötigen die meisten Unternehmen eigene, sehr individuelle Vordrucke.

**Beispiel**

Dialogfix verwendet bei Schulungen sogenannte Coachingbögen. Im Telefontraining verwendet der Coach diese Formulare, um den Gesprächsverlauf und den Coachingbedarf festzuhalten. Da die Formulardaten sehr individuell sind, hat Dialogfix diese Bögen selbst erstellt und drucken lassen.

Um Vordrucke für die Kommunikation nach außen verwenden zu können, werden meist professionelle Druckereien mit der Erstellung beauftragt. Diese Vordrucke können dann auch auf das Corporate Design des Unternehmens abgestimmt werden, z. B. durch ein Logo oder Papier mit Firmenkopf. 1|1.1.5

Viele Formulare und Vordrucke stehen mittlerweile auch in **elektronischer Form** (Onlineformular) zur Verfügung, z. B. über das Intranet für die Beschäftigten oder über das Internet für die Kunden. Dies ermöglicht eine rasche und kostengünstige Auswertung und erleichtert die regelmäßige Anpassung der Formulare an neue Gegebenheiten.

## 5.3 Ablagesysteme

*„Ich suche nicht, ich finde."* (Pablo Picasso)

Wer Unterlagen nach diesem Prinzip ordnet, spart viel Zeit. Ist der Arbeitsplatz jedoch schlecht organisiert, türmen sich Aktenberge, in denen sich niemand zurechtfindet.

**Was die Schreibtisch-Ordnung bewirkt**

Der Schreibtisch verrät sehr viel über den Menschen, der an ihm arbeitet: Alle Bleistifte gespitzt und nach Farben geordnet, die Ablage ordentlich sortiert und alle Papiere im 90-Grad-Winkel arrangiert – ganz klar, hier arbeitet ein Pedant. Beim kreativen Typ regiert dagegen in der Regel das Chaos: Kaffeeflecken überall, benutztes Geschirr liegt auf bzw. unter wichtigen Unterlagen, alte Stofftiere verstauben neben bunten Bilderrahmen. Doch nicht nur die Persönlichkeit eines

Mitarbeiters beeinflusst seine Schreibtisch-Ordnung – auch umgekehrt gibt es einen Zusammenhang. Wissenschaftler der University of Minnesota haben in einer Studie erforscht, welchen Einfluss der Ordnungsgrad eines Büros auf die Arbeitsweise hat. Die Ergebnisse wurden in der Fachzeitschrift Psychological Science veröffentlicht.

Dabei stellte sich heraus: Eine aufgeräumte Umgebung fördert tatsächlich ein gewissenhaftes Verhalten. Die Vorteile liegen klar auf der Hand: „Man findet schneller, was man sucht, wirft nicht versehentlich Dinge weg, hat mehr Bewegungsspielraum usw.", sagte Joseph Redden, Marketing-Professor und Co-Autor der Studie. [...] Allerdings gebe es auch Nachteile: „Wir haben beobachtet, dass ein sauberer Arbeitsplatz die Kreativität beeinträchtigt", so Redden. Ein Messie-Büro sorgt nämlich für deutlich kreativere Ideen, zeigten die Experimente. Das Chaos könne dazu inspirieren, aus den gewohnten Denkmustern, Traditionen und Konventionen auszubrechen. Bei Textern, Erfindern oder Designern darf der Schreibtisch also ruhig etwas durcheinander sein.

*Quelle: gs/dpa: Was die Schreibtisch-Ordnung bewirkt. In: www.fr.de. Veröffentlicht am 01.10.2013 unter: www.fr.de/ratgeber/karriere/schreibtisch-ordnung-bewirkt-11304353.html [03.11.2022]. © Alle Rechte vorbehalten. Frankfurter Rundschau GmbH, Frankfurt.*

Zur Ordnung gehört eine durchdacht organisierte **Registratur** (Schriftgutablage). Eine Registratur hilft, Schriftstücke geordnet abzulegen, zu verwalten, schnell wiederzufinden und termingerecht zu bearbeiten.

## Wertigkeit von Informationen

Viele Unternehmen beklagen eine zunehmende Flut an Unterlagen und Papieren. Dies liegt häufig auch daran, dass Schriftgut zu lange bzw. am falschen Platz aufbewahrt wird. Unnötige Kosten und langwieriges Suchen können die Folge sein. Es lohnt sich also, bei jedem Schriftstück die **Wertigkeit** zu prüfen. Man unterscheidet:

| | | |
|---|---|---|
| **Tageswert** | Dies sind Informationen **ohne bleibenden Wert**, sie können unverzüglich vernichtet werden. | **Beispiele:** Prospekte, Tageszeitungen, Werbebriefe, Schmierzettel |
| **Prüfwert** | Hier handelt es sich um Informationen, die noch weiter bearbeitet oder benutzt werden und einen **zeitlich befristeten Wert** haben. Eine arbeitsplatznahe, vorübergehende Aufbewahrung ist empfehlenswert. | **Beispiele:** Preislisten, Produktbeschreibungen, Angebote |
| **Gesetzeswert** | Unterlagen mit **gesetzlicher Aufbewahrungsfrist** müssen sicher, fristgemäß und platzsparend an zentraler Stelle aufbewahrt werden. | **Beispiele:** Zahlungsbelege, Rechnungen, Handelsbriefe |
| **Dauerwert** | Haben Informationen einen **bleibenden Wert** für ein Unternehmen, sind sie je nach gewünschter Verfügbarkeit sicher zu archivieren. | **Beispiele:** Mietverträge, Gesellschaftsverträge, Baupläne |

Die **gesetzlichen Aufbewahrungsfristen** für bestimmte Unterlagen sind detailliert im Handelsgesetzbuch (HGB) geregelt. Demnach ist ein Kaufmann nach § 257 verpflichtet, folgende Unterlagen geordnet aufzubewahren:

- Handelsbücher, Inventare, Bilanzen, Jahresabschlüsse, Buchungsbelege
  → **Aufbewahrungspflicht: 10 Jahre** 7|1.1.2
- empfangene und abgeschickte Handelsbriefe (Rechnungen, Mahnungen, Lieferscheine, Angebote, Aufträge etc.)
  → **Aufbewahrungspflicht: 6 Jahre**

## Ordnungsmöglichkeiten

Um Unterlagen oder Schriftstücke systematisch zu ordnen und schnell und einfach wiederzufinden, benötigt man immer ein **Ordnungsmerkmal** wie z. B.

- Buchstaben,
- Zahlen,
- Zeit, Datum,
- Farben.

Je nach gewähltem Merkmal ergeben sich die folgenden **Ordnungsmöglichkeiten**:

| | |
|---|---|
| Alphabetisches System | Ordnung nach Buchstaben |
| Numerisches System | Ordnung nach Zahlen |
| Alphanumerisches System | Ordnung nach Zahlen und Buchstaben |
| Chronologisches System | Ordnung nach Zeitangaben |
| Farbliches System | Ordnung nach Farben |

### Alphabetisches System

Die alphabetische Ordnung hat den Vorteil, dass kein zusätzliches Ordnungsmerkmal gebildet werden muss. Die Sortierung nach Buchstaben erfolgt meist über **Namen, Begriffe oder Orte**. Aufgrund der vielen Sonderzeichen und Sonderfälle, die es bei einer alphabetischen Sortierung geben kann, wurden in der **DIN 5007** umfangreiche und teilweise etwas komplizierte Ordnungsregeln (ABC-Regeln) festgelegt.

Die wichtigsten Ordnungsregeln lauten:

- Geordnet wird nach der Buchstabenfolge ABC, zunächst nach dem Anfangsbuchstaben, dann nach dem zweiten, dritten etc. Buchstaben.
- Folgt zweimal der gleiche Buchstabe aufeinander, wird fortlaufend nach den gleichen Buchstaben geordnet.

**Beispiel**

AA
AAC
AAD
AB

- Umlaute werden wie der Grundbuchstabe einsortiert.

**Beispiele**

Ä = A
Ö = O
Ü = U

- Der Buchstabe ß wird wie ss einsortiert.
- Bei Personennamen wird der Nachname als erstes und der Vorname als zweites Ordnungswort verwendet.
- Akademische Grade (z. B. Dr., Prof.), Adelstitel (z. B. Baron, Graf) und Vorsatzwörter (z. B. von, van, de) bleiben unberücksichtigt.

### Numerisches System

Oft ist Schriftgut durch Computervorlagen erzeugt worden und erhält automatisch eine Bearbeitungsnummer oder eine Sortierungsnummer. Das numerische System mit **fortlaufender Nummerierung** sortiert nach der natürlichen Zahlenfolge.

**Beispiel**

Sortierung nach Kundennummer, aufsteigend sortiert:

| | | |
|---|---|---|
| 564236 | Schwarzmoor | Richard |
| 565412 | Jung | Dennis |
| 587462 | Leinott | Philip |

Ein weiteres numerisches System ist die **dekadische Ordnung** (Zehnerstaffel). Die Unterlagen werden in maximal zehn Hauptgruppen (0–9) eingeteilt, die wiederum in weitere Gruppen und Untergruppen nach der Zehnerstaffel eingeteilt werden können. Durch die dekadische Ordnung erhält man eine immer feinere Gliederung der Unterlagen.

**Beispiel**

| | | |
|---|---|---|
| 3 | Personalwesen | (Hauptgruppe) |
| 35 | Ausbildung | (Gruppe) |
| 357 | Zwischenprüfung | (Untergruppe) |

### Alphanumerisches System

Dieses System verwendet eine Kombination aus Zahlen und Buchstaben, sortiert wird nach einer dieser Ordnungsarten. Dieses System wird häufig verwendet, da es ab einer gewissen Anzahl von aufeinanderfolgenden Zahlen sehr schwer fällt, sich diese zu merken bzw. nach diesem System einzuordnen.

**Beispiele**

| | |
|---|---|
| 75 K | (Formularnummer) |
| B – SF 216 | (Kfz-Kennzeichen) |
| FO 12a | (Schulklasse) |

### Chronologisches System

Das chronologische System ordnet Daten nach ihrem zeitlichen Zusammenhang, z. B. nach Uhrzeit oder Datum. Dies ist vor allem dann interessant, wenn Termine oder Fälligkeiten überwacht werden sollen. Dieses System kann auch als Ergänzung zu anderen Systemen verwendet werden. Es können z. B. Kundendaten zunächst alphabetisch sortiert werden und anschließend nach Dringlichkeit oder Bestelldatum.

→ ***Praxistipp***
Bei der im Büro üblichen kaufmännischen Heftung liegt das neueste Schriftstück oben.

### Farbliches System

Das Ordnen nach Farben dient hauptsächlich als ergänzendes Ordnungssystem und gibt einer bereits vorhandenen Sortierung eine weitere Untergliederungsmöglichkeit.

**Beispiele**

Sortieren nach Dringlichkeit:

| | |
|---|---|
| Rot | sehr dringend |
| Gelb | muss diese Woche noch erledigt werden |
| Grün | Bearbeitung im nächsten Monat |

Sortieren nach Art:

| | |
|---|---|
| Gelb | Rechnung |
| Rosa | Mahnung |
| Lila | Quittung |
| Blau | Kreditkartenbeleg |

> **→ *Praxistipp***
> Die Ordnung nach Stichwörtern ist nicht empfehlenswert. Da das Stichwort subjektiv aus dem jeweiligen Zusammenhang entnommen wird, tauchen Probleme auf, wenn mehrere Personen auf die Unterlagen zugreifen müssen und nicht wissen, nach welchem Stichwort sie suchen sollen.

## Ablageformen

Die Ablage kann unterschiedlich gestaltet werden, grundsätzlich wird nach **liegend**, **stehend** oder **hängend** eingeteilt. Die gebräuchlichsten Registraturformen sind:

| | | |
|---|---|---|
| **Ordnerregistratur** | Ordner mit beschriftbaren Rücken in unterschiedlichen Formaten und Farben | übersichtlich, schneller Zugriff, gute Raumausnutzung bis zur Griffhöhe; zeitaufwendig durch Lochen und Heften, unflexibel |
| **Stehsammler-registratur** | Stehsammler für Mappen, Hefte oder loses Schriftgut | kostengünstig, schneller Zugriff, platzsparend; umfangreiche Beschriftung erforderlich, teilweise unübersichtlich |
| **Hängeregistratur** | Schriftgut wird in Hängemappen eingelegt oder geheftet und in einem Hängeschrank abgelegt. | sehr kurze Zugriffszeit, flexibel und übersichtlich; hohe Materialkosten, großer Platzbedarf |
| **Pendelregistratur** | Spezielle Mappen oder Hefter hängen seitlich nebeneinander an Stangen in Schränken oder Regalen. | gute Raumausnutzung, flexibler Einsatz möglich; unübersichtlich, langsamer Zugriff |
| **Liegende Registratur** | Mappen und Schnellhefter liegen übereinander. | kostengünstig; unübersichtlich, unflexibel, umständliche Suche |

## Ablagestandorte

Für den Standort der Ablage ist entscheidend, wer das Schriftstück bearbeitet und wie lange es voraussichtlich noch bearbeitet wird. Je häufiger ein Schriftstück benötigt wird, desto näher sollte es sich beim zuständigen Mitarbeiter befinden.

### Arbeitsplatzablage

Wird ein Schriftstück lediglich von einem Mitarbeiter bearbeitet oder benötigt, eignet sich eine Ablage direkt am Arbeitsplatz. Die Unterlagen werden im Schreibtisch, in einer Hängeregistratur, in stapelbaren Sammelkörben oder Ordnern aufbewahrt.

> **→ *Praxistipp***
> Vermeiden Sie am Arbeitsplatz lose herumliegende Blätter.

### Abteilungsablage

Sollen mehrere Mitarbeiter auf die Unterlagen zugreifen können, ist die Abteilungs- bzw. Teamablage vorteilhaft. Hier müssen klare Regelungen für die Benutzung und Entnahme der Dokumente getroffen werden, um Unordnung zu vermeiden. Zudem sollte auf kurze Laufwege geachtet werden.

### Altablage

Werden Unterlagen voraussichtlich nicht mehr benötigt, sollen sie aber dennoch aufbewahrt werden, kommt die Altablage (**Zentralregistratur**) ins Spiel. Dies ist vor allem für Schriftgut mit einer gesetzlichen Aufbewahrungsfrist von Bedeutung (s. o.). Dadurch können Arbeitsplatz- und Abteilungsablage von unnötigem Ballast befreit werden. Sollen die Dokumente endgültig vernichtet werden, kommt aufgrund der datenschutzrechtlichen Bestimmungen (Schutz personenbezogener Daten vor Einsicht Dritter) der Papierkorb nicht infrage. Stattdessen sollte ein **Aktenvernichter** verwendet werden.

## Speichermedien

### Obsolete Technik. Wenn das passende Gerät fehlt.

Digitale Daten sind nicht nur weniger lange haltbar als die meisten analogen Medien, sie erfordern auch die jeweils passende Technik. Eine Floppy-Disk oder das Magnetband eines alten Datenspeichers beispielsweise sind für die meisten unserer Computer schon nicht mehr lesbar – und das aus gleich mehreren Gründen: Uns fehlen das passende Lesegerät, die richtige Schnittstelle und nicht zuletzt auch das Programm und Betriebssystem, das die Bits und Bytes interpretieren kann. [...]

Fakt ist: Von der Unmenge der Daten, die wir heute auf Datenträgern oder im Internet speichern, wird ein Großteil verloren gehen. Schon in nicht allzu ferner Zukunft werden nur noch die digitalen Informationen überleben, die regelmäßig wiederaufgerufen, konvertiert und gezielt archiviert werden. [...]

*Quelle: Podbregar, Nadja: Obsolete Technik. Wenn das passende Gerät fehlt. In: www.scinexx.de. Veröffentlicht am 23.06.2017 unter: www.scinexx.de/dossierartikel/obsolete-technik/ [03.11.2022].*

Um aus der Fülle von Möglichkeiten das **geeignete Speichermedium** auszuwählen, müssen vorab einige wichtige Fragen geklärt werden:

- Welche **Aufbewahrungszeit** ist vorgesehen? Gibt es dazu besondere gesetzliche Anforderungen?
- Welche **Änderungen** werden an den Daten vorgenommen? Handelt es sich um Daten, die häufig oder kaum verändert werden?
- Welche **Kapazität** ist erforderlich? Wie groß ist das Datenvolumen?
- Wie häufig ist der **Zugriff** auf die Daten? Wann werden die Daten benötigt?
- Wie hoch sind die anfallenden **Kosten**? Welche Anschaffungskosten und laufenden Kosten entstehen?

Hier die **wichtigsten Speichermedien** (Datenträger) im Überblick:

| | |
|---|---|
| **Papier**<br> | Das „papierlose Büro“ ist nach wie vor weit von der Realität entfernt. Noch immer wird eine Vielzahl von Informationen auf Papier „gespeichert“.<br><br>Gründe dafür sind die leichte und unkomplizierte Zugriffs- und Weitergabemöglichkeit. Es gibt **keine technische Abhängigkeit**, die typisch für alle modernen Speichermedien ist. Zudem hat Papier eine lange Lebensdauer, je nach Qualität 100 Jahre und mehr. |
| **Mikrofilm**<br> | Dokumente werden stark verkleinert verfilmt (Mikrofiche). Auch wenn dieses Verfahren heute unmodern erscheint, bietet es doch entscheidende Vorteile. Die technische Abhängigkeit ist vergleichsweise gering, bereits einfache Lesegeräte genügen.<br><br>Wichtigster Trumpf ist jedoch die langfristige Haltbarkeit und Sicherheit der Daten, die über 100 Jahre betragen kann. Daher werden Mikrofilme insbesondere zur **langfristigen Archivierung** eingesetzt. |
| **Magnetspeicher**<br> | Die Speicherung erfolgt auf magnetisierbarem Material mithilfe eines Lese-/Schreibkopfes. Typische Magnetspeicher sind z. B. **Festplatten.**<br><br>Intern im PC oder extern, sind sie für große Datenmengen geeignet, bieten gute Zugriffs- und Änderungsmöglichkeiten der Daten, mehrere Benutzer können gleichzeitig zugreifen.<br><br>Problematisch sind die begrenzte Lebensdauer der Magnetspeicher (ca. 10 bis 30 Jahre) und die relativ leichte Löschbarkeit der Daten. Zur dauerhaften Archivierung daher eher ungeeignet. |
| **Optische Speicher**<br> | Daten werden mittels eines Lasers **mechanisch** gespeichert (gebrannt) bzw. gelesen. Neben der **CD** und der **DVD** hat sich die **Blu-Ray-Disc** etabliert, die deutlich größere Datenmengen speichern kann. Optische Speicher sind platzsparend, leicht zu transportieren und für große Datenmengen geeignet.<br><br>Bedenken gibt es hinsichtlich der Lebensdauer, da langfristige Erfahrungswerte fehlen, Schätzungen gehen von 20 bis 100 Jahren aus. Datenverlust durch Beschädigung (Zerkratzen) ist relativ leicht möglich. |
| **Digitale Speicher**<br> | Die Datenspeicherung erfolgt auf **elektronischem** Wege. Praktischen Einsatz im Büro finden insbesondere:<br>• **Speicherkarten**<br>Häufig in Digitalkameras, Diktiergeräten, elektronischen Kalendern etc. Sie können durch ein Kartenlesegerät in den PC eingelesen werden. Es gibt verschiedene Kartenformate (z. B. CF, xD, SD) und Speicherkapazitäten.<br>• **USB-Sticks**<br>Kompaktes und leicht zu transportierendes Speichermedium, das an die USB-Schnittstelle des PCs angeschlossen wird.<br>Insbesondere durch Benutzungsfehler sind Datenverluste bei digitalen Speichern nicht auszuschließen. Zudem geht man davon aus, dass die Daten nur maximal 10 Jahre gespeichert bleiben. Für langfristige Datensicherung daher ungeeignet. |
| 4 \| 2.2 **Cloud-Speicher**<br> | Immer größere Bedeutung gewinnt das Speichern und Archivieren von Daten in der sogenannten **Cloud**, wodurch ein **geräte- und ortsunabhängiger Zugriff** ermöglicht wird. Unternehmen müssen dabei jedoch bedenken, dass eine Lokalisierung ihrer Daten in der Cloud verglichen mit einem physikalisch vorhandenen Speicher nicht mehr so einfach möglich ist.<br><br>Insofern sollte darauf geachtet werden, dass der Cloud-Anbieter eine saubere Mandantentrennung, das Einhalten von Datenschutzbestimmungen und umfassende Sicherheitskonzepte garantieren kann. Im Idealfall ist so eine **Langzeitarchivierung** möglich. |

## Dokumenten-Management-Systeme

Abgesehen von der ansteigenden Papiermenge, die täglich bewältigt werden muss, stellt sich auch die Frage, wie schnell die benötigten Informationen an der richtigen Stelle zur Verfügung stehen müssen. Unterschiedliche Speichermedien (Medienbrüche) führen häufig dazu, dass die gezielte Informationssuche zeitaufwendig, undurchschaubar und kostspielig ist. Um die bestehenden Probleme der Informations- und Papierflut zu lösen, werden heute in Unternehmen zunehmend **Dokumenten-Management-Systeme (DMS)** eingesetzt.

Als DMS wird die datenbankgestützte Verwaltung elektronischer Dokumente bezeichnet. Wesentliche Vorteile sind die einheitliche und zentrale Speicherung und Archivierung der Daten sowie die einfache und schnelle Zugriffsmöglichkeit für die Mitarbeiter. So können z. B. Kundendokumente schnell gefunden und Anfragen rasch beantwortet werden.

Ein DMS kann im Unternehmen unterschiedliche Aufgaben erfüllen:

- kaufmännische Belege **archivieren** (z. B. Verträge, Rechnungen, Reports)
- Kundenkorrespondenz **verwalten** (z. B. Briefe, Faxe, E-Mails)
- Dokumentationen **erstellen** (z. B. Präsentationen, Berichte, Auswertungen)

Die **Arbeitsweise** eines DMS besteht aus mehreren Schritten:

1. **Dokumente erfassen**: Zunächst müssen die Dokumente eingescannt und digitalisiert werden. Zur Texterkennung wird eine **OCR-Software** genutzt. Dateien aus anderen Systemen (z. B. Outlook) können einfach integriert werden. 4|2.2
2. **Dokumente indizieren**: Die erfassten Dokumente werden mit einem unverwechselbaren **Merkmal** (Index) versehen, um sie später wiederfinden zu können. Dies kann z. B. ein Barcode oder ein Suchmerkmal (Rechnungsnummer, Vertragsnummer) sein.
3. **Dokumente ablegen und archivieren**: Die nun unverwechselbaren Dokumente können an der gewünschten Stelle abgelegt und archiviert werden. Dies wird meist selbstständig von der DMS-Software übernommen.
4. **Dokumente suchen und finden**: Die abgelegten und digitalisierten Dokumente können über verschiedene Suchmöglichkeiten gefunden werden. So kann etwa nach dem Index gesucht werden oder über die **Volltextsuche** nach bestimmten Begriffen im Dokument. Der Zugriff ist von allen an das DMS angeschlossenen PCs möglich, es können aber auch einzelne Zugriffsrechte vergeben werden.

*Abb.: Arbeitsweise eines DMS*

## Zusammenfassung

- Ein professionelles **Informationsmanagement** beinhaltet: Informationen zeitnah beschaffen, empfängergerecht aufbereiten, den Informationsfluss steuern, über den passenden Weg an die richtigen Empfänger weiterleiten, ablegen und archivieren.
- **Informationen** unterscheidet man in fachliche Informationen, organisatorische Informationen, sensible Informationen und Soft Facts.
- Je nach Information stehen unterschiedlich geeignete **Informationskanäle** zur Verfügung: Intranet, E-Mail, Meeting, Einzelgespräch, Protokoll.
- **Vordrucke und Formulare** werden verwendet, um den inner- und außerbetrieblichen Informationsfluss zu beschleunigen und zu vereinfachen.
- 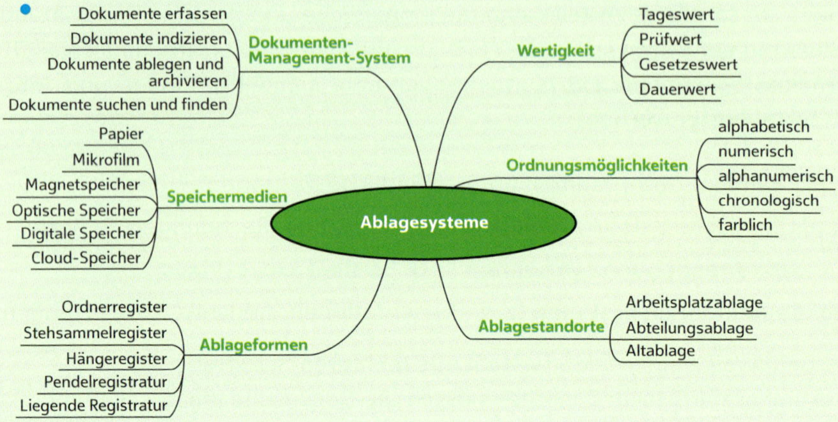


## Aufgaben

1. ***Vergleichen Sie innerhalb der Klasse das Informationsmanagement der einzelnen Ausbildungsbetriebe:***
   a) ***Zu welchen Anlässen bekommen bzw. benötigen Sie in Ihrem Ausbildungsbetrieb neue Informationen?***
   b) ***Über welche Kanäle sind diese Informationen verfügbar?***
   c) ***Welche Informationskanäle nutzen Sie am häufigsten?***
2. ***Welches Medium der Informationsweitergabe ist für die folgenden Informationen von Dialogfix an die Mitarbeiter geeignet?***
   a) ***Nächste Woche Freitag Serverausfall wegen Wartungsarbeiten***
   b) ***Azubi Thomas ist bereits mehrfach verspätet zur Arbeit erschienen.***
   c) ***Gewinnspiel für alle Beschäftigten***
   d) ***Die Benutzeroberfläche der Kundendatenbank hat sich geändert.***
   e) ***Ab August beginnen zwei neue Auszubildende.***
   f) ***Die Versandkosten bei Kundenbestellungen haben sich geändert.***
   g) ***Einladung zum Teammeeting, Tagesordnung anbei***
   h) ***Im Teammeeting werden die Ziele für das nächste Quartal besprochen.***
   i) ***Alle Teams werden aufgefordert, Vorschläge zur Erreichung der Wachstumsziele von Dialogfix zu machen.***
   j) ***Dialogfix hat eine neue Homepage, alle Beschäftigten sollen den Link erhalten.***

3. *Welche Funktionen kann ein Protokoll erfüllen? Berücksichtigen Sie auch die Unterschiede zwischen Verlaufs- und Ergebnisprotokoll.*

4. *Die Dialogfix GmbH plant den Austausch der kompletten Hardware in allen Büros. Leider läuft die Umsetzung nicht wie geplant. Um die Probleme zu lösen, findet eine Teambesprechung statt, bei der Azubi Thomas Protokoll führt. Den ersten Protokollentwurf hat Thomas bereits ins Intranet gestellt (zu finden unter dem vorne abgedruckten Webcode auf www.westermann.de). Der Teamleiter ist jedoch mit dem Resultat unzufrieden. Helfen Sie Thomas, indem Sie ein besser lesbares Ergebnisprotokoll erstellen.* **Web**

5. *Betrachten Sie erneut den Zeitungsartikel auf Seite 121 f. Wie „ordentlich" geht es an Ihrem Arbeitsplatz zu?*

6. *Aufgrund der Rechtssicherheit und zur Überprüfung der Besteuerungsgrundlage müssen Unternehmen bestimmte Schriftstücke aufbewahren. Um welche Schriftstücke handelt es sich dabei und welche Aufbewahrungsfristen müssen eingehalten werden?*

7. *Auf Julias Schreibtisch häufen sich alle möglichen Unterlagen: Original-Produktbeschreibungen, Prospekte, Tageszeitungen, Schmierzettel, Kopien von Preislisten, Angebote, Zahlungsbelege, Werbebriefe und Rechnungen. „Ich weiß einfach nicht, was ich behalten und was ich wegwerfen soll. Und wenn ich die Unterlagen behalte, muss ich sie ja schließlich eine Zeit lang irgendwo aufbewahren."*
   a) *Wie kann Julia feststellen, welche Unterlagen sie noch braucht und wie lange sie diese aufbewahren sollte?*
   b) *Helfen Sie Julia bei der richtigen Entscheidung über den Verbleib der Unterlagen.*

8. *Nachdem Julia die Unterlagen sortiert hat, fragt sie ihre Teamleiterin, wo sie die Original-Produktbeschreibungen und die Zahlungsbelege ablegen soll. „Wir haben hier im Büro eine zentrale Hängeregistratur, dort sind die Produktbeschreibungen alphabetisch abgelegt. Die Zahlungsbelege heftest du bitte in den Ordnern ab, die im Regal neben meinem Schreibtisch stehen. Sie sind nach Lieferant und dann nach Datum geordnet", antwortet die Teamleiterin.*
   a) *Beschreiben Sie die Anwendung sowie Vor- und Nachteile der beschriebenen Registraturen.*
   b) *Nennen Sie einen möglichen Grund, weshalb genau diese Arten der Registratur für Produktbeschreibungen und Zahlungsbelege gewählt wurde.*

9. *Finden Sie ein geeignetes Ordnungssystem für die Ablage:*
   a) *Rückrufformulare, darauf notierte Kunden müssen zu einem bestimmten Zeitpunkt angerufen werden,*
   b) *eingehende Tagespost,*
   c) *abonnierte monatliche Computerfachzeitung,*
   d) *fünf verschiede Anforderungsformulare für Büromaterial, alle DIN-A4-Format.*

10. *Die Ablage ist bei der KommunikativAktiv KG auch räumlich organisiert, um einen schnellen Zugriff auf relevante Dokumente zu haben. Hierbei gibt es Arbeitsplatz-, Abteilungs- und Zentralablage. Unterscheiden Sie diese drei Ablageformen.*

11. *Von welchen Kriterien hängt die Wahl der Speichermedien ab? Stellen Sie tabellarisch Vor- und Nachteile der einzelnen Speichermedien gegenüber. Führen Sie dazu auch eine Internetrecherche durch, z. B. unter www.computerwoche.de/a/auf-immer-und-ewig-archiviert,2521331.*

12. *Beschreiben Sie die einzelnen Schritte der Arbeitsweise eines Dokumenten-Management-Systems. Welche Aufgaben können damit erfüllt werden?*

# 6 Arbeits- und Lerntechniken nutzen

## *Einstiegssituation*

Es ist Freitagvormittag, das wöchentliche Teammeeting bei KommunikativAktiv findet statt. Diesmal sind auch die beiden Geschäftsführer Hans Herrmann und Reinhold Groß anwesend.

**Herr Groß** erklärt: *„Ein neues Projekt steht an. Neben unseren regulären Aufträgen für Dialogfix und den regelmäßigen Meinungsumfragen für die Landesregierung werden wir im nächsten Monat auch die Bestellannahme für einen europaweit tätigen Reifengroßhändler übernehmen. Da müssen jetzt alle im Team mitziehen. Bis in zwei Wochen erwarte ich, dass Sie alles über die Produktpalette wissen. Sämtliche dazu notwendigen Informationen finden Sie ab nächsten Montag im Intranet."*

*„Auch das noch"*, murmelt **Julia** leise, *„dabei muss ich bis heute Nachmittag doch noch die ganze Ablage erledigen, und in meinem Berichtsheft hänge ich auch schon ein paar Wochen hinterher. Am Wochenende wollte ich mit Thomas für die Klassenarbeit nächste Woche lernen ... Und dann steht im Herbst schon die Zwischenprüfung vor der Tür. Wie soll ich das nur alles schaffen?"*

## *Arbeitsaufträge*

1. ***Sammeln Sie beruflich bedingte Aufgaben und Tätigkeiten, die Sie kurz-, mittel- und langfristig erledigen möchten bzw. müssen.***
2. ***Nach welchen Kriterien planen Sie die Aufgaben und Tätigkeiten?***
3. ***Welche Methoden werden in Ihrem Ausbildungsbetrieb genutzt, um neue Themen zu vermitteln?***

**Arbeitstechniken** beinhalten methodische Vorgehensweisen, die eine rasche und zielorientierte Umsetzung von Problemstellungen, Aufgaben und Arbeitsaufträgen ermöglichen. Unter **Lerntechniken** versteht man planmäßige Verfahren, mit denen Kenntnisse und Kompetenzen erlernt, erhalten oder ausgebaut werden sollen. Meist sind damit bestimmte Lernmethoden gemeint. Beim berufsbezogenen Lernen ist der Übergang zu den Arbeitstechniken oft fließend, da Lernen häufig im Arbeitsprozess stattfindet.

Aus der nahezu unbegrenzten Fülle der zur Verfügung stehenden Techniken und Methoden werden hier exemplarisch einige vorgestellt, die für eine erfolgreiche Arbeit im Dialogmarketing besonders wichtig sind. Von grundlegender Bedeutung ist dabei ein erfolgreiches **Zeit- und Selbstmanagement**.

## 6.1 Zeitmanagement

### Tu alles – und zwar sofort!

[...] Wenn Lotta, Projektleiterin in einem schwedischen Unternehmen, montags ins Büro kommt, sieht ihr Tagesablauf oft so aus: Erst macht sie sich daran, die eingegangenen E-Mails, mehrere hundert, zu sichten, zu löschen oder zu beantworten. Nebenbei aktualisiert sie ihren PC-gestützten Terminkalender. Obwohl sie mit den Mails noch nicht durch ist, beginnt sie, an einem Bericht zu schreiben, der schnell fertig werden muss, wird dabei aber von einem Mitarbeiter unterbrochen, der einen neuen Computer benötigt. Während sie mit ihm Angebote im Internet durchgeht, nimmt sie einen Anruf entgegen, der sich auf eine E-Mail vom vorigen Freitag bezieht. Sie findet die entsprechende Nachricht, redet mit dem Anrufer über das Thema, löscht dabei noch einige unwichtige Mails und versucht, das Klingeln ihres Handys zu ignorieren. Was für ein Stress! [...]

*Quelle: Gerbert, Frank: Tu alles – und zwar sofort! In: www.focus.de. Veröffentlicht am 23.04.2014 unter: https://www.focus.de/wissen/mensch/neurowissenschaft/tu-alles-und-zwar-sofort-psychologie_id_2140253.html [03.11.2022].*

Viele Menschen klagen über die Probleme, die eine hohe Anzahl von Aufgaben, Tätigkeiten, Terminen etc. mit sich bringt, wenn die zur Verfügung stehende Zeit begrenzt ist. Als **Zeitmanagement** bezeichnet man Strategien und Techniken, diese Probleme in den Griff zu bekommen. Grundidee ist die optimale Nutzung und Verteilung der zur Verfügung stehenden Zeit.

Zeitmanagement ist daher eigentlich eine Form des **Selbstmanagements**. Dadurch kann es gelingen, den Arbeitsalltag zu strukturieren und „Zeitdiebe", die von der eigentlichen Arbeit abhalten, zu erkennen und zu beseitigen.

### Vorsicht vor diesen Zeitdieben

Zeitdiebe machen Ihnen das Leben schwer, weil sie oft unerkannt daherkommen und Ihnen weismachen wollen, dass Sie gerade jetzt dafür Ihre wertvolle Zeit einsetzen müssten. Dem ist aber in den meisten Fällen nicht so. Doch wie halten Sie auseinander, wann Ihnen tatsächlich Zeit gestohlen wird und wann nicht? [...] Solange Sie im Dunkel tappen, wer oder was Ihnen die Zeit stiehlt, kommen Sie keinen Schritt weiter. Doch wie schaffen Sie das? Ganz einfach: Indem Sie ein Zeitprotokoll führen. Schreiben Sie sich im Verlauf beispielsweise einer Woche auf, womit Sie Ihre Zeit verbracht haben. Sie werden schnell einen Überblick bekommen, wo Sie Ihre Zeit sinnvoll eingesetzt haben und wo nicht. Beispiel: Wie oft wurden Sie von wem oder wodurch in Ihrem Arbeitsablauf unterbrochen? Wann haben Sie sich mit Dingen beschäftigt, die bei genauem Hinsehen gar nicht nötig waren? Wie oft haben Sie anderen geholfen und haben sich dabei eventuell ausnutzen lassen? Entscheidend für Ihr Zeitprotokoll ist, dass Sie ehrlich zu sich selbst sind und sich Ihr Verhalten nicht schöner reden, als es war.

Das Zeitprotokoll zeigt Ihnen recht deutlich Ihre Schwachstellen bezüglich Ihrer bisherigen Zeitverwendung auf. Sie wissen also, welche Aufgaben Sie viel Zeit gekostet haben und wer oder was Sie häufig abgelenkt hat. Dann sollten Sie sich fragen, wofür Sie gern mehr Zeit haben würden. An welcher Stelle ließe sich Zeit einsparen? Was könnten Sie problemlos weglassen? Auf welchem Weg könnten Sie das erreichen? Schauen Sie sich zuerst Ihre Planung an. Was kann im Vorfeld schon effektiver geplant werden? Das Zeitprotokoll liefert Ihnen hierfür verlässliche Angaben. Vielleicht erkennen Sie auch, dass Sie mehr Aufgaben verlagern oder delegieren sollten. Und nicht zuletzt: Wie oft nehmen Sie sich mehr vor, als Sie in Wirklichkeit stemmen können? [...]

*Quelle: Krupa, Burkhard: Vorsicht vor diesen Zeitdieben. In: www.experto.de. Online verfügbar unter: www.experto.de/businesstipps/vorsicht-vor-diesen-zeitdieben.html [28.10.2022].*

→ ***Praxistipp***

Geläufige Zeitdiebe sind z. B. unnötige Wartezeiten, nicht zu Ende geführte Aufgaben, ständige Ablenkungen, unvollständige Informationen, Unentschlossenheit, unaufgeräumte Arbeitsunterlagen.

## Ziele setzen

*„Nur wer sein Ziel kennt, findet den Weg."* (Laotse)

Manchmal verliert man in der Fülle der Aktivitäten die zugrunde liegenden Ziele aus den Augen oder man hat sich vor lauter Aktionismus sogar überhaupt keine Gedanken darüber gemacht. Grundlage eines erfolgreichen Zeitmanagements ist aber immer eine klare Festlegung der zu erreichenden Ziele. Je präziser die Ziele analysiert und formuliert werden, desto eher lassen sich die zu ihrer Erreichung nötigen Schritte planen und in die Praxis umsetzen. Aus diesem Grunde sollte man sich in dieser Phase des Zeitmanagements ausreichend Zeit lassen und sich auch bei der Formulierung von Zielen nicht mit der erstbesten Formulierung zufrieden geben.

→ ***Praxistipp***

Formulieren Sie schriftlich konkrete Fakten, an denen Sie die Zielerreichung überprüfen können. Achten Sie auf eine **positive Formulierung**.

9 | 1.2 In der Praxis hat sich eine Einteilung in **kurz-, mittel- und langfristige Ziele** bewährt. Die konkrete Ausgestaltung dieser Dreiteilung ist dabei relativ und abhängig vom jeweiligen Planungshorizont.

**Beispiel**

Kurzfristig hat Julia die Ablage zu erledigen, mittelfristig muss sie sich die Produktkenntnisse für das neue Projekt aneignen, langfristig steht die Zwischenprüfung an.

Je nach Planungshorizont sollten die Ziele in regelmäßigen Abständen überprüft und ggf. verändert oder angepasst werden. Sollte sich ein Ziel als zu groß oder unerreichbar herausstellen, kann es sinnvoll sein, dieses Ziel zunächst in mehrere kleine Teilziele zu zerlegen.

## To-do-Liste

Vor dem eigentlichen Planungs- und Entscheidungsprozess steht ein Überblick über die zu erledigenden Dinge („To-dos"). Dazu werden zunächst alle Aufgaben und Tätigkeiten in einer Liste notiert. Dadurch ist gewährleistet, dass nichts vergessen wird und alles schriftlich fixiert ist. In den nächsten Schritten kann bei den einzelnen Punkten eingetragen werden, ob es einen festen Erledigungstermin gibt und wie viel Zeit für die einzelnen Punkte zu veranschlagen ist. To-do-Listen können für unterschiedlich lange Planungszeiträume angefertigt werden, z. B. für einen Arbeitstag oder eine Arbeitswoche.

**Beispiel: Auszug aus der To-do-Liste von Julia für KW 5**

| Tätigkeit | Gepl. Zeitbedarf | Termin |
|---|---|---|
| **Klassenarbeit vorbereiten** | 4 Stunden | Donnerstag |
| **Schulungsunterlagen kopieren** | 1 Stunde | Dienstag |
| **Schreibtischschubladen ausmisten** | 2 Stunden | – |
| **Berichtsheft aktualisieren und vorlegen** | 1 Stunde | Freitag |

Meist stellt sich heraus, dass die zur Verfügung stehende Zeit für die geplanten Tätigkeiten nicht ausreicht. In diesem Fall ist es notwendig, **Prioritäten** zu setzen.

Die Priorität einer Aufgabe lässt sich aus zwei Fragestellungen ableiten:

1. Wie **wichtig** ist die Aufgabe?
2. Wie **dringend** ist die Aufgabe?

An erster Stelle steht dabei immer die Wichtigkeit. Beide Fragestellungen sind Grundlage für die **ABC-Analyse** und das **Eisenhower-Prinzip**.

→ ***Praxistipp***
Viele Aufgaben erwecken durch ihre Dringlichkeit zunächst den Eindruck, dass sie auch wichtig sind. Aber nicht alles, was dringend ist, ist auch wichtig!

## ABC-Analyse

Anhand der Fragestellungen „wichtig" und „dringend" werden die Aufgaben entweder in die Kategorie A, B oder C eingeordnet. Die Einteilung sollte allerdings regelmäßig überprüft werden, da im Laufe der Zeit durchaus Verschiebungen möglich sind.

- **A-Aufgaben:** Wichtig und dringend. Diese Aufgaben genießen die höchste Priorität und sollten ohne Aufschub erledigt werden.
- **B-Aufgaben:** Durchschnittlich wichtig. Diese Aufgaben haben eine mittlere Priorität. Meist handelt es sich dabei um Routineaufgaben. Wenn möglich, sollten B-Aufgaben zügig und effizient erledigt bzw. delegiert werden.

- **C-Aufgaben:** Weniger wichtig bis unwichtig. Diese Aufgaben haben die geringste Priorität. Bei diesen Aufgaben sollte überprüft werden, ob sie tatsächlich erledigt werden müssen oder ob ein langfristiges Aufschieben möglich ist.

Der Grad der Dringlichkeit spielt bei den B- und C-Aufgaben keine große Rolle.

## Eisenhower-Prinzip

Ein ähnliches Konzept verfolgt das nach dem ehemaligen General und US-Präsidenten Dwight D. Eisenhower benannte Prinzip. Aus den Fragestellungen „Wichtigkeit" und „Dringlichkeit" ergeben sich insgesamt vier Kombinationsmöglichkeiten, die in eine Matrix eingezeichnet werden. Dabei wird auf der X-Achse die Dringlichkeit eingetragen, auf der Y-Achse die Wichtigkeit. Daraus lassen sich folgende Handlungsempfehlungen ableiten:

- **A-Aufgaben: wichtig und dringend**
  Diese Aufgaben müssen umgehend mit höchster Priorität und Sorgfalt erledigt werden.
- **B-Aufgaben: wichtig, aber nicht dringend**
  Diese Aufgaben sind nicht sofort zu erledigen, sind aber so wichtig, dass sie in der Zeitplanung fest terminiert werden müssen. Da sie sehr wichtig sind, sollten sie am besten selbst erledigt werden.
- **C-Aufgaben: dringend, aber nicht wichtig**
  Falls möglich, sollte man die C-Aufgaben delegieren oder zumindest nach den wichtigeren Aufgaben erledigen. Hier gilt es besonders, wichtig und dringend zu unterscheiden.
- **D-Aufgaben: weder dringend noch wichtig**
  Diese Aufgaben haben keinerlei oder nur sehr geringen Nutzen. Sie können daher zum Schluss erledigt werden. In vielen Fällen können sie auch mit gutem Gewissen in den Papierkorb wandern.

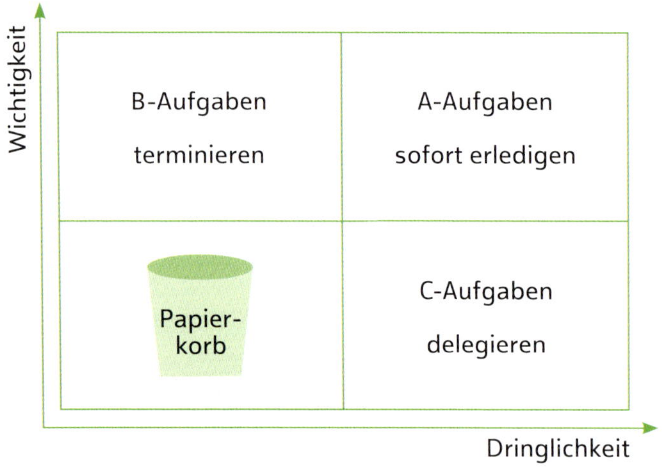


***Abb.: Eisenhower-Prinzip***

## Pareto-Prinzip

Einen etwas anderen Ansatz verfolgt das Pareto-Prinzip, auch als **80/20-Regel** bekannt. Zu Beginn des 20. Jahrhunderts fand der italienische Ökonom **Vilfredo Pareto** heraus, dass 20 % der italienischen Familien rund 80 % des Vermögens besitzen. Die daraus abgeleitete **Pareto-Verteilung** beschreibt, dass wenige Teile sehr viel zum Gesamtwert einer Menge beitragen können, während der überwiegende Teil der Menge nur sehr wenig zum Gesamtwert beisteuert. Mit einem geringen Teil der eingesetzten Mittel lässt sich also bereits eine große Wirkung erzielen. Diese **statistische Beobachtung** wurde im Laufe der Zeit auf viele Bereiche übertragen.

**Beispiele**

- 20 % der Produkte erzielen 80 % des Umsatzes.
- 20 % der Kunden verursachen 80 % der Beschwerden.
- 20 % der Kleidung im Schrank werden zu 80 % der Zeit getragen.

Übertragen auf das **Zeitmanagement** bedeutet das Pareto-Prinzip, dass 20 % der Aufgaben und Aktivitäten so wichtig sind, dass damit 80 % des Arbeitserfolges erreicht werden können. Für die restlichen 20 % der Ergebnisse muss dagegen 80 % der Zeit aufgewendet werden (z. B. zeitraubende Routinetätigkeiten).

Im Zeitmanagement ist es gemäß dem Pareto-Prinzip also nicht entscheidend, wie viel Zeit insgesamt aufgewendet wird. Es geht vielmehr darum, das **Wichtige zuerst** zu erledigen und die richtigen Prioritäten zu setzen.

***Praxistipp***
Vermeiden Sie allzu großen Perfektionismus! Für die „letzten 20 %" einer Aufgabe müssen immerhin 80 % der Zeit aufgewendet werden. Das lohnt nicht immer.

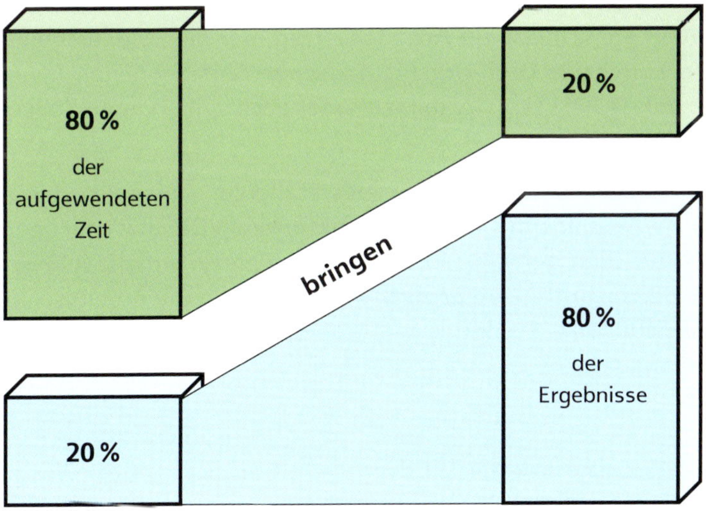


***Abb.: Pareto-Prinzip im Zeitmanagement***

### ALPEN-Methode

Die ALPEN-Methode ist ein weitverbreitetes Mittel, die Aufgaben für einen bestimmten Zeitraum – z. B. einen Arbeitstag – zu planen. Sie besteht aus folgenden Elementen:

| | |
|---|---|
| A | **Aufgaben** und Aktivitäten notieren<br>Alle anstehenden Aufgaben werden zunächst unsortiert und ungewichtet notiert. Dies kann z. B. mit einer To-do-Liste erfolgen. |
| L | **Länge** der Aufgaben und Aktivitäten schätzen<br>Alle geplanten Aufgaben werden mit einer realistischen Zeiteinschätzung versehen. Dabei kann man z. B. auf Erfahrungswerte zurückgreifen. Die Zeiteinschätzung dient bei der späteren Umsetzung auch als Zeitlimit, das nicht nennenswert überschritten werden sollte. |
| P | **Pufferzeiten** planen<br>Pufferzeiten dienen dazu, unerwartete Zeitüberschreitungen aufzufangen, auf überraschende Ereignisse zu reagieren oder um einfach mal eine Pause zu machen. Daher sollte nie die ganze zur Verfügung stehende Zeit verplant werden. Auch wenn das in der Praxis nicht einfach ist, sollten im Idealfall nur 60 % der Zeit verplant werden und 40 % als Pufferzeiten zur Verfügung stehen. |
| E | **Entscheidungen** treffen<br>Jetzt kommen wieder die Prioritäten ins Spiel. Stellt sich heraus, dass man zu viel Zeit verplant hat, kann man mittels geeigneter Methoden (z. B. Eisenhower-Prinzip, ABC-Analyse) ermitteln, welche Aufgaben man tatsächlich erledigt und welche man verschiebt, delegiert oder gar nicht erledigt. |
| N | **Nachkontrolle** durchführen<br>Am Schluss steht eine kritische Bestandsaufnahme. Wurden die geplanten Aufgaben erledigt? Stimmte die Zeitplanung? Waren die Pufferzeiten ausreichend? Die Nachkontrolle dient somit auch als Anhaltspunkt für mögliche Verbesserungen im Zeitmanagement. |

## 6.2 Arbeitsaufträge

Am Anfang einer Arbeit steht meist ein **Arbeitsauftrag**, der die zu erledigenden Tätigkeiten näher beschreibt. Je nach organisatorischen Gegebenheiten können Arbeitsaufträge z. B. von Teamleitern, Ausbildern oder auch von anderen Kollegen und Abteilungen erteilt werden.

Grundvoraussetzung für ein effizientes und selbstständiges Umsetzen des Arbeitsauftrages ist, die zu erledigende Arbeit zu **strukturieren**. Damit ist ein geordnetes, planmäßiges Vorgehen gemeint, in dem ein komplexer Arbeitsauftrag in mehrere sinnvolle **Arbeitsschritte** zerlegt wird. Häufig werden die Arbeitsschritte in einzelnen **Phasen** gebündelt. Strukturiertes Arbeiten erfordert ein hohes Maß
1 | 6.1 an **Zeit- und Selbstmanagement**.

**Beispiel**

Thomas bekommt den Arbeitsauftrag, das nächste Teammeeting zu organisieren und im Anschluss daran ein Protokoll zu erstellen.

Nach einer ersten Gedankensammlung, z. B. in Form eines Brainstormings, werden die notwendigen Arbeitsschritte in eine sinnvolle Reihenfolge gebracht. Dazu wird zunächst eine einfache To-do-Liste erstellt, die später um Zeiten und Termine ergänzt wird. 1|6.5 1|6.1

**dialogfix GmbH**

## To-do-Liste Teammeeting

**Planung**
- Tagesordnung zusammenstellen
- Datum, Uhrzeit bestimmen
- Besprechungsraum reservieren
- Teilnehmerkreis festlegen
- ...

**Vorbereitung**
- Tagesordnung/Programm ausdrucken
- Besprechungsraum einrichten
- Medien vorbereiten und prüfen
- Bewirtung sicherstellen
- ...

**Durchführung**
- Teilnehmer begrüßen
- Besprechung moderieren
- Medien einsetzen
- Fragen beantworten
- ...

**Tipps zum Strukturieren**:

- Beschaffen Sie sich zunächst alle benötigten **Informationen** und achten Sie auf **Vollständigkeit**.
- Untergliedern Sie komplexe Inhalte in einzelne **Teilschritte**.
- Beachten Sie **notwendige Absprachen** mit Kollegen und Vorgesetzten, z. B. bei der Terminplanung. 9|4.2.4
- Berücksichtigen Sie **organisatorische Restriktionen** wie z. B. Raumbelegung, Postlaufzeiten, Materialverfügbarkeit, Budget etc.
- Vergewissern Sie sich, dass die notwendige **Reihenfolge der Arbeitsschritte** eingehalten wird (z. B. Einladungen erst verschicken, wenn Termin und Raum geklärt sind).
- Wenden Sie die Grundsätze des **Zeitmanagements** an. 1|6.1

## 6.3 Gruppenarbeit

### Einsatzmöglichkeiten

Wenn mehrere Personen für eine bestimmte Zeit an gemeinsamen Aufgaben arbeiten und dabei bestimmte Regeln beachten, spricht man von einer **Gruppenarbeit**. Alternativ wird auch die Bezeichnung **Teamarbeit** verwendet, die insbesondere im Bereich des Projektmanagements eine große Bedeutung besitzt. Der Zweck betrieblicher Gruppenarbeit liegt darin, ein gemeinsames Ziel zu erreichen oder einen spezifischen Arbeitsauftrag zu erfüllen.

9|4.1

Im Dialogmarketing sind zahlreiche Anlässe für eine Gruppenarbeit denkbar, z. B.

- Teammeeting,
- Arbeitsgruppe,
- Projekt,
- Schulung,
- Workshop.

Eine Gruppenarbeit läuft nicht immer störungsfrei ab. Bevor diese Methode zum Einsatz kommt, sollten im Vorfeld die möglichen Vor- und Nachteile sorgfältig abgewogen werden:

| Vorteile | Nachteile |
|---|---|
| Im Gruppenprozess entstehen viele Ideen. | zeitraubende Diskussionen |
| Die Verantwortung liegt auf mehreren Schultern. | Organisationsprobleme |
| „Wir-Gefühl" setzt Motivation, Energie und Enthusiasmus frei. | Gefahr von Gruppenkonflikten |
| Arbeitsteiliges Arbeiten kann zu einer Zeitersparnis führen. | ungleiche Arbeitsbelastung der Gruppenmitglieder („Trittbrettfahrerproblem") |
| Planungs- und Organisationsprozesse können eingeübt werden. | langwierige Entscheidungsprozesse |

**→ *Praxistipp***
Machen Sie sich in einer Gruppenarbeit die Nachteile dieser Methode bewusst und versuchen Sie, diese zu vermeiden.

## Phasen einer Gruppenarbeit

Der nachfolgende Ablauf sollte bei jeder Gruppenarbeit beachtet werden, um ein Ergebnis zu erzielen, eine Problemstellung zu lösen oder eine Entscheidung herbeizuführen.

1. **Bestimmung des Ziels:** Das Ziel bzw. das angestrebte Ergebnis der Gruppenarbeit wird festgelegt bzw. vorgestellt.

2. **Prüfung:** Hier werden einzelne Teilaspekte der gesamten Aufgabenstellung betrachtet, es werden Teilziele abgeleitet. In dieser Phase kann jedes Gruppenmitglied seine Ansicht einbringen und Fragen stellen. Es findet noch keine Diskussion statt.

3. **Sammeln von Lösungsvorschlägen:** Es werden mögliche Lösungsvorschläge erarbeitet, z. B. durch ein Brainstorming. Jetzt kann in der gesamten Gruppe weitergearbeitet werden oder es können Teilgruppen einzelne Aufgabenbereiche behandeln.

4. **Die Auswahl der optimalen Entscheidung/Lösung:** Von den in Phase 3 gesammelten Lösungsmöglichkeiten wird eine durch die Gruppe ausgewählt. Hierzu ist es hilfreich, wenn die Gruppe vorher Kriterien festgelegt hat, nach denen die Auswahl erfolgen soll (z. B. Umsetzbarkeit der Vorschläge, Kosten), oder sich auf Methoden der Entscheidungsfindung geeinigt hat. 1|1.1.3

5. **Umsetzung:** Die ausgewählte Lösung wird umgesetzt oder an die zuständige Instanz weitergeleitet.

6. **Abschlussbetrachtung:** Nach erfolgter Umsetzung der Lösung wird das Ergebnis betrachtet und ausgewertet. Außerdem wird die Arbeitsweise der Gruppe analysiert mit Fragen wie: „Was kann verbessert werden?“ bzw. „Was hat gut funktioniert?“

## Regeln für eine erfolgreiche Gruppenarbeit

Ob eine Gruppenarbeit erfolgreich verläuft, hängt von der Zusammensetzung der Gruppe, von der Aufgabenstellung, den Rahmenbedingungen, aber auch vom Verhalten jedes Einzelnen in der Gruppe ab. Daher ist es sinnvoll, Regeln für die Arbeit in Gruppen zu vereinbaren. Die Regeln können entweder vorgegeben sein oder von der Gruppe selbst erarbeitet werden.

→ ***Praxistipp***
Hinweise zum gemeinsamen Erarbeiten von Gruppenregeln finden sich unter https://bit.ly/2xMX8Ou.

## Leitfaden Gruppenarbeit

**dialogfix** GmbH

1. Sprechen Sie immer per Ich und niemals per *Wir* oder per *Man*. Wenn Sie aus der *Wir*- oder *Man*-Perspektive sprechen, wird automatisch das Wort für die ganze Gruppe ergriffen. Verstecken Sie sich nicht hinter der Gruppe!
2. Wenn Sie eine Frage stellen, dann stellen Sie auch klar, warum Sie fragen und warum die Antwort auf diese Frage für Sie wichtig ist.
3. Seien Sie stets authentisch und selektiv in der Kommunikation und in Ihrem Handeln. Machen Sie sich bewusst, was Sie denken und fühlen, und achten Sie darauf, was und wie Sie etwas sagen.
4. Halten Sie sich mit Interpretationen zurück. Sprechen Sie stattdessen Ihre eigene Meinung aus.
5. Vermeiden Sie Verallgemeinerungen und nichtssagende Floskeln.
6. Wenn Sie etwas über das Verhalten eines anderen Gruppenmitglieds sagen, dann erklären Sie auch immer die Wirkung dieses Verhaltens auf Sie selbst.
7. Störungen haben Vorrang. Wenn etwas die Kommunikation stört, muss dieses Thema behandelt werden.
8. Es redet immer nur einer zur gleichen Zeit.
9. Wenn doch mehrere zur gleichen Zeit sprechen möchten, dann sollte jedes der Themen beleuchtet werden. Verständigen Sie sich dann auf eine Reihenfolge.
10. Beachten Sie stets auch die Körpersignale der anderen Gruppenmitglieder.

(in Anlehnung an die Themenzentrierte Interaktion [TZI] nach Ruth Cohn)

Die Arbeitsfähigkeit einer Gruppe hängt von zwei wichtigen Faktoren ab:

1. **Kommunikation**
   Die Gruppe muss Probleme ansprechen und analysieren können. Es ist unverzichtbar, die Planung mit anderen Gruppenmitgliedern abzustimmen und Entscheidungen zu treffen. Konflikte sollten durch Kommunikation gelöst werden. Wenn verschiedene Personen in einer Gruppe zusammenarbeiten, ist es oft notwendig, das Verhalten einzelner Gruppenmitglieder zum Gesprächsthema zu machen. Damit eine solche Verhaltensrückmeldung erfolgreich sein
   2|3.5 kann, sind die **Feedbackregeln** zu beachten.

2. **Klarheit**
   Die Gruppe muss ihren Arbeitsauftrag oder die Alternativen für die zu treffende Entscheidung kennen. Die Aufgaben innerhalb der Gruppe müssen klar verteilt sein. Darüber hinaus ist es notwendig, dass der zeitliche Rahmen und die Entscheidungskompetenz der Gruppe geklärt sind.

## 6.4 Moderation

Bei der **Moderation** handelt es sich um eine Arbeitstechnik, mit der die gemeinsame Arbeit in einer Gruppe organisiert werden kann oder die dazu dient, den Ablauf einer Besprechung oder einer sonstigen Veranstaltung zu gestalten.

Zentrale Figur ist der **Moderator**. Er hat die Aufgabe, die Gruppe bzw. die Teilnehmer arbeitsfähig zu halten, Methoden einzusetzen, die zur Entscheidungsfindung dienen und die Kommunikation zu steuern. Außerdem sorgt er dafür, dass Konflikte innerhalb der Gruppe gelöst sowie wichtige Punkte visualisiert werden. Der Moderator kennt die Ziele und Inhalte, muss aber inhaltlich nicht unbedingt so versiert sein wie die Teilnehmer. Er ist aber in jedem Fall Methodenspezialist, kennt also Methoden zur Visualisierung, zur Entscheidungsfindung und der Kommunikation.

Der Ablauf einer Moderation (**„Moderationszyklus“**) orientiert sich dabei an dem oben beschriebenen Ablauf einer Gruppenarbeit:

1. **Einstieg:** Der Moderator steigt in das Thema ein, schafft Transparenz für die Teilnehmer und eröffnet die Sitzung.
2. **Themen sammeln:** Der Moderator hilft den Gruppenmitgliedern, die Themen zu sammeln, die für die Bearbeitung wichtig sind.
3. **Themen wählen:** Der Moderator unterstützt die Gruppe bei der Entscheidung, an welchen Aspekten weitergearbeitet werden soll.
4. **Thema bearbeiten:** Der Moderator leitet die Gruppe dazu an, die ausgewählten Schwerpunkte zu bearbeiten und eine Entscheidung oder Lösung abzuleiten.
5. **Maßnahmen planen:** Der Moderator plant mit der Gruppe die nächsten Schritte und hilft, die Lösung bzw. das Ergebnis zu formulieren.
6. **Abschluss:** Nachdem die inhaltliche Arbeit erledigt ist, sorgt der Moderator dafür, dass das Ergebnis sowie die Arbeitsweise der Gruppe analysiert werden.

→ ***Praxistipp***
Ein Umsetzungsbeispiel für eine Workshop-Moderation finden Sie unter www.youtube.com/watch?v=PJh4dyq-CFw&t=11s.

## 6.5 Brainstorming

Brainstorming ist eine **kreative Methode** zur Ideenfindung, die häufig zu Beginn von Gruppenarbeitsprozessen eingesetzt wird. Sie kann dabei helfen, Ideen aus der gesamten Gruppe zu sammeln und in den Arbeitsprozess aufzunehmen.

Zu Beginn wird das Ziel oder die Problemstellung vorgestellt, dies kann durch ein Teammitglied oder durch den Moderator erfolgen. Jeder Teilnehmer kann dann seine Ideen und Vorschläge während des Brainstormings einbringen, jede Idee wird visualisiert. Beim Brainstorming sind alle Beiträge willkommen und werden auch im ersten Schritt nicht diskutiert. Das Brainstorming dauert meist zwischen 15 und 30 Minuten. Folgende **Regeln** sollten eingehalten werden:

- Es erfolgt keine Kritik an den Ideen der anderen Teilnehmer.
- Alle sind dazu angehalten, möglichst viele Ideen einzubringen.
- Jeder darf die Idee eines anderen fortsetzen.

Nach einer angemessenen Pause werden nun alle gesammelten Ideen vorgelesen und von den Teilnehmern sortiert und bewertet.

Aus dem Brainstorming haben sich mehrere andere Methoden entwickelt, die auf der Grundidee aufbauen, aber mehr auf die individuelle schriftliche Ausarbeitung fixiert sind. Daher ist für diese Methoden auch die Bezeichnung **Brainwriting** geläufig. Zu den gebräuchlichsten Brainwriting-Methoden gehören die Kartenabfrage und die 635-Methode.

**Kartenabfrage**

2|3.3 Diese Methode dient dazu, Themen, Fragen oder Lösungsansätze zu sammeln und optisch zu strukturieren. Der Moderator oder die Gruppenmitglieder visualisieren die Problemstellung auf einer Pinnwand. Die Gruppenmitglieder erarbeiten Fragen, Ideen oder Lösungsvorschläge passend zur Problemstellung und schreiben diese auf Moderationskarten. Die Karten werden dann vom Moderator oder einem Gruppenmitglied eingesammelt und mithilfe der Gruppe angepinnt. Hierbei wird die Gruppe bei jeder Karte gefragt, ob diese thematisch schon zu einer Karte an der Pinnwand passt oder eine neue Sinneinheit bildet. Passt die Karte zu einer anderen, wird sie unter diese geheftet. Passt die Karte nicht, wird neben den anderen Karten ein neues Thema eröffnet. Abschließend prüft die Gruppe die Karten nochmals und versieht die einzelnen Kartengruppen mit Überschriften.

**635-Methode**

Jeder Teilnehmer schreibt in einer festgelegten Zeit drei Ideen auf ein Blatt Papier und reicht das Blatt im Uhrzeigersinn an seinen Nachbarn weiter. Dieser versucht nun, die bereits auf dem Blatt vorliegenden Ideen aufzugreifen, weiterzuentwickeln oder sich von ihnen zu neuen Ideen inspirieren zu lassen, und reicht schließlich das Blatt wieder an den nächsten Nachbarn weiter. Wenn diese Methode von sechs Teilnehmern eingesetzt wird, wird jedes Blatt fünfmal weitergereicht (daher die Namensbezeichnung). Dies führt im Idealfall zu maximal 108 Ideen, die später analog zum Brainstorming ausgewertet werden können. Die Methode kann auch mit anderen Teilnehmerzahlen durchgeführt werden.

## 6.6 Mindmap-Methode

Eine Mindmap unterstützt die visuelle Darstellung von Ideen, eines Themas oder eines Sachverhaltes. Dabei steht der Hauptgedanke bzw. der zentrale Begriff in der Mitte eines Blatts (Flipchart, Pinnwand etc.). Von dort aus führen in einer **baumartigen Struktur** Verästelungen zu den verschiedenen abzweigenden Gedankengängen und Verbindungen. Durch diese Struktur wird ein **gehirngerechtes Arbeiten** gefördert, da so beide Gehirnhälften aktiviert werden, also sowohl das analytisch-logische Denken als auch das bildliche Vorstellungsvermögen. Bei der Gestaltung einer Mindmap sollte auf kurze, prägnante Begriffe und eine deutliche, gut lesbare Schreibweise geachtet werden.

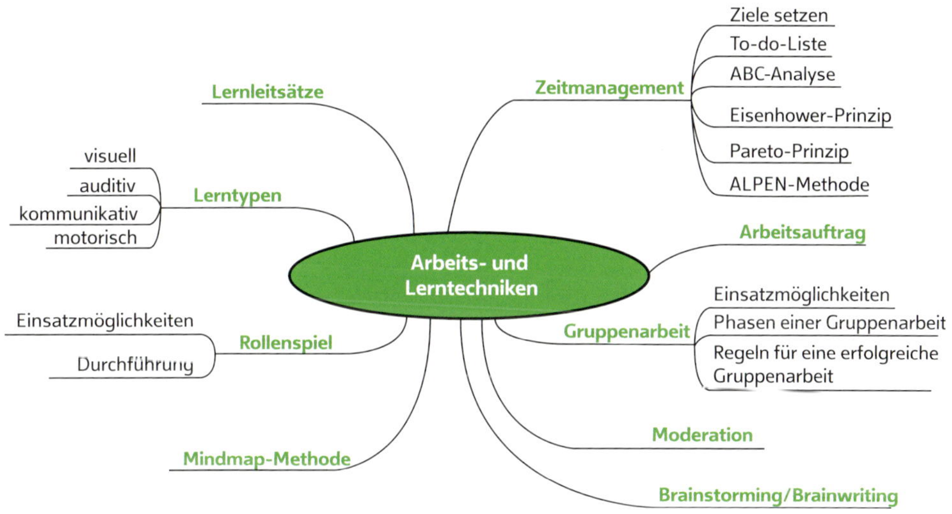


*Abb.: Mindmap-Methode*

## 6.7 Rollenspiel

Unter dem Begriff Rollenspiel versteht man eine Methode, mit der die Teilnehmer für eine begrenzte Zeit **spielerisch** fiktive Denk- und Handlungsmuster einnehmen und diese in einer festgelegten Rahmenhandlung umsetzen. Alle Beteiligten nehmen dabei eine vorher definierte Rolle ein, gemeinsam mit einem oder mehreren Beobachtern wird die Situation im Anschluss ausgewertet.

## Einsatzmöglichkeiten

Folgende Ziele können mit einem Rollenspiel erreicht werden:

- Mit Rollenspielen können in einem Unternehmen Situationen aus dem Berufsalltag simuliert werden.
- Rollenspiele dienen dazu, in eine Rolle zu schlüpfen, um neue Verhaltensweisen zu erproben.
- Das Verhalten in Konflikt- und Stresssituationen kann getestet werden.
- Rollenspiele sind der Ausgangspunkt für Diskussionen. Durch ein detailliertes Beobachter-Feedback kann das eigene Verhalten in der Rolle diskutiert und verbessert werden.

Beliebte Einsatzgebiete von Rollenspielen sind Trainings, Vorstellungsgespräche und Assessment-Center.

**Beispiel**

Julia nimmt in einer Trainingssituation die Rolle eines Kunden ein, während ein Kollege einen Hotline-Mitarbeiter spielt.

## Durchführung

Damit Rollenspiele gelingen und die gewünschten Ziele erreicht werden können, ist eine gute Vorbereitung notwendig. Folgende Komponenten werden dazu benötigt.

### Rollenbeschreibung

Die Rollenbeschreibung dient dazu, den Teilnehmern eine knappe Vorbereitung zu liefern. Die wichtigsten Informationen, Einzelheiten zur Person sowie die zu spielende Situation werden kurz beschrieben.

**Beispiel: Training technische Hotline Dialogfix**

**Rollenbeschreibung Kunde:**
Sie sind seit drei Jahren Kunde bei Dialogfix und haben sich vor zwei Wochen einen neuen Drucker gekauft. Leider kommen Sie mit der Installation nicht zurecht. Da Sie den Drucker dringend brauchen und schon mehrere Stunden vergeblich versuchen, die Installation korrekt vorzunehmen, sind Sie sehr schlecht gelaunt. Von dem Anruf bei Dialogfix erhoffen Sie sich eine schnelle und unkomplizierte Hilfe. Außerdem möchten Sie sich darüber beschweren, dass das Handbuch nicht gut genug bebildert ist.

**Rollenbeschreibung Mitarbeiter:**
Sie sind Hotline-Mitarbeiter bei Dialogfix. Ihr Fachgebiet ist die technische Beratung. Sie erhalten einen Anruf mit technischem Hintergrund. Helfen Sie dem Kunden bei der Lösung des Problems, gehen Sie dabei auch auf die Emotionen des Kunden ein.

### Beobachterauftrag

Bei der Rollenspielsituation sind die Beobachter dazu aufgefordert, auf bestimmte Verhaltensweisen, Fachinformationen oder Gesprächsstrukturen zu achten. Damit dies zielgerichtet passiert, müssen in einem Beobachterauftrag die Schwerpunkte genau festgelegt werden, damit die Beteiligten wissen, worauf sie achten müssen.

### Auswertungskriterien

Damit die Beobachtung der ausgewählten Schwerpunkte ausgewertet werden kann, werden Kriterien festgelegt, anhand derer die Beobachter eine Beurteilung vornehmen.

**Beispiele**

- Der Kunde wird freundlich begrüßt. 5|1.1
- Die Begrüßungsformel enthält die Namen der Firma und des Mitarbeiters.
- Der Kunde hat Gelegenheit, die eigene Situation genau zu schildern.
- Alle geschilderten Aspekte werden berücksichtigt.
- Die wesentlichen Inhalte des Gesprächs werden zusammengefasst.
- Der Kunde erhält die Gelegenheit, weitere Fragen zu stellen.
- Die Verabschiedung ist freundlich.

### Auswertungsbogen

Die gesammelten Kriterien können in einem Bogen festgehalten werden. Der Auswertungsbogen dient den Beobachtern als Arbeitserleichterung und gibt eine Skalierung für das Erreichen der einzelnen Kriterien vor.

**Beispiel**

| Auswertungsbogen | | |
|---|---|---|
| **Kriterien** | **Das Kriterium wurde erfüllt (1 = voll erfüllt, 6 = überhaupt nicht erfüllt)** | **Kommentar** |
| Der Kunde wird freundlich begrüßt. | 1 2 3 4 5 6 | |
| Die Begrüßungsformel enthält die Namen der Firma und des Mitarbeiters. | 1 2 3 4 5 6 | |
| Der Kunde bekommt die Gelegenheit, die eigene Situation genau zu schildern. | 1 2 3 4 5 6 | |
| Alle geschilderten Aspekte werden berücksichtigt. | 1 2 3 4 5 6 | |
| Die wesentlichen Inhalte des Gesprächs werden zusammengefasst. | 1 2 3 4 5 6 | |
| Der Kunde hat Gelegenheit, weitere Fragen zu stellen. | 1 2 3 4 5 6 | |
| Die Verabschiedung ist freundlich. | 1 2 3 4 5 6 | |

## 6.8 Lerntypen

Der Lern- und Behaltenserfolg im Arbeitsprozess wird ganz entscheidend von den genutzten Sinneskanälen bestimmt, die jedoch bei jeder Person unterschiedlich ausgeprägt sind. Im Zusammenhang mit dem bevorzugten Sinneskanal spricht man auch von unterschiedlichen **Lerntypen**.

- Der **visuelle Lerntyp** nimmt Informationen am besten über die Augen auf. Dies kann z. B. durch das Betrachten von Bildern und Grafiken oder das Beobachten von Handlungsschritten geschehen. Auch Lesen ist für diesen Lerntyp ein bevorzugter Weg der Informationsaufnahme.
- Der **auditive Typ** lernt am leichtesten durch Hören, z. B. durch Lehrgespräche, Unterweisungen und Vorträge. Lautes Vorlesen oder Mitsprechen beim Auswendiglernen sind bevorzugte Lernstrategien.
- Der **kommunikative Typ** braucht zum Lernen den Austausch mit anderen. Gruppenarbeiten, Diskussionen und Rollenspiele werden von diesem Lerntyp bevorzugt.
- Der **motorische Lerntyp** lernt Handlungsschritte am besten durch eigenes Nachmachen oder selbstständiges Ausprobieren. „Learning by doing" ist für diesen Lerntyp ein wichtiger Grundsatz. Er schätzt auch Experimente und Rollenspiele.

> ***Praxistipp***
> In der Regel treten mehrere Lerntypen als Mischform auf. Daher ist es wichtig, Informationen über möglichst viele Sinneskanäle aufzunehmen, um so den maximalen Lernerfolg zu erzielen, auch wenn man eigentlich einen Lerntyp bevorzugt. Eine Möglichkeit, den eigenen Lerntyp herauszufinden, bietet ein Test unter www.philognosie.net/lerntypen/lerntypen-test-welcher-lerntyp-bin-ich.

## 6.9 Lerngrundsätze

Lernen geschieht auf vielfältigen Wegen und ist immer eine individuelle Angelegenheit. Dennoch lassen sich einige Grundsätze zusammentragen, die einen allgemeingültigen Charakter haben und daher in jedem Lernprozess beachtet werden sollten:

1. **Motivation** und **klare Ziele** sind Voraussetzung für jeden Lernprozess.
2. Gut **strukturierter Lernstoff** lässt sich besser aufnehmen.
3. Durch die **Verknüpfung** mit bereits bekannten Inhalten wird der Behaltensprozess verbessert.
4. Für einen nachhaltigen Lernerfolg sind Wiederholungen von entscheidender Bedeutung.

5. Lernen fällt leichter, wenn mehrere **Sinneskanäle** angesprochen werden.
6. Eine positive **emotionale Verbindung** mit dem Lernstoff fördert das Lernen. Negative Assoziationen hingegen behindern das Lernen.
7. Innere und äußere **Lernstörungen** sollten umgehend beseitigt werden.
8. Zu viel **Lernstoff** auf einmal reduziert den Lernerfolg.
9. Krankheit, Erschöpfung, Lustlosigkeit Müdigkeit oder Völlegefühl beeinträchtigen das Lernen.
10. Die (individuelle) Leistungskurve beeinflusst ganz entscheidend den Lernerfolg. Daher kommt dem **Zeitpunkt** des Lernens eine hohe Bedeutung zu. Regelmäßige kurze Pausen haben einen höheren Erholungswert als wenige lange Pausen.

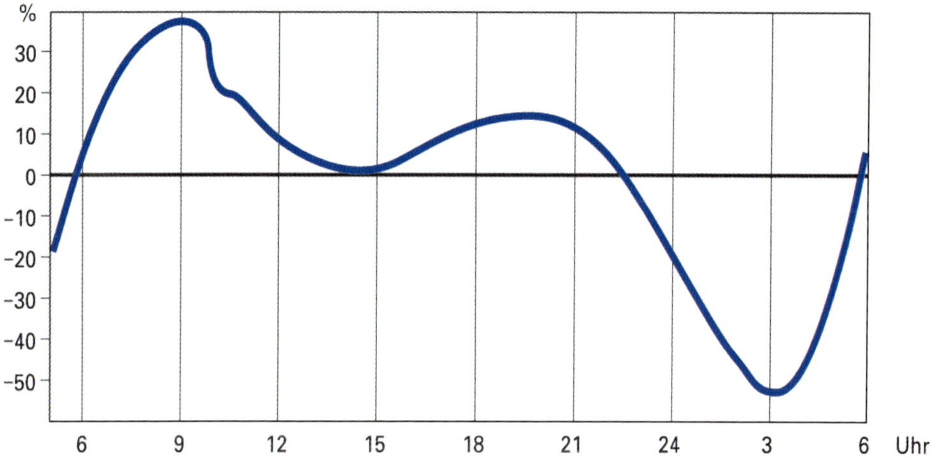


***Abb.:** Grad der Leistungsfähigkeit*

## Zusammenfassung

- Jedes Zeitmanagement beginnt mit einer klaren **Zielformulierung**.
- Aufbauend auf einer To-do-Liste gibt es verschiedene Verfahren, die Prioritäten der einzelnen Aufgaben festzulegen. Zu den bekanntesten Verfahren gehören die **ABC-Analyse**, das **Eisenhower-Prinzip** und das **Pareto-Prinzip**.
- Die **ALPEN-Methode** ist ein bewährtes Verfahren, um den Arbeitsablauf für einen bestimmten Zeitraum zu planen.
- Im Dialogmarketing werden eine Vielzahl von Lern- und Arbeitstechniken eingesetzt, z. B. die **Moderation**, die **Mindmap-Methode** und das **Rollenspiel**.
- Lernen erfolgt über verschiedene Sinneskanäle, aus denen sich verschiedene **Lerntypen** ableiten lassen: der visuelle, auditive, kommunikative und motorische Lerntyp.
- Grundlage eines jeden Lernprozesses sollten die **Lerngrundsätze** sein.

## Aufgaben

1. *Julia kommt nach ihrem Urlaub montags zurück zur Arbeit. Der Postkorb und ihr E-Mail-Eingang quellen über. Julia erstellt zunächst eine To-do-Liste.*
   a) *Vervollständigen Sie die Liste mit dem geplanten Zeitbedarf und den Terminen.*

| Tätigkeit | Geplanter Zeitbedarf | Termin |
|---|---|---|
| Unterlagen für ein Meeting am Dienstag um 09:00 Uhr vorbereiten. | | |
| Ihre Arbeitskollegin Sandra will, dass Julia vorbeikommt, um ihr den neuesten Klatsch zu erzählen. | | |
| Die Personalabteilung benötigt bis nächste Woche Julias Anmeldung für eine vom Teamleiter angeordnete Schulung. | | |
| Ihre Kollegen haben sie gebeten, bis heute Mittag für ein Geburtstagsgeschenk 40,00 € in der Abteilung einzusammeln. | | |
| Außerdem muss Julia heute noch von 14:00 bis 18:00 Uhr eine Kollegin an der Hotline vertreten. | | |
| Julia muss dringend ihr Berichtsheft pflegen, in das sie seit 4 Wochen nichts eingetragen hat. | | |
| Ihr Teamleiter bittet sie, heute noch persönlich wichtige Briefe zur Geschäftsleitung zu bringen. | | |
| Außerdem hat sie ihrer Mitschülerin Karin zugesagt, bis Donnerstag die Unterlagen für die nächste Klassenarbeit zu kopieren. | | |

   b) *Erstellen Sie für Julia auf Basis der geplanten Tätigkeiten eine ABC-Analyse.*
2. *Planen Sie Ihren nächsten Arbeitstag mit der ALPEN-Methode.*
3. *Nach welchen Kriterien lässt sich die Priorität einer Aufgabe ermitteln?*
4. *Am Dienstagmorgen findet Julia in ihrer Mailbox folgende Nachrichten:*
   a) *Protokoll des letzten Teammeetings mit der Bitte um Kenntnisnahme*
   b) *Einladung zu einer Videokonferenz mit Dialogfix um 09:00 Uhr. Es sollen die neuen Produktreihen vorgestellt werden.*
   c) *Frau Schmitz vom Betriebsrat vermisst ihre Katze und bittet um Hilfe bei der Suche.*
   d) *2. Mahnung der Stadtbibliothek. Ab jetzt ist für ihr ausgeliehenes Fachbuch eine tägliche Säumnisgebühr von 5,00 € zu entrichten.*

   *Helfen Sie Julia, mit dem Eisenhower-Prinzip die richtigen Prioritäten zu setzen.*
5. *Am Montag wird Karla von ihrer Teamleiterin darum gebeten, bis spätestens Freitag Informationen für eine anstehende Präsentation zum Thema „Konkrete Verbesserungen im Beschwerdemanagement" aus verschiedenen Abteilungen zu besorgen und zusammenzustellen. Auf dieser Basis soll sie entscheiden, welche Inhalte in die Präsentation übernommen werden sollen. Gleichzeitig steht jedoch eine wichtige Klassenarbeit an und Karla muss an den nächsten beiden Tagen noch eine interne Schulung besuchen.*
   a) *Wie kann das Pareto-Prinzip Karla bei der Erledigung ihrer Aufgaben helfen?*
   b) *Gerne würde Karla die Ergebnisse klar strukturiert und sauber abgetippt ihrer Teamleiterin präsentieren. Die Zeit dafür fehlt ihr jedoch, da noch zahlreiche andere Aufgaben anstehen. Wie geht Karla am besten vor, wenn sie in 20 % der verfügbaren Zeit das bestmögliche Ergebnis erzielen möchte?*

6. ***Da für Karla in dieser Woche viele Termine anstehen, beschließt sie, bei ihrer Terminplanung die ALPEN-Methode zu beherzigen und 40 % Pufferzeit einzuplanen. Für Donnerstag hat Karla bislang drei Stunden und 30 Minuten verplant. Wie viel Zeit darf Sie bei einem Arbeitstag mit acht Stunden noch verplanen, um den gewünschten Puffer einzuhalten?***
7. ***Vergleichen Sie die Arbeitsmethoden Gruppenarbeit und Moderation. Welche Gemeinsamkeiten bzw. Unterschiede lassen sich feststellen?***
8. ***Diskutieren Sie in der Klasse die nachfolgende (nicht ganz ernst gemeinte) Anzeige. Welche Probleme werden angesprochen? Erarbeiten Sie einen geeigneten Maßnahmenkatalog, damit Meetings erfolgreich sind.***

> **Sind Sie einsam?**
>
> Keine Lust alleine zu arbeiten?
> Sie hassen es, Entscheidungen zu treffen?
>
> **Halten Sie ein Meeting!**
>
> Dort können Sie:
> ... Leute treffen
> ... Charts angucken
> ... sich wichtig fühlen
> ... mit einem Laserpointer rumfuchteln
> ... alte Kekse essen
> ... Ihre Kollegen beeindrucken [...]
>
> Und das alles während der Arbeitszeit!
> Meetings – die beste Alternative zur Arbeit

*Quelle: Mai, Jochen: Sind Sie einsam?. In: www.karrierebibel.de. Online verfügbar unter: karrierebibel.de/wp-content/uploads/2009/03/meetings.png [04.11.2022].*

9. ***Erläutern Sie die Faktoren, von denen der Erfolg einer Gruppenarbeit abhängt.***
10. ***Stellen Sie den typischen Ablauf der Arbeitsmethode „Moderation" mittels einer Mindmap dar.***
11. ***In der Berufsschule kommt das Thema „Klassenfahrt" zur Sprache. Führen Sie ein moderiertes Brainstorming zu diesem Thema durch.***
12. ***Die Dialogfix GmbH möchte auch im nächsten Jahr wieder Auszubildende in den Dialogmarketingberufen einstellen. Jeder Bewerber, der zu einem Vorstellungsgespräch eingeladen wird, soll an einem Rollenspiel teilnehmen, in dem seine kommunikativen Fähigkeiten getestet werden. Konzipieren Sie ein solches Rollenspiel und beachten Sie dabei die notwendigen Komponenten.***
13. ***Für das nächste Teammeeting haben Sie die Aufgabe erhalten, das neue Unternehmensleitbild vorzustellen. Damit jeder Mitarbeiter das Leitbild rasch verinnerlicht, sollen Sie die unterschiedlichen Lerntypen berücksichtigen. Entwerfen Sie ein Umsetzungskonzept für die unterschiedlichen Lerntypen.***
14. ***Tauschen Sie sich anlässlich der kommenden Klassenarbeit in der Klasse über Ihre Lerngewohnheiten aus.***
    a) ***Welche Lerngrundsätze wenden Sie bereits erfolgreich an?***
    b) ***Bei welchen Grundsätzen haben Sie noch Umsetzungsprobleme?***

Lernfeld 2

# Dienstleistungen im Dialogmarketing analysieren und vergleichen

## 1 Bedeutung und Funktion des Dialogmarketings erkennen

### ■ *Einstiegssituation*

Mittwoch, Berufsschule. Thomas und Julia haben sich zu Beginn der ersten Stunde im Klassensaal eingefunden. Zu ihrer Überraschung kommt allerdings nicht nur Frau Eicher, bei der sie die ersten beiden Stunden haben, in den Klassensaal, sondern auch EDV-Lehrer Herr Kurz und Klassenlehrer **Herr Roth**. *„Heute werden wir an einem ganz besonderen Unterrichtsprojekt arbeiten"*, erklärt Herr Roth. *„Wie Sie ja wissen, findet an unserer Schule nächsten Monat der jährliche ‚Tag der offenen Tür' statt. In diesem Jahr sollen die Berufsschulklassen den Besuchern die Vielfalt der Ausbildungsberufe und der Ausbildungsbetriebe vorstellen. Sie haben also die Aufgabe, die Berufe im Dialogmarketing zu präsentieren."*

*„Puh, das könnte ganz schön viel Arbeit werden"*, denkt sich **Julia**, *„aber nicht schlecht, erst neulich hat mich meine kleine Schwester Johanna gefragt, was dieses ‚Dialogmarketing' eigentlich ist, da kann sie sich ja nächsten Monat ganz genau informieren.*

### ■ *Arbeitsaufträge*

1. ***Welche Informationen sollten in einer Präsentation enthalten sein, um sich ein Bild über die Berufe im Dialogmarketing zu verschaffen?***
2. ***Recherchieren Sie im Internet, welche Organisationen (Verbände, Initiativen, Vereinigungen etc.) sich mit Dialogmarketing und Callcentern auseinandersetzen, und prüfen Sie, welche Informationen auf der jeweiligen Homepage verfügbar sind.***
3. ***Ökonomen sprechen davon, dass Deutschland eine „Dienstleistungsgesellschaft" sei. Diskutieren Sie in der Klasse, was damit gemeint sein könnte.***
4. ***Sammeln Sie in der Klasse Definitionen für den Begriff „Marketing".***

Dialogmarketing, Direktmarketing, Telemarketing – Callcenter, Contact Center, Service Center, Multichannel. Eine Vielzahl von Begriffen, die es nicht einfach macht, sich ein klares Bild zu verschaffen. Im Gegensatz zu manchen „klassischen“ kaufmännischen Berufen bewegen sich **Kaufleute und Servicefachkräfte für Dialogmarketing** in einem dynamischen Umfeld, in dem nicht alles fest definiert ist und Veränderung zur Tagesordnung gehört. Neben der Vielschichtigkeit der Branche ist dies auch den ständigen technischen Neuerungen und Einsatzmöglichkeiten geschuldet, welche die Grenzen stets neu bestimmen.

Auch in der wissenschaftlichen Forschung herrscht bei vielen Begriffen keine Einigkeit. Ein Überblick über die Dialogmarketingbranche stellt daher immer nur eine Momentaufnahme dar, die keinen Anspruch auf eine allgemeingültige, widerspruchsfreie Vollständigkeit erheben kann.

→ ***Praxistipp***

Lassen Sie sich durch die Vielfalt der Begriffe und den steten Wandel nicht verunsichern. Eine dynamische und anpassungsfähige Branche bietet dafür spannende Herausforderungen und außerordentliche Entwicklungsmöglichkeiten.

Im Sprachgebrauch werden die Begriffe **Dialogmarketing** und **Direktmarketing** häufig bedeutungsgleich benutzt. Auch in der betrieblichen Praxis ist oft eine Verschmelzung bzw. Verzahnung der beiden Begriffe zu beobachten. Für die Ausbildungsberufe im Dialogmarketing ist jedoch eine **Begriffsabgrenzung** erforderlich.

# ***Definition***

Dialogmarketing **und** Direktmarketing beschäftigen sich damit, eine wechselseitige (interaktive) Beziehung mit einer Zielperson herzustellen, um diese zu einer messbaren Reaktion (Response) zu veranlassen. Im **Dialogmarketing** steht dabei die **individuelle Kommunikation**, vorrangig per Telefon und mit neuen Medien im Mittelpunkt. Demgegenüber nutzt **Direktmarketing** Mittel der **massenhaften Kommunikation** in gleicher, überwiegend schriftlicher Form.

Einige Beispiele helfen, die **berufsspezifischen Unterschiede** besser zu verstehen:

| Dialogmarketing | Direktmarketing |
|---|---|
| Inbound- und Outbound-Telefonie | Massen-Mailing per Brief |
| Direct Response | Massen-E-Mail |
| Chat | Postwurfsendungen, Werbebriefe |
| *individueller* Schriftverkehr (Brief, Fax, E-Mail) | Prospekte und Kataloge |

# 1.1 Entwicklung der Dialogmarketingbranche

## 1.1.1 Historische Entwicklung

Bereits kurz nach der **Erfindung des Buchdrucks** durch Johannes Gutenberg im Jahr 1450 begannen Händler, mit Briefen und Katalogen zu werben, um so auch weiter entfernte Kunden ansprechen zu können. Mit der flächendeckenden Etablierung eines funktionierenden **Postwesens** im 19. Jahrhundert wurden für diesen Urbereich des Dialogmarketings entscheidende Fortschritte erzielt, die im 20. Jahrhundert in der raschen Verbreitung der klassischen Versandhändler (seit den 1920er-Jahren z.B. Bader, Baur, Quelle) den vorläufigen Höhepunkt fanden. Ende des 20. Jahrhunderts brachte die rasche Durchsetzung von **Internet** und **E-Mail** eine völlig neue Dynamik.

***Abb.: Gute Stimmung in einem westfälischen Callcenter um 1952***

*Quelle: Bildarchiv der Volkskundlichen Kommission für Westfalen – Landschaftsverband Westfalen – Lippe (Foto: privat)*

Das typische Dialogmarketing mit dem **Telefon** im Mittelpunkt ist ein Kind des 20. Jahrhunderts. Mit der Durchsetzung des Telefons zu Beginn des vergangenen Jahrhunderts entstanden auch die ersten Arbeitsplätze, die dem Fernsprechteilnehmer eine gewünschte Telefonnummer heraussuchten und auch häufig direkt eine Verbindung herstellen konnten. Die ersten **„Callcenter“** waren geboren.

Durch die zunehmende Nutzung des Telefons in Privathaushalten seit den 1950er-Jahren stieg auch die Zahl der telefonischen Kontakte mit Unternehmen, zunächst vorrangig bei Fluggesellschaften und Versandhändlern. Wie bei der klassischen Telefonvermittlung kam auch hier den USA eine Pionierrolle zu. Seit dieser Zeit wurde für die Bearbeitung der Kundenkontakte am Telefon erstmals eine eigenständige Organisationsform begründet. Erstmals tauchte in diesem Zusammenhang auch der Begriff **„Callcenter“** auf. Der entscheidende technische Durchbruch für den massenhaften Einsatz von Callcentern kam allerdings erst mit der Erfin-
4|1.2.2 dung des ersten **Anrufverteilsystems (ACD – Automatic Call Distribution)** durch die Firma Rockwell im Jahre 1973. Durch die optimierte Verteilung der wartenden Anrufe auf den jeweils nächsten frei werdenden Mitarbeiter war die Bearbeitung auch großer Anrufzahlen effizient möglich. Mit dem beginnenden parallelen Einsatz von Computern konnte eine Vielzahl von Aufgaben direkt vom Mitarbeiter am Telefon ausgeführt werden. So konnten eine deutliche Kostensenkung und Produktivitätssteigerung erreicht werden.

Seit den 1970er-Jahren wurde auch in Deutschland – zunächst im Versandhandel – die telefonische Bestellannahme mit einer integrierten Datenerfassung eingeführt. Später gewann auch der aktive Verkauf am Telefon an Bedeutung. Ein erstes Einsatzgebiet war z. B. die telefonische Unterstützung des Außendienstes bei Terminvereinbarungen. Ein regelrechter Boom der Callcenter wurde in den 1990er-Jahren durch die weltweit fortschreitende **Deregulierung in der Telekommunikationsbranche** ausgelöst.

Technischer Fortschritt bei sinkenden Kosten führte zu einem weitgehenden Einsatz von Callcentern für immer differenziertere und anspruchsvollere Arten von Informations- und Kommunikationsdienstleistungen. Eine zentrale Rolle für die Akzeptanz der Callcenter in Deutschland spielte der umfassende Einsatz in der Finanzbranche. „Telefonbanking“ führte ab Mitte 1990er-Jahre mit der Etablierung der Direktbanken zu einem Einstellungswandel in der Bevölkerung.

**Beispiel**

Werbeslogan der „Bank 24“, Tochter der Deutschen Bank, die als eine der ersten Direktbanken nur telefonisch erreichbar war, Mitte der 1990er-Jahre:
„Aber wo ist diese Bank??? Bank 24. Mehr Bank braucht kein Mensch.“

Zum Ende der 1990er-Jahre brachte die flächendeckende Durchsetzung des **Internets** einen weiteren qualitativen Fortschritt in der Branche, ein zunehmend **multimedialer Kundendialog** wurde nun möglich. Neue Herausforderungen ergeben 2|2.1.2 sich seit den 2010er-Jahren durch die rasche Verbreitung von **Social-Media-Angeboten** und **mobilen Endgeräten** (z. B. Smartphones), die auch eine nachhal- 4|3.4 tige Veränderung im Kundendialog mit sich bringen.

## 1.1.2 Aktueller Branchenüberblick

Spricht man heute von der **Dialogmarketing- oder Callcenter-Branche**, ist dies selten eine klare und eindeutige Definition für eine exakt abgrenzbare Branche. Zu vielfältig sind die Unternehmen und Organisationseinheiten, die einen dialogorientierten Kontakt zu Kunden oder Geschäftspartnern aufnehmen.

Auch der Begriff „Callcenter“ erfreut sich einer Vielzahl von Definitionen. Für die Berufe im Dialogmarketing sind dabei im Kern folgende Inhalte bedeutsam:

#

***Definition***

Bei einem **Callcenter** handelt es sich um die organisatorische Zusammenfassung von Arbeitsplätzen, die für die telefonische Bearbeitung von Kundenkontakten optimiert sind. Callcenter zeichnen sich durch eine hohe Serviceorientierung des Personals, eine wirtschaftliche Bearbeitung von Kontakten und eine spezielle technische Infrastruktur für die gezielte Steuerung der Kommunikationsvorgänge aus.

Wesensmerkmale eines Callcenters sind also die **Serviceorientierung** und die rationelle, teilweise standardisierte Bearbeitung der Kundenkommunikation.

Die wachsende wirtschaftliche Bedeutung der Branche (im weiteren Sinne) zeigt sich auch in der kontinuierlich steigenden Zahl an Beschäftigten. Diese belegen die Daten des **Customer Service & Call Center Verband Deutschland e. V. (CCV)** und des **Deutschen Dialogmarketing Verbandes (DDV)**:

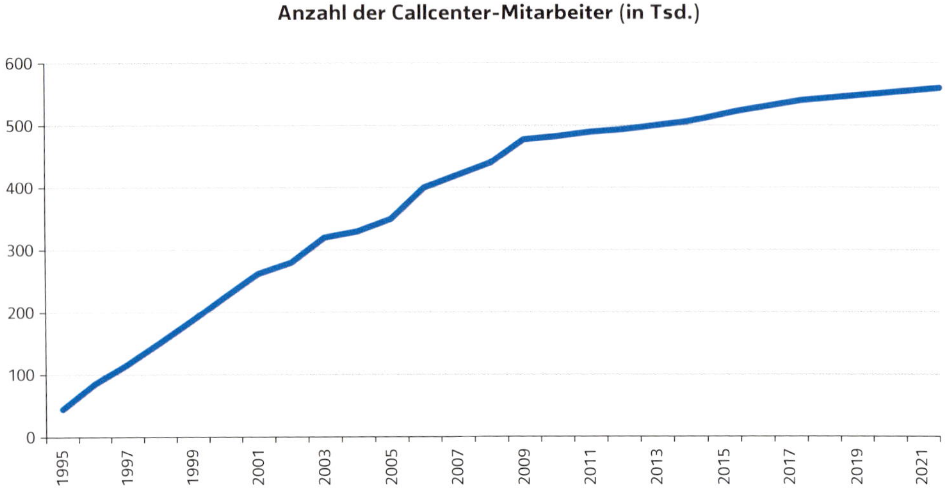


***Abb.: Anzahl der Callcenter-Mitarbeiter***
*Quelle: Datamonitor, Profitel CC-Atlas, CCV*

Durch die branchentypisch hohe Zahl der Teilzeitarbeitskräfte (über 50 %) und den durch die meist umfangreichen Servicezeiten notwendigen Schichtbetrieb ist die Zahl der Callcenter-Mitarbeiter („employees") deutlich höher als die Zahl der tatsächlichen, physischen Arbeitsplätze („seats"). Noch nicht berücksichtigt sind hier zudem die Arbeitsplätze in firmeninternen Help-Desks, die telefonische Beratungsleistungen für Mitarbeiter im eigenen Unternehmen erbringen. Hier kommen noch weitere ca. 100 000 bis 150 000 Mitarbeiter hinzu.

Betrachtet man die regionale Verteilung der Callcenter, so ist vor allem in **Groß- und Universitätsstädten** eine überproportionale Anhäufung zu beobachten. Dies ist insbesondere dem dort zur Verfügung stehenden qualifizierten Arbeitskräfteangebot geschuldet. Auch durch das wirtschaftspolitische Engagement einzelner Bundesländer gab es in den letzten Jahren bestimmte Regionen, die eine überdurchschnittliche Ansiedlung von Callcentern aufweisen konnten (vor allem Berlin, Bremen, Mecklenburg-Vorpommern, Saarland, Nordrhein-Westfalen). Ein wesentliches Ziel der Ansiedlungsbemühungen in diesen sogenannten **strukturschwachen Regionen** war, das Wegbrechen alter Wirtschaftszweige (Stahl, Kohle, Werften etc.) zu kompensieren.

Nicht zuletzt dieses dynamische Wachstum ebnete 2006 den Weg zur Einführung der Ausbildungsberufe im Dialogmarketing, da mittlerweile der Mangel an qualifizierten Mitarbeitern als ein Haupthindernis beim weiteren Wachstum der Branche gilt. 2 | 2.3.3

### Call Center setzen auf Azubis

Mitarbeitergewinnung ist im Call Center-Business eine schwierige Angelegenheit. Nicht erst seit gestern und nicht nur bei Führungskräften, sondern auch an der Basis. Auszubildende können hier ein Weg aus der Misere sein – wenn man denn welche findet. CallCenterProfi hat im Zuge des aktuellen Rankings auch diesen Umstand unter den Teilnehmern erfragt. Im vergangenen Jahr fanden 34 Prozent aller Unternehmen in Deutschland keinen Auszubildenden für eine ausgeschriebene Lehrstelle. Jede zehnte Firma, das sind hierzulande 17.000, erhält überhaupt keine Bewerbungen. Erschreckende Zahlen und eine Besserung ist im laufenden Jahr nicht wirklich zu erwarten. [...] Von den 36 am Ranking teilnehmenden Call und Contact Centern haben [...] insgesamt 29 Unternehmen selbst ausgebildet. [...] Auf die interne Ausbildung und Qualifizierung setzt man auch beim Dienstleister AMEVIDA aus dem Ruhrgebiet, der seit vielen Jahren an verschiedenen Standorten Azubis eine Chance gibt. „Unter den 2.260 Mitarbeitern sind zurzeit mehr als 50 Auszubildende", erfährt man aus einer aktuellen Presseinformation. Allein in diesem Jahr kamen 17 junge Menschen dazu. [...] Übrigens: Laut Angaben des Bundesinstituts für Berufsbildung befanden sich im Jahr rund 2.900 Menschen in der Ausbildung zur Kauffrau oder zum Kaufmann für Dialogmarketing [...].

*Quelle: Jünger, Alexander: Call Center setzen auf Azubis. In: www.callcenterpofi.de. Veröffentlicht am 14.08.2018 unter: https://www.callcenterprofi.de/branchennews/detailseite/call-center-setzen-auf-azubis-20186109/?L=0&cHash=0b6a83bc148589071253360f4475cdec [04.11.2022].*

## 1.1.3 Internationaler Vergleich

Schätzungen gehen von weltweit über 100 000 Callcentern mit weit mehr als 10 Mio. Arbeitsplätzen aus, viele davon in englischsprachigen Ländern. Wichtige Standorte in Europa sind **Großbritannien** und Irland. Hier haben sich insbesondere viele multinationale Konzerne (Apple, Dell, UPS etc.) angesiedelt, die den internationalen Markt bedienen. Insbesondere **Irland** hat sich aufgrund der sprachlichen Vorteile sowie wegen der niedrigen Steuern und Sozialabgaben zu einem der wichtigsten Callcenter-Standorte in Europa entwickelt. Auch die **Niederlande** sind ein beliebter Callcenter-Standort für viele multinationale Unternehmen. **Frankreich** und **Belgien** decken schwerpunktmäßig den französischsprachigen Markt ab, auch nordafrikanische Standorte spielen hier inzwischen eine immer bedeutendere Rolle.

Wichtiges Kriterium für die Standortwahl eines klassischen Callcenters ist neben der **Kostenstruktur** (z. B. Lohnniveau, Steuern, Immobilienpreise etc.) die Qualifikation der Mitarbeiter, zu der insbesondere die **kommunikativen und sozialen Kompetenzen** gehört. Im Hinblick auf die Kostenstruktur stellt die Gründung von Auslandsstandorten (das sogenannte **„Offshoring“**) auch für Dialogmarketingunternehmen ein wichtiges Thema dar.

#

***Definition***

Beim **Offshoring** verlagert ein Unternehmen Tätigkeiten ins **Ausland**. Die Tätigkeiten verbleiben organisatorisch im Unternehmen, finden aber jetzt weit entfernt statt. Beim **Outsourcing** hingegen werden einzelne Tätigkeiten organisatorisch aus dem Unternehmen heraus **an andere Unternehmen** ausgelagert. Die räumliche Entfernung spielt dabei keine Rolle.

Seit geraumer Zeit werden Callcenter-Aktivitäten insbesondere aus den USA und Großbritannien in kostengünstigere Länder verlagert, in denen ebenfalls sehr gute englische Sprachkenntnisse vorliegen, so z. B. Indien. Nicht selten leiden die verlagerten Callcenter jedoch unter Akzeptanzschwierigkeiten der Kunden, sodass hier nur ein vergleichsweise begrenztes Auslagerungspotenzial gegeben ist und teilweise sogar ein Trend zur **Zurückverlagerung** zu beobachten ist.

Auch Versuche, Callcenter aus Deutschland in kostengünstigere Länder (Türkei, Osteuropa) zu verlagern, stoßen oft auf sprachliche Akzeptanzprobleme, da es hier noch schwieriger ist, akzentfrei sprechende Mitarbeiter zu finden.

### Call Center kommen zurück nach Deutschland

Jahrelang wanderten Call Center großer deutscher Firmen ins Ausland ab. Denn in Polen oder der Türkei gibt es viele Menschen, die Deutsch sprechen und einen geringeren Lohn bekommen. Doch die Boomjahre sind wohl vorbei. Berrin Yilmaz hilft am Telefon einem Mann, der mehr als 2000 Kilometer entfernt gerade an seinem Computer verzweifelt. „Fahren Sie das Gerät bitte noch einmal herunter“, sagt die Frau mit den schulterlangen Locken. Der Mann aus Hagen hat ein Problem mit seinem Laptop. Yilmaz (Name geändert) hört ihm konzentriert zu und stellt Ferndiagnosen. [...]

Yilmaz arbeitet in einem deutschsprachigen Call Center am Bosporus. Sie betreut seit knapp zwei Jahren Kunden eines bekannten deutschen Konzerns. „Wir reden und beraten auf Deutsch. Aber unsere Kunden wissen, dass sie bei einem Anruf in Istanbul landen“, sagt die 35 Jahre alte Betriebswirtin und rückt dabei das Mikro an ihrem Kopfhörer zurecht. Viele deutsche Unternehmen hatten rund um die Jahrtausendwende das Ausland als billigen Standort für ihre Call Center entdeckt. Servicetelefone wurden in Polen, Ungarn, Tschechien und der Türkei aufgestellt. Hier fanden sich viele deutschsprachige Mitarbeiter.

Zudem waren Miet- und Lohnkosten günstig. Der Berliner Call-Center-Betreiber Süleyman Soybas schätzt, dass die Lohnkosten in der Türkei immer noch bis zu 40 Prozent niedriger sind als in Deutschland. Dennoch sind die Hoch-Zeiten für die deutschsprachigen Hotlines im Ausland offensichtlich vorbei. Deutsche Unternehmen treten in jüngster Zeit den Rückzug ins Heimatland an, wie der Sprecher vom Call Center Verband Deutschland (CCV, Berlin), Jens Fuderholz, erklärt. Den Grund sehen Experten in den gestiegenen Ansprüchen der Bundesbürger an Qualitäts- und Serviceverständnis. „Seit Jahren gibt es eine intensive Qualitätsdebatte in der Branche", sagt Fuderholz. Gute Deutschkenntnisse allein seien nicht mehr ausreichend.

Der Kunde erwarte am Telefon kompetente Beratung und eine schnelle Lösung, erläutert Fuderholz und formuliert seine Kritik an manchem Anbieter sehr vorsichtig: Für den einen könne Hilfe innerhalb von 20 Minuten ein Topservice, für den anderen eine Ewigkeit und Zumutung sein. Kulturelle Unterschiede fielen in diesem Zusammenhang sehr stark ins Gewicht. [...] Es gebe einen Wettbewerb um gute Mitarbeiter, die nicht nur gut Deutsch sprechen, sondern auch wissen, was der deutsche Kunde will, sagt die Sprecherin des Dienstleisters Defacto in Erlangen, Sandra Daschner. Defacto betreibt selbst deutschsprachige Call Center im Ausland. „Die Call Center kämpfen um ihre Mitarbeiter, und das wird immer schwieriger", erzählt Daschner. Deswegen sei der Tarif für Fachkräfte auch im Ausland nicht mehr so niedrig wie früher. „Um die guten Mitarbeiter zu halten, werden die Löhne angepasst." Auch die Mieten der Auslandsstandorte hätten angezogen. Vermutlich bleiben bald also wieder mehr Service-Anrufe im eigenen Land. Der Anrufer bei Berrin Yilmaz ist am Ende jedenfalls glücklich. Das Software-Problem ist erkannt – mit Unterstützung aus Istanbul.

*Quelle: © dpa, 05.03.2012*

## 1.2 Dialogmarketing in der Dienstleistungsgesellschaft

### 1.2.1 Das Sektorenmodell der Volkswirtschaft

Die wirtschaftlichen Leistungen in einer Volkswirtschaft lassen sich in drei Wirtschaftsbereiche („Sektorenmodell der Volkswirtschaft") einteilen, die wiederum aus einzelnen Wirtschaftszweigen, den **Branchen**, bestehen. Unter Branche versteht man dabei einen Wirtschaftszweig, in dem ähnliche Produkte oder Leistungen erbracht werden.

Unter dem **Primärsektor** fasst man dabei die Urproduktion, in der die Rohstoffe für die weitere Verarbeitung gewonnen werden, zusammen. Im **Sekundärsektor** geht es um die (industrielle) Verarbeitung und die Produktion von Gütern. Der **Tertiärsektor** schließlich steht für den vielfältigen Bereich der Dienstleistungen.

| Sektor | Wirtschaftszweige (Branchen) |
|---|---|
| Primärsektor (Urproduktion) | Beispiele: Land- und Forstwirtschaft, Fischerei |
| Sekundärsektor (Industrielle Produktion) | Beispiele: Energieversorgung, produzierendes Gewerbe, Baugewerbe |
| Tertiärsektor (Dienstleistungen) | Beispiele: Handel, Banken, Versicherungen, Transport, Telekommunikation, freie Berufe, öffentliche und private Dienstleistungen |

Betrachtet man als Maßstab für die Bedeutung der einzelnen Sektoren die Entwicklung der Beschäftigten, so fällt in den vergangenen Jahrzehnten eine starke Verschiebung zwischen den Sektoren auf. Die Bedeutung des Primär- und Sekundärsektors geht deutlich zurück, Gewinner dieser Entwicklung ist der Tertiärsektor. Man spricht mittlerweile auch von der **Dienstleistungsgesellschaft**.

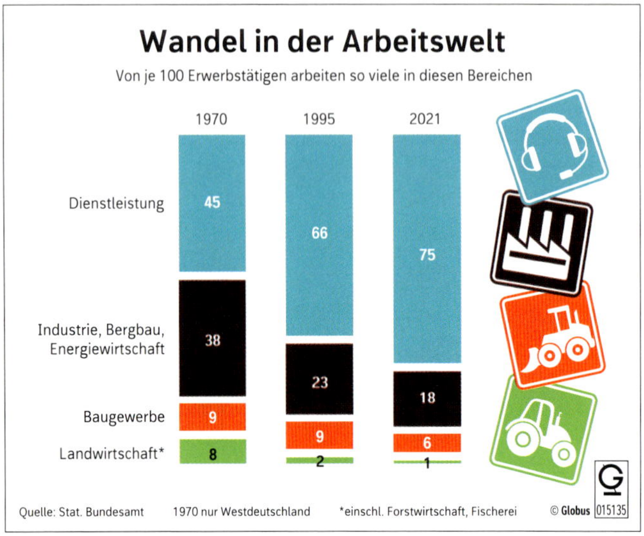


Dieser Trend ist nicht nur in Deutschland zu beobachten, sondern auch in den meisten der westlichen (ehemaligen) Industrienationen.

Für den **Strukturwandel** von der Industriegesellschaft hin zur Dienstleistungsgesellschaft lässt sich eine Vielzahl von Gründen anführen:

- Durch **Automatisierung** und Produktivitätsfortschritt fallen viele industrielle Tätigkeiten weg.
- Die **Globalisierung** fördert die weltweite Arbeitsteilung und die Verlagerung von (teuren) arbeitsintensiven Branchen in Länder mit niedrigem Lohnniveau.
- In einer immer komplexer werdenden Arbeits- und Lebenswelt steigt der Bedarf an Beratungsleistungen.
- Durch den **technischen Fortschritt** (z. B. Informationstechnologie) ist ein kostengünstiges Erbringen von Dienstleistungen möglich.
- Der **gesellschaftliche Wandel** in der Bevölkerung (z. B. Freizeitorientierung, höhere Lebenserwartung) begünstigt das Entstehen neuer Dienstleistungen.

Um der wachsenden Bedeutung des Tertiärsektors gerecht zu werden, finden sich verstärkt Ansätze, diesen Bereich weiter zu differenzieren. Dabei spaltet man den Tertiärsektor auf in die **„klassischen“ Dienstleistungen** (z. B. Handel, Verkehr, Tourismus) und in informations- und kommunikationsorientierte Dienstleistungen (z. B.

Finanzdienstleistungen, Informationsverarbeitung, Beratung). Insbesondere diesem Teil – auch als **„Informationssektor"** oder **„Wissenssektor"** bezeichnet – wird zukünftig das größte wirtschaftliche Wachstum zugetraut.

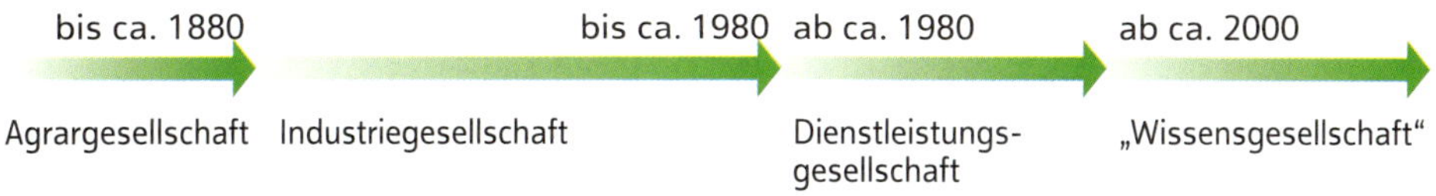


***Abb.: Strukturwandel in Deutschland***

Auch die Dialogmarketingbranche ist dem Tertiärsektor zuzuordnen. Dabei handelt es sich eigentlich nicht um eine „Branche" im obigen Sinne. So wird in der amtlichen Gliederung des Statistischen Bundesamtes die Dialogmarketingbranche oder Callcenter-Branche gar nicht aufgeführt. Man spricht von einer **„Querschnittsbranche"**, da Leistungen in verschiedenen anderen Branchen und Unternehmensteilen erbracht werden können, sowohl als Teil eines Unternehmens als auch als eigenständiges Unternehmen.

**Beispiel**

KommunikativAktiv als typischer Outsourcing-Dienstleister kann grundsätzlich Leistungen für alle Wirtschaftszweige erbringen.

Einsatzmöglichkeiten des Dialogmarketings gibt es in vielen Bereichen:

| Wirtschaftszweig | Beispiele für Leistungen der Dialogmarketingbranche |
|---|---|
| Handel | Bestellannahme eines Versandhauses |
| Transport | telefonische Statusabfrage bei einem Paketdienst |
| Telekommunikation | Beratung über Telefontarife |
| Banken | Baufinanzierungsberatung bei einer Direktbank |
| Versicherungen | Ausfüllen eines Versicherungsantrages im Onlinechat |
| Freie Berufe | zentrale Terminvergabe |
| Öffentlicher Dienst | Beschwerdemanagement in der öffentlichen Verwaltung |

## 1.2.2 Sachleistungen und Dienstleistungen

Ungeachtet der statistischen Einordnung lassen sich – dem allgemeinen Sprachgebrauch folgend – alle Unternehmen und Unternehmensteile, die dialogorientierte Dienstleistungen erbringen, als **Dialogmarketingbranche** bezeichnen. Ein zentrales gemeinsames Wesensmerkmal der Dialogmarketingbranche ist dabei der Aspekt der **Dienstleistung**.

#

*Definition*

Als **Dienstleistung** bezeichnet man eine Tätigkeit, die nicht der Produktion eines materiellen Gutes (Sachleistung) dient, sondern einen eigenständigen Wert hat.

Im Vergleich zu einer Sachleistung (Ware, Produkt) zeichnet sich eine Dienstleistung durch einige Besonderheiten aus:

| **Sachleistung** | **Dienstleistung** |
|---|---|
| physisch vorhanden (materiell) | physisch nicht vorhanden (immateriell) |
| lagerfähig | nicht lagerfähig |
| übertragbar | nicht übertragbar |
| Erstellung unabhängig vom Kunden | Kunde zur Erstellung notwendig |
| Erstellung und Nutzung nicht zeitgleich | Erstellung und Nutzung finden gleichzeitig statt |
| Vorführung vor dem Kauf möglich | keine Vorführmöglichkeit |

Aufgrund der Eigenschaften der Dienstleistungen besteht – im Vergleich zu einer Sachleistung – eine hohe Unsicherheit vor dem Erwerb bzw. der Inanspruchnahme der Dienstleistung. Deshalb spricht man hier auch von Dienstleistungen als **Vertrauensgüter**. Anbieter von Dienstleistungen – und damit ganz speziell die Dialogmarketingbranche – müssen daher besonders intensiv die vertrauenswürdigen Eigenschaften der erbrachten Dienstleistung darstellen, um die Kaufunsicherheit des Kunden zu reduzieren.

→

***Praxistipp***

Beachten Sie bei jedem Kundenkontakt die besonderen Merkmale der Dienstleistungen und bauen Sie ein Vertrauensverhältnis des Kunden zur angebotenen Dienstleistung auf.

Erbrachte Dienstleistungen können nach unterschiedlichen Kriterien differenziert werden. Von grundsätzlicher Bedeutung ist folgende Unterscheidung:

- **Originäre Dienstleistungen** sind eigenständige Leistungen, die **unabhängig** von einer Sachleistung sind.

  **Beispiel**

  Die KommunikativAktiv KG erbringt eigenständige Dienstleistungen als Callcenter für andere Unternehmen (Inbound- und Outbound-Telefonie).

- **Produktbegleitende Dienstleistungen** sind **abhängig** von einem materiellen Produkt oder einer anderen originären Dienstleistung. Sie werden daher auch als industrienahe Dienstleistungen oder Dienstleistungsprozesse bezeichnet.

  **Beispiel**

  Die Dialogfix GmbH hat u. a. eine Bestellhotline. Die Dienstleistung „Bestellannahme" ist abhängig von den Produkten, die bestellt werden.

## 1.3 Dialogmarketing im Marketingmix

Für den Begriff „Marketing“ gibt es viele Definitionen. Eine gängige lautet:

> #
> ***Definition***
> **Marketing** bezeichnet eine Unternehmenspolitik, bei der zur Erreichung der Unternehmensziele alle betrieblichen Aktivitäten konsequent auf die Erfordernisse der Märkte bzw. der Abnehmer ausgerichtet werden.

Einfach gesagt bedeutet Marketing somit grundsätzlich nichts anderes als ein marktorientiertes Verhalten eines Unternehmens. Die Unternehmenspolitik richtet sich in ihrem Denken und Handeln an den Erfordernissen des Marktes aus. Das Angebot an Produkten oder Dienstleistungen des Unternehmens wird also maßgeblich von den Kundenwünschen bestimmt.

Die wachsende Bedeutung des Marketingaspekts ist auf den Wandel von Verkäufer- zu Käufermärkten zurückzuführen. Damit ist gemeint, dass die Nachfrager (Kunden) aus einer Vielzahl von Angeboten und Anbietern auswählen können, der Kunde sich somit in der günstigeren Position befindet. In solchen **gesättigten Märkten** gewinnt der Verkaufsprozess an Bedeutung, die Bedeutung der Produktion geht tendenziell zurück.

### 1.3.1 Instrumente im Marketingmix

Entscheidend für das marktorientierte unternehmerische Handeln sind die zur Verfügung stehenden betrieblichen Instrumente und deren Nutzung.

> #
> ***Definition***
> Der Prozess der Kombination und Abstimmung mehrerer Marketinginstrumente wird als **Marketingmix** bezeichnet.

Im klassischen Marketingmix werden vier Kernbereiche unterschieden, die bezogen auf die ursprünglichen englischen Bezeichnungen auch die **„4 Ps des Marketings“** genannt werden:

## Produktpolitik (Product)

> #
> *Definition*
> Die **Produktpolitik** beschäftigt sich damit, welche Produkte und Dienstleistungen ein Unternehmen anbietet und wie diese beschaffen sind.

Das Unternehmen trifft z. B. Entscheidungen über Produkteigenschaften, Verpackung, Name bzw. Marke, Qualität und produktbegleitende Dienstleistungen (Ga-
13|2 rantien, Kundendienst, Service etc.).

**Beispiel**

Dialogfix entscheidet, insgesamt fünf verschiedene Scannermodelle anzubieten.

## Preispolitik (Price)

> #
> *Definition*
> Bei der **Preispolitik** werden der Preis und die Zahlungsbedingungen für die Produkte und Dienstleistungen festgelegt.

Hier geht es also um Preise, Preisnachlässe, Preisdifferenzierungen, Zahlungsbe-
13|3.1 dingungen und Finanzierungen.

**Beispiel**

Dialogfix bietet ab einem Einkaufswert von 500,00 € eine Finanzierung an.

## Kommunikationspolitik (Promotion)

> #
> *Definition*
> Die **Kommunikationspolitik** umfasst alle Maßnahmen, mit denen das Unternehmen mit seinen Kunden in Kontakt tritt und auf sein Angebot aufmerksam macht.

Betriebliche Entscheidungsfelder sind hier z. B. die Wege der Kundenansprache,
13|4 Kommunikationsmedien, Werbung, Verkaufsförderung und Öffentlichkeitsarbeit.

**Beispiel**

Dialogfix schaltet auf der Homepage einer großen Computerzeitschrift ein Werbebanner.

## Vertriebspolitik (Place)

> # *Definition*
> Die **Vertriebspolitik** klärt die Frage, wie die Produkte und Dienstleistungen vom Hersteller zum Kunden gelangen.

Im Mittelpunkt stehen hier z. B. Absatzwege, Logistik sowie die Standortwahl des Unternehmens.

**Beispiel**

Neben dem Direktversand über Dialogfix können die Produkte über ausgewählte Computerfachhändler bezogen werden.

Dialogmarketing spielt schwerpunktmäßig im Rahmen der **Kommunikationspolitik** eine Rolle. Hier stehen vor allem die Kommunikationskanäle des Dialogmarketings (Inbound-/Outbound-Telefonie, Chat, Social Media etc.) im Mittelpunkt des Interesses. Um am Markt erfolgreich zu sein, muss ein Unternehmen aber alle Marketinginstrumente optimal kombinieren. 13|1.3

Für die **Vermarktung von Dienstleistungen** als Vertrauensgüter sind die Instrumente des klassischen Marketingmix häufig nicht ausreichend. Auch der in der Dialogmarketingbranche wesentliche Aspekt der **Service- und Kundenorientierung** wird nur unzureichend berücksichtigt. Die vier klassischen Instrumente des Marketingmix werden im Dialogmarketing daher meist erweitert auf die **7 Ps**.

## Personalpolitik (People)

> # *Definition*
> Die **Personalpolitik** umfasst Auswahl, Aus- und Weiterbildung, Verhalten sowie die Führung der Mitarbeiterinnen und Mitarbeiter des Unternehmens.

Neben der Auswahl und Qualifikation der Beschäftigten geht es hier z. B. um Richtlinien für die Kundenansprache und Verhaltensweisen am Telefon.

**Beispiel**

In einem Styleguide hat Dialogfix die Grundsätze zur Kommunikation mit den Kunden zusammengestellt.

## Prozesspolitik (Processes)

> # *Definition*
> Die **Prozesspolitik** beinhaltet die Organisation der unternehmensinternen Abläufe.

Schwerpunktmäßig geht es hier um das Gestalten und Optimieren unternehmensinterner Ablaufprozesse im Hinblick auf eine kundenorientierte Unternehmens-
8|6 politik.

**Beispiel**

Über ein betriebliches Vorschlagswesen werden die Mitarbeiter von Dialogfix zu Verbesserungsvorschlägen zur Optimierung der Ablaufprozesse aufgefordert.

### Ausstattungspolitik (Physical facilities)

> #
> ***Definition***
> Die **Ausstattungspolitik** umfasst Geschäftsräume und das sichtbare Umfeld des Unternehmens.

Dieser Aspekt betrachtet die physische Ausstattung des Unternehmens, wie z. B. Art des Gebäudes, Empfangsbereich für Kunden, verwendetes Material etc.

**Beispiel**

Für Besucher bietet die Dialogfix GmbH einen Loungebereich mit Getränken.

## 1.3.2 Klassisches Marketing und Dialogmarketing

Der besondere Vorteil des Dialogmarketings liegt in der individuellen, direkten Kommunikation mit dem Kunden. Dies ermöglicht es, auf die Eigenheiten und Vorlieben jedes einzelnen Kunden einzugehen. Unterstützt wird die Beziehung zum
5|3.1 Kunden durch den Einsatz spezieller EDV-gestützter Hilfsmittel. Somit unterscheidet sich Dialogmarketing deutlich von anderen kommunikationspolitischen Instrumenten im **klassischen Marketing**, die auf einem indirekten Weg eine große, weitgehend anonyme Zielgruppe im Auge haben (z. B. durch TV-Werbung, Zei-
13|4.1 tungsanzeigen etc.).

> ➔
> ***Praxistipp***
> Dialogmarketing wird auch als **One-to-One-Marketing** bezeichnet, da sich Mitarbeiter und Kunde in einer 1:1-Gesprächssituation gegenüberstehen.

Für den Aufschwung des Dialogmarketings und den damit verbundenen zunehmenden Einsatz als Marketinginstrument lassen sich zahlreiche Gründe aufführen:

- Durch die Individualisierung und Ausdifferenzierung der Gesellschaft geht der Trend verstärkt von Massenmärkten zu kleineren Nischenmärkten. Dadurch steigen die **Streuverluste** überdurchschnittlich stark an, die gewünschte Zielgruppe wird nicht erreicht. Dialogmarketing ist besser geeignet, kleiner werdende Zielgruppen individuell anzusprechen.

- Unternehmen gelingt es leichter, mit Dialogmarketing in gesättigten Käufermärkten die Zielgruppe **direkt** zu erreichen.
- Laufende Verbesserungen der Informationstechnologie, bei meist sogar sinkenden Kosten der notwendigen Hard- und Software, führen zu einer immer **wirtschaftlicheren Kundenansprache**.
- Andere klassische Marketinginstrumente (z. B. Werbung, Außendienst, persönlicher Verkauf) sind sehr kostenintensiv. Dialogmarketing kann somit zu **sinkenden Vertriebskosten** führen.
- Klassische Marketinginstrumente werden aufgrund der zunehmenden Informationsüberlastung und **Reizüberflutung** zunehmend unwirksam. Durch einen dialogorientierten Ansatz steigt die Wahrnehmung deutlich an.

Zusammenfassend lassen sich im Vergleich zwischen den klassischen kommunikationspolitischen Instrumenten im Marketing und Dialogmarketing folgende Unterschiede festhalten:

| „Klassisches Marketing“ | Dialogmarketing |
|---|---|
| einseitige Kommunikation | zweiseitige, dialogorientierte Kommunikation |
| Ansprache des Massenmarktes | individuelle und zielgenaue Ansprache möglich |
| hohe Streuverluste | geringe Streuverluste |
| keine direkte Responsemöglichkeit | direkte Responsemöglichkeit |
| Ziel ist Steigerung des Bekanntheitsgrades. | Ziel ist eine direkte Reaktion. |
| anonyme Beziehung | personalisierte Beziehung |
| langfristige Planung notwendig | flexibler und kurzfristiger Einsatz möglich |
| Erfolgskontrolle schwierig | rasche Erfolgskontrolle möglich |

Das nachfolgende Beispiel verdeutlicht die unterschiedlichen Einsatzmöglichkeiten und Auswirkungen von klassischen Marketinginstrumenten und Dialogmarketing:

**Beispiel**

Schaltet ein Automobilhersteller für einen neuen, hochwertigen Sportwagen eine Printanzeige in einer Zeitschrift (klassisches Marketing), können Streuverluste von über 90 % auftreten, d. h., für mehr als 90 % der Leser kommt dieses Fahrzeug schon grundsätzlich nicht infrage. Eine direkte Responsemöglichkeit ist zudem nicht gegeben.

Gelingt es dem Hersteller jedoch aus vorhandenen Kundendaten die Zielgruppe exakt zu bestimmen (z. B. über das bisherige Kaufverhalten, Lebensalter, Familienstand etc.), kann z. B. mit einer Outbound-Aktion (Dialogmarketing) eine kostengünstige und zielgenaue Ansprache der möglichen Kunden erreicht werden. Bei dieser Strategie ist zudem eine direkte Responsemöglichkeit gegeben.

## Zusammenfassung

- **Callcenter** in der heute bekannten Form entstanden seit den 1970er-Jahren, zunächst in den USA. Entscheidend für die Durchsetzung war die Erfindung des **Anrufverteilsystems (ACD)**.
- Wesensmerkmale eines Callcenters sind die **Serviceorientierung** und die rationelle Bearbeitung von Kundenkontakten.
- Wesentliche Kriterien für die **Standortwahl** eines Callcenters sind die **Kostenstruktur** und die **Qualifikation der Mitarbeiter**.
- Die in einer Volkswirtschaft erbrachten Leistungen lassen sich in den **Primärsektor** (Urproduktion), **Sekundärsektor** (industrielle Produktion) und **Tertiärsektor** (Dienstleistungen) unterscheiden.
- **Dienstleistungen** zeichnen sich gegenüber Sachleistungen durch einige Besonderheiten aus und benötigen daher besondere Aufmerksamkeit bei der Vermarktung.
- **Marketingmix** ist die Kombination und Abstimmung mehrerer Marketinginstrumente. Dabei wird differenziert in **Produkt-, Preis-, Kommunikations- und Vertriebspolitik (4 Ps)**. Dieser klassische Marketingmix wird häufig noch um **Personal-, Prozess- und Ausstattungspolitik (7 Ps)** ergänzt.

## Aufgaben

1. ***Unterscheiden Sie bei den nachfolgenden Aktionen, ob es sich um Dialogmarketing oder Direktmarketing handelt:***
   *a) telefonische Bestellung*
   *b) Postwurfsendung*
   *c) Newsletter per E-Mail*
   *d) Kundenrückgewinnung im Outbound*
   *e) Kundenchat*
   *f) Katalogversand*
2. ***Stellen Sie chronologisch die wesentlichen Entwicklungsschritte der Dialogmarketingbranche dar.***
3. ***Beantworten Sie anhand des Artikels „Call Center setzen auf Azubis" von Seite 157 folgende Fragen:***
   *a) Wie viel Prozent aller Unternehmen in Deutschland fanden Auszubildende für ausgeschriebene Lehrstellen?*
   *b) Wie viele Firmen hatten Lehrstellen ausgeschrieben?*
   *c) Wie viel Prozent der am Ranking teilnehmenden Call und Contact Center haben selbst ausgebildet?*
   *d) Wie hoch ist der prozentuale Anteil der Auszubildenden bei AMEVIDA an den gesamten Mitarbeitern?*
   *e) Um wie viel Prozent müsste die Zahl der Auszubildenden steigen, um die Grenze von 3000 Auszubildenden zu überschreiten?*

4. *Manche Betriebe in der Dialogmarketingbranche überlegen, ob sie Arbeitsplätze ins Ausland verlagern sollen. Entwerfen Sie in der Klasse ein Rollenspiel, in dem die Vor- und Nachteile einer solchen Verlagerung herausgearbeitet werden. Beziehen Sie dabei den Zeitungsartikel von Seite 158 f. mit ein.*
5. *Erläutern Sie das Sektorenmodell der Volkswirtschaft und geben Sie zu jedem Sektor zwei Beispiele an.*
6. *Prüfen Sie, ob sich die nachfolgenden Aussagen anhand der Abbildung „Wandel in der Arbeitswelt" (Seite 160) belegen lassen:*
   a) *Die Gesamtzahl der Erwerbstätigen ist zwischen 1970 und 2021 konstant geblieben.*
   b) *Der Anteil des Baugewerbes an der Zahl der Erwerbstätigen ist von 1970 bis 2021 um ein Drittel zurückgegangen.*
   c) *2021 arbeiteten nur noch 25 % der Erwerbstätigen außerhalb des Dienstleistungssektors.*
   d) *Der Anteil der Mitarbeiter in Call- und Servicecentern an der Zahl der Erwerbstätigen ist von 1991 bis 2021 um 13 Prozentpunkte gestiegen.*
7. *Warum werden Dienstleistungen als „Vertrauensgüter" bezeichnet? Welche Konsequenzen ergeben sich daraus für Ihre Tätigkeit im Dialogmarketing?*
8. *Die Dialogfix GmbH überlegt, auch Fitnesstracker zu verkaufen. Die Marketingabteilung beauftragt Sie, vorab die „4 Ps des Marketings" zu analysieren. Beschreiben Sie dazu zunächst die einzelnen „Ps" und geben Sie dann stichwortartig jeweils zwei konkrete Entscheidungsfelder für den geplanten Vertrieb der Fitnesstracker an.*
9. *Der Vorstand des Direktversicherers SecurDirect teilt im letzten Quartalsmeeting seinen Abteilungsleitern die Ziele für das Folgejahr mit: „Wir müssen ...*
   a) *... einen attraktiveren Beitrag für unsere Unfallversicherung finden!"*
   b) *... die Leistungen der Versicherung erweitern!"*
   c) *... erreichen, dass Kunden mit einem besonderen Anliegen nicht im Schnitt erst dreimal durchgestellt werden müssen!"*
   d) *... zukünftig unsere Produkte auch über Außendienstmitarbeiter anbieten!"*
   e) *... die fachliche Qualifikation unserer Mitarbeiter erhöhen!"*

   *Benennen Sie das jeweils passende Instrument im erweiterten Marketingmix.*
10. *Entscheiden und begründen Sie bei den nachfolgenden Marketingzielen, ob klassische Marketinginstrumente oder Dialogmarketing eingesetzt werden soll:*
    a) *Der Name eines neuen Müslis soll deutschlandweit bekannt gemacht werden.*
    b) *Die Bundesregierung will mit einer Imagekampagne auf die Erfolge ihrer Politik aufmerksam machen.*
    c) *Ein Versicherungskonzern möchte Berufseinsteiger von einer privaten Haftpflichtversicherung überzeugen.*
    d) *Ein Dienstleister möchte ausgewählten Kunden eine Telefonflatrate verkaufen.*
11. *Die Golfplatz AG, ein Anbieter von Golfsportausrüstungen, hat ein hochwertiges Schlägerset im Sortiment. Das Unternehmen überlegt nun, ob dieses Angebot über eine „klassische" Marketingkampagne angeboten werden soll oder ob man auf die Dienste der Dialogfix GmbH als Anbieter von Dialogmarketingleistungen zurückgreift. Entwickeln Sie für die Dialogfix GmbH fünf Argumente, warum die Golfplatz AG auf Dialogmarketing setzen sollte.*
12. *Klassisches Marketing wird häufig als „Gießkannenmethode" beschrieben. Erläutern Sie diesen Ausdruck in Abgrenzung zum Dialogmarketing.*

# 2 Leistungen der Dialogmarketingbranche unterscheiden

## ■ *Einstiegssituation*

Der Berufsschulunterricht ist für heute geschafft, Thomas und Julia unterhalten sich noch im Treppenhaus.

**Thomas:** *„Prima, da haben wir ja schon eine ganze Menge an Informationen zusammengetragen, so eine Internetrecherche kann ganz schön ergiebig sein."*

**Julia:** *„Da hast du recht. Aber ich habe den Eindruck, meine Schwester Johanna wird beim ‚Tag der offenen Tür' immer noch nicht so richtig erfahren, was ich in meiner Ausbildung eigentlich mache."*

**Thomas:** *„Also, ehrlich gesagt, bei so einem großen Ausbildungsbetrieb wie bei mir weiß ich selbst nach einigen Wochen immer noch nicht so genau, was wir alles machen. Als wir im Sommer unser Firmenjubiläum hatten, habe ich in unserer Mitarbeiterzeitschrift gelesen, dass unser Kollege Kurt Lauter schon seit Firmengründung bei uns arbeitet. Der müsste doch eigentlich über alles Bescheid wissen."*

**Julia:** *„Gute Idee, jemanden zu fragen. Meine Firma ist zwar noch nicht so alt, aber bei uns arbeitet ein Informatikstudent, der ist mindestens schon im 20. Semester. Den lade ich mal in die Cafeteria ein ..."*

## ■ *Arbeitsaufträge*

1. ***Erkunden Sie in Ihrem Ausbildungsbetrieb, welche Leistungen angeboten werden und wie viele Mitarbeiter mit welcher Qualifikation beschäftigt werden.***
2. ***Mit welchen Kommunikationsmedien wird der Kundenkontakt in Ihrem Ausbildungsbetrieb abgewickelt? Welche Erfahrungen haben Sie selbst mit den unterschiedlichen Medien gesammelt?***
3. ***Oft wird von der „Servicewüste Deutschland" gesprochen. Gibt es in Ihrem Ausbildungsbetrieb Leitlinien zum Thema Kundenservice? Diskutieren Sie die unterschiedlichen Ansätze in der Klasse.***

2|2.1.1 Unternehmen der Dialogmarketingbranche zeichnen sich durch sehr unterschiedliche Tätigkeitsfelder, organisatorische Strukturen und Betriebsgrößen aus. Um einen besseren Überblick zu gewinnen, ist es daher sinnvoll, die Unternehmen nach einigen klaren Kriterien einzuteilen. Bei einer solchen Einteilung spricht man von einer **Typologie**. Neben der gewonnenen Übersichtlichkeit ist dieser Schritt nützlich, um für einzelne Typen allgemeingültige Aussagen zu machen, die auf eine Vielzahl von Betrieben zutreffen.

## 2.1 Unternehmen im Dialogmarketing

### 2.1.1 Typologie der Unternehmensformen

Unternehmen im Dialogmarketing lassen sich nach zwei Kriterien differenzieren:

1. Art der ausgeführten Tätigkeit (Inbound/Outbound)
2. Organisatorische Einbindung (intern/extern)

> #
> ***Definition***
> Bei Tätigkeiten im **Inbound** handelt es sich um die Bearbeitung von **eingehenden Anrufen**. Die Initiative liegt hier beim Kunden, das Unternehmen reagiert. Tätigkeiten im **Outbound** sind durch das aktive Zugehen des Unternehmens auf den Kunden gekennzeichnet, es handelt sich also um **abgehende Anrufe**. Hier liegt die Initiative beim Unternehmen, der Kunde reagiert.

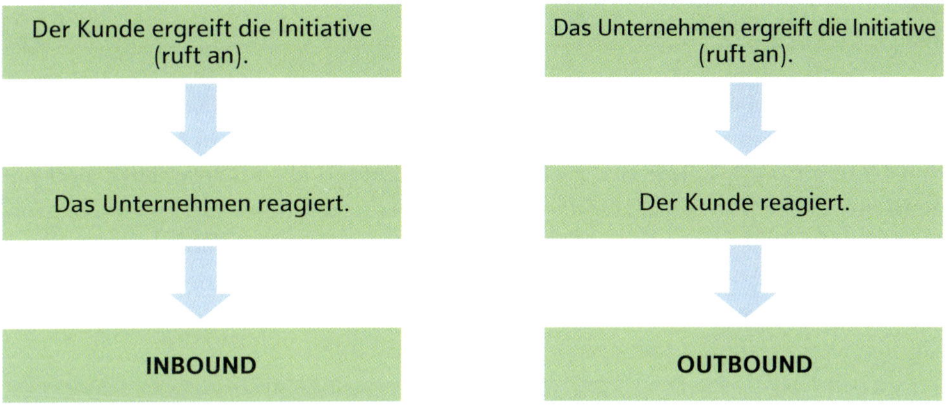


***Abb.: Unterscheidung Inbound/Outbound***

Die Entscheidung für den Inbound- und/oder Outbound-Bereich beeinflusst ganz wesentlich die möglichen Einsatzgebiete und Leistungen, die vom Unternehmen erbracht werden können. Auch auf die technische und räumliche Ausstattung, die Zahl und Qualifikation der Mitarbeiter und die Personaleinsatzplanung hat dieses Kriterium einen wesentlichen Einfluss. So steht bei einer überwiegenden Inbound-
Tätigkeit die **Serviceorientierung** im Mittelpunkt. Spezielle Probleme ergeben **10**|1
sich hier insbesondere bei der Personaleinsatzplanung für die Mitarbeiter, da die anfallenden Kommunikationsprozesse aufgrund der Unterschiedlichkeit der anrufenden Kunden nur begrenzt steuerbar und nur eingeschränkt standardisierbar sind. Bei einer schwerpunktmäßigen Outbound-Tätigkeit steht dagegen die gezielte aktive **Ansprache** des Kunden im Mittelpunkt. Dies erleichtert die Zeitpla-
nung und die Vorstrukturierung der Kommunikationsprozesse (z. B. durch Ge- **5**|1.2
sprächsleitfäden) deutlich. Üblicherweise kann die Arbeit im Outbound durch den **4**|1.2.5
Einsatz von Dialern technisch vereinfacht werden.

Der Anteil der Outbound-Telefonate am gesamten Gesprächsaufkommen der Callcenter-Branche steigt seit Jahren kontinuierlich an und liegt inzwischen bei rund einem Drittel aller geführten Gespräche.

Zweites Unterscheidungskriterium ist die **organisatorische Einbindung** der dialogorientierten Tätigkeiten in das Gesamtunternehmen. Dabei ist eine Integration in das Unternehmen als Unternehmensteil bzw. -abteilung oder die Beauftragung eines externen Dienstleisters (Outsourcing) denkbar. In der Praxis finden sich auch Mischformen.

2|1.1.3

# ***Definition***

Bei einem **Inhouse-Callcenter** baut das Unternehmen ein Callcenter mit seiner gesamten technischen und personellen Infrastruktur als Abteilung innerhalb des Unternehmens selbst auf. Bei einem **externen Callcenter** (Callcenter-Dienstleister) ist das Callcenter organisatorisch vom Unternehmen unabhängig, es werden je nach Bedarf Leistungen von einem Anbieter außerhalb des Unternehmens eingekauft.

Die grundsätzliche Entscheidung, ob ein eigenes Inhouse-Callcenter aufgebaut bzw. genutzt wird oder ob stattdessen externe Dienstleistungen eingekauft werden (Outsourcing), hängt von mehreren Erwägungen ab. Insbesondere sind die Ziele des Callcenter-Einsatzes, die Anruferstruktur, die gewünschten Servicezeiten, das Anrufvolumen, die zeitliche und mengenmäßige Verteilung des Anrufvolumens und schließlich die mit diesen Entscheidungskriterien verbundenen Kosten zu berücksichtigen.

| **Aufbau bzw. Nutzung eines internen Callcenters (Inhouse)** | |
|---|---|
| **Vorteile** | **Nachteile** |
| bessere Bearbeitung von komplexen und schwierigen Sachverhalten möglich, da Mitarbeiter im eigenen Haus fundierte Kenntnisse besitzen | Möglicherweise muss fehlendes Know-how aufgebaut werden, dies verursacht zusätzliche Kosten. |
| höhere Identifikation der Mitarbeiter, da es sich um die „eigenen" Produkte handelt | Unerwartete Schwankungen des Anrufvolumens können schlecht aufgefangen werden. |
| umfassende und unmittelbare Qualitätskontrolle der Gespräche möglich | meist höhere Personal- und Verwaltungskosten |
| Feedback der Kunden kommt direkt beim Unternehmen an. | häufig unflexibel im Personaleinsatz (fester Personalbestand, Arbeitszeiten etc.) |

Unternehmen können gänzlich darauf verzichten, ein eigenes Callcenter zu nutzen, und stattdessen sämtliche Leistungen extern einkaufen. Inhouse und Outsourcing müssen aber kein Widerspruch sein, sondern können sich ergänzen. Schätzungsweise die Hälfte aller Inhouse-Callcenter vergibt zusätzlich Aufträge an externe Dienstleister.

| Nutzung eines externen Callcenters (Dienstleister) | |
|---|---|
| **Vorteile** | **Nachteile** |
| flexible Reaktion auf schwankendes Anrufvolumen möglich, Personaleinsatz kann rasch angepasst werden | Mitarbeiter müssen extra auf das Produkt geschult werden, daher nicht für komplexe Sachverhalte geeignet. |
| durch Konkurrenz am Markt häufig kostengünstiger als Inhouse | eventuell geringere Motivation, da keine Verbindung der Mitarbeiter mit dem Unternehmen, für das telefoniert wird, besteht |
| Erfahrung mit unterschiedlichen Projekten und Aufträgen | langwierigere Entscheidungs- und Abstimmungsprozesse |
| Möglicherweise können zusätzliche Services (Inkasso, Versandabwicklung etc.) in Anspruch genommen werden. | Qualitätsüberprüfung häufig nur eingeschränkt oder zeitverzögert möglich |

Inhouse-Callcenter können auch selbst zum externen Dienstleister werden und (vorübergehend) freie Kapazitäten am Markt für andere Unternehmen anbieten.

Fasst man die beiden Kriterien und ihre möglichen Ausprägungen zusammen, lassen sich insgesamt neun Unternehmenstypen unterscheiden:

| Organisationsform | Tätigkeitsfeld | | |
|---|---|---|---|
| | **Inbound** | **Outbound** | **Mischform** |
| **Intern** | Typ 1 | Typ 2 | Typ 3 |
| **Extern** | Typ 4 | Typ 5 | Typ 6 |
| **Mischform** | Typ 7 | Typ 8 | Typ 9 |

Die aktuelle Entwicklung deutet dabei auf ein verstärktes **Wachstum der externen Dienstleister** bei einem gleichzeitigen **Abbau von Inhouse-Aktivitäten** hin. Insbesondere die weniger komplexen Tätigkeiten werden dabei – meist aus Kostengründen – ausgelagert.

**Beispiel**

Die Dialogfix GmbH übt sowohl Tätigkeiten im Inbound- als auch im Outbound-Bereich aus. Dialogfix nimmt keine externen Aufträge an und kann daher als Inhouse-Callcenter bezeichnet werden und gehört somit zum Typ 3.
KommunikativAktiv übt zwar Tätigkeiten im Inbound- und im Outbound-Bereich aus, ist organisatorisch gesehen aber ein externer Dienstleister und gehört somit zu Typ 6.

### 2.1.2 Vom Callcenter zum Contact Center

Für dialogorientierte Unternehmen sind unterschiedliche Bezeichnungen geläufig. Während man diese zu Beginn der Branchenentwicklung in Deutschland noch als Telefonzentrale bezeichnete, hat sich seit den frühen 1990er-Jahren auch hierzulande der Begriff **„Callcenter“** durchgesetzt. Doch mit „Anruf“ oder „Telefonat“ ist die Unternehmensrealität heute bei Weitem nicht ausreichend gekennzeichnet. Viele Kommunikationsmedien werden durch den Begriff „Call“ nicht erfasst. Darüber hinaus ist der Begriff „Callcenter“ in der öffentlichen Wahrnehmung teilweise negativ besetzt.

So gibt es seit geraumer Zeit Bestrebungen, diesen Begriff zu ersetzen. Dabei hat sich inzwischen die Bezeichnung **Contact Center** etabliert, alternativ sind auch die Begriffe **Servicecenter** oder **Communication Center** zu finden. Somit wird bereits durch die Wahl der Bezeichnung die Kommunikation per Brief, Fax, SMS, E-Mail, Chat oder Social Media mit eingeschlossen.

> **#** ***Definition***
>
> Bei einem **Contact Center** handelt es sich um die organisatorische Zusammenfassung von multifunktionalen Arbeitsplätzen, an denen sowohl Telefonate als auch Briefe, Faxe, E-Mails, Social Media und weitere Kommunikationswege bearbeitet werden können. Ziel ist es, die gesamte Kundenkommunikation serviceorientiert, medienübergreifend und wirtschaftlich zu gewährleisten.

In der Praxis haben sich vor allem zwei Kommunikationswege etabliert.

### 1. Textkommunikation

3|1.4 Hier steht die Kommunikation über E-Mail, Internetchat oder SMS im Mittelpunkt. Ein
Anwendungsbeispiel stellt hier z. B. das **Instant-Messaging** (IM) dar, das ähnlich ei-
nem Chat die direkte Unterstützung des Kunden (z. B. bei einem Kaufvorgang) in
Echtzeit ermöglicht. Zu den populären Anwendungen des IM gehören **WhatsApp,**
4|1.2.6 **Telegram** und der **Facebook Messenger**.

**Beispiel**

Auf der Homepage von Dialogfix wird dem Kunden bei der Bestellmaske ein Support per Chat angeboten.

### 2. Kombinierte Kommunikation

Bei diesem Verfahren wird die telefonische Kommunikation mit dem gleichzeitigen Interneteinsatz kombiniert. So ist es z. B. beim **Shared Browsing** (Co-Browsing) möglich, dass ein Agent gemeinsam mit dem Kunden eine Internetseite betrachtet und ihn durch die Seite leitet (Bestellung, Rechnung etc.). Häufig geschieht dies auch, nachdem der Kunde einen Anruf des Unternehmens veranlasst hat, z. B. über einen Rückrufservice (**„Call-Me-Button“**), über den der Kunde die gewünschte Anrufzeit oder einen sofortigen Rückruf gewünscht hat.

**Beispiel**

Auf der Homepage von Dialogfix wird eine Lösungsdatenbank für technische Probleme angeboten. Findet der Kunde keine Lösung für sein Problem, kann er einen Call-Me-Button anklicken und erhält umgehend einen Rückruf von Dialogfix.

Im Idealfall gelingt es dem Unternehmen, ganze Vorgänge als „Selbstbedienung" (Selfservice) über Internet, Social Media oder Sprachcomputer (IVR) abzuwickeln, nur bei auftretenden Problemen kommt ein Mitarbeiter zum Einsatz.

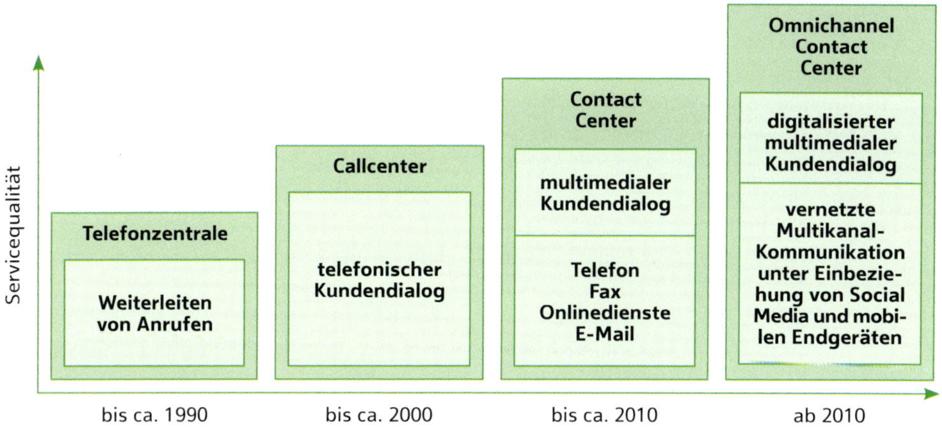


***Abb.: Von der Telefonzentrale zum Multichannel Contact Center***

Folgende **Trends und Prognosen** zeichnen sich branchenweit ab:

- Teilweise Verlagerung von Calls zu anderen Medien (z.B. Social Media), dadurch eröffnen sich auch neue Geschäftsfelder.
- Die unterschiedlichen Kommunikationsmedien wachsen zusammen und werden vernetzt genutzt (Multichannel), Kunde und Unternehmen interagieren über beliebige Medien (Omnichannel). 4|1.2.6
- Die durchschnittliche Gesprächsdauer steigt aufgrund komplexerer Calls an, einfache Anrufgründe entfallen.
- Die Anforderungen an die Kundenbetreuer nehmen durch anspruchsvollere Gespräche und vielfältigere Tätigkeiten zu.
- Selfservice und eigene Lösungsfindung unter Zuhilfenahme technischer Hilfsmittel werden wichtiger.

## Customer Journey

Unter Customer Journey versteht man ein Marketing-Modell, welches die „Reise" eines Kunden abbildet. Dabei werden die Phasen betrachtet, die ein Kunde von der ersten Kenntnisnahme des Angebots bis hin zu einer Kaufentscheidung durchläuft. Weiterhin zeigt es die Stellen auf, an denen ein Kunde mit dem Produkt oder der Dienstleistung in Berührung kommt (sogenannte **Touchpoints**) und welche Wege dabei beschritten werden. Dieses Modell hilft dabei, die Organisation an den Bedürfnissen des Kunden auszurichten und einen Ansatz basierend auf **Customer Centricity** (Kunden in den Mittelpunkt rücken) umzusetzen. 4|1.2.6

## Mit Customer Journey Mapping den Kunden verstehen

Customer Journey Mapping wird vor allem zur Steigerung der Kundenzufriedenheit eingesetzt. Bereits zwei Drittel der Unternehmen nutzen die Methode, um Kundeninteraktionen besser zu verstehen. Rund zwei Drittel der Unternehmen (67 Prozent) setzen Customer Journey Mapping (CJM) ein. Zu diesem Ergebnis kommt eine weltweite Studie der Quadient Germany GmbH. Dabei wurde untersucht, wie Unternehmen das Kundenerlebnis verbessern wollen, um Kunden langfristig zu binden. Mit Unterstützung von CJM lassen sich Kundeninteraktionen visualisieren. So wird erkennbar, wie die Kundenerfahrung während der gesamten Customer Journey optimiert werden kann. [...] Für [Mario] Pufahl und [Sabine] Kirchem ist es vor allem wichtig, dass man den Prozess der Begleitung des Kunden durch alle kundennahen Bereiche (Marketing, Vertrieb, Service) gemeinsam mit dem Inhalt betrachtet: „Welche Informationen haben meine Mitarbeiter im Rahmen einer Kundeninteraktion überhaupt zur Verfügung, welches Wissen bringt der Kunde ein und wie kann ich beides zusammenführen?“ Man könne als Unternehmen das Kundenverhalten nur dann steuern, wenn man es kenne und wenn man seinen Mitarbeitern den notwendigen Content und die Ressourcen zur Verfügung stelle, so die Customer-Experience-Experten. [...]

*Quelle: Böttcher, Gabi: Mit Customer Journey Mapping den Kunden verstehen. In: www.springerprofessional.de. Veröffentlicht am 21.05.2019 unter: www.springerprofessional.de/kundenzufriedenheit/b-to-b-marketing/mit-customer-journey-mapping-den-kunden-verstehen/16734490 [04.11.2022].*

**13|4.3** Die Phasen vieler Customer Journey Modelle leiten sich aus der im Marketing gängigen AIDA-Formel ab:

- **A**ttention (Aufmerksamkeit)
- **I**nterest (Interesse)
- **D**esire (Wunsch)
- **A**ction (Handlung)

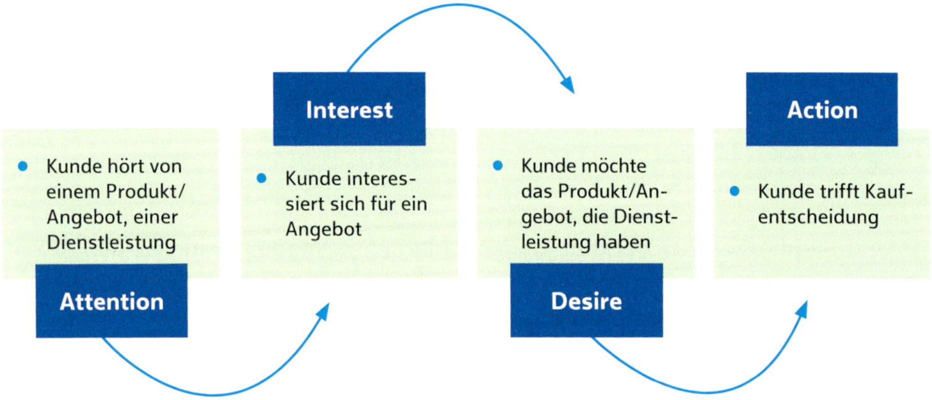


*Abb.: AIDA-Modell*

**Beispiel**

Herr Christian Mathis sieht auf einer Website eine Anzeige eingeblendet für die neuen Printfix 800 Modelle der Dialogfix GmbH. Da er auf der Suche nach einem neuen Lieferanten für seine Firma ist, entscheidet er sich, die verlinkte Facebook-Seite des Unternehmens anzuschauen. Bei einem der aktuellen Posts sieht er, dass es aktuell einen 15 %-Rabattcode gibt für neue Firmenkunden. Herr Mathis klickt auf „Gefällt mir". Er beschließt, sich ein Angebot machen zu lassen, und ruft in der Dialogfixhotline an. Azubi Thomas ist am Apparat und erstellt Herrn Mathis ein Angebot, welches er ihm per E-Mail zuschicken möchte. Herr Mathis hätte aber lieber ein PDF an seine Mobilnummer via WhatsApp gesendet, da er die ganze Woche dienstlich unterwegs ist. Nach Prüfung des Angebots besucht er die Dialogfix-Website und startet einen Chat, um den Kauf der Drucker abzuschließen.

Dieses Beispiel zeigt, wie Herr Mathis verschiedene Phasen der Customer Journey durchläuft und welche Touchpoints es gibt. Dabei nutzt er diverse Kanäle (Channels).

### 2.1.3 Frontoffice und Backoffice

Bei größeren Unternehmen findet gewöhnlich eine Aufteilung der Leistungserstellung in den **Frontoffice-** und den **Backoffice-Bereich** statt. Im **Frontoffice** werden dabei alle Tätigkeiten geleistet, die in **direktem Kundenkontakt** stehen. Dazu gehören neben dem Annehmen der Anrufe/Anfragen auch die Eingabe und Pflege der Kundendaten und möglichst eine fallabschließende Bearbeitung des Kundenanliegens ohne die Einschaltung weiterer Mitarbeiter (First Call Resolution). Die 5|5.1.5
Mitarbeiter im Frontoffice können dabei meist auf unternehmensspezifische oder zumindest angepasste Softwarelösungen zurückgreifen. Eine umfassende Betreuung wird durch die Nutzung von datenbankbasierten **Customer-Relationship-** 5|3.1
**Management-Systemen** (CRM) möglich.

Grundsätzlich sollen die notwendigen Arbeitsschritte im ersten Kontakt durch jeden Mitarbeiter im Frontoffice erbracht werden können. Der Kunde soll dabei weniger den einzelnen Agent sondern das Unternehmen als Ganzes („One face to the customer"-Prinzip) wahrnehmen.

→ ***Praxistipp***

Viele Unternehmen verzichten bewusst auf die Herausgabe von Durchwahlnummern für einzelne Beschäftigte und betonen, dass jedes Anliegen von jeder Person bearbeitet werden kann.

Bei einem komplexen Leistungsangebot wird der Frontoffice-Bereich nochmals in einen **First Level** und einen **Second Level** unterteilt. Dem Second Level kommt dabei im Sinne eines Expertenteams die Klärung von spezialisierten Detailfragen oder das Treffen von schwierigen Entscheidungen zu.

Aufgabe im **Backoffice** ist die **Weiterbearbeitung** der im Frontoffice gewonnenen Daten und Informationen. Dies kann z. B. die weitere Bearbeitung eines Bestellvorgangs, die Ausfertigung von Briefen und Dokumenten oder die Bearbeitung von Zahlungsdaten sein. Hier kommen meist klassische betriebswirtschaftliche Softwarelösungen zum Einsatz.

| | Ebene | Aufgaben |
|---|---|---|
| Frontoffice | First Level | • Anrufannahme<br>• Beantwortung von Standardfragen<br>• Weitervermittlung etc. |
| Frontoffice | Second Level | • Beantwortung komplexer Fragen<br>• Betreuung besonderer Kundengruppen<br>• schwierige Entscheidungsprozesse etc. |
| Backoffice | Fachabteilung | • Versand<br>• Rechnungserstellung<br>• Verwaltungsaufgaben etc. |

***Abb.: Frontoffice und Backoffice im Dialogmarketing***

## 2.2 Das Leistungsspektrum im Dialogmarketing

Dialogorientierte Unternehmen bieten sowohl im Inbound als auch im Outbound ein ausdifferenziertes Tätigkeitsspektrum an. Dies erklärt den weitverbreiteten Einsatz in den verschiedensten Branchen, um dort den Kundendialog optimal zu realisieren.

### Ruf mich an!

Ohne Callcenter geht es kaum noch. Eine schnelle Information zur Krankenversicherung, eine Banküberweisung, Hilfe beim Einrichten des Internetanschlusses, das Reservieren von Konzertkarten oder das Abbestellen der Zeitung für die Ferienzeit – in den meisten Fällen genügt heutzutage ein Anruf. Dieser landet häufig nicht, wie viele glauben, beim Unternehmen direkt, sondern im Callcenter. [...] „Wer liest heute noch eine Betriebsanleitung?", heißt es aus dem größten deutschen Callcenter Unternehmen Arvato, das zu Bertelsmann gehört. „Wir alle haben uns an Dienstleistungen am Telefon gewöhnt und wollen die Annehmlichkeiten", sagt auch Jennifer Jahnke, Mitautorin des Buches „Der Callcentermarkt in Deutschland: Strukturen, Prognosen und Trends".

*Quelle: Bode, Kim: Ruf mich an! In: www.sueddeutsche.de. Veröffentlicht am 17.05.2010 unter: www.sueddeutsche.de/wirtschaft/callcenter-boom-ruf-mich-an-1.697925 [04.11.2022].*

Das angebotene Leistungsspektrum kann sich an unterschiedliche **Zielgruppen** richten:

- **Privatkunden** (Business-to-Consumer, **B2C**)
- **Geschäftskunden** (Business-to-Business, **B2B**)
- **Behörden** (Business-to-Government, **B2G**)

→ ***Praxistipp***
Branchenüblich werden meist die englischen Abkürzungen verwendet.

## 2.2.1 Leistungen im Inbound

### Bestell- und Auftragsannahme

Der Kunde kann direkt am Telefon eine Bestellung tätigen oder eine Beratung zu den Waren oder Dienstleistungen erhalten, die ihn interessieren. Der Mitarbeiter verfügt über ein Informationssystem, um zu allen Produkten die gewünschte Auskunft zu geben. Meist ist auch eine direkte Rückmeldung über den Liefertermin möglich. Für das Unternehmen bieten sich dabei gute Anknüpfungspunkte, um zusätzliche Produkte zu verkaufen **(Cross-Selling)** oder höherwertige Leistungen anzubieten **(Up-Selling)**. Neben der reinen telefonischen Abwicklung wird hier **8**|1.2.1 auch Textkommunikation und integrierte Kommunikation verwendet. Eine besondere Form der Bestellannahme stellt dabei das **„Direct Response"** dar. Hier erfolgt die Bestellung bzw. Anfrage unmittelbar nach der Ausstrahlung eines TV- oder Radiospots, in dem eine Rufnummer angegeben wird. Besondere Herausforderung für das Unternehmen ist dabei die Gewährleistung einer hohen Erreichbarkeit auch bei starker Kundenfrequenz in kurzer Zeit. Häufig werden dann zusätzlich externe Callcenter als sogenanntes Überlauf-Callcenter **(Overflow)** eingesetzt.

**Beispiel**

Unter einer kostenfreien Rufnummer nehmen die Mitarbeiter von Dialogfix Bestellungen entgegen. Über das CRM-System von Dialogfix können alle Produktinformationen abgerufen und der Liefertermin angezeigt werden. Je nach Bestellung macht das Informationssystem automatisch Kaufvorschläge für weitere Produkte. Bestellt der Kunde z. B. einen Tintenstrahldrucker, werden ihm auch passende Tintenpatronen angeboten.

### Technische Hotline/Support

Technisch anspruchsvolle Anfragen lassen sich auch mit guten Produktkenntnissen nicht immer klären. Spezielle technische Anfragen oder detaillierte Auskünfte zur Bedienung oder Ähnlichem werden von Experten beantwortet. Ziel des Mitarbeiters ist die vollständige Problembeseitigung. Gelingt dies nicht, können sich

Reparaturanfragen oder ein Produktumtausch anbieten. Oft wird der technische Support auch als **Help Desk** bezeichnet. Diese Leistung kann auch unternehmensintern angeboten werden, um den eigenen Mitarbeitern Unterstützung bei (technischen) Problemen anzubieten.

**Beispiel**

Die technische Hotline von Dialogfix bearbeitet alle Anfragen, die sich mit Bedienung und Funktion von Hard- und Software beschäftigen, z. B. der korrekten Installation eines Druckers.

### Kundenservice

Darunter können so unterschiedliche Leistungen wie z. B. Beschwerde- und Reklamationsbearbeitung, Änderung von Adress- und Zahlungsdaten, Rückfragen zu Bestellungen und Rechnungen, einfache Bedienungsanfragen sowie alle die Kundenbeziehung betreffenden Tätigkeiten und Aktionen fallen.

**Beispiel**

Kommt es bei Dialogfix zu einer Beschwerde, kümmern sich besonders geschulte Agents um das Anliegen des Kunden und versuchen, eine für alle Seiten akzeptable Lösung zu finden.

### Informationshotline

Hier steht die reine Vermittlung von Informationen, unabhängig von einer konkreten Bestellung oder Servicesituation, im Mittelpunkt. Häufig sind reine Informationshotlines mit aktuellen Aktionen verknüpft, z. B. einer Produkteinführung oder einer Rückrufaktionen. Zum Standard vieler Konsumgüteranbieter gehört inzwischen die Angabe einer Hotline-Nummer auf dem Produkt, über die nähere Informationen erfragt werden können. Auch die Datenerfassung bei Promotionaktionen oder Gewinnspielen kann über eine Informationshotline erfolgen.

**Beispiel**

Aufgrund eines Produktionsfehlers wird das Druckermodell „Printfix 100“ zurückgerufen. Eine extra Informationshotline von Dialogfix, auf die in den Medien hingewiesen wurde, steht für die Abwicklung der Aktion zur Verfügung.

## 2.2.2 Leistungen im Outbound

### Telefonverkauf

8 | 1.1 **Bestehende oder potenzielle Kunden** werden telefonisch über Produkte und Dienstleistungen informiert, dabei wird ein sofortiger Verkaufsabschluss angestrebt (Telesales). Die weitere Bearbeitung des Auftrags erfolgt dabei meist von nachgelagerten Unternehmenseinheiten (Backoffice). Neben dem aktiven Telefonverkauf kann hierbei auch eine Unterstützung von Außendienstmitarbeitern, z. B. durch eine telefonische Bedarfsermittlung und anschließende Terminvereinbarung, von Bedeutung sein.

**Beispiel**

Im Rahmen einer Verkaufsoffensive rufen Mitarbeiter von Dialogfix alle Kunden an, die vor 24 bis 36 Monaten einen PC gekauft haben, und bieten ein neues Modell an.

## Adress- und Datenqualifizierung

Jedes Unternehmen ist auf einen aktuellen Datenbestand angewiesen. Durch einen Anruf bei Kunden oder Interessenten kann stets ein aktueller Stand gewährleistet werden. Neben regelmäßigen Aktionen sind auch konkrete Einsätze (z. B. die Bearbeitung von Rückläufern nach einer Mailingaktion) denkbar. Oft werden diese Anrufanlässe auch zur Unterbreitung von Verkaufsangeboten genutzt. 5|2

**Beispiel**

Alle Kunden von Dialogfix erhalten vierteljährlich einen Newsletter, der über aktuelle Produkte und Aktionen informiert. Bei Postrückläufern versuchen Mitarbeiter anhand der Telefonnummer oder durch die Inanspruchnahme von Auskunftsdiensten die Kundendaten zu aktualisieren.

## Kundenbindung 5|3

Neukunden können durch einen Anruf begrüßt werden, oder das Unternehmen bedankt sich für einen erteilten Auftrag (**Welcome-** bzw. **Thank-You-Call**). Nach erfolgter Leistung kann ein Anruf durchgeführt werden, um die Kundenzufriedenheit herauszufinden (Customer Care Call oder auch „Kuschelcall"). Kaufunsichere Interessenten können mit einem Erinnerungsanruf zum Abschluss motiviert werden. Auch **Nachfassaktionen** gehören zur telefonischen Kundenbindung, dabei werden bereits schon einmal angesprochene Kunden ein zweites Mal kontaktiert (z. B. folgt nach einer Mailingaktion ein telefonischer Kontakt). Kunden können zudem je nach Umsatzstärke (A-, B- oder C-Kunden) in mehr oder weniger regelmäßigen Abständen 8|1.3
kontaktiert und über neue Angebote informiert werden. Ziel ist es, die Verbundenheit mit dem Unternehmen zu erhöhen und dadurch zusätzliche Aufträge zu erzielen.

**Beispiel**

Jeder Dialogfix-Kunde mit einem Jahresumsatz von mehr als 5 000,00 € wird mindestens zweimal jährlich telefonisch über neue Angebote und Aktionen informiert.

## Kundenrückgewinnung 5|4.3

Es gibt viele Gründe, warum Kunden bei einem Unternehmen nicht mehr kaufen möchten oder eine vertragliche Bindung auflösen wollen. Im Zuge der telefonischen Kundenrückgewinnung sollen die Gründe erfragt und der Kunde wieder neu für das Unternehmen gewonnen werden.

**Beispiel**

Kündigt ein Geschäftskunde von Dialogfix den Hardwarewartungsvertrag, erkundigt sich ein Mitarbeiter nach den Gründen für die Kündigung und versucht, mit einem neuen Angebot den Kunden zurückzugewinnen.

### Mahn- und Inkassowesen

8|4.5 Werden Zahlungsverpflichtungen nicht eingehalten, erweist sich der Weg einer schriftlichen Mahnung häufig als vergeblich. Durch eine telefonische Erinnerung an die Zahlungsverpflichtung und ggf. die Ausarbeitung eines konkreten Zahlungsplans lassen sich oft kostspielige gerichtliche Mahnverfahren oder Forderungsausfälle vermeiden.

**Beispiel**

Den Kunden von Dialogfix wird eine Zahlungsfrist von 30 Tagen gewährt. Erfolgt nach dieser Zeit kein Zahlungseingang, wird zunächst eine schriftliche Mahnung verschickt. Bleibt auch dies vergeblich, beauftragt Dialogfix KommunikativAktiv mit dem Inkasso. Dabei wird dem Schuldner telefonisch die rechtliche Situation dargelegt und es wird versucht, ein konkretes Zahlungsziel zu vereinbaren.

### Markt- und Meinungsforschung

Kunden, Interessenten oder bestimmte Zielgruppen werden telefonisch zu Bedarf und Zufriedenheit mit bestimmten Produkten oder zu Wünschen nach weiteren Produkten und Dienstleistungen befragt. Die dadurch gewonnenen Daten dienen als Ausgangspunkt für Änderungen und Neuheiten in der Produktpolitik oder weitere Marketingaktionen. In dieses Tätigkeitsgebiet fallen auch Befragungen zu anderen Themengebieten wie z. B. Wahlforschung oder politische Meinungsumfragen.

**Beispiel**

Jeden Monat befragt KommunikativAktiv im Auftrag von Dialogfix 100 zufällig ausgewählte Kunden über die Zufriedenheit mit den gekauften Produkten.

## 2.2.3 Zusatzleistungen

Über das Kerngeschäft der „klassischen“ Leistungen im In- und Outbound hinaus bietet die Dialogmarketingbranche eine Fülle von **Zusatzleistungen** an. So können alle Dienstleistungen rund um den Kundenkontakt „aus einer Hand“ angeboten werden. Insbesondere externe Dienstleister (Outsourcing) bieten dies ihren Kunden (hier: B2B) an, aber auch Inhouse-Lösungen, in denen ein Unternehmen sämtliche Zusatzleistun-
2|2.1.1 gen selbst erbringt, sind denkbar.

### Lettershop

Alle **Versandarbeiten** rund um Mailings und andere Sendungen (bis hin zu Katalogen) an den Kunden werden bearbeitet. Dazu gehören z. B. der Ausdruck von Briefen, das Einkuvertieren und die Abwicklung des Versands. Häufig stehen diese Arbeiten im Zusammenhang mit einer Direktmarketingaktion.

| Merkmal | Dialogfix | KommunikativAktiv |
|---|---|---|
| Mitarbeiter | 416 | 80 |
| Arbeitsplätze (Seats) | 280 | 50 |
| Anrufe pro Tag (ø) | 12500 | 1400 |
| Servicelevel | 80/20 | auftragsabhängig |
| First Call Resolution Rate | 85 % | auftragsabhängig |
| Average Handling Time | 6 Minuten | auftragsabhängig |
| Geschäftsfelder | Vertrieb und Support von Hard- und Software | Telefonservice im In- und Outbound-Geschäft |
| Rechtsform | GmbH | KG |
| Geschäftsführung | Tim Braun, Raymond Kruse, Dorothea Russ | Hans Herrmann, Reinhold Groß |
| Umsatz | 9,2 Mio. € | 2,1 Mio. € |
| Kontakt | 01806 555123 | auftragsabhängig |
| Homepage | www.dialogfix.de | www.kommunikativaktiv.de |

***Abb.: Kriterien für einen Unternehmensvergleich***

## 2.3 Mitarbeiter im Dialogmarketing

### 2.3.1 Vielfalt der Berufsbezeichnungen

In der Dialogmarketingbranche arbeiten Menschen mit den unterschiedlichsten Berufsbezeichnungen. Eine Abfrage bei der Bundesagentur für Arbeit ergibt unter dem Stichwort „Dialogmarketing" z. B. Stellenangebote für

- Callcenter-Agents,
- Telefonverkäufer,
- Hotline-Mitarbeiter,
- Telefonakquisiteure,
- Telefonische Kundenberater,
- Customer-Care-Consultants,
- Telesales-Agents,
- Telefonische Kundenbetreuer,
- Kaufleute für Teleservice.

Diese Aufzählung ist sicherlich noch nicht vollständig.

Die Begriffsvielfalt zeigt, dass es neben den beiden Ausbildungsberufen viele unterschiedliche **Ausbildungswege** gibt. Vielfach werden Stellen von **Quereinsteigern** besetzt, die dann unternehmensintern (weiter) qualifiziert werden. Eine Strukturierung der **Mitarbeiterqualifikationen** hat sich durch verschiedene IHK-zertifizierte Lehrgänge ergeben, die auf verschiedenen Ebenen angeboten werden.

### Callcenter-Agent

Dies ist die **Basisqualifikation**. Das Aufgabenspektrum ist meist im Frontoffice-Bereich angesiedelt und kann sowohl Inbound- als auch Outbound-Tätigkeiten umfassen. Qualifizierungsmaßnahmen werden von Bildungsträgern angeboten, teilweise aber auch von Unternehmen mittels eines „Training on the Job" selbst durchgeführt. Nicht selten wird diese Maßnahme auch zur Qualifizierung von Arbeitssuchenden eingesetzt, die vorher einen anderen Beruf ausgeübt haben.

> → ***Praxistipp***
> Im allgemeinen Sprachgebrauch hat sich der Begriff **Agent** bzw. **Callcenter-Agent** als generelle Berufsbezeichnung für Beschäftigte im telefonischen Kundenkontakt etabliert.

### Callcenter-Teamleiter

Dieses IHK-Zertifikat bietet eine **weitergehende Qualifizierung** an. In der Unternehmenspraxis bilden zehn bis zwanzig Mitarbeiter in der Regel ein Team, das von einem Teamleiter geführt wird. Typische Führungsaufgaben des Teamleiters sind z. B. die Personal- und Urlaubsplanung, aber auch überwachende Tätigkeiten im operativen Geschäft. Schulungen und Mitarbeit bei qualitätssichernden Maßnahmen (z. B. Coaching) können ebenfalls zu den Tätigkeiten gehören. Teamleiter waren in der Regel früher selbst als Agent tätig. Statt Teamleiter ist in der Praxis auch die Bezeichnung **Supervisor** geläufig.

### Callcenter-Manager

Im Bereich der Ausbildung des Callcenter-Managements fehlt es an einheitlichen Vorgaben. Da diese **obere Führungsebene** recht komplex und oftmals sehr unternehmensspezifisch ist, wird neben einer mehrjährigen Callcenter-Berufserfahrung
2|2.3.4 oft ein Hochschulstudium bzw. eine umfassende **Weiterbildung** erwartet, für die verschiedene Abschlüsse und Zertifikate in Betracht kommen. Der Callcenter-Manager als oberste Hierarchieebene leitet das Callcenter. Neben organisatorischen Fragen ist er z. B. verantwortlich für Personal, Technik, Hard- und Software, Qualitätsmanagement sowie das wirtschaftliche Ergebnis des Callcenters. Meist ist er auch Ansprechpartner der (internen und externen) Auftraggeber des Callcenters und somit verantwortlich für die Umsetzung der Vorgaben. Je nach Unternehmensgröße sind auch mehrere Managementebenen, z. B. als Abteilungsleiter Callcenter innerhalb eines Unternehmens oder als Standortleiter für ein externes Callcenter, denkbar.

### Callcenter-Trainer

Aufgabe des **Trainers** ist es, Schulungen in den unterschiedlichsten Bereichen zu konzipieren und durchzuführen. Dabei können z. B. grundlegende Kommunikationstrainings oder detaillierte Produktschulungen auf der Tagesordnung stehen.

Auch der Bereich Coaching und Personalentwicklung kann in dieser Position angesiedelt sein. Für eine Qualifizierung werden die IHK-Zertifikate **Kommunikationscoach** und **Callcenter-Trainer** angeboten. Neben der internen Besetzung kommen auch hier oft externe Kräfte zum Zuge, um z. B. spezielle Trainings durchzuführen. 10|8

→ ***Praxistipp***

Weitere häufig zu findende Qualifikationen sind z. B. der **Callcenter-Controller** (beschäftigt sich mit Kosten- und Leistungsrechnung, Steuerung, Kontrolle) und der **Callcenter-Projektleiter** (leitet Projekte und Kampagnen). 9|1.4

## 2.3.2 Anforderungen an die Mitarbeiter

Welche Aufgaben der Mitarbeiter zu erledigen hat, ist meist in einer **Stellenbeschreibung** festgelegt. 10|3 Dabei werden die Aufgaben, Kompetenzen und Anforderungen an den Stelleninhaber und ggf. die Beziehungen zu anderen Stellen festgelegt. Insbesondere dem Anforderungsprofil kommt bei Mitarbeitern im Dialogmarketing eine besondere Bedeutung zu, da dort Menschen mit den unterschiedlichsten formalen Qualifikationen beschäftigt sind. Gewöhnlich wird bei den Anforderungen zwischen **Hard Skills** und **Soft Skills** unterschieden.

# ***Definition***

Unter **Hard Skills** versteht man überprüfbare Kenntnisse sowie formale Qualifikationen, der Begriff **Soft Skills** (auch: soziale Kompetenzen oder Schlüsselqualifikationen) umfasst eine nicht exakt abgegrenzte Vielzahl von menschlichen Eigenschaften, Fähigkeiten und Wesenszügen, die für das Ausüben einer Tätigkeit notwendig oder zumindest nützlich sind.

Hard Skills können leicht über Zeugnisse oder Tests geprüft werden. Schwieriger ist die Überprüfung der Soft Skills. 10|4.1.4 Einen ersten Einblick geben Formulierungen in Arbeitszeugnissen, darüber hinaus werden Soft Skills vor allem im Bewerbungsverfahren (z. B. durch ein Assessment-Center) geprüft.

| Mögliche Hard Skills für einen Mitarbeiter im Dialogmarketing | Mögliche Soft Skills für einen Mitarbeiter im Dialogmarketing |
|---|---|
| abgeschlossene kaufmännische Ausbildung | schriftliches und mündliches Ausdrucksvermögen |
| Zertifikat Callcenter-Agent IHK | Fähigkeit zur Selbstmotivation |
| mehrjährige Berufserfahrung | positives Menschenbild |
| spezielle Produktkenntnisse | Teamfähigkeit |
| Verhandlungssicheres Englisch | Flexibilität |
| Anwenderkenntnisse MS-Office | Belastbarkeit |

Abhängig vom Einsatz im **Inbound- oder Outbound-Bereich** können die Skills noch weiter ausdifferenziert werden:

| Soft Skills Inbound | Soft Skills Outbound |
|---|---|
| Geduld | Überzeugungskraft |
| Einfühlungsvermögen | Ehrgeiz |
| Zuhören können | Zielstrebigkeit |
| Denken in Zusammenhängen | Frustrationstoleranz |
| Freundlichkeit | Selbstvertrauen |
| Hilfsbereitschaft | positives Denken |

10|3 Werden neue Mitarbeiter gesucht, erfolgt dies meist über eine **interne Stellenausschreibung** oder eine **Stellenanzeige**. Eine Stellenanzeige führt wesentliche Inhalte der Stellenbeschreibung auf, insbesondere das Anforderungsprofil. Darüber hinaus ist eine Stellenanzeige immer auch eine Präsentation des Unternehmens selbst und hat nicht selten zusätzliche Marketingziele (Öffentlichkeitsarbeit). Auch die Leistungen des Unternehmens und organisatorische Hinweise zur Bewerbung finden darin Platz.

dialogfix GmbH

**Dialogfix GmbH**
Der serviceorientierte Dienstleister für Hard- und Software sucht SIE ab sofort als **Teamleiter (m/w/d)** in Vollzeit.

**Ihre Aufgaben:**
- Mitarbeiterführung eines Verkaufsteams
- Mitarbeitercoaching
- Personaleinsatzplanung
- Optimierung von Prozessabläufen
- Überwachung des Servicelevels
- Mitarbeit im Qualitätsmanagement

**Unsere Anforderungen:**
- abgeschlossene Ausbildung in einem verkaufsorientierten Beruf
- sehr gute PC-Kenntnisse
- mehrjährige Berufserfahrung
- hohe Flexibilität und Belastbarkeit
- ausgeprägte Teamfähigkeit

Nutzen Sie zur Bewerbung und für weitere Fragen ausschließlich unserer Karriereplattform unter: **www.dialogfix.de/karriere.**

***Abb.: Beispiel für eine Stellenanzeige***

### 2.3.3 Ausbildungsberufe

2|2.1.1 Das dynamische Wachstum der Dialogmarketingbranche und die steigenden Erwartungen der internen und externen Kunden fordern eine hohe Professionalisierung der Mitarbeiter. Qualifizierungsmaßnahmen von Kammern und Bildungsträgern oder unternehmensinterne Schulungen wurden zunehmend als nicht mehr ausreichend erachtet. Viele Unternehmen klagten über einen Mangel an ausreichend qualifiziertem Personal (Fachkräftemangel). Darüber hinaus wurde verbreitet die geringe öffentliche Wertschätzung der Callcenter-Branche kritisiert, was ebenso ein Einstellungshemmnis für viele Unternehmen darstellte. Es entstand die Idee, einen **Ausbildungsberuf** einzuführen, der zudem auch für bereits in der Branche arbeitende Beschäftigte attraktiv ist.

### Sitel unterstützt Mitarbeiter bei Qualifizierung zur „Servicefachkraft für Dialogmarketing"

Der Internationale Call- und Contact-Center-Dienstleister Sitel begleitet Mitarbeiter bei Weiterqualifizierung und Prüfungsvorbereitung sowohl finanziell als auch inhaltlich. Sitel, einer der weltweit führenden Anbieter im Bereich Kundenservicedienstleistungen, macht seinen Angestellten ohne abgeschlossene Berufsausbildung jetzt an den Standorten Düsseldorf und Krefeld ein attraktives Angebot der beruflichen Aus- und Weiterbildung mit dem anerkannten IHK-Abschluss „Servicefachkraft für Dialogmarketing". Das Angebot richtet sich an alle qualifizierten Mitarbeiter ohne abgeschlossene Berufsausbildung mit einer mindestens fünfjährigen Betriebszugehörigkeit. Sitel trägt dabei alle Kosten und unterstützt die in Frage kommenden Kandidaten umfassend bei der Prüfungsvorbereitung. Die entsprechenden Ausbildungseinheiten werden von externen Dozenten während der Arbeitszeit und auf Unternehmenskosten vermittelt. Prüfungskandidaten müssen Kenntnisse in neun relevanten Lernfeldern vorweisen, um den Abschluss zu erhalten. Erfolgreiche Teilnehmer erwerben dann den anerkannten IHK-Abschluss „Servicefachkraft für Dialogmarketing". Im Gegenzug erwartet Sitel von den dann entsprechend qualifizierten Mitarbeitern eine weitere Betriebszugehörigkeit von zwei Jahren. [...]

*Quelle: Sitel GmbH (Hrsg.): Sitel unterstützt Mitarbeiterbei Qualifizierung zur „Servicefachkraftfür Dialogmarketing". In: www.pressebox.de. Veröffentlicht am 26.07.2016 unter: www.pressebox.de/inaktiv/sitel-gmbh/Sitel-unterstuetzt-Mitarbeiter-bei-Qualifizierung-zur-Servicefachkraft-fuer-Dialogmarketing/boxid/807669 [04.11.2022].*

Erste Initiativen, eine branchenspezifische **Ausbildung im dualen System** zu schaffen, gab es bereits in den 1990er-Jahren. Sie konnten sich jedoch nie bundesweit durchsetzen. Zu unterschiedlich schienen die Anforderungen und Erwartungen der einzelnen Unternehmen zu sein. Seit 2003 gab es dann konkrete Bemühungen zur Einführung eines neuen Berufsbildes, zunächst in Kombination mit der Ausbildung zum Kaufmann/zur Kauffrau für Bürokommunikation. Schließlich gingen im Jahr **2006** sogar **zwei Berufe** an den Start: Zum einen wurde die zweijährige Ausbildung **„Servicefachkraft für Dialogmarketing"** geschaffen, zum anderen die dreijährige Ausbildung **„Kaufmann/Kauffrau für Dialogmarketing"**. Eine Berufsausbildung zur Servicefachkraft wird auf die Ausbildung zum Kaufmann angerechnet.

Die gestufte Ausbildung wird dabei auch von dem Gedanken geleitet, dass unterschiedliche Aufgabenbereiche auf die ausgebildeten Mitarbeiter warten.

So beschreibt die Bundesagentur für Arbeit das Berufsbild **„Servicefachkraft für Dialogmarketing"**:

Servicefachkräfte für Dialogmarketing kommunizieren und korrespondieren im Auftrag von Industrie-, Handels- und Dienstleistungsunternehmen mit Kunden z. B. am Telefon, via Chat oder Co-Browsing: Sie verkaufen Produkte oder Dienstleistungen (Outbound) und bearbeiten Anfragen, Aufträge oder Reklamationen (Inbound). Dabei telefonieren sie, schreiben E-Mails und pflegen die Kundendatenbank. Im Outbound nehmen sie selbst Kontakt zu potenziellen Kunden auf.
*Quelle: Bundesagentur für Arbeit (Hrsg.): Servicefachkraft - Dialogmarketing. In: web.arbeitsagentur.de. Online verfügbar unter: https://web.arbeitsagentur.de/berufenet/beruf/35309#ueberblick [04.11.2022].*

1 | 2.1.1 Gemäß der **Ausbildungsordnung** sind dabei folgende Inhalte vorgesehen:

1 Der Ausbildungsbetrieb
1.1 Stellung, Rechtsform und Struktur des Ausbildungsbetriebes
1.2 Berufsbildung, arbeits-, sozial- und tarifrechtliche Vorschriften
1.3 Sicherheit und Gesundheitsschutz bei der Arbeit
1.4 Umweltschutz
2 Dienstleistungsangebot
3 Arbeitsorganisation, Kooperation, Teamarbeit
4 Betriebliche Prozessorganisation, qualitätssichernde Maßnahmen
5 Dialogprozesse
5.1 Sprachliche und schriftliche Kommunikation
5.2 Kundenbetreuung
5.3 Kundenbindung
5.4 Kundengewinnung
6 Informations- und Kommunikationssysteme
6.1 Software, Netze und Dienste
6.2 Datenbanken, Datenschutz und Datensicherheit
7 Projekte
7.1 Projektvorbereitung
7.2 Projektdurchführung
7.3 Projektcontrolling

Das Tätigkeitsfeld der **Kaufleute für Dialogmarketing** gestaltet sich deutlich breiter:

Kaufleute für Dialogmarketing steuern Aufträge, die für Unternehmen von Service-, Call- oder Contactcenter durchgeführt werden. Sie konzipieren Kampagnen und Projekte, planen, organisieren und kontrollieren deren Abläufe. Auch das erforderliche Personal wählen sie aus und unterweisen es. Zudem wirken sie dabei mit, Angebote für Dienstleistungen zu gestalten und Verträge abzuschließen. Daneben bearbeiten sie Anfragen, Aufträge oder Reklamationen und sind in Vertrieb und Marketing tätig. Die Kundengewinnung, -betreuung und -bindung fallen ebenfalls in ihren Aufgabenbereich. Sie beraten Kunden z. B. am Telefon, via Chat oder Co-Browsing, und bieten ihnen kundenspezifische Problemlösungen an.
*Quelle: Bundesagentur für Arbeit (Hrsg.): Kaufmann/-frau – Dialogmarketing. In: web.arbeitsagentur.de. Online verfügbar unter: https://web.arbeitsagentur.de/berufenet/beruf/35311 [04.11.2022].*

Neben allen Inhalten der Servicefachkraft steht hier eine klassische **kaufmännische Tätigkeit** im Mittelpunkt. Die **Ausbildungsordnung** ergänzt dabei folgende Inhalte:

| | |
|---|---|
| 8 | Personal |
| 9 | Kaufmännische Steuerung und Kontrolle |
| 9.1 | Kosten- und Leistungsrechnung |
| 9.2 | Controlling |
| 10 | Qualitätssicherung der Auftragsdurchführung |
| 11 | Vertrieb und Marketing |
| 11.1 | Angebotserstellung und Verkauf |
| 11.2 | Vermarktung von Dienstleistungen |

Die Ausbildungsinhalte zielen hier tendenziell auf eine spätere Tätigkeit auf Teamleiterebene ab, auch die Grundlagen für Managementtätigkeiten werden hier erlernt.

→ ***Praxistipp***
Weitere Informationen bietet www.ausbildung-im-dialog.de/dialogmarketing.

## 2.3.4 Aufstieg und Weiterbildung

Die Dialogmarketingbranche zeichnet sich durch eine **flache, flexible Hierarchie** aus. Aufstiegspositionen werden oft firmenintern besetzt. Dadurch ergeben sich vielfach schon für jüngere Mitarbeiter interessante Aufstiegsperspektiven, die in anderen traditionelleren Branchen oftmals erst nach langen Jahren erreicht werden können. Eine **permanente Weiterbildung** ist dabei für alle Mitarbeiter Pflicht. Dies kann im operativen Tagesgeschäft sein (z. B. eine Schulung zu einer Produkteinführung), aber auch die kontinuierliche Weiterentwicklung der kommunikativen Kompetenzen umfassen. Damit gehört die Dialogmarketingbranche sicher zu den weiterbildungsintensivsten.

Der wachsende Bedarf an hochqualifizierten Fachkräften in der Dialogmarketing-Branche erfordert eine ständige Weiterbildung der Mitarbeiter. Allgemein für kaufmännische Berufe aller Branchen haben sich hierfür die **bundesweit anerkannten Weiterbildungsangebote** Wirtschaftsfachwirt (IHK), Dienstleistungsfachwirt (IHK) und Betriebswirt (IHK) als Karrieresprungbrett herauskristallisiert. 6|3.3.3 Dabei handelt es sich um **Aufstiegsfortbildungen** nach dem Berufsbildungsgesetz, vergleichbar mit dem „Meister" im Handwerk oder dem „Techniker" in der Industrie. In der Regel erfolgt die Ausbildung berufsbegleitend in Abendform mit einer Dauer von zwei bis drei Jahren. Eine branchenbezogene **Hochschulqualifizierung** wie etwa zum ServiceCenter Manager (HTW) bietet z. B. die CCAkademie Saarland an (www.ccakademie.de). Mit den sich wandelnden Anforderungen der Branche ist in Zukunft mit einem noch weiter ausdifferenzierten Angebot zu rechnen.

## Zusammenfassung

- **Inbound** bezeichnet die Bearbeitung von eingehenden Anrufen, unter **Outbound** versteht man das aktive Telefonieren nach außen.
- Bei einem **Inhouse-Callcenter** baut das Unternehmen ein Callcenter mit seiner gesamten technischen und personellen Infrastruktur innerhalb des Unternehmens selbst auf. Bei einem **externen Callcenter** („Outsourcing-Callcenter") ist das Callcenter organisatorisch vom Unternehmen unabhängig, das Unternehmen kauft je nach Bedarf Leistungen von einem externen Anbieter ein.
- In einem **Contact Center** werden neben Telefonaten auch Briefe, Faxe, E-Mails, Chats und Social Media Kanäle bearbeitet.
- Im **Frontoffice** werden alle Tätigkeiten geleistet, die in direktem Kundenkontakt stehen. Im **Backoffice** erfolgt die Weiterbearbeitung der Daten und Informationen, auch schwierige Anliegen können hier gelöst werden.
- **Leistungsspektrum im Dialogmarketing**

  Leistungen im **Inbound:**
  - Bestell- und Auftragsannahme
  - Technische Hotline/Support
  - Kundenservice
  - Informationshotline

  Leistungen im **Outbound:**
  - Telefonverkauf (Telesales)
  - Adress- und Datenqualifizierung
  - Kundenbindung
  - Kundenrückgewinnung
  - Mahn- und Inkassowesen
  - Markt- und Meinungsforschung

  **Zusatz**leistungen:
  - Lettershop
  - Fulfillment
  - E-Commerce

- **Serviceleistungen** können vor dem Kauf (Pre-Sales-Service), kaufbegleitend (Sales-Service) oder nach dem Kauf (After-Sales-Service) angeboten werden.
- Im Dialogmarketing arbeiten Menschen mit den **unterschiedlichsten Qualifikation und Tätigkeitsbezeichnungen**. Die Ausbildungsberufe im Dialogmarketing dienen einer Vereinheitlichung der Ausbildung, einer Höherqualifizierung der Mitarbeiter und einer Imageaufwertung der Branche.

## Aufgaben

1. ***Welche Herausforderungen ergeben sich für ein Unternehmen aus der Entscheidung, ob es Inbound- und/oder Outbound-Leistungen anbietet?***
2. ***Ein mittelständisches Weingut möchte seine Produkte selbst deutschlandweit vermarkten und dazu ein Callcenter nutzen. Stellen Sie Argumente auf, die für oder gegen eine Inhouse-Callcenter-Lösung sprechen.***
3. ***Ordnen Sie die Ausbildungsbetriebe in Ihrer Klasse in die Callcenter-Unternehmenstypologie ein. Fertigen Sie dazu ein Wandplakat an.***
4. ***Wodurch unterscheiden sich die Textkommunikation und die kombinierte Kommunikation? Finden Sie mögliche Einsatzbeispiele.***
5. ***Entscheiden Sie, wer bei der Dialogfix GmbH für die folgenden Aufgaben zuständig ist (First Level, Second Level, Backoffice).***

   ***a) Aktenablage erledigen***

*b) Kundenbestellungen erfassen*

*c) Beschwerdeannahme*

*d) VIP-Kunden betreuen*

*e) eingegangene Kundenretouren prüfen*

6. ***Listen Sie alle Leistungen Ihres Ausbildungsbetriebs auf und stellen Sie fest, ob es sich um Inbound-, Outbound- oder Zusatzleistungen handelt.***

7. ***Unterscheiden Sie Pre-Sales-Service, Sales-Service und After-Sales-Service. Welche konkreten Serviceleistungen werden in Ihrem Ausbildungsbetrieb jeweils angeboten?***

8. ***Stellen Sie mögliche Servicemängel im Callcenter zusammen. Nutzen Sie dazu auch den nachfolgenden Text sowie den Zeitungsartikel von Seite 184 f. Wie kann bei den einzelnen Mängeln Abhilfe geschaffen werden?***

## Direktversicherer: Kunden hängen zu lange in der Warteschleife

[...] Wie es um den Service der Direktversicherer bestellt ist, hat das Deutsche Institut für Service-Qualität (DISQ) im Auftrag des Nachrichtensenders n-tv beleuchtet: Im Rahmen der Studie wurden neun Direktversicherer unter die Lupe genommen – das Ergebnis fällt doch recht mittelmäßig aus: Im Schnitt kommen die Anbieter über die Note „befriedigend" nicht hinaus. [...] Wollen Kunden Kontakt zu ihrem Versicherer aufnehmen, stoßen sie häufig schon auf das erste Ärgernis: die Warteschleife. Deutlich über eine Minute hängen Anrufer im Schnitt in der Warteschleife, bis sie mit einem Mitarbeiter sprechen können. Wie die Studie ergeben hat, kommen Kunden bei einem Direktversicherer sogar auf rund vier Minuten Wartezeit. Bei der E-Mail-Bearbeitung sieht es nicht besser aus: Durchschnittlich brauchen die Anbieter rund 27 Stunden, bis der Kunde eine Antwort auf seine E-Mail erhält. Mit den Beratungsleistungen können die Direktversicherer allerdings auch nicht punkten. Sei es am Telefon oder per E-Mail tun sich Schwachstellen auf: Die Antworten auf Fragen fallen häufig unvollständig aus und oberflächlich, die Auskünfte sind zudem oft wenig individuell auf den Kunden zugeschnitten. [...]

*Quelle: tk: Direktversicherer: Kunden hängen zu lange in der Warteschleife. In: www.asscompact.de. Veröffentlicht am 01.11.2018 unter: www.asscompact.de/nachrichten/direktversicherer-kunden-hängen-zu-lange-der-warteschleife [04.11.2022].*

9. ***Vergleichen Sie die Ausbildungsbetriebe in Ihrer Klasse nach folgenden Kriterien: Mitarbeiterzahl, Geschäftsfelder, Rechtsform, Anrufe pro Tag, durchschnittliche Anrufdauer, Servicelevel.***

10. ***Vergleichen Sie die beiden Ausbildungsberufe im Dialogmarketing mit anderen Qualifizierungsmaßnahmen in dieser Branche. Welche Gemeinsamkeiten und welche Unterschiede stellen Sie fest?***

11. ***Die Dialogfix GmbH möchte einen neuen Teamleiter bzw. eine neue Teamleiterin einstellen.***

    *a) Nennen Sie je drei notwendige Hard Skills und Soft Skills.*

    *b) Schlagen Sie geeignete Maßnahmen vor, wie die jeweiligen Skills überprüft werden können.*

12. ***Entwerfen Sie eine Stellenanzeige für Ihren eigenen Ausbildungsplatz. Berücksichtigen Sie dabei das Anforderungsprofil und die Selbstdarstellung Ihres Ausbildungsbetriebs.***

13. ***Informieren Sie sich bei Ihrer lokalen IHK und anderen Bildungsträgern, welche Fortbildungen für Mitarbeiter im Dialogmarketing angeboten werden.***

# 3 Präsentieren im Dialogmarketing

## Einstiegssituation

Es ist Freitag, der zweite Berufsschultag in dieser Woche. Thomas und Julia treffen sich vor der ersten Stunde im Foyer der Schule.

**Thomas:** *„Na, wie war denn dein Gesprächstermin? Hast du etwas herausgefunden?"*

**Julia:** *„Allerdings, jetzt kenne ich unser Unternehmen und die Leute, die dort arbeiten, viel besser. Und wie war's bei dir?"*

**Thomas:** *„Erschöpfend in jeder Hinsicht, der Herr Lauter wollte gar nicht mehr aufhören zu reden. Schau mal, was ich da alles mitgeschrieben habe, das sind mindestens zehn Seiten, und dann die Kopien aus unserem Mitarbeiterhandbuch ..."*

**Julia:** *„Beeindruckend, aber wie können wir das ganze Material für den ‚Tag der offenen Tür' verwenden? Die Leute haben doch keine Lust, sich durch die ganzen Papiere und Kopien zu kämpfen."*

**Thomas:** *„Hm, stimmt ... das müssen wir irgendwie aufbereiten. Aber wie? Na ja, vielleicht machen wir da ja heute was in der Berufsschule ..."*

## Arbeitsaufträge

1. ***Welche Anforderungen stellen Sie an eine gelungene Präsentation? Beziehen Sie dabei auch die möglichen Zielgruppen mit ein.***
2. ***Welche Präsentationsmedien haben Sie bislang in Ihrem Ausbildungsbetrieb kennengelernt? Welche Vor- und Nachteile haben die einzelnen Medien?***
3. ***„Ein Bild sagt mehr als tausend Worte." – Warum ist es bei einer Präsentation so wichtig, eine gute Visualisierung zu gewährleisten?***

Für Unternehmen im Dialogmarketing gibt es zahlreiche **Präsentationsanlässe**:
- Das Unternehmen präsentiert sich (z. B. externen Kunden oder der Öffentlichkeit).
- Ein neues Produkt wird vorgestellt.
- Organisationsstrukturen ändern sich.
- Arbeitsprozesse werden angepasst.
- Schulungsmaßnahmen werden durchgeführt.
- Ein Teammeeting findet statt.
- Ergebnisse und Geschäftszahlen werden aufbereitet.

Daher ist es für alle Beschäftigten wichtig, über grundlegende Kenntnisse zur Präsentation und zur Visualisierung zu verfügen und mit unterschiedlichen Medien umgehen zu können. Grundlagen für die Vorbereitung und Durchführung einer Präsentation finden sich bereits in der klassischen antiken Rhetorik. 3|3.1

## 3.1 Vorbereitungsschritte

Wenn eine Präsentation erfolgreich sein soll, gilt es bereits im Vorfeld, wichtige Planungsschritte zu beachten, für die ausreichend Zeit zur Verfügung stehen sollte.

### Thema und Ziel festlegen

Das Thema sollte zunächst ausreichend abgegrenzt werden, um nicht Gefahr zu laufen, sich zu „verzetteln". Der Präsentationsanlass (das Thema) ist aber noch nicht gleichbedeutend mit dem Ziel. Um den späteren Erfolg bewerten zu können, muss zunächst ein klares Ziel festgelegt werden. Grundsätzlich lassen sich dabei drei Ziele unterscheiden:

1. Informieren

**Beispiel**

Der Teamleiter stellt den Mitarbeitern ein neues Produkt vor.

2. Überzeugen

**Beispiel**

Der Teamleiter versucht, den Manager von einem alternativen Konzept zur Pausenplanung zu überzeugen.

3. Motivieren

**Beispiel**

Der Teamleiter motiviert die Mitarbeiter, ein bestimmtes Umsatzziel zu erreichen.

> ***Praxistipp***
> Um Thema und Ziel im Laufe der weiteren Vorbereitung nicht aus den Augen zu verlieren, empfiehlt sich eine möglichst präzise schriftliche Formulierung. 1|1.1.4

### Zielgruppe betrachten

Jede Präsentation hat eine **Zielgruppe**. Je genauer diese Zielgruppe bestimmt werden kann, desto eher gelingt es, eine treffende Ansprache zu erreichen. Dabei wird abgeklärt, welche Erwartungen, Interessen, Wünsche, Fragen oder sonstigen Bedürfnisse die Zielgruppe mit der Präsentation verbindet. Wichtig ist auch, ein angemessenes **Sprachniveau** zu finden und die Zielgruppe weder zu unter- noch zu überfordern. Dies ist besonders schwierig, wenn es sich um eine heterogene Gruppe mit wenigen Gemeinsamkeiten handelt. Die Größe der Zielgruppe sollte ebenfalls berücksichtigt werden, da diese z. B. die gewählten Räumlichkeiten und den möglichen Medieneinsatz beeinflusst.

> → ***Praxistipp***
> Versuchen Sie sich in die Situation der Zielgruppe bei der Präsentation zu versetzen.

## Inhalte bestimmen

Zu Beginn steht das **Sammeln** möglicher Inhalte. Die Quellen sind dabei vielfältig und stark vom Thema abhängig. Beispielsweise können Unterlagen im Unternehmen existieren oder von einem externen Kunden zur Verfügung gestellt werden. Aber auch Quellen über das Unternehmen hinaus wie Bibliotheken, Zeitungen, Zeitschriften und das Internet kommen als Informationslieferanten infrage. Häufig stellt sich heraus, dass es eine **Vielzahl an Informationen** gibt. Aus dieser Menge muss eine Auswahl der Inhalte getroffen werden, die für die Präsentation infrage kommen. Meist sind die Inhalte so umfangreich, dass sie noch auf die wesentlichen Kerninhalte hin komprimiert werden müssen.

> → ***Praxistipp***
> Beachten Sie bei der Auswahl der Inhalte die für die Präsentation zur Verfügung stehende Zeit.

## Inhalte gliedern

Die wahllose Anhäufung von Inhalten macht noch keine gute Präsentation aus. Damit eine Präsentation schlüssig und nachvollziehbar ist, wird sie üblicherweise in die Phasen **Eröffnung, Hauptteil** und **Abschluss** gegliedert.

| Phase | Inhalte |
|---|---|
| Eröffnung | • Begrüßung<br>• Aufmacher (z. B. Bezug auf aktuelles Thema, ein Bild, eine kleine Geschichte)<br>• Überblick (z. B. Thema und Ziel, zeitliche Gliederung) |
| Hauptteil | • Informationen, Daten, Fakten<br>• Argumente<br>• rhetorische Stilmittel<br>• visuelle Elemente<br>• Behandlung von Fragen und Einwänden |
| Abschluss | • Zusammenfassung<br>• Ausblick<br>• nächste Schritte<br>• offene Fragen und Anregungen<br>• eventuell Austeilen eines Handouts |

> **Praxistipp**
> Eröffnung und Abschluss sollten zusammen maximal 20 % der zur Verfügung stehenden Zeit beanspruchen.

### Organisatorischer Rahmen

Die bisherigen Schritte der Vorbereitung ziehen eine Reihe von organisatorischen Fragen nach sich, die ebenfalls im Vorfeld zu klären sind: 9|3.2

- Tag und Uhrzeit der Präsentation
- zeitliche Abfolge festlegen, ggf. Pausen einplanen
- genaue Festlegung des Teilnehmerkreises, ggf. Einladung erstellen
- Raum/Ort auswählen, ggf. reservieren
- Sitzordnung festlegen

> **Praxistipp**
> Machen Sie sich im Vorfeld der Präsentation mit dem Raum und seinen Eigenheiten (z. B. Akustik, Lichtverhältnisse, technische Ausstattung) vertraut.

## 3.2 Visualisierung

Visualisierung bedeutet, Daten oder Zusammenhänge in einer **bildhaften Form** darzustellen oder mittels grafischer Elemente das Verständnis zu erleichtern. Visuell aufbereitetes Material kann vom Gehirn wesentlich schneller aufgenommen werden als ein Text oder ein Vortrag. Ebenso steigt die Wahrscheinlichkeit an, dass die Information dauerhaft behalten wird.

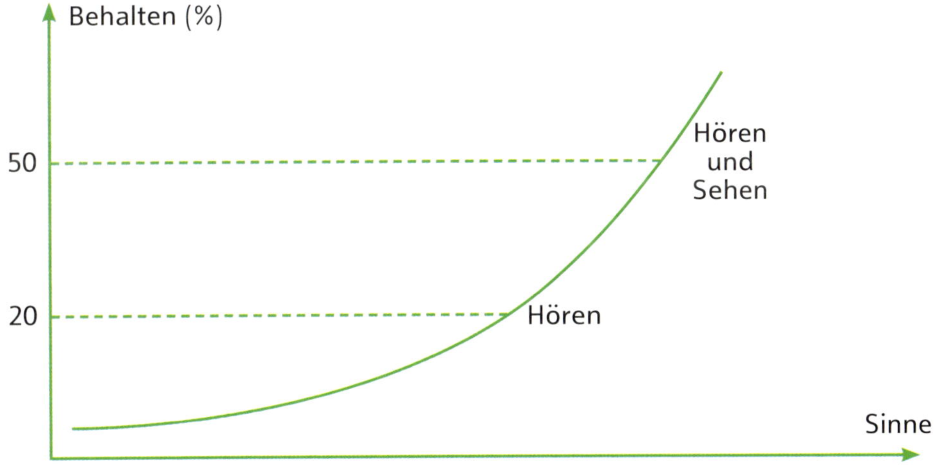


***Abb.: Verhältnis zwischen den Sinneswahrnehmungen und dem Grad des Behaltens***

Im Dialogmarketing kommen drei visuelle Gestaltungsmöglichkeiten infrage:

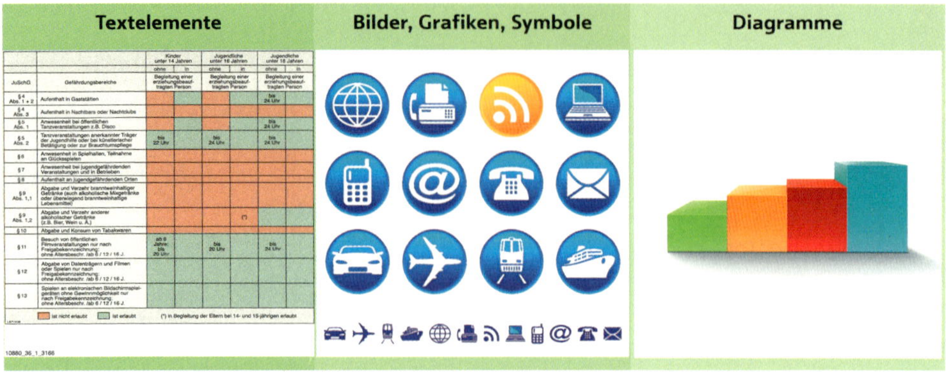


***Abb.: Gestaltungsmöglichkeiten***

## Textelemente

Anschaulich gestaltete Textelemente haben z. B. bei der Nutzung der **Pinnwand** eine große Bedeutung, können aber auch beim Einsatz anderer Medien nützlich sein. Von grundlegender Bedeutung bei Textelementen ist zunächst einmal die gute **Lesbarkeit**. Dazu gehört eine ausreichende Schriftgröße und bei handschriftlichen Texten möglichst die Verwendung von Druckbuchstaben. Die weiteren Grundsätze der Textgestal-
3|2.4 tung sind auch als die **„vier Verständlichmacher“** (nach Schulz von Thun) bekannt:

- **Einfachheit**
  Kurze und einfache Sätze verwenden. Den Wortschatz der Zielgruppe berücksichtigen und möglichst auf Fremdwörter verzichten.
- **Gliederung**
  Durch Überschriften, Absätze und Markierungen einen übersichtlichen Textaufbau herstellen. Eine logisch strukturierte Gliederung erleichtert die Nachvollziehbarkeit und wirkt überzeugend.
- **Prägnanz**
  Die Inhalte auf das Wesentliche beschränken und mit wenigen Worten viel aussagen, nicht umgekehrt.
- **Stimulanz**
  Anreize setzen, die den Empfänger ansprechen, z. B. durch Farben, Grafiken, Skizzen, anschauliche Beispiele.

## Bilder, freie Grafiken, Symbole

**Bilder** sprechen den Empfänger direkt an und sind vor allem geeignet, Gegenstände zu visualisieren. Dies kann z. B. in einer Schulung der Fall sein, in der das neue Produkt von mehreren Seiten als Foto präsentiert wird. Ohne diese visuelle Information wären lange Texte notwendig, um auch nur ansatzweise eine ähnliche Vorstellung von dem Produkt zu gewinnen. Mittels digitaler Bilder ist die Einbindung in einen Text heute technisch kein Problem.

**Freie Grafiken** werden bevorzugt bei der Verwendung der Pinnwand eingesetzt. So sind etwa Wolken, Quadrate, Rechtecke, Kreise und Pfeile als vorgefertigte Gestaltungselemente in verschiedenen Farben erhältlich. Auch Textverarbeitungsprogramme stellen viele Grafiken zur Verfügung.

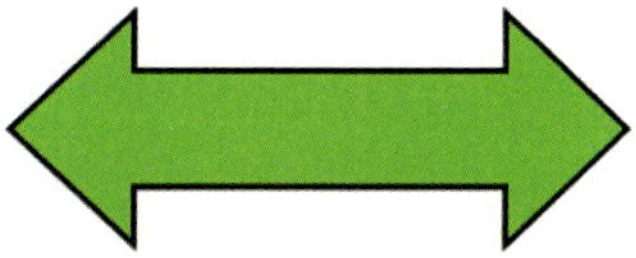

**Symbole** werden meist in standardisierter Form verwendet und stehen als visueller Stellvertreter für eine bestimmte Information (**Piktogramm**). Denkbar ist auch die Verwendung von nicht standardisierten Symbolen, hier besteht jedoch die Gefahr, dass die gewünschte Information nicht verstanden wird.

> *Praxistipp*
> Symbole sind nützlich zur Auflockerung und kompakten Informationsvermittlung, sollten aber sparsam eingesetzt werden, um sich nicht abzunutzen.

## Diagramme

Visuelle Darstellungen von Zahlen und Datenmaterial werden als **Diagramme** bezeichnet. Ziel ist die Erklärung von meist komplexen Zusammenhängen oder umfangreichem Zahlenmaterial. In der betrieblichen Praxis sind **Kurvendiagramm, Säulendiagramm** und **Kreisdiagramm** geläufig. Je nach Art der darzustellenden Informationen kommen ein oder mehrere Diagrammarten infrage.

Jede Diagrammart hat spezielle Formalien, die beachtet werden müssen, um die Information sachgerecht und unverfälscht darzustellen. Für die übersichtliche Darstellung von Diagrammen stehen Tabellenkalkulationsprogramme zur Verfügung. 4|2.2

### Tabelle

| Geeignet zur Darstellung von | Formalien | Praxisbeispiel |
|---|---|---|
| • Absatzzahlen<br>• Preisvergleichen<br>• Rangordnungen<br>• Aufzählungen | • Überschriften, auch der einzelnen Spalten, klar und optisch abgrenzbar gestalten<br>• auf Übersichtlichkeit achten und unnötige Details vermeiden<br>• Hervorhebungen und (begrenzt) Farben einsetzen | Dialogfix bietet regelmäßig Sonderangebote auf ausgewählte Drucker an. In einer Liste erhalten die Agents der Bestellhotline die regulären Preise und die Sonderpreise. |

**Beispiel**

| Modell | Regulärer Preis | Sonderpreis |
|---|---|---|
| Printfix 50 | 49,00 € | 39,00 € |
| Printfix 220 | 99,00 € | 89,00 € |
| Printfix 300 | 119,00 € | 99,00 € |
| Printfix 500 | 199,00 € | 179,00 € |
| Printfix 2000 | 499,00 € | 399,00 € |

***Abb.: Preistabelle***

## Kurvendiagramm

| Geeignet zur Darstellung von | Formalien | Praxisbeispiel |
|---|---|---|
| Entwicklungen in einem bestimmten Zeitraum wie<br>• Mitarbeiterentwicklung,<br>• Umsatzentwicklung,<br>• Absatzentwicklungen | • Achsen beschriften<br>• Zeiteinheit auf der waagerechten Achse eintragen, Mengeneinheit auf der senkrechten Achse<br>• bei mehreren Kurven unterschiedliche grafische Darstellung wählen | Dialogfix hat jeweils eine separate Hotline für Bestellungen (kaufmännische Beratung) und für Supportanfragen (technische Beratung). Zur optimierten Personaleinsatzplanung wird regelmäßig das Anrufvolumen der einzelnen Hotlines verglichen. |

**Beispiel**

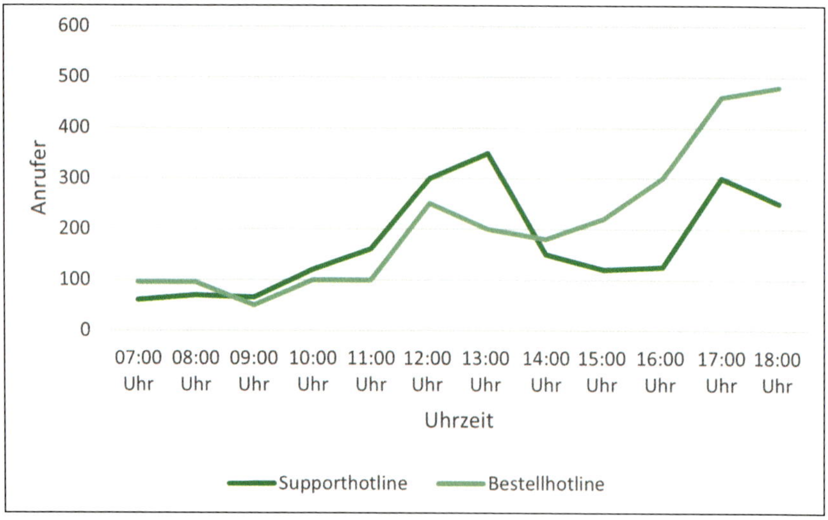


***Abb.: Vergleich Anrufzahlen Bestellhotline/Supporthotline***

### Säulendiagramm (Balkendiagramm)

| Geeignet zur Darstellung von | Formalien | Praxisbeispiel |
|---|---|---|
| • Größenvergleichen<br>• Entwicklungen | • Achsen beschriften<br>• einzelne Balken klar benennen<br>• Balken in gleicher Breite darstellen | Dialogfix vergleicht jede Woche, wie viele Neukunden an den einzelnen Standorten gewonnen wurden. |

**Beispiel**

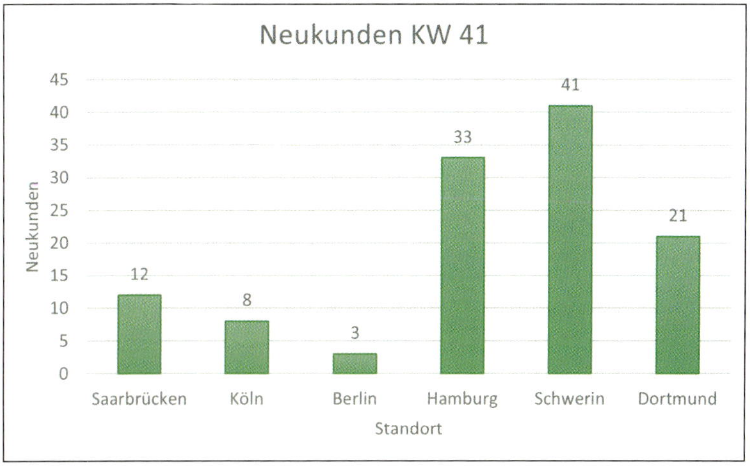


***Abb.: Neukunden an verschiedenen Standorten***

### Kreisdiagramm (Tortendiagramm)

| Geeignet zur Darstellung von | Formalien | Praxisbeispiel |
|---|---|---|
| Anteilen an einem Gesamtwert wie<br>• Umsatzanteile einzelner Produkte,<br>• Marktanteile,<br>• Gewinnverteilung | • Gesamtmenge in Prozente umrechnen<br>• einzelne Teilmengen beschriften<br>• Teilmengen ausreichend groß wählen<br>• Zahl der Teilmengen begrenzen<br>• Teilmengen grafisch hervorheben | Über die ACD-Anlage kann Dialogfix jederzeit abfragen, in welchem Arbeitsstatus sich die Agents befinden. |

**Beispiel**

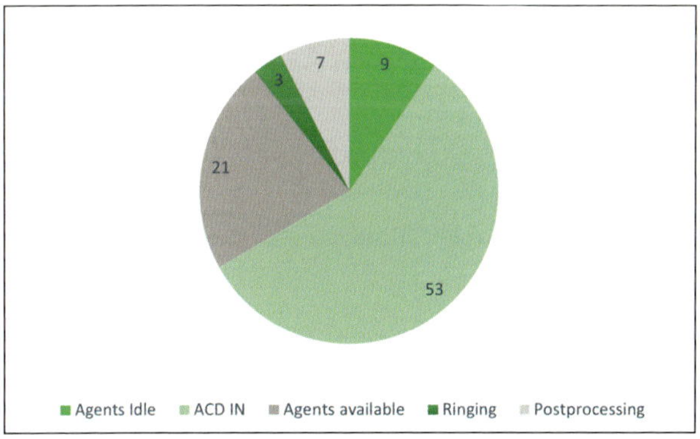


***Abb.: Arbeitsstatus der Agents***

## 3.3 Präsentationsmedien

Aus der Vielfalt der Präsentationsmedien gilt es, für den jeweiligen Zweck das oder die geeigneten Medien auszuwählen. In der Praxis gängige Medien sind:

**Präsentationsmedien**

- Pinnwand
- Whiteboard
- Flipchart
- Overheadprojektor
- Beamer

Dabei gibt es kein „optimales“ Medium für jeden Zweck, vielmehr müssen im Einzelfall Vor- und Nachteile der einzelnen Informationsträger gegeneinander abgewogen werden.

> ***Praxistipp***
> Jedes Medium hat seine Eigenheiten in der Handhabung. Machen Sie sich auf jeden Fall **vor** der Präsentation damit vertraut.

### Pinnwand

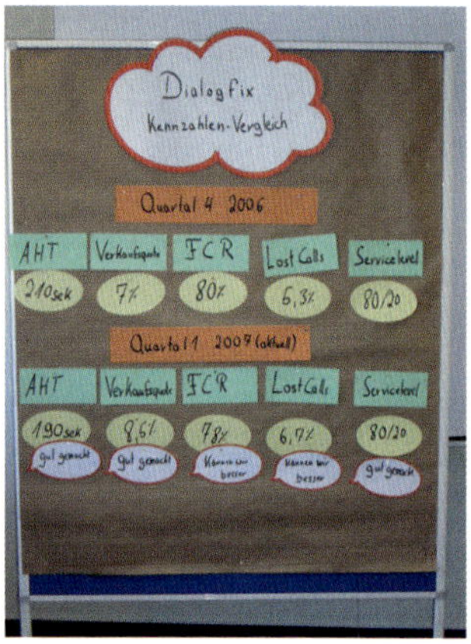


Bei der **Pinnwand** (auch Pinboard, Metaplanwand) handelt es sich um eine großformatige Tafel aus Kork oder Hartschaum, die sich zum Anheften oder Aufkleben von Papierbögen, Plakaten und vorgefertigten Pappkarten in verschiedenen Designs eignet. Bevorzugte Einsatz-
1 | 6.3 bereiche sind **Gruppenarbeiten**, in denen die Gruppenmitglieder einzelne Papierelemente beschriften und anschließend an die Pinnwand heften, auch der Einsatz bereits vorbereiteter Materialien ist denkbar. So ist es beispielsweise möglich, Präsentationen und Moderationen Zug um Zug zu erarbeiten und darzustellen.

| Vorteile | Nachteile |
|---|---|
| flexibler und einfacher Einsatz ohne großen technischen Aufwand möglich | Materialverbrauch an Papier und Schreibgeräten |
| Elemente auf der Pinnwand können einfach umgruppiert werden. | begrenzte Menge an darstellbaren Informationen |
| Einbindung der Teilnehmer möglich | Gruppengröße bzw. Teilnehmerzahl sollte ca. 20 nicht überschreiten. |
| Ergebnis kann langfristig sichtbar bleiben. | Erstellung von Unterlagen (Handout) für die Teilnehmer schwierig |

> ***Praxistipp***
> Achten Sie auf eine lesbare und für andere Teilnehmer nachvollziehbare Gestaltung der Pinnwand.

## Whiteboard

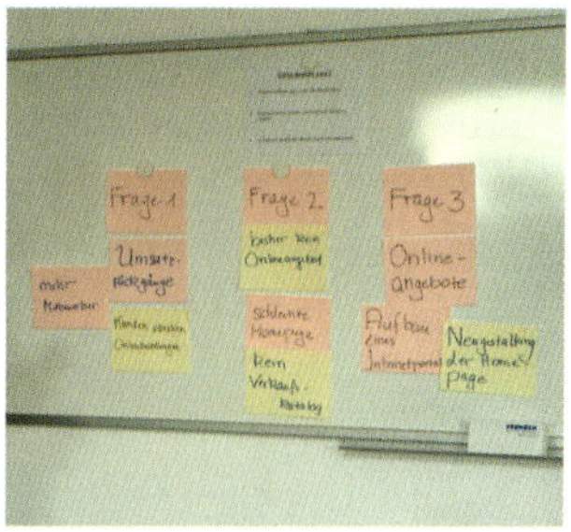


Ein **Whiteboard** ist eine Tafel aus glattem, weißem Kunststoff oder Metall, die mit speziellen Filzstiften beschriftet werden kann. Die Tafel kann auf einem fahrbaren Gestell montiert sein oder fest an der Wand hängen. Meist ist es möglich, mittels Magnetclips kleine Papierelemente etc. zusätzlich anzubringen. Vereinzelt ist in Unternehmen auch heutzutage noch das „Vorgängermodell", die klassische olivgrüne Tafel anzutreffen, die mit Kreide beschriftet wird. Inzwischen sind auch interaktive (elektronische) Whiteboards (auch **Smartboards** genannt) weitverbreitet. Bei diesem Präsentationsmedium kann mit einem elektronischen Stift oder mit dem bloßen Finger geschrieben werden. Darüber hinaus können auch Inhalte von einem Computer übertragen werden.

| Vorteile | Nachteile |
|---|---|
| flexibler und einfacher Einsatz ohne großen technischen Aufwand möglich | bei Beschriftung kein Blickkontakt zu den Teilnehmern möglich |
| leichte Korrekturmöglichkeiten durch abwaschbare Beschriftung | begrenzte Menge an darstellbaren Informationen |
| Einbindung der Teilnehmer möglich | Gruppengröße bzw. Teilnehmerzahl sollte ca. 20 nicht überschreiten. |
| Anbringen zusätzlicher, vorgefertigter Materialien möglich | Beschriftung kann leicht verschmieren. |
| Ergebnis kann langfristig sichtbar bleiben. | Erstellung von Unterlagen (Handout) für die Teilnehmer schwierig |

→ ***Praxistipp***
Achten Sie darauf, abwaschbare Schreibmaterialien zu benutzen.

## Flipchart

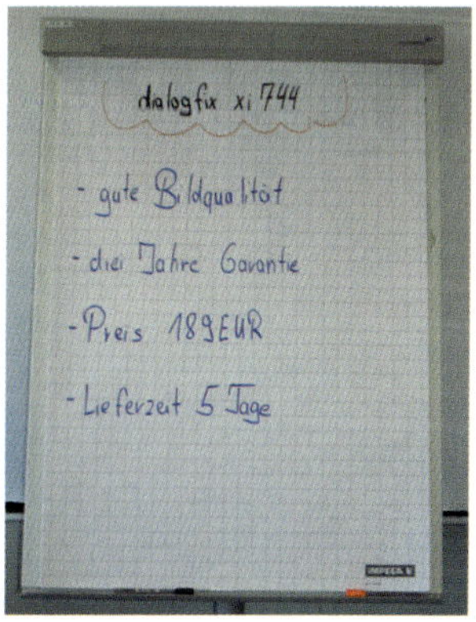


Ein **Flipchart** besteht aus einem großformatigen Papierblock, der auf einer transportablen Haltevorrichtung angebracht ist. Die einzelnen Seiten des Papierblocks können mit Stiften beschrieben und umgeblättert (= flip) werden. Während einer Präsentation kann man die einzelnen Seiten nach und nach entwickeln oder auf bereits vorgefertigte Seiten zurückgreifen. Beschriebene Blätter können auch abgetrennt und dann an der Wand befestigt werden.

→ ***Praxistipp***
Schreiben Sie nur Schlag- oder Stichworte auf das Flipchart, lange Fließtexte haben hier nichts zu suchen.

| Vorteile | Nachteile |
|---|---|
| flexibler und einfacher Einsatz ohne großen technischen Aufwand möglich | Materialverbrauch an Papier und Schreibgeräten |
| Entwicklungsschritte können gut nachvollzogen werden. | Begrenzte Menge an darstellbaren Informationen, ständiges Blättern kann dabei als störend empfunden werden. |
| Einbindung der Teilnehmer möglich | Gruppengröße bzw. Teilnehmerzahl sollte ca. 20 nicht überschreiten. |
| nachträgliches Einfügen/Ergänzen möglich | Einmal Geschriebenes kann nicht mehr verändert werden. |
| Ergebnis kann langfristig erhalten werden und zu einem späteren Zeitpunkt erneut eingesetzt werden. | Erstellung von Unterlagen (Handout) für die Teilnehmer schwierig |

## Overheadprojektor

Der **Overheadprojektor** (auch Tageslichtprojektor) projiziert und vergrößert transparente Folien auf eine helle Oberfläche. Meist wird dabei mit Overheadfolien im DIN-A4-Format gearbeitet, aber auch der Einsatz einer drehbaren Folienrolle ist je nach technischer Ausstattung möglich. Die Folien können sowohl vorgefertigt sein (per Hand oder mit geeigneten Programmen) oder während der Präsentation beschriftet werden. Üblich ist der Einsatz vorgefertigter Folien, da sich das Beschriften während der Präsentation als schwierig erweist (Verschmieren der Schrift, unangenehmes Blenden etc.). Mittlerweile ist eine weitgehende Ablösung des Overheadprojektors durch modernere Medien erfolgt.

| Vorteile | Nachteile |
|---|---|
| Großer Teilnehmerkreis kann angesprochen werden. | technische Abhängigkeit (Stromanschluss, Wand, Gerät) |
| schrittweise Entwicklung und Durchführung der Präsentation möglich | Sicht- und Lichtverhältnisse können die Präsentation beeinträchtigen. |
| leichtes Erstellen von Unterlagen (Handout) für die Teilnehmer möglich | meist keine Einbindung der Teilnehmer möglich, Gefahr der Passivität |
| nachträgliches Einfügen/Ergänzen bei handgeschriebenen Folien möglich | Vorgefertigte Folien können vor Ort nicht mehr verändert werden. |
| Folien können leicht transportiert, langfristig aufbewahrt und jederzeit erneut eingesetzt werden. | Informationen sind nur solange sichtbar, wie die Folie aufgelegt ist. |

→ ***Praxistipp***

Ein Auflegen und Vorlesen einer Vielzahl vorgefertigter Folien ersetzt keinesfalls eine gelungene Präsentation.

**Zoe** schaut sich die Nachricht an und sagt: *„Gut, dass du mir das zeigst, so kannst du keine E-Mail an einen Kunden senden. Die Kollegen im Mailteam übernehmen neben der Telefonie auch die schriftliche Korrespondenz, die haben zusätzlich eine Schulung bekommen. Bitte lieber einen von denen, dem Kunden die E-Mail zu schreiben."*

## ■ Arbeitsaufträge

1. ***Was hat Thomas bei der E-Mail an den Kunden falsch gemacht?***
2. ***Welche Regelungen zur schriftlichen Korrespondenz sind Ihnen aus Ihrem Ausbildungsbetrieb bekannt?***
3. ***Stellen Sie Vorteile zusammen, die eine professionelle schriftliche Korrespondenz für Unternehmen und Kunden bietet.***

Häufig steht im Dialogmarketing die **mündliche Kommunikation** im Vordergrund. Es gibt jedoch auch viele Anlässe, in denen unternehmensintern oder im Kundenkontakt **geschriebene Sprache** eingesetzt wird, z. B.

- Geschäftsbriefe,
- Gesprächsnotizen,
- E-Mail-Korrespondenz,
- Chat/Social Media,
- interne Mitteilungen,
- Gesprächsleitfäden.

Um diese Texte sach- und situationsgerecht zu gestalten, müssen formale und inhaltliche Regelungen beachtet werden. Jedes Unternehmen kann die schriftliche Korrespondenz mit Geschäftspartnern und Kunden natürlich frei gestalten. Dennoch werden Schreiben meist **normgerecht** verfasst.

## 1.1 Texte nach DIN-Norm verfassen

Die Formalien für die schriftliche Geschäftskorrespondenz (Briefe, E-Mails) sind in der **DIN 5008** festgelegt. So regelt die Norm etwa Aufbau bzw. Abfolge der Textelemente und gibt Hinweise zu ihrer Schreibweise (z. B. Datumsangabe).

**Ziel der DIN 5008** ist es,

- die Maschinenlesbarkeit von Schriftstücken zu verbessern,
- ein Grundgerüst für eine übersichtliche Korrespondenz zu liefern,
- Korrespondenz einheitlich zu gestalten.

→ ***Praxistipp***
Die formalen Details der DIN 5008 sind in den Dialogmarketingberufen **nicht** prüfungsrelevant. Daher wird an dieser Stelle nur ein kurzer Überblick gegeben. Darüber hinaus werden einige Punkte thematisiert, die generell bei Anschreiben an Kunden wichtig sind.

## Form eines Briefes nach DIN 5008

Die DIN 5008 regelt genau, welche Abstände (in Millimeter) von den jeweiligen Blatträndern bzw. der Strukturelemente untereinander einzuhalten sind, damit ein Schreiben ordentlich gefalzt bzw. maschinell ausgewertet werden kann.

Gemäß der Norm gibt es zwei mögliche Formblätter:

1. **Formblatt A mit einem 27 mm hohen Briefkopf**
   Diese Version eignet sich für Unternehmen mit kleinem Logo oder für private Korrespondenz. Wird das Schreiben gefalzt, entsteht durch das verkürzte obere Drittel ein kleiner Versatz.
2. **Formblatt B mit einem 45 mm hohen Briefkopf**
   Diese Version ist in der geschäftlichen Korrespondenz sehr weit verbreitet. Wird das Schreiben gefalzt, schließt es am oberen Blattrand bündig ab.

> ➔ ***Praxistipp***
> Beispiele mit den exakten Maßen für Geschäftsbriefbogen und einer Muster-Vorlage finden Sie z. B. unter https://www.onlineprinters.de/magazin/aufbau-geschaeftsbrief-nach-din-5008/.

Je nachdem, mit welchen Textverarbeitungsprogrammen ein Unternehmen arbei-
1 | 1.1.5 tet bzw. welche Regeln der Corporate Identity zu beachten sind, kann es zu Abweichungen der Zeilenabstände kommen.

## Grundaufbau eines Briefes nach DIN 5008

Darüber hinaus regelt die DIN 5008 den formalen Aufbau des Schreibens und gibt Gestaltungshinweise zur besseren Lesbarkeit.

> ➔ ***Praxistipp***
> Die Webseite www.din-5008-richtlinien.de bietet ausführliche Informationen zu den Normen und Richtlinien. Auch die Überarbeitung der Norm in 2019 findet hier ihren Platz.

Jeder Brief besteht aus:

- Briefkopf
- Anschriftfeld
- Informationsblock oder Bezugszeichenzeile
- Betreff
- Anrede
- Text
- Gruß
- Firmenwiederholung
- Unterschrift und Firmenstempel
- Anlagen und Verteilervermerk
- Brieffuß und Geschäftsangaben

Alle Zeilen beginnen mit einem Abstand von 25 mm zum linken Seitenrand. Der rechte Seitenrand sollte 20 mm betragen.

## Gestaltungshinweise für Schreiben an Kunden

Die DIN 5008 enthält viele nützliche Empfehlungen, die generell bei Schreiben an Kunden beachtet werden sollten.

### Anrede

Nach der Anrede des Empfängers steht in der Regel ein Komma, auf Ausrufezeichen wird gänzlich verzichtet. Das erste Wort der folgenden Zeile wird klein geschrieben, sofern es sich nicht um ein Substantiv handelt. Wenn möglich sollte der Empfänger mit Namen angesprochen werden. Ist der Empfänger nicht bekannt, wird die Formulierung „Sehr geehrte Damen und Herren“ verwendet.

Richtet sich das Schreiben an eine Einzelperson, kann die Anrede wie folgt gestaltet werden:

**Beispiele**

- Sehr geehrter Herr Weiß,
- Guten Tag Herr Kleer,
- Lieber Herr Engel,

Wird eine Person angesprochen, die ein Amt bekleidet, kann der Name weggelassen werden, wenn der Amtstitel genutzt wird.

**Beispiel**

Sehr geehrte Frau Ministerpräsidentin,

Eine Ausnahme hierbei bilden akademische Titel wie Doktor und Professor, die dem Namen vorangestellt werden. Eine Abkürzung ist hier üblich.

**Beispiel**

Sehr geehrte Frau Prof. Klaasen,

### Text

Der Briefinhalt wird sachlich formuliert und auf den Empfänger bezogen. Es wird eine Gliederung des Textes in Absätze vorgenommen, die Absatzgliederung sollte sich mit der inhaltlichen Gliederung decken. Dabei gilt der Grundsatz: ein neuer Gedanke, ein neuer Absatz. Die Gliederung wird jeweils durch eine Leerzeile vorgenommen.

Im Text stehen folgende Hervorhebungsmöglichkeiten zur Verfügung:

- Unterstreichen
- Großschreiben
- Zentrieren
- Einrücken
- Fett- und Kursivschrift
- verschiedene Schriftarten
- Wechsel der Schriftgröße
- Farben

#### Gruß

Der Gruß wird mit einer Leerzeile vom Text abgesetzt. Mögliche modernere Grußformeln neben dem klassischen „Mit freundlichen Grüßen“ sind:

**Beispiele**

- Freundliche Grüße aus ...
- Viele/Beste Grüße
- Herzliche Grüße
- Sommerliche [...] Grüße sendet

#### Telefonnummern

Die **Vorwahl** wird durch einen Leerschritt von der restlichen Telefonnummer abgesetzt, eine mögliche **Durchwahlnummer** wird mit einem Bindestrich angehängt. Bei **Servicerufnummern**, die einen besonderen Tarif haben, wird die entsprechende Ziffer abgesetzt. Soll die **internationale Vorwahl** mit angegeben werden, wird für Deutschland eine +49 vorangestellt, die 0 der Vorwahl entfällt.

**Beispiele**

- 030 1081266
- 0861 88006-10
- 0180 6 555123
- +49 89 32168

#### Datum

Die DIN 5008 erlaubt für das Datumsformat mehrere Varianten. Zum einen ist die numerische Datumsangabe möglich, und zwar sowohl in der Variante Jahr/Monat/Tag (z. B. 2023-09-13) als auch in der Variante Tag/Monat/Jahr (z. B. 13.09.2023). Die Jahreszahl sollte dabei vierstellig geschrieben werden.

Zum anderen ist die Schreibweise mit ausgeschriebenen oder abgekürzten Monatsnamen möglich (z. B. 13. September 2023). Als Besonderheit entfällt hier die vorangestellte Null bei einstelligen Tagesangaben (z. B. 6. November 2023).

> **Praxistipp**
> Üblicherweise wird die geschäftliche Korrespondenz mit einem Textverarbeitungsprogramm erledigt. Häufig wird dabei mit Serienbriefen gearbeitet. Gestaltungshinweise und Vorlagen für Geschäftsbriefe bietet die Webseite www.rainer-lamberts.de/downloads.html.

#### Pflichtangaben in Geschäftsbriefen

Für Geschäftsbriefe gelten gesetzliche Pflichtangaben, die je nach gewählter Rechtsform variieren. Die nachfolgend beschriebenen Angaben werden nach DIN 5008 in der Fußzeile des Briefpapiers (Brieffuß) gedruckt. Fehlen verpflichtende Angaben, kann ein Zwangsgeld von bis zu 5 000,00 € verhängt werden.

> **Praxistipp**
> Detaillierte Informationen und Rechtsquellen zu den Pflichtangaben liefert https://www.ihk.de/berlin/service-und-beratung/recht-und-steuern/kaufmaennische-pflichten/pflichtangaben-geschaeftsbrief-4336766.

| Einzelunternehmen (Einzelkaufmann) | Kommanditgesellschaft (KG) | Gesellschaft mit beschränkter Haftung (GmbH) |
|---|---|---|
| • Firmenname wie im Handelsregister eingetragen<br>• Bezeichnung z. B. „eingetragener Kaufmann“, „eingetragene Kauffrau“ oder eine allgemein verständliche Abkürzung dieser Bezeichnung, z. B. „e. K.“<br>• Sitz des Unternehmens oder der Handelsniederlassung (Ort)<br>• Registergericht und Handelsregister-Nummer | • Firmenname wie im Handelsregister eingetragen<br>• Rechtsform<br>• Sitz der Gesellschaft (Ort)<br>• Registergericht und Handelsregister-Nummer<br><br>Diese Angaben genügen, wenn eine natürliche Person Gesellschafter ist. Handelt es sich bei den Gesellschaftern um Unternehmen, müssen diese genannt werden, und die gleichen Angaben machen wie eine GmbH oder eine AG. | • Firmenname wie im Handelsregister eingetragen<br>• Rechtsform<br>• Sitz der Gesellschaft (Ort)<br>• Registergericht und Handelsregister-Nummer<br>• alle Geschäftsführer mit dem Familiennamen und mind. einem ausgeschriebenen Vornamen<br>• falls ein Aufsichtsrat existiert, dessen Vorsitzender mit Familiennamen und mind. einem ausgeschriebenen Vornamen |

## 1.2 Kundenorientiert formulieren

Jenseits der DIN-Normen sind in der schriftlichen Kundenkommunikation ein sicherer Umgang mit der Sprache sowie ein freundlicher Stil Voraussetzungen für ein positives Kundenerlebnis. Für geschäftliche Briefe, Chats Social Media Kommunikation und E-Mails an Kunden gilt es daher, einige Punkte zu beachten.

### Wahl der Perspektive

Sowohl in der schriftlichen als auch in der mündlichen Kommunikation kann eine Aussage aus verschiedenen Perspektiven getroffen werden. So unterscheidet man **Wir-, Ich-, Es- oder Sie-Formulierungen**. Die Wahl der Perspektive bestimmt entscheidend, wie eine Aussage vom Empfänger aufgenommen wird.

#### Wir-Formulierungen

Durch den Einsatz der Wir-Formulierung stellt sich das Unternehmen in der Aussage als geschlossene Einheit dar. Der Verfasser wirkt dadurch anonymisiert.

Wir-Formulierungen sollten z. B. eingesetzt werden, wenn

- der Kunde zu einer Veranstaltung des Unternehmens eingeladen wird,
- das Unternehmen aufgrund interner Regelungen oder einer Gesetzeslage dem Kunden eine Entscheidung mitteilt,
- ein Vertrag abgeschlossen oder eine Willenserklärung abgegeben wird,
- eine Entscheidung mitgeteilt wird, die es erforderlich macht, den einzelnen Mitarbeiter auszuklammern bzw. in Schutz zu nehmen.

**Beispiele**

- Wir laden Sie herzlich zu unserem jährlichen Sommerfest ein.
- Gemäß § 4 unserer AGB treten wir vom Vertrag zurück.
- Wir unterbreiten Ihnen heute ein besonderes Angebot.

### Ich-Formulierungen

Die Ich-Formulierung ist deutlich kundenorientierter und persönlicher. Hier wird eine klare Zuständigkeit eines Mitarbeiters für die Belange des Kunden signalisiert. Der Kunde hat es mit einem Menschen, nicht mit einer ganzen Institution zu tun.

Die Ich-Form sollte verwendet werden, wenn

- der Mitarbeiter seine persönliche Meinung äußert,
- der Mitarbeiter sich für einen Fehler entschuldigt oder Anteil nimmt,
- persönliche Termine angeboten werden,
- die Servicebereitschaft oder Zuständigkeit eines Mitarbeiters in den Vordergrund gestellt werden soll.

**Beispiele**

- Ich entschuldige mich bei Ihnen für die Unannehmlichkeiten.
- Ich lade Sie herzlich zu einem persönlichen Termin ein.
- Ich freue mich, dass ich Sie von unserem Drucker überzeugen konnte.
- Ich habe folgendes Angebot für Sie ausgearbeitet.

### Es-Formulierungen

Die Es-Formulierung stellt eine Sache in den Vordergrund. Die Beziehung zum Gesprächspartner wird so auf eine sehr sachliche Ebene geführt.

Die Es-Formulierung sollte verwendet werden, wenn

- eine Sache in den Vordergrund gestellt werden soll,
- eine Aussage nicht auf Person, Kunde oder Unternehmen bezogen sein soll,
- erreicht werden soll, dass niemand die Schuld an einer bestimmten Sache hat,
- schlechte Nachrichten mitgeteilt werden.

**Beispiele**

- Die AGB lassen leider keine Kündigung vor Ablauf des Vertrages zu.
- Der Ablauf ist klar gegliedert, eine andere Vorgehensweise ist nicht möglich.
- Der Bericht liegt seit einer Woche vor.

→ ***Praxistipp***
Die Es-Formulierung wirkt sehr unpersönlich und führt automatisch zu einer Versachlichung bzw. zu passiver Ausdrucksweise. Achten Sie daher auf eine sparsame Anwendung. Oft eignet sich bei unangenehmen Themen auch die Wir-Formulierung.

### Sie-Formulierungen

Die Sie-Formulierung stellt den Empfänger einer Nachricht in den Vordergrund. Der Empfänger kann sie schneller und leichter aufnehmen und verarbeiten.

Sie-Formulierungen sollten eingesetzt werden, wenn

- eine Aussage mitgeteilt wird, die für den Empfänger positiv ist,
- ein konkreter Appell an den Empfänger ausgesprochen wird,
- der Empfänger im Mittelpunkt der Aussage stehen soll.

Außerdem eignen sich Sie-Formulierungen generell für den Anfang eines Briefes, wenn es darum geht, das Anliegen des Kunden aus vorangehenden Schreiben wieder aufzunehmen bzw. zu wiederholen.

**Beispiele**

- Sie möchten Informationen zu unserem xi744 PhotoDrucker.
- Sie erhalten von uns in den nächsten Tagen Ihren neuen Drucker.
- In Ihrem Interesse haben wir die Lieferung zurückgehalten, bis wir die Adressdaten überprüfen können.

### Einsatz der korrekten Formulierung

In einer professionellen Korrespondenz finden sich alle oben beschriebenen Formen im Einsatz miteinander. Dabei ist es stets ratsam, genau zu prüfen, welche Aussagen getroffen werden sollen und welche Art der Formulierung daher zu wählen ist.

Generell wirken Sie- und Ich-Formulierungen freundlicher und dienen dem Aufbau einer positiven Beziehung zum Kunden. Es finden sich aber auch Anlässe, in denen der Einsatz von Wir- und selten auch von Es-Formulierungen sinnvoll ist.

→ ***Praxistipp***
Prüfen Sie Ihre Schreiben stets auf einen gesunden Mix verschiedener Formulierungsarten. Was wollen Sie in den Mittelpunkt stellen? Wird eine positive oder negative Aussage für den Kunden getroffen? Passen Sie dabei die Kommunikation jeweils dem gewählten Medium (z. B. Chat oder Social Media) an, ohne auf eine professionelle Kommunikation zu verzichten.

## Aktiv statt Passiv

Passivformulierungen finden sich oft in Gesetzen und Verträgen, sie wirken auf den Kunden sehr bürokratisch und unpersönlich. Den Einsatz dieser Formulierungen sollte man daher auf die Fälle beschränken, in denen mit einer Sache etwas geschieht und dieses Geschehen wichtiger ist als die handelnden Personen, oder wenn die Aussage absichtlich die Personen ausklammern soll (ähnlich den Es-Formulierungen). Ansonsten sollte der Kunde immer direkt angesprochen werden.

| Passiv | Besser: Aktiv |
|---|---|
| Ihre Bitte wird erfüllt. | Wir erfüllen Ihre Bitte. |
| Aus der Rechnung kann entnommen werden ... | Sie können der Rechnung entnehmen ... |
| Der Vertrag wird Ihnen zugeschickt. | Sie erhalten den Vertrag. |

## Einsatz von Verben

Substantivierungen wirken sehr schwerfällig und einschüchternd. Texte, die viele Verben enthalten, sind wesentlich dynamischer und prägnanter. Sie sollten daher stets vermeiden, etwas mit einem Substantiv auszudrücken, was Sie auch mit einem Verb ausdrücken können.

| Substantivierung | Besser: Verb |
|---|---|
| Bei Vorlage des Retourenscheines ... | Sobald der Retourenschein vorliegt ... |
| Eine Weiterleitung wurde vorgenommen ... | Haben wir weitergeleitet ... |
| Wir werden die Prüfung Ihres Druckers vornehmen. | Wir werden den Drucker prüfen. |

## Streckverben vermeiden

In enger Verbindung mit Substantivierungen steht auch der Einsatz von Streckverben. Ein Streckverb setzt sich zusammen aus einer Substantivierung (z. B. Buchung) und einem Verb (z. B. durchführen). Diese Art der Formulierung zieht einen Satz unnötig in die Länge, streckt ihn also.

| Streckverben | Besser: Verb |
|---|---|
| die Abbuchung durchführen | abbuchen |
| in Erwägung ziehen | erwägen |
| zur Kenntnis bringen | mitteilen |

## Wortwahl

In der Korrespondenz neigen viele Menschen dazu, schwierige Wortkonstruktionen, Fremdwörter oder eindrucksvoll klingende Einleitungen zu verwenden. Sie hoffen, dass solche Formulierungen wichtig und kompetent wirken. In Wahrheit erschweren es diese Formulierungen dem Empfänger aber, den Brief zu lesen.

Generell sollten alle Aussagen so formuliert sein, dass der Kunde durch eine **einfache Wortwahl** direkt Sinn und Inhalt versteht. Komplexe Wortkonstruktionen, unnötige Fremdwörter oder vermeintlich kompetent klingende Begriffe sind daher möglichst zu vermeiden.

| Kompliziert | Besser: einfach |
|---|---|
| Inanspruchnahme | beanspruchen |
| Inaugenscheinnahme | prüfen/Prüfung |
| hinsichtlich | wegen |
| wir haben Ihren Auftrag dankend erhalten | vielen Dank für Ihren Auftrag |
| wir stellen Ihnen anheim | wir überlassen es Ihnen |
| eruieren | herausfinden/untersuchen |
| konform gehen | einverstanden sein |
| tangieren | berühren |

### Satzlänge und Satzbau

Ein gut verständlicher Text zeichnet sich durch den Einsatz von kurzen und knappen Sätzen aus. Dabei sollte ein Wechsel von etwas längeren Sätzen (Hauptsatz mit maximal einem Nebensatz) zu kurzen Sätzen (nur Hauptsatz) erfolgen.

Die Sätze sollten dabei nicht mit allzu vielen Informationen oder Gedankengängen überfrachtet werden.

**→ *Praxistipp***
Als Faustregel gilt: jeder Gedanke ein Satz, jedes Thema ein eigener Absatz.

## 1.3 Textbausteine und Standardformulierungen

Aufgrund vieler ähnlicher Kundenanfragen wiederholt sich ein großer Teil der geschäftlichen Korrespondenz in seiner Gesamtheit oder in einzelnen Textpassagen. Je nach Ausrichtung des Unternehmens liegt der Anteil an gleichbleibenden Anfragen zwischen 30 % und 80 %.

**Beispiel**

Dialogfix erhält am Tag zwischen 100 bis 150 Anfragen zu den aktuellen Preisen oder dem aktuellen Hardwaresortiment. Die Struktur der Antwort sieht inhaltlich immer gleich aus.

Aus diesem Grund werden **Textbausteine** und **Standardformulierungen** vorbereitet, mit denen die Kundenkorrespondenz erstellt wird. Der Mitarbeiter kann dann aus einer Sammlung fertiger Textpassagen einen Brief oder eine E-Mail erstellen und wenn nötig an die individuellen Anfragen anpassen.

Da diese Textbausteine von jedem Mitarbeiter in der Korrespondenz verwendet werden, ist ein **einheitliches Auftreten** gegenüber dem Kunden sichergestellt. Durch eine gründliche Vorbereitung der Textbausteine kann das Unternehmen 1|1.1.5 auch auf Rechtschreibung, Grammatik sowie Einhaltung des Styleguides achten. Die Textbausteine werden nach Sachgebieten und Textaufbau geordnet und stehen den Nutzern in Textvorlagen oder entsprechenden Programmen zur Verfügung. Je nach Anfrage wählt der Mitarbeiter ein entsprechendes Sachgebiet und eine passende Textpassage aus.

**Beispiel**

Eine Kundenbetreuerin von Dialogfix erhält eine Anfrage zum aktuellen Preis des Druckermodells xi744.

Die Antwort kann mit Textbausteinen wie folgt aufgebaut werden:

| Brieftext | Textbaustein (Bezeichnung) |
|---|---|
| Sehr geehrte/r Herr/Frau <Name des Kunden>,<br><br>vielen Dank für Ihre Anfrage vom <Datum> | Begrüßung |
| Unser Drucker xi744 kostet inklusive Software <aktueller Preis> €.<br><br>Mit einer guten Bildqualität und einer Garantie von 3 Jahren inklusive Abholservice erhalten Sie das optimale Gerät für Ihre Ansprüche. | Preis + Empfehlung Drucker xi744 |
| Für weitere Fragen zum Gerät stehen wir Ihnen gerne unter der Telefonnummer **01806 555123** (20 Cent pro Anruf – Preise bei Mobilfunk maximal 60 Cent) zur Verfügung. | Empfehlung Hotline |
| Mit freundlichen Grüßen<br><br>Dialogfix GmbH<br><br><Unterschrift/Name Mitarbeiter> | Verabschiedung |

### Vor- und Nachteile von Textbausteinen

| Vorteile | Nachteile |
|---|---|
| Standardisierte Anfragen können schnell beantwortet werden. | Es besteht die Gefahr, Anschreiben nicht mehr individuell zu beantworten. |
| Jeder Mitarbeiter kann Textbausteine auf entsprechende Anfragen einsetzen, auch ohne spezielle Schulung. | Die Mitarbeiter fühlen sich in ihrer Kompetenz herabgesetzt. |
| Sie garantieren eine einheitliche Beantwortung von Kundenanfragen. | Möglicherweise erhält ein Kunde bei ähnlicher Anfrage zweimal hintereinander exakt den gleichen Wortlaut als Antwort. |
| Stil, Grammatik und Rechtschreibung können im Vorfeld geprüft werden. | Wenn Fehler in den Textbausteinen sind, erhält jeder Kunde fehlerhafte Schreiben. |

## 1.4 E-Mail-Gestaltung

Heute ersetzt die E-Mail den Geschäftsbrief oder das Fax immer häufiger. Die Vorteile der E-Mail sind die rasche und kostengünstige Übermittlung, die Möglichkeit, gleich mehrere Empfänger zu berücksichtigen sowie Dateianhänge (Attachments) versenden zu können.

Im Allgemeinen werden folgende Typen der E-Mail unterschieden:

- E-Mails, die direkt die Nachricht enthalten. Sie sind einem offenen Brief ähnlich.
- E-Mails mit Anhang. Der Anhang kann entweder den Text der E-Mail ergänzen oder die eigentliche Nachricht enthalten.

Den Gestaltungsmöglichkeiten für E-Mails sind keine Grenzen gesetzt. So können z. B. Emoticons (☺) eingesetzt werden, um Gefühle auszudrücken, oder im Internet verwendete Kürzel, um Gemütszustände zu vermitteln (z. B. lol für „laughing out loud"). Diese Symbolik hat allerdings in einer Kundenkorrespondenz nichts zu suchen. Eine E-Mail an einen Kunden oder Geschäftspartner ist ein Geschäftsbrief und wird entsprechend der **DIN 5008** gestaltet. Zudem sind alle Unternehmen 3|1.1 gemäß dem **Gesetz über elektronische Handelsregister und Genossenschaftsregister sowie das Unternehmensregister** (EHUG) verpflichtet, bestimmte Informationen zu ihrem Unternehmen bei jedem Schriftwechsel anzugeben. Mit diesem Gesetz wurde klargestellt, dass für E-Mails dieselben Regeln gelten wie für Geschäftsbriefe in der Briefpost. Sie müssen also alle **Pflichtangaben** für die jeweilige Rechtsform enthalten.

→ ***Praxistipp***
Es gibt verschiedene Verhaltensregeln für den Umgang mit anderen Menschen im Internet, Chat oder per E-Mail. Diese Regeln können je nach Hintergrund (privat, geschäftlich) variieren, zielen aber immer darauf ab, dass man auch in der elektronischen Kommunikation dem Gegenüber Achtung und Respekt entgegenbringt. Diese Regeln werden oft als **Netiquette** bezeichnet und stellen einen Verhaltenskodex im Internet dar.

### Grundregeln zur Gestaltung einer E-Mail

Beachten Sie beim Schreiben einer E-Mail folgende **Grundsätze**:

- Kommen Sie inhaltlich schnell zum Punkt, damit der Empfänger nicht zu lange scrollen muss.
- Schreiben Sie ganze Wörter oder gar Sätze nicht in Großbuchstaben, das wirkt wie ANSCHREIEN.
- Antworten Sie nicht auf eine E-Mail, die Sie noch nicht komplett gelesen haben.
- Leiten Sie E-Mails nur an Personen weiter, die der Inhalt etwas angeht.
- Duzen Sie nur Personen, die Sie persönlich ebenfalls duzen würden.

**Aufbau einer E-Mail**

Folgende wesentliche Regeln sollten bei der geschäftlichen Nutzung von E-Mails beachtet werden:

- Absender- und Empfängeradresse
- Betreff
- Zitieren
- Text/Inhalt
- Anhang

**Absender- und Empfängeradresse**

Eine E-Mail kann alleine durch die Verwendung der richtigen E-Mail-Adresse verschickt und empfangen werden. Die E-Mail-Adresse kann allerdings ein einfaches Kürzel sein, das über Namen, Anschrift und Hintergrund des Absenders keine Auskunft gibt. Daher ist es wichtig, dass man sich in Geschäfts-E-Mails korrekt zu erkennen gibt. Dies kann durch die Verwendung einer E-Mail-**Signatur** oder die Nennung des kompletten Namens am Ende der E-Mail geschehen.

**Betreff**

Der Betreff einer E-Mail sollte stets mit einer aussagekräftigen Information versehen werden. So kann der Empfänger leicht entscheiden, ob und wann er diese E-Mail liest. Außerdem ist es wichtig, dass der Empfänger die E-Mail von Massen-
4|5.1.2 mails (sogenannte Spammails) unterscheiden kann.

**Zitieren**

Bei manchen E-Mail-Programmen wird direkt durch die „Beantworten"- bzw. „Reply"-Funktion die ursprüngliche Nachricht zitiert. Hier ist darauf zu achten, dass wichtige Informationen des ursprünglichen Textes zitiert werden, aber nicht zu viele oder unnötige Informationen. Kopiert man über einen langen E-Mail-Verkehr hinweg immer die kompletten E-Mail-Texte, werden die E-Mails zu lang und damit unübersichtlich. Der Empfänger verliert so leicht die Lust, den gesamten Text zu lesen.

**Text/Inhalt**

Es gibt sehr viele verschiedene E-Mail-Programme und Anbieter von E-Mail-Accounts, aber leider keine einheitliche Norm darüber, wie der Textkörper formatiert wird. Wenn man mit vielen Formatierungen wie Textumbruch, Bildern, Sonderzeichen, Tabulatoren oder Tabellen arbeitet, kann es passieren, dass die E-Mail beim Empfänger nicht mehr korrekt angezeigt wird. Es empfiehlt sich daher, den Text der E-Mail schlicht zu gestalten und komplexe Texte in den Anhang zu setzen.

Eine E-Mail wird oft in Eile verfasst oder unter der Prämisse, im Vergleich zu einem Brief Zeit zu sparen. Trotzdem ist eine korrekte Rechtschreibung in einer Geschäftskorrespondenz Pflicht. Eine E-Mail mit Rechtschreibfehlern wirkt genauso unprofessionell wie ein Brief mit Rechtschreibfehlern.

→ ***Praxistipp***

Überprüfen Sie Ihre E-Mail stets auf Rechtschreibfehler. Die meisten E-Mail-Programme besitzen bereits entsprechende Prüfungsmöglichkeiten. Ansonsten kann der Text auch zur Prüfung in ein Textverarbeitungsprogramm kopiert werden.

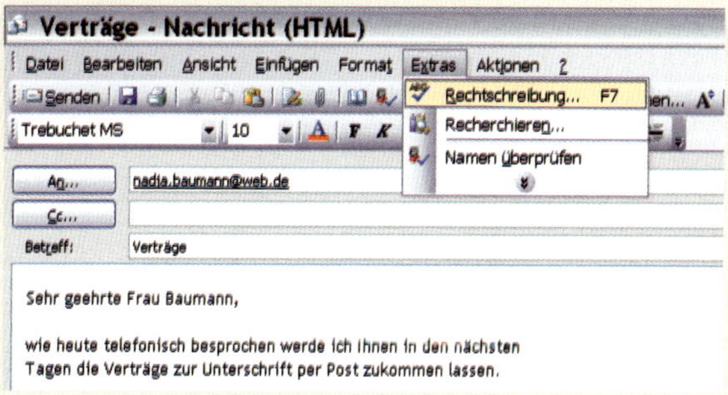


**Anhang**

Beim Versenden von Anhängen sollte man stets darauf achten, dass die Datei auch vom Empfänger geöffnet werden kann. Ist dies nicht sichergestellt, empfiehlt es sich, ein anderes Dateiformat zu nutzen oder einen Hinweis auf ein geeignetes Programm zum Öffnen des Anhangs zu geben.

Beim Öffnen von Anhängen ist stets Vorsicht geboten. Anhänge können beabsichtigt oder unbeabsichtigt **Computerviren** enthalten. Eine Prüfung mit einem 4|5.2.2
Antivirenprogramm ist daher unverzichtbar.

→ ***Praxistipp***

Wenn Sie personenbezogene Daten übermitteln, sollten Sie ein Programm zur Verschlüsselung von E-Mails und E-Mail-Anhängen verwenden.

## 1.5 Chat und Social-Media-Kommunikation

Der Trend zum multimedialen Contact Center reduziert den Anteil der Anrufe an der gesamten Kundenkommunikation. Kunden erwarten vermehrt einen **Omnichannel-Support**, der damit für viele Unternehmen in der Praxis zur Pflicht wird. 4|1.2.6

Dies erfordert von den Unternehmen und den Beschäftigten im Dialogmarketing **zusätzliche Kompetenzen**, die auch über die traditionelle schriftliche Kommunikation per Brief oder Mail hinausgehen.

## Grundregeln zum Einsatz von Chats im Kundenservice

Immer häufiger können Kunden auf der Homepage eines Unternehmens direkten Kontakt über einen **Live-Chat** aufnehmen. Hier kommen für einfache Anfragen mittlerweile bevorzugt Chatbots zum Einsatz, welche mit Textbausteinen sich häufig wiederholende Fragen beantworten. Ist die Frage etwas komplexer, kann aber auch direkt zu einem Mitarbeiter verbunden werden, der dann ein professionelles Kundengespräch im Chat führt.

Dabei gilt es für den Kundenbetreuer, folgende Grundsätze zu beachten:

- Es gelten grundsätzlich die hier vorgestellten Regeln der kundenorientierten Kommunikation.
- Im Gegensatz zu E-Mail, Brief oder Fax handelt es sich um eine **synchrone Kommunikation**. Das bedeutet, Kunde und Mitarbeiter agieren zeitgleich in einem Dialog. Es wird also eine Gesprächsstruktur gebraucht. Der Kundenberater ist Moderator des Chats.
- Ein Chat in diesem Kontext besteht wie ein **professionelles Beratungsgespräch**
5|1.1 aus Einstieg, Bedarfsanalyse, Beratung und Abschluss.
- Emotionen sind im Chat schwieriger zu bearbeiten. Daher sind Methoden der **Kommunikationspsychologie** besonders wichtig. Insbesondere hat es sich be-
3|2.4 währt, Sachebene und Beziehungsebene klar auszuformulieren.
- Droht ein Chat-Dialog zu scheitern, weil z. B. das Thema zu komplex oder emotional ist, sollte ein Medienwechsel in Betracht gezogen werden. Dem Kunden kann dann beispielsweise ein Rückruf angeboten werden.
- Zur Vereinfachung können auch hier Textbausteine zum Einsatz kommen. Diese sollten aber eher sparsam eingesetzt werden. Der Kunde soll merken, dass er mit einem Menschen im Dialog ist.
- Kunden erwarten eine unmittelbare Verfügbarkeit und rasche Reaktion, eine zeitnahe Bearbeitung ist daher von höchster Bedeutung.

### Kundenkontakt über Live-Chats muss besser koordiniert werden

Live-Chats gehören zu den wichtigsten Trend-Tools in der Kundenansprache. Sie bieten zweifellos großes Potenzial für den Customer-Service und -Kontakt [...]. Betreut wird der Live-Chat derzeit vorrangig vom Kundendienst und -service (40 Prozent), gefolgt von Vertrieb und Marketing (27 Prozent und 25 Prozent). Aber auch die HR-Abteilung verantwortet in einigen wenigen Unternehmen (7 Prozent) die Technologie. Durch die starke Zuordnung zu einzelnen Abteilungen leidet oftmals die übergreifende Abstimmung von Kundenservice, Marketing und Vertrieb zur Kundenansprache. Hier besteht noch Nachholbedarf, was eine einheitliche und zeitnahe Kontaktpflege über Live-Chats angeht.

„Es ist naheliegend, dass Live-Chats heute zuallererst im Kundenservice eingesetzt werden und dort auch organisatorisch aufgehängt sind. Schließlich bieten sie eine ausgezeichnete Möglichkeit für Kunden, schnell und einfach Unterstützung zu erhalten. Letztlich sollten Unternehmen aber vor allen Dingen versuchen, ihre

Kunden auch im Live-Chat mit einer Stimme anzusprechen und die Betreuung mit hoher Priorität ansiedeln – und zwar am besten abteilungsübergreifend im Kundendienst, Marketing und Vertrieb", sagt Inken Kuhlmann-Rhinow, Senior Manager Growing Markets bei Hubspot.

[Eine] aktuelle Hubspot-Studie zeigt auch: Kunden sind in den vergangenen Jahren immer anspruchsvoller geworden. In Zeiten von Echtzeit-Verfügbarkeit über Live-Chat, Smartphone und Internet erwarten Verbraucher eine immer schnellere Reaktion von Unternehmen. So ist es laut Hubspot-Studie 82 Prozent der Kunden wichtig beziehungsweise sehr wichtig, dass ihre Fragen an Marketing und Vertrieb schnell beantwortet werden. 90 Prozent verlangen, dass der Kundensupport sofort auf ihre Probleme eingeht. Und „sofort" bedeutet für die meisten Konsumenten „zehn Minuten oder weniger".

Dass Kunden immer ungeduldiger und anspruchsvoller werden, zeigt sich auch bei einem genaueren Blick auf den Kundenkontakt im Support. So sind Kunden nicht nur sehr frustriert von Warteschleifen (33 Prozent). Sie sind es auch leid, ihr Problem jedem Kundendienst-Mitarbeiter neu zu erklären (33 Prozent). „Kunden sind heute so anspruchsvoll wie nie zuvor. Unternehmen sollten daher alles daran setzen, um sie zufrieden zu stellen und möglichst schnell ihre Probleme zu lösen. Möglich wird das nur, wenn die involvierten Mitarbeiter in Marketing, Vertrieb und Kundenservice alle relevanten Informationen zentral abrufen können und auf demselben aktuellen Stand sind, wenn sie mit dem Kunden sprechen. Stehen die erforderlichen Daten nicht sofort zur Verfügung, wird die vom Kunden gewünschte Reaktionszeit von unter zehn Minuten utopisch", so Kuhlmann-Rhinow. [...]

*Quelle: WEKA Fachmedien GmbH (Hrsg.): Kundenkontakt über Live-Chats muss besser koordiniert werden. In: www.funkschau.de. Veröffentlicht am 08.09.2018 unter: https://www.funkschau.de/office-kommunikation/kundenkontakt-ueber-live-chats-muss-besser-koordiniert-werden.157830.html [30.10.2022].*

## Grundregeln zum Einsatz von Social Media im Kundenservice

Immer mehr Kunden kommunizieren mit Unternehmen über Social Media. Häufig werden Kanäle in Twitter, Facebook und Co. von Unternehmen genutzt, um ihre Marke bekannt zu machen und neue Produkte vorzustellen. So sind es dann oft auch die Vertriebsmitarbeiter oder Onlinemarketing-Berater, welche in sozialen Medien im direkten Kundenkontakt stehen.

Hier findet sich dann auch die erste Herausforderung: **Was ist zu tun, wenn Kunden sich über diesen Kanal mit einer Serviceanfrage oder sogar mit einer Beschwerde an das Unternehmen richten?**

Wichtig ist, dass diese Anfragen sofort als solche erkannt werden und von entsprechend geschulten Kundenbetreuern beantwortet werden. Hier stehen folgende Möglichkeiten zur Verfügung:

1. Das Social-Media-Team filtert Serviceanfragen oder Beschwerden heraus und leitet diese dann an die entsprechenden Agents weiter. Dies gilt auch für Anfragen, die das Unternehmen nur erwähnen, auch wenn sie nicht entsprechend markiert (getaggt) sind. Dafür werden entsprechende Tools eingesetzt, welche die einschlägigen Plattformen scannen.

   oder

2. Das Unternehmen richtet einen eigenen Kontakt für Serviceanfragen ein. Dieser muss den Kunden dann natürlich kommuniziert werden. Wendet sich ein Kunde trotzdem an den allgemeinen Kontakt, antwortet dennoch der Servicekontakt. Also müssen auch hier entsprechende Anfragen regelmäßig weitergeleitet werden.

**Beispiel**

Dialogfix nutzt bei Twitter einen Account, der über @dialogfix mit Kunden kommuniziert. Es existiert aber auch ein Kontakt @dialogfix_help der für alle Serviceanfragen zuständig ist. Immer wenn ein Kunde eine Serviceanfrage an @dialogfix postet reagiert @dialogfix_help. So wird dieser Kontakt immer bekannter.

Der Kontakt über soziale Medien folgt ganz eigenen Spielregeln, die aus den jeweiligen Plattformen und der Art wie dort kommuniziert wird abgeleitet werden. Es ist dringend anzuraten, dass ein Unternehmen sich einen verbindlichen Leitfaden erstellt, in dem klar geregelt ist, wie auf diesen Plattformen kommuniziert werden soll. Diese **Social-Media-Richtlinien** sollten einerseits zum Unternehmen passen und andererseits den lockeren und offenen Tonfall der Social-Media-Kanäle aufgreifen.

Eine allgemeinverbindliche Regelung gibt es daher nicht. Trotzdem sollten folgende Grundsätze immer beachtet werden:

- Obwohl es sich um eine asynchrone Kommunikation handelt, kann eine hohe Geschwindigkeit entstehen.
- Die Konversationen können von vielen Menschen gelesen werden. So wird jedes Servicegespräch zu einer „Öffentlichkeitsarbeit“.
- Antworten auf häufig gestellte Fragen sollten vorbereitet sein.
- Für schwierige Fragen oder sehr komplexe Themen (mit hoher Brisanz) benötigt man ein Freigabesystem oder Vier-Augen-Prinzip.

***Praxistipp***

Tipps zur Chat- und Social-Media-Kommunikation bietet https://www.bitrix24.de/articles/7-tipps-fuer-den-kundenservice-in-einem-chat.php.

## *Zusammenfassung*

- **Regeln für Geschäftskorrespondenz nach DIN 5008**
  - präzise Formatvorgaben auf einem DIN-A4-Briefbogen
  - Gestaltungs- und Schreibregeln für den professionellen Schriftverkehr

- **Kundenorientierte Formulierungen**
  - Wir-, Ich-, Es- oder Sie-Formulierungen
  - Aktiv- statt Passivformulierungen
  - Substantivierung und Streckverben vermeiden
  - einfache Wortwahl
  - kurze und nachvollziehbare Sätze
- Standardformulierungen und Textbausteine werden eingesetzt, um häufig wiederkehrende Anfragen schnell und einheitlich zu beantworten.
- Die E-Mail ersetzt immer häufiger den Geschäftsbrief oder das Fax. Dann handelt es sich bei einer E-Mail um einen Geschäftsbrief, der formalen Regelungen unterliegt. Es werden daher keine Emoticons, Internetkürzel etc. eingesetzt.
- Auch im Kundenkontakt via Chat und Social Media gilt es, eine professionelle und kundenorientierte Kommunikation zu beachten.

## Aufgaben

1. ***Helfen Sie Thomas bei der Neugestaltung der E-Mail aus der Einstiegssituation. Achten Sie in der Textgestaltung auf kundenorientiertes Formulieren.***
2. ***Finden Sie jeweils eine bessere, kundenorientierte Formulierung:***
   a) ***Wir bitten um rasche Bearbeitung bei Eingang der Unterlagen.***
   b) ***Die Beantwortung Ihrer Anfrage dauert noch ein wenig.***
   c) ***Der Laptop wird bis Ende der Woche geliefert.***
   d) ***Wir gewähren eine Garantie von fünf Jahren.***
   e) ***Die Reklamation wird schnellstmöglich bearbeitet.***
3. ***In der Unternehmensleitung der Dialogfix GmbH wird diskutiert, ob in der Kundenkorrespondenz zukünftig Textbausteine eingesetzt werden sollen.***
   a) ***Was spricht für den geplanten Einsatz von Textbausteinen?***
   b) ***Geben Sie drei konkrete Anlässe an, bei denen der Einsatz von Textbausteinen für die Dialogfix GmbH sinnvoll ist.***
   c) ***Nennen Sie drei mögliche Gefahren beim Einsatz von Textbausteinen.***
4. ***Die Dialogfix GmbH bietet ihren Kunden eine neues Bonuspunktesystem. Allerdings kommen bereits nach kurzer Zeit viele Anfragen, bei denen es um die Modalitäten des Prämieneintausches geht. Die Unternehmensleitung hat sich daher entschlossen, für die Antwortbriefe Textbausteine zu entwerfen.***
   a) ***Verfassen Sie im Auftrag der Dialogfix GmbH einen Antwortbrief.***
   b) ***Verwenden Sie kundenorientierte Formulierungen.***
   c) ***Entwerfen Sie für den Brief Textbausteine und benennen Sie diese.***
5. ***Die Dialogfix GmbH hat einen Leitfaden zur geschäftlichen Social-Media-Kommunikation erstellt. Prüfen Sie, ob sich dieser Leitfaden auch für den Einsatz in Ihrem Unternehmen eignet und nehmen Sie bei Bedarf Änderungen vor.*** Web
6. ***Was wird als Netiquette bezeichnet? Tragen Sie mithilfe der Seiten www.netplanet.org/netiquette/email.shtml und www.cio.de/a/8-regeln-der-e-mail-netiquette,2235164 die wichtigsten Regeln der Netiquette zusammen.***
7. ***Immer häufiger ist Kundenservice oder Beschwerdemanagement über Social Media gefragt. Suchen Sie zwei bekannte Unternehmen mit einem entsprechenden Social-Media-Auftritt und vergleichen Sie die jeweilige Kundenkommunikation.***
   a) ***Wo liegen Gemeinsamkeiten bzw. Unterschiede?***
   b) ***Wie förmlich bzw. locker gestalten diese Unternehmen den Kundenkontakt?***
   c) ***Wie reagieren die Unternehmen auf Beschwerden?***

# 2 Kommunikationspsychologie berücksichtigen

## ■ *Einstiegssituation*

Nach einem sehr anstrengenden Arbeitstag trifft sich Julia mit Thomas in der Stadt. Thomas hat im Moment Urlaub und ist daher äußerst entspannt. Beide wollen eine Kleinigkeit essen und dabei ein wenig plaudern. Sie sitzen in einem Lokal und unterhalten sich.

**Julia:** *„Mann, war mein Tag heute mies! Mich hat echt jeder genervt, vom Kunden über die Kollegen bis hin zum Chef."*

**Thomas:** *„Vielleicht warst du einfach zu schlecht gelaunt. Du solltest nicht davon ausgehen, dass immer die anderen schuld sind. Egal, ich kann dich ja etwas aufheitern oder dir ein paar Tipps geben, wie man sich bei der Arbeit besser entspannen kann."*

**Julia:** *„Ach ja, ich bin deiner Meinung nach schuld? Jetzt kommst du mir auch noch so. Ich sag's ja, heute ist jeder gegen mich."*

**Thomas:** *„Meine Güte, reg dich ab. Ich will dir nur helfen, etwas runterzukommen ..."*

**Julia:** *„So einfach ist das also: Abregen! Schade, dass du heute früh noch nicht da warst, um mir diesen tollen Tipp zu geben. Dann wäre mein Tag viel besser geworden ..."*

**Thomas:** *„Toll, da will man helfen und wird nur blöd von der Seite angequatscht. Aber egal, komm, wir reden über etwas anderes."*

**Julia:** *„Weißt du was, wenn ich jetzt auch noch blöd quatsche, dann ist es wohl besser, wenn ich gehe."*

Mit diesen Worten verlässt Julia wütend das Lokal. Thomas sieht ihr verwundert nach und fragt sich, wie diese Situation entstanden ist.

## ■ *Arbeitsaufträge*

1. ***Erörtern Sie, welche Faktoren in diesem Dialog dazu geführt haben, dass ein Streit entstanden ist.***
2. ***Welche Mittel sind Ihnen bekannt, um eine solche Eskalation zu verhindern?***
3. ***Diskutieren Sie in der Gruppe Möglichkeiten der Gesprächsführung, die zu einer Klärung dieser Situation beitragen könnten.***

Menschliche **Kommunikation** bezeichnet den Prozess, mit dem Nachrichten oder Informationen zum Zweck der Verständigung oder Verarbeitung übermittelt werden. Kommunikation spielt in unserer Gesellschaft eine herausragende Rolle, jeder Mensch kommuniziert – bewusst oder unbewusst. Dabei kommt es jedoch immer wieder zu Missverständnissen oder Störungen.

Um die Kommunikation erfolgreich zu gestalten bzw. **Missverständnisse** zu vermeiden, benötigen Mitarbeiter im Dialogmarketing fundierte Kenntnisse über die psychologischen Grundlagen zwischenmenschlicher Beziehungen sowie über die Zusammenhänge im Kommunikationsgeschehen. Mit diesen Abläufen und Hintergründen beschäftigen sich verschiedene Modelle der **Kommunikationspsychologie**.

> #
> ***Definition***
> Die **Kommunikationspsychologie** beschäftigt sich damit, die zwischenmenschlichen Beziehungen in der Kommunikation besser wahrzunehmen und zu verstehen.

Die kommunikationspsychologischen Modelle sind insofern keine konkreten Techniken und Werkzeuge, wie dies z. B. bei den rhetorischen Mitteln der Fall ist, sondern sollen eher zu Denkanstößen über das menschliche Verhalten in Kommunikationssituationen anregen.

## 2.1 Kommunikationsmittel

Der Mensch als soziales Wesen benötigt ständigen Kontakt zu anderen Menschen. Um diesen Kontakt zu realisieren, zu gestalten oder aufrechtzuerhalten, werden verschiedene **Kommunikationsmittel** (auch als **Codes** bezeichnet) eingesetzt, um mit anderen Menschen zu interagieren.

Folgende Kommunikationsmittel werden unterschieden:

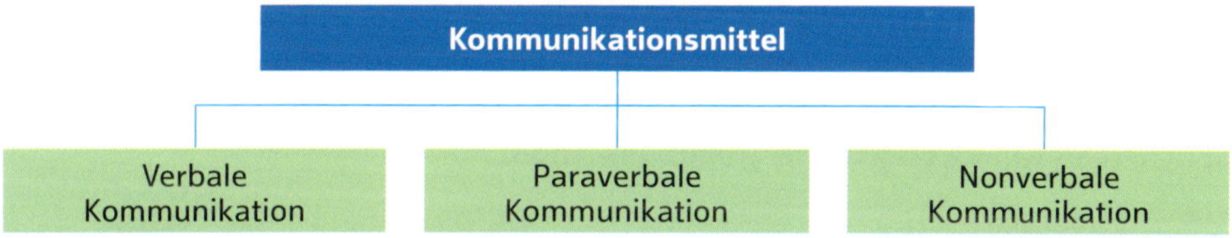


### Verbale Kommunikation

Die verbale Kommunikation umfasst die Verständigung mit **Worten**. Der wichtigste Baustein der verbalen Kommunikation ist die **gesprochene Sprache**. Zur verbalen Kommunikation gehören aber auch verschiedene Techniken der Gesprächsführung, der Argumentation und der Schriftsprache. Die verbale Kommunikation ist das Mittel, das vordergründig mit Kommunikation gleichgesetzt wird. Meist findet aber Kommunikation nicht nur auf der verbalen Ebene statt.

## Paraverbale Kommunikation

3|3.2.5 Der paraverbale Anteil der Kommunikation beschreibt die nichtinhaltlichen, hörbaren **Ausdrucksformen** der verbalen Kommunikation, also wie die Sprache klingt.

Dazu gehören z. B.

- Lautstärke,
- Tonhöhe,
- Betonung,
- Sprechgeschwindigkeit,
- Sprachmelodie.

## Nonverbale Kommunikation

Die nonverbale Kommunikation umfasst die Mitteilungen **ohne Worte**, also alles, was sichtbar durch den Körper zum Ausdruck gebracht wird. Dabei werden vor allem die emotionalen Anteile der Kommunikation übermittelt.

Zur nonverbalen Kommunikation oder Körpersprache gehören z. B.

- Mimik,
- Gestik,
- Gesichtsausdruck,
- räumliche Nähe zum Gesprächspartner,
- Körperhaltung,
- äußeres Erscheinungsbild.

## Übereinstimmung der Kommunikationsmittel

Im direkten Dialog mit anderen Menschen geschieht Kommunikation immer mit allen Kommunikationsmitteln. Mitteilungen, die verbal den gleichen Inhalt enthalten, können allerdings durch den Einsatz verschiedener paraverbaler oder nonverbaler Mittel unterschiedlich aufgenommen werden. Daher ist die Übereinstimmung (**Kongruenz**) der einzelnen Kommunikationsmittel von großer Bedeutung. Kommt es zu einer abweichenden, widersprüchlichen Nutzung der Kommunikationsmittel, spricht man von **inkongruenter Kommunikation**.

**Beispiel**

Thomas sagt zu Julia im Berufsschulunterricht: „*Guter Beitrag!*“
Wenn er diese Aussage trifft und Julia dabei freundlich anlächelt, mit einer freundlichen und angenehmen Stimme spricht, kommt bei Julia eine klare Botschaft an: Mein Beitrag war wirklich gut.

Schaut Thomas bei dieser Aussage sehr grimmig und hat einen zur Aussage unpassenden Tonfall (süffisant, ironisch), kommt eine konträre Botschaft an. Wahrscheinlich meint Thomas genau das Gegenteil von dem, was er verbal zum Ausdruck bringt.

**→** ***Praxistipp***
Beim Telefonieren entfallen die nonverbalen Anteile der Kommunikation. Achten Sie daher ganz besonders auf eine Übereinstimmung der verbalen und paraverbalen Anteile der Kommunikation.

## 2.2 Das Sender-Empfänger-Modell

### Bestandteile

Das Sender-Empfänger-Modell ist eine einfache Hilfe, zwischenmenschliche Kommunikation besser zu verstehen. Es besteht aus drei Elementen:

1. **Sender**
   Der Sender ist derjenige, der eine Nachricht durch verschiedene Kommunikationsmittel codiert (verbal, paraverbal und nonverbal) und an einen Empfänger weiterleitet.
2. **Nachricht**
   Der Inhalt oder die Information, die der Sender von sich gibt und an den Empfänger richtet.
3. **Empfänger**
   Derjenige, der die Information erhält, diese decodiert und eventuell reagiert.

Bleibt der Empfänger in der reinen Zuhörerrolle, wird von einer **Ein-Weg-Kommunikation** gesprochen:

***Abb.: Ein-Weg-Kommunikation im Sender-Empfänger-Modell***

Sobald der Empfänger eine entsprechende Antwort an den Sender richtet und somit selbst zum Sender wird, werden Sende- und Empfangsrichtung umgekehrt. In diesem Fall spricht man von einer **Zwei-Wege-Kommunikation**:

***Abb.: Zwei-Wege-Kommunikation im Sender-Empfänger-Modell***

## Decodierung der Nachricht über gemeinsame Zeichen

Im Sender-Empfänger-Modell richtet der Sender seine Nachricht durch verschiedene Kommunikationsmittel an den Empfänger. Durch den Einsatz dieser Zeichen wird die Nachricht codiert. Damit der Empfänger die Nachricht decodieren kann, muss er einen Großteil dieser Zeichen verstehen.

**Beispiel**

Julia trifft in der Stadt einen spanisch sprechenden Touristen, der ihr eine Frage stellt. Da Julia kein Spanisch versteht, reagiert sie mit einem Achselzucken, also einem Mittel der nonverbalen Kommunikation.

In diesem Beispiel verfügen Sender und Empfänger nicht über gemeinsame verbale Kommunikationsmittel. Lediglich das Achselzucken als Zeichen der nonverbalen Kommunikation wird verstanden.

Damit also eine fruchtbare Kommunikation entstehen kann bzw. damit sich Sender und Empfänger richtig verstehen, muss der Vorrat an gemeinsamen Zeichen (Worte, Gesten, Grammatik, Dialekt etc.) entsprechend groß sein.

Dabei kommt es nicht nur bei Gesprächspartnern mit unterschiedlichen Muttersprachen dazu, dass nicht genügend gemeinsame Zeichen zur Verständigung bekannt sind. Diese Schwierigkeit kann auch auftreten, wenn ein Gesprächspartner seine Nachricht in einer „Fachsprache“ verfasst, die der Empfänger als Laie bzw. als Nichtkenner der entsprechenden Begrifflichkeiten nicht versteht.

→ ***Praxistipp***
Eine Fachsprache kann die Kommunikation unter Experten erleichtern, jedoch die Kommunikation mit einem Laien erheblich erschweren. Achten Sie im Kontakt mit Kunden darauf, eine Sprache zu wählen, die leicht verständlich ist.

## Informationsverlust bei der Übertragung

Selbst wenn sich der Sender einer Nachricht absolut sicher ist, dass er sich verständlich ausgedrückt hat, kommt es oft zu Missverständnissen. Die gesendete Nachricht entspricht in diesen Fällen nicht der empfangenen Nachricht. Basis für die Kommunikation ist also nicht zwangsläufig die Nachricht, die gesendet wurde, sondern die Nachricht, die empfangen wird.

Die Informationsverluste bei der Übertragung von Nachrichten können verschiedene Ursachen haben:

- **Was man meint, ist oft nicht das, was man sagt.**
  Bevor der Sender eine Nachricht übermittelt, hat er meist über deren Inhalt nachgedacht. Die Überlegungen, die er im Vorfeld anstrengt, beinhalten viele grundlegende Informationen, die als Basis der Mitteilung fungieren, aber nicht

ausdrücklich Teil der Nachricht sind. Der Empfänger kennt diese Überlegungen und Gedanken nicht. Ihm fehlt damit ein wesentliches Element, um die Nachricht zu verstehen.

- **Was man sagt, ist nicht das, was der andere hört.**
  Die Nachrichten, die vom Sender an den Empfänger gehen, kommen eventuell nicht fehlerfrei dort an. Es kann durch äußere Einflüsse zu Verlusten kommen. Wenn z. B. der Sender zu leise spricht oder die Umgebung zu laut ist, überhört der Empfänger einzelne Informationen.
- **Was der andere hört, ist nicht zwangsläufig verstanden.**
  Der Empfänger decodiert und interpretiert die Nachricht entsprechend seiner Persönlichkeit, seiner Erfahrungen und seiner Einschätzung des Senders. Da Persönlichkeit von Sender und Empfänger mit großer Wahrscheinlichkeit unterschiedlich sind, kommt es oft vor, dass es bei der Interpretation der Nachricht zu Informationsverlusten oder -verzerrungen kommt.

> ***Praxistipp***
> Machen Sie sich stets bewusst, dass nicht jede Ihrer Aussagen so bei Ihrem Gesprächspartner ankommt, wie diese gemeint war.

## 2.3 Die fünf Axiome der Kommunikation nach Watzlawick

**Paul Watzlawick**, ein österreichischer Kommunikationswissenschaftler, der später in den USA lehrte und forschte, entwickelte fünf Regeln, die als Grundlage einer funktionierenden Kommunikation dienen. Watzlawick bezeichnete diese Regeln auch als **Axiome**, also als anerkannte Grundsätze, die ohne weiteren Beweis Gültigkeit haben. Die Nichtbeachtung einer dieser Regeln führt unweigerlich zu einer Störung in der Kommunikation und damit auch in der zwischenmenschlichen Beziehung, die auf dieser Kommunikation beruht.

### 1. Axiom

**„Man kann nicht nicht kommunizieren.“**

*(Quelle: Watzlawick, Paul/Beavin, Janet H./Jackson Don D.: Menschliche Kommunikation, 9. Auflage, Bern [u. a.]: Huber, 1996, S. 53.)*

Sobald zwei Menschen sich gegenseitig wahrnehmen, entsteht unweigerlich Kommunikation. Jede Art des Verhaltens enthält nonverbale Signale oder kann als solche aufgefasst werden. Selbst Nichtstun, Schweigen oder sich zu entfernen sind Verhaltensweisen. Es ist also nicht möglich, sich nicht zu verhalten, also ist es auch nicht möglich, **nicht** zu kommunizieren. Der Umkehrschluss lautet daher:

**Man kommuniziert immer**, sobald man von einem potenziellen Kommunikationspartner wahrgenommen wird.

**Beispiel**

Julia betritt den Pausenraum von KommunikativAktiv. Dort sitzt eine andere Mitarbeiterin, die eine Zeitschrift liest. Diese Mitarbeiterin schweigt, sie sieht Julia nicht an, sondern schaut weiter in ihre Zeitschrift.

Auch wenn diese Kollegin vordergründig nicht kommuniziert, sendet sie doch Signale an Julia:

- Ich bin in meine Zeitschrift vertieft.
- Ich bin schüchtern, deswegen spreche ich nicht.
- Ich möchte nicht mit dir sprechen.
- Bitte lass mich in Ruhe.

***Praxistipp***

In einem Kundengespräch findet von der ersten bis zur letzten Sekunde Kommunikation statt, auch wenn (scheinbar) zeitweise nichts gesagt wird.

## 2. Axiom

**„Jede Kommunikation hat einen Inhalts- und einen Beziehungsaspekt, derart, daß letzterer den ersteren bestimmt und daher eine Metakommunikation ist."**

*(Quelle: Watzlawick, Paul/Beavin, Janet H./Jackson Don D.: Menschliche Kommunikation, 9. Auflage, Bern [u. a.]: Huber, 1996, S. 56.)*

Wenn zwei Menschen miteinander reden, geht es vordergründig um eine rein sachliche Information oder Anfrage. Der Erfolg dieser Kommunikation hängt aber davon ab, wie beide Gesprächspartner zum Zeitpunkt der Interaktion emotional zueinander stehen.

Jede Kommunikation enthält über die reine sachliche Information (**Inhaltsaspekt**) auch eine Information darüber, wie der Sender seine Botschaft verstanden haben möchte und welche Beziehung er zum Empfänger hat (**Beziehungsaspekt**). Wird dieser Teil der Kommunikation selbst zum Thema der Kommunikation gemacht, spricht man von einer **Metakommunikation**, also der Kommunikation über Kommunikation.

**Beispiel**

Julia trifft Thomas und sagt zu ihm: *„Toll, wie du mir gestern in der Berufsschule geholfen hast."*

Wenn Julia in diesem Beispiel die Aussage mit einem freundlichen Tonfall trifft und lächelt, dann ist klar, dass sie sich bei Thomas bedanken will, sie fand seine Hilfe wirklich toll. Die aktuelle Beziehung der beiden lässt eine offene Kommunikation zu. Die Mitteilung kann auf der Inhaltsebene angenommen werden, da die Beziehungsebene geklärt ist.

Trifft Julia diese Aussage in einem zynischen, süffisanten oder beiläufigen Tonfall oder ist die Beziehung bereits gestört, da Thomas ihr am Vortag überhaupt nicht geholfen hat, dann ist deutlich, dass die Beziehungsaussage im Vordergrund steht. Die inhaltliche Aussage ist nur Mittel zum Zweck.

Thomas hätte dann zwei Möglichkeiten zu reagieren: Er könnte der Einladung zu diesem „Gefecht" folgen und in einem ebenso süffisanten oder zynischen Tonfall antworten: „Immer gerne." In diesem Fall spricht man von **Pseudokommunikation**, die Sachebene wird vordergründig genutzt, in Wirklichkeit geht es aber um die Beziehungsebene.

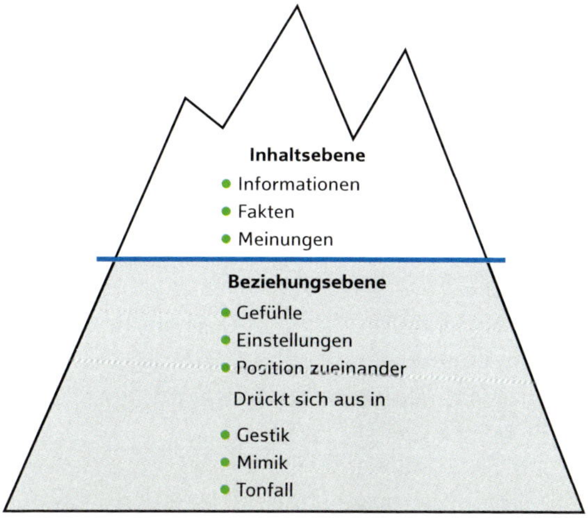


***Abb.: Inhaltsebene/Beziehungsebene***

Thomas hätte aber ebenfalls die Möglichkeit, aus dieser Pseudokommunikation auszusteigen und das Problem auf der Beziehungsebene anzusprechen: „An deinem Tonfall merke ich, dass du wütend bist. Lass uns mal darüber sprechen." In diesem Fall ist eine Metakommunikation entstanden, es wird also darüber geredet, wie man miteinander redet.

Da die Beziehungsebene einen deutlich höheren Stellenwert hat, aber eher im verborgenen, nicht sichtbaren Bereich angesiedelt ist, wird in diesem Zusammenhang auch oft das Bild des **Eisbergs** als Metapher verwendet, bei dem ebenfalls der größere und bedeutendere Teil nicht sichtbar ist.

→ ***Praxistipp***
Achten Sie im Kundengespräch darauf, keine Konflikte der Beziehungsebene auf der Inhaltsebene auszutragen und umgekehrt.

## 3. Axiom

**„Die Natur einer Beziehung ist durch die Interpunktionen der Kommunikationsabläufe seitens der Partner bedingt."**

*(Quelle: Watzlawick, Paul/Beavin, Janet H./Jackson Don D.: Menschliche Kommunikation, 9. Auflage, Bern [u. a.]: Huber, 1996, S. 61.)*

Sender und Empfänger gliedern den Kommunikationsablauf unterschiedlich und sehen ihr eigenes Verhalten oft nur als Reaktion auf das Verhalten des anderen. Das bedeutet im schlimmsten Fall: „Schuld ist der andere."

Interpunktion meint in diesem Zusammenhang, welcher Kommunikationsanteil von dem Gesprächspartner **als Ursache** und welcher **als Wirkung** verstanden wird.

**Beispiel**

Julia unterhält sich mit ihrem Ausbilder über die Führung des Berichtshefts. Das Gespräch droht zu eskalieren:
Julia: *„Ich habe keine Lust mehr auf die Diskussion, weil Sie so schlecht gelaunt sind."*
Ausbilder: *„Ich bin deswegen so schlecht gelaunt, weil du keine Lust auf die Diskussion hast."*

Menschliche Kommunikation verläuft nicht linear: Es gibt keinen für beide Gesprächspartner eindeutigen Anfangspunkt. Kommunikation verläuft stattdessen kreisförmig: Niemand kann sagen, wer bei einem Konflikt tatsächlich angefangen hat.

Sobald ein Gesprächspartner versucht, einen eindeutigen Anfangspunkt (z. B. bei einem Streit) festzulegen, wird die Kommunikation scheitern. Untersuchungen der Schuldfrage sind überflüssig und helfen überhaupt nicht weiter. Stattdessen sollte angestrebt werden, dass beide Gesprächspartner gleichzeitig aus dem Konflikt aussteigen. Eine erfolgreiche Kommunikation ist dann zu erwarten, wenn beide Gesprächspartner als Ursache und Wirkung dieselben Sachverhalte festlegen und **Kommunikation als Kreislauf** verstehen. Auch hier kann die Metakommunikation eine hilfreiche Strategie sein.

→ ***Praxistipp***
Vermeiden Sie bei einem schwierigen Gespräch, den „Schuldigen" zu suchen.

## 4. Axiom

**„Menschliche Kommunikation bedient sich digitaler und analoger Modalitäten."**

*(Quelle: Watzlawick, Paul/Beavin, Janet H./Jackson Don D.: Menschliche Kommunikation, 9. Auflage, Bern [u. a.]: Huber, 1996, S. 68.)*

Mit **digitaler Kommunikation** sind alle Zeichen, Buchstaben, Worte, Zahlen oder Symbole gemeint, die wir für bestimmte Inhalte der Kommunikation verwenden. So ist z. B. klar, dass die Buchstabenabfolge: M-A-U-S das Wort „Maus" bildet.

**Analoge Kommunikation** bezeichnet in diesem Zusammenhang alle Möglichkeiten der paraverbalen und nonverbalen Kommunikation. Wenn man mit analoger Kommunikation den Begriff „Maus" übertragen wollte, so würde man ein Bild von einer Maus zeigen oder eine Maus pantomimisch nachahmen. Zur analogen Kommunikation gehören ebenfalls alle Eigenschaften der Körpersprache, die jedem Menschen angeboren sind oder die er ab frühester Kindheit erlernt.

Mit analogen Elementen wird meistens die **Beziehungsebene** vermittelt, mit digitalen Elementen die **Inhaltsebene**. Erfolgreiche Kommunikation kann nur dann entstehen, wenn digitale und analoge Modalitäten übereinstimmen und beide eindeutig sind. Störungen entstehen, wenn beides nicht übereinstimmt.

Wenn die analoge und die digitale Aussage übereinstimmen, ist die Botschaft **kongruent**. Passen digitale und analoge Modalitäten nicht zueinander, ist die Botschaft **inkongruent**.

**Beispiel**

Thomas sagt zu Julia: *„Ich helfe dir."* Dabei lächelt er. Er übermittelt die Botschaft in einem freundlichen Tonfall. In diesem Fall ist die Nachricht **kongruent**, digitale Informationen (in dem Fall der Satz „Ich helfe dir") passen zu den analogen Informationen (Körpersprache von Thomas, Stimmlage).
Sollte Thomas bei dieser Aussage Julia böse anschauen oder mit einer abfälligen Tonlage sprechen, wäre die Botschaft **inkongruent**. Julia könnte nicht einschätzen, was sie mit dieser Aussage anfangen soll.

→ ***Praxistipp***
Auch bei einem Telefonat wird Ihr Gesprächspartner auf eine kongruente Kommunikation achten.

### 5. Axiom

**„Zwischenmenschliche Kommunikationsabläufe sind entweder symmetrisch oder komplementär, je nachdem, ob die Beziehung zwischen den Partnern auf Gleichheit oder Unterschiedlichkeit beruht."**

*(Quelle: Watzlawick, Paul/Beavin, Janet H./Jackson Don D.: Menschliche Kommunikation, 9. Auflage, Bern [u. a.]: Huber, 1996, S. 70.)*

Je nachdem, wie die Beziehung von zwei Gesprächspartnern beschaffen ist, wird auch die Kommunikation ablaufen. Agieren beide Partner auf der gleichen Ebene, spricht man von einer **symmetrischen Interaktion**; agieren die Partner auf unterschiedlichen Ebenen, besteht eine **komplementäre Interaktion**.

Die **symmetrische Interaktion** beruht auf einer **von Gleichheit geprägten Beziehung**. Jeder der Gesprächspartner kann sich einbringen, Fragen stellen oder Kritik äußern. Jedem werden die gleichen Verhaltensmuster zugestanden. Diese Art des Austauschs zielt darauf ab, die Unterschiede zwischen den Gesprächspartnern zu mindern.

**Beispiel**

Julia unterhält sich mit Thomas. Diese Kommunikation wird wahrscheinlich als symmetrische Interaktion ablaufen, da beide Gesprächspartner auf der gleichen Ebene agieren.

Die **komplementäre Interaktion** beruht auf der **Unterschiedlichkeit** der Gesprächspartner. Die Verhaltensweisen der Gesprächspartner unterscheiden sich, ergänzen sich aber. Zum Beispiel: Einer fragt – der andere antwortet; einer ordnet an – der andere gehorcht.

**Beispiel**

Julia diskutiert mit ihrem Ausbilder. Diese Kommunikation wird wahrscheinlich als komplementäre Interaktion ablaufen, da beide Gesprächspartner auf unterschiedlichen Ebenen agieren.

***Praxistipp***

Sowohl symmetrische als auch komplementäre Kommunikation können erfolgreich verlaufen. Achten Sie jedoch in jeder Situation auf den richtigen Einsatz.

## Nutzen der Axiome in der betrieblichen Praxis

| Axiom | Praxistipps |
|---|---|
| 1. Axiom: „Man kann nicht *nicht* kommunizieren." | In einem Kundengespräch findet von der ersten bis zur letzten Sekunde Kommunikation statt. Hier sollten Sie darauf achten, dass Sie keine langen Gesprächspausen entstehen lassen. Auch wenn Sie gerade in Ihrer Kundendatenbank oder mit einer Recherche beschäftigt sind, sollten Sie mit dem Kunden im Dialog bleiben. Lassen Sie den Kunden an Ihren Gedankengängen teilhaben. |
| 2. Axiom: „Jede Kommunikation hat einen Inhalts- und einen Beziehungsaspekt, derart, daß letzterer den ersteren bestimmt und daher eine Metakommunikation ist." | In jedem Kundengespräch sollten Sie darauf achten, zunächst die Beziehungsebene zu klären bzw. eine positive Beziehungsebene zu schaffen, bevor Sie auf eine sachliche Lösung hinarbeiten.<br><br>Achten Sie vor allem in Beschwerdegesprächen darauf, (wieder) eine positive emotionale Basis zu schaffen, damit der Kunde auf der Inhaltsebene verhandlungsbereit ist. |
| 3. Axiom: „Die Natur einer Beziehung ist durch die Interpunktionen der Kommunikationsabläufe seitens der Partner bedingt." | Da Kommunikation nicht linear verläuft, ergibt es keinen Sinn, nach einem Anfang zu suchen. In schwierigen Gesprächssituationen (Konfliktgespräche, Streit, aufgebrachte Kunden) achten Sie darauf, keinen Schuldigen für die Situation zu suchen. Suchen Sie besser nach geeigneten Lösungen. |
| 4. Axiom: „Menschliche Kommunikation bedient sich digitaler und analoger Modalitäten." | Jeder Kunde wird zumindest unterbewusst erkennen, wenn Nachrichten auf Inhaltsebene und Beziehungsebene nicht übereinstimmen. Gestalten Sie Nachrichten daher immer kongruent, passen Sie also Stimmlage und Modulation immer der inhaltlichen Aussage an. |
| 5. Axiom: „Zwischenmenschliche Kommunikationsabläufe sind entweder symmetrisch oder komplementär, je nachdem, ob die Beziehung zwischen den Partnern auf Gleichheit oder Unterschiedlichkeit beruht." | Sowohl symmetrische als auch komplementäre Kommunikation kann zum Erfolg führen. Achten Sie aber in jeder Situation auf den richtigen Einsatz. |

## 2.4 Die vier Seiten einer Nachricht nach Schulz von Thun

Basierend auf dem zweiten Axiom von Paul Watzlawick hat der Hamburger Kommunikationspsychologe **Friedemann Schulz von Thun** das Kommunikationsmodell **„Die vier Seiten einer Nachricht"** entwickelt, das auch als „quadratische Kommunikation" oder **„Vier-Ohren-Modell"** bekannt ist.

Dieses Modell kombiniert Watzlawicks zweites Axiom, dass jede Nachricht einen Inhalts- und einen Beziehungsaspekt hat, mit der Erkenntnis, dass jeder Sender mit seiner Nachricht etwas über sich selbst aussagt und dass der Empfänger zu einer Reaktion veranlasst werden soll.

### Die vier Botschaften des Senders

Folgt man dem Modell nach Schulz von Thun, besteht jede Nachricht aus vier verschiedenen Botschaften:

1. Sachinhalt („worüber ich dich informiere")
2. Selbstoffenbarung („was ich von mir selbst kundgebe")
3. Beziehung („was ich von dir halte und wie wir zueinander stehen")
4. Appell („wozu ich dich veranlassen möchte")

**Beispiel**

Julia sitzt mit Thomas zusammen, um die Hausaufgaben zu erledigen. Thomas sagt zu Julia: *„Ich kann diese Aufgaben nicht lösen!"*

| | |
|---|---|
| **Sachinhalt** | Die Sachaussage beschreibt den nüchternen Sachverhalt, die Sache an sich. Worüber wird informiert? Worum geht es?<br>In dem obigen Beispiel lautet die Sachaussage von Thomas: *„Ich kann diese Aufgaben nicht lösen."* Welche Aufgabe es genau ist, woran er scheitert oder was die Gründe seines Scheiterns sind, bleibt unklar. |
| **Selbstoffenbarung** | Der Sender gibt bei jeder Botschaft auch etwas über sich selbst preis. Er vermittelt, in welcher Stimmung er sich befindet, teilt eventuell Ängste oder Befürchtungen mit oder trifft ungewollt eine Aussage über seinen Charakter. Die Selbstoffenbarung kann also sowohl eine beabsichtigte **Selbstdarstellung** sein als auch eine ungewollte **Selbstenthüllung**.<br>In unserem Beispiel kann die Selbstoffenbarung wie folgt lauten:<br>• *„Ich bin gestresst von den Aufgaben."*<br>• *„Ich bin verzweifelt, weil ich keine Lösung finde."*<br>• *„Ich habe keine Lust mehr auf Hausaufgaben."*<br>Die Seite der Selbstoffenbarung steht auch im Mittelpunkt des **Johari-Fensters**. 3\|2.6 |

| | |
|---|---|
| **Beziehung** | Der Sender übermittelt ebenfalls immer eine Aussage darüber, in welcher Beziehung er zum Empfänger steht oder welche Beziehung angestrebt wird („Wir-Botschaft"), sowie darüber, was er vom Empfänger hält („Du-Botschaft").<br>In unserem Beispiel kann die Beziehungsaussage wie folgt aussehen:<br>• *„Wir sind ein gutes Team, daher erhalte ich von dir eine Lösung."*<br>• *„Du hast bestimmt Verständnis für meine Situation."*<br>• *„Du kannst mir weiterhelfen."* |
| **Appell** | Kaum etwas wird „einfach nur so" gesagt. Mit jeder gesendeten Nachricht soll eine Wirkung erzielt werden. Der Gesprächspartner soll dazu veranlasst werden, eine Handlung zu vollziehen oder zu unterlassen.<br>Im oben beschriebenen Fall sind folgende Appelle denkbar:<br>• *„Hilf mir, eine Lösung zu finden."*<br>• *„Gib mir deine Lösung zum Abschreiben."*<br>• *„Widme deine Aufmerksamkeit mir und nicht den Hausaufgaben."* |

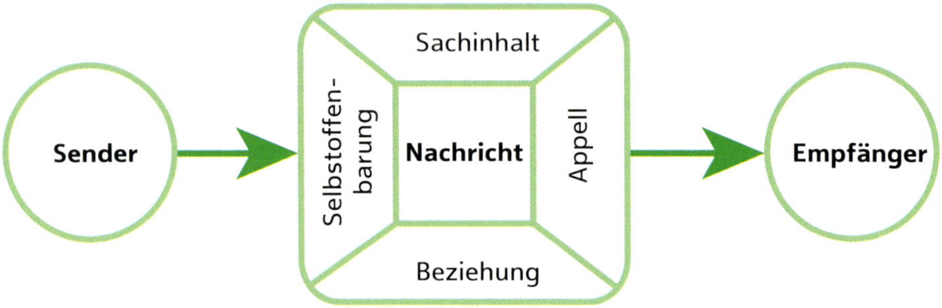


***Abb.: Die vier Seiten einer Nachricht nach Schulz von Thun***

## Die vier Ohren des Empfängers

Die vier Seiten einer Nachricht werden zum einen durch die Botschaften des Senders geprägt. Demgegenüber steht auf der anderen Seite, was von der Nachricht beim Empfänger ankommt oder wie diese verstanden wird. Es stellt sich also die Frage, ob und welche Seiten der Nachricht der Empfänger bewusst oder unbewusst wahrnimmt. Da es bei einer Nachricht vier verschiedene Botschaften gibt, gibt es beim Empfänger auch **vier verschiedene Ohren**, mit denen die Nachricht wahrgenommen wird. Sollte der Empfänger auf einem der Ohren keine Nachricht empfangen oder diese Wahrnehmung ausblenden, gehen einzelne Aspekte verloren und Missverständnisse sind vorprogrammiert.

Die vier Ohren des Empfängers funktionieren also analog zu den vier Botschaften des Senders.

| | |
|---|---|
| **Sach-Ohr** | Mit diesem Ohr versucht der Empfänger, die Sachaussage logisch zu verstehen.<br><br>Im Eingangsbeispiel hört Julia auf dem Sach-Ohr:<br>*„Ich kann diese Aufgaben nicht lösen."* |

| | |
|---|---|
| **Selbstoffenbarungs-Ohr** | Mit diesem Ohr versucht der Empfänger, den Sender zu verstehen. Was gibt der Sender von sich preis? Wie tritt er auf? Je nachdem, ob sich die Beziehung zum Sender positiv oder negativ gestaltet, wird auch die Interpretation der Selbstoffenbarung positiv oder negativ ausfallen.<br><br>Möglicherweise versteht Julia auf dem Selbstoffenbarungs-Ohr daher:<br>• *„Ich benötige Hilfe."* (positive Beziehung zu Thomas)<br>• *„Ich bin nicht in der Stimmung, jetzt weiterzumachen."* (positive Beziehung zu Thomas)<br>• *„Ich bin zu faul."* (negative Beziehung zu Thomas)<br>• *„Ich bin zu dumm für diese Aufgaben."* (negative Beziehung zu Thomas) |
| **Beziehungs-Ohr** | Dieses Ohr achtet besonders darauf, wie der Sender zum Empfänger steht. Wie ist die Beziehung zu mir? Wie redet der andere mit mir? Wen glaubt der Sender vor sich zu haben? Je nachdem, welche Beziehung zum Sender besteht und wie viel Wertschätzung vom Sender in die Aussage gelegt wird, wird die Aussage auf dem Beziehungs-Ohr manchmal positiver oder negativer gewertet.<br><br>Julia hört eventuell folgende Aussagen auf dem Beziehungs-Ohr:<br>• *„Ich arbeite gerne mit dir zusammen an einer Lösung."* (positive Beziehung)<br>• *„Deine Unterstützung ist mir wichtig."* (positive Beziehung)<br>• *„Du bist dafür da, meine Aufgaben zu erledigen."* (negative Beziehung)<br>• *„Nur deinetwegen sitze ich hier."* (negative Beziehung) |
| **Appell-Ohr** | Das Appell-Ohr ist darauf konzentriert, herauszufinden, was der Sender vom Empfänger möchte. Was soll ich tun, nachdem ich die Aussage empfangen habe? Welche Gefühle oder Gedanken sollen in mir ausgelöst werden?<br><br>Julia kann z. B. folgende Appelle aus der Aussage von Thomas ableiten:<br>• *„Hilf mir bitte."*<br>• *„Lass uns eine Pause einlegen."*<br>• *„Gib mir deine Lösung."* |

Abhängig von der Situation entwickeln viele Menschen eine deutliche Neigung zu einer bestimmten Seite der Nachricht. Sie hören also z. B. verstärkt auf dem Beziehungs-Ohr, während den anderen drei Ohren weniger Beachtung geschenkt wird.

Aus einer solchen Präferenz resultiert die Gefahr, dass der Empfänger der Nachricht sich vorschnell auf eine Seite festlegt und andere Aspekte in der Kommunikation untergehen. Da in der Kommunikation aber immer **alle vier Seiten** der Nachricht vorhanden sind, kann so kein erfolgreiches Ergebnis im Dialog erzielt werden. Abhilfe kann in diesem Fall die **Metakommunikation** (Kommunikation über Kommunikation) schaffen.

→ ***Praxistipp***

Machen Sie sich im Dialog mit Kunden immer alle vier Seiten der Nachricht bewusst. Finden Sie heraus, auf welche Seite Sie besonders achten, und schärfen Sie Ihre Wahrnehmung auch für die anderen Seiten der Nachricht.

## Regeln für das Senden von Nachrichten

Wie sich gezeigt hat, enthält jede Nachricht stets vier verschiedene Botschaften, außerdem kann die Nachricht vom Empfänger auf vier verschiedenen Ohren empfangen werden. Meist weiß der Sender allerdings nicht, auf welchen Aspekt der Empfänger besonders achten wird. Der Empfänger wiederum weiß nicht, auf welchen Aspekt der Sender besonderen Wert legt.

Um Missverständnisse und Störungen in der Kommunikation zu vermeiden, sollte der Sender bestimmte Regeln beachten:

### Sachinhalt

Grundvoraussetzung ist zunächst einmal die ungestörte Wahrnehmung. Mögliche **Störungsquellen** wie laute Geräusche, Ablenkungen etc. sollten ausgeschaltet werden. Um darüber hinaus die Seite des Sachinhalts möglichst eindeutig zu übermitteln, sollte die Nachricht leicht verständlich sein. Um dies zu erreichen, haben sich folgende **„vier Verständlichmacher“** bewährt, die ebenfalls auf die Forschungen von Friedemann Schulz von Thun zurückgehen.

1. **Einfachheit:** Auf unpassende Fachausdrücke, allzu theoretische und komplizierte Wörter sollte verzichtet werden. Eine Nachricht muss immer so formuliert sein, dass der Sender diese auch ohne Kenntnisse einer Fremd- oder Fachsprache versteht.
2. **Gliederung:** Es ist wichtig, dem Empfänger eine klar strukturierte Information zu liefern. Der Sachverhalt sollte logisch gegliedert und nachvollziehbar sein.
3. **Prägnanz:** Der Sender sollte sich stets kurz fassen und auf den Punkt kommen. Es gilt, weitschweifige Ausführungen zu unterlassen. Knappe und kurze Sätze werden leichter verstanden.
4. **Zusätzliches Stimulans:** Der Sender sollte seine Ausführungen mit Beispielen, Bildern oder Veranschaulichungen untermalen.

### Selbstoffenbarung

Der Sender kann zu einer passenden Deutung der Selbstaussage durch den Empfänger beitragen. Dazu kann er offen über seine Gefühle, Absichten, Ziele, Beweggründe und Bedürfnisse sprechen. Durch Informationen auf diesen Gebieten schmälert er den Deutungsspielraum des Empfängers und dadurch auch das Potenzial für Missverständnisse.

Störungen können auftreten, wenn der Sender versucht, möglichst positiv erscheinen zu wollen (**„Imponiertechnik“**), oder wenn er versucht, möglichst viel von sich zu verbergen (**„Fassadentechnik“**).

#### Beziehung

Diese Seite der Nachricht birgt meist das größte Konfliktpotenzial, da der Empfänger hierbei eine Bewertung seiner Persönlichkeit erfährt. Missverständnisse in diesem Bereich werden oft als Angriff auf die Person gewertet. Um solche Missverständnisse zu vermeiden, muss der Sender wertschätzend mit seinem Gesprächspartner umgehen. Es gilt, von vorneherein klar zu machen, dass in der Kommunikation eventuell unterschiedliche Meinungen, Wertvorstellungen oder Persönlichkeiten aufeinandertreffen, aber dass dem Gesprächspartner trotzdem grundsätzlich Achtung und Respekt entgegengebracht wird.

#### Appell

Wenn durch die Nachricht bei dem Gesprächspartner eine Handlung ausgelöst werden soll oder dieser dazu aufgefordert werden soll, sein Verhalten zu ändern, ist es wichtig, dies auch eindeutig zu artikulieren. Der Sender sollte seine Absichten, seine Ziele und Wünsche daher stets klar formulieren. Hilfreich kann auch eine Begründung oder Erklärung sein. Wird der Appell aber versteckt oder elegant verpackt präsentiert, kann beim Empfänger leicht eine Abwehrhaltung ausgelöst werden. Dabei ist der Schritt zur Manipulation nicht mehr weit.

> **Beispiel**
>
> Statt „Ganz schön warm hier drin!“ sollte der Sender besser formulieren: „Mir ist ziemlich warm, ich möchte daher gerne die Heizung abschalten. Sind Sie damit einverstanden?“

### Regeln für das Empfangen von Nachrichten

Der Kommunikationsprozess kann nur so weit funktionieren, wie der Empfänger dies zulässt. Der Empfänger entschlüsselt die Nachricht, er filtert heraus, auf welche Seite er reagieren möchte. Wenn der Empfänger grundsätzlich zu einem Dialog bereit und kooperativ ist, kann er durch einfache Regeln zu einer erfolgreichen Kommunikation beitragen. Meist weiß der Empfänger bei einer Kommunikation zunächst nicht, auf welche Ebene der Kommunikation der Sender besonderen Wert legt. Daher ist es wichtig, zunächst auf alle vier Seiten der Nachricht zu achten und mit allen Ohren aufmerksam zuzuhören.

#### Sachinhalt

Wenn die Sachaussage nicht verstanden wurde, fehlen meist notwendige Informationen. Oft neigt der Empfänger dann dazu, offene Fragen in einem Gespräch selbst zu beantworten, er stellt also Vermutungen und Interpretationen an. Dabei besteht jedoch eine hohe Irrtums- und Fehlerwahrscheinlichkeit. Daher gilt: **Wenn die Sachinformation nicht klar verstanden wurde, muss nachgefragt werden.**

#### Selbstoffenbarung

Der Sender achtet bei der Selbstoffenbarung insbesondere darauf, was er von sich selbst preisgibt (**Selbstdarstellung**). Hierin liegt eine große Chance für den Empfänger. Es gilt, Wohlwollen für den Sender aufzubringen und möglichst keine negative Selbstenthüllung herauszuhören, die den Sender unnötig bloßstellt. Dem Sender sollte stets ermöglicht werden, sein Gesicht zu wahren.

#### Beziehung

Da jeder Mensch ein Grundbedürfnis nach Akzeptanz durch seine Mitmenschen hat, schenkt der Empfänger dieser Ebene ohnehin die größte Beachtung. Missverständnisse können z. B. dann auftreten, wenn man früher negative Erfahrungen mit dem Gesprächspartner gemacht hat. Es ist daher sinnvoll, die Nachricht, die man als Empfänger auf dieser Ebene versteht, stets noch einmal objektiv zu überprüfen.

Um die Nachricht korrekt zu entschlüsseln, empfiehlt es sich, auch die non- und paraverbalen Signale des Gegenübers zu beachten. Wenn nach gründlicher Analyse dennoch der Verdacht besteht, dass die Beziehungsebene gestört ist oder der Sender einen Angriff auf dieser Ebene gestartet hat, ist es ratsam, diesen Konflikt offen anzusprechen (Metakommunikation).

> ➔ ***Praxistipp***
> Wenn Sie von einem Kunden auf der Beziehungsebene angegriffen werden, sprechen Sie ihn freundlich darauf an. Meist meint er nicht Sie persönlich, sondern ist über das Unternehmen verärgert. Klären Sie die Beziehungsebene und bieten Sie freundlich Ihre Hilfe für das sachliche Problem an.

#### Appell

Wenn der Appell vom Sender klar und deutlich als ein solcher vorgetragen wird, hat der Empfänger zu entscheiden, ob er dem Wunsch nachkommen will. Ist der Appell nicht deutlich zu erkennen bzw. meint der Empfänger in einer Sachaussage einen Appell zu hören, sollte abgeklärt werden, ob die Botschaft richtig verstanden wurde.

Wenn der Appell einer Nachricht falsch interpretiert wurde und ohne klärende Fragen ausgeführt wird, kann es zu einer Störung auf der Beziehungsebene kommen.

**Beispiel**

Ein Kunde sagt zu Julia: „*Ich habe gehört, dass es eine neue FinanzFix-Software gibt.*" Julia hört als Appell „Bitte senden Sie mir die neue Version zu." und reagiert entsprechend.
Julia: „*Ich sende Ihnen die Software gerne zu.*"
Kunde: „*Nein, ich wollte mich doch erst mal darüber informieren!*"

Der eigentliche Appell war also: „Ich brauche Informationen über die neue Software." Über gezielte Fragen hätte Julia die Möglichkeit gehabt, den Appell richtig zu verstehen.

## Nutzen des Kommunikationsmodells „Die vier Seiten einer Nachricht" in der betrieblichen Praxis

| Thema/Schwerpunkt | Praxistipps |
|---|---|
| **Allgemein** | Machen Sie sich die vier Seiten einer Nachricht bewusst. Achten Sie im Kundengespräch darauf, dass verschiedene Seiten vorhanden sind. Es gilt immer herauszufinden, welche Botschaft dem Kunden wichtig ist.<br><br>Wenn Sie eine starke Neigung zu einer der vier Seiten haben, also verstärkt z. B. auf dem Beziehungs-Ohr hören, sollten Sie die anderen Ohren stärker trainieren. Dies hilft Missverständnisse zu vermeiden.<br><br>Bedenken Sie stets, dass der Kunde vermutlich keine Kenntnisse dieser Theorie hat. Beachten Sie daher die Regeln für das Senden von Nachrichten. |
| **Sachinhalt** | **Senden von Nachrichten:**<br>Achten Sie auf die Verständlichkeit. Formulieren Sie nachvollziehbar und einfach. Verwenden Sie keine Fachsprache. Ermöglichen Sie dem Kunden, jederzeit Fragen zu stellen.<br><br>**Empfang von Nachrichten:**<br>Wenn Sie die Sachaussage des Kunden nicht verstehen, fragen Sie nach. Stellen Sie keine Vermutungen an. |
| **Selbstoffenbarung** | **Senden von Nachrichten:**<br>Sprechen Sie offen Ihre Absichten oder Gefühle aus (z. B. Bedauern im Beschwerdefall). Sie sollten den Raum für Interpretationen möglichst gering halten.<br><br>**Empfang von Nachrichten:**<br>Achten Sie genau auf eventuell unterschwellig vorgetragene Botschaften auf dieser Ebene. Eventuell benötigt der Kunde Hilfe bei einer schwierigen Anfrage. Vielleicht kennt er sich nicht gut mit einem Thema aus, möchte dies aber nicht offen zugeben. |

| Thema/Schwerpunkt | Praxistipps |
| --- | --- |
| **Beziehung** | **Senden von Nachrichten:**<br>Gehen Sie immer wertschätzend und respektvoll mit dem Kunden um.<br><br>**Empfang von Nachrichten:**<br>Achten Sie ganz besonders auf (eventuell versteckte) Botschaften auf dieser Ebene. Möglicherweise ist der Kunde mit der Beziehung unzufrieden oder äußert eine „versteckte Beschwerde". Dies muss dann angesprochen und gelöst werden. |
| **Appell** | **Senden von Nachrichten:**<br>Senden Sie Handlungsempfehlungen einerseits wertschätzend, andererseits aber ohne Raum für Interpretationen. Lassen Sie dem Kunden aber die Möglichkeit, eine Handlungsempfehlung zu hinterfragen oder abzulehnen.<br><br>**Empfang von Nachrichten:**<br>Wenn der Appell klar und deutlich vom Kunden vorgetragen wird, prüfen Sie, ob Sie diesem nachkommen können. Ist der Appell nicht eindeutig nachvollziehbar, setzen Sie gezielt Fragen ein. |

5|4.1

## 2.5 Die Transaktionsanalyse nach Berne

Der amerikanische Arzt und Psychiater **Eric Berne** entwickelte in den 1960er-Jahren das Modell der **Transaktionsanalyse** (TA). Ursprünglich entwickelt als Verfahren der Psychoanalyse, entstand daraus eine Methode, sich selbst besser kennenzulernen und als Konsequenz daraus mit anderen Menschen besser zu kommunizieren und umzugehen. Popularität erlangte die Transaktionsanalyse durch die Veröffentlichung von Bernes Mitarbeiter Thomas A. Harris: „Ich bin okay – du bist okay". Neben dem Einsatz als Therapiemethode findet die Transaktionsanalyse heute vor allem eine praxisorientierte Anwendung in der betrieblichen Kommunikation.

### Grundannahmen

Berne entwickelte drei Grundannahmen über das Menschenbild, die für das Verständnis der Transaktionsanalyse von entscheidender Bedeutung sind:

1. Die Menschen sind so, wie sie sind, in Ordnung und gut.
2. Jeder Mensch besitzt die Fähigkeit zum Denken.
3. Der Mensch entscheidet über sein eigenes Schicksal und ist in der Lage, seine getroffenen Entscheidungen auch zu verändern.

Das Konzept der Transaktionsanalyse geht von der Annahme aus, dass der Mensch aus unterschiedlichen Persönlichkeitsstrukturen heraus handelt und kommuniziert. Dabei werden drei Persönlichkeitsebenen, die **„Ich-Zustände“**, unterschieden:

1. Eltern-Ich (EL)
2. Erwachsenen-Ich (ER)
3. Kind-Ich (K)

**Das Eltern-Ich (EL)**

Das EL beinhaltet das Wertesystem sowie die Normen und Regeln, die ein Mensch in seiner Erziehung erlernt hat. Es ist geprägt durch ein Handeln, wie eine Person es von den Eltern oder anderen Autoritätspersonen in der Kindheit erlebt hat.

Das Eltern-Ich kann folgende Ausprägungen einnehmen:

| Ausprägung | Verhalten/Merkmale |
|---|---|
| das **nährende Eltern-Ich (ELn)** oder das **fürsorgliche Eltern-Ich (ELf)** | fürsorglich, beschützend, unterstützend, nährend, mitfühlend, sorgend, beratend |
| das **kritische Eltern-Ich (ELk)** | streng, kritisch, erziehend, fordernd, belehrend, schimpfend, zurechtweisend |

Im Eltern-Ich handelt ein Mensch so, wie seiner Meinung nach seine (ehemaligen) **Erziehungspersonen** in der gleichen Situation gehandelt hätten. Jeder Mensch trägt Normen und Regeln seit der Kindheit in sich verankert. Einerseits kann das Eltern-Ich den Menschen einengen, indem diese erlernten Regeln sein Verhalten bestimmen. Andererseits ist es oft von Vorteil, nicht jede Entscheidung neu bedenken zu müssen.

Im Eltern-Ich finden sich auch alle **Vorurteile**, die von den Eltern in der Kindheit vorgelebt wurden.

**Das Erwachsenen-Ich (ER)**

Auf dieser Ebene befindet sich das rationale und logische Verhalten. Der erwachsene Mensch hat gelernt, nüchtern und besonnen mit verschiedensten Situationen umzugehen. Im Erwachsenen-Ich stellt ein Mensch Fragen und handelt zielorientiert. Das Erwachsenen-Ich ist in der Lage, Entscheidungen auf Basis komplexer Überlegungen zu treffen.

Das Erwachsenen-Ich trifft man nur in **einer** Ausprägung:

| Ausprägung | Verhalten/Merkmale |
|---|---|
| das **Erwachsenen-Ich (ER)** | konstruktiv, fragend, objektiv, lösungs- und zielorientiert |

**Das Kind-Ich** (K)

Dieser Ebene entsprechen alle Erfahrungen und Handlungsweisen, die ein Mensch in **seiner Kindheit** gemacht und angewendet hat.

Das Kind-Ich kann folgende Ausprägungen einnehmen:

| Ausprägung | Verhalten/Merkmale |
|---|---|
| das **freie (natürliche) Kind-Ich (Kf)** | freudig, kreativ, glücklich, spielerisch, begeisterungsfähig, emotional, neugierig, spontan |
| das **angepasste Kind-Ich (Ka)** | gehemmt, absichernd, hilfsbedürftig, vorsichtig, zurückhaltend, gehorsam, auf der Suche nach Zuwendung |
| das **rebellische Kind-Ich (Kr)** | trotzig, widerständig, wütend, aggressiv, fordernd |

In jedem Menschen sind alle beschriebenen Persönlichkeitsebenen gleichzeitig vorhanden, je nach Charakter treten aber einzelne Ebenen verstärkt oder häufiger hervor als andere.

## Transaktionen in der Kommunikation

Ein wichtiger Bestandteil der Transaktionsanalyse (TA) ist die Analyse der Interaktion und der Beziehung zwischen den Gesprächspartnern. Als Transaktion wird
3|2.2 hier die Kommunikation zwischen **Sender** und **Empfänger** aus verschiedenen Persönlichkeitsebenen bezeichnet.

Der Sender richtet meist unbewusst aus einem bestimmten Ich-Zustand eine Botschaft an den Empfänger, dabei spricht er auch gezielt einen Ich-Zustand beim Empfänger an. Der Empfänger kann dann entweder aus dem angesprochenen Ich-Zustand heraus antworten oder in einen anderen Ich-Zustand wechseln. In seiner Reaktion spricht er ebenfalls einen bestimmten Ich-Zustand beim Sender an.

Um diese Abläufe zu verdeutlichen, zeichnet man in der TA die Persönlichkeitszustände als Kreise auf und gibt durch Pfeile an, welche Interaktion stattgefunden hat.

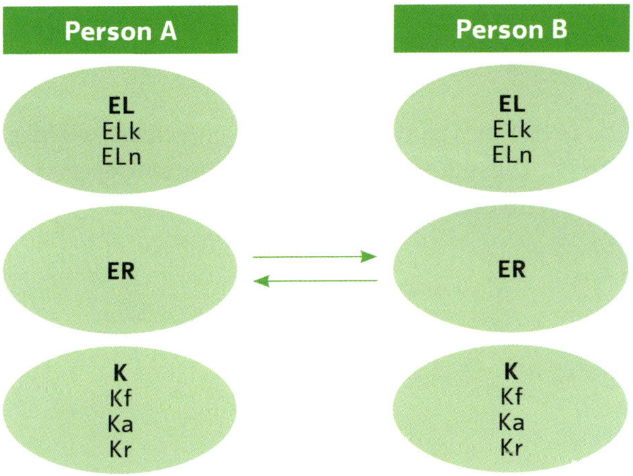


Abkürzungen:

EL (Eltern-Ich)
ELk (kritisches Eltern-Ich)
ELn (nährendes Eltern-Ich)
ER (Erwachsenen-Ich)
K (Kind-Ich)
Kf (freies Kind-Ich)
Ka (angepasstes Kind-Ich)
Kr (rebellisches Kind-Ich)

***Abb.: Darstellung von Transaktionen***

**Beispiel**

Julia wird bei der Arbeit von einer Kollegin angesprochen: *„Julia, erledige bitte heute zwei Rückrufe für mich."*
Julia erwidert: *„Ich habe heute noch einiges zu tun, ist es in Ordnung, wenn ich diese Rückrufe morgen früh erledige?"*

In dem Beispiel wird Julia von ihrer Kollegin aus dem Erwachsenen-Ich angesprochen. Die Anfrage ist logisch begründet und weder unterwürfig noch von oben herab. Die Reaktion von Julia erfolgt ebenfalls aus dem Erwachsenen-Ich, sie reagiert der Situation angemessen, stellt klar, dass sie den Auftrag heute nicht erledigen kann, und erfragt Alternativen.

**Beispiel**

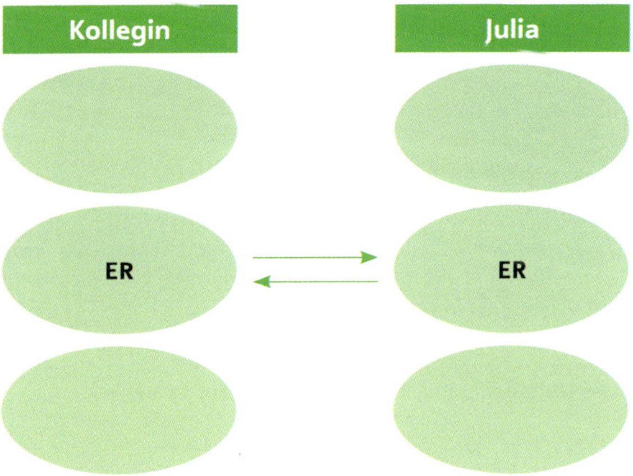


***Abb.: Darstellung von Transaktionen (ER/ER)***

Die Reaktion von Julia kann auch aus anderen Ich-Zuständen erfolgen. Bei der gleichen Anfrage aus dem ER könnte die Reaktion von Julia wie folgt aussehen:

**Beispiel**

Julia: *„Klar, mache ich sofort. Gib mir einfach die Nummern, zur Not bleibe ich eine halbe Stunde länger."*

In diesem Fall reagiert Julia sehr gehorsam und unterwürfig. Ihr ist es wichtig, dass die Kollegin mit ihr zufrieden ist. Diese Reaktion kam aus dem **angepassten Kind-Ich (Ka)**, gerichtet an das **kritische Eltern-Ich (ELk).**

**Beispiel**

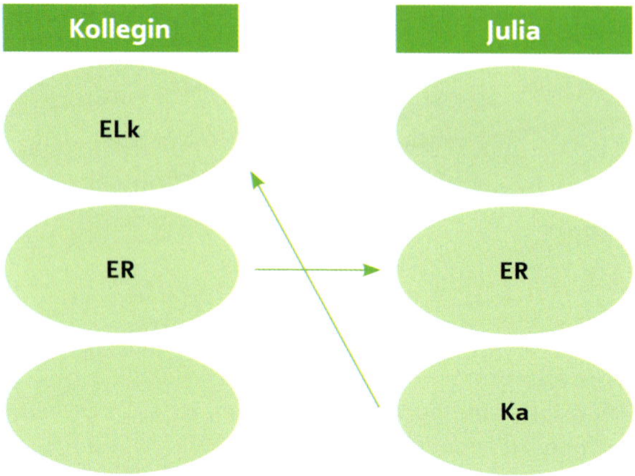


***Abb.: Darstellung von Transaktionen (ER/ER/Ka/ELk)***

Folgende weitere Reaktionen sind denkbar:

| | |
|---|---|
| **Reaktion aus dem rebellischen Kind-Ich** | Julia: *„Klar mache ich das … und danach noch deine Wäsche, oder was? Wie soll ich das denn alles schaffen, ich will auch mal irgendwann Feierabend machen, da lasse ich mir von dir nicht dazwischenfunken."*<br><br>Hier reagiert Julia betont rebellisch und emotional. Sie lässt sich nicht einschränken und denkt nur an ihren Feierabend. |
| **Reaktion aus dem freien Kind-Ich** | Julia: *„Gib mir mal die Nummern, dann schaue ich, ob ich das heute noch mache. Wenn nicht, ist ja auch nicht so schlimm."*<br><br>In diesem Fall geht Julia sehr sorglos und spontan mit der Anfrage der Kollegin um, die Anfrage wird nicht weiter ernst genommen. |
| **Reaktion aus dem kritischen Eltern-Ich** | Julia: *„Das kann ich nicht machen. Hier ist ganz klar geregelt, dass jeder seine Rückrufe selbst macht. Wo kommen wir denn hin, wenn sich keiner an die Regeln hält?"*<br><br>In diesem Fall macht Julia sich zum Vertreter der Normen und Regeln des Unternehmens, ihre Kollegin wird zurechtgewiesen. |
| **Reaktion aus dem nährenden Eltern-Ich** | Julia: *„Oh je, ich schaffe das eigentlich heute nicht mehr. Aber einen Moment, ich frag mal die Sara, vielleicht hat die ja Zeit dafür. Mach dir keine Sorgen, wir bekommen das schon irgendwie hin."*<br><br>Julia lehnt den Auftrag zwar ab, reagiert aber gütig und umsorgend. Sie versucht, Alternativen zu finden und die Sache in die Hand zu nehmen. |

## Die Arten der Transaktion

In den oben beschrieben Beispielen wurde die Anfrage an die Auszubildende Julia immer aus der Ebene des Erwachsenen-Ich gestellt. In der Kommunikation kann die Nachricht natürlich aus unterschiedlichen Ich-Zuständen erfolgen. Außerdem wird beim Empfänger immer ein bestimmter Ich-Zustand angesprochen.

**Beispiel**

Eine Nachricht, die aus dem Eltern-Ich abgesendet wird, ist an das Kind-Ich des Empfängers gerichtet. Dieser Vorgang läuft allerdings bei den meisten Menschen unbewusst ab.

Je nachdem, aus welchem Ich-Zustand der Empfänger auf die Anfrage reagiert oder welchen Ich-Zustand der Empfänger bei seiner Reaktion anspricht, unterscheidet man

- parallele Transaktionen,
- gekreuzte Transaktionen,
- verdeckte Transaktionen.

### Parallele Transaktionen

Hierbei handelt es sich um die einfachste und unkomplizierteste Form. Eine parallele Transaktion liegt demnach vor, wenn

- die Antwort aus dem Ich-Zustand erfolgt, der bei der ursprünglichen Transaktion angesprochen wurde,
- die Erwiderung sich an den Ich-Zustand richtet, von dem aus die ursprüngliche Nachricht ausging.

**Beispiel**

Kollegin von Julia: *„Julia, hattest du schon Zeit, die Rückrufe durchzuführen?"*
Julia: *„Bisher leider nicht. Bis wann müssen die denn erledigt sein?"*

Die ursprüngliche Nachricht ging vom Erwachsenen-Ich (ER) an das ER des Gesprächspartners. Die Antwort geht wiederum vom ER des Empfängers an das ER des Senders.

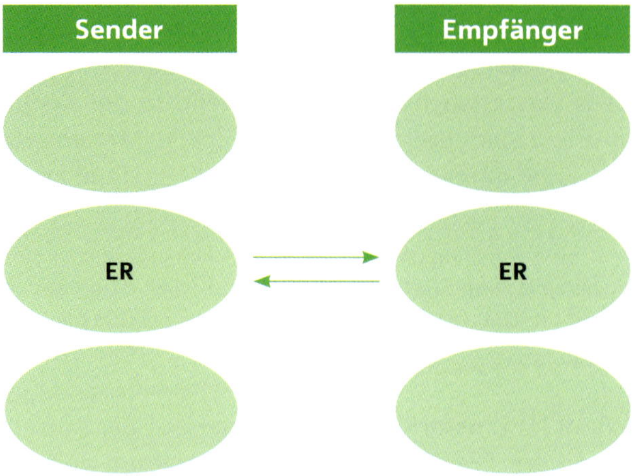


***Abb.: Parallele Transaktion (ER/ER)***

Eine parallele Transaktion liegt auch dann vor, wenn Sender und Empfänger aus unterschiedlichen Ich-Zuständen reagieren, diese aber bei der Antwort des Empfängers beibehalten werden.

Hierbei kann die Reaktion natürlich aus einer der verschiedenen Ausprägungen des jeweiligen Ich-Zustands erfolgen. Auf das kritische Eltern-Ich kann der Gesprächspartner aus dem rebellischen, angepassten oder freien Kind-Ich reagieren.

**Beispiel**

Kollegin von Julia: *„Warum sind denn die Rückrufe noch nicht gemacht, wie oft muss ich noch danach fragen?!"*
Julia: *„Tut mir leid, mache ich sofort, versprochen."*

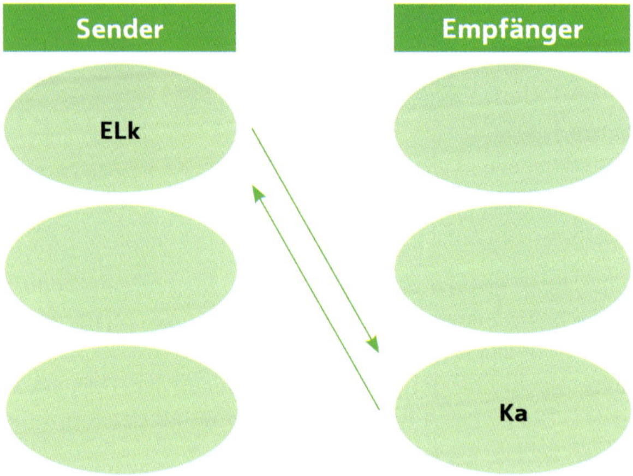


***Abb.: Parallele Transaktion (ELk/Ka)***

Eine Kommunikation, die auf einer parallelen Transaktion beruht, kann meist störungsfrei ablaufen, da beide Gesprächspartner jeweils die Rolle einnehmen, die der andere erwartet. Diese Art der Kommunikation ist aber nicht zwangsläufig von Erfolg gekrönt.

**Beispiel**

Eine Kommunikation zwischen dem kritischen Eltern-Ich und dem angepassten Kind-Ich verläuft zwar störungsfrei, bringt aber nicht unbedingt eine sachliche Lösung für eine Fragestellung oder ein zwischenmenschliches Problem.

### Gekreuzte Transaktionen

Eine gekreuzte Transaktion liegt vor, wenn
- die Erwiderung aus einem anderen als dem erwarteten Ich-Zustand heraus erfolgt,
- die Erwiderung einen anderen Ich-Zustand anspricht.

**Beispiel**

Kollegin von Julia: *„Warum sind denn die Rückrufe noch nicht gemacht, wie oft muss ich noch danach fragen?!"*
Julia: *„Von welchen Rückrufen ist denn genau die Rede, ich kann mich gar nicht erinnern."*

Die ursprüngliche Nachricht ging vom kritischen Eltern-Ich an das Kind-Ich des Gesprächspartners. Die Antwort geht aber vom ER des Empfängers an das ER des Senders.

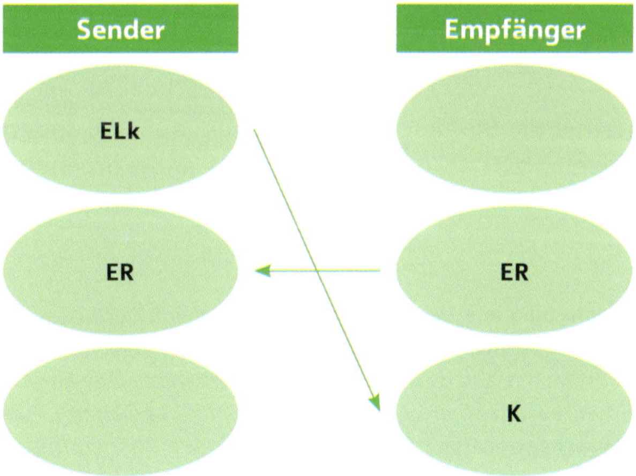


***Abb.: Gekreuzte Transaktion (ELk/K/ER/ER)***

Sobald eine Transaktion gekreuzt wird, kommt es – zumindest kurzfristig – zu einer Störung in der Kommunikation. Zunächst reden dann nämlich beide Gesprächspartner aneinander vorbei.

Dies kann natürlich in einem Streit enden, da man die Position, die der andere angesprochen hat, verlässt. Ob sich eine gekreuzte Transaktion tatsächlich zu einem Streit entwickelt, hängt stark davon ab, welche Persönlichkeitsebene genutzt wird.

**Beispiel**

Eine Kundin spricht aus dem **kritischen Eltern-Ich** heraus das **Kind-Ich** bei Julia an. *„Wieso schaffen Sie es denn nicht, mir direkt eine Antwort zu geben?"*
Julia antwortet nicht aus dem Kind-Ich, sondern ebenfalls aus dem **kritischen Eltern-Ich** an das Kind-Ich der Kundin: *„Sie müssen besser zuhören, dann erfahren Sie die Lösung."*

Aus dieser gekreuzten Transaktion wird sich sehr wahrscheinlich ein Streit entwickeln.

Es ist dann sinnvoll, eine Transaktion zu kreuzen, wenn die parallele Kommunikation keine Aussicht auf Erfolg hat. Ein Wechsel auf die Erwachsenen-Ebene ist dann oft die beste Möglichkeit, eine Wendung zu erzielen.

**Beispiel**

Eine Transaktion auf Eltern-Kind-Ebene verläuft unproduktiv oder für einen der Beteiligten unbefriedigend. Ein Gesprächspartner sendet dann aus dem Erwachsenen-Ich eine Nachricht an das Erwachsenen-Ich des Gegenüber, dadurch kann der Dialog eine Wendung erfahren.

➔ ***Praxistipp***

Wenn Sie von einem Kunden aus dem Eltern-Ich heraus angesprochen werden, achten Sie darauf, nicht automatisch aus dem Kind-Ich zu reagieren. Nehmen Sie einen Wechsel auf das Erwachsenen-Ich vor und sprechen Sie bei Ihrem Gesprächspartner ebenfalls diese Ebene an.

Um beim Gesprächspartner die Bereitschaft zu erhöhen, auf eine andere Persönlichkeitsebene zu wechseln, hilft es oft, erst aus dem angesprochenen Ich-Zustand heraus zu reagieren und dann auf die Erwachsenen-Ebene zu wechseln.

**Beispiel**

Eine Kundin spricht Julia aus dem **angepassten Kind-Ich** heraus an: *„Ich komme absolut nicht mit der Software zurecht, ich weiß überhaupt nicht mehr weiter."*
Julia antwortet zunächst aus dem **nährenden Eltern-Ich**: *„Das kann ich gut verstehen, die Software ist auch am Anfang nicht leicht zu bedienen …"* und wechselt dann in das **Erwachsenen-Ich**: *„Welche Informationen können Ihnen denn weiterhelfen?"*

### Verdeckte Transaktionen

Verdeckte Transaktionen liegen dann vor, wenn die Kommunikation gleichzeitig auf zwei Ebenen verläuft, nämlich auf einer erkennbaren (verbalen) und einer nicht erkennbaren (para- oder nonverbalen) Ebene.

Die erkennbare Ebene ist dabei nur Mittel zum Zweck, während die eigentliche Nachricht verdeckt übermittelt wird und nur mit Körpersprache oder Stimmlage zum Ausdruck kommt.

> **Beispiel**
>
> Die Kollegin von Julia sagt mit zynischem Tonfall und durchdringendem Blick: *„Julia, bist du denn schon dazu gekommen, die Rückrufe durchzuführen?“*
> Die eigentliche Nachricht kann dem Erwachsenen-Ich zugeordnet werden und ist auch an das Erwachsenen-Ich gerichtet. Unterschwellig findet aber eine Botschaft vom kritischen Eltern-Ich an das Kind-Ich statt.

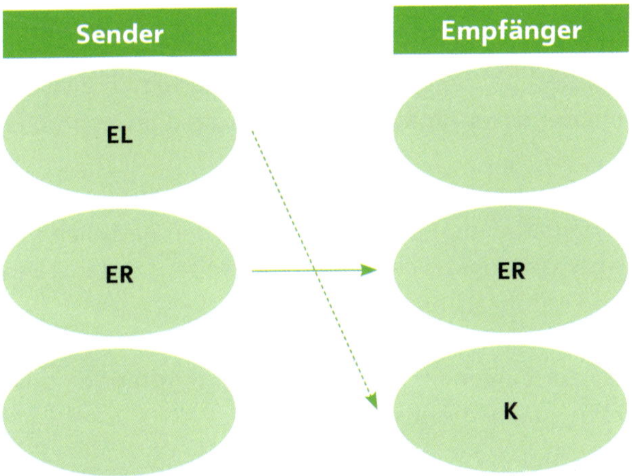


***Abb.: Verdeckte Transaktion (EL/K/ER/ER)***

Der Erfolg einer solchen verdeckten Transaktion hängt davon ab, ob der Empfänger in der Lage oder willens ist, die verdeckte Botschaft zu erkennen und auf sie einzugehen.

Die Kommunikation in erkennbaren und verdeckten Botschaften kann zu großen Schwierigkeiten und Unstimmigkeiten führen: Es kann z. B. vorkommen, dass indirekte Botschaften gar nicht oder falsch wahrgenommen werden.

## Das Egogramm

Da Kommunikation ein von beiden Gesprächspartnern zu gestaltender Prozess ist, ist es einerseits wichtig, die Wesenszüge des Gesprächspartners richtig einzuschätzen, andererseits aber auch, die eigenen Wesenszüge zu erkennen. Um eine solche Auswertung durchzuführen, eignet sich das **Egogramm**. Das Egogramm gibt Auskunft darüber, wie stark die einzelnen Ich-Zustände bei einer bestimmten Person vertreten sind. Egogramme werden über komplexe Fragebögen ermittelt, die z. B. in der einschlägigen Fachliteratur verfügbar sind.

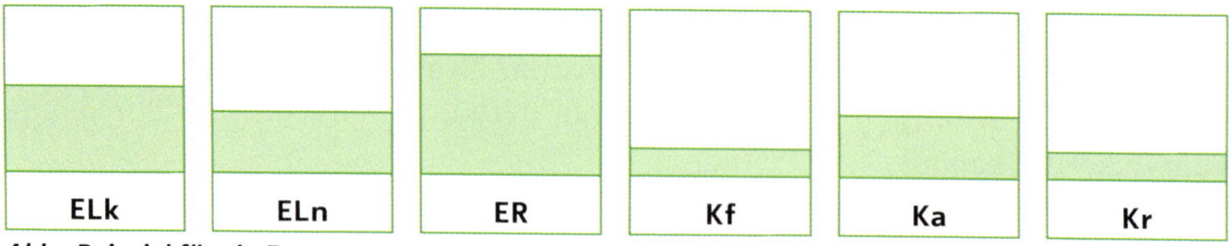


***Abb.: Beispiel für ein Egogramm***

> **➔** ***Praxistipp***
> Ein Online-Egogramm können Sie z. B. über www.touchdown.ch/tdego/egogramm.asp ermitteln.

## Emotionale Bedürfnisse

Die Transaktionsanalyse beschäftigt sich neben der Interaktion zwischen Sender und Empfänger auch mit den **emotionalen Bedürfnissen** der Gesprächspartner.

Jedem Menschen ist angeboren, dass er Zuwendung erfahren möchte. Dieses Streben nach Zuwendung ist bei den einzelnen Individuen natürlich unterschiedlich stark entwickelt, aber grundsätzlich immer vorhanden. Dabei kann eine solche Zuwendung sowohl negativ als auch positiv sein.

Folgende Möglichkeiten der Zuwendung, die entweder empfangen oder gegeben werden, können unterschieden werden:

- **Positiv ohne Bedingung:** Ein Mensch wird gemocht, weil es ihn gibt.
- **Positiv mit Bedingung:** Ein Mensch wird gemocht, wenn er gewisse Handlungen ausführt oder Kriterien erfüllt.
- **Negativ ohne Bedingung:** Ein Mensch wird nicht gemocht, weil er der ist, der er ist.
- **Negativ mit Bedingung:** Ein Mensch wird nicht gemocht, wenn er bestimmte Kriterien erfüllt oder gewisse Handlungen vollzieht.

In jeder Person existiert der Wunsch nach einem gewissen Maß an bedingungslo-
ser, positiver Zuwendung. Die positive und negative Zuwendung, die an Bedin-
1 | 1.1.4 gungen geknüpft ist, erfahren wir oft in der Erziehung oder durch das **Führungs-
verhalten** im Unternehmen. Dabei wird das Streben nach Zuwendung ausgenutzt,
um jemanden zu bestimmten Handlungen zu veranlassen bzw. um bestimmte
Handlungen abzustellen.

Eine weitere wichtige Erkenntnis der TA ist es, dass jedem Menschen die negative Zuwendung lieber ist, als überhaupt keine Beachtung durch andere zu finden. Wird also jemand mit kompletter Nichtbeachtung bestraft, so wird er mindestens versuchen, unangenehm aufzufallen, um negative Zuwendung zu erfahren.

**Beispiel**

Ein Schüler wird durch die Klassengemeinschaft ausgeschlossen, er erfährt keinerlei Beachtung. Er fängt an, die anderen Schüler zu ärgern, damit er zumindest eine negative Zuwendung erfährt.

### Die menschliche Grundeinstellung

Jeder Mensch entwickelt im Laufe der Kindheit und Erziehung eine Grundhaltung sich und anderen Individuen gegenüber. Je nachdem, von welchen Erfahrungen ein Mensch geprägt wurde, kann er sich und andere Menschen als in Ordnung (o. k.) oder nicht in Ordnung (nicht o. k.) bewerten.

In der Transaktionsanalyse werden die folgenden Grundhaltungen unterschieden:

1. **Ich bin o. k. – du bist o. k.**
   Diese Grundhaltung wird als die eines Gewinners bezeichnet. Jemand mit dieser Haltung findet sowohl sich in Ordnung als auch andere Menschen. Er kann offen mit eigenen Fehlern, Gefühlen und Zielen umgehen, sich aber auch mit denen von anderen Menschen auseinandersetzen. Diese Grundhaltung bedeutet nicht, dass man andere Personen zwangsläufig für gute Menschen hält, es bedeutet aber, dass man diese Möglichkeit zulässt.

2. **Ich bin o. k. – du bist nicht o. k.**
   Ein Mensch mit dieser Grundhaltung verlässt sich in schwierigen Situationen eher auf sich, Fehler sucht er bei anderen. Wenn jemand mit dieser Einstellung in einer komplexen Situation nicht weiterweiß, wird er wahrscheinlich niemanden zurate ziehen, denn der andere ist nicht in Ordnung – wie soll er Rat wissen, wenn schon der, der in Ordnung ist, scheitern musste?

3. **Ich bin nicht o. k. – du bist o. k.**
   Eine Person mit dieser Grundhaltung verlässt sich mehr auf andere Menschen. Fehler sucht sie stets bei sich selbst. Dieser Mensch ist oft auf den Rat und die Hilfe von Dritten angewiesen bzw. glaubt, darauf angewiesen zu sein.

4. **Ich bin nicht o. k. – du bist nicht o. k.**
   Diese Grundhaltung wird oft als die eines Verlierers bezeichnet. Ein Mensch mit dieser Grundhaltung wird immer wieder Situationen schaffen, die seine Theorie „Ich bin nicht in Ordnung, andere aber auch nicht“ bestätigen und mit einer negativen Erfahrung enden.

### Nutzen der Transaktionsanalyse in der betrieblichen Praxis

| Thema/ Schwerpunkt | Praxistipps |
|---|---|
| **Allgemein** | Sind einem Menschen die verschiedenen Grundhaltungen oder Persönlichkeitsebenen nicht bewusst, ist es kaum möglich, sie zu verändern. Macht man sich aber klar, wie man mit sich selbst und mit anderen Menschen umgeht, besteht die Möglichkeit, die eigene Einstellung zu überprüfen und ggf. zu ändern. Die in der Transaktionsanalyse insgesamt gewonnene Klarheit gegenüber eigenen Gefühlen und Wertungen hilft dem Mitarbeiter, Handlungsspielräume gegenüber anderen Menschen zu gewinnen, weil er dadurch auch in der Lage ist, Klarheit über die tatsächlichen Erwartungen seines Gegenübers zu erlangen.<br><br>Das Ziel der Transaktionsanalyse, auch in schwierigen Gesprächen situationsgerecht agieren und reagieren zu können, stellt eine wertvolle Hilfe im Umgang mit kritischen, aufgebrachten, enttäuschten oder Hilfe suchenden Kunden dar.<br><br>**12\|3** Auch für innerbetriebliche Situationen kann die TA wertvolle Denkanstöße liefern:<br>• Coaching<br>• Mitarbeitergespräche<br>• Konfliktsituationen<br>• Teamentwicklung<br>**10\|6** • Mitarbeiterführung<br>• Mitarbeitermotivation<br>• Selbstmanagement etc. |
| **5\|4.1** **Gekreuzte Transaktionen** | Auf gekreuzte Transaktionen trifft man im Dialogmarketing häufig im Beschwerdemanagement. Verärgerte Kunden befinden sich oft im kritischen Eltern-Ich oder im rebellischen Kind-Ich. Hier ist es zunächst wichtig, die Situation zu erkennen und richtig einzuordnen. Dann gilt es, einen „sanften Wechsel" auf das Erwachsenen-Ich vorzunehmen, also zunächst freundlich aus dem angesprochenen Ich-Zustand heraus zu reagieren (angepasstes Kind-Ich oder nährendes Eltern-Ich), um dann auf die Erwachsenen-Ebene zu kommen. Hier gibt es deutliche Überschneidungen mit den Handlungsempfehlungen zum zweiten Axiom von Watzlawick, wonach erst die Beziehungs- **3\|2.3** ebene geklärt werden sollte, um dann auf die Sachebene zu wechseln. |

## 2.6 Das Johari-Fenster

Bei jeder Person gibt es neben Bereichen (im Sinne von Charaktereigenschaften, Neigungen, Bedürfnissen), die anderen Menschen bekannt sind, auch solche, die andere Menschen nicht kennen. Darüber hinaus gibt es Bereiche, die einer Person von sich selbst nicht bekannt sind, die sich aber dem Gesprächspartner erschließen. Eine Kommunikation verläuft umso erfolgreicher, je mehr die Gesprächspartner voneinander wissen und je besser man einschätzen kann, welches Bild man beim jeweils anderen hinterlässt.

Das Johari-Fenster (benannt nach seinen Entwicklern, den amerikanischen Sozialpsychologen **Jo**seph Luft und **Har**ry **I**ngham) zeigt bewusste und unbewusste

Verhaltensmerkmale und Charaktereigenschaften zwischen einer Person und ihrem Gesprächspartner auf. Luft und Ingham differenzieren dabei vier Bereiche:

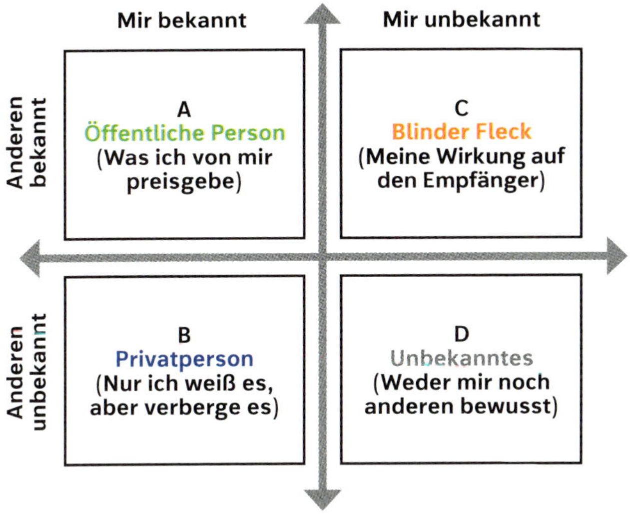


*Abb.: Johari-Fenster*

## Quadrant A: Mir bekannt und anderen bekannt

Dieses Feld ist beiden Gesprächspartnern gleichermaßen bekannt. Hier verstehen sich beide und wissen, was der andere meint. Quadrant A wird auch als **Arena** oder **Feld der Begegnung** bezeichnet, da er Basis für eine offene und angstfreie Kommunikation ist. Es ist sinnvoll, diesen Bereich zu vergrößern, um die Kommunikation zu erleichtern.

Grundsätzlich gibt es dazu folgende Möglichkeiten:

- **Offenheit:** Eine Person gibt dem Gesprächspartner Informationen, die bis dahin nur ihr selbst bekannt waren. Dies verkleinert Quadrant B.
- **Rückmeldung/Feedback:** Die andere Person erteilt Informationen darüber, wie die erste Person auf andere wirkt. Dies verkleinert Quadrant C.

## Quadrant B: Mir bekannt, anderen unbekannt

Hier befindet sich der Bereich, den jeder nur selbst von sich kennt, den man dem Gesprächspartner bewusst nicht öffnet. Dieser Teil wird auch als **Privatperson** bezeichnet. Häufig verbergen sich darin auch heimliche Wünsche und verborgene Stellen. Je nach Art der Beziehung zu dem Gesprächspartner ist dieses Feld unterschiedlich groß. Für eine erfolgreiche Kommunikation kann es zweckmäßig sein, durch vertrauensbildende Maßnahmen diesen Bereich zu verkleinern. Das bedeutet aber nicht, dass man jedem potenziellen Gesprächspartner auch jede intime Information preisgeben muss.

### Quadrant C: Mir unbekannt, anderen bekannt

Was einem selbst nicht bewusst ist, wohl aber dem Gegenüber, wird auch als **„der blinde Fleck“** bezeichnet. Häufig sind dies Gewohnheiten und Verhaltensweisen, die sich über non- und paraverbale Signale äußern. Erhält man zu diesem Fremdbild eine Rückmeldung von anderen Personen und weiß somit, wie man auf andere wirkt, kann dieser Bereich verkleinert werden.

### Quadrant D: Mir unbekannt, anderen unbekannt

Der Bereich des **Unbewussten** spiegelt sich in Quadrant D wider. Hier sind Fähigkeiten und Charaktereigenschaften verborgen, die die jeweilige Person selbst noch nicht kennt und die sich daher auch dem Gesprächspartner nicht erschließen. Dies können z. B. ungenutzte Talente und Begabungen sein.

### Nutzen des Johari-Fensters in der betrieblichen Praxis

| Thema/ Schwerpunkt | Praxistipps |
|---|---|
| **Allgemein** | Eine zentrale Erkenntnis des Johari-Fensters für das Kommunikationsgeschehen ist, dass das wahrgenommene Verhalten einer anderen Person jeweils nur einen Teil von dem darstellt, was für diese Person in einer bestimmten Situation (z. B. bei einem Beschwerdeanruf) Bedeutung hat. Auch dem Einzelnen selbst sind wesentliche Aspekte des eigenen Verhaltens nicht bekannt, bewusst oder überhaupt zugänglich. Vieles davon spielt sich also im Bereich des Unbekannten und Unbewussten ab.<br><br>Berücksichtigen Sie also, dass nicht jeder Kunde die Auswirkungen seines Verhaltens (z. B. im Beschwerdefall) auf andere abschätzen kann.<br><br>Ebenso lassen sich durch das Johari-Fenster – ähnlich der Transaktionsanalyse – wertvolle Erkenntnisse für innerbetriebliche Kommunikationssituationen und Gruppenprozesse gewinnen.<br><br>Im **Coaching** spielt das Johari-Fenster eine zentrale Rolle. Hier sollen blinde Flecke des Mitarbeiters durch Feedback verkleinert werden bzw. eine Verhaltensänderung bewirkt werden. |

12|3

## 2.7 Das neurolinguistische Programmieren (NLP)

Das neurolinguistische Programmieren, kurz **NLP**, ist ein Konzept zur Gestaltung von Kommunikationsabläufen mit dem Ziel, dauerhafte Verhaltensänderungen zu erreichen. NLP ist grundsätzlich nicht als wissenschaftliche Theorie zu verstehen, sondern als Sammlung unterschiedlicher Kommunikationstechniken und Methoden zur Veränderung psychischer Abläufe im Menschen.

NLP geht maßgeblich zurück auf **Richard Bandler** und **John Grinder**, die in den 1970er-Jahren in den USA erfolgreiche Therapeuten beobachteten, die besonders schnelle Ergebnisse erzielten. Aus diesen Studien entwickelten sie allgemeine Grundsätze für die menschliche Kommunikation. Die Anwendung des danach entworfenen **Modells für erfolgreiche Kommunikation und Lernstrategien** soll es ermöglichen, gute Beziehungen zu anderen Menschen herzustellen sowie unangemessene Gefühle und Verhaltensweisen zu modifizieren.

## Grundlagen des NLP

Obwohl NLP nicht beansprucht, wissenschaftlich begründet zu sein, basiert das Konzept doch auf bewährten Erkenntnissen und Methoden der psychotherapeutischen bzw. kommunikationspsychologischen Praxis. Die drei Buchstaben NLP stehen für:

- **N (Neurologisch)**
  Bezieht sich auf die geistigen und seelischen Vorgänge eines Menschen. Den externen Reizen, die ein Mensch wahrnimmt, stehen innere Repräsentationssysteme gegenüber.
- **L (Linguistisch)**
  Sinnliche Eindrücke können Menschen in sprachlicher Form zum Ausdruck bringen. Die Wahrnehmungen zeigen sich sowohl in verbaler als auch in nonverbaler Kommunikation.
- **P (Programmieren)**
  Bezieht sich auf Vorgänge des Lernens, Verarbeitens und auf die Reorganisation bereits bekannter Themen. Letztlich geht es darum, bisherige Denk- oder Verhaltensmuster durch Reorganisation zu verbessern. Diese „Programmierung" kann durch externe Unterstützung, also im Dialog mit einem anderen Menschen, oder durch eigene Anwendung verschiedener Methoden erfolgen.

Durch den Begriff des Programmierens entsteht leicht der Eindruck, dass Menschen beim NLP manipuliert werden. Für einen verantwortungsvollen Einsatz ist es daher wichtig, dass der Anwender sich gewissen ethischen Maßstäben verpflichtet und nicht das Ziel verfolgt, den Gesprächspartner gegen seinen Willen zu beeinflussen.

### Innere Landkarte

Ausgehend von der erkenntnistheoretischen Grundannahme des „Konstruktivismus" nimmt NLP an, dass jeder Mensch eine eigene, subjektiv geprägte Wahrnehmung der Wirklichkeit hat. Paul Watzlawick führt beispielsweise in seinem Bestseller „Wie wirklich ist die Wirklichkeit?" aus, dass jeder Mensch eine ganz eigene Version der Welt wahrnimmt, die sehr stark geprägt ist von seinen persönlichen Ideen und Erfahrungen und niemals hundertprozentig übereinstimmt mit der „Realität", die andere Menschen wahrnehmen.

Die sogenannte innere Landkarte beschreibt das Bezugssystem, mit dem das Individuum die Welt erfährt. Allerdings darf die Landkarte nicht mit der Landschaft selbst gleichgesetzt werden. Durch NLP lässt sich nun herausfinden, wie der Gesprächspartner seine Welt erklärt. Seine „innere Landkarte“ offenbart sich u. a. in den verwendeten Formulierungen.

## Methoden des NLP

Beim neurolinguistischen Programmieren kommen zahlreiche Kommunikationstechniken zum Einsatz. Im Folgenden werden einige grundlegende Methoden beschrieben:

### Pacing

Pacing steht als eine Art des Spiegelns am Anfang jeder NLP-Anwendung. Bei dieser Methode geht es darum, sich in die Wirklichkeit des Gesprächspartners zu versetzen und die eigenen Verhaltensweisen mit diesem in Einklang zu bringen. Häufig wird dabei die Technik des „aktiven Zuhörens“ verwendet. Pacing beinhaltet jedoch darüber hinaus u. a. die Angleichung der Stimme, der Gestik und der Mimik an den Gesprächspartner. Damit Vertrauen entsteht, muss diese Anpassung sensibel dosiert werden und darf nicht zur schlichten Nachahmung verkommen.

3|3.2.3

**Beispiel**

Julia erzählt Thomas von einem Konflikt mit ihrem Chef. Dabei sitzt sie mit verschränkten Beinen und schaut etwas traurig drein. Thomas bestätigt ihre Aussage inhaltlich und emotional (aktives Zuhören) und nimmt dabei eine ähnliche Körperhaltung ein. Außerdem passt er seinen Gesichtsausdruck dem ihren an.

### Rapport

Rapport bezeichnet die positive Gesprächsatmosphäre, die es ermöglicht, über verschiedene Themen zu sprechen und bestimmte Veränderungen anzustoßen. Der Rapport entsteht auf Basis des Pacing.

**Beispiel**

Im Gespräch mit Thomas fühlt Julia sich gut verstanden und wertgeschätzt. Er hat ihr Sprechtempo angenommen, hört aktiv zu und spiegelt ihre Körpersprache, ohne sie nachzuahmen. Sie kann nun über schwierige Themen sprechen und traut sich zu, neue Lösungen zu diskutieren.

### Leading

Durch neue (körper-)sprachliche Signale ermöglicht Leading, die Gesprächsführung zu übernehmen und das Gespräch in eine neue Richtung zu lenken. So können Sachverhalte umgedeutet werden und neue Lösungsideen entstehen. Eine Technik, die in diesem Zusammenhang oft verwendet wird, ist das „Reframing“. Dabei werden Problemstellungen in einen anderen Bezug gesetzt und Gefühlen andere Bedeutungen zugeschrieben.

**Beispiel**

Julia sagt zu Thomas: *„Dass ich mir das von meinem Chef so lange gefallen lasse, zeigt nur, wie feige ich bin."* Thomas antwortet: *„Es zeigt auch, dass du über viel Durchhaltevermögen verfügst und nicht gleich jeden Konflikt suchst."* (Reframing) Diese Antwort gibt Julias Verhalten einen anderen Bezugsrahmen und entlastet sie ein Stück weit. Auf dieser Basis kann Thomas das Gespräch in eine positive, lösungsorientierte Richtung lenken. (Leading)

### Vor- und Nachteile von NLP

Das neurolinguistische Programmieren wird immer wieder kontrovers diskutiert. Befürworter loben NLP als wertvolles Kommunikationswerkzeug. Kritiker tun NLP hingegen als unwissenschaftliche Manipulationstechnik ab und zweifeln an der tatsächlichen Wirksamkeit.

| Vorteile | Nachteile |
|---|---|
| • Anwender beherrschen Methoden der verbalen und nonverbalen Gesprächsführung.<br>• zentrale Bedeutung von Beziehungsgestaltung und Wertschätzung<br>• Lösungsorientierung<br>• vielfältige Einsatzmöglichkeiten | • Gefahr der Manipulation<br>• Glaubwürdigkeitsprobleme<br>• Nicht jedem Mensch fällt es leicht, eine positive Beziehungsgestaltung zu erlernen.<br>• Muss lange trainiert werden. |

### Nutzen von NLP in der betrieblichen Praxis

| Thema/ Schwerpunkt | Praxistipps |
|---|---|
| **Allgemein** | NLP eignet sich für unterschiedliche Situationen und Anlässe in der betrieblichen Praxis:<br>• Im Beschwerdemanagement kann die Situation durch wertschätzendes „Pacing" entschärft und eine neue Lösung angeboten werden.<br>• Führungskräfte können die NLP-Strategien, wie z. B. „Reframing", sehr erfolgreich in Mitarbeitergesprächen anwenden.<br>• Vertriebsmitarbeiter profitieren von einem auf Vertrauensbasis funktionierenden „Leading". |

## 2.8 Die Bedürfnispyramide nach Maslow

Das Modell der **Bedürfnispyramide** wurde vom amerikanischen Psychologen **Abraham Maslow** entwickelt, der als Gründervater der Humanistischen Psychologie gilt. In seinen Forschungen versuchte er, die Motivation des menschlichen Handelns anhand von Bedürfnissen zu beschreiben.

Der Begriff **Motivation** bezeichnet die Einflüsse und Bedingungen, die einen Menschen zu bestimmten Handlungen bewegen. Basis dieser Motivation sind die
6|1.1 **menschlichen Bedürfnisse**. Ein Bedürfnis motiviert einen Menschen demnach so lange zu einem bestimmten Verhalten, bis dieses befriedigt ist.

Die **Bedürfnispyramide** nach Maslow unterteilt die menschlichen Bedürfnisse in einzelne Stufen:

1. **Physiologische Grundbedürfnisse:** Die unterste Ebene hat für das menschliche Handeln absolute Priorität. Bedürfnisse auf dieser Ebene sind Hunger, Durst, Schlaf und der Drang nach Fortpflanzung, also dem Erhalten der eigenen Art.

2. **Sicherheitsbedürfnisse:** Sind die physiologischen Bedürfnisse erfüllt, das Überleben also gesichert, strebt jeder Mensch nach der Absicherung des eigenen Lebens. Mögliche Bedürfnisse auf dieser Ebene sind: Wohnung, Versicherungen, Arbeitsplatz, Gesetze und Regeln etc.
3. **Sozialbedürfnisse:** Jeder Mensch möchte Zuwendung und soziale Kontakte, auch der Wunsch nach Kommunikation ist hier angesiedelt. Bedürfnisse auf dieser Ebene sind z. B.: Freunde, Familie, Geselligkeit und Austausch.

4. **Bedürfnis nach Wertschätzung und Anerkennung:** Für die geleistete Arbeit oder für die gesellschaftliche Position möchte man anerkannt und wertschätzend behandelt werden. Bedürfnisse auf dieser Ebene sind z. B.: Geltung, Anerkennung, Karriere, Macht und Status.
5. **Bedürfnis nach Selbstverwirklichung:** Auf der höchsten Stufe der Bedürfnispyramide findet sich das Streben nach Selbstverwirklichung. Der Mensch möchte gerne sich selbst erkennen, seine Talente ausbilden und seinen Platz in der Welt (und eventuell darüber hinaus) finden. Mögliche Bedürfnisse auf dieser Ebene sind z. B. Individualität, Kunst, Religion, Philosophie und Ethik.

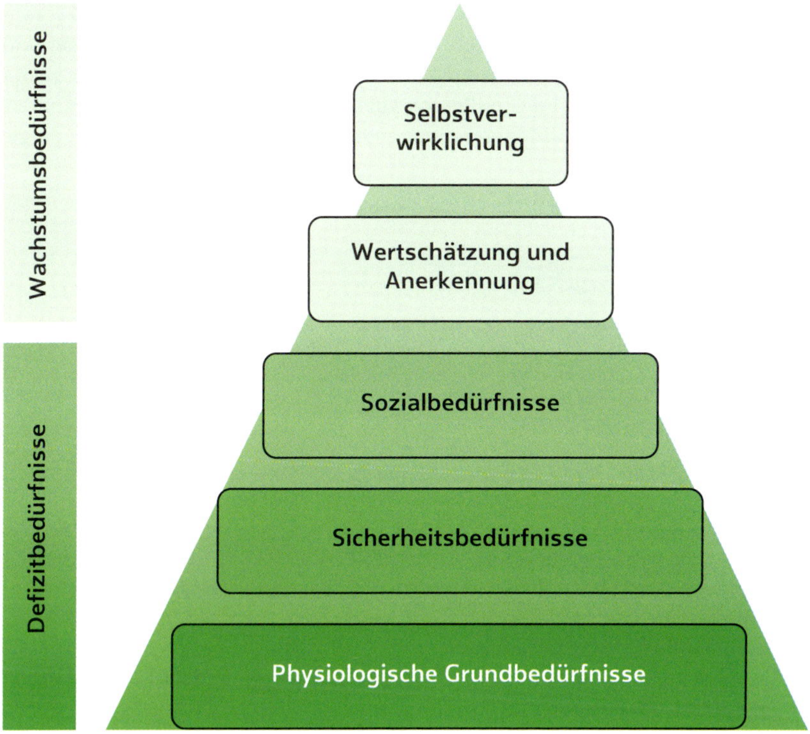


***Abb.: Die Bedürfnispyramide nach Maslow***

Die unteren drei Stufen werden auch **Defizitbedürfnisse** genannt. Um zufrieden zu sein, müssen diese Bedürfnisse gestillt sein, dann tritt aber eine Sättigung ein. Die **Wachstumsbedürfnisse** der beiden oberen Stufen können demgegenüber nie wirklich befriedigt werden. Nach Maslow wird aber jeder Mensch versuchen, zuerst die Bedürfnisse der unteren Stufen zu erfüllen, bevor er sich der nächsthöheren Stufe widmet. Kommt es zu einem Konflikt zwischen zwei Stufen, z. B. durch das gleichzeitige Auftreten unterschiedlicher Bedürfnisse, setzt sich im Zweifel das tiefer gelegene (niedrigere) Bedürfnis durch.

Auch in der Kommunikation stehen sich verschiedene Bedürfnisse gegenüber. Die Gesprächspartner sind daran interessiert, einzelne Bedürfnisse mithilfe des Gegenübers zu befriedigen.

**Beispiel**

Auslöser vieler Hotline-Anrufe ist das Sicherheitsbedürfnis, also der Wunsch, eine als unklar und unsicher empfundene Situation zu verbessern.

Andererseits kommt es auch vor, dass Bedürfnisse die Kommunikation und deren Erfolg einschränken.

**Beispiel**

In einem Outbound-Gespräch ist ein Gesprächspartner kurz angebunden. Er möchte nicht lange reden und kann nicht an den Dialog denken, weil er sehr hungrig ist. Aus Sicht dieser Person spielen andere Bedürfnisse im Moment keine Rolle, er möchte viel dringender ein physiologisches Bedürfnis befriedigen.

## Nutzen der Bedürfnispyramide in der betrieblichen Praxis

5|1.1.2
8|1.3.1
10|6

| Thema/ Schwerpunkt | Praxistipps |
|---|---|
| **Allgemein** | Eine große Bedeutung kommt der Bedürfnispyramide nach Maslow in der Bedarfsermittlung zu. Vor allem im **Verkaufsgespräch** ist es wichtig, verschiedene Bedürfnisse der Kunden zu erkennen und für eine spätere **Nutzenargumentation** einzusetzen.<br><br>Außerdem sind Kenntnisse über verschiedene Motive bzw. Bedürfnisse des Menschen essenzielle Grundlagen für **Führungsmethoden**. |

## * *Zusammenfassung*

- Um mit anderen Menschen in Kontakt zu treten, werden **verbale** (Worte), **paraverbale** (hörbare Ausdrucksform) und **nonverbale** (sichtbare Körpersprache) **Kommunikationsmittel** eingesetzt.
- Zum Vorgang der Kommunikation gehören immer **Sender, Empfänger** sowie die **Nachricht**, die gesendet werden soll.
- Nach Watzlawick gibt es **fünf Axiome** (Regeln) der **Kommunikation**:
  1. Jeder Mensch kommuniziert, sobald er von einem anderen Menschen wahrgenommen wird.
  2. Jede Nachricht enthält einen Inhalts- sowie Beziehungsaspekt.
  3. Jeder Kommunikationspartner hat eine eigene Sichtweise vom Ablauf der Kommunikation.
  4. Digitale (verbale) und analoge (para- und nonverbale) Kommunikation verläuft gleichzeitig.
  5. Die Beziehung der Gesprächspartner bestimmt den Ablauf der Kommunikation.
- Gemäß Schulz von Thun besteht jede Nachricht aus **vier verschiedenen Seiten**:
  1. Sachinhalt
  2. Selbstoffenbarung
  3. Beziehung
  4. Appell
- Die **Transaktionsanalyse** nach Berne beschäftigt sich mit der Interaktion von Gesprächspartnern aus verschiedenen Ich-Zuständen heraus. Man unterscheidet:
  - Eltern-Ich
  - Erwachsenen-Ich
  - Kind-Ich
- Im Kommunikationsprozess wird zwischen **parallelen, gekreuzten** und **verdeckten Transaktionen** unterschieden.
- Das **Johari-Fenster** zeigt an, welche **Eigenschaften** einer Person der Person selbst und dem jeweiligen Gesprächspartner bekannt und welche unbekannt sind.

- Das neurolinguistische Programmieren (**NLP**) ist ein Konzept zur erfolgreichen Kommunikation und lösungsorientierten Gesprächsführung.
- Die **Bedürfnispyramide** nach Maslow beschreibt die Bedürfnisse, die einen Menschen zu bestimmten Handlungen motivieren. Man unterscheidet folgende Ebenen:
  1. Physiologische Grundbedürfnisse
  2. Sicherheitsbedürfnisse
  3. Sozialbedürfnisse
  4. Bedürfnis nach Wertschätzung und Anerkennung
  5. Bedürfnis nach Selbstverwirklichung

## Aufgaben

1. ***In der Kundenkommunikation per Telefon stehen die nonverbalen Kommunikationsmittel nicht zur Verfügung. Welche Möglichkeiten hat der Mitarbeiter, dies zu kompensieren?***
2. ***Unterscheiden Sie kongruente und inkongruente Kommunikation. Welche Bedeutung hat eine kongruente Kommunikation im Kundenkontakt?***
3. ***Erläutern Sie mithilfe der Axiome von Paul Watzlawick, warum in der Kommunikation via Chat oder Messenger häufig Emoticons eingesetzt werden.***
4. ***Analysieren Sie folgende Situation anhand der in diesem Kapitel vorgestellten Kommunikationsmodelle:***
   ***Thomas sagt zu Julia: „Hey, lass uns heute Abend gemeinsam lernen." Dabei lächelt er freundlich und hat einen begeisterten Ton in der Stimme.***
   ***Julia antwortet: „Yeah, gemeinsam lernen, super." Dabei spricht sie mit einer gelangweilten Stimme, lässt die Schultern hängen und blickt traurig zu Boden.***
5. ***Analysieren Sie typische Beschwerdegespräche aus Ihrem Ausbildungsbetrieb.***
   a) ***Wie hätten Sie diese Situationen durch Einsatz von „Metakommunikation" verbessern können?***
   b) ***Wie können konkrete Formulierungen aussehen, um in „Metakommunikation" überzuleiten?***
6. ***Analysieren Sie folgende Gesprächssituation gemäß den Axiomen der Kommunikation nach Watzlawick. Finden Sie eine Lösung, um den Konflikt zu bereinigen:***
   ***Kunde: „Der Drucker, den Sie mir geschickt haben, ist kaputt."***
   ***Mitarbeiter: „Da haben Sie bestimmt die Bedienungsanleitung falsch gelesen."***
   ***Kunde: „Das liegt aber nur daran, dass die so schlecht geschrieben ist."***
7. ***Sie erhalten im Gespräch nachfolgende Sender-Botschaften. Interpretieren Sie die Botschaften mit den vier Empfänger-Ohren:***
   a) ***„Ich warte seit drei Wochen auf meine Bestellung."***
   b) ***„Rufen Sie bitte mal Herrn Krause zurück. Der macht schon wieder Stress."***
   c) ***„Es ist 18:00 Uhr und Sie gehen nach Hause?"***
   d) ***„Tut mir leid, aber ich muss meine Bestellung leider stornieren."***
8. ***Bewerten Sie die folgenden Aussagen anhand des Kommunikationsmodells „Die vier Seiten einer Nachricht" nach Schulz von Thun.***
   a) ***Legen Sie aus Sicht des Senders die vier Botschaften der Nachricht dar.***
   b) ***Überlegen Sie, wie der Empfänger diese Nachricht mit den vier Ohren hört.***

   ***Aussagen:***
   1. ***Teamleiter zu Thomas: „Thomas, im Kopierer ist kein Papier mehr."***
   2. ***Kunde zu Thomas: „Ich warte seit zwei Wochen auf die Lieferung."***
   3. ***Thomas zu Julia: „Sag mal, hast du für heute die Hausaufgaben gemacht?"***

9. *Beschreiben Sie Möglichkeiten, die Sie in der telefonischen Kundenbetreuung haben, um einen optimalen Empfang der Kundenbotschaften zu gewährleisten. Differenzieren Sie dabei nach den vier Seiten der Nachricht.*

10. *Bearbeiten Sie die nachfolgenden Aufgaben gemäß den Grundsätzen der Transaktionsanalyse nach Berne.*
    a) *Ordnen Sie den folgenden Dialogen die Persönlichkeitszustände der Beteiligten zu.*
    b) *Stellen Sie dann die Transaktionen zwischen den Gesprächspartnern anhand einer Zeichnung dar.*
    c) *Entscheiden Sie, um welche Art von Transaktion es sich jeweils handelt.*

    *Aussagen:*
    1. *Ausbilder zu Julia: „Wann habe ich endlich Ihr Berichtsheft auf dem Tisch?"*
       *Julia: „Tut mir leid, sofort ... meine Schuld."*
    2. *Julia zu Thomas: „Wollen wir mal so richtig faulenzen, nix tun, einfach rumhängen?"*
       *Thomas: „Aujaaaaaa!"*
    3. *Kunde zu Julia: „Ich will sofort eine Lösung, ich lasse mich hier nicht vertrösten."*
       *Julia: „Ich kümmere mich gerne um eine Lösung, das bekommen wir schon hin."*
    4. *Kunde zu Thomas: „Veranlassen Sie sofort einen Rückruf durch Ihren Vorgesetzten."*
       *Thomas: „Ich verstehe Ihren Ärger, darf ich Ihnen auch meine Hilfe anbieten?"*

11. *Wie kann man bei einem Kunden, der aus dem Eltern-Ich heraus agiert, die Bereitschaft erhöhen, auf das Erwachsenen-Ich zu wechseln?*

12. *Was versteht man bei der Transaktionsanalyse unter „verdeckten Transaktionen"? Welche Gefahren lauern dabei im Kundengespräch?*

13. *Definieren Sie anhand des Modells „Die vier Seiten einer Nachricht" und anhand der Transaktionsanalyse eine eigene Richtlinie zum Umgang mit Beschwerden.*
    a) *Was sind wichtige Grundlagen im Beschwerdemanagement?*
    b) *Was ist im Umgang mit aufgebrachten Kunden zu beachten?*

14. *Beschreiben Sie konkrete Maßnahmen, durch die im Johari-Fenster die „Arena", der gemeinsame Bereich der Kommunikation, vergrößert werden kann.*

15. *Finden Sie sich in Kleingruppen zusammen. Jeweils eine Person gibt den Fall vor und überlegt sich eine aktuelle Situation oder Problemlage, die sie beschäftigt. Eine andere Person führt ein Gespräch auf Basis der in diesem Kapitel dargestellten NLP-Techniken.*
    a) *Führen Sie ein Gespräch zu dem ausgewählten Thema und wenden Sie Pacing, Rapport und Reframing an.*
    b) *Geben Sie sich gegenseitig Feedback zur Gesprächsführung.*
    c) *Wechseln Sie die Rollen und führen Sie ein weiteres Gespräch.*

16. *Welchen Nutzen hat die Bedürfnispyramide nach Maslow für die Bedarfsanalyse im Kundengespräch?*

17. *Wodurch unterscheiden sich Defizitbedürfnisse und Wachstumsbedürfnisse?*

18. *Bilden Sie Gruppen zu jeweils drei bis vier Personen. Es sollen verschiedene Gesprächssituationen aus Ihren Ausbildungsbetrieben beschrieben werden. Jeweils eine Person beschreibt dazu einen komplexen Fall (z. B. langes Beschwerdegespräch) aus ihrem Arbeitsalltag. Jede Person nimmt einmal die Rolle des Mitarbeiters ein.*

    *Nach dem Rollenspiel analysieren Sie gemeinsam die Situation jeweils anhand der in den Kapiteln 2.3 bis 2.8 vorgestellten Kommunikationsmodelle (Watzlawick, Schulz von Thun, Berne, Johari-Fenster, NLP, Maslow).*
    a) *Welche Hintergründe – aus Kundensicht – lassen sich anhand der Modelle ableiten?*
    b) *Wie kann man durch die Kommunikationsmodelle besser auf die Situation reagieren?*
    c) *Inwiefern stützen sich betriebliche Regelungen (z. B. Umgang mit Beschwerden) auf die Erkenntnisse aus den oben beschriebenen Modellen?*

# 3 Rhetorische Mittel einsetzen

## ■ *Einstiegssituation*

Die Dialogfix GmbH ist u. a. für den technischen Telefonsupport von Hard- und Software zuständig. In der Abteilung „Technische Beratung“ werden Bedienungsfragen beantwortet, aber auch komplexe Schwierigkeiten bei der Einrichtung von Hard- und Software gelöst. Diese Abteilung hat zurzeit 90 Beschäftigte.

Oft melden sich bei „Tech Direkt“ – so die interne Bezeichnung – Kunden, die Schwierigkeiten mit der Einrichtung oder Installation eines neu erworbenen Produkts haben. Diese Kunden möchten in erster Linie eine Hilfestellung zu dem bestehenden Fehler oder Tipps zur Installation, oft sind Kunden aber auch verärgert über ihre Erlebnisse und möchten im Rahmen des Servicegesprächs diese Gefühle zum Ausdruck bringen.

Karla arbeitet momentan in dieser Abteilung und hat gerade ein Gespräch mit einem Kunden.

**Kunde:** *„Der Drucker, den ich bei Ihnen gekauft habe, funktioniert schon wieder nicht! Langsam frage ich mich, ob der das Geld wert war!“*

**Karla:** *„Keine Sorge, das Gerät ist den Kaufpreis wert. Ich erkläre Ihnen die richtige Bedienung, dann funktioniert das wieder.“*

**Kunde:** *„Ach so, der ist den Kaufpreis wert ... Klar, warum funktioniert er dann die ganze Zeit nicht?“*

**Karla:** *„Sie können mir glauben! Wenn ich Ihnen sage, der ist das Geld wert, dann ist er auch das Geld wert.“*

## ■ *Arbeitsaufträge*

1. ***Analysieren Sie diese Gesprächssituation. Welche Fehler sind Karla unterlaufen?***
2. ***Erörtern Sie in der Klasse Techniken der Gesprächsführung, die in solchen Situationen eingesetzt werden können.***
3. ***Welche Gründe hat der Kunde, weiterhin auf der Klärung der Frage nach dem Kaufpreis bzw. dem Wert seines Druckers zu bestehen, statt sich auf die Erklärung der Bedienung einzulassen?***

Neben den Grundlagen der Kommunikationspsychologie benötigt ein Mitarbeiter im Dialogmarketing eine hohe Methodenkompetenz in der Gesprächsführung. Um Kommunikation zielgerecht und professionell zu gestalten, steht eine Vielzahl von **rhetorischen Mitteln** zur Verfügung.

## 3.1 Grundlagen der klassischen Rhetorik

*„Daher ist es erforderlich, Kunstfertigkeit anzuwenden, ohne dass man es merkt, und die Rede nicht als verfertigt, sondern als natürlich erscheinen zu lassen – dies nämlich macht sie glaubwürdig.“* (Aristoteles, 384–322 v. Chr.)

Viele der vermeintlich modernen Erkenntnisse der Gesprächsführung oder auch der Präsentationstechnik basieren auf Überlegungen, die bereits älter als 2000 Jahre sind und im antiken Griechenland und dem alten Rom entstanden.

Es ist daher lohnenswert, sich mit den grundlegenden Erkenntnissen der klassischen Rhetorik vertraut zu machen.

> #
> ***Definition***
> In der Antike bezeichnete man **Rhetorik** als die Kunst oder Geschicklichkeit der freien, öffentlichen Rede. Im heutigen Sprachgebrauch versteht man unter Rhetorik neben den Techniken der Rede und des Vortrags vor allem auch die **Gesprächsführungstechniken**.

Als wissenschaftliches Forschungsobjekt wird die Rhetorik von verschiedenen Disziplinen betrachtet, so z. B. von der Linguistik, der Psychologie oder der Soziologie.

In der klassischen Rhetorik nach Aristoteles kann die Überzeugungskraft einer Rede aus drei Prinzipien gewonnen werden, die sich im Idealfall ergänzen:

- **Ethos** (Charakter des Redners bzw. seine moralische Autorität)
  Der Redner zeichnet sich durch Glaubwürdigkeit, Ehrlichkeit und natürliche Autorität aus. Nach Aristoteles die höchste Form der Überzeugung.
- **Logos** (Wort, Gedanke, logische Argumentation)
  Der Redner überzeugt durch folgerichtige und nachvollziehbare Argumentation.
- **Pathos** (Gefühlsbewegung)
  Der Redner appelliert an die Emotionen des Zuhörers, der sich dann der Argumentation eher öffnet.

Die Gliederung der Rede richtet sich gemäß der klassischen Rhetorik nach folgenden Schritten:

1. **Festlegung** des Themas (Intellectio)
   Neben der Festlegung, um welche Sache es gehen soll, können hier auch Fragen der geeigneten Form und der einzusetzenden Medien Thema sein.
2. **Stoffsammlung** (Inventio)
   Hier geht es um das Sammeln, Ordnen, Bewerten und Auswählen der notwendigen Informationen und Argumente im Hinblick auf die Bearbeitung des festgelegten Themas.

3. **Gliederung**, Strukturierung (Dispositio)
   Der Aufbau der Rede folgt klassisch den folgenden Schritten:
   - Einstieg
   - Einordnung des Themas in einen größeren Zusammenhang
   - Argumentation
   - Schluss

4. Sprachliche **Gestaltung**, Formulierung (Elocutio)
   Bei der stilistischen Gestaltung ergänzen sich die Kunst, *richtig* (normgerecht) zu sprechen, und die Kunst, *gut* (klar und schön) zu sprechen.

5. **Einprägen**, Auswendiglernen (Memoria)
   Eine gute Rede wird aus dem Gedächtnis gehalten. Dazu kann man sich verschiedener Lern- und Merktechniken bedienen.

6. **Aussprache**, Körpersprache (Pronuntiatio, Actio)
   Die Durchführung der Rede wird ganz entscheidend von Betonung, Stimme und Körpersprache geprägt.

Die Rede hat ihr Ziel erreicht, wenn folgende drei Wirkungen eintreten:

1. den Zuhörer **gewinnen** und **erfreuen** (conciliare et delectare)
2. den Zuhörer **belehren**, ihm etwas **beweisen** bzw. vor Augen führen (docere et probare)
3. den Zuhörer zu einer **Reaktion** oder **Emotion** bewegen, ihn von etwas überzeugen (movere et concitare)

Bereits in der Antike kam es zu Auseinandersetzungen, was der eigentliche **Zweck** der Rhetorik sei. Während es **Aristoteles** und seinen Mitstreitern darum ging, Einsichten und Erkenntnisse zu vermitteln, standen früher bei den **Sophisten** („Lehrer der schönen Rede") die Überredung und die Techniken der **Manipulation** im Vordergrund, bei denen der Zweck jedes Mittel heiligt.

Für die **Manipulation** („Handgriff") in diesem Sinne ist das Reduzieren des Gesprächspartners auf die Stufe einer Sache (dann kann man ihn „in die Hand nehmen") die Voraussetzung. Er wird nicht als Person ernst genommen. Statt respektvoll mit dem Gesprächspartner zu kommunizieren, wird in der Absicht gehandelt, ihn zu beeinflussen, und zwar ohne dass er sich dessen bewusst wird. Techniken der Manipulation werden vor allem dann eingesetzt, wenn die Sache selbst nicht überzeugend genug ist und dies verschleiert werden soll. Informationen und Inhalte muss man dabei nicht fälschen; es kann bereits genügen, sie gezielt auszuwählen oder wegzulassen.

Fragen der Ethik, der Tugend und der Moral sind somit schon seit der Antike Bestandteil der Rhetorik und haben bis heute nichts an ihrer Aktualität eingebüßt.

## 3.2 Techniken der Gesprächsführung

### 3.2.1 Argumentationstechnik

Ein Kernelement der menschlichen Kommunikation ist die **Argumentation**.

> \#
> ***Definition***
> Das Wort **Argument** stammt ursprünglich aus dem Lateinischen und bedeutet „beweisen" oder „erhellen". Heute wird der Begriff als ein Beleg für eine bestimmte Ansicht verstanden.

Im Dialogmarketing steht der Mitarbeiter oft vor der Herausforderung, einen Kunden von den Produkten bzw. Dienstleistungen des eigenen Unternehmens oder eines externen Auftraggebers zu überzeugen oder zu einer bestimmten Handlung zu bewegen. Um dieses Ziel zu erreichen, muss er in der Lage sein, professionell und sachlich fundiert zu argumentieren.

#### Argumentationsaufbau

Die Grundlage einer Argumentation ist immer, dass ein Gesprächspartner von einer bestimmten Aussage, einem bestimmten Sachverhalt oder einem bestimmten Ziel überzeugt werden soll. Diese grundlegende Aussage wird als **These** bezeichnet. Um diese These zu belegen, wird ein Beweis herangezogen, der die Behauptung untermauern soll, das **Argument**. Dieses Argument ist in der logischen Argumentation immer sachlich fundiert, d.h., es liegt dem Argument ein Beweis zugrunde, der belegbar ist, die **Schlussregel**. Die Schlussregel muss in der Argumentation nicht zwangsläufig erwähnt werden. Wenn diese sachliche Fundierung allerdings fehlt, ist die Argumentation nicht schlüssig, sondern eine aus der Luft gegriffene Behauptung.

Eine logische Argumentation besteht also immer aus folgenden Elementen:
1. These (Behauptung/Zielsatz)
2. Argument (Beweis)
3. Schlussregel (Grundlage des Arguments)

Eine Möglichkeit der Argumentation ist, die These aufzustellen und diese dann mit dem Argument zu belegen.

**Beispiel**

Karla zu einem Kunden: *„Der Drucker Dialogfix xi744 ist für Sie geeignet, da er über eine hohe Bildqualität verfügt."*

Bei dieser Technik wird die Aufmerksamkeit des Gesprächspartners geweckt, da die These zunächst im Mittelpunkt steht. Die Argumente werden aus der These abgeleitet, man spricht auch von einer **deduktiven** oder rückwärtsgewandten **Argumentation**. Es besteht dabei allerdings die Gefahr, dass sofort ein innerer Widerspruch beim Gesprächspartner ausgelöst wird, der dann die eigentliche Argumentation gar nicht mehr wahrnimmt.

Eine weitere Möglichkeit der Argumentation besteht darin, zunächst das Argument zu bringen und dann daraus die These abzuleiten. Dies wird auch als **induktive** oder vorwärtsgerichtete **Argumentation** bezeichnet. Hier besteht kaum die Gefahr eines voreiligen Widerspruchs, allerdings sind die Argumente für den Gesprächspartner zunächst nur schlecht einzuordnen.

**Beispiel**

Karla zu einem Kunden: *„Da der Drucker xi744 über eine hohe Bildqualität verfügt, ist er das geeignete Gerät für Ihre Ansprüche."*

Im oben genannten Beispiel kann die Schlussregel (also der Beweis für Karlas Aussage) z. B. über die technischen Spezifikationen des Geräts oder über einen Vergleichstest in einer Zeitschrift hergeleitet werden. Fragt der Kunde nach einem Beleg, kann Karla diesen liefern. Karla kann diese Tatsache aber auch direkt in die Argumentation mit einbauen.

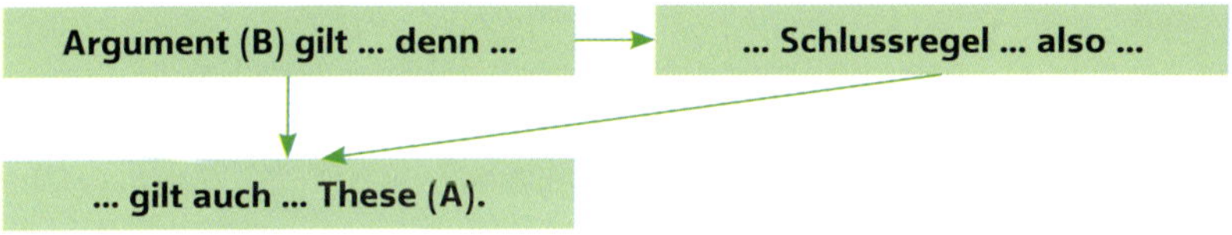


**Beispiel**

„Der Drucker verfügt über eine hohe Bildqualität, die er bereits im Vergleichstest der Zeitschrift ‚Drucken für Profis' unter Beweis gestellt hat. Daher ist er das geeignete Gerät für Ihre Ansprüche."

Je besser die Schlussregel kritischen Fragen standhält bzw. je fachlich fundierter sie ist, desto wahrscheinlicher ist es, dass der Gesprächspartner von der These überzeugt werden kann. Umgekehrt bietet eine schlecht fundierte Argumentation dem Gesprächspartner eine gute Möglichkeit, die These mit eigenen Argumenten anzugreifen. Ziel einer **Gegenargumentation** ist also immer, die Argumente und Schlussregeln des Gesprächspartners zu widerlegen.

Es gibt verschiedene Abstufungen von Beweisen bzw. Schlussregeln, unterschieden danach, wie zwingend diese die Argumentation stützen. In dem obigen Beispiel wird ein Vergleichstest der Zeitschrift „Drucken für Profis" als Beweis für die Argumentation herangezogen. Obwohl man davon ausgehen kann, dass hier ein fundierter und nachvollziehbarer Test durchgeführt wurde, ist dieser Beweis dennoch angreifbar.

**Beispiel**

„Der Drucker verfügt über eine hohe Bildqualität, die er bereits im Vergleichstest der Zeitschrift ‚Drucken für Profis' unter Beweis gestellt hat. Daher ist er das geeignete Gerät für Ihre Ansprüche."

**Mögliches Gegenargument:**

„Es handelt sich hier um eine Zeitschrift, in der die Firma Dialogfix regelmäßig Werbung abdruckt. Außerdem wurden nicht alle wichtigen Faktoren ausgewertet. Bevor ich Ihrer Argumentation folge, möchte ich einen Vergleichstest in einer unabhängigen Zeitschrift sehen."

Dies verdeutlicht, dass eine Argumentation auf Basis ihrer Beweise angegriffen werden kann. Es gibt allerdings auch Beweise, die einen solchen Angriff unmöglich machen.

**Beispiel**

Der Drucker besitzt eine spezifische Masse. Jeder Körper mit einer bestimmten Masse unterliegt der Erdanziehungskraft. Lasse ich den Drucker aus einer Höhe von einem Meter los, wird er auf den Boden fallen.

Dieser Beweis kann nicht angezweifelt werden, die Erdanziehungskraft ist eine physikalische Größe, die eindeutig bewiesen ist.

In der betrieblichen Praxis lässt sich allerdings äußerst selten mit absolut eindeutigen, unwiderlegbaren Fakten argumentieren. Trotzdem ist es wichtig, fundierte und schwer angreifbare Beweise aufzustellen, um eine These zu untermauern.

> ➔ ***Praxistipp***
> Nutzen Sie niemals unbelegte Argumente, da diese gezielten Rückfragen nicht standhalten. Analysieren Sie Ihre Beweise stets auf mögliche Schwächen und halten Sie am besten gleich mehrere Beweise für eine Argumentation bereit.

Für eine überzeugende Argumentation ist es oft notwendig, die These mit mehreren Argumenten zu untermauern. Bei einem **linearen Aufbau** der Argumentation verdichten sich mehrere Argumente zu einer **Argumentationskette**. Diese Argumente können dann entweder logisch aufeinander aufbauen oder jedes für sich alleine Gültigkeit besitzen.

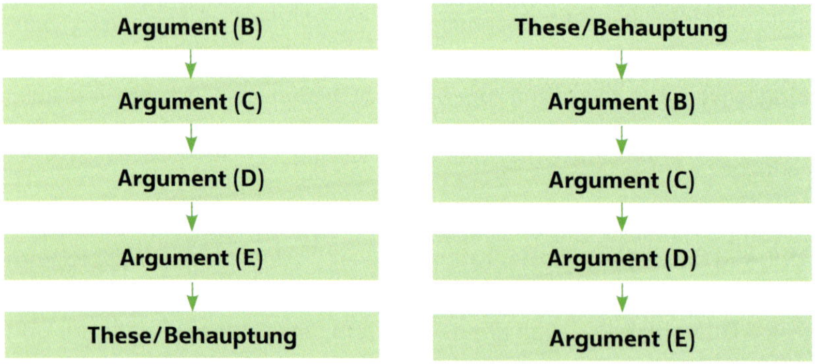


***Abb.: Argumentationskette***

Beim **dialektischen Aufbau** der Argumentation zielen die Argumente nicht linear in eine Richtung, sondern bestehen aus den gegensätzlichen Elementen Behauptung (**These**) und Gegenbehauptung (**Antithese**), die schließlich zusammengefasst und verknüpft werden (**Synthese**).

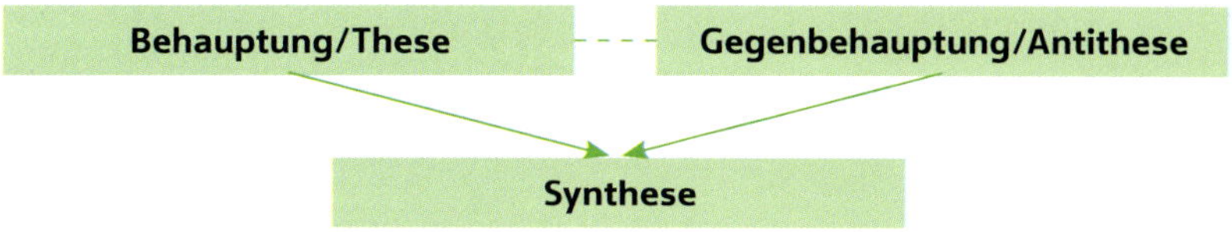


***Abb.: Dialektischer Aufbau der Argumentation***

## Vorbereitung einer Argumentation

Im Dialogmarketing ist es oft notwendig, einen Kunden in einer begrenzten Zeitspanne von einer Sache zu überzeugen oder ihn zu einer bestimmten Handlung zu veranlassen.

**Beispiele**

- **Outbound Kundenrückgewinnung:** Der Kunde soll dazu bewegt werden, in die Geschäftsbeziehung zurückzukehren.
- **Inbound Verkauf:** Der Kunde soll von den Vorteilen eines bestimmten Produkts überzeugt werden.

Um das Ziel zu erreichen, sollte eine Argumentation gründlich vorbereitet werden. Dabei sind folgende Schritte zu beachten:

| | |
|---|---|
| **1. Ziele formulieren** | Am Anfang wird festgelegt, welches Ziel durch die Argumentation erreicht werden soll, worauf also die Argumente ausgerichtet werden müssen. Ein weiterer Gesichtspunkt kann z. B. sein, welche Interessen durch die Argumentation vertreten werden sollen. |
| **2. Thema eingrenzen** | Nachdem die Ziele gesteckt sind, wird festgelegt, aus welchen Bereichen (z. B. Produkteigenschaften, Preis, Vergleiche etc.) die Argumente gewonnen werden können. |
| **3. Informationen sammeln** | Aus den gewählten Bereichen werden dann Informationen zusammengetragen, die später als Argumente oder als Basis der Argumentation dienen sollen. Mögliche Informationsquellen sind Schulungsunterlagen, Produktinformationen, Zeitschriften, das Internet etc. |
| **4. Informationen abwägen** | Die gesammelten Informationen werden nun im Hinblick auf den Themenbezug ausgewertet. Es wird geprüft, welche Informationen die These am besten stützen können, welche zwar relevant, aber nur zweitrangig sind und welche für die Argumentation nicht zu gebrauchen sind. Wenn sich nach der Prüfung herausstellt, dass nur sehr wenige Informationen für die Argumentation brauchbar sind, ist eine erneute Informationsrecherche empfehlenswert. |
| **5. Argumentation aufbauen** | Aus den gesammelten Informationen wird nun die Argumentation aufgebaut. Die Argumente werden unterschieden nach inhaltlicher Bedeutung und Überzeugungskraft. Außerdem wird überlegt, welche Gegenargumente der Gesprächspartner einbringen kann. |

| | |
|---|---|
| **6. Rahmenbedingungen prüfen** | Die vorbereiteten Argumente werden hinsichtlich Verständlichkeit und Relevanz zum Thema geprüft. Außerdem erfolgt ein Check, ob die wichtigsten Argumente in der zur Verfügung stehenden Zeit eingesetzt werden können. |
| **7. Stichwortkonzept erstellen** | Die Argumente, deren Reihenfolge sowie die wichtigsten Kerninformationen werden schriftlich festgehalten, damit man im Telefonat auf einen Leitfaden zurückgreifen kann. |

## Fünfsatz-Technik

Nachdem durch gründliche Vorbereitung die wichtigsten Informationen und Argumente zusammengetragen wurden, wird der eigentlichen Argumentation eine klare Struktur gegeben. Ein bewährtes Verfahren dazu ist die **Fünfsatz-Technik**.

> #
> ***Definition***
> Bei der **Fünfsatz-Technik** handelt es sich um einen gedanklichen Bauplan, bei dem in fünf Denkschritten eine bestimmte Argumentationsfolge für eine These festgelegt wird. In der Grundstruktur basiert die Fünfsatz-Technik entweder auf einem linearen oder einem dialektischen Aufbau.

Die Fünfsatz-Technik kann eingesetzt werden, um in einer vorbereiteten Argumentation die These schlagkräftig zu untermauern, aber auch, um im Dialog angemessen auf ein Gegenargument zu reagieren.

### Vorbereitung des „Fünfsatzes"

Bevor der eigentliche Fünfsatz-„Bauplan" erstellt werden kann, sind vorbereitend folgende Schritte zu leisten:

1. **Formulierung der These oder des Zielsatzes:** Die These oder das Ziel werden formuliert: Welche Reaktion soll beim Gegenüber erreicht werden? Wovon soll der Gesprächspartner überzeugt werden?
2. **Argumente formulieren:** Es werden drei Argumente formuliert, die den Zielsatz begründen.
3. **Einstiegssatz formulieren:** Hier wird ein gelungener Einstieg für die eigentliche Argumentation formuliert. Wird in einer Gesprächssituation auf ein Gegenargument reagiert, dann sollte der Einstiegssatz stets an den bisherigen Gesprächsverlauf anknüpfen.

### Ablauf im Dialog

Der Ablauf im Gespräch entspricht nicht dem eigentlichen Ablauf der Vorbereitung. Stattdessen wird folgende Reihenfolge eingehalten:

1. **Einstiegssatz**
2. **Drei Argumente**
3. **These oder Zielsatz**

**Mögliche Baupläne der Fünfsatz-Technik**

## 1. Aufsatzplan

Beim Aufsatzplan wird die Argumentation in Einleitung, Hauptteil und Schluss gegliedert, ähnlich der Aufsatzgliederung. Der Hauptteil besteht aus drei Argumenten, die inhaltlich nicht aufeinander aufbauen müssen, sondern auch nebeneinander angeordnet sein können. Das stärkste Argument wird in der Regel am Schluss gebracht.

Der Aufsatzplan ist eine sehr einfache Variante des Fünfsatzes und eignet sich daher besonders für Einsteiger in diese Argumentationsmethode oder für einfache Sachverhalte.

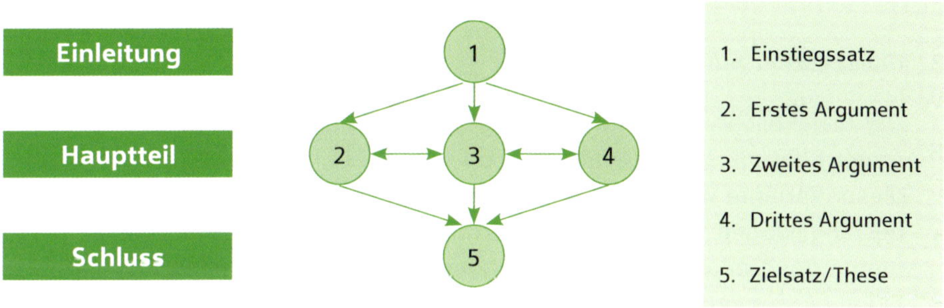


*Abb.: Aufsatzplan*

**Beispiel**

1. „Ich möchte Sie noch einmal darauf hinweisen, dass der xi744 ein sehr gutes Gerät ist."
2. „Er ist für jede Art des Fotodrucks geeignet."
3. „Außerdem profitieren Sie von der 5-Jahres-Garantie."
4. „Und Sie erhalten dieses Gerät zu einem sehr günstigen Preis."
5. „Daher ist er das geeignete Gerät für Ihre Ansprüche."

## 2. Kettenbauplan

Bei dieser Variante wird ein Gedankengang entwickelt, bei dem die Argumente in Beziehung zueinander gesetzt werden. Dieser Gedankengang kann entweder logisch oder zeitlich aufgebaut werden.

Der Einsatz dieser Variante eignet sich besonders, um etwas Ruhe in eine schwierige Gesprächssituation zu bringen.

1. Einstiegssatz
2. Erstes Argument
3. Zweites Argument
4. Drittes Argument
5. Zielsatz/These

***Abb.: Kettenbauplan***

**Beispiel**

1. „Der xi744 ist ein sehr gutes Gerät."
2. „Er hat in einem Vergleichstest sehr gut abgeschnitten."
3. „... und dies nicht zuletzt wegen seines tollen Preis-Leistungs-Verhältnisses."
4. „Dabei erhält man zu diesem Preis trotzdem die 5-Jahres-Garantie."
5. „Daher ist der xi744 das passende Gerät für Ihre Ansprüche."

### 3. Dialektischer Aufbau

Der dialektische Aufbau des Fünfsatzes orientiert sich an dem aus der klassischen Rhetorik stammenden Prinzip von These, Antithese und Synthese. Bei dieser Variante werden schrittweise Pro- und Kontra-Argumente gegeneinander abgewogen. Der dialektische Aufbau ist dafür geeignet, die Gegenargumente des Gesprächspartners aufzunehmen, zu analysieren und dann durch eigene Argumente zu entkräften.

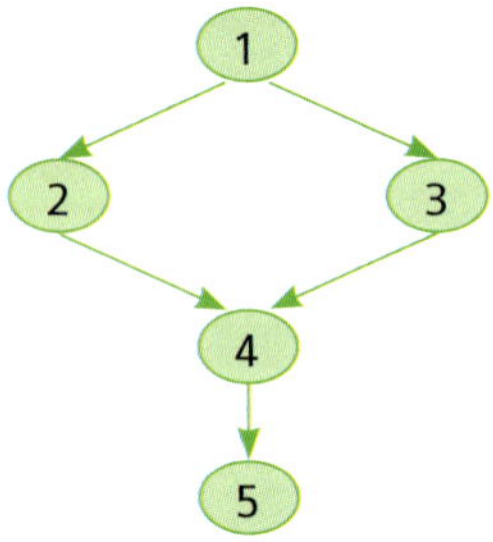


1. Einstiegssatz (mit Bezugnahme auf das Argument des Gesprächspartners)
2. Argument 1 (Analyse des Gegenarguments)
3. Argument 2
4. Synthese
5. Zielsatz

***Abb.: Dialektischer Aufbau***

**Beispiel**

1. „Ihr Hinweis, dass der xi744 nicht mehr mit der neuen Generation der Drucker mithalten kann, war sehr interessant."
2. „Fasziniert hat mich insbesondere der fundierte Vergleich mit den Konkurrenzprodukten."

3. „In diesem Zusammenhang möchte ich darauf hinweisen, dass unser Gerät in der Zeitschrift ‚Drucken für Profis' eben mit diesen Konkurrenzdruckern verglichen wurde und mehr als gut abgeschnitten hat."
4. „Die Resultate dieses Tests sind eindeutig ausgefallen, unser Drucker ist das bessere Gerät."
5. „Ich empfehle Ihnen daher den Kauf des xi744."

## 4. Kompromiss

Hier werden zwei gegensätzliche Positionen gegenübergestellt. Aus dieser Gegenüberstellung wird dann aufbauend auf die Gemeinsamkeiten beider Thesen eine dritte Position (die eigene These/der eigene Zielsatz) abgeleitet, die eine konsensorientierte Lösung anstrebt.

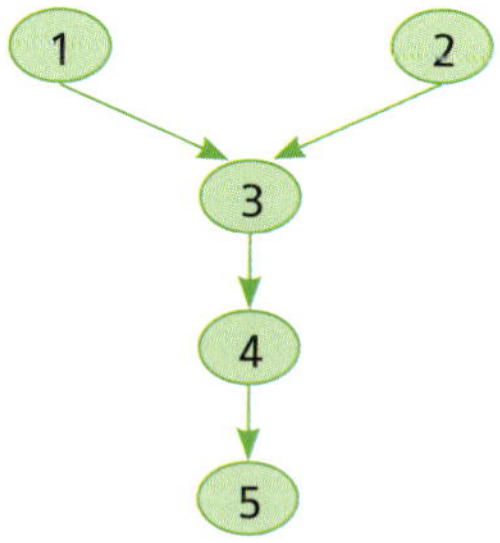


*Abb.: Kompromiss*

1. These 1 (Einstieg)
2. These 2
3. Argument 1 (Herausarbeiten der Gemeinsamkeiten)
4. Argument 2 (Einigung anstreben)
5. Eigene These/Zielsatz

**Beispiel**

1. „Sie sind der Meinung, dass der Drucker xi780 zu teuer ist."
2. „Ich bin der Meinung, dass Qualität einen gewissen Preis hat."
3. „Wir kommen aber beide darin überein, dass Sie einen Drucker mit einer guten Fotoqualität brauchen."
4. „Der xi744 erzielt ebenfalls sehr gute Ergebnisse in diesem Bereich und ist günstiger als der xi780."
5. „Ich schlage daher vor, dass wir uns in der Mitte treffen und Sie den xi744 nehmen."

## 5. Ausklammerung

Diese Variante dient dazu, bisher diskutierte Themen in den Hintergrund zu stellen und einen neuen Punkt, einen eigenen Zielsatz, in den Dialog einzubringen. Dies wird dadurch erreicht, dass andere Themen, die als weniger bedeutsam oder der Argumentation weniger dienlich angesehen werden, ausgeklammert werden.

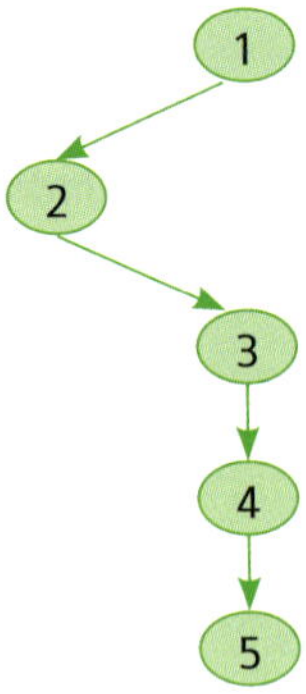

1. Einstieg mit Bezugnahme auf das diskutierte Thema
2. Bezugnahme auf bisher gebrachte Argumente
3. Argument 1 (Einbringen des eigenen Themas)
4. Argument 2
5. Eigener Zielsatz/These

***Abb.: Ausklammerung***

**Beispiel**

1. „Bisher haben wir über die Kosten eines Druckers gesprochen."
2. „Dabei haben Sie sehr viel Wert auf einen günstigen Preis gelegt."
3. „Wie gut ein Drucker allerdings im Bereich des Fotodrucks arbeitet, haben wir bisher außer Acht gelassen."
4. „Gerade dieser Punkt ist aber sehr wichtig, der xi744 z.B. bietet bei einem angemessenen Preis gute Ergebnisse im Fotodruck."
5. „Daher empfehle ich Ihnen dieses Gerät."

### 6. Vergleich

Bei dieser Form wird der Zielsatz aus dem Vergleich zweier unterschiedlicher Ansichten entwickelt. Die Begründungen der unterschiedlichen Auffassungen werden dabei gegenübergestellt, um daraus einen eigenen abweichenden Zielsatz zu entwickeln.

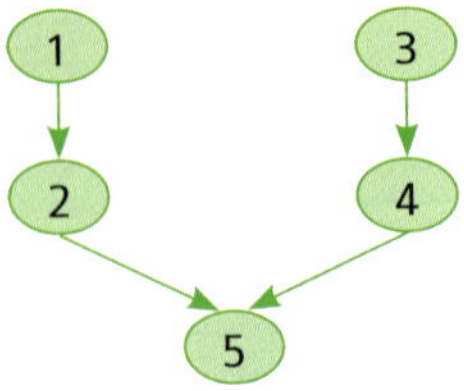

1. Aussage A
2. Begründung für Aussage A
3. Aussage B
4. Begründung für Aussage B
5. Eigener Zielsatz/These

***Abb.: Vergleich***

**Beispiel**

1. „Die Zeitschrift ‚Drucken für Profis' meint, dass vor allem die Fotodruckqualität beim Kauf eine Rolle spielt."
2. „Als Begründung wird angeführt, dass dies das beste Merkmal ist, um echte Qualität zu erkennen."
3. „In der Zeitschrift ‚Hardware Test' wird behauptet, dass der Preis der Druckerpatronen beim Kauf am meisten beachtet werden soll."

### Geschlossene Fragen

Geschlossene Fragen beginnen mit einem Verb oder Hilfsverb und lassen nur kurze Antworten zu: Ja, Nein oder eine Sachangabe. Durch geschlossene Fragen wird der Gefragte zu einer Entscheidung aufgefordert.

> **Praxistipp**
> Die geschlossene Frage ist auch als **Ja/Nein-Frage** oder **Entscheidungsfrage** bekannt.

Geschlossene Fragen können dazu dienen,

- die erhaltenen Informationen abzusichern,
- das Gespräch zu steuern,
- den Abschluss in einem Gespräch zu finden.

**Beispiele**

- „Wurde der Drucker schon geliefert?"
- „Soll ich Ihnen das Angebot zusenden?"
- „Haben Sie bereits die neue FinanzFix-Software?"

| Vorteile | Nachteile |
| --- | --- |
| Der Kunde wird zu einer Entscheidung aufgefordert. | Die Antwortmöglichkeiten sind erheblich eingeengt, dadurch können wichtige Informationen wegfallen. |
| Die Antwort fällt kurz und präzise aus, dadurch kann Zeit gespart werden. | Der Kunde kann sich beeinflusst und unter Druck gesetzt fühlen. |
| Es können gezielt einzelne Sachverhalte abgefragt werden. | Wird nach Sachinformationen gefragt, die dem Kunden nicht bekannt sind, gibt er eventuell eine falsche Antwort. |

> **Praxistipp**
> Setzen Sie geschlossene Fragen am Ende der Bedarfsermittlung ein. So können Sie absichern, dass Sie den Kunden richtig verstanden haben.

### Alternativfragen

Alternativfragen liefern zwei oder mehr Antwortmöglichkeiten und geben dem Gesprächspartner eine Richtung vor. Weitere Alternativen neben den genannten werden damit ausgeschlossen.

> **Praxistipp**
> Häufig bleibt die letztgenannte Alternative am besten im Ohr des Gesprächspartners haften.

Alternativfragen können dazu dienen,

- das Gespräch zu steuern,
- Informationen abzusichern,
- den Abschluss eines Gesprächs herbeizuführen.

**Beispiele**

- „Möchten Sie den xi744 oder den xi749 bestellen?“
- „Wollen Sie warten oder noch einmal anrufen?“
- „Möchten Sie den Termin am Montag oder am Mittwoch wahrnehmen?“

***Praxistipp***
Bei Terminvereinbarungen ist die Alternativfrage geeigneter als die offene Frage, z. B. besser „Montag oder Mittwoch?“ statt „Wann?“.

| Vorteile | Nachteile |
|---|---|
| Dem Gesprächspartner werden (scheinbar) Wahlmöglichkeiten eingeräumt. | Der Kunde kann sich beeinflusst und manipuliert fühlen. |
| Der unentschlossene Kunde erhält eine Entscheidungsvorlage. | Die Gesprächsatmosphäre kann dauerhaft belastet werden. |
| Das Gespräch kann zu einem gewünschten Ziel gesteuert werden. | Es können keine Informationen abgefragt werden, da der Fragende die Wahlmöglichkeiten vorgibt. |

***Praxistipp***
Setzen Sie Alternativfragen ein, wenn der Kunde eine Entscheidung nur mit Ihrer Hilfe treffen kann oder um den Abschluss in einem Gespräch zu finden.

### Gegenfrage

Statt mit einer Antwort wird auf die Frage des Gesprächspartners mit einer Frage reagiert.

Gegenfragen können dazu dienen,

- weitere Informationen zu erhalten, um eine Frage richtig zu beantworten,
- den Gesprächspartner zu einer Antwort aufzufordern,
- die Geschwindigkeit eines Gesprächs zu verringern,
- Fragen des Kunden richtig zu verstehen,
- einer Antwort auszuweichen.

**Beispiel**

Eine Kundin fragt: *„Welcher Drucker ist der richtige für mich?“*
Gegenfrage: *„Wozu möchten Sie ihn denn nutzen?“*

| Vorteile | Nachteile |
|---|---|
| Unpassende Fragen können mit einer Gegenfrage abgewehrt werden. | Wenn jemand eine Frage stellt, erwartet er eine Antwort. Durch die Gegenfrage wird diese Erwartung enttäuscht. |
| Die Geschwindigkeit im Gespräch kann verringert werden. | Es kann der Eindruck entstehen, dass man sich um eine Antwort drücken möchte. |
| Man kann Zeit zum Nachdenken gewinnen. | Der Gesprächsfluss gerät ins Stocken. |
| Man erfährt, was der Kunde meint, wenn die erste Frage nicht richtig verstanden wurde. | Zu viele Gegenfragen werden als unhöflich betrachtet. |

→ ***Praxistipp***
Setzen Sie Gegenfragen ein, wenn Ihnen zur Beantwortung einer Frage des Kunden Informationen fehlen. Achten Sie aber darauf, nicht zu viele Fragen mit einer Gegenfrage zu beantworten.

### Intonationsfragen

Durch das Anheben der Stimme (Intonation) am Ende eines Satzes wird aus einer eigentlichen Aussage eine Frage.

Intonationsfragen können dazu dienen,
- wenig Druck auf den Gesprächspartner auszuüben,
- das Gespräch zu beruhigen,
- die Steuerung des Gesprächs zu mindern bzw. dem Gesprächspartner zu überlassen.

**Beispiele**
- „Sie sind bis 20:00 Uhr erreichbar?"
- „Sie suchen einen preisgünstigen Drucker?"
- „Sie melden sich dann nochmal?"

| Vorteile | Nachteile |
|---|---|
| Der Gesprächspartner fühlt sich ernst genommen. | Es werden kaum Informationen geliefert. |
| Diese Frageform übt keinen Druck auf den Kunden aus. | Intonationsfragen wirken auf Dauer sehr eintönig. |

→ ***Praxistipp***
Setzen Sie Intonationsfragen ein, wenn der Gesprächspartner sich durch zu viele Fragen bereits manipuliert fühlt.

### Suggestivfragen

Bei der Suggestivfrage handelt es sich um eine Form der geschlossenen Frage, bei der dem Gesprächspartner die Antwort durch die Frage bereits vorgegeben wird. Dem Gesprächspartner wird die Antwort bereits in den Mund gelegt, seine Entscheidungsfreiheit ist dadurch stark eingeengt.

Suggestivfragen können dazu dienen,

- den Gesprächspartner zu überrumpeln,
- den Kunden zu manipulieren,
- eine bestimmte Antwort zu erzwingen.

**Beispiele**

- „Sie als vernünftig denkender Mensch sind doch auch der Meinung, dass der xi744 das richtige Gerät für Ihre Ansprüche ist?"
- „Möchten Sie nicht auch Millionär werden?"

| Vorteile | Nachteile |
|---|---|
| Im wertschätzenden Kundendialog gibt es **keine** Vorteile. | Der Kunde wird bevormundet. |
| | Die Beziehungsebene wird stark belastet. |
| | Der Kunde antwortet eventuell wie erwartet, hält sich aber dann nicht an Vereinbarungen. |

***Praxistipp***
Verzichten Sie gänzlich auf Suggestivfragen!

### Rhetorische Fragen

Bei der rhetorischen Frage beantwortet der Fragende seine Frage selbst. Eine Reaktion des Gesprächspartners wird meist nicht erwartet.

Rhetorische Fragen können dazu dienen,

- das Interesse des Gesprächspartners zu wecken,
- den Einstieg in einen Monolog vorzubereiten.

**Beispiele**

- „Was sind die herausragenden Eigenschaften des xi744?"
- „Warum sollten Sie nun unbedingt dieses Modell wählen?"
- „Sie fragen sich sicher, ..."

| Vorteil | Nachteile |
|---|---|
| Der Fragende erhält (vorübergehend) die Aufmerksamkeit des Gefragten. | Es werden keine Informationen beschafft. |
| | Diese Fragetechnik kann nicht in der Bedarfsermittlung eingesetzt werden. |
| | Der Kunde wird dauerhaft vom Gesprächsverlauf ausgeschlossen. |

→ ***Praxistipp***

Setzen Sie rhetorische Fragen nur als Stilmittel bei Reden ein. In der Kundenkommunikation haben diese Fragen nichts verloren.

### 3.2.3 Zuhören

#### Bedeutung des Zuhörens

Um ein Gespräch führen zu können, ist es wichtig, dass man genau versteht, was der Gesprächspartner zum Ausdruck bringen möchte. Im Dialogmarketing kommt vor allem der **Technik des Zuhörens** eine besondere Bedeutung zu.

Einerseits ist es wichtig, dass der Mitarbeiter die Wünsche und Anliegen des Kunden erfährt, andererseits muss der Kunde merken, dass der Mitarbeiter ihm zuhört. Da der Kunde den Mitarbeiter nicht sieht, führt Schweigen leicht zu Missverständnissen. Der Kunde fragt sich unweigerlich, ob der Mitarbeiter überhaupt noch da ist, und stellt eventuell seine Ausführungen ein.

#### Die vier Arten des Zuhörens

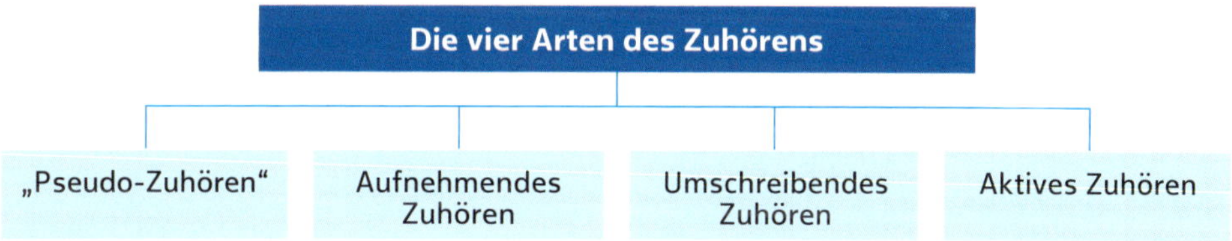


**„Pseudo-Zuhören“**

Hierbei handelt es sich eigentlich gar nicht um echtes Zuhören. Aufmerksamkeit wird vorgetäuscht, um ein Gespräch schnell zu beenden oder um selbst das Wort übernehmen zu können. Dies wird häufig durch beiläufige Floskeln wie z. B. ein leicht gereiztes „ja, ja“ oder „schon klar“ zum Ausdruck gebracht.

> **→ *Praxistipp***
> „Pseudo-Zuhören" ist ein echter Gesprächsstörer, den der Gesprächspartner meist rasch entlarven wird. Vermeiden Sie daher diese Verhaltensweise.

### Aufnehmendes Zuhören

Bei dieser Technik widmet der Empfänger dem Sender seine volle **Aufmerksamkeit**, er achtet auf alle Sachinhalte, um die Botschaft inhaltlich genau zu verstehen. Der Zuhörer schweigt, solange der Sender spricht. Dass dem Gesprächspartner zugehört wird, wird durch bestätigende Signale (z. B. „hmm", „ja", „aha") signalisiert.

> **→ *Praxistipp***
> Aufnehmendes Zuhören ist das Mindeste, was der Gesprächspartner von Ihnen erwarten kann.

### Umschreibendes Zuhören

Bei dieser Technik wird das soeben Gehörte mit eigenen Worten wiedergegeben (**paraphrasieren**). Damit wird signalisiert, dass dem Gegenüber zugehört wird und die Aussagen richtig verstanden wurden. Eigene Meinungen und Bewertungen bleiben zunächst noch außen vor.

Durch die Wiederholung der Ausführungen merkt der Gesprächspartner genau, dass Interesse besteht und seine Ausführungen richtig verstanden wurden. Er wird motiviert, das Gespräch fortzusetzen. Diese Technik ist als Zuhörerreaktion bei sachlichen Ausführungen des Kunden geeignet, z. B. während der Bedarfsermittlung.

> **→ *Praxistipp***
> Achten Sie auf einen angemessenen, aber nicht übertriebenen Einsatz des umschreibenden Zuhörens. Bei übermäßigem Einsatz besteht leicht die Gefahr, dass der Gesprächsfluss unnötig ins Stocken gerät.

### Aktives Zuhören

Geprägt wurde der Begriff **aktives Zuhören** ursprünglich durch den amerikanischen Psychologen **Carl Rogers**, der durch die Entwicklung der „klientenzentrierten Gesprächsführung" die moderne Psychotherapie maßgeblich prägte.

Aktives Zuhören bedeutet, dass man beim Zuhören nicht nur auf das tatsächlich Gesagte eingeht, sondern auch auf das, was der Gesprächspartner „zwischen den Zeilen" sagt, also auf die Gefühle, die der Gesprächspartner zum Ausdruck bringt.

Da jede Mitteilung eines Senders an den Empfänger sowohl einen Inhalts- als auch einen Beziehungsaspekt hat, ist es wichtig, nicht nur auf die Sachinhalte einzugehen, sondern auch in der Reaktion zu zeigen, dass die **Gefühlsebene** verstanden wurde. 3|2.3

Beim aktiven Zuhören werden aber nicht nur Informationen und Emotionen aufgenommen, sondern es wird auch dem Gesprächspartner signalisiert, dass Interesse für das Gesagte und die mitschwingenden Gefühle besteht. Darüber hinaus spiegelt man dem Gesprächspartner auch immer zurück, wie seine Botschaft angekommen ist bzw. wie man die Informationen und Emotionen interpretiert. Dies bedeutet nicht zwangsläufig, den Standpunkt des Gesprächspartners zu teilen, es wird aber signalisiert, dass man sich mit den Gedanken und Gefühlen des Gegenübers ernsthaft auseinandersetzt.

Diese Technik ist geeignet, wenn der Kunde nicht nur reine Sachinformationen übermittelt, sondern auch durch Stimme und Betonung seine Gefühle zum Ausdruck bringt. Aktives Zuhören ist die Basis für das Beschwerdemanagement, da manche Beschwerden rein über den Gefühlsausdruck übermittelt werden.

> ➔ ***Praxistipp***
> Durch aktives Zuhören können Sie erfahren, welche Emotionen in den Ausführungen des Gesprächspartners mitschwingen, und entsprechend darauf eingehen.

### Bestandteile des Zuhörens im Dialogmarketing

1. **Konzentrieren**
   Widmen Sie dem Kunden Ihre ungeteilte Aufmerksamkeit. Erlauben Sie sich nicht, in Gedanken abzuschweifen oder einen Kommentar oder eine Bewertung zu formulieren. Achten Sie darauf, spontane Reaktionen zurückzuhalten. Notieren Sie beim telefonischen Kontakt wichtige Informationen.
2. **Bestätigen Sie Ihre Aufmerksamkeit**
   Satzwiederholungen oder Bestätigungslaute (z. B. „ah“, „mhm“, „ach“, „ja“) mit emotionaler Betonung stellen eine gute Basis für das Zuhören dar. Stellen Sie außerdem Rückfragen (z. B. „Das wurde so gesagt? Wie bitte?!“).
3. **Einladen**
   Reißt der Kunde ein Thema nur kurz an, bitten Sie ihn, mehr zu erzählen. Oft beginnen Menschen mit einem Thema und werden dann unsicher, ob die Zuhörer überhaupt interessiert sind. Menschen sind oft zurückhaltend während des Dialogs, weil sie daran gewöhnt sind, dass Zuhörer im Allgemeinen nicht viel

Geduld und Aufmerksamkeit aufbringen. Formulieren Sie deshalb offene oder anregende Fragen, die direkt am Kern der Äußerungen bleiben.

4. **Ernst nehmen**
   Schöpfen Sie erst die Quellen Ihres Gesprächspartners aus, bevor Sie etwas Eigenes beitragen. Nehmen Sie die Gedanken und Gefühle Ihres Gesprächspartners genauso ernst wie Ihre eigenen.

5. **Absichern**
   Prüfen Sie, ob Sie den Kunden richtig verstanden haben, schließen Sie Missverständnisse aus. Testen Sie Ihre Annahmen durch Fragen („So habe ich Sie verstanden ... – ist das richtig?"). Gestatten Sie dem Kunden, Ihre Ansichten zu korrigieren.

### 3.2.4 Gesprächsstörer und Gesprächsförderer

Einen Dialog kann man durch einfache Mittel und bestimmte Verhaltensweisen positiv beeinflussen. Genauso einfach kann die Kommunikation aber durch falsches Verhalten gestört oder eingeschränkt werden.

#### Gesprächsstörer

> # *Definition*
> **Gesprächsstörer** sind Aussagen und Verhaltensweisen, die das Gespräch mit dem Kunden erschweren.

Zu den typischen Gesprächsstörern gehören:

- Befehlen
- Überreden
- Drohen oder Warnen
- Vorwürfe machen
- Bewerten
- Herunterspielen

**Befehlen**

Befehle, oft gekennzeichnet durch das Wort **„müssen"**, lassen den Kunden glauben, dass der Mitarbeiter sich über ihn stellt und es keine weitere Möglichkeit der Diskussion gibt. Meist wird der Kunde aber nicht einfach bereit sein, die Befehle blind zu akzeptieren, und eher Widerstand aufbauen. Selbst wenn er mit widerstrebendem Gehorsam reagiert, wird die Beziehung dauerhaft belastet.

**Beispiel**

„Sie müssen die Bezahlung sofort vornehmen!"

### Überreden

Ähnlich wie bei den Befehlen wird hier die Entscheidung nicht dem Kunden überlassen. Er soll dazu bewogen werden, etwas zu tun, was er nicht möchte. Häufig geschieht dies auf der Beziehungsebene. Auch bei Überredungsversuchen werden die meisten Menschen eher widerstrebend als kooperativ reagieren.

**Beispiel**

„Na, nun geben Sie sich doch einen Ruck und kaufen Sie schon den Drucker, Sie werden es nicht bereuen!“

### Drohen oder Warnen

Durch das Aufzeigen von negativen Folgen oder eines angeblichen Fehlverhaltens soll der Kunde zum „richtigen“ Handeln bewegt werden. Dies geschieht meist durch eine subtile „Entweder-oder“-Botschaft. Auch hier wird der Kunde eher mit Widerstand reagieren, kein Mensch lässt sich gerne drohen.

**Beispiel**

„Wenn Sie sich heute nicht für den Drucker entscheiden, dann gilt das Angebot nicht mehr. Ab morgen müssen Sie den regulären Preis bezahlen.“

### Vorwürfe machen

Der Kunde wird nachträglich auf sein Fehlverhalten hingewiesen. Damit wird die Absicht verfolgt, dass er aus seinen Fehlern lernen soll. Da der Kunde aber nicht darauf angewiesen ist, etwas zu lernen, sondern kompetente Beratung erwartet, wird er eher ablehnend oder wütend auf die Vorwürfe reagieren.

**Beispiel**

„Also, Herr Meier, wenn Sie den Drucker falsch anschließen und dann auch noch zu spät anrufen, dann wird das natürlich nix!“

### Bewerten

Das Verhalten oder die Aussage des Kunden wird bewertet und mit der eigenen Meinung, die im schlimmsten Fall dann noch als die einzig richtige angesehen wird, verglichen. Häufig wird die Bewertung mit suggestiven Aussagen verknüpft. Der Kunde wird aus einem Selbstschutz heraus mit Ablehnung reagieren und nicht zulassen, dass er von anderen Menschen bewertet wird.

**Beispiele**

- „Na, da machen Sie es sich ja sehr einfach, Herr Meier.“
- „Das ist aber eine recht magere Information, meinen Sie nicht?“
- „Mit dieser Meinung stehen Sie aber ziemlich alleine da.“

**Herunterspielen**

Das Anliegen oder sogar das Problem des Kunden wird heruntergespielt und nicht ernst genommen. Dies ist eine extreme Form der Geringschätzung. Die mangelnde Wertschätzung wird den Kunden dazu verleiten, seinen Standpunkt noch viel massiver zu vertreten.

**Beispiele**

- „Ach, Herr Meier, ist doch gar kein Problem ... Wenn so ein Drucker mal nicht funktioniert, geht die Welt doch davon nicht unter!"
- „Ihre Probleme möchten andere gerne haben ..."

***Praxistipp***
Vermeiden Sie im Kundengespräch unbedingt die Gesprächsstörer.

## Gesprächsförderer

***Definition***
**Gesprächsförderer** sind Verhaltensweisen, die dem Kunden signalisieren, dass er ernst genommen wird und eingeladen ist, sein Anliegen vorzutragen.

Einer der wichtigsten Gesprächsförderer ist das bereits beschriebene **aktive Zuhören**.

Weitere Gesprächsförderer sind:

- Zustimmen
- Nachfragen
- Denkanstöße geben
- Pausen

**Zustimmen**

Jeder Mensch strebt nach Anerkennung seiner Meinung. Daher ist es wichtig, dem Kunden zu signalisieren, dass seine Meinung verstanden und nachvollzogen wird. Dies gelingt auch, wenn der Mitarbeiter die Meinung nicht teilt.

**Beispiele**

- „Da haben Sie recht."
- „Das kann ich nachvollziehen."
- „Ich stimme Ihnen zu."
- „Ich teile Ihren Standpunkt."

## Nachfragen

Nachfragen signalisiert dem Gesprächspartner Interesse und Wertschätzung. Durch verschiedene Frageformen gelingt es zu verstehen, was der Kunde möchte.

**Beispiele**

- „Wie darf ich Ihnen helfen?
- „Was ist Ihnen wichtig?“
- „Welche Fragen sind noch offen?“
- „Wo gibt es noch Unklarheiten?“

### Denkanstöße geben

Anstatt den Kunden zu überreden, kann er mit überzeugenden Argumenten dazu veranlasst werden, selbst Gründe für oder gegen eine Entscheidung zu finden. Eine so getroffene Entscheidung wird den Kunden langfristig zufriedenstellen.

**Beispiel**

Kunde: *„Ich kann mich nicht zwischen den Druckern xi744 und xi780 entscheiden.“*
Mitarbeiter: *„Der xi780 ist zwar teurer in der Anschaffung, dafür sind die Tintenpatronen 25 % günstiger. Überlegen Sie doch mal, ob sich das für Sie rechnet.“*

### Pausen

Im Dialog mit dem Kunden sind Pausen ein einfaches und sicheres Stilmittel, um das Gespräch zu fördern. Durch Pausen wird der Gesprächspartner eingeladen, sich eigene Gedanken zu machen oder in die Diskussion einzusteigen.

Pausen können dazu dienen,

- die eigenen Gedanken zu ordnen,
- Zeit zum Nachdenken zu gewinnen,
- schwierige Gesprächssituationen zu beruhigen,
- auf die Einwände des Kunden zu reagieren,
- Spannung zu erzeugen,
- das Gespräch in Sinnabschnitte zu gliedern und
- inhaltliche Höhepunkte vorzubereiten.

→ ***Praxistipp***
Nutzen Sie aktiv die Pausentechnik, dies wirkt auf den Gesprächspartner kompetent und souverän. Vermeiden Sie jedoch Pausen, die länger als drei bis fünf Sekunden sind, da dies vom Gesprächspartner oft als unangenehme Lücke empfunden wird.

## 3.2.5 Sprechausdruck

> **#** ***Definition***
> Neben der inhaltlichen Seite des Gesprächs beeinflusst auch die **Ausdrucksweise** des Mitarbeiters, der sogenannte **Sprechausdruck**, das Ergebnis des Dialogs.

Bei einem mangelhaften Sprechausdruck kommt es zu Störungen in der Kommunikation. Der Gesprächspartner versteht entweder überhaupt nicht, was mit der 5|1.1.3 Aussage gemeint war, oder es wird eine schlechte Gesprächsatmosphäre erzeugt.

Folgende wichtige Aspekte des Sprechausdrucks sollten daher beachtet werden:

- **Lautstärke**
  Die Lautstärke sollte so gewählt werden, dass der Gesprächspartner ohne Anstrengung jedes Wort versteht. Auf keinen Fall sollte man zu laut oder zu leise sprechen. Zu lautes Sprechen wirkt hektisch und aggressiv, zu leises Sprechen hingegen unsicher und inkompetent.

- **Wortmelodie**
  Mit der Stimme ist man in der Lage, unterschiedliche Tonlagen, Tonhöhen und Klangfarben zu produzieren (**Intonation**).

  In einem Kundengespräch kann man die Intonation bewusst variieren, so kann **Abwechslung** in einen Dialog gebracht und die Aufmerksamkeit des Gesprächspartners erhöht werden. Mit einer hellen Tonlage können z. B. freudige Akzente gesetzt werden, die den Gesprächspartner motivieren. Mit einer dunklen Tonlage kann man besonders wichtige oder eindringliche Gedanken untermalen, der Gesprächspartner wird quasi aufgefordert, sich das Gesagte einzuprägen.

- **Betonung**
  In der Sprache kann man durch Betonung (**Modulation**) einem Satz verschiedene Bedeutungen geben. Außerdem kann man einzelne Sinneinheiten hervorheben. Eine Sprache ohne Betonung einzelner Aspekte wirkt monoton und unstrukturiert.

  Im Kundengespräch sollten daher wichtige Aussagen betont werden, um die Aufmerksamkeit des Zuhörers zu erhöhen, Engagement zu zeigen und Monotonie vorzubeugen.

- **Sprechtempo**
  Jeder Mensch hat ein eigenes Sprechtempo, das sich je nach Gesprächssituation verändern kann. Wenn man unsicher ist oder Angst hat, neigt man dazu, schnell zu sprechen. Ist man gelangweilt oder nicht ganz bei der Sache, neigt

man zu einer langsamen Sprechweise. Im Kundengespräch sollte man weder zu schnell sprechen, da dies gehetzt und ungeduldig wirkt, noch zu langsam, da dies müde und lustlos wirkt.

Eine gute Möglichkeit, das Sprechtempo zu beeinflussen, bietet der Einsatz von Pausen. Mit einer Sprechpause kann man dem Gesprächspartner Sicherheit vermitteln und ihm Zeit geben, das eben Gesagte zu verarbeiten. Außerdem bieten Pausen dem Mitarbeiter die Möglichkeit, selbst durchzuatmen und die Gedanken für den nächsten Satz zu ordnen.

Über die Länge von Sprechpausen gibt es verschiedene Faustregeln. Eine besagt, dass die Pause zwischen drei und fünf Sekunden dauern sollte, eine andere, dass die Pause einen Atemzug lang sein sollte.

> ➔ ***Praxistipp***
> Achten Sie bewusst auf den Einsatz von Sprechpausen und finden Sie dabei die für Sie optimale Länge heraus.

- **Aussprache**
  Eine verständliche und deutliche Aussprache (**Artikulation**) ist eine wesentliche Grundvoraussetzung, damit das Gesagte auch vom Empfänger richtig gehört werden kann. Bei der Aussprache sollte darauf geachtet werden, die Lippen nicht zu fest aneinanderzupressen. Auch eine ruhige und gleichmäßige Atmung ist dabei hilfreich.

  In den meisten klassischen Callcentern ist zudem eine **dialektfreie Aussprache** Grundvoraussetzung. Eine übertrieben deutliche Aussprache kann allerdings auch leicht belehrend und distanziert wirken.

> ➔ ***Praxistipp***
> Zeichnen Sie – z.B. im Rahmen eines Kommunikationstrainings – Telefonate von sich auf und hören Sie sich selbst zu. Wie wirkt Ihre Stimme? Finden Sie heraus, ob Sie zu schnell oder zu langsam sprechen, ob Sie die richtige Tonlage sowie Betonung wählen und ob die Lautstärke angemessen ist.

### 3.2.6 Körpersprache

Obwohl der Kunde den Gesprächspartner am Telefon nicht sieht, beeinflusst die Körpersprache des Agents in erheblichem Ausmaß das Ergebnis des Gesprächs. Da die Körpersprache oder Körperhaltung einen direkten Einfluss auf die Stimme, Stimmlage, den Ausdruck und die Tonlage hat, hört der Kunde auch, welche Körperhaltung der Mitarbeiter einnimmt.

### Mimik und Gestik

Ein Lächeln in der Stimme wird vom Gesprächspartner wahrgenommen und vermittelt ein entsprechend positives Gefühl. Reagiert man hingegen auf eine Beschwerde des Kunden oder vermittelt eine unschöne Botschaft, hilft ein entsprechend ernster Gesichtsausdruck zur passenden Stimmlage.

> ➔ ***Praxistipp***
> Nutzen Sie während des Gesprächs auch mal einen Spiegel, um den eigenen Gesichtsausdruck zu überprüfen.

Es kann sinnvoll sein, eigene Aussagen mit gestischen Elementen, z. B. durch Bewegungen der Arme, zu unterstreichen. Dadurch wird eine gewisse Dynamik in der Aussprache erreicht, außerdem hört man sich motivierter an. Teilweise wird sogar die Wortwahl positiv beeinflusst. Es sollte allerdings darauf geachtet werden, nicht zu viel zu gestikulieren. Es besteht dann die Gefahr, dass man außer Atem gerät, auch das hört der Gesprächspartner.

### Körperhaltung

Eine aufrechte oder stehende Haltung hat einen positiven Einfluss auf das Volumen und den Klang der Stimme. Automatisch fällt es dem Mitarbeiter so leichter, die Stimme positiv zu beeinflussen. Eine liegende Haltung hingegen führt zu einer ungünstigen Färbung der Stimme.

> ➔ ***Praxistipp***
> Sitzen Sie wenn möglich aufrecht beim Telefonieren. In schwierigen Situationen ist es hilfreich aufzustehen.

### ✳ *Zusammenfassung*

- Gemäß den Prinzipien der klassischen Rhetorik gewinnt eine Rede ihre Überzeugungskraft aus **Ethos** (moralische Autorität), **Logos** (logische Argumentation) und **Pathos** (Gefühlsbewegung).
- Eine logische Argumentation besteht aus den Elementen **These** (Behauptung/Zielsatz), **Argument** (Beweis) und **Schlussregel** (Grundlage des Arguments).
- Beim linearen Aufbau einer Argumentation verdichten sich mehrere Argumente zu einer **Argumentationskette**, beim dialektischen Aufbau besteht die Argumentation aus den gegensätzlichen Elementen Behauptung (**These**), Gegenbehauptung (**Antithese**) und der zusammenfassenden **Synthese**.
- Bei der Fünfsatz-Technik wird in **fünf Denkschritten** eine bestimmte Argumentationsfolge für eine These festgelegt. Fünfsatz-Pläne bestehen aus Einstiegssatz, drei Argumenten sowie These oder Zielsatz.

## Baupläne der Fünfsatz-Technik

- Aufsatzplan
- Kettenbauplan
- Dialektischer Aufbau
- Kompromiss
- Ausklammerung
- Vergleich

## Rhetorische Argumentation

- Wenn-dann-Argumente
- Verallgemeinerung
- Argumentation mit Autoritäten
- Entweder-oder-Technik
- Argumentieren mit Statistiken

## Frageformen

- Offene Fragen
- Geschlossene Fragen
- Alternativfragen
- Gegenfragen
- Intonationsfragen
- Suggestivfragen
- Rhetorische Fragen

## Die vier Arten des Zuhörens

- „Pseudo-Zuhören"
- Aufnehmendes Zuhören
- Umschreibendes Zuhören
- Aktives Zuhören

| **Gesprächsstörer** | **Gesprächsförderer** |
|---|---|
| Befehlen | aktives Zuhören |
| Überreden | Zustimmen |
| Drohen oder Warnen | Nachfragen |
| Vorwürfe machen | Denkanstöße geben |
| Bewerten | Pausen |
| Herunterspielen | |

## Sprechausdruck

- Lautstärke
- Wortmelodie
- Betonung
- Sprechtempo
- Aussprache

## Aufgaben

1. In welchen Techniken der Gesprächsführung finden sich Inhalte der klassischen Rhetorik?
2. Beschreiben Sie die notwendigen Schritte zur Vorbereitung einer Argumentation.
3. Bilden Sie zwei Gruppen und bereiten Sie für folgende Thesen mehrere Argumente vor:
   - Gruppe A: „Kunden per Outbound anzusprechen steigert die Marktpräsenz und das Image und hilft so bei der Kundenbindung."
   - Gruppe B: „Kunden per Outbound anzusprechen führt zu einem schlechten Image und schädigt das Verhältnis zum Kunden."

   Erarbeiten Sie dann jeweils einen geeigneten Fünfsatz-Plan mit der jeweiligen Argumentation. Anschließend wird ein Sprecher ausgewählt, der die Argumentation vorträgt.
4. Analysieren Sie in der Klasse die Gesprächsleitfäden aus Ihren Ausbildungsbetrieben.
   a) Welche Mittel der klassischen Rhetorik werden bereits eingesetzt?
   b) Wie könnten die Leitfäden durch Einsatz dieser Methoden noch verbessert werden?
   c) Erarbeiten Sie einen neuen oder verbesserten Gesprächsleitfaden, der wichtige Methoden der klassischen Rhetorik enthält.
5. Die Dialogfix GmbH möchte in einem Flyer potenzielle Auszubildende von der These „Die Ausbildung im Dialogmarketing ist zukunftsorientiert" überzeugen.
   a) Entwickeln Sie für den Flyer jeweils eine induktive und eine deduktive Argumentation.
   b) Erarbeiten Sie eine Argumentation anhand des Kettenbauplans.
6. Beschreiben Sie die Techniken der rhetorischen Argumentation und sammeln Sie in der Klasse geeignete Gesprächssituationen aus Ihren Ausbildungsbetrieben, in denen diese Techniken eingesetzt werden können.
7. Welche Frageformen werden hier umschrieben?
   a) Der Kunde kann viele Antworten geben.
   b) Es werden zwei Möglichkeiten zur Auswahl gegeben.
   c) Gut geeignet, um eine Entscheidung herbeizuführen.
   d) Dem Gesprächspartner wird bereits eine Antwort in den Mund gelegt.
   e) Ein Gespräch soll in Gang gebracht werden.
8. Erstellen Sie einen Leitfaden für den Einsatz unterschiedlicher Frageformen.
   a) Wann ist welche Frageform gut geeignet, wann weniger gut?
   b) Wenn Sie an die Gesprächsführung Ihrer Kollegen denken, welche Frageform findet dort am häufigsten Verwendung?
   c) Wie kann der Einsatz der Fragetechnik verbessert werden?
9. Die Dialogfix GmbH möchte eine telefonische Kundenzufriedenheitsbefragung bei den Käufern des Druckermodells xi744 durchführen. Entwerfen Sie je drei offene bzw. geschlossene Fragen, die in diesem Gespräch eingesetzt werden können.

1 | 6.7

10. Bilden Sie Zweiergruppen, je einer spielt in einem Rollenspiel einen Kunden, der andere den Agent am Telefon. Entwerfen Sie Rollenanweisungen für beide Spieler. Der Kunde hält auch den Anrufgrund schriftlich fest. Durch Einsatz gezielter Fragen muss der Mitarbeiter nun den Anrufgrund herausfinden. Danach werden die Rollen getauscht und ein neuer Anrufgrund festgehalten und analysiert.
11. Diskutieren Sie in Zweier- oder Dreiergruppen folgende Fragestellungen:
    - Welche Rolle spielt die Haltung des Zuhörers (innere Einstellung) beim aktiven Zuhören?
    - Warum ist dies besonders im Beschwerdemanagement wichtig?

12. Formulieren Sie für folgende Kundenaussagen Reaktionen gemäß den Grundsätzen des aktiven Zuhörens:
    a) „Ich warte bereits seit fünf Minuten in der Warteschleife."
    b) „Ich habe schon dreimal die Bedienungsanleitung durchgelesen."
    c) „Hoffentlich können Sie mir jetzt weiterhelfen."
    d) „Der Drucker geht immer noch nicht."
    e) „Ich weiß nicht, wo die Bedienungsanleitung ist."
    f) „Ich habe vorhin mein Handy verloren, was mache ich jetzt nur?"
13. Für eine erfolgreiche Gesprächsführung ist das Zuhören mitentscheidend.
    a) Erläutern Sie die Bestandteile des Zuhörens im Dialogmarketing.
    b) Wie können diese Bestandteile trainiert bzw. geübt werden?
    c) Analysieren Sie die Trainings in Ihrem Ausbildungsbetrieb hinsichtlich dieser Elemente. Was könnte hier verbessert werden?
14. Lesen Sie auf http://de.wikipedia.org/wiki/Kontrollierter_Dialog den Infotext zum kontrollierten Dialog. Formulieren Sie Aussagen zu frei gewählten Themen, z. B. „Eigene Erfahrungen an der Hotline".
15. Eine Mitarbeiterin der Dialogfix GmbH wundert sich, dass sie im Verkauf meist keinen Erfolg hat. In den Gesprächen nutzt sie häufig folgende Fragen bzw. Formulierungen:
    - „Sie wollen doch sicher von unseren neuen Produkten profitieren, oder?"
    - „Ja, aber Sie sehen doch sicher auch, dass ...!"
    a) Beurteilen Sie diese Formulierungen.
    b) Schlagen Sie bessere Fragen bzw. Formulierungen vor.
16. Analysieren Sie folgende Gesprächsstörer und finden Sie eine bessere Reaktion:
    a) Kunde hat die Bedienungsanleitung verloren. Reaktion: „Da sind Sie ja auch selbst schuld, wenn Sie nicht besser auf Ihre Sachen aufpassen."
    b) Kunde ruft wegen eines defekten Geräts an. Reaktion: „Machen Sie sich nichts draus, das ist schon vielen Kunden passiert."
    c) Kunde ist unschlüssig. Reaktion: „Na kommen Sie schon, als langjähriger guter Kunde wissen Sie doch, dass wir der beste Anbieter sind."
    d) Kunde kann Drucker nicht nutzen. Reaktion: „Alles halb so wild ... kein Grund, sich aufzuregen."
17. Trainieren Sie Ihren Sprechausdruck, indem Sie in der Klasse Zungenbrecher-Sätze reihum nachsprechen. Nutzen Sie dazu z. B. die Seite http://de.wikiquote.org/wiki/Zungenbrecher.
18. Welche Faktoren der Körpersprache können eingesetzt werden, um eine höhere Wirkungskompetenz zu erzielen? Erstellen Sie dazu eine Übersicht mithilfe der Seite https://www.lmz-bw.de/medienbildung/themen-von-f-bis-z/sprechen-schreiben/koerpersprache/ und des Videos www.youtube.com/watch?v=jm09w5ymPdw.
19. Bilden Sie Zweiergruppen. Fassen Sie den Artikel auf Seite 184 f. zusammen. Einer trägt vor, einer hört zu. Wechseln Sie danach die Rollen.
    a) Geben Sie sich gegenseitig Feedback hinsichtlich:
       Lautstärke, Wortmelodie, Betonung, Sprechtempo, Aussprache.
    b) Wie hat die Körpersprache des Gegenübers das Sprachverhalten beeinflusst?
    c) Welche Rückschlüsse können Sie für Ihre Arbeit am Telefon ziehen?
20. Ein Vertriebstrainer stellt in einem Seminar die These auf: „Wer rhetorisch perfekt arbeitet, kann dem Kunden alles verkaufen. Die Wahrheit oder Fachkompetenz hindern da nur." Nehmen Sie kritisch Stellung zu dieser Aussage.

# 4 Kundentypen und Sprachverhalten erkennen

## *Einstiegssituation*

Julia ist heute in der Outbound-Beratung von KommunikativAktiv eingesetzt. Ihre Aufgabe: Sie soll im Auftrag von Dialogfix die neue FinanzFix-Software an Bestandskunden verkaufen, die bereits die alte Software genutzt haben.

Ihr erster Anruf verläuft positiv. Sie hat einen sehr aufgeschlossenen Kunden am Telefon, der sich gerne ihre Argumente anhört. Schnell findet Julia einen Weg, das neue Angebot zu platzieren und den Kunden vom Kauf der Software zu überzeugen.

Motiviert durch dieses Erlebnis macht sich Julia an das nächste Telefonat. Mit der gleichen Strategie wie beim ersten Gespräch geht sie auf den nächsten Kunden zu. Dieser reagiert allerdings nicht wie erwartet. Er ist ablehnend und eher wütend, dass Julia ihn anruft. Julias Verkaufsversuch scheitert.

## *Arbeitsaufträge*

1. ***Diskutieren Sie, welche Gründe für Julias Scheitern im zweiten Gespräch verantwortlich sein könnten.***
2. ***Welche Kundentypen sind Ihnen in Ihrem Ausbildungsbetrieb bereits begegnet?***
3. ***Welche Strategien kann man am Telefon einsetzen, um verschiedenen Kundentypen richtig zu begegnen?***

Um im Dialogmarketing erfolgreich mit verschiedenen **Menschentypen** umzugehen, ist es wichtig, den Gesprächspartner **richtig einzuschätzen**. Wenn man einen langjährigen Bestandskunden per Outbound anspricht, können entsprechende Vorbereitungen getroffen werden, z. B. über die Abfrage der Kundenhistorie. Ruft man allerdings einen neuen Kunden an oder erhält ein Telefonat im Inbound, muss diese Einschätzung sehr schnell während des Gesprächs vorgenommen werden.

## 4.1 Wahrnehmungstypen

1 | 6.8

Der Mensch verfügt über verschiedene **Wahrnehmungskanäle**, mit denen er Informationen aufnimmt und verarbeitet. Dabei entwickelt jeder Mensch im Laufe seines Lebens eine Präferenz, mit welchen Kanälen er Informationen verarbeitet und Kommunikation gestaltet.

Folgende Wahrnehmungstypen können unterschieden werden:

- der **visuelle** Typ (Präferenz sehen)
- der **auditive** Typ (Präferenz hören)
- der **kinästhetische** Typ (Präferenz fühlen, tasten, selbst tun)

In der Regel trifft man auf Mischformen mit einer starken Ausprägung auf einen oder zwei der oben beschriebenen Sinneskanäle.

Jeder dieser Wahrnehmungstypen entwickelt eine spezielle Art der Kommunikation, in der er seine Wortwahl an die bevorzugten Sinneskanäle anpasst.

> **→** ***Praxistipp***
> Im Kundengespräch gilt es also, die unterschiedlichen Typen zu erkennen und die eigene Sprache nach Möglichkeit entsprechend anzupassen. Dies kann häufig zu einem erfolgreicheren Gesprächsverlauf führen.

| Wahrnehmungstyp | Verhalten in der Kommunikation | Strategien für den Dialog |
|---|---|---|
| **Der visuelle Typ**<br> | Dieser Typ spricht sehr bildhaft, er unterstreicht seine Aussagen mit farbigen Metaphern.<br><br>Typische Formulierungen sind:<br>• „Ich sehe keine Verbesserung."<br>• „Es fällt mir wie Schuppen von den Augen."<br>• „Die Lösung ist in Sicht."<br>• „Ich sehe, was Sie meinen."<br>• „Können Sie mir eine Perspektive aufzeigen?"<br>• „Schauen Sie mal nach."<br>• „Ich blicke nicht durch."<br>• „Da sehe ich rot."<br>• „Wo kann ich mir das anschauen?"<br>• „Haben Sie Informationsmaterial für mich?" | Formulieren Sie ebenfalls sehr bildhaft. Umschreiben Sie Themen farbig oder mit visuellen Anspielungen („Ich zeige Ihnen, wie das funktioniert.").<br><br>Wenn die Möglichkeit besteht, gehen Sie mit dem Kunden auf die Internetseite und lassen Sie ihn Ihre Produkte ansehen, schicken Sie ihm Prospekte und Informationsmaterial zu. |
| **Der auditive Typ**<br> | Dieser Typ nimmt die Welt hauptsächlich über akustische Signale, Sprache und Töne wahr. Da der auditive Typ sehr sprachgewandt und aufnahmefähig ist, fällt der Dialog am Telefon sehr leicht.<br><br>Typische Formulierungen sind:<br>• „Habe ich richtig gehört, dass ..."<br>• „Ihre letzte Ausführung war interessant ..."<br>• „Da werde ich hellhörig ..."<br>• „Sie hören noch mal von mir ..."<br>• „Ich finde das sehr laut ..."<br>• „Da klingeln bei mir alle Alarmglocken ..."<br>• „Das klingt vernünftig ..."<br>• „Das ist unerhört ..." | Bauen Sie in Ihre Argumentation ähnliche Formulierungen ein („Ich höre bei Ihnen raus ...", „Hören Sie sich kurz etwas zu unserem neuen Angebot an").<br><br>Achten Sie außerdem genau auf Ihre Wortwahl. Vermeiden Sie Formulierungen, die doppeldeutig verstanden werden können. |

| Wahrnehmungstyp | Verhalten in der Kommunikation | Strategien für den Dialog |
|---|---|---|
| **Der kinästhetische Typ**<br> | Dieser Typ nimmt die Welt hauptsächlich über Tastsinn und „Fühlen" wahr. Emotionen und Zwischenmenschlichkeit spürt er sehr stark auch körperlich bzw. drückt dies mit entsprechenden Formulierungen aus:<br>• „Das setzt mich unter Druck."<br>• „Da bekomme ich Bauchschmerzen."<br>• „Das fühlt sich gut an."<br>• „Bei Ihnen fühle ich mich gut aufgehoben."<br>• „Das kann ich so nicht mittragen."<br>• „Haben Sie ein Exemplar zum Ausprobieren?" | Nutzen Sie für Ihre Argumentation ähnliche Formulierungen („Das ist etwas zum Wohlfühlen ...").<br><br>Wenn Sie die Möglichkeit haben, senden Sie Probeexemplare zu oder Muster, die der Kunde anfassen kann. |

## 4.2 Kundentypologie

Neben den oben beschriebenen Wahrnehmungstypen haben sich bestimmte Kundentypen herauskristallisiert, mit denen der Umgang durch das richtige Verhalten deutlich erleichtert wird. Im Folgenden werden einige der „klassischen" Gesprächs- oder Kundentypen vorgestellt und mögliche Verhaltensweisen für den Mitarbeiter erläutert.

→ ***Praxistipp***
Nicht jeder Mensch lässt sich exakt in ein solches Raster einordnen. Behandeln Sie jeden Kunden trotz aller Vorgaben immer individuell und wertschätzend.

| Kundentyp | Merkmale | Strategien für den Dialog |
|---|---|---|
| **Der Besserwisser** | Dieser Gesprächstyp weiß nicht nur fast alles, sondern meistens auch alles besser als sein Gesprächspartner. Gerne tritt er auch in der Variante „Nörgler" auf. Er hat eine feste Meinung, von der er sich nur schwer abbringen lässt. Bei diesem Kundentyp muss man echte Überzeugungsarbeit leisten, in der Beratung erzählt eher er dem Mitarbeiter, was zu tun ist, als umgekehrt.<br><br>Typische Aussagen sind:<br>• „Ich erkläre Ihnen mal, wie das wirklich ist!"<br>• „Damit bin ich bestens vertraut!"<br>• „Da meinen Sie, dass das eine Neuigkeit ist?"<br>• „Habe ich schon mal gemacht!" | Die beste Strategie besteht darin, diesen Kunden um Hilfe zu bitten. Stellen Sie ihm z. B. Fragen darüber, was Sie an Ihrem Produkt verbessern können oder was noch unklar ist. Sobald er sich genug bestätigt fühlt, wird er eventuell auch die Ausführungen der Gegenseite akzeptieren. Auf keinen Fall darf dieser Kundentyp zurechtgewiesen werden! |

| Kundentyp | Merkmale | Strategien für den Dialog |
|---|---|---|
| **Der Vielredner** | Der Vielredner ist jemand, der zu jedem Thema etwas zu sagen hat. Gerne werden auch private Dinge angesprochen. Dabei redet er meist viel, laut und steigert sich oft in seine eigenen Ausführungen hinein. Er möchte nur ungern unterbrochen werden, unterbricht aber gerne seine Gesprächspartner.<br><br>Typische Aussagen sind:<br>• „Da habe ich mal was erlebt …"<br>• „Erst vor einer Woche habe ich …"<br>• „Da kann ich Ihnen aber was erzählen …"<br>• „Wussten Sie schon, dass …" | Sie sollten sich auf keinen Fall beirren lassen und weiter ruhig den Gesprächsleitfaden oder die Argumentation verfolgen. Da nur wenige Gesprächspausen zu erwarten sind, sollten gezielte Unterbrechungen angestrebt werden. Zwischenzeitliche Zusammenfassungen können helfen, wieder zum Thema zurückzukehren. |
| **Der Aggressive** | Dieser Typ wirkt wütend und herausfordernd. Er gibt nur kurze, grobe Antworten und achtet nicht besonders auf Höflichkeit und Stil.<br><br>Typische Aussagen sind:<br>• „Lassen Sie mich damit in Ruhe …"<br>• „Brauche ich nicht."<br>• „Erzählen Sie mir nichts …"<br>• „Ein toller Laden seid ihr …" | Auf keinen Fall provozieren lassen! In den meisten Fällen wissen Sie ja nicht, warum der Kunde so reagiert. Vielleicht ist das schon sein dritter Kontakt mit der Hotline an diesem Tag oder in seinem Privatleben stimmt etwas nicht. Die beste Möglichkeit ist es, ruhig und gelassen zu bleiben. Eventuell müssen Sie ein Beschwerdemanagement durchführen, um den Kunden zu beruhigen. Möglicherweise hat er gute Gründe, sauer zu sein. |
| **Der Ungeduldige** | Der Ungeduldige hat wenig Zeit, das Telefongespräch passt ihm überhaupt nicht in seine aktuelle Planung. Oft beschäftigt er sich während des Telefonats noch mit anderen Dingen, nur selten hat man seine volle Aufmerksamkeit.<br><br>Typische Aussagen sind:<br>• „Ja, ja …"<br>• „Geht das auch schneller?"<br>• „Machen Sie mal hin …"<br>• „Ich habe keine Zeit." | Sie sollten sich nicht aus der Ruhe bringen. Zu viel Hektik in einem Gespräch führt nicht dazu, dass es schneller beendet wird, sondern eher zum Gegenteil. Wichtig ist es, nicht den roten Faden zu verlieren und den Gesprächspartner mit Fragen im Dialog zu halten. |
| **Der Impulsive** | Ein impulsiver Kunde ist schnell zu begeistern. Es freut ihn, dass er sich mit jemandem unterhalten kann. Einem Angebot stimmt er sehr schnell zu. Außerdem fällt er durch eine positive Ausdrucksweise auf.<br><br>Typische Aussagen sind:<br>• „Das finde ich gut."<br>• „Super!"<br>• „Das machen wir."<br>• „Da bin ich sofort dabei." | Dieser Kundentyp ist zwar schnell zu begeistern, er verliert aber auch schnell wieder das Interesse. Hier ist es wichtig, einen verbindlichen Abschluss im Gespräch zu finden und die nächsten Schritte genau zu besprechen. |

| Kundentyp | Merkmale | Strategien für den Dialog |
|---|---|---|
| **Der Entscheidungs-schwache** | Dieser Kundentyp hält sich mit Zusagen zurück und hinterfragt oft die Aussagen des Gesprächspartners. Eine Entscheidung oder eine Vereinbarung mit ihm ist nur sehr schwer zu treffen. Häufig macht er Einwände geltend oder vertröstet auf einen späteren Zeitpunkt.<br><br>Typische Aussagen sind:<br>• „Tja, ich weiß nicht …“<br>• „Sind Sie sicher, dass …“<br>• „Schwer zu sagen …“<br>• „Vielleicht rufe ich noch mal an.“ | Der Entscheidungsschwache sollte auf keinen Fall gedrängt werden, sonst zieht er sich aus dem Gespräch zurück. Wichtig ist hier eine gezielte Fragetechnik, mit der die Bedürfnisse des Kunden exakt ermittelt werden können.<br><br>Eine gute Strategie ist es, mit dem Kunden bisherige (Zwischen-)Ergebnisse zusammenzufassen, dies erleichtert ihm die Entscheidung. |
| **Der Schweiger** | Dieser Typ wirkt im Kundengespräch einsilbig und reserviert. Er erweckt einen eher verschlossenen und introvertierten Eindruck.<br><br>Der Schweiger trifft von sich aus kaum Aussagen. | Mit offenen Fragen können Sie die Gesprächsbereitschaft fördern, auf geschlossene Fragen sollten Sie möglichst verzichten. Lassen Sie dem Kunden Zeit und signalisieren Sie Interesse. |

## 4.3 Sprachverhalten von Kunden

### Verständigungsschwierigkeiten

Am Telefon kann es immer wieder zu Verständigungsschwierigkeiten aufgrund des Sprachverhaltens von Kunden kommen. Viele Kundenberater empfinden es als unangenehm, mit Kunden zu sprechen, die der Landessprache nicht (ausreichend) mächtig sind. Für **fremdsprachige Kunden** stehen daher häufig eigene Ansprechpartner zur Verfügung oder besonders geschulte Agents können mit einem entsprechenden Gesprächsleitfaden das Anliegen klären.

Dies ist aber natürlich nicht für alle Sprachen und in allen Unternehmen möglich. Sollte kein Mitarbeiter mit den erforderlichen Sprachkenntnissen im Unternehmen beschäftigt sein, kann man den Kunden um Mithilfe bitten. Möglicherweise kann ein Nachbar, Freund oder ein Bekannter am Telefon übersetzen. Die Verständigungsprobleme totzuschweigen hilft keiner der beteiligten Seiten. Das Gleiche gilt für schwierige **Dialekte**, die eine Verständigung nahezu unmöglich machen.

### Gespräche in einer Fremdsprache annehmen

Hilfreich bei fremdsprachigen Kunden kann eine **gemeinsame Sprachbasis** sein. Daher sollte jeder Beschäftigte im Dialogmarketing mit einigen wichtigen Standardsätzen und Formulierungen auf **Englisch** – der internationalen Verkehrssprache – vertraut sein. Sei es, um den Kunden weiterzuverbinden, einfache Anfragen aufzunehmen oder einen Rückruf zu vereinbaren.

Im Englischen gibt es verschiedene Arten, sich am Telefon zu melden. Privatpersonen melden sich meist nur mit „Hello?“, wobei die zweite Silbe betont wird. In der Kundenkommunikation meldet man sich aber mit dem Namen.

**Beispiele**

- „This is Julia Lauer.“
- „Julia Lauer speaking.“

Oft geht es darum, Informationen aufzunehmen bzw. diese weiterzugeben. Dabei kann die Verwendung einer (internationalen) Buchstabiertafel hilfreich sein.

| | Deutschland (DIN) | International (ICAO) |
|---|---|---|
| A | Aachen | Alfa |
| Ä | Umlaut Aachen | |
| B | Berlin | Bravo |
| C | Chemnitz | Charlie |
| CH | Chemnitz Hamburg | |
| D | Düsseldorf | Delta |
| E | Essen | Echo |
| F | Frankfurt | Foxtrot |
| G | Goslar | Golf |
| H | Hamburg | Hotel |
| I | Ingelheim | India |
| J | Jena | Juliett |
| K | Köln | Kilo |
| L | Leipzig | Lima |
| M | München | Mike |
| N | Nürnberg | November |
| O | Offenbach | Oscar |
| Ö | Umlaut Offenbach | |
| P | Postdam | Papa |
| Q | Quickborn | Quebec |
| R | Rostock | Romeo |
| S | Salzwedel | Sierra |
| SCH | Salzwedel Chemnitz Hamburg | |
| T | Tübingen | Tango |
| U | Unna | Uniform |
| Ü | Umlaut Unna | |
| V | Völklingen | Victor |
| W | Wuppertal | Whiskey |
| X | Xanten | X-Ray |
| Y | Ypsilon | Yankee |
| Z | Zwickau | Zulu |

***Abb.: Buchstabiertafeln***

Zahlenblöcke wie z. B. Telefon- oder Bestellnummern werden zu Zweierblöcken zusammengefasst. Verdoppelungen werden dabei mit „double“ ergänzt. Die Null wird im amerikanischen Englisch als „zero“, im britischen Englisch mit „oh“ ausgedrückt.

**Beispiele**

- Bestellnummer: 2356648
  Order number: two – three five – double six – four eight
- Telefonnummer: 0681/84000354
  Phone number: oh six – eight one – eight four – double oh – oh three – five four

Um das Gespräch zu beenden, sagt man einfach „Bye“ oder „Goodbye“.

## Hilfreiche englische Standardsätze beim Telefongespräch

| Deutsch | Englisch |
|---|---|
| Was kann ich für Sie tun? | What can I do for you? |
| Nennen Sie mir bitte Ihren Namen. | May I have your name, please? |
| Wen möchten Sie sprechen? | Who would you like to speak to? |
| Ich verbinde Sie. | I'll connect you. |
| Die Leitung ist leider besetzt. | I'm afraid, the line is busy. |
| Soll ich eine Nachricht hinterlassen? | Can I leave a message? |
| Soll Herr/Frau ... Sie zurückrufen? | Should Mr/Ms ... return your call? |
| Ich verstehe Sie leider nicht. | I'm afraid, I don't understand you. |
| Können Sie bitte etwas langsamer sprechen? | Could you speak a bit more slowly? |
| Warten Sie bitte einen Moment. | Please hold on a second. |
| Würden Sie das bitte wiederholen? | Could you repeat that, please? |
| Die Verbindung ist leider ziemlich schlecht. | I'm sorry the line is rather bad. |
| Sie haben leider die falsche Nummer erwischt. | I'm sorry, but you've dialed the wrong number. |
| Auf Wiederhören. Danke für Ihren Anruf. | Goodbye. Thanks for calling. |

## ✱ *Zusammenfassung*

- **Wahrnehmungstypen**
  - Der visuelle Typ (Präferenz sehen)
  - Der auditive Typ (Präferenz hören)
  - Der kinästhetische Typ (Präferenz fühlen, tasten, selbst tun)
- **Kundentypen**
  - Der Besserwisser
  - Der Vielredner
  - Der Aggressive
  - Der Ungeduldige
  - Der Impulsive
  - Der Entscheidungsschwache
  - Der Schweiger
- Für den Umgang mit fremdsprachigen Kunden sollte jeder Hotline-Mitarbeiter mit Standardsätzen und Formulierungen auf **Englisch** vertraut sein.

## Aufgaben

1. *Ordnen Sie folgende Kundenaussagen einem der Wahrnehmungstypen zu und entwickeln Sie jeweils einen situationsgerechten Antwortsatz:*
   a) *„Da scheint mir aber noch einiges unklar zu sein."*
   b) *„Ich habe dabei kein gutes Gefühl."*
   c) *„Das klingt aber merkwürdig."*

2. *Bilden Sie Dreiergruppen. Diskutieren Sie in der Gruppe, über welche Sinneskanäle Sie Informationen bevorzugt verarbeiten bzw. wie Sie am besten lernen oder Informationen aufnehmen.*
   a) *Wie prägt diese Präferenz Ihr Kommunikationsverhalten?*
   b) *Auf welche Weise kann ein Gesprächspartner Sie besonders gut erreichen?*
   c) *Welche Schwierigkeiten haben Sie im Dialog mit anderen Wahrnehmungstypen bereits erlebt?*

3. *Nachfolgende Kundenaussagen sind Thomas in der letzten Woche am Telefon begegnet. Zum Teil empfand er diese Telefonate als sehr anstrengend. Gemeinsam mit seinem Teamleiter überlegt Thomas im Telefoncoaching, um welchen Kundentyp es sich jeweils gehandelt hat und wie er sich in ähnlichen Situationen besser verhalten könnte.*
   a) *Ein Kunde wartet seit drei Wochen auf die Lieferung seiner bestellten Ware. Nun hat er erbost die Hotline der Dialogfix GmbH angerufen. Kunde: „Ich finde das den absoluten Knaller, dass Sie nicht in der Lage sind, mir in einer annähernd akzeptablen Frist meine Bestellung zuzuschicken. Sie sind wirklich das Letzte!"*
   b) *Thomas erklärt dem Kunden, wie er mit dem Drucker xi744 einen Duplexdruck durchführen kann. Kunde: „Das kann aber gar nicht sein, bei meinem letzten Gerät, das übrigens baugleich mit dem xi743 war, hat der Duplexdruck genau so funktioniert, wie ich es Ihnen gerade beschrieben habe. Das muss hier auch so funktionieren."*
   c) *Thomas zählt dem Kunden die Vorteile des Premium-Onlinesicherheitspaketes auf. Kunde: „Mensch, das ist ja klasse, ich bin total begeistert. Was haben Sie denn noch so an interessanten Produkten im Angebot?"*
   d) *Wegen einer internen Störung läuft das CRM-System recht langsam. Kunde: „Wieso geht das nicht schneller? Ich kann nicht den ganzen Tag warten. Sie rauben mir gerade meine kostbare Zeit!"*
   e) *Ein Kunde hat wegen eines defekten Kabelteils seines Druckers angerufen, philosophiert aber lange über die Leitfähigkeit von Kupferdrähten.*
   f) *Ein Kunde interessiert sich für einen Wechsel auf eine schnellere Internetverbindung. Thomas stellt verschiedene Tarifmodelle vor. Der Kunde sagt dann: „Hmm, brauche ich das wirklich? Vielleicht überlege ich mir das besser noch einmal in Ruhe."*

4. *Informieren Sie sich im Internet über Redewendungen am Telefon mit englischsprachigen Kunden. Nutzen Sie dazu z. B. die Webseiten www.philognosie.net/job-karriere/englisch-telefonieren-wichtige-fragen-antworten-beim-telefongespraech und www.learn-english-today.com/business-english/telephone.html.*

# 5 Stimme und Sprechen trainieren

## ■ *Einstiegssituation*

Julias Kollege **Knut Reiter** fällt auf, dass die Stimme von Julia im Laufe des Arbeitstages immer mehr an Kraft verliert. Besorgt nimmt er **Julia** in einer Bildschirmpause zur Seite: *„Julia, mir ist aufgefallen, dass deine Stimme immer mehr krächzt, ist alles in Ordnung?" „Tja, das ist mir auch schon aufgefallen. Gerade wenn ich viele Calls an einem Tag mache, versagt mir häufig die Stimme. Ich kann mir das gar nicht erklären." „Ich denke, das liegt daran, dass du es nicht gewohnt bist, so lange und so intensiv am Stück zu sprechen. Deine Stimme ist einfach untrainiert."*

*„Untrainiert? Ist es denn nicht normal, dass die Stimme irgendwann versagt, wenn man zu viel spricht?" „Nein! Ich war mal bei einem Stimmtraining, es ist tatsächlich so, dass man seine Stimme falsch benutzen kann, sie jedoch für den Dauereinsatz trainieren und festigen kann." „Hmm, die ständige Heiserkeit nervt mich schon ein wenig, vielleicht sollte ich so ein Training auch mal besuchen ..."*

## ■ *Arbeitsaufträge*

1. ***Welche Bedeutung hat die Stimme für Beschäftigte im Dialogmarketing?***
2. ***Diskutieren Sie in der Klasse: Welche Erlebnisse haben Sie mit Belastungen der Stimme in Ihrer Ausbildung gemacht?***
3. ***Wie kann man seine Stimme „trainieren"?***

Wenn mit der *Stimme* etwas nicht *stimmt*, ist die gute *Stimmung* schnell *verstummt*. Viele Begriffe und Redewendungen *stimmen* darauf ein, dass die *Stimme* für den Menschen eine ganz besondere Bedeutung hat. Dies gilt insbesondere für Mitarbeiter im Dialogmarketing. Allerdings wird jeder *zustimmen*, dass es hier lediglich darum gehen kann, auf das Thema einzustimmen. Ein *stimmiges* Bild vermittelt die einschlägige Fachliteratur.

## 5.1 Physiologische Grundlagen

Der Sprechvorgang besteht aus drei Teilen: der **Atmung** (Respiration), der **Stimmgebung** (Phonation) und der **Aussprache** (Artikulation). Bei allen drei Vorgängen ist der gesamte Körper beteiligt, und eine Vielzahl von Muskeln wirkt zusammen, wobei die Koordination zentral vom Gehirn gesteuert wird.

Im Kehlkopf befinden sich die beiden Stimmbänder. Sie verschließen die Luftröhre bis auf einen kleinen Spalt, die **Stimmritze** (Glottis). Den lufthaltigen Raum oberhalb der Stimmbänder (Rachen, Mund- und Nasenraum) bezeichnet man als **Ansatzrohr** (Vokaltrakt). Die Stimmbänder sind beim normalen Atmen entspannt, und die Stimmritze ist breit, damit die Luft ungehindert ein- und ausströmen kann. Um Töne zu erzeugen, werden die **Stimmlippen** angespannt. Die Stimmritze ist dann bis auf einen kleinen Spalt verengt. Wenn nun die Luft aus der Lunge kommt, werden die Stimmbänder in Schwingungen versetzt. Die im Ansatzrohr befindliche Luft schwingt mit. Ein Ton, der Stimmklang, entsteht. Je besser der Raum im Ansatzrohr genutzt wird, desto voller ist der **Stimmklang** (Resonanz).

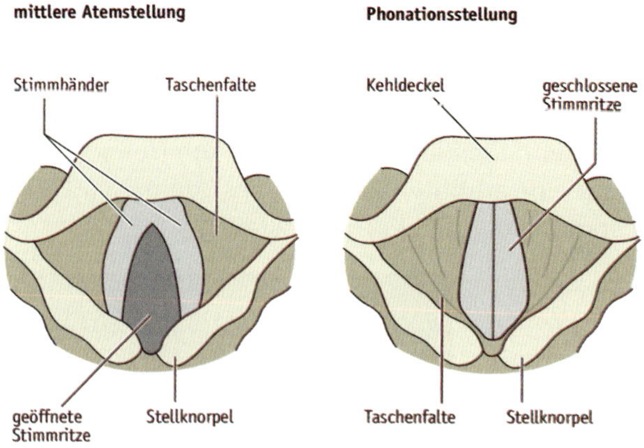


*Abb.: Stimmritzen*

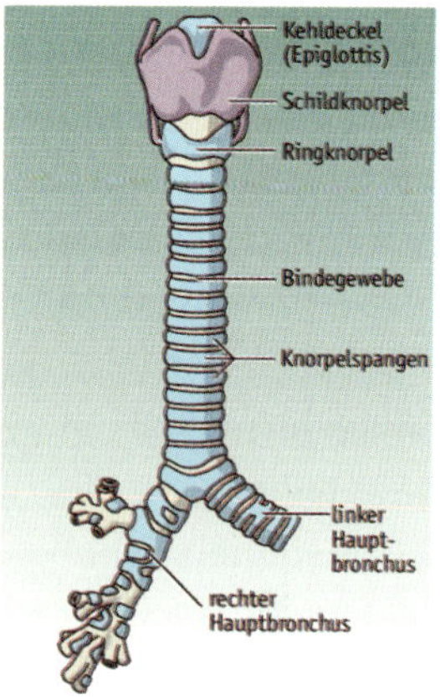


*Abb.: Kehlkopf*

## 5.2 Belastungen im Arbeitsalltag

Menschen in **Sprechberufen** sind wesentlich häufiger durch Belastungen der Stimme geschädigt als in anderen Berufen. Manche Berufe fordern von der Stimme mehr, als die Natur eigentlich für den Menschen vorgesehen hat. Die Konsequenz ist, dass bei dieser Personengruppe überdurchschnittlich häufig Stimmbeschwerden auftreten.

**Beispiele für Sprechberufe**

- Schauspieler
- Moderatoren
- Lehrer
- Politiker
- Pfarrer
- Radiosprecher
- Kaufleute im Dialogmarketing

Kommunikation findet jedoch bei Weitem nicht nur über die Stimme statt. Andere Faktoren wie **Gestik, Mimik** und der **Inhalt** des Gesagten spielen eine wichtige Rolle beim Übermitteln einer Information und können beeinflussen, wie die Information beim Empfänger ankommt. Ein Nachrichtensprecher z. B. hat beim Verlesen von Nachrichten in der Regel einen seriösen, möglichst neutralen Gesichtsausdruck, ist adrett gekleidet und sitzt aufrecht mit dem Körper zur Kamera. All dies sind Faktoren, die den Gesamteindruck beim Empfänger der Nachricht beeinflussen. Einem Radionachrichtensprecher, der dieselbe Nachricht vorträgt, fehlen sämtliche visuellen Möglichkeiten, das Gesagte zu unterstreichen. Nur mit Stimme und Tonfall muss er den gleichen Inhalt vermitteln.

Auch bei der täglichen Arbeit im telefonischen Kundenkontakt sind die Agents durch das Fehlen anderer Kommunikationsmittel eingeschränkt. Viele Kundenbetreuer belasten ihre Stimme zusätzlich, indem sie unnatürlich sprechen. Die Stimme wird verstellt, um das Fehlen der anderen Kommunikationsmittel auszugleichen. So wird z. B. oft in einer zu hohen Stimmlage gesprochen, um freundlich zu klingen. Diese Umstände sorgen für eine erhöhte Belastung der Stimme und führen häufig zu Beschwerden und stimmbedingten Krankheitsfällen.

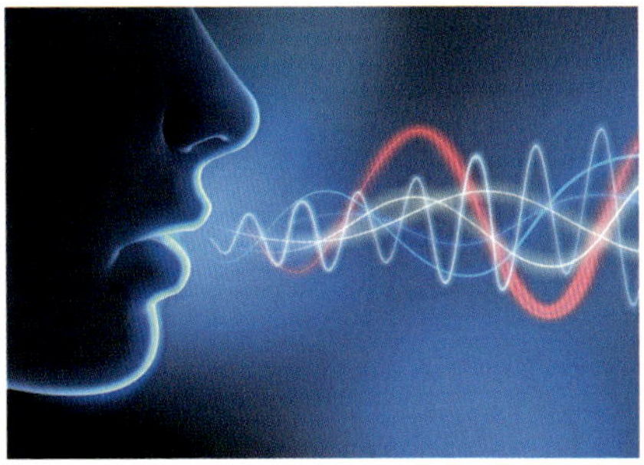

Als zusätzliche Belastung spielen zudem **äußere Faktoren** eine Rolle. Im Winter führt die ohnehin hohe Stimmbelastung im Zusammenspiel mit schlechtem Wetter, ständig wechselnder Lufttemperatur und trockener Heizungsluft zu einer zusätzlichen Belastung. Diese Belastung äußert sich schnell in **Heiserkeit**. Diese Heiserkeit wird in den meisten Fällen verursacht durch Entzündungen im Kehlkopfbereich und kann sogar eine Lautbildung komplett verhindern. Im schlimmsten Falle führt die Dauerbelastung zu einer chronischen Heiserkeit und somit zur Arbeitsunfähigkeit der Beschäftigten im telefonischen Kundenkontakt.

Je nach Arbeitsumfeld – z. B. bei lauten Umgebungsgeräuschen durch andere Mitarbeiter oder Bürogeräte – muss ein Mitarbeiter am Telefon lauter sprechen, um den Lärm zu kompensieren. Durch diese und andere Arten des unökonomischen Sprechens ermüden die Sprechorgane schnell, der Sprecher verbraucht zu viel Energie, was zu einer mechanischen Überbelastung der Stimme führt. Zu trockene Luft im Büroraum beansprucht ebenfalls die Stimme. Auch fehlende **Ergonomie** am
1|4.1 Arbeitsplatz kann die Stimme negativ beeinflussen. Falsches Sitzen bzw. eine Fehlhaltung beim Sprechen wirkt sich negativ auf die Stimme aus, da die **Körperspannung** einen nicht unwesentlichen Anteil beim Erzeugen der Stimme hat. Die Körperspannung beeinflusst ebenfalls das Klangbild und die Klangfarbe einer Stimme.

3|6 Neben den vielen physischen Belastungen der Stimme kann auch **Stress** oder eine andere emotionale Belastung die Stimme negativ beeinflussen. Der sprichwörtliche

„Kloß im Hals“ bedeutet eine erhöhte Muskelspannung in der Kehle, der die Stimme höher werden lässt und zu zusätzlichen Problemen führt.

Verhaltensweisen wie das **Rauchen** sorgen verständlicherweise ebenfalls für Belastungen, da Rauchen sämtliche Sprechorgane negativ beeinflusst. Auch ein übermäßiger Konsum von **kalten Getränken** wirkt sich ungünstig auf die Stimme aus.

## 5.3 Stimmstörungen erkennen und beheben

> ***Praxistipp***
> „Zu Risiken und Nebenwirkungen fragen Sie Ihren Arzt oder Apotheker ...“
> Die Stimme ist das wichtigste Kapital für einen Kundenbetreuer am Telefon. Zögern Sie daher im Zweifelsfall nicht, professionelle Hilfe in Anspruch zu nehmen! Mit der Heilung von Stimmproblemen beschäftigen sich z. B. Logopäden oder Phoniater.

Viele Unternehmen der Dialogmarketingbranche haben erkannt, dass Stimmbeschwerden zu einem ernsthaften Problem werden können. Um krankheitsbedingten Ausfällen des Personals vorzubeugen, werden als Gegenmaßnahme immer häufiger professionelle **Stimmtrainings** angeboten. Zum einen kann die menschliche Stimme trainiert werden, um sie belastbarer zu machen. Zum anderen wird in solchen Trainings vermittelt, wie man unnötige Belastungen der Stimme vermeidet bzw. auf ein Minimum reduziert. Auch die Berufsgenossenschaft bietet entsprechende Hilfen an.

Typische **Inhalte von Stimmtrainings** sind z. B.:

- **Bewusstsein** für die Stimme wecken: Stimme und Wirkung der Stimme aktiv wahrnehmen
- Ökonomische und entspannte **Atmung** erlernen: Atmung ist die Grundlage des Sprechens, Atemtechniken erleichtern das mühelose Sprechen.
- Optimale **Sprechstimmlage** finden: Innerhalb des möglichen Tonspektrums eine angenehme und anstrengungslose Sprechstimme wählen (Indifferenzlage). Meist ist dies eine Stimmlage, die eher zu den tieferen Tönen neigt.
- **Resonanz** ausbauen: Ein möglichst breites Sprechspektrum (Resonanzraum) nutzen, um die Stimme voller klingen zu lassen.
- **Artikulation** verbessern: Eine deutliche Aussprache erleichtert das Verstehen und entspannt die Stimme. Hier werden verschiedene Sprechübungen eingesetzt.
- **Entspannung** üben: Viele Stimmprobleme resultieren aus einer falschen oder unnötigen Muskelanspannung, spezielle Entspannungstechniken helfen weiter.

Schon im Arbeitsalltag ist es möglich, vielen Belastungen durch einfache Maßnahmen vorzubeugen. Man spricht dabei auch von **Stimmpflege** oder **Stimmhygiene**.

| Belastung | Maßnahmen |
|---|---|
| zu trockene Räume | Ausreichend trinken (mindestens zwei Liter pro Tag), um die Schleimhäute zu befeuchten. Dabei Wasser bevorzugen, kalte oder koffeinhaltige Getränke vermeiden (wirken entwässernd). Luftbefeuchter einsetzen. |
| Belastungen durch Wetter und Jahreszeit | Dem Wetter angepasste Kleidung wählen. Bei Kälte einen warmen Schal tragen, um Entzündungen des Kehlkopfs vorzubeugen. Zugluft vermeiden. Klimaanlage angemessen temperieren. |
| Atemprobleme | Bevorzugt über die Nase einatmen (erwärmt und befeuchtet die Atemluft). Keine einengende Kleidung tragen. |
| unnatürliches Sprechen | In der natürlichen Sprechstimmlage bleiben, eher etwas tiefer sprechen. Die Stimme nicht verstellen, sich dafür aber gut artikuliert und stimmschonend ausdrücken. |
| 1\|4.2 fehlende Ergonomie | Arbeitsplätze ergonomisch und sprechgerecht einrichten (Tisch, Bürostuhl, Entfernungen etc.). |
| Umgebungsgeräusche | Nicht längere Zeit gegen Lärm ansprechen. Störende Geräusche vermeiden bzw. reduzieren, z. B. durch Trennwände, schallschluckende Einrichtung. |
| Anspannung | Eine kurze Pause machen, möglichst an der frischen Luft. Lockerungs- und Entspannungsübungen durchführen. |
| 3\|6 Stress | Stressoren erkennen und möglichst vermeiden bzw. bewältigen. |
| Rauchen | Tabakkonsum einstellen, zumindest unmittelbar vor oder nach einer stimmlichen Belastung. |
| gereizte Stimme | Bei bereits gereizter Stimme ist Stimmschonung angesagt. Besser anderen Tätigkeiten nachgehen, welche die Stimme nicht weiter belasten (z. B. E-Mail-Bearbeitung). Möglichst wenig räuspern, besser kurz abhusten. |

## *Zusammenfassung*

- Der Sprechvorgang besteht aus der **Atmung** (Respiration), der **Stimmgebung** (Phonation) und der **Aussprache** (Artikulation).
- Zahlreiche Belastungen, wie z. B. unnatürliches Sprechen, fehlende Ergonomie am Arbeitsplatz, Wetter, Stress und Rauchen, wirken sich negativ auf die Stimme aus.
- Neben professionellen Stimmtrainings gibt es für viele Belastungen der Stimme im Arbeitsalltag einfache Gegenmaßnahmen. Zögern Sie bei ernsthaften Beschwerden aber nicht, professionelle Hilfe in Anspruch zu nehmen.

## *Aufgaben*

1. ***Informieren Sie sich in Ihrem Ausbildungsbetrieb über Möglichkeiten für ein Stimmtraining (z. B. beim Betriebsrat).***
2. ***Testen Sie – soweit möglich – die vorgeschlagenen Maßnahmen gegen Stimmbelastungen im Arbeitsalltag. Bewerten Sie mit zeitlichem Abstand die Wirkung der Maßnahmen.***
3. ***Erstellen Sie in der Klasse eine Sammlung von Stimm- und Sprechübungen und probieren Sie diese anschließend aus. Nutzen Sie dazu diese Quellen:***

   ***www.stimme.at/stimmtipps/***
   ***https://www.focus.de/finanzen/karriere/management/rhetorik/im-brustton-der-ueberzeugung-stimmtraining_id_1770262.html***
   ***https://starke-stimme.de/kostenlose-stimmuebungen/***
   ***https://www.lmz-bw.de/medienbildung/themen-von-f-bis-z/sprechen-schreiben/atem-und-sprechtechnik/***

# 6 Stress managen

## Einstiegssituation

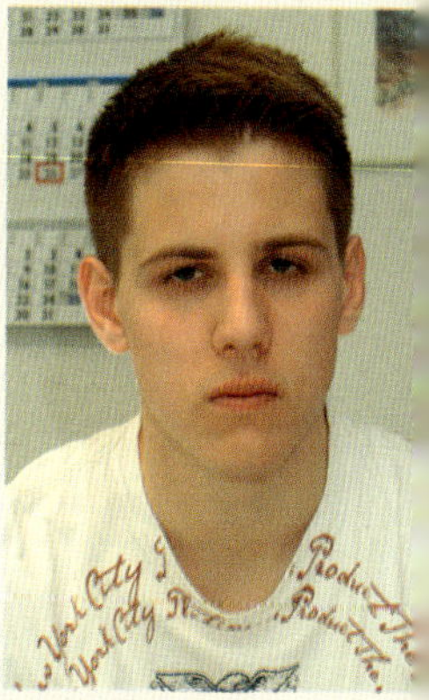

Thomas ist gestresst. Sein Supervisor hat ihm zusätzlich zur normalen Arbeit noch eine Sonderaufgabe zugeteilt: Er soll für das nächste Teammeeting einige Diagramme mit einem Tabellenkalkulationsprogramm erstellen, dabei kennt er sich damit noch gar nicht richtig aus. Thomas sehnt sich schon nach dem Feierabend, aber zu Hause wartet noch ein ganzer Berg Hausarbeit auf ihn und für die Klassenarbeit in Englisch muss er auch noch lernen. Seine Freundin beschwert sich in den letzten Wochen häufig, dass er immer weniger Zeit für sie hat, und drängt ihn, sich mehr Zeit zu nehmen. Zum Badminton-Training geht er schon seit zwei Monaten nicht mehr.

Thomas ist mit sich unzufrieden und hat das Gefühl, dass ihm langsam alles über den Kopf wächst. Sein Vater behauptet, das läge alles nur daran, dass er schlecht organisiert sei und eine viel zu pessimistische Einstellung habe.

## Arbeitsaufträge

1. ***In welchen Situationen sind Sie mit Stress konfrontiert? Differenzieren Sie dabei in berufliche und private Situationen.***
2. ***Welche Auswirkungen hat der Stress auf Sie?***
3. ***Diskutieren Sie in der Klasse, wie man am besten mit Stress umgehen sollte.***

## 6.1 Stress im Arbeitsalltag

Die heutige Arbeitswelt ist bei vielen Menschen von körperlichen, geistigen und sozialen Belastungen geprägt. Häufig spricht man dabei von Stress.

\# ***Definition***

Als **Stress** bezeichnet man den **Zustand** einer körperlichen und geistigen Anspannung, hervorgerufen durch überhöhte Belastungen.

In einem gestressten Zustand stellt der Körper aufgrund der Anspannung zusätzliche Energie bereit, um die Situation zu bewältigen. Es werden Stresshormone ausgeschüttet (z. B. Adrenalin), der Puls wird schneller, der Blutdruck steigt, die Muskeln spannen sich an, die Konzentration nimmt zu.

Stress kann sowohl positiv als auch negativ sein. Man unterscheidet zwei Formen:

1. Unter **Eustress** versteht man den **positiv** empfundenen Stress. Eustress wirkt anregend auf das Leistungsvermögen und die Konzentrationsfähigkeit. Er kann z. B. ausgelöst werden durch ein persönliches Lob vom Vorgesetzten, positiv verlaufende Telefonate, beruflichen Erfolg etc.
2. **Disstress** hingegen bezeichnet den **negativ** empfundenen Stress. Der Mensch ist angespannt und unkonzentriert, er fühlt sich unwohl. Disstress kann z. B. durch Versagensangst, Überforderung oder schlechtes Betriebsklima ausgelöst werden.

Im allgemeinen Sprachgebrauch wird Stress meist mit Disstress gleichgesetzt. Stress wird negativ empfunden, wenn eine Situation als schwierig oder gar bedrohlich angesehen wird und die zur Verfügung stehenden Mittel als zu gering erachtet werden. Stress ist subjektiv, er „passiert" zum größten Teil im Kopf des Menschen. Allerdings gibt es bestimmte Faktoren, die Stress begünstigen.

> # ***Definition***
> Die äußeren Reize, die **Stress auslösen**, werden **Stressoren** genannt, unabhängig davon, ob Eustress oder Disstress ausgelöst wird.

Im Arbeitsalltag findet sich eine ganze Palette von Stressoren, die auf den Mitarbeiter einwirken können. Oft kommen mehrere Stressoren zusammen, die sich zum Teil sogar gegenseitig verstärken. Leider unterscheidet der Mensch nicht so einfach zwischen Arbeits- und Privatleben und bringt im wahrsten Sinne des Wortes „den Stress von der Arbeit mit nach Hause". Das Gleiche gilt natürlich auch umgekehrt.

Typische Stressoren im **Arbeitsalltag** sind z. B.:

- Überforderung
- Unterforderung
- Verantwortung
- Mobbing
- Betriebsklima
- Veränderung
- Termindruck
- Lärm
- Raumklima

Die Arbeit in einem Contact Center birgt oft zusätzliche, **berufsspezifische Stressoren**. Daraus resultierender Disstress trägt zu einem branchentypisch erhöhten Krankenstand bei.

### Lächeln, wenn der Kunde schreit

[...] Renate Wolff arbeitet im Callcenter – so wie rund 540000 andere in Deutschland, die im Auftrag von Versicherungen, Warenhäusern oder Reiseportalen Kunden betreuen. Gerade in der Weihnachtszeit liefen bei ihr die Drähte heiß. Der Ton werde immer rauer, mehrfach täglich werde sie beleidigt: „Idiotischer Drecksladen", „Dumme Kuh" – zwei der harmloseren Ausfälle. „Viele glauben, mal richtig meckern zu können", sagt Renate Wolff. Die 59-Jährige arbeitet im Telefonservice für DHL Express, einem Tochterunternehmen der Deutschen Post. Bei ihr rufen Menschen an, die wissen wollen, wo ihr Paket bleibt. „Einer meinte, dass es zu meinem Job dazugehöre, sich beschimpfen zu lassen." Dann wolle sie manchmal einfach zurückbrüllen. Oder auflegen. „Stattdessen muss man immer freundlich sein."

Die Arbeit mache Callcenter-Agenten viel öfter krank als Mitarbeiter anderer Berufe, berichtet der Fehlzeiten-Report des AOK-Bundesverbands. Keine andere Arbeit mache die Menschen zudem so oft seelisch krank wie die an den Service-Hotlines, berichtet der Depressionsatlas der Techniker Krankenkasse. „Jeder kennt das: Wenn wir beleidigt werden, fühlen wir uns persönlich angegriffen. Wir werden wütend, wollen etwas erwidern", sagt Sebastian Beitz, Arbeitspsychologe an der Universität Wuppertal. Ein Callcenter-Mitarbeiter müsse seine Wut hingegen runterschlucken. Mehr noch: Er müsse die Emotionen des Kunden positiv beeinflussen, sodass der sich zufrieden fühle. „Diese psychische Kontrolle ist extrem anstrengend. Das kann man auf Dauer nicht durchhalten." Die Anstrengung, im Job Emotionen zu zeigen, die man nicht fühlt, hat einen Namen: Emotionsarbeit. Sie beschreibt, dass in der Kluft zwischen der gefühlten und vorgeschriebenen Stimmung eine Belastung steckt. Eine, die man nicht sieht, die aber besonders zehrend sei, so Beitz. Studien hätten gezeigt, dass sie kurzfristig zu Frustration, langfristig oft zum Burn-out oder zu körperlichen Beschwerden wie Herzrhythmusstörungen führt.

Der psychische Stress, Kunden entgegen den eigenen Emotionen stets ein gutes Gefühl vermitteln zu müssen, existiert in beinahe allen Dienstleistungen. Im Callcenter sei er besonders stark, so Beitz. Die Kunden verhielten sich oft harscher als in anderen Branchen. „Wegen der Anonymität." Dadurch sinke ihre Hemmschwelle zu pöbeln. Nur selten telefoniere ein Kunde ein zweites Mal mit dem gleichen Mitarbeiter. Auf gegenseitiges Vertrauen und eine längerfristige Geschäftsbeziehung wie beim Friseur oder in der Autowerkstatt sei er also nicht angewiesen. Zudem habe er weder den Namen noch das Gesicht des Agenten vor Augen. „Viele vergessen, dass am anderen Ende der Leitung auch ein Mensch sitzt", weiß Renate Wolff aus eigener Erfahrung. [...]

*Quelle: Müller, Verena: Lächeln, wenn der Kunde schreit – Der Horror im Callcenter. In: www.abendblatt.de. Veröffentlicht am 18.12.2018 unter: https://www.abendblatt.de/wirtschaft/article216039859/Laecheln-wenn-der-Kunde-schreit-Der-Horror-im-Callcenter.html [04.11.2022].*

Disstress wirkt sich negativ auf das Verhalten und das Wohlbefinden des Menschen aus und belastet ihn. Mögliche Auswirkungen von Disstress sind z. B.:

- Konzentrationsprobleme
- Aggressivität
- mangelnde Belastbarkeit
- Mattheit
- Krankheit
- Kopfschmerzen
- Lustlosigkeit
- Depressionen

## 6.2 Umgang mit Stress

Die beste Methode gegen Stress ist, Stress gar nicht erst aufkommen zu lassen. Dazu ist es in einem ersten Schritt notwendig, die persönlichen Stressoren zu **erkennen**. Um Stress zu verhindern, gilt es, diese Stressoren zu reduzieren bzw. sie gar nicht erst entstehen zu lassen. Der Mensch muss sich also mit den Stressoren auseinandersetzen, die auf ihn ganz persönlich wirken, und ihnen vorbeugen. Dieser Ansatz ist auch als **Stressprävention** (**Stressvorbeugung**) bekannt.

Hier einige Strategien, um berufliche Stressoren zu vermeiden bzw. zu reduzieren:

1 | 6.1

- Methoden des **Zeitmanagements** anwenden, Prioritäten setzen.
- Klare **Ziele setzen** und Zuständigkeiten eindeutig definieren, dadurch lassen sich Über- bzw. Unterforderung vermeiden.
- **Arbeits- und Pausenzeiten** (Schichtarbeit, Gleitzeit) an die persönlichen Bedürfnisse anpassen, dies beugt Zeit-Stressoren vor.

1 | 4.2

- Ein **ergonomischer Arbeitsplatz** reduziert umgebungsbedingte Stressoren.
- **Abwechslungsreiche Tätigkeiten** beugen Monotonie und Lustlosigkeit vor.
- **Klare Kommunikation** verhindert Missverständnisse.
- Fehlende Informationen können Stress auslösen. **Notwendige Informationen** sollten eingefordert werden, um Stress zu vermeiden.
- Bei Konflikten sollten Sie rasch ein **klärendes Gespräch** suchen.

Viele dieser Strategien können nur gemeinsam von Unternehmen und Mitarbeitern umgesetzt werden. Auch wenn manche Maßnahmen zunächst aufwendig oder kostspielig sind, zahlen sie sich durch einen niedrigeren Krankenstand und motiviertere Mitarbeiter doch langfristig für das Unternehmen aus.

Allerdings wird es nie ganz gelingen, sämtliche Disstress erzeugenden Stressoren zu vermeiden. Hat sich einmal Stress aufgebaut, müssen geeignete Maßnahmen zur **Stressbewältigung (Stressabbau)** ergriffen werden. Mögliche Strategien sind hier z. B. Sport, Massage, Entspannungstechniken, Meditation, autogenes Training oder Yoga. Hier gilt es, die individuell am besten wirkenden Techniken herauszufinden.

## Zusammenfassung

- **Stressoren** (Auslöser) → **Stress** (Zustand) ← **Stressoren** (Auslöser)
  - **Eustress** (positiver Stress)
  - **Disstress** (negativer Stress)

- **Umgang mit Stress**
  - **Stressprävention**: Stress vermeiden, vorbeugend handeln
  - **Stressbewältigung**: vorhandenen Stress abbauen und bekämpfen

## Aufgaben

1. ***Machen Sie z. B. unter www.testedich.de/tests/stresstest.php3 einen Stress-Test und vergleichen Sie in der Klasse die unterschiedlichen Ergebnisse.***
2. ***Grenzen Sie die Begriffe Stress, Eustress, Disstress und Stressoren voneinander ab.***
3. ***Erläutern Sie, warum ein Stressor sowohl Eustress als auch Disstress auslösen kann.***
4. ***Stellen Sie typische berufsspezifische Stressoren zusammen. Nutzen Sie dazu auch den Zeitungsartikel von Seite 318 f. sowie den Artikel unter www.wiwo.de/erfolg/beruf/stress-im-job-diese-dinge-machen-uns-bei-der-arbeit-krank-/13533012.html.***
5. ***Wegen notwendiger Überstunden aufgrund geänderter Vorgaben eines Auftraggebers herrscht bei KommunikativAktiv derzeit ein angespanntes Betriebsklima. Alle Beschäftigten sind aufgrund der Mehrarbeit gestresst und unmotiviert. Entwickeln Sie fünf Gegenmaßnahmen, welche die Geschäftsleitung einleiten kann, um den Stress für die Mitarbeiter zu reduzieren.***

6. ***Die Maßnahmen der Geschäftsleitung waren erfolgreich. Wie lassen sich zukünftig Stressoren im Büro vermeiden? Erstellen Sie einen Maßnahmenkatalog.***
7. ***Probieren Sie unterschiedliche Maßnahmen zum Stressabbau aus. Nutzen Sie dazu die Vorschläge unter http://studium.lerntipp.at/stress/stressuebungen.shtml.***

Lernfeld 4

# Simultan Gespräche führen, Datenbanken nutzen und Informationen verarbeiten

## 1 Kommunikationsanlagen nutzen

### *Einstiegssituation*

Thomas ist gerade im Kundengespräch mit Frau Stiegel von der Spedition Flottweg AG. Frau Stiegel ergänzt telefonisch eine größere Bestellung, die sie bereits vorab per Fax an Dialogfix gesandt hat. Zu den bestellten Waren hat Frau Stiegel noch Klärungsbedarf, da nicht alle Features der Drucker, die sie bestellen möchte, im Katalog aufgeführt waren. Um die Fragen der Kundin beantworten zu können, muss Thomas in der Dialogfix-Lösungsdatenbank nachschlagen. Er findet ein detailliertes Datenblatt zu den Druckern und schickt es der Kundin per E-Mail zu. Als Frau Stiegel bereits aufgelegt hat, stellt Thomas fest, dass die Firmenanschrift in dem Kundendatensatz unvollständig ist. Online sucht er nach dem Firmennamen und dem Ort und ergänzt die fehlende Anschrift für die Lieferung.

### *Arbeitsaufträge*

1. ***Welche Kommunikationsanlagen nutzt Thomas im Gespräch mit Frau Stiegel? Nennen Sie dazu weitere Beispiele aus Ihrem Ausbildungsbetrieb.***
2. ***Welche Anforderungen stellt die Bedienung dieser Geräte und Medien an einen Mitarbeiter im Dialogmarketing?***

In der Kundenkommunikation werden viele verschiedene **Kommunikationsanlagen** genutzt. Dazu werden unterschiedliche **Geräte und Dienste** benötigt.

→ ***Praxistipp***
Eine Megatrend der letzten Jahre ist die zunehmende Verwendung von Onlineservices und der Service über mobile Endgeräte, insbesondere Smartphones.

Üblicherweise verfügen Beschäftigte im Dialogmarketing über einen PC-Arbeitsplatz mit Internetzugang und Zugriff auf Onlinedienste, der in seiner Grundausstattung mit anderen Büroarbeitsplätzen vergleichbar ist. Branchenspezifisch steht jedoch das **Telefon** im Mittelpunkt, welches in seiner Funktionalität in einem 4|1.2 Callcenter deutlich über den Einsatz im „normalen“ Büroalltag hinausgeht.

> ➔ ***Praxistipp***
> Im Mittelpunkt der „Ausbildung im Dialogmarketing“ stehen die **Anwendungs- und Nutzungsmöglichkeiten** der Kommunikationsanlagen, weniger deren technische Funktionsweise.

## 1.1 Betriebsübliche Kommunikationsmedien

Im Arbeitsalltag stehen Mitarbeiterinnen und Mitarbeitern im Dialogmarketing zahlreiche technische Möglichkeiten zur Verfügung. Sie dienen dazu, die Kommunikation unternehmensintern, aber auch mit dem Kunden zu erleichtern.

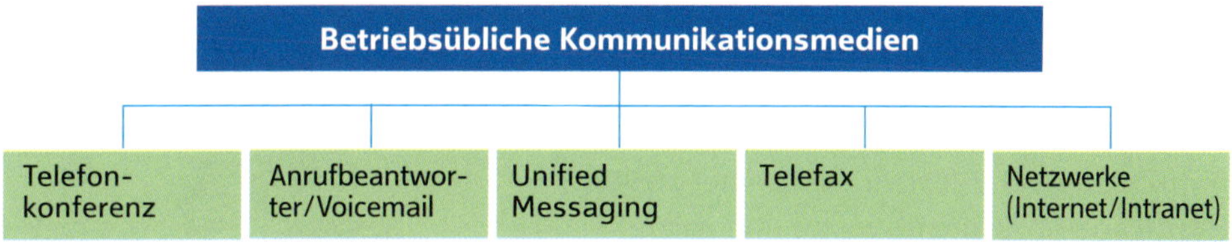


### 1.1.1 Telefonkonferenz

Telefonkonferenzen sind im Unternehmensalltag eine gängige Methode, um sich unkompliziert austauschen zu können. Sie ermöglichen Meetings mit Teilnehmern, die nicht alle am gleichen Ort sein müssen. Somit ist auch Kommunikation über Gebäude- und Landesgrenzen hinaus möglich.

Bei einer Telefonkonferenz innerhalb des gleichen Hauses kann meist auf die **TK-Anlage** (Telekommunikationsanlage) zurückgegriffen werden, alle Teilnehmer werden zusammengeschaltet. Sobald auch externe Teilnehmer beteiligt werden sollen, muss auf einen **Telefonkonferenzanbieter** zurückgegriffen werden. Hier lassen sich grundsätzlich zwei Methoden unterscheiden: 4|1.2.1

#### Dial-in-Konferenz

Alle Teilnehmer wählen sich gemeinsam zu einem bestimmten Termin auf einer Konferenzplattform eines Anbieters ein.

### Dial-out-Konferenz

Hierbei tritt der umgekehrte Fall ein, der Anbieter ruft alle Teilnehmer zu einem vereinbarten Termin an und schaltet die Teilnehmer zusammen. Der Anruf erfolgt dabei entweder über eine automatisierte Telefonkonferenzanlage oder durch einen Operator des Telefonkonferenz-Anbieters.

> **→** ***Praxistipp***
> Regeln für eine Telefonkonferenz:
> - Sprechen Sie nur, wenn die Konferenzleitung Sie dazu auffordert.
> - Unterbrechen Sie keinen anderen Teilnehmer beim Sprechen.
> - Notieren Sie sich Fragen.
> - Sprechen Sie laut und deutlich.
> - Beschränken Sie sich beim Sprechen auf das Wesentliche.
> - Hören Sie den anderen Teilnehmern aufmerksam zu.

## 1.1.2 Anrufbeantworter/Voicemail

Nicht immer ist ein gewünschter Gesprächspartner zu erreichen. In diesem Fall können Anrufer eine Nachricht hinterlassen.

Anrufbeantworter lassen sich grundsätzlich in **Hardware-Anrufbeantworter** und **virtuelle** („scheinbare") **Anrufbeantworter** unterscheiden.

Der **Hardware-Anrufbeantworter** wird als Gerät direkt an das Telefon angeschlossen und schaltet sich ein, wenn nach einer festgelegten Zeitspanne das Gespräch nicht angenommen wurde. Der Anrufer kann auf dem Gerät eine Nachricht hinterlassen, diese kann später abgehört werden. Diese Geräte finden heute so gut wie keine Anwendung mehr.

Bei den **virtuellen Anrufbeantwortern** kommen verschiedene Arten zum Einsatz. Beispielsweise sind diese in die TK-Anlagen integriert und können für jeden Teilnehmer im Firmentelefonnetz angelegt werden. Oft wird der Anrufbeantworter auch zentral bei der Telefongesellschaft bereitgestellt. Virtuelle Anrufbeantworter können einfach von verschiedenen Standorten abgerufen werden, man benötigt keine Zusatzgeräte und muss nicht am selben Standort wie das Gerät sein.

> **→** ***Praxistipp***
> Das Prinzip eines virtuellen Anrufbeantworters gleicht dem einer Mobilfunkmailbox.

## Voicemail

In der einfachsten Variante ist die **Voicemail** (engl. = „Sprachbrief") „nur" eine Art Anrufbeantworter. Auf diesem Anrufbeantworter hinterlassene Nachrichten werden digital gespeichert und z. B. per E-Mail an den Empfänger gesendet.

Voicemail-Systeme in einem Callcenter verfügen über deutlich mehr **Funktionen**:

- Die Nachrichten werden dauerhaft gespeichert und können z. B. über Unified Messaging verwaltet und anderen Nutzern zu Verfügung gestellt werden. 4|1.1.3
- Individuelle Ansagetexte können einfach ausgewählt werden.
- Neben der eigentlichen Nachricht werden auch Datum, Uhrzeit, Telefonnummer des Anrufers etc. aufgezeichnet.
- Ein Voicemail-System ermöglicht es zudem, mehrere Nachrichten gleichzeitig anzunehmen und die erhaltenen Nachrichten bequem zu selektieren und weiterzuleiten, z. B. an momentan freie Agents.

## 1.1.3 Unified Messaging/Desktop

Die betriebliche Nutzung der vielfältigen Kommunikationsmedien kann durchaus zu einer gewissen **Unübersichtlichkeit** führen. E-Mails, Briefe, Faxe, Sprachnachrichten etc. sollten jedoch im Unternehmen in einer für alle Mitarbeiter nachvollziehbaren und einheitlichen Form vorliegen. Eine weitverbreitete Methode, dieses Ziel zu erreichen, stellt das **Unified Messaging** dar. Damit bezeichnet man ein Verfahren, das alle eingehenden und zu sendenden Nachrichten in eine einheitliche Form bringt und dem Nutzer über verschiedenste Wege Zugriffs- und Auswertungsmöglichkeiten gewährt.

Meist kann mit entsprechender Softwareunterstützung über das Intranet oder über eine Datenbank auf die einzelnen Dokumente zugegriffen werden. Häufig genutzte Lösungen sind z. B. Microsoft Teams oder Slack.

Ein ähnliches Prinzip verfolgt **Unified Desktop**. Dabei werden dem Agent sämtliche Informationen über alle Kundenkommunikationskanäle und Formate in einer Oberfläche bereitgestellt. 4|1.2.6

Neben der Kostenersparnis bietet die Nutzung von Unified Messaging bzw. Unified Desktop zahlreiche weitere Vorteile:

- Sämtliche Kommunikationskanäle im Unternehmen werden vereinheitlicht und nachvollziehbar. So können Medienbrüche vermieden werden.
- Kommunikationswege werden verkürzt, die tägliche Arbeit wird erleichtert.
- Informationen können leichter ausgewertet werden.
- Kundenfreundliches Verhalten wird erleichtert.

### Gegen das Kommunikations-Chaos im Büro

[...] Die vergleichsweise neuen Team-Messenger heißen „Slack", „Trello" oder „Microsoft Teams" – sie sollen die Kommunikation zwischen einzelnen Arbeitsgruppen erleichtern und dafür sorgen, dass alle einen besseren Überblick darüber haben, wer im Team was gerade macht. Die Apps organisieren sich in sogenannten Kanälen – im Vertriebs-Kanal werden beispielsweise relevante Informationen für Mitarbeiter mit direktem Kundenkontakt gepostet. So werden auch Kollegen mitgenommen, die eventuell nur Teilzeit oder außer Haus arbeiten. Außerdem kann man einzelne Mitarbeiter gezielt über die Chat-Funktion ansprechen und Aufgaben delegieren. Die Zahlen sprechen für die Messenger-Dienste in der Arbeitswelt: 13 Millionen nutzen Microsoft Teams täglich, beim Konkurrenten Slack sind es 10 Millionen – das entspricht ungefähr der Einwohnerzahl von Tschechien.

Dennoch steht die Frage im Raum, was die Büro-Messenger eigentlich im Büro-Alltag bedeuten: Ablenkung oder Zeitersparnis? Eine Studie scheint die Antwort darauf gefunden zu haben: Mitarbeiter, die häufig digitale Organisationsprogramme wie Slack oder Trello benutzen, können ihre Effizienz angeblich um das Doppelte steigern. Das zeigt zumindest die diesjährige „Deutsche Collaboration Studie", die die Technische Universität Darmstadt in Zusammenarbeit mit der Unternehmensberatung Campana & Schott durchgeführt hat. So nahmen rund 49 Prozent der Befragten dank der Organisationsprogramme eine verstärkte Zusammenarbeit zwischen verschiedenen Arbeitsgruppen wahr. [...]

*Quelle: „Gegen das Kommunikations-Chaos im Büro" (FAZ.NET vom 18.07.2019 von Franziska Martin © Alle Rechte vorbehalten. Frankfurter Allgemeine Zeitung GmbH, Frankfurt. Zur Verfügung gestellt vom Frankfurter Allgemeine Archiv*

**Interne Kommunikationsabläufe** lassen sich durch **Unified Communications**, auch Real Time Communication (RTC) genannt, vereinfachen und vereinheitlichen. Die Idee hinter Unified Communications ist, alle Kommunikationsdienste zusammenzuführen und mit Präsenzfunktionen, wie sie aus Instant Messengern bekannt sind, zu integrieren. Durch technische Lösungen wie z. B. Teamwire oder Trillian wird es Teams und Projektgruppen, die in verschiedenen Büros oder sogar an verschieden Standorten sitzen, erleichtert zu kommunizieren und erreichbar zu bleiben. Kontaktlisten zeigen die Verfügbarkeit von Kollegen an, ob diese z. B. gerade telefonisch oder nur schriftlich erreichbar sind.

## 1.1.4 Homeoffice und mobiler Arbeitsplatz

Ausgelöst durch die Covid-19-Pandemie haben mobiles Arbeiten oder auch der Arbeitsplatz im Homeoffice (allgemein auch als „Remote-Work" bezeichnet) massiv an Bedeutung gewonnen. Auch nach der Hochphase der Pandemie haben viele Firmen die Heimarbeitsmöglichkeiten beibehalten. Durch Arbeitsgeräte, Anwendungen und Kommunikationsdienste können viele Bürotätigkeiten außerhalb der Geschäftsräume wahrgenommen werden. Dieses bietet sowohl für den Arbeitgeber als auch für die Arbeitnehmer viele Vorteile.

**Mitarbeiter fordern zunehmend Mix aus Office und Heimarbeit**

55 Prozent der Menschen empfinden Stress, wenn sie daran denken, wieder ständig aus dem Büro heraus zu arbeiten – so eine aktuelle Untersuchung der Unternehmens- und Personalberatung Korn Ferry. 70 Prozent gaben an, dass sich das Remote-Arbeiten heute als neue Normalität anfühlt. [...]

[Thomas Faltin, Experte für Organisationsentwicklung:] „Insbesondere die individuellen Bedürfnisse erfordern vielfach eine Neubetrachtung. Es ist mittlerweile erwiesen, dass Menschen ganz unterschiedliche Arbeitsumgebungen benötigen, um produktiv zu sein – die einen arbeiten gern unter Menschen, die anderen eher isoliert. Die einen können sich gut selbst organisieren, die anderen brauchen einen festeren Ordnungsrahmen. Es gilt für Unternehmen darum intensiv zu prüfen, in welchem Kontext der Einzelne sein ganzes Potenzial entfalten kann. Um dann ein geeignetes Angebot zu machen. Ebenfalls in Betracht ziehen sollten Unternehmen die individuellen Lebensumstände. Wer mit kleinen Kindern zu Hause ist, kann sich vielleicht deutlich schlechter konzentrieren. Wer wiederum allein lebt, kann sich schnell einsam fühlen. Es kommt darum darauf an, hier wirklich individuelle Lösungen zu schaffen – und nicht eindimensional zu denken: ein Ansatz, der Remote-Arbeit erlaubt und zugleich persönliche Begegnung im Büro ermöglicht, das ist die Herausforderung für viele Unternehmen in den nächsten Monaten."

*Quelle: Jünger, Alexander: Mitarbeiter fordern zunehmend Mix aus Office und Heimarbeit. In: www.callcenterprofi.de. Veröffentlicht am 31.08.2021 unter: https://www.callcenterprofi.de/branchennews/detailseite/mitarbeiter-fordern-zunehmend-mix-aus-office-und-heimarbeit-20217125/?L=0&cHash=6911fc456e6630d80b815ab51277d271 [30.10.2022]*

Die typische Ausstattung eines Heimarbeitsplatzes beinhaltet

- einen schnellen Internetzugang;
- Laptop, ggf. zusätzlicher Bildschirm;
- Tastatur, Maus, Headset, Webcam;
- Schreibtisch und Bürostuhl;
- Software für Online-Zusammenarbeit (kollaboratives Arbeiten). 4 | 1.1.3

**→ *Praxistipp***
Eine Checkliste mit Empfehlungen für die Einrichtung eines ergonomischen Heimarbeitsplatzes findet sich unter https://publikationen.dguv.de/widgets/pdf/download/article/4019

Die Nutzung von **Videokonferenzen** als Kommunikationsmittel oder als Ersatz für Präsenzveranstaltungen hat ebenfalls in den letzten Jahren stark zugenommen. Dienste wie Zoom, Microsoft Teams oder Discord werden verwendet, um Meetings abzuhalten oder virtuellen Unterricht zu ermöglichen. In der Praxis findet sich auch die hybride Anwendung, da fest installierte Videokonferenzsysteme in Büroräumen über Schnittstellen an die Videodienste angeschlossen werden können. So können Teilnehmer in den Bürokonferenzräumen und Teilnehmer in den Homeoffices gemeinsam Meetings abhalten und sich austauschen.

**Beispiel**

Die Dialogfix GmbH führt eine Produktschulung für einen neu eingeführten Fitnesstracker durch. Einige Teilnehmer arbeiten derzeit im Home Office. Die Auszubildende Karla kann jedoch vom Büro aus mit ihnen über ein Videokonferenz-Tool interagieren.

Auch der mobile Arbeitsplatz unterliegt **rechtlichen Rahmenbedingungen**. Jedoch hat der Gesetzgeber klargestellt, dass das **gelegentliche Arbeiten von zu Hause** oder das ortsungebundene Arbeiten von unterwegs nicht vom Anwendungsbereich
1 |4.2 der Arbeitsstättenverordnung erfasst wird. Allerdings gilt auch hier neben dem Arbeitszeitgesetz das Arbeitsschutzgesetz, welches insbesondere Unterweisungspflichten zur ergonomischen Arbeitsplatzgestaltung beinhaltet. Lediglich bei einer dauerhaften, ausschließlichen Arbeit von zu Hause, man spricht dann rechtlich von einem **Telearbeitsplatz**, gelten prinzipiell sämtliche Regelungen analog zu einem
1 |2.2 regulären Büroarbeitsplatz.

### 1.1.5 Telefax

Um gedruckte Dokumente schnell zu versenden, wird ein Telefax- oder kurz **Faxgerät** verwendet. Um ein Fax zu versenden, wird das Dokument zunächst auf die Einzugsfläche gelegt. Im Anschluss wird durch das Anwählen der Faxnummer eine Verbindung mit dem Gerät auf der Gegenseite aufgebaut. Auf der Gegenseite wird eine exakte Kopie des Dokuments ausgedruckt. Ein (elektronischer) **Sendebericht** (Sendeprotokoll) dokumentiert auf Wunsch den erfolgreichen Versand.

### 1.1.6 Netzwerke

Als **Netzwerk** bezeichnet man einen **Verbund von mehreren Rechnern**, die über verschiedene Leitungen miteinander kommunizieren können. Im Allgemeinen unterscheidet man Netzwerke nach ihrer Öffentlichkeit:

4 |1.1.8
- Das **Intranet** ist ein **geschlossenes Netzwerk**, das nur für einen eingeschränkten Nutzerkreis verfügbar ist (z. B. Intranet der Dialogfix GmbH).
- Das **Internet** hingegen ist ein **öffentliches Netzwerk**, das für jeden zugänglich ist (z. B. World Wide Web). 4 |1.1.7

Ein weiteres häufig anzutreffendes Unterscheidungsmerkmal für Netzwerke ist die **räumliche Entfernung** der einzelnen Netzwerknutzer:

- **LAN** (Local Area Network)
  - Entfernung: gebäudeintern, Kurzstrecken
  - Anwendungsgebiete: Firmennetzwerke, Wohngemeinschaften, Vereine etc.
- **WAN** (Wide Area Network)
  - Entfernung: WANs decken einen großen geografischen Bereich ab.
  - Anwendungsgebiete: WANs verbinden z. B. mehrere LANs oder Rechner miteinander.

> ***Praxistipp***
> Verwechseln Sie WAN nicht mit dem **WLAN** (Wireless Local Area Network, eine kabellose Lösung des LANs).

- **GAN** (Global Area Network)
  - Entfernung: weltweit
  - Anwendungsgebiet: Internet

## Server-Client-Netzwerk

Als Standardvariante kommt in einem Computernetzwerk das Server-Client-Modell zum Einsatz. Der **Server** (Anbieter) ist ein zentraler Computer, der Aufgaben (Dienste) an verschiedene Client-Rechner im Netzwerk verteilt. Abhängig von der installierten Software auf dem Server können den **Clients** (Nutzern) die unterschiedlichsten Dienste angeboten werden (z. B. Datenübertragung, E-Mail-Versand). Je nach Dienst kommunizieren Server und Client unterschiedlich miteinander. Das Regelwerk der Kommunikation beider Rechner wird in sogenannten **Protokollen** festgelegt. 4|1.1.7

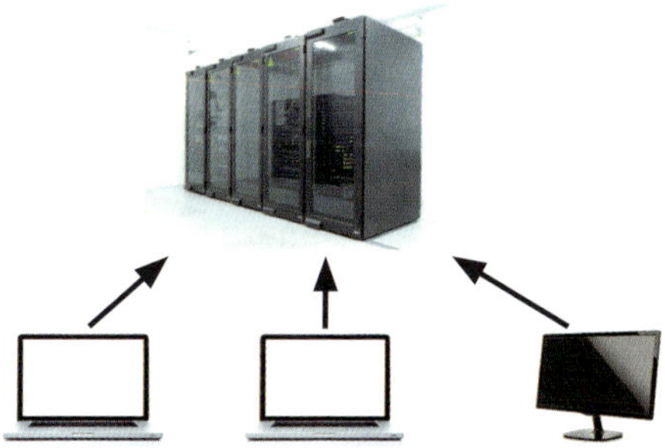

*Abb.: Server-Client-Modell*

## Peer-to-Peer-Netzwerk

Bei einem Peer-to-Peer-Netzwerk (P2P) nehmen die beteiligten Rechner beide Rollen ein, sowohl die des Servers als auch die des Clients. Das heißt, jeder Rechner im Netzwerk kann sowohl Dienste anbieten als auch Dienste anderer Rechner nutzen, ohne einen zentralen Server in Anspruch nehmen zu müssen. Hier gibt es eine zusätzliche Unterscheidung zwischen **zentralisierten P2P-Netzwerken** (mit einem zentralen Server, der zur Verwaltung des P2P genutzt wird) und den ungebundenen, **dezentralen P2P-Netzwerken**, die vollständig ohne Server in Betrieb sind.

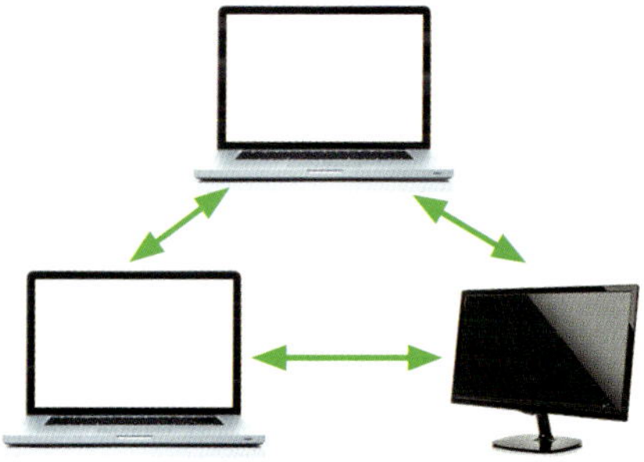

*Abb.: Peer-to-Peer-Modell*

### 1.1.7 Internet

Das **Internet** ist ein weltweites Netzwerk, ein Verbund von vielen unabhängigen Netzwerken. Theoretisch kann jeder daran angeschlossene PC mit jedem anderen PC innerhalb dieses Netzwerks kommunizieren.

Seine Wurzeln hat das Internet in der militärischen Forschung. In den späten 1960er-Jahren wurde aus einem Forschungsprojekt des US-Verteidigungsministeriums das sogenannte **ARPANet** (Advanced Research Project Agency Net) entwickelt. Zielsetzung des Projekts war es, ein Netz zu schaffen, das auch für verschiedenartige Bauarten von Computersystemen zugänglich ist. Ferner sollte verhindert werden, dass bei einer Fehlfunktion eines einzelnen Netzteilnehmers das gesamte Netzwerk gestört ist. Aus diesem Grund nutzt das Internet das Server-Client-Prinzip (s. o.). Unter dem Begriff **Server** versteht man hier den Teil des Internets, der Informationen anbietet, und unter **Clients** die Nutzer dieses Angebots. Zu den bekanntesten und am häufigsten genutzten **Internetdiensten** zählen das **World Wide Web (www)** und die **E-Mail**. Standard ist inzwischen **Voice over IP (VoIP)**, umgangssprachlich „Internettelefonie" genannt. So können Telefonate kostengünstig (wenn auch mit vereinzelten Qualitätsschwankungen) im Internet abgewickelt werden.

#### Internetprotokolle

Um hardwareunabhängig eine gemeinsame Kommunikation zwischen den einzelnen Netzwerkteilnehmern zu ermöglichen, wird ein gemeinsames **Protokoll** – also eine exakte Vereinbarung – verwendet, die festlegt, auf welche Art und Weise Daten zwischen den Netzwerkteilnehmern ausgetauscht werden. Das geläufigste Netzwerkprotokoll ist **TCP/IP** (Transmission Control Protocol/Internet Protocol). Darin enthalten sind verschiedene weitere Protokolle, die insbesondere bei der Nutzung des Internets, z. B. beim Senden und Empfangen von E-Mails, dem Herunterladen von Dateien oder dem Aufrufen von Webseiten benötigt werden:

- **HTTP:** Das Hypertext Transfer Protocol. wird benötigt, um Webseiten aus dem Internet zu übertragen und diese in einem **Browser** darzustellen.
- **HTTPS:** Das Hypertext Transfer Protocol Secure dient zur sicheren, verschlüsselten Übertragung von Daten zwischen Browser und Webserver. 4|5.2.8
- **FTP:** Das File Transfer Protocol steuert Downloads und Uploads von Dateien.
- **POP3:** Das Post Office Protocol ist ein Übertragungsprotokoll, das E-Mails vom Server abholt, z. B. in das E-Mail-Programm des Anwenders.
- **IMAP:** Das Internet Message Access Protocol ermöglicht den Zugriff auf E-Mails direkt auf dem Server. Im Vergleich zu POP3 werden die E-Mails nicht „abgeholt" und im Anschluss gelöscht, sondern verbleiben auf dem Server, bis der Anwender sie löscht.
- **SMTP:** Simple Mail Transfer Protocol ist zuständig für das Versenden von E-Mails über das Internet.

### Top Level Domains

Zentrale Aufgabe des WWW ist es, Webseiten zu übertragen. Top Level Domains geben an, aus welchem Land eine Webseite kommt bzw. welchen Inhalt die Webseite hat. Bei den Top Level Domains wird unterschieden zwischen **Länderkennzeichen** und **Kennzeichen für Unternehmen und Strukturen**.

**Beispiele für Länderendungen**

| | |
|---|---|
| .de | Deutschland |
| .fr | Frankreich |
| .nl | Niederlande |
| .us | USA |

**Beispiele für Strukturen**

| | |
|---|---|
| .com | kommerzielle Webseiten |
| .org | Organisationen und Vereine |
| .biz | Unternehmen |
| .edu | Bildung |

→ ***Praxistipp***
Die Top Level Domain .tv steht nicht, wie man irrtümlich meinen könnte, für Fernsehen. Es handelt sich vielmehr um eine Länderkennzeichnung für Tuvalu, ein Land nördlich von Neuseeland, das die Rechte an der Länderkennung .tv verkauft hat. Somit nutzen viele TV-Sender diese Top Level Domain für ihre Webseiten.

### Webadresse

Eine Webadresse, auch als **URL** (Uniform Resource Locator) bekannt, gibt die exakte Bezeichnung und Identifizierung einer Webseite an. Mithilfe des Webbrowsers kann die entsprechende Seite dann betrachtet werden.

**Beispiel: Aufbau einer Webadresse**

http://www.dialogfix.de

**http:** Gibt das Übertragungsprotokoll an.

**www:** Die Angabe für den Dienst, in dem das Angebot aufgerufen werden soll. In diesem Fall World Wide Web, also das Internet.

**dialogfix:** Gibt den Namen des Internetangebots an.

**.de:** Gibt die Top Level Domain an, in diesem Fall Länderkennzeichnung für Deutschland.

## 1.1.8 Intranet

Das Intranet basiert prinzipiell auf den gleichen Techniken wie das Internet, jedoch steht dieses Netzwerk nur einer begrenzten Anzahl von Nutzern zur Verfügung.

Der Zugriff auf ein Intranet ist dabei nicht zwangsläufig räumlich begrenzt, sondern kann z. B. über mehrere Unternehmensstandorte genutzt werden.

**Beispiel**

1 |5.1 Dialogfix nutzt das Intranet als Informationsplattform für die Mitarbeiter. Die Mitarbeiter können im Intranet Dienstvorschriften, Reglungsabsprachen, aktuelle Informationen der Personalabteilung etc. nachlesen.

Um Beschäftigten auch **außerhalb** des physikalischen Firmennetzwerkes den Zugang zum Intranet zu ermöglichen, muss zuerst eine **gesicherte Verbindung** hergestellt werden. Dies geschieht meist durch ein **Virtual Private Network** oder kurz **VPN**. Durch den gesicherten Zugang von außerhalb kann der Mitarbeiter auf alle firmeninternen Funktionen zugreifen, als würde er sich tatsächlich im Intranet befinden, daher spricht man von einem virtuellen (scheinbaren) Netzwerk. Der Zugriff kann über einen Webbrowser erfolgen oder durch zusätzlich installierte Software.

Als **Extranet** wird ein geschlossenes Computernetz bezeichnet, in dem nur **registrierte Benutzer** spezifische Informationen abrufen können. Extranets sind im Gegensatz zu Intranets auch von außerhalb erreichbar, ermöglichen aber im Vergleich zum öffentlichen Internet nur einer festgelegten Gruppe von registrierten Benutzern den Zugang. Damit sind **geschlossene Informationsangebote** z. B. für Firmen und Partner möglich.

**Beispiel**

Die Dialogfix GmbH stellt wichtige Informationen für die beauftragten externen Dienstleister (Outsourcing-Partner) in ihrem Extranet zur Verfügung.

## 1.2 Branchenspezifische Kommunikationsmedien

Zusätzlich zu den Medien, die in jedem Unternehmen genutzt werden, haben Unternehmen im Dialogmarketing besondere Ansprüche hinsichtlich der **Kommunikationsanlagen**. So findet man in klassischen **Callcentern** Kommunikationsmedien, die es in dieser Form in anderen Unternehmen nicht gibt. Letztlich dienen sämtliche dieser Medien dazu, einen optimalen Kundenservice wirtschaftlich zu realisieren.

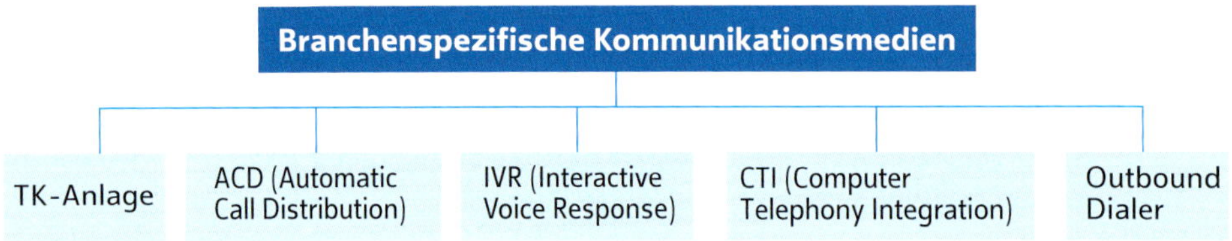


### 1.2.1 TK-Anlage

Grundvoraussetzung für jedes Callcenter ist natürlich, Anrufe empfangen und selbst anrufen zu können. Das Herzstück eines Callcenters ist daher die **Telefonanlage**, branchenüblich als **TK-Anlage (Telekommunikationsanlage)** bezeichnet.

In der Regel kommen Anrufe im Callcenter über das öffentliche Telefonnetz an. Dieses Netz bietet bereits viele wertvolle Dienste für das Callcenter.

### ANI (Automatic Number Identification)

Durch den ANI-Dienst wird die **Telefonnummer des Anrufers übermittelt** und die **ACD** (Automatic Call Distribution) kann diese Information nutzen. Zum Beispiel 4|1.2.2 kann die ACD so eingestellt sein, dass bei Anrufen von Premium-Kunden nur besonders geschulte Agents diesen Anruf weitervermittelt bekommen oder dass bestimmte Vorwahlgebiete nur an bestimmte Agentgruppen vermittelt werden. 4|1.2.4 Durch **CTI** (Computer Telephony Integration) kann der Kundendatensatz bereits auf dem Bildschirm des Kundenbetreuers geöffnet sein, noch bevor der Anruf überhaupt entgegengenommen wurde. Dadurch kann beim eigentlichen Anruf viel Zeit gespart werden, darüber hinaus kann die Kundenzufriedenheit erhöht werden, wenn der Kunde direkt mit Namen angesprochen wird.

**Beispiel**

Die TK-Anlage erkennt die Rufnummer von Paul Ralus. Der Agent, der das Gespräch annimmt, hat bereits seinen Datensatz vorliegen und kann den Anrufer namentlich begrüßen.

### DNIS (Dialed Number Identification Service)

In jedem Callcenter, das mehr als nur eine Hotline-Nummer verwendet, ist DNIS ein wichtiges Instrument zur Anrufsteuerung und -verteilung. DNIS teilt der Telefonanlage mit, **welche Nummer der Kunde gewählt hat.** Mit dieser Information verteilt die ACD die Anrufe in die passende Abteilung.

**Beispiel**

Die Bestellannahme von Dialogfix hat eine kostenlose 0800er-Nummer. Der technische Support für Drucker ist hingegen über eine kostenpflichtige 01805-Nummer zu erreichen. DNIS macht die Unterscheidung der beiden Nummern für die ACD möglich.

## 1.2.2 ACD (Automatic Call Distribution)

Der Callcenter-Betrieb stellt ganz besondere Anforderungen an eine Telefonanlage:

- Erreichbarkeit sicherstellen
- Verteilung der ein- und ausgehenden Anrufe (Call Distribution)
- statistische Auswertbarkeit (Reporting)
- Warteschlangenmanagement (Queuing)
- Möglichkeit der Anpassung an eigene Bedürfnisse

Diese Anforderungen werden mit der ACD (Automatic Call Distribution) verwirklicht. Als **Kernstück der TK-Anlage** steuert, verteilt, kontrolliert und verwaltet die ACD das aktuelle Anrufaufkommen. Die ACD bietet dem Unternehmen individuelle Einstellungsmöglichkeiten und kann somit optimal für die eigenen Bedürfnisse konfiguriert werden.

### Anrufverteilung

Hauptaufgabe der ACD ist die **Call Distribution** (Routing, Verteilung der Anrufe). Üblicherweise werden die Anrufer, die zuerst in der Warteschlange waren (**Longest Waiting**), zuerst an den nächsten freien Mitarbeiter durchgestellt bzw. an den Mitarbeiter, der am längsten kein Gespräch mehr geführt hat (**Longest Idle**). Diese Methode vermeidet lange Wartezeiten der Kunden und bewirkt eine optimale Auslastung der Mitarbeiter. In Sonderfällen können die Prioritäten der Anrufverteilung angepasst werden.

**Beispiel**

Karla wird von ihrem Supervisor gecoacht. Zurzeit kommen nicht viele Anrufe an ihrem Arbeitsplatz an. Daher erhöht Karlas Supervisor ihre Priorität in der ACD, damit bei jedem ankommenden Anruf Karla zuerst ausgesucht wird, sofern sie nicht gerade ein anderes Gespräch führt. Auf diese Weise hat Karla viele Anrufe hintereinander ohne lange Pausen und ihr Supervisor kann wesentlich mehr Gespräche mithören.

### Skill Based Routing

Agents können durch die ACD zu **virtuellen Gruppen** zusammengefasst werden, die sich durch besondere Fähigkeiten auszeichnen. Die speziellen Fähigkeiten der einzelnen Mitarbeiter wer-
2|2.3 den auch **Skills** (Fähigkeit, Talent) genannt. Die ACD-Anlage kann nun eingehende Anrufe analysieren und an einen passenden Mitarbeiter oder ein passendes Team verteilen. Diese Funktion nennt man **Skill Based Routing**, also Anrufverteilung aufgrund von Fähigkeiten der Agents. Diese Funktion ermöglicht dadurch eine sehr flexible und kundenorientierte Gestaltung von Bereichen und Abteilungen innerhalb eines Callcenters.

**Beispiel**

Die ACD erkennt anhand der Telefonnummer, dass der Anruf aus England kommt. In der ACD sind 30 Mitarbeiter gespeichert, die besonders gut Englisch sprechen. Die Telefonanlage versucht nun, den Anruf bevorzugt einem Agent durchzustellen, der den Skill „Englischkenntnisse" aufweist.

Besonders wichtig ist diese Funktion auch bei **externen Dienstleistern,** die für mehrere Projekte (Auftraggeber) gleichzeitig telefonieren. So kann der Anrufer direkt zu den für das jeweilige Projekt am besten geschulten Mitarbeiter durchgestellt werden.

virtuell gemacht werden, z. B. könnte der Kunde eine SMS bekommen, sobald ein Agent für ihn frei wird, und direkt zurückgerufen werden. Anbieter solcher Dienste sind z. B. Telesys, Sikom oder Virtual Q.

**Beispiel: IVR-Menü der Dialogfix-Hotline**

> dialogfix GmbH
>
> „Herzlich willkommen bei Dialogfix. Um Ihre Anfrage optimal bearbeiten zu können, beantworten Sie uns bitte die folgenden Fragen. Sie können Ihre Antworten über die Tastatur Ihres Telefons eingeben oder nach dem Signalton sprechen.
>
> Wenn Sie allgemeine Informationen zu unserem Angebot erhalten möchten, drücken Sie bitte die 1.
>
> Wenn Sie kaufmännische Fragen haben, rund ums Thema Abrechnung und Bestellung, drücken Sie bitte die 2.
>
> Brauchen Sie technische Unterstützung zu Produkten von Dialogfix, drücken Sie bitte die 3. [...]
>
> Um diese Ansage noch einmal zu hören, drücken Sie bitte die 9."

## 1.2.4 CTI (Computer Telephony Integration)

**CTI** (Computer Telephony Integration) verwirklicht eine Verschmelzung mehrerer Medien am Arbeitsplatz. Durch CTI werden Telefon, Computer und Datenbanken direkt miteinander verbunden und können als Einheit funktionieren. So können z. B. dem Mitarbeiter die **Kundendaten** bei einem eingehenden Anruf mittels eines **Screen Pop-ups** 5|2.1
direkt auf dem Bildschirm angezeigt werden. Dies spart Zeit und optimiert Prozesse.

**Beispiel**

Herr Ralus ruft bei Dialogfix an und landet in der Warteschleife. Die ACD erkennt die Telefonnummer von Herrn Ralus und versucht, ihn zu seinem „persönlichen" Kundenberater durchzustellen. Durch einen Datenbankabgleich öffnen sich am PC-Bildschirm von Thomas Müller bereits die Kundendaten von Herrn Ralus. Durch CTI wurden die Daten, die eigentlich nur am Telefon „ankommen", gleichzeitig am PC angezeigt.

Für den Mitarbeiter entfällt nicht nur die Abfrage der Kundennummer. Er kann sogar sehen, welches Anliegen der Kunde hat, da der Kunde „Anfrage zur Abrechnung" bereits in der IVR ausgewählt hat. Sollte es notwendig werden, den Kunden in eine andere Abteilung zu verbinden, muss er sein Anliegen auch nicht immer wieder neu schildern, da durch CTI der entsprechende Datensatz auf dem Bildschirm des Kollegen erscheint.

## 1.2.5 Outbound Dialer

Um den Anwählvorgang bei Outbound-Telefonaten zu optimieren und vor allem zu beschleunigen, werden sogenannte Dialer (engl. to dial = wählen, anwählen) eingesetzt. Diese sind Bestandteil der ACD und wählen für den Agent Kundenkontakte an. Die Dialer können in drei Gruppen eingeteilt werden:

1. Beim **Preview Dialing** („Wählen mit Vorschau") wählt der Dialer erst nach einem bestätigenden Befehl des Agents. Dieser manuelle Wählvorgang ermöglicht dem Agent eine Vorbereitungszeit auf das Telefonat, z. B. können Informationen aus der Datenbank über den Kunden angezeigt werden. Dennoch wird der Vorgang beschleunigt, da der Dialer schneller wählen kann, als dies der Agent könnte. Hier steht die **Wahlhilfe** im Zentrum.
2. Vom **Power Dialing** spricht man, wenn vom Dialer Kundenkontakte automatisiert und intelligent hergestellt und einem freien Agent zugeteilt werden. Je nach Funktionsweise des Dialers stellt dieser nur Gespräche für freie Agents her und auch nur jeweils ein Gespräch pro Agent. Oft können in Power Dialern dynamische Nacharbeitszeiten eingestellt werden, d. h., sollte ein Call länger dauern als der Durchschnitt, wartet der Dialer entsprechend länger, bis der nächste Call vermittelt wird. Dies gibt dem Agent Zeit, den Anruf nachzubereiten.
3. Eine weitere Form des Dialings ist das **Predictive Dialing** („vorhersagendes Wählen"). Der Dialer greift auf statistische Auswertungen und mathematische Formeln zurück und berechnet in Echtzeit, wie viele Calls gerade getätigt werden und wie lange diese voraussichtlich dauern (Forecasting). Ziel dieser Art von Dialer ist es, eine bestmögliche Verteilung von Mitarbeiterressourcen und Datenmaterial zu erreichen.

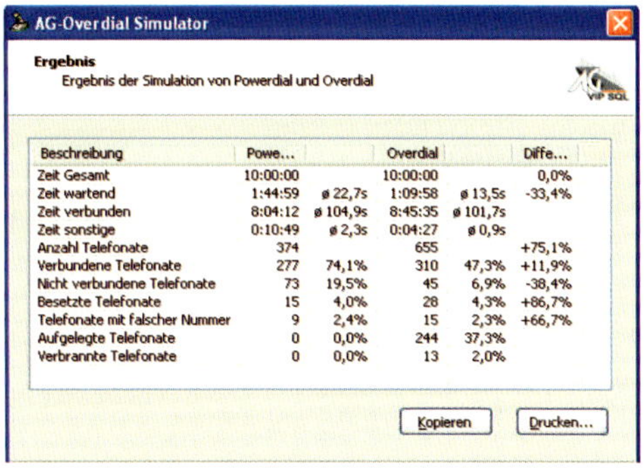


***Abb.: Overdial-Simulator, © Grutzeck-Software***

Power Dialer und insbesondere Predictive Dialer verwenden oft eine **Overdial-Funktion**. Overdial bedeutet, dass mehr Anwahlversuche gemacht werden, als Agents frei sind. Erfahrungsgemäß schlagen diverse Anrufversuche fehl (z. B. Anrufbeantworter, Faxgerät oder falsche Nummern). Der Dialer filtert diese Falschanrufe heraus und verbindet nur zustande gekommene Calls mit den Agents. Problematisch an dieser Funktion ist, dass auch ein erreichter Kunde nicht verbunden werden kann, da kein Agent frei ist. Beim Kunden klingelt das Telefon, es meldet sich aber keiner auf der anderen Seite, das Gespräch wird vom Dialer **gedropt** (aufgelegt). Diese „Silent Calls" genannten Anrufe sind für die Kunden sehr störend und haben inzwischen zu gerichtlichen Auseinandersetzungen geführt.

## Bundesnetzagentur ordnet Abschaltung von neun Rufnummern eines Callcenters wegen belästigender Anrufversuche an

Die Bundesnetzagentur hat zum Schutz der Verbraucher vor massenhaften, belästigenden Telefonanrufen die Abschaltung von neun Rufnummern eines Callcenters angeordnet. Mehr als 300 Verbraucher hatten sich bei der Bundesnetzagentur über derartige Anrufe beklagt. Das Callcenter hat mit den als belästigend einzustufenden Anrufversuchen gegen das Gesetz gegen den unlauteren Wettbewerb verstoßen. „Mit der Abschaltung der Rufnummern setzen wir ein klares Zeichen. Eine unzumutbare Belästigung von Verbrauchern durch unerwünschte Telefonanrufe werden wir nicht akzeptieren", betonte Jochen Homann, Präsident der Bundesnetzagentur.

Die betroffenen Verbraucher berichteten, dass selbst sonntags und nachts das Telefon klingelte. Wenn sie das Gespräch annehmen wollten, war niemand in der Leitung. In einem Fall erhielt ein Betroffener von einer der nun abgeschalteten Rufnummern innerhalb von drei Tagen sogar 190 Anrufe, ein anderer innerhalb von fünf Tagen 210. Weitere Beschwerdeführer gaben an, fünf bis 20 Anrufversuche pro Tag erhalten zu haben. Bei Rückruf der angezeigten Rufnummern konnte teilweise ein Anrufbeantworter erreicht werden, der jedoch keinen Aufschluss über die Identität des Anrufers gab. Verbraucher, die darauf die Nachricht hinterließen, nicht mehr angerufen werden zu wollen, wurden trotzdem weiterhin kontaktiert. Bei den anderen Rufnummern erfolgte die Ansage: „Kein Anschluss unter dieser Nummer." [...]

*Quelle: Bundesnetzagentur (Hrsg.): Bundesnetzagentur ordnet Abschaltung von neun Rufnummern eines Callcenters wegen belästigender Anrufversuche an. In: www.bundesnetzagentur.de. Veröffentlicht am 10.04.2014unter: https://www.bundesnetzagentur.de/SharedDocs/Pressemitteilungen/DE/2014/140410_AbschaltungCallcenter.html [04.11.2022].*

Zusammenfassend stellen sich die Vor- und Nachteile der einzelnen Dialer wie folgt dar:

| Dialer | Vorteile | Nachteile |
|---|---|---|
| Preview Dialer | günstigste Variante in der Anschaffung, einfach in die ACD zu integrieren | Kann die Produktivität eines Outbound-Agents nur geringfügig erhöhen (maximal 20 %). |
| Power Dialer | gutes Verhältnis von Anschaffungskosten und Produktivität | „Wildes Anwählen" aufgrund des fehlenden Forecasts kann zur Unzufriedenheit der Kunden beitragen. |
| Predictive Dialer | größtmögliche Erhöhung der Outbound-Produktivität (bis zu 500 %) | Teuer in der Anschaffung, Amortisierungszeitraum muss eingeplant werden. |

Lohnt es sich für ein Unternehmen nicht, einen teuren Predictive Dialer anzuschaffen, kann eine **Mietlösung** sinnvoll sein. Solche Angebote werden als **Dialer on Demand** oder **Dialing by Call** vermarktet.

→ ***Praxistipp***

Nicht alle Dialer-Anbieter sind sich einig, was die Unterscheidung und Begrifflichkeiten von Power, Predictive und Preview Dialer angehen. Wenn Sie Angebote vergleichen, achten Sie vor allem auf den Funktionsumfang!

## 1.2.6 Omnichannel

In Zeiten von wachsenden Anforderungen seitens der Kunden und der Entwicklung von neuen Technologien entwickeln sich klassische Callcenter weiter zu modernen
2|2.1.2 dernen **Contact Centern**. Ein Contact Center umfasst alle klassischen Vertriebskanäle und Kommunikationsmedien eines Callcenters, richtet sich jedoch noch stärker an den Kundenbedürfnissen aus und erweitert das Angebotsspektrum um moderne Technologien und Prozesse, um schneller und effizienter zu werden.

Immer häufiger kommt es dabei auch vor, dass Contact Center dezentral organisiert werden, sprich, es wird mit virtuellen Teams gearbeitet, die nicht notwendigerweise im gleichen Gebäude sitzen müssen, sondern beispielsweise als Kundenbetreuer von zu Hause aus arbeiten.

### Customer Centricity und Omnichannel

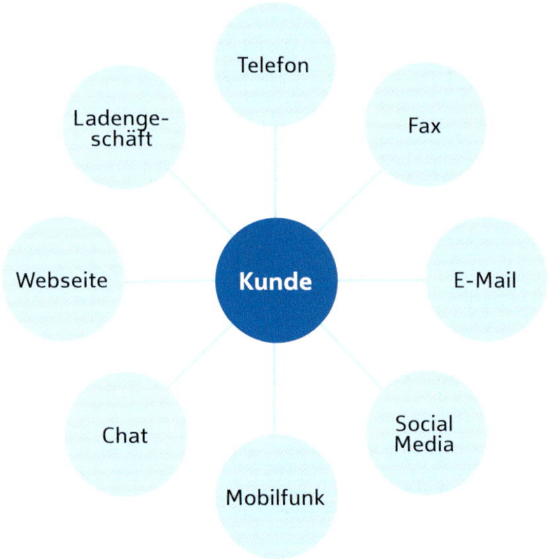


***Abb.: Omnichannel***

Customer Centricity (Kunden in den Mittelpunkt rücken) beschreibt ein Gesamtkonzept, dass die Bedürfnisse und die Wünsche der Kunden in den Mittelpunkt stellt. Alle Serviceprozesse orientieren sich damit am Kunden und fangen immer auch aus Sicht des Kunden an. Dieses Konzept hat Auswirkungen auf das gesamte Unternehmen, weil alle Bereiche eines Betriebs dieses Konzept übernehmen und leben müssen, damit es Erfolg haben kann. Aus dieser Überlegung heraus ergibt sich der Begriff **Omnichannel** (lat. omni = alle/jede). Dieses Konzept besagt, dass **jeder Kanal**, den ein Kunde zur Interaktion nutzen möchte, auch für ihn verfügbar ist. Darüber hinaus müssen diese Kanäle auch miteinander vernetzt sein und gleichzeitig bedient werden können. Ziel ist ein naht- und reibungsloses Kundenerlebnis.

Entwickelt hat sich dieser Ansatz aus **Multichannel**, welches besagt, dass ein Verkauf auf mehreren Kanälen erfolgen kann, ohne dass diese jedoch vollständig verknüpft bzw. integriert sind. Das **Omnichannel-Konzept** des modernen Contact Centers fordert von Unternehmen, zeitgemäße Kommunikationsmedien zu nutzen und neue Kommunikationskanäle zu bedienen.

## Chat und Chatbots

2|2.1.2

Immer häufiger wird Kundensupport über **Chat** angeboten. Diese direkte Form der **Textkommunikation** bietet diverse Vorteile. Rückfragen können direkt geklärt und das Anliegen des Kunden kann abschließend bearbeitet werden, ohne – wie z. B. bei E-Mails – mehrfach hin und her schreiben zu müssen und damit die Bearbeitungszeit bzw. die Wartezeit für den Kunden zu erhöhen. Diese Form der Kundenkommunikation ist im Vergleich zur E-Mail auch deshalb so effizient, da ein Agent mehrere Chats gleichzeitig bedienen kann und bei Wartzeiten, z. B. während ein Kunde A einen Sachverhalt eintippt, bereits bei Kunde B eine Antwort verfassen kann.

Durch den Einsatz von **Chatbots** (Software, die einfache Kundenanfragen selbstständig beantworten kann) können Standardanfragen schnell und **ohne Personaleinsatz** beantwortet werden. Moderne Systeme lassen es auch zu, dass, sollte ein Bot nicht die passende Lösung anbieten können, ein Agent die Chat-Unterhaltung übernehmen und den Vorgang so zum Abschluss bringen kann.

### Chatbots schlafen nie!

Im Customer Service geht es um Convenience, Einfachheit, Zeitersparnis. Sonst nichts. Call Center haben lange dieses Kundenbedürfnis sehr gut erfüllt. Anstatt per Durchwahl einen Sachberater anzurufen oder anzuschreiben, waren Call Center als zentrale Anlaufstelle bequem zu erreichen und für viele einfache Anfragen eine ideale Anlaufstation. Mittlerweile haben sich die Kundenbedürfnisse radikal gewandelt. Mehr als 50% der Kommunikation wird heutzutage von einem Tablet oder Smartphone aus getätigt. Zu Telefon, Fax und E-Mail haben sich neue Kanäle gesellt: WhatsApp, Chat, Videochat, Social Media. Und Kunden sind wählerischer, fordernder, weniger kalkulierbar in ihrem Verhalten. Die heutige mobile, 24/7-, „always on"-Gesellschaft schraubt die Serviceansprüche an den Customer Service immer höher. [...] Jetzt kommt mit Chatbots – auf KI-basierte Systeme – die entweder per Sprache oder Texteingabe vom Kunden bedient werden können, eine vielversprechende neue Technologie, die von Customer-Service-Verantwortlichen mit offenen Armen empfangen wird. Chatbots, virtuelle Assistenten, sind im Grunde genommen nichts weiter als eine Software für die direkte Kommunikation zwischen Mensch und „Maschine". Kunden tippen über seinen Messenger oder Chat-Dienst eine Frage ein und erhalten vom Chatbot eine Antwort. Für den Kunden ist nicht unmittelbar erkennbar, ob ein Mitarbeiter im Customer Service seine Frage beantwortet hat oder der Chatbot. [...]

*Quelle: Henn, Harald/Wiese, Katharina: Chatbots schlafen nie! In: www.aixvox.com. Veröffentlicht am 10.10.2018 unter: www.aixvox.com/chatbots-schlafen-nie/?cn-reloaded=1&cn-reloaded=1 [04.11.2022].*

### Künstliche Intelligenz (KI) und Avatare

Künstliche Intelligenzen werden eingesetzt, um bereits etablierte Kanäle zu verbessern und vor allem auch effizienter zu machen. So kann beispielsweise eine Software den E-Mail-Eingang eines Supportpostfachs scannen und die Inhalte von Kundenanfragen analysieren, sortieren und passende Antwortvorschläge machen. So muss im Idealfall ein E-Mail-Bearbeiter den Text nur kurz sichtprüfen und kann ihn gleich losschicken. Einfache Anfragen können so auch **vollständig automatisiert** werden und bedürfen keiner menschlichen Kontrolle mehr. Diese Technik lässt sich natürlich auch für andere Kanäle einsetzen, zum Beispiel für Chatbots (s. o.). Moderne KIs sind lernfähig und werden besser und genauer, je öfter sie angewendet werden.

Manche KIs erhalten ein „Gesicht“, die sogenannten **Avatare**. Damit ist gemeint, dass KIs eine **Form gegeben** wird, die weniger abstrakt für den Menschen ist und die Interaktion mit ihnen vereinfachen soll. Beispiele dafür sind Siri von Apple oder Alexa von Amazon. Der Kunde bekommt so das Gefühl vermittelt, mit einer echten Person zu sprechen.

### VoIP und Messenger

Die Art, wie Menschen im alltäglichen Leben kommunizieren, hat sich in den letzten Jahren stark verändert. So wurde zu Beginn der Mobilfunkära noch eher telefoniert und SMS verschickt. Mittlerweile werden viel häufiger Messenger- und alternative Sprachübertragungsdienste genutzt. Der klassische Telefonanschluss
4|1.1.7 muss vermehrt VoIP-(Voice over IP)Diensten weichen, also Sprachtelefonie über das Internet. Messenger wie **WhatsApp, iMessage oder Threema** werden jedoch nicht nur als Ersatz für die klassischen SMS benutzt. Es werden Bilder, Videos und vermehrt auch Sprach- und Videonachrichten versendet. Viele Social Media Plattformen betreiben ebenfalls eigene Messenger-Dienste mit ähnlichem Funktionsumfang, z. B. Facebook und Instagram Messenger.

Naturgemäß möchten Kunden auch dann, wenn sie mit Unternehmen kommunizieren, die Kanäle aus dem eigenen Alltag nutzen. Daher muss, wer den Customer Centricity Ansatz verfolgt, auch diese „neuen“ Kanäle nutzen lernen und in der Kundenkommunikation verwenden können. Daraus ergeben sich neue Herausforderungen für die Kundenbetreuer, die nun auch verstärkt mit **alternativen Kom-**
3|1.5 **munikationskanälen** konfrontiert sind.

## Zusammenfassung

- **Betriebsübliche Kommunikationsmedien**
  - **Telefonkonferenz:** schaltet mehrere Teilnehmer – auch von außerhalb des Unternehmens – zusammen
  - **Anrufbeantworter/Voicemail:** ermöglicht, Nachrichten in Abwesenheit aufzuzeichnen und zu verwalten
  - **Unified Messaging/Desktop:** bringt alle Nachrichtenformate bzw. Informationen in eine einheitliche Form
  - **Telefax:** liefert eine papiergebundene 1:1-Übertragung von Dokumenten
  - **Netzwerke (Internet/Intranet):** Verbund von mehreren Rechnern, der geschlossen (Intranet) oder öffentlich (Internet) ist
- **Branchenspezifische Kommunikationsmedien**
  - **TK-Anlage:** Telekommunikationsanlage, ermöglicht es, Anrufe zu tätigen und entgegenzunehmen
  - **ACD (Automatic Call Distribution):** verteilt eingehende Anrufe auf die Agents und bietet viele Zusatzfunktionen
  - **IVR (Interactive Voice Response):** steuert und filtert die eingehenden Anrufe
  - **CTI (Computer Telephony Integration):** verknüpft Computer, Telefon und Datenbank
  - **Outbound-Dialer:** optimiert den Anwahlprozess in der Outbound-Telefonie
- Das Omnichannel-Konzept besagt, dass jeder Kanal, den ein Kunde zur Interaktion nutzen möchte, auch verfügbar ist. Darüber hinaus müssen diese Kanäle auch miteinander vernetzt sein und gleichzeitig bedient werden können.

## *Aufgaben*

1. ***Unterscheiden Sie Dial-in-Telefonkonferenzen und Dial-out-Telefonkonferenzen.***
2. ***Was versteht man unter einem virtuellen Anrufbeantworter? Nennen Sie drei Vorteile, die ein solcher Anrufbeantworter bietet.***
3. ***Erläutern Sie die Vorteile, die Unified Messaging für ein Unternehmen bietet.***
4. ***In jüngster Zeit haben unterschiedliche neue Arbeitsformen wie Homeoffice und Remote Working an Bedeutung gewonnen. Stellen Sie Vor- und Nachteile gegenüber, differenzieren Sie dabei in Arbeitnehmer- bzw. Arbeitgebersicht.***
5. ***Erläutern Sie die Begriffe Server und Client. Was versteht man in diesem Zusammenhang unter einem Server-Client-Netzwerk bzw. einem Peer-to-Peer-Netzwerk?***
6. ***Unterscheiden Sie Internet, Intranet und Extranet.***
7. ***Welche Internetprotokolle muss die Dialogfix GmbH für folgende Aufgaben nutzen?***
   a) ***Versenden von E-Mails***
   b) ***E-Mails vom Server abrufen***
   c) ***Webseiten aus dem Internet übertragen***
   d) ***Dateien uploaden***
8. ***Unterscheiden Sie die Begriffe***
   a) ***„Longest Waiting“ und „Longest Idle“,***
   b) ***„Abandoned Calls“ und „Average Abandoned Time“,***
   c) ***„Call Blending“ und „Swinging Agents“.***

*9. Julia hat an einer Schulung über die neue TK-Anlage mit ACD teilgenommen und sich fleißig Notizen gemacht. Leider hat sie vergessen, sich zu den einzelnen Erklärungen den Fachbegriff zu notieren. Helfen Sie Julia und ordnen Sie den nachfolgenden Erklärungen den entsprechenden Begriff zu:*
   *a) Zeigt an, welche Rufnummer der Kunde gewählt hat.*
   *b) Bezeichnet die Warteschleife im Callcenter.*
   *c) Umfasst die Agents, die für die Hotline momentan nicht verfügbar sind.*
   *d) Ermöglicht es, zwischen Inbound und Outbound umzuschalten.*
   *e) durchschnittliche Wartezeit der Anrufer*
   *f) Identifiziert die Telefonnummer des Anrufers.*
   *g) Zeigt an, was momentan in der Hotline passiert.*
   *h) Gibt an, wie viele Anrufer in der Warteschleife sind.*
   *i) Dokumentiert sämtliche Daten der ACD und wertet sie statistisch aus.*

*10. Betrachten Sie die Abbildung „Echtzeit ACD-Status" auf Seite 335 und beantworten Sie folgende Fragen, indem Sie die Personalnummern der gesuchten Agents notieren.*
   *a) Welche Agents sind in der Lage, neue Anrufe entgegenzunehmen?*
   *b) Welche Agents stehen für einen Anruf aktuell nicht zur Verfügung und warum?*
   *c) Welche Agents sind momentan mit Inbound-Calls beschäftigt?*
   *d) Welche Agents telefonieren momentan außerhalb der Reihe?*

*11. Die Dialogfix GmbH erwägt, zukünftig die IVR-Technologie einzusetzen.*
   *a) Erläutern Sie die Funktionsweise von IVR.*
   *b) Stellen Sie Vor- und Nachteile der IVR-Nutzung gegenüber.*
   *c) Entwerfen Sie einen Ansagetext für eine IVR.*

*12. Karla begrüßt an der Dialogfix-Hotline Herrn Maurice Kreutzer direkt mit Namen und fragt ihn, ob die neue Druckerpatrone rechtzeitig angekommen sei, noch bevor der Kunde überhaupt ein Wort sagen kann.*
   *a) Woher wusste Karla schon vor dem Abnehmen des Hörers, wer anruft?*
   *b) Bewerten Sie Karlas Verhalten und wägen Sie Vor- und Nachteile miteinander ab.*

*13. Was versteht man unter Skill Based Routing? Nennen Sie drei geeignete Einsatzmöglichkeiten für Skill Based Routing.*

*14. Welche Anwahlmechanismen von Dialern lassen sich grundsätzlich unterscheiden? Informieren Sie sich im Internet über den Leistungsumfang verschiedener Dialer.*

*15. Dialogfix startet eine Outbound-Aktion, in der alle Kunden angerufen werden sollen, die seit mindestens einem Jahr inaktiv sind (ca. 150000 Datensätze).*
   *a) Welche Vorteile hat Dialogfix, wenn für diese Aktion ein Dialer zum Einsatz kommt?*
   *b) Nach einiger Zeit beschweren sich Kunden, dass sie die Rufnummer von Dialogfix im Display gesehen haben, es aber nur kurz geklingelt hat und dann niemand in der Leitung war. Welches typische Dialer-Problem ist hier aufgetreten?*

*16. Nennen Sie drei Beispiele, wie sich ein Customer Centricity Ansatz auf Abteilungen in Ihrem Ausbildungsbetrieb auswirken würde.*

*17. Nennen Sie jeweils drei Vor- und Nachteile bei der Anwendung von Chats und Chatbots in der Kundenkommunikation.*

# 2 Betriebssysteme und Software einsetzen

## Einstiegssituation

Heute ist ein stressiger Tag für Julia. Sie hat von ihrem Teamleiter die Aufgabe bekommen, drei Trainingsdokumente zu überarbeiten. Außerdem muss sie noch ihre Tabellenkalkulationsübungen von letzter Woche machen und die Screenshots für die Produktpräsentation des neuesten Printfix 3D-Druckers erstellen und in eine Bildschirmpräsentation einfügen.

Julia öffnet die Trainingsdokumente in ihrem Textverarbeitungsprogramm und nimmt die gewünschten Änderungen vor. Sie soll die Schriftgröße erhöhen und das Vorlagendesign an die neuen Richtlinien anpassen. Im Anschluss verbindet Julia ihren PC mit dem Netz-Laufwerk über das im Betriebssystem eingebaute Menü und lädt sich ihre Tabellendateien herunter. Als sie ihre Übungen abgeschlossen hat, widmet sie sich den Screenshots und möchte das Hilfsprogramm „Shoot'n' Click" installieren, welches ihr Benno Jensen aus der IT-Abteilung empfohlen hat. Leider ist das Programm nicht kompatibel mit ihrem Betriebssystem. Kurzerhand macht Julia die Bildschirmschnappschüsse mit den betriebssystemeigenen Mitteln, schneidet sie im Malprogramm zurecht und fügt sie in die Bildschirmpräsentation ein.

## Arbeitsaufträge

1. ***Vergleichen Sie in der Klasse, welche Betriebssysteme und welche Software in Ihren Ausbildungsbetrieben für die von Julia zu erledigenden Aufgaben genutzt werden.***
2. ***Stellen Sie gegenüber, welche Arbeitserleichterungen die Nutzung der EDV im Unternehmen mit sich bringt und welche Nachteile damit verbunden sein können.***

## 2.1 Betriebssysteme

Ein **Betriebssystem** ermöglicht die Grundfunktionalität eines Computers. Zu den typischen Aufgaben eines Betriebssystems gehören das

- Bereitstellen einer grafischen Benutzeroberfläche (GUI = Graphical User Interface);
- Verwalten von Hardware wie z. B.
  - Arbeitsspeicher und Prozessor,
  - interne und externe Laufwerke,
  - Eingabegeräte wie Tastatur und Maus,
  - Ausgabegeräte wie Drucker und Faxgeräte;

- Laden und Beenden von Programmen;
- Bereitstellen eines Dateisystems.

**Beispiele für Betriebssysteme**

- DOS
- Windows
- Linux
- Unix
- Solaris
- Mac OS

Die Hauptaufgabe eines Betriebssystems sind die Steuerung und Koordination von Arbeitsabläufen auf einem Computer. Dabei spielt es keine Rolle, ob es um eine Arbeitsstation oder um einen Großrechner geht, Betriebssysteme erfüllen überall die gleichen Grundaufgaben.

> ***Praxistipp***
> Oft wird auch einfach die Abkürzung OS (Operating System) verwendet.

## 2.2 Standardsoftware

Unabhängig von Betrieb und Branche wird mit sogenannter **Standardsoftware** gearbeitet. Trotz der Bezeichnung „Standard" gibt es keine anerkannte Richtlinie, was nun eigentlich Standardsoftware bedeutet. Meist ist das sogenannte Office-Paket gemeint.

### Office-Paket

In vielen Betrieben findet man **Office-Pakete** als Standardsoftware auf jeder Arbeitsstation. Office-Pakete umfassen Programme zur **Textverarbeitung, Tabellenkalkulation, Präsentationserstellung** und **Datenbankerstellung**. Es gibt auf dem Markt sowohl Einzellösungen als auch komplette Pakete.

**Beispiele für Office-Pakete**

- Apache OpenOffice
- Microsoft Office

#### Textverarbeitung

Unter einem **Textverarbeitungsprogramm** versteht man eine Software, mit deren Hilfe man Texte erstellen und bearbeiten kann. Über die Funktionen des Programms können Dokumente formatiert und somit optisch aufgewertet werden.

Typische betriebliche Anwendungen sind etwa:

- Erstellen von Briefen
- Faxe schreiben
- optisches Aufbereiten von Dokumenten
- Berichte erstellen

**Beispiele für Textverarbeitungsprogramme**

- Apache OpenOffice Writer
- Corel WordPerfect
- Microsoft Word

### Tabellenkalkulation

Eine **Tabellenkalkulation** ist ein Programm, mit dessen Hilfe Daten tabellarisch berechnet werden können. Die Programmoberfläche unterteilt sich in Spalten und Zeilen. Durch dieses Raster entstehen eindeutig adressierbare Zellen.

Mit dem Programm können sowohl einfache mathematische Grundfunktion berechnet und dargestellt werden (Addition, Subtraktion, Multiplikation, Division) als auch komplexe Funktionen und Zusammenhänge (WENN/DANN-Funktion, Mittelwert ermitteln etc.).

Typische betriebliche Anwendungen sind z. B.:

- Erstellen von Personaleinsatzplänen
- Erstellen von Statistiken
- Auswertung von ACD-Daten
- grafische Darstellung von Zusammenhängen

**Beispiele für Tabellenkalkulationssoftware**

- Microsoft Excel
- Apache OpenOffice Calc
- Apple Numbers

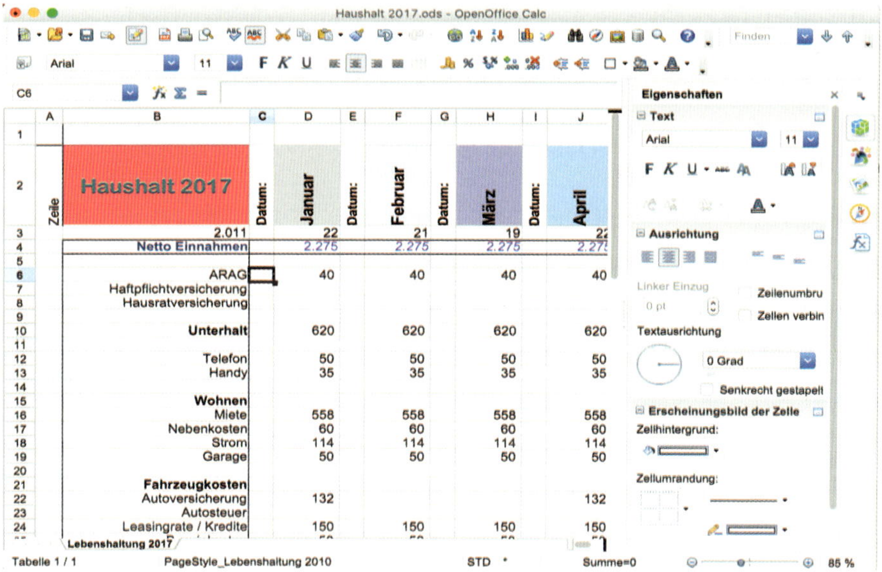


*Abb.: Tabellenkalkulation Apache OpenOffice Calc*

### Präsentationssoftware

Eine **Präsentationssoftware** wird verwendet, um bei Meetings, Trainings und Referaten die vorgestellten Informationen visuell zu unterstreichen. Der Benutzer erstellt sogenannte **Folien**, auf denen die Inhalte dargestellt werden. In Präsentationen können Bilder, Grafiken, Tabellen und Diagramme eingebunden werden. Das Programm unterstützt den Benutzer dabei, die Informationen und Inhalte so auf-

zubereiten, dass sie einem größeren Publikum vorgestellt werden können. Vorge-
2|3.3 führt werden Präsentationsdateien meist mithilfe eines **Beamers**, der das Bild auf eine Leinwand wirft.

Betriebliche Inhalte für Präsentationen sind z. B.:

- Anrufstatistik darstellen
- Tagesordnungspunkte einer Konferenz
- Ergebnisse einer Kundenbefragung
- Projektvorstellung

**Beispiele für Präsentationssoftware**

- Apache OpenOffice Impress
- Microsoft PowerPoint
- Apple Keynote

### Datenbankprogramme

Mithilfe von **Datenbankprogrammen** können Datenbanken erstellt und verwaltet werden. Eine Datenbank besteht aus zwei Kernkomponenten, dem **Datenbankmanagementsystem** und der eigentlichen **Datenbank**. Die Software unterstützt den Benutzer dabei, Datenbanken zu erstellen sowie Tabellen, Formulare und Abfragen für die Datenbank anzufertigen. In erster Linie stellt das Datenbankprogramm eine grafische Benutzeroberfläche bereit, um die Erstellung und Pflege der
4|4 Datenbanken zu vereinfachen.

Betriebliche Verwendung von Datenbanksoftware:

- Ressourcenplanung
- Lagerverwaltung
- Kundendatenbank
- Lösungsdatenbank

**Beispiele für Datenbanksoftware**

- Microsoft Access
- Oracle
- Apache OpenOffice Base

### Cloud-Computing

Unter Cloud-Computing versteht man das **Auslagern** von IT-Infrastrukturen wie Speicherplatz, Software oder Rechenleistung ins Internet bzw. in ein entferntes Rechenzentrum. Durch die zentrale Platzierung der Infrastruktur in der Cloud („Wolke") kann von überall und von jedem Endgerät über das Internet auf die Daten und Services zugegriffen werden. Dies ermöglicht völlig neue Anwendungen, sowohl für Privatpersonen als auch für Unternehmen. Für die Standardsoftware können beispielsweise Office-Dokumente in der Cloud abgelegt und von mehreren Personen gleichzeitig bearbeitet werden, die sich nicht am gleichen Standort befinden müssen.

### Texterkennung

**OCR** (Optical Character Recognition) ist eine Bezeichnung für **Texterkennungsprogramme**. Durch eine OCR-Software werden bei eingescannten Vorlagen die Zeichen gedeutet und in digitale Form übertragen. Das Programm ermittelt intelligent Wahrscheinlichkeiten für die Deutung von eingescannten Buchstaben und Ziffern. Je nach Art des Texterkennungsprogramms können OCR-Softwareprogramme auch logische Zusammenhänge erkennen und Bedeutungen wiederherstellen.

**Beispiel**

Der erste Buchstabe des Wortes „Angebot“ wird aufgrund der schlechten Qualität des Ausdrucks als 4 erkannt: „4ngebot“. Das Programm prüft, ob es das Wort „4ngebot“ überhaupt gibt. Da diese Überprüfung fehlschlägt, ändert das OCR-Programm die 4 in ein A um.

Betriebliche Verwendung von Texterkennungssoftware:

- Kundenkorrespondenz
- Formulare
- Verträge

**Beispiele für Texterkennungssoftware**

- Omnipage
- Readiris
- FineReader

***Praxistipp***
Bei einem Dokumenten-Management-System (DMS) wird OCR genutzt, um Dokumente einzuscannen und zu digitalisieren. 1|5.3

## 2.3 Branchensoftware

Zusätzlich zur Standardsoftware, die man in nahezu jedem Unternehmen finden kann, sind im Dialogmarketing **branchenspezifische Software** und Anwendungen im Gebrauch. Dies umfasst sowohl Programme, die man nur in dieser Branche findet, als auch Programme, die speziell für diesen Bereich angepasst wurden. Von besonderer Bedeutung sind dabei **Workforce-Management-Systeme**, die der Analyse, Planung und Steuerung von Arbeitsprozessen dienen. Nachfolgend werden die für Contact Center zentralen Komponenten vorgestellt:

### Zeiterfassung

Contact Center benötigen aufgrund von verschiedenen Schichten und Sonderzuschlägen bei Nacht- oder Feiertagsarbeit eine individuelle **Zeiterfassung** (Zeitwirtschaft). Die Zeiterfassung muss ein flexibles System sein, das sich auf die Bedürfnisse des Unternehmens anpassen lässt. Im Idealfall lässt sich ein solches System direkt mit den Arbeitsstationen der Kundenberater verbinden, eine Anmeldung kann dann z. B über das Telefon erfolgen. Vorteil: Es muss keine zusätzliche Hardware angeschafft werden.

## Personaleinsatzplanung

Besonders bei Contact Centern, die 24 Stunden am Tag erreichbar sind, stellt die Per-
10|1.5.3 sonaleinsatzplanung die Betriebe vor eine große Herausforderung. Callcenter nutzen daher **Personaleinsatzplanungssoftware (PEP)**, um die Kapazitäten an Agents für die Hotline zu planen. Meist umfassen diese Softwarepakete auch gleichzeitig Programme, die für die Urlaubsplanung der Hotline-Mitarbeiter verantwortlich sind. Diese bieten den Vorteil, dass bei der Personaleinsatzplanung schon direkt Fehlzeiten von Mitarbeitern berücksichtigt werden können.

< 01.03.2023 >
31.03.2023

| Mitarbeiter | Resturlaub | Saldo | 01.03.2023 Mi | 02.03.2023 Do | 03.03.2023 Fr | 04.03.2023 Sa | 05.03.2023 So | 06.03.2023 Mo | 07.03.2023 Di | 08.03.2023 Mi | 09.03.2023 Do |
|---|---|---|---|---|---|---|---|---|---|---|---|
| Müller, Stefan | 25 | | Frühschicht | Frühschicht | Frühschicht | | | Spätschicht | Spätschicht | Spätschicht | Spätschicht |
| Weber, Mareike | 28 | -8 h | Frühschicht | Frühschicht | Frühschicht | | | Spätschicht | Spätschicht | Spätschicht | Spätschicht |
| Schmidt, Lars | 28 | | Spätschicht | Spätschicht | Krank | | | Nachtschicht | Nachtschicht | Nachtschicht | Nachtschicht |
| Schulz, Sandra | 27 | + 8 h | Urlaub | Urlaub | Urlaub | | | Frühschicht | Frühschicht | Frühschicht | Frühschicht |
| Wilbert, Andreas | 24 | | Spätschicht | Spätschicht | Spätschicht | | | Nachtschicht | Nachtschicht | Nachtschicht | Nachtschicht |
| Lohmann, Marc | 27 | | Frühschicht | Frühschicht | Frühschicht | | | Spätschicht | Spätschicht | Spätschicht | Spätschicht |
| Fritz, Anke | 26 | -8 h | Spätschicht | Spätschicht | Spätschicht | | | Nachtschicht | Nachtschicht | Nachtschicht | Nachtschicht |
| Geiß, Hubert | 28 | | Nachtschicht | Nachtschicht | Nachtschicht | | | Frühschicht | Frühschicht | Frühschicht | Frühschicht |
| Marx, Laura | 27 | | Nachtschicht | Nachtschicht | Nachtschicht | | | Frühschicht | Frühschicht | Frühschicht | Frühschicht |

***Abb.: Personaleinsatzplanung***

## Pausenverwaltung

Im laufenden Betrieb braucht ein Inbound-Callcenter eine Software, die die Hotline bei der **Pausenverwaltung** unterstützt. Ein Pausenprogramm soll verhindern, dass alle Agents gleichzeitig Pause oder eine Bildschirmarbeitsunterbrechung machen. Die Agents können in der Pausensoftware eintragen, wann sie Pause machen möchten. Je nach Anzahl der Agents, die zu einer gewissen Zeit am Telefon verfügbar sein müssen, bietet das Programm Pausenslots an, die die Agents belegen können.

## Kampagnen-Management-System

Unter dem Begriff **Kampagne** versteht man im Dialogmarketing meist eine spezi-
9|1 elle Verkaufs. Häufig wird dafür auch die Bezeichnung „Projekt“ gewählt.

**Beispiel**

Dialogfix hat derzeit zwei parallel laufende Kampagnen: Bestandskunden von Laserdruckern werden angerufen und bekommen ein besonderes Angebot für Toner-Kartuschen. Daneben bekommt jeder Kunde, der über die Hotline einen neuen Rechner kauft, die Möglichkeit, für ein Jahr das Antivirenprogramm „Bugblaster“ zum Vorzugspreis zu beziehen.

Die Planung und Vorbereitung einer Kampagne kann sehr komplex sein, da viele Faktoren und Variablen bedacht werden müssen. Ein **Kampagnen-Management-System** ist eine Software, die meist auch in die **CRM** integriert ist.

Bei einer typischen Dialogmarketing-Kampagne werden üblicherweise **vier Phasen** durchlaufen:

1. **Planungsphase**
   - Wen möchte ich ansprechen?
   - Welche Medienkanäle nutze ich?
   - Welche Botschaft soll beim Kunden ankommen?
   - Welche Produkte/Dienstleistungen biete ich an?
   - Welche Tools werden benötigt?

2. **Kundenselektionsphase**
   - Selektion der Kunden aus der Datenbank
   - Sammlung von Zusatzinformationen
   - Aktualisierung von Kundendatensätzen

3. **Durchführungsphase**
   - Durchführen der Kampagne
   - Monitoring auf Tages- oder Wochenbasis

4. **Auswertungsphase**
   - Reporting
   - Auswertung der Ergebnisse
   - Erfolgskontrolle
   - Erfahrungsaufbereitung für künftige Kampagnen

### *Zusammenfassung*

- **Betriebssysteme** sorgen für die Grundfunktionalität von Computern und koordinieren die Arbeitsabläufe.
- 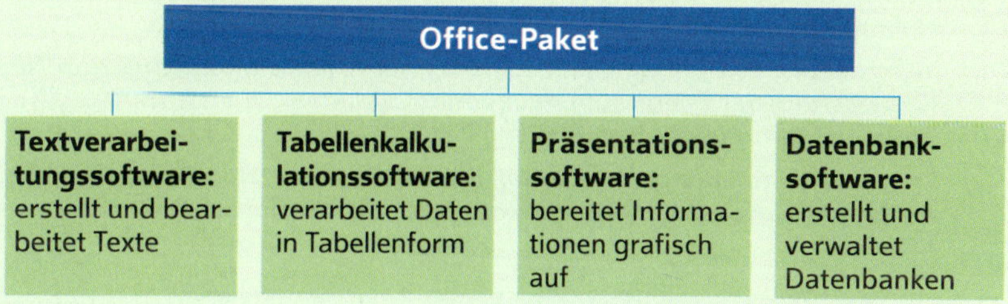

- **OCR** wird zur Texterkennung und somit zum Digitalisieren von Dokumenten genutzt. Wichtig ist OCR z. B. in einem Dokumenten-Management-System (DMS).
- 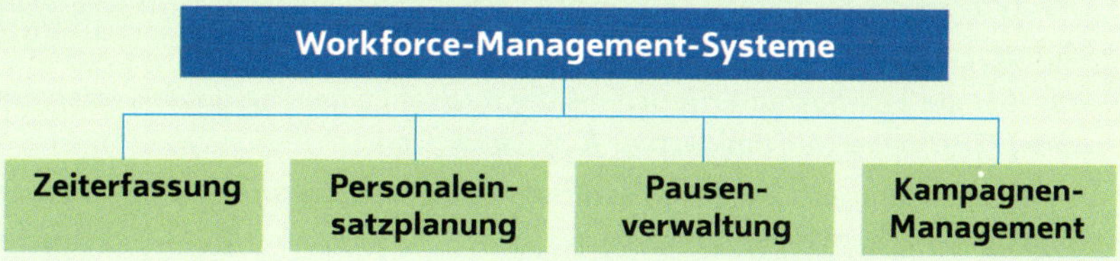

## Aufgaben

1. *Beschreiben Sie die Aufgaben eines Betriebssystems.*
2. *Was versteht man unter einem Office-Paket?*
   a) *Nennen Sie alle typischen Bestandteile.*
   b) *Geben Sie zu jedem Bestandteil je einen betrieblichen und privaten Verwendungszweck an.*
3. *Teamleiter Roland Pelter gibt Thomas den Auftrag, eine bebilderte Anleitung für das Pausenfix-Programm zu erstellen. Anwender sollen mit diesen Unterlagen verstehen können, wie das Pausenprogramm von Dialogfix funktioniert. Um eine Kurzschulung zu erstellen, soll Thomas die fertigen Unterlagen für eine Bildschirmpräsentation umbauen.*
   a) *Worauf ist dabei zu achten?*
   b) *Welche Software kann für diese Aufgabe eingesetzt werden?*
   c) *Welche Schwierigkeiten können bei der Umsetzung auftreten?*
4. *Nennen Sie fünf Anwendungsbeispiele für eine Tabellenkalkulation.*
5. *Welche Vorteile ergeben sich für ein Unternehmen durch das Digitalisieren von Dokumenten? Welche Aufgabe erfüllt dabei eine OCR-Software?*
6. *Welche Merkmale muss eine OCR-Software haben, damit sie allen betrieblichen Ansprüchen genügt?*
7. *Nennen Sie jeweils drei Vor- und Nachteile, die sich durch die Nutzung von Cloud Computing in einem Unternehmen ergeben können.*
8. *Beim Teammeeting bekommt Julia einige Aufgaben von ihrem Teamleiter:*
   *„Julia, für die nächste Teamleitersitzung mit der Geschäftsführung benötige ich folgende Unterlagen:*
   a) *Ein Beispiel für unsere neuen, besonders kundenorientierten Anschreiben im Beschwerdemanagement und*
   b) *eine dazugehörige Statistik, wie viele dieser Anschreiben wir im letzten Monat pro Woche verschickt haben.*
   c) *Dann ermittele bitte noch aus den entsprechenden Datensätzen der letzten drei Monate, welches die fünf häufigsten Beschwerdeanlässe waren.*
   d) *Außerdem bereite bitte die Ideen, die wir heute im Teammeeting zum Thema ‚Verbesserung der E-Mail-Kommunikation' sammeln, übersichtlich auf, sodass ich sie auf Abruf in der Besprechung vorführen kann.*
   e) *Verwende dazu bitte auch die alten Protokolle der letzten Teamsitzungen. Leider wurden die Dateien versehentlich gelöscht, du musst also die Ausdrucke noch einscannen."*

   *Welche Programme setzt Julia für die Bearbeitung der einzelnen Aufträge ein?*
9. *Vergleichen Sie in der Klasse die unternehmensspezifische Software, die in Ihren Ausbildungsbetrieben genutzt wird.*
10. *Erläutern Sie die Bedeutung eines Workforce-Management-Systems (WMS) im Contact Center.*
11. *Was sind die wichtigsten Kriterien bei der Auswahl einer Personaleinsatzplanungssoftware (PEP)? Geben Sie mindestens fünf Aspekte an.*
12. *Ermitteln Sie mittels einer Internetrecherche die Leistungsmerkmale von verschiedenen Kampagnen-Management-Systemen.*

# 3 Informationsnetze und -dienste verwenden

## *Einstiegssituation*

Teamleiter Roland Pelter hat seinen ersten Arbeitstag nach einem dreiwöchigen Urlaub in Portugal und stürzt sich gut erholt in die Arbeit. Er sitzt an seinem Platz und bereitet gerade die Teamstatistiken der Vorwoche grafisch auf. Plötzlich bekommt er eine automatische Warnmeldung via E-Mail, dass es in der Telefonanlage eine Auffälligkeit gibt. Er schaut auf die aktuelle ACD-Auswertung und stellt fest, dass für die morgendliche Tageszeit zu wenige Anrufe in der Dialogfix-Hotline ankommen. Besorgt wählt er von seinem Arbeitstelefon die Hotline-Nummer von Dialogfix an, um zu überprüfen, ob die Leitung auch erreichbar ist. Dabei muss er feststellen, dass er auf den Arbeitstelefonen die 0180-Rufnummern nicht anwählen kann. Roland Pelter loggt sich mit seinem Diensthandy in das WLAN-Netz der Dialogfix GmbH ein, um auf seinen Social-Media-Accounts zu checken, welche Ursachen für die Sperre infrage kommen könnten. Zu seinem Erstaunen wird ihm auf dem Handydisplay ein Hinweis angezeigt, dass über dieses Netz kein Zugang möglich ist.

Verwundert schaut Herr Pelter nun in das Dialogfix-Intranet und findet die aktuelle Meldung, dass für den heutigen Tag alle Calls primär zu Dienstleistern geroutet werden, da später noch eine Betriebsversammlung angesetzt ist. Außerdem findet er auf diesem Wege heraus, dass vor zwei Wochen die Telefone abgehend für die 0180-Gasse gesperrt wurden, da viele Beschäftigte private Gespräche zu Hotline-Nummern geführt haben. Aufgrund einer übermäßigen Nutzung durch Mitarbeiter wurden zudem alle Zugriffe auf Social-Media-Kanäle über das Firmen-WLAN blockiert.

## *Arbeitsaufträge*

1. ***Sammeln Sie Dienste, die bei der Informationsbeschaffung hilfreich sein können. Welche dieser Dienste nutzen Sie in Ihrem Ausbildungsbetrieb regelmäßig?***
2. ***Welche unterschiedlichen Servicerufnummern (Vorwahlen) kennen Sie? Vergleichen Sie in der Klasse, welche davon in den einzelnen Ausbildungsbetrieben genutzt werden.***
3. ***Diskutieren Sie in der Klasse, wie in Ihren Ausbildungsbetrieben die private Nutzung von firmeninternen Netzen geregelt ist.***

## 3.1 Fernsprechdienste

### Mehrwertdienste

Zusätzlich zu den Standardangeboten moderner Kommunikationsmedien bieten viele Basisdienste einen zusätzlichen Mehrwert. Diese **Mehrwertdienste** sind optional und dienen den Anbietern als zusätzliche Einnahmequelle und Erweiterung ihres Serviceangebots. Die Kunden profitieren von Zusatzleistungen und erleben mehr Flexibilität in der Angebotsstruktur.

> ***Praxistipp***
> Häufig wird für Mehrwertdienste der englische Begriff VAS (Value-added Services) verwendet.

| Medium | Basisdienste | Mehrwertdienste (Beispiele) |
|---|---|---|
| **Telefon** | • Anrufen<br>• Angerufen werden | • Telefonauskunft<br>• R-Gespräche<br>• Abstimmungen (T-Vote-Call)<br>• Servicenummern anrufen |
| **Telefax** | • Faxe versenden<br>• Faxe empfangen | • Faxabruf |
| **Internet** | • Internetzugang | • Fernsehen via Internet<br>• Telefonieren via Internet |
| **Fernsehen** | • Fernsehprogramme empfangen | • Pay-TV<br>• Zusatzsender |
| **Zeitung** | • Zeitung lesen | • Zeitungslieferung<br>• Fernsehbeilage dazubestellen<br>• Zeitung lesen und weitere Zusatzangebote via Internet und Smartphone |

### Auskunftsdienste

Früher als Telefonauskunft bezeichnet, können hier telefonisch alle Auskünfte abgefragt werden, die auch im Telefon- oder Branchenbuch zu finden sind, wie z. B. Telefon- und Faxnummern. Zudem ist es möglich, über die Telefonnummer die Anschriften von Privatpersonen und Firmen (**Rückwärtssuche, Inverssuche**) zu ermitteln oder sich zum gewünschten Anschluss weiter verbinden zu lassen.

Mittlerweile umfasst der Auskunftsmarkt viele verschiedene Anbieter, die über den klassischen **Auskunftsdienst** weitere Informationen und Dienstleistungen bereitstellen. Man kann sich etwa über das Wetter, Börsenkurse, Nachrichten etc. informieren. Diese Anbieter vermitteln auch Dienstleistungen anderer Anbieter. Man kann z. B. Konzertkarten bestellen, sich Restaurants empfehlen oder dort direkt einen Tisch reservieren lassen. Die Rufnummern beginnen grundsätzlich mit 118. Durch Internet und Smartphones hat sich die Bedeutung solcher Dienste heutzutage deutlich verringert.

**Beispiele für Anbieter Telefonauskunft**

- Deutsche Telekom
- smart79Auskunft
- Fred 11811
- 11 88 0 Solutions

## Call-by-Call

Der Telekommunikationsmarkt war einst völlig in der öffentlichen Hand. Alleiniger Anbieter für Telefonieren in Deutschland war bis 1998 die staatliche Deutsche Telekom. Seit der **Liberalisierung des Marktes** ist es auch anderen Anbietern möglich, Telefondienstleistungen anzubieten. Durch eine **Vorvorwahl** kann der Kunde mit seinem normalen Telefonanschluss zu Preisen und Konditionen anderer Anbieter telefonieren. Eine Call-by-Call-Vorwahl beginnt meist mit den Ziffern 010 und wird ergänzt durch Auswahlziffern, die für den Call-by-Call-Anbieter stehen.

Abgerechnet werden diese Dienste über den jeweiligen Anbieter, den Einzug des Rechnungsbetrags für den Call-by-Call-Anbieter übernimmt der Anbieter des Haupttelefonanschlusses, z. B. die Deutsche Telekom. Durch das Wählen der Vorvorwahl geht man einen Vertrag mit dem Call-by-Call-Anbieter ein. Somit ist dieser Anbieter auch Ansprechpartner für den Kunden bei Fragen zum Thema Abrechnung, Tarife, Reklamationen etc.

**Beispiele für Call-by-Call-Anbieter**

- freenet
- Sparcall
- Arcor
- Tele2

## Preselection

**Preselection** bezeichnet die feste Verbindung mit einem Anbieter. Der Kunde bindet sich vertraglich an einen Preselection-Anbieter, die Telekom programmiert dessen Netzkennzahl in den Vermittlungsrechner ein. Der Telefonanschluss bleibt bei der Telekom, es fallen somit weiter die Grundgebühren an. Die Gespräche werden jedoch ausschließlich über den Preselection-Anbieter abgerechnet. Eine Call-by-Call-Nutzung von anderen Anbietern ist dennoch möglich. Die meisten Call-by-Call-Anbieter bieten auch Preselection-Tarife an.

## R-Gespräch

Unter einem **R-Gespräch** versteht man ein Telefonat, bei dem der Angerufene zahlt. Durch eine Vermittlungsstelle wird bei einem Teilnehmer angerufen. Dies kann über eine reale Person passieren oder über ein Sprachdialogsystem. Nach der Zustimmung des Angerufenen, die Kosten für das Gespräch zu tragen – meist durch Drücken von Tasten auf der Telefontastatur oder durch mündliche Zusage des Angerufenen –, wird der Anrufer durchgestellt. Der Begriff R-Gespräch kommt aus dem Englischen von „return call“. R-Gespräche sind für den Angerufenen verhältnismäßig kostspielig. Neben der Deutschen Telekom bieten auch viele private Anbieter R-Gespräche an.

### Faxabruf

Der **Faxabruf**, auch Fax-Polling genannt, ist ein Mehrwertdienst, der es dem Benutzer ermöglicht, bereitgestellte Informationen über ein Faxgerät quasi „herunterzuladen“. Viele Faxgeräte erfordern eine Umstellung auf den Polling-Betrieb, bevor sie in der Lage sind, einen Faxabruf zu tätigen.

Im Anschluss muss die Faxnummer des Abrufdienstes eingegeben und auf Starten gedrückt werden. Nachdem der Dienst kontaktiert wurde, startet die Übertragung bzw. das Ausdrucken der Dokumente. Berechnet wird dieser Dienst häufig über eine kostenpflichtige 0900-Servicenummer. In Zeiten von Internet, Newslettern per E-Mail und Social Media verliert das Fax jedoch immer mehr an Bedeutung.

## 3.2 Servicerufnummern

Um die Abrechnung von Mehrwertdiensten und Serviceleistungen per Telefon möglichst einfach zu halten, wählen viele Anbieter eine **Abrechnung über die Telefonrechnung.** Der Vorteil liegt auf der Hand: Eine Telefonrechnung bekommen die meisten Menschen ohnehin, auf diese Art und Weise brauchen die Anbieter keine eigenen Rechnungen zu versenden, sondern nutzen die Telefonrechnung einfach mit.

Die Servicerufnummern sind in einzelne sogenannte „**Rufnummerngassen**“ unterteilt und verursachen meist Gebühren, die über das normale Telefonieren hinausgehen. Der Abrechnungstakt kann je nach Servicenummer variieren.

Die wichtigsten **Servicerufnummern** samt Kosten im Überblick:

| Rufnummerngasse | Kosten aus dem Fest- und Mobilfunknetz | Besonderheiten |
|---|---|---|
| 0180 – 1 | 3,9 Cent/Min. | |
| 0180 – 2 | 6 Cent pro Anruf | |
| 0180 – 3 | 9 Cent/Min. | |
| 0180 – 4 | 20 Cent pro Anruf | |
| 0180 – 5 | 14 Cent/Min. | |
| 0180 – 6 | 20 Cent pro Anruf | |
| 0180 – 7 | 30 Sekunden kostenlos, dann 14 Cent/Min. | |
| 0700 | max. 9 Cent/Min. | Vanity-Nummern |
| 0800 | kostenlos | |
| 0900 | frei tarifierbar , jedoch maximal 3,00 € pro Minute, alternativ 10,00 € pro Anruf, Preis laut Ansage | |

| Rufnummerngasse | Kosten aus dem Fest- und Mobilfunknetz | Besonderheiten |
|---|---|---|
| 0900 – 1 | frei tarifierbar, Preis laut Ansage | Information, Faxabruf |
| 0900 – 3 | frei tarifierbar, Preis laut Ansage | Unterhaltung (jedoch keine Erwachsenenunterhaltung), Faxabruf |
| 0900 – 5 | frei tarifierbar, Preis laut Ansage | beliebiger Inhalt, vorrangig Erwachsenenunterhaltung, Faxabruf |
| 0900 – 9 | frei tarifierbar, Preis laut Ansage | Dialer |
| 0137 | je nach weiterer Ziffer bis zu 100 Cent pro Anruf oder 14 Cent pro Minute | Televoting, T-Vote-Call |
| 115 | Ortstarif | zentrale Behördenrufnummer |
| 118 | frei tarifierbar, jedoch maximal 3,00 € pro Minute, Preis laut Ansage | Auskunftsdienste |

***Stand: 01.01.2023***

***Praxistipp***

Aktuelle Tarife finden Sie z. B. unter https://www.teltarif.de/telefonieren/sonderrufnummern.html. Seit 2022 sind vom Festnetztarif abweichende Mobilfunkpreise nicht mehr zulässig.

### Freecall 0800

Alle Anrufe, die über eine 0800-Nummer erfolgen, sind kostenlos. Kostenlose Hotlines sind ein besonderer Service für den Kunden, der zu Anrufen ermuntern soll.

**Beispiel**

Der Radiosender Loud'n'Heavy hat eine kostenlose 0800-Nummer, damit die Hörer für den Verkehrsfunk Staus und Blitzer melden können.

Eine unangenehme Begleiterscheinung von kostenlosen Hotlines sind die vermehrt auftretenden Spaßanrufe (sogenannte **Junk Calls**).

### Rufnummerngasse 0180

Lange Zeit wurde von klassischen Callcentern hauptsächlich die Rufnummerngasse 01805 als Hotline-Vorwahl verwendet, z. B. bei Bestellungen und Supportanfragen. Dabei müssen inzwischen **Warteschleifen kostenlos** sein. Eine Warteschleife wird vom Gesetzgeber so definiert, dass die gesamte Wartezeit, in der das Anliegen des Anrufers gerade nicht bearbeitet wird, kostenlos sein muss. Dabei spielt es keine Rolle, ob das Anliegen von einem Menschen oder von einer IVR bearbeitet wird.

Zur vereinfachten Umsetzung der kostenlosen Warteschleife stehen zwei weitere Rufnummerngassen zur Verfügung: Die 01806-Gasse ermöglicht einmalige Kosten pro Anruf. Somit können Contact Center ihre Kunden in die Warteschleife legen, ohne dass beim Warten weitere Kosten entstehen. Die 01807-Gasse verursacht Kosten analog zur vorher oft genutzten 01805-Gasse, jedoch mit dem Unterschied, dass die ersten 30 Sekunden kostenlos sind. Anbieter, die diese Art der Nummer verwenden, müssen allerdings sicherstellen, dass der Anruf nach diesen 30 Sekunden auch angenommen wird. Da die meisten Unternehmen eine Call-Annahme in diesem Zeitfenster nicht immer garantieren können, besonders nicht zu Peakzeiten, stellen die meisten Contact Center auf kostenlose Hotlines oder normale Festnetz-Nummern bzw. auf Abrechnungsmodelle pro Anruf um. Die klassischen 01805-Nummern verschwinden zusehends.

#### Rufnummerngasse 0900

Die Vorwahl 0900 **Premium-Rate-Dienste** hat die ehemalige 0190-Nummer ersetzt. Die 0900-Nummern werden von der Bundesnetzagentur vergeben und sind streng reguliert. Für den Nutzer dieser Nummern müssen die Preise klar ersichtlich sein bzw. angesagt werden. Nach maximal einer Stunde wird die Verbindung automatisch getrennt. Der vorgesehene Verwendungszweck und die Begrenzung der Kosten können der Tabelle auf Seite 358 f. entnommen werden.

Missbräuchliche Nutzung wird durch die Bundesnetzagentur geahndet. Sowohl die Anbieter solcher Dienste als auch die Nutzer profitieren von den strengen Vorgaben. Die Kunden sind genau informiert, welche Kosten durch die Nutzung der Nummern entstehen, und die Anbieter können durch 0900 unkompliziert Mehrwertdienste abrechnen. Die Akzeptanz der Verbraucher ist heutzutage bei 0900-Nummern bei Weitem höher, als es bei den früheren 0190-Nummern – auch aufgrund zahlreicher negativer Presseberichte – der Fall war.

#### Vanity-Rufnummer 0700

Vanity-Rufnummern bezeichnen eine sogenannte „Wortwahl-Rufnummer". Ähnlich wie beim SMS-Schreiben hat jede Ziffer mehrere zugeordnete Buchstaben. Die Nummer entspricht also einem Wort oder einem Namen. Damit fällt es dem Kunden leichter, sich die Telefonnummer des Unternehmens zu merken.

**Beispiel**

0700 – 342564349 ist gleichbedeutend mit 0700 – DIALOGFIX.

Das Vanity-Prinzip kann auch ohne eine 0700-Vorwahl benutzt werden. Diese Vorwahl bedeutet nur, dass es sich eindeutig um eine Vanity-Nummer handelt. Denkbar wäre auch 0800 – AUSKUNFT.

| | | |
|---|---|---|
| 1 | 2 abc | 3 def |
| 4 ghi | 5 jkl | 6 mno |
| 7 pqrs | 8 tuv | 9 wxyz |
| * | 0 | # |

***Abb.: Vanity-Prinzip***

Die 0700er-Rufnummer bleibt im Eigentum des Besitzers. Nutzer können diese „Rufnummer fürs Leben" zudem auf jeden beliebigen Anschluss umleiten lassen, auch z. B. bei einem Umzug.

#### Televoting 0137

Diese Rufnummern (auch: Massenverkehrsdienste) werden meist im Fernsehen für **Gewinnspiele** und **Abstimmungen** verwendet. Die Fernsehsender finanzieren damit nicht nur die Preise für die Gewinnspiele, sondern erhalten zusätzliche Einnahmen. Die 0137-Gasse ist deshalb so beliebt, weil sogar Anrufe oder eine SMS, die nicht zum Gewinn oder zur Durchstellung in eine Live-Sendung führen, berechnet werden. Der Anrufer muss unmittelbar nach Inanspruchnahme eines solchen Dienstes über die Kosten des Anrufs informiert werden. Dies geschieht meist durch eine Ansage.

### Verbraucherschutz

Die Novelle des **Telekommunikationsgesetzes (TKG)** trat Ende 2021 in Kraft und stärkte darin erneut den Verbraucherschutz bei der Nutzung von Servicerufnummern. Die wichtigsten Änderungen und Bestimmungen beinhalten:

- Preisobergrenzen: Das TKG schreibt vor, dass die Preise für 0180er-Nummern maximal 14 Cent pro Minute bzw. 20 Cent pro Anruf kosten dürfen.
- Informationspflichten: Anbieter von Kurzwahldiensten wie Premium SMS, 0900er und 118er Rufnummern müssen nun umfangreiche Selbstauskünfte dem Endkunden zur Verfügung stellen. Zu diesen Angaben gehören z. B. eine ladungsfähige Anschrift, E-Mailadresse, eine nationale Ortsnetznummer oder eine kostenfreie Nummer, unter welcher der Anbieter zu erreichen ist.
- Preisansagepflichten: Preisansagen für Servicerufnummern müssen bereits ab dem ersten Cent erfolgen und nicht mehr wie bisher erst ab einem Preis von 2 Euro pro Minute. Weiterhin bleibt die Pflicht zu einer Preisansage bei Weiterleitungen bestehen. Auf mögliche Kosten einer Warteschleife muss ebenfalls hingewiesen werden. Auch die nur aus dem mobilen Netz erreichbaren Premium Voice Dienste haben nun eine uneingeschränkte Preisansageverpflichtung, unabhängig vom Preis.

> **Beispiel**
>
> Die Dialogfix GmbH hat alle Hinweise auf ihre Hotline mit einem Text versehen: „Noch Fragen? Rufen Sie uns jederzeit an: 01806 555123 (20 Cent pro Anruf).“

Zuständig für die Einhaltung und Überwachung dieser Vorgaben ist die **Bundesnetzagentur**. Verbraucher können dort jederzeit Beschwerde einreichen, sollten ihnen Verstöße gegen die gesetzlichen Vorgaben im Alltag begegnen.

## 3.3 Mobilfunk

Das **Mobiltelefon** ist aus dem heutigen Gesellschaftsbild nicht mehr wegzudenken. Für die Geschäftswelt hat das Handy einen sehr hohen Nutzen. Durch ein Handy ist man immer und überall erreichbar.

> **→ *Praxistipp***
>
> Der Begriff **Handy** für ein mobiles Telefon wird nur in Deutschland benutzt. Übersetzt bedeutet der Begriff „handlich“. Im Englischen heißt ein Handy „mobile phone“, „cell phone“ oder als Kurzform „cell“.

## Nutzungsmöglichkeiten

Der Trend bei Mobilfunkgeräten geht eindeutig in Richtung **Multifunktionsgerät**. Handys haben sich vom reinen Telefon zum Multimedia-Allrounder gewandelt.

### SMS

In Ergänzung zum Telefonieren können mit Handys kurze Textnachrichten, sogenannte **SMS** (Short Message Service), versendet werden. Diese Nachrichten können bis zu 160 Zeichen lang sein. Es besteht jedoch auch die Möglichkeit, längere Nachrichten zu versenden, diese werden dann in mehrere SMS zu je 160 Zeichen aufgeteilt und anschließend beim Empfänger wieder zusammengefügt. Um eine SMS versenden zu können, muss im Handy eine SMS-Versendezentrale eingetragen sein, diese ist meist bereits in den Werkseinstellungen vorhanden.

### MMS

Die **MMS** (Multimedia Messaging Service) ist eine Weiterentwicklung der SMS. Zusätzlich zur Textbotschaft können **Multimedia-Inhalte** wie Töne, Videos, Bilder und Dateien mithilfe einer SMS versendet werden. In der Regel muss in einem Handy der Empfang von MMS erst freigeschaltet werden.

### Smartphones

Diese Geräte sind multimediale Alleskönner und machen sich die immer besser werdende Netzabdeckung für schnelles mobiles Internet zunutze. Moderne **Smartphones** („schlaue Telefone") sind im Prinzip kleine Taschencomputer. Man kann mit ihnen z. B. im Internet surfen, E-Mails schreiben, Musik hören, Social Media nutzen, Spiele spielen, navigieren oder Fotos schießen.

Ihren vollen Funktionsumfang entfalten Smartphones jedoch erst mit sogenannten **Apps** (Applications). Damit sind nützliche Anwendungsprogramme für Smartphones gemeint, die von kleinen Spaßanwendungen über Zeitungsabonnements bis hin zu umfangreichen Programmpaketen reichen. Für fast jedes Smartphone-Betriebssystem gibt es über das mobile Internet einen Onlineshop, über den Programme auf das Telefon geladen werden können. Den größten Shop betreibt Google mit mehreren Millionen verschiedenen Apps. Viele dieser Programme sind kostenlos und finanzieren sich über Werbeeinblendungen oder durch kostenpflichtige Zusatzfunktionen, die in der App selbst gekauft werden können. Die Preise variieren von Cent-Beträgen bis hin zu über 100,00 € für eine App, je nach Funktionsumfang. Die über Apps erzielten Einnahmen werden für die jeweiligen Anbieter zunehmend zu einem lukrativen Geschäftsmodell, das durchaus dem 4 | 3.1 Charakter von **Mehrwertdiensten** entspricht.

#### Betriebliche Einsatzgebiete

Ein mobiler Alleskönner stellt für einen Teamleiter oder Callcenter-Manager z. B. auf **Geschäftsreisen** eine große Hilfe dar. Gerade wenn es verschiedene Standorte des Unternehmens gibt, müssen wichtige Ansprechpartner immer erreichbar sein. Vor allem können auch mobil Dokumente empfangen und gelesen werden. Dies erleichtert die Arbeit und Koordination von Abläufen unterwegs.

Eine andere häufige Anwendung für Mobilfunk im betrieblichen Umfeld ist der **Bereitschaftsdienst**. Wenn eine Hotline z. B. am Wochenende erreichbar sein muss und es einen technischen Defekt gibt, haben die Mitarbeiter der IT-Abteilung ein Diensthandy, mit dessen Hilfe sie in Notfällen erreichbar sind.

### Abrechnungsmodalitäten

Die Angebote zum mobilen Telefonieren teilen sich in zwei Varianten auf: **Prepaid** und **Postpaid**. Diese Begriffe beschreiben die Abrechnungsmodalitäten der Handynutzung. Bei **Prepaid** kauft der Kunde vorab ein Gesprächsguthaben, mit dem er sein Handy aufladen kann, und telefoniert dieses ab. Bei **Postpaid** bekommt der Kunde monatlich eine Rechnung für die Handynutzung, ähnlich wie beim Festnetz-Telefonanschluss.

Die Minutenpreise sind bei der Prepaid-Variante meist teurer als bei Postpaid, wohingegen die Postpaid-Verträge meist eine Grundgebühr beinhalten. Das Angebot an Tarifen, Verträgen und Konditionen ist riesig. Welches Angebot für den einzelnen Privatnutzer oder das einzelne Unternehmen das richtige ist, hängt ganz vom individuellen Nutzerprofil ab.

Im Internet werden verschiedene **Preisvergleiche** angeboten, mit denen sich Tarife und Angebote sehr gut miteinander vergleichen lassen (z. B. www.teltarif.de).

### Technik

#### SIM-Karte

Herzstück des Handys ist die **SIM-Karte** (Subscriber Identity Module). Die SIM-Karte wird vom Netzbetreiber oder vom Serviceprovider an den Kunden geliefert. Eingelegt in das Handy, stellt sie eine Verbindung zum Funknetz her und ermöglicht so das mobile Telefonieren. Weiterhin dient die SIM-Karte als Gedächtnis des Handys, auf ihr werden u. a. Telefonnummern und Nutzerdaten gespeichert. Eine Mobilfunknummer ist nicht an ein Gerät gebunden, sondern an die SIM-Karte, die in das Gerät eingelegt ist.

### Weitere SIM-Formate

Die vielen Funktionen von Smartphones haben die Mobiltelefone sehr stromhungrig gemacht. Der meiste Platz in einem modernen Smartphone wird von den immer größer werdenden Telefon-Akkus eingenommen. Um weiteren Platz für Akkus zu gewinnen, werden in neuen Geräten meist die deutlich kleineren **Micro- bzw. Nano-SIM-Karten** verwendet. Die meisten Netzanbieter haben mittlerweile modulare SIM-Karten, sodass sich der Kunde das für sein Handy geeignete Format aus der Stanzform herausbrechen kann. Eine neue Entwicklung ist die fest verbaute **eSIM-Karte**, die je nach Anbieter mit den passenden Daten programmiert werden kann. Hersteller von Geräten und Netzanbieter versprechen sich davon Kosteneinsparungen und neue Möglichkeiten beim Design der Geräte aufgrund des nicht länger notwendigen Kartenslots.

### Netzstandards

In Deutschland haben schon mehrere **Generationen** von Mobilfunkstandards Anwendung gefunden. Der **GSM-Standard (2G)** gilt als Nachfolger der alten analogen A-, B- und C-Netze und legte damit 1992 den Grundstein für die zweite Generation des Mobilfunks in Deutschland. Die dritte Generation trug wesentlich zum Siegeszug der Smartphones bei, vor allem durch die höheren Übertragungsraten für Internetinhalte. Im Jahre 2000 wurden die dafür notwendigen **UMTS-Lizenzen** an die Netzbetreiber versteigert und erzielten einen Erlös von ca. 50 Mrd. Euro.

Als direkter Nachfolger von UMTS bieten die **LTE-Standards** Übertragungsraten, die denen einer häuslichen Internetleitung in nichts nachstehen. So eröffnet LTE neue Möglichkeiten von Streaming-Angeboten bis hin zur Videotelefonie. Inzwischen steht der 5G-Standard vor dem Durchbruch, der nochmals einen erheblichen Sprung im Datentransfer ermöglicht. Benötigt wird 5G z. B. für das autonome Fahren oder die Vernetzung von Maschinen und Geräten („Internet der Dinge“).

| Mobilfunkgeneration | Standards | Übertragungsraten |
|---|---|---|
| 2G | GSM | 9,6 Kbit/s |
| 2.5G | GPRS | 54 Kbit/s |
| 2.75G | EDGE | 220 Kbit/s |
| 3G | UMTS | 384 Kbit/s |
| 3.5G | HSPA, HSPA + | 7,2 Mbit/s bis 42 Mbit/s |
| 3.9G | LTE | 150 Mbit/s |
| 4G | LTE Advanced | 300 Mbit/s |
| 4.5G | LTE Advanced Pro | 600 Mbit/s |
| 5G | 5G | bis zu 20 Gbit/s |

→ ***Praxistipp***
In der Marketingsprache der Mobilfunkanbieter werden oft die verschiedenen Ausbaustufen der LTE-Technologie unter dem Begriff „4G“ zusammengefasst.

## 3.4 Internetnutzung

Meistgenutzte Informationsquelle ist heutzutage das **Internet**. Durch die richtige Nutzung bietet das Internet eine Fülle von nützlichen Informationen, die häufig kostenlos zur Verfügung stehen. Um nicht den Überblick zu verlieren und genau die Informationen zu bekommen, die benötigt werden, gibt es sogenannte Suchmaschinen. Die Suchmaschinen durchforsten das Internet nach Begriffen, die der Benutzer eingegeben hat. Die meisten Suchmaschinen greifen auf eine riesige Datenbank zurück und bieten dem Benutzer individuelle Suchoptionen. Suchmaschinen sind über eigene Webseiten oder Webportale zu erreichen. **4|1.2.6**

Beliebte Suchmaschinen im Internet:

| Name | URL |
|---|---|
| Google | www.google.de |
| Yahoo! | www.yahoo.de |
| DuckDuckGo | www.duckduckgo.com |
| WEB.de | www.web.de |
| Bing | www.bing.de |
| Ask | www.ask.com |

### Methoden von Suchmaschinen

Man unterscheidet drei Arten von Suchmethoden:

1. Volltextsuche
2. katalogisierte Suche
3. Metasuche

Bei der **Volltextsuche** wird die Suchmaschinendatenbank aufgrund des eingegeben Schlagwortes durchforstet. Anschließend werden die Suchergebnisse angezeigt. Der Nutzer kann einen beliebigen Text in die Suchmaske eingeben.

Bei der **katalogisierten Suche** wurden bereits Suchergebnisse und Informationen zu Themengebieten zusammengefasst und redaktionell, ähnlich wie bei einer Zeitung, aufbereitet.

**Beispiel**

Die Webredaktion der Suchmaschine web.de durchforstet ständig das Internet nach aktuellen Nachrichten und Schlagzeilen. Die gefundenen Webseiten werden von der Redaktion eingeteilt in die Rubriken Nachrichten, Wetter, Sport, Regionales, Weltgeschehen, Klatsch, Wellness, Technik etc.

Die **Metasuche** greift auf die Suchfunktion von mehreren Suchmaschinen zurück und bereitet die Suchergebnisse für den Benutzer auf. Dabei werden Dopplungen und unpassende Treffer automatisch entfernt. Dies bietet Vorteile für den Nutzer, da er mit nur einer Oberfläche die Suchfunktionen von vielen Suchmaschinen gleichzeitig nutzen kann.

## Nutzung von Suchmaschinen

Um auch wirklich die Informationen zu finden, nach denen man sucht, gibt es verschiedene Suchoptionen, um die Ergebnisse einzugrenzen:

**Beispiel**

Julia sucht im Internet nach einem neuen Handy. Sie möchte sich über die Features und die technischen Fakten der Telefone informieren. Der Suchbegriff „Handy" liefert jedoch viele Informationen und Angebote für Handys, die für Julia nicht interessant sind.

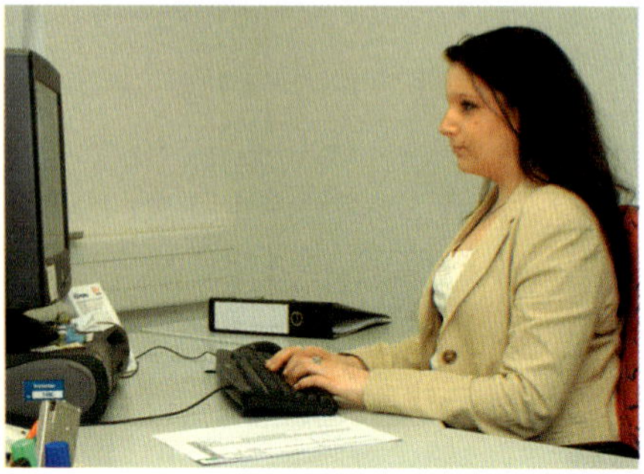

Mithilfe von **Operatoren** wie dem Plus- und Minus-Zeichen kann die Suche eingegrenzt werden. Dazu werden die Operatoren ohne Leerzeichen vor den Begriff gesetzt.

**Beispiele für Operatoren bei Google**

- *Handy –Angebote –ebay –kaufen –günstig –billig*
  Alle Begriffe, die mit einem Minus-Zeichen versehen sind, werden bei der Suche ignoriert.

- *Handy +Features +Technik +Datenblatt*
  Durch die Eingabe der Plus-Zeichen werden nur Suchergebnisse angezeigt, die alle eingegebenen Wörter enthalten.

- *„Handy Datenblatt"*
  Durch das Setzen der Anführungszeichen durchsucht die Suchmaschine nur Webseiten, die den Suchbegriff in genau dieser Reihenfolge enthalten.

- ** als Platzhalterzeichen*
  Findet alle Begriffe, die mit der Zeichenfolge bis zum Platzhalter beginnen.

➔ ***Praxistipp***

**Achtung:** Operatoren können bei den einzelnen Suchmaschinen unterschiedliche Funktionen haben! Hilfreiche Informationen zur Arbeit mit Suchoptionen liefert z. B. www.at-web.de/grundlagen/suchoptionen/.

## Zusatzfunktionen

Suchmaschinen haben oft viele Zusatzfunktionen und Dienste, die über die reine Suchfunktion hinausgehen. Dies lässt sich gut anhand einiger Beispiele der beliebten Suchmaschine Google demonstrieren.

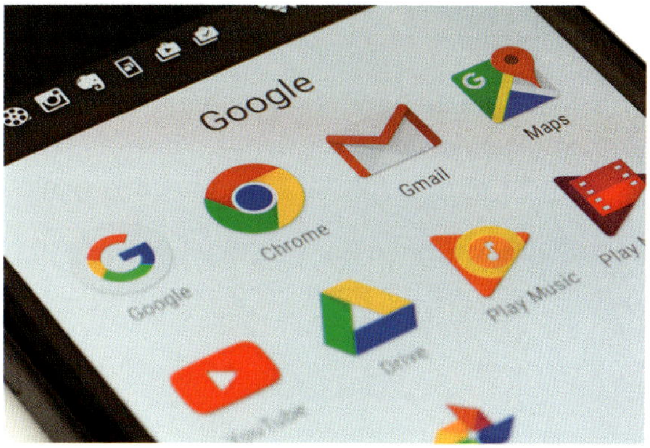


***Abb.: Zusatzfunktionen und Dienste von Google (Google und das Google-Logo sind eingetragene Marken von Google Inc., Verwendung mit Genehmigung)***

| | |
|---|---|
| **Suche** | bezeichnet die Standardsuchfunktion im Internet |
| **Maps** | Weltkarte, mit der sich Adressen suchen sowie Routenpläne erstellen lassen |
| **Street View** | 360-Grad-Ansichten aus der Straßenperspektive |
| **YouTube** | Googles Videoplattform |
| **Play** | Googles App Store |
| **Play Music** | Musik Streaming Dienst |
| **News** | bietet die Möglichkeit, nach aktuellen Nachrichten und Schlagzeilen zu suchen |
| **Gmail** | Googles E-Mail-Dienst |
| **Drive** | Googles Cloud-Speicher und Office-Lösungen |
| **Kalender** | Onlinekalender |
| **Übersetzer** | kann Wörter oder ganze Texte in verschiedene Sprachen übertragen |
| **Fotos** | Speicherplatz für Fotos |
| **Shopping** | Preisvergleichssuche |
| **Books** | Volltextsuche in digitalisierten Büchern aus aller Welt, digitale Bibliothek |
| **Blogger** | ermöglicht das einfache Erstellen von Blogs |
| **Meet** | Videokonferenz- und Instant-Messaging-Dienst |
| **Chat** | Kommunikations-App für professionelle Anwender |
| **Notizen** | Notizen, Listen und Sprachmemos speichern |
| **Pay** | Online-Bezahldienst |

## Sonderfunktionen von Google

Google bietet darüber hinaus weitere Sonderfunktionen, die bei der Recherche oder im Arbeitsalltag sehr nützlich sein können.

- **Die Define-Funktion:** Der Befehl *define:* liefert Definitionen von Begriffen, die hinter dem Doppelpunkt eingegeben werden.

- **Rechnen:** Google kann mathematische Formeln berechnen. Durch Eingabe einer Formel (z. B. (54-87)^2) und Betätigen des Suche-Buttons liefert Google das Ergebnis.
- **Suchen nach Dateitypen:** Google kann nach bestimmen Dateitypen suchen, z. B. *Grundgesetz filetype:pdf*. Dieser Befehl bewirkt, dass nur PDF-Dokumente gesucht werden, die im Zusammenhang mit dem Begriff „Grundgesetz“ stehen.
- **Währungsrechner:** Google kann direkt über das Suchfeld eine Währung in eine andere umrechnen. Die simple Eingabe von „50,00 € in CHF“ führt bereits zum Ergebnis.

***Abb.: Sonderfunktion „Währungsrechner" (Google und das Google-Logo sind eingetragene Marken von Google Inc., Verwendung mit Genehmigung)***

**Praxistipp**

Eine vollständige Liste mit allen Features von Google enthält dieser Link: https://about.google/intl/de/products/.

## Preisvergleich im Internet

Eine Unterart von Suchmaschinen sind **Preissuchdienste**. Diese Dienste durchforsten das Internet nach Preisen für Produkte und geben dem Benutzer die Möglichkeit, verschiedene Angebote miteinander zu vergleichen.

**Beispiel**

Thomas hat den Auftrag, einen Anbieter für 100 neue Headsets für Dialogfix zu suchen. Er soll darauf achten, dass die Headsets mit einem Vorverstärker ausgestattet sind und dass er einen möglichst günstigen Anbieter findet. Thomas gibt die Begriffe *Headset +Vorverstärker* in eine Preissuchmaschine ein und sortiert die Ergebnisse nach Preis. Er entscheidet sich für das drittgünstigste Angebot, da dort die Versandkosten bei größeren Bestellungen günstiger sind und es bei diesem Anbieter einen Mengenrabatt gibt. All diese Informationen hat Thomas mithilfe des Preisvergleichs ermitteln können.

**Beispiele für Preisvergleichsdienste im Internet**

- www.preissuchmaschine.de
- www.preispiraten.de
- www.guenstiger.de
- www.billiger.de
- www.idealo.de

## Soziale Netzwerke

Immer mehr Internetnutzer verbringen ihre Zeit in sozialen Netzwerken, sowohl beruflich als auch privat. Facebook zählt zu den meistgenutzten Netzwerken im privaten Bereich, im beruflichen Sektor liegt das Netzwerk XING vorne. Weitere bekannte soziale Netzwerke sind z. B. Snapchat, TikTok, Twitter und Instagram. Die Abgrenzung zwischen kommerzieller und privater Nutzung verschwimmt dabei immer mehr.

Viele Firmen haben die Marketingwirkung und hohen Nutzerzahlen der sogenannten **Social-Media-Dienste** für sich entdeckt und sind fast auf allen Plattformen 5|3.1.4 vertreten. Das Prinzip hinter diesen Diensten ist sehr einfach. Jeder User kann andere User als Freunde oder Bekannte zu seinem Netzwerk hinzufügen und Informationen teilen. Es können Bilder, Videos und Links ausgetauscht werden. Informationen, die ein User in das Netzwerk einstellt, verbreiten sich mitunter sehr schnell durch einen Schneeballeffekt, Freunde von Freuden sehen die Informationen und können sie ihren eigenen Kontakten zur Verfügung stellen.

### Neun von zehn Internetnutzern sind in sozialen Netzwerken unterwegs

Das Social Web wächst immer weiter – und immer schneller: Laut dem „Social Media Atlas" von Faktenkontor sind mittlerweile neun von zehn Internetnutzern in Deutschland auf Facebook, Instagram, Twitter und Co unterwegs. Das bedeutet im Vergleich zum Vorjahr ein sattes Plus von 14 Prozent. In der Altersgruppe der 14- bis 19-Jährigen liegt die Social-Media-Nutzung laut der Studie der Hamburger Kommunikationsberatung bei 100 Prozent. Bei den 20- bis 29-Jährigen sind es 98 Prozent. Allerdings sind die sozialen Netzwerke laut der Erhebung schon lange kein Jugendtreff mehr: Von den deutschen Internetnutzern ab 60 Jahren nutzen 85 Prozent Plattformen wie Facebook, Twitter und Youtube – 20 Prozent mehr als im Vorjahr. Damit liegt die Altersgruppe gleichauf mit den 50- bis 59-Jährigen Onlinern. Zwischen 40 und 49 Jahren liegt die Quote bei 87 Prozent, bei den 30- bis 39-Jährigen bei 93 Prozent. „Soziale Medien sind heute so omnipräsent und selbstverständlich wie vor 40 Jahren das Festnetz-Telefon", sagt Roland Heintze, Geschäftsführender Gesellschafter und Social-Media-Experte bei Faktenkontor. „Unternehmenskommunikation ohne Social Media ist deshalb heute so undenkbar wie früher ein Unternehmen ohne Telefon."

Der Social-Media-Atlas von Faktenkontor erfasst seit 2011 jährlich auf Basis einer repräsentativen Umfrage die Nutzung Sozialer Medien in Deutschland. Die Studie bildet insbesondere ab, welche Dienste im Web von wem wie intensiv genutzt werden, welche Themen auf welchen Kanälen diskutiert werden und inwieweit Soziale Medien Kaufentscheidungen beeinflussen. Der Social-Media-Atlas wird von der Hamburger Kommunikationsberatung Faktenkontor und dem Marktforscher Toluna in Kooperation mit dem IMWF – Institut für Management- und Wirtschaftsforschung herausgegeben.

*Quelle: Theobald, Tim: Neun von zehn Internetnutzern sind in sozialen Netzwerken unterwegs. In: www.horizont.net. Veröffentlicht am 28.02.2018 unter: www.horizont.net/medien/nachrichten/Social-Media-Atlas-Neun-von-zehn-Internetnutzern-sind-in-sozialen-Netzwerken-unterwegs-165224 [04.11.2022].*

## Zusammenfassung

- **Mehrwertdienste** bieten über den Standard hinausgehende, meist kostenpflichtige Dienstleistungen und können u.a. zur Informationsbeschaffung genutzt werden.
- **Auskunftsdienste** liefern unkompliziert und schnell Adressen, Telefonnummern, Dienstleitungen, Eventtermine und vieles mehr.
- Bei einem **R-Gespräch** zahlt der Angerufene nach seiner Zustimmung alle anfallenden Gesprächskosten.
- Unter **Faxabruf** bzw. Fax-Polling versteht man die Bereitstellung von Informationen in Form eines Fax, das der Kunde sich über sein eigenes Faxgerät anfordern kann.
- Viele Mehrwertdienste werden über **Servicerufnummern** abgerechnet:
  - 0800-Nummern sind für den Anrufer grundsätzlich kostenlos (**Freecall**).
  - 0180-Nummern werden oft für Servicehotlines verwendet (**Servicedienste**).
  - 0900-Nummern bieten als **Premium-Rate-Dienste** höherpreisige Dienstleistungen an und haben durch die **Bundesnetzagentur** besondere Einschränkungen erhalten, um Missbrauch einzuschränken.
  - 0700-Nummern, die sogenannten **Vanity-Nummern**, ermöglichen es, Telefonnummern mit Buchstaben darzustellen.
  - 0137/0138-Nummern werden für **Abstimmungen** (Votings) verwendet.
- Der **Mobilfunk** eröffnet immer neue Möglichkeiten, die zunehmend auch Multimedia- und Internetanwendungen umfassen.
- **Suchmaschinen** unterstützen bei der Informationsbeschaffung. Bei der Arbeit mit Suchmaschinen helfen **Suchoptionen und Operatoren**, die Suchergebnisse einzuschränken. Zusätzliche Möglichkeiten, wie z.B. Preisvergleiche, runden das Angebot ab.

## Aufgaben

1. ***Ihre Teamleiterin beauftragt Sie, möglichst kostengünstig über eine Telefonauskunft folgende Informationen zu recherchieren:***
   *a) Faxnummer Bäumchen Spezialfloristik, Berlin*
   *b) Telefonnummer Mr. Jim Steinman, New York, USA*
   *c) Inhaber der Telefonnummer 06899 767263*

   ***Führen Sie eine entsprechende Internetrecherche zum Kostenvergleich bei verschiedenen Anbietern von Telefonauskünften durch.***
2. ***Suchen Sie per Internetrecherche jeweils ein konkretes Beispiel für jeden Mehrwertdienst (Telefon, Telefax, Internet, Fernsehen, Zeitung).***
3. ***Julia stellt entsetzt fest, dass sie bei einer Telefonnotiz nur die Telefonnummer des Anrufers notiert hat, aber nicht den Namen. Welchen Auskunftsdienst kann Julia nutzen, um trotzdem den Namen des Anrufers zu erfahren?***
4. ***Erläutern Sie den Unterschied zwischen Call-by-Call und Preselection. Ermitteln Sie per Internetrecherche, welche Vor- und Nachteile sich jeweils hinsichtlich der Kosten im direkten Vergleich der beiden Dienste ergeben.***
5. ***Welche Vorteile bietet die Nutzung einer 0900-Nummer zur Informationsbeschaffung?***
6. ***Die Dialogfix GmbH ist u.a. über die Rufnummer 01806 90125 zu erreichen.***
   *a) Erläutern Sie das Prinzip der Rufnummerngasse „Servicedienste".*
   *b) Begründen Sie, warum die Bundesnetzagentur die Rufnummerngassen 01806 und 01807 eingeführt hat.*
   *c) Stellen Sie die Kosten des Anrufers für die 0180-Nummern aus dem Festnetz und vom Handy gegenüber.*

7. Die Dialogfix GmbH nutzt für ihre Bestellhotline eine kostenlose 0800-Nummer. Stellen Sie Vor- und Nachteile dieser Rufnummerngasse gegenüber.

8. Dialogfix möchte für die Bestellhotline eine neue Servicerufnummer schalten. Der Anrufer soll maximal 6 Cent pro Anruf zahlen. Welche Rufnummerngasse muss Dialogfix auswählen, wenn keine kostenlose Hotline geschaltet werden soll?

9. Viele Unternehmen nutzen eine sogenannte Vanity-Rufnummer (Wortwahl).
   a) Beschreiben Sie die Funktionsweise einer Wortwahl-Rufnummer.
   b) Der Kosmetikvertrieb „Tausendschön“ ist Kunde von Kommunikativ-Aktiv. Wie lautet die Vanity-Nummer für das Unternehmen „Tausendschön“?
   c) Die Vanity-Rufnummern der 0700-Rufnummerngasse werden auch als „persönliche Rufnummern fürs Leben“ bezeichnet. Recherchieren Sie online, welchen Vorteil hinsichtlich der Erreichbarkeit diese Rufnummerngasse bietet.

10. Lesen Sie auf der Webseite www.elektronik-kompendium.de/sites/kom/0810071.htm den Text „0137/0138 – Televotingdienste“ und beantworten Sie folgende Fragen:
   a) Wozu wird die Mehrwertnummer 0137 eingesetzt?
   b) Durch welches Merkmal zeichnet sich der Televotingdienst für die Abstimmungen aus?
   c) Nennen Sie drei unterschiedliche Einsatzbereiche für die 0137-Nummer.
   d) Wie wird verhindert, dass Mehrfachanrufer eine Abstimmung verfälschen?
   e) Aus welchem Grund wurde die 0137-Nummer für Unternehmen interessant und welche Gefahr besteht für die Anrufer?
   f) Erläutern Sie die allgemeine Kostenstruktur der Televoting-Nummer.
   g) Welche Maßnahme soll die Kostentransparenz für die Kunden erhöhen?

11. Welche Funktionsmerkmale von Mobilfunkgeräten können im Dialogmarketing nützlich sein? Welche Zusatzmöglichkeiten bieten Smartphones?

12. Bei einer Internetrecherche erhält Julia mehr als 1 Mio. Treffer. Beschreiben Sie drei Varianten, mit denen Julia die Onlinesuche eingrenzen kann.

13. Finden Sie fünf Anwendungen für Sonderfunktionen von Suchmaschinen, die im Arbeitsalltag von Interesse sein können.

14. In Ihrem Ausbildungsbetrieb sollen folgende Gegenstände angeschafft werden:
   - ein Flipchart
   - 20 Flachbildschirme, 19 Zoll
   - 5000 Seiten Druckerpapier, reinweiß

   Führen Sie im Internet einen Preisvergleich durch, der unter Berücksichtigung von Versandkosten und möglichen Rabatten das jeweils günstigste Ergebnis ermittelt.

15. Von Ihrem Teamleiter erhalten Sie den Auftrag, für das nächste Meeting eine Kurzpräsentation über die Möglichkeiten von sozialen Netzwerken (Social Media) in der Dialogmarketingbranche vorzubereiten. Bereiten Sie sich anhand des Artikels www.call-center-scout.de/images/stories/Ausgabe2/Omego.pdf und folgender Leitfragen auf die Sitzung vor:
   a) Was versteht man unter sozialen Netzwerken?
   b) Welche sozialen Netzwerke werden häufig genutzt?
   c) Wie verändert sich die Kundenkommunikation durch soziale Netzwerke?
   d) Welche Nutzungsmöglichkeiten von sozialen Netzwerken sind für die Dialogmarketingbranche besonders interessant?

# 4 Datenbanken nutzen

## ■ *Einstiegssituation*

Thomas ist in der technischen Hotline von Dialogfix eingesetzt. Im Beratungsgespräch ist es ihm gelungen, gemeinsam mit der Kundin Frau Mutig den Drucker Printfix 500 XL zu installieren. Die Kundin ist begeistert.

**Frau Mutig:** *„Das haben Sie aber ganz toll gemacht, jetzt funktioniert der Drucker endlich. Aber sagen Sie mal, wie machen Sie das eigentlich? Sie haben doch mehr als 30 verschiedene Druckermodelle im Angebot, und da kennen Sie sich bei jedem so gut aus?"*

**Thomas:** *„Um ehrlich zu sein, Frau Mutig, natürlich kenne ich mich mit den Druckern ganz gut aus. Aber in solchen speziellen Fällen hilft mir doch unsere Datenbank weiter ..."*

## ■ *Arbeitsaufträge*

1. ***Welche Einsatzmöglichkeit einer Datenbank hat Thomas hier genutzt?***
2. ***Welche weiteren Einsatzmöglichkeiten von Datenbanken kennen Sie aus Ihrem Ausbildungsbetrieb?***

## 4.1 Funktionsweise einer Datenbank

Unter einer Datenbank versteht man eine systematische Sammlung von **zusammengehörenden, unternehmensspezifischen Daten**. Datenbanken sind vielseitig einsetzbar und werden in zahlreichen Branchen verwendet. Gerade bei der Arbeit mit mehreren Personen, die gleichzeitig Daten nutzen, wird die Datenbank unverzichtbar. Datenbanken ermöglichen auch bei großen Datenmengen das Auffinden von spezifischen Informationen anhand von Schlüsselmerkmalen oder Suchbegriffen. Die Daten können bequem sortiert oder nach bestimmten Kriterien gefiltert werden.

Ziel einer Datenbank ist die
- **effiziente** (sparsamer Speicherplatzverbrauch und schneller Zugriff),
- **konsistente** (fehlerfreie Daten, die sich gegenseitig nicht widersprechen) und
- **dauerhafte** (für einen längeren Zeitraum)

Speicherung der Daten.

## 4.2 Nutzungsmöglichkeiten

Im Dialogmarketing sind die Nutzungsmöglichkeiten von Datenbanken extrem vielfältig:

- **Die Lösungsdatenbank** (Knowledge Base) im technischen Support enthält Lösungsschritte für technische Anfragen und Probleme der Kunden.
- **Die Kundendatenbank** enthält Informationen wie z. B. Anschrift oder Kundennummer.
- **Die Rechnungsdatenbank** enthält Abrechnungsinformationen, Rechnungen, Zahlungseingänge.
- **Die Produktdatenbank** enthält Informationen über die Produkte und Dienstleistungen eines Unternehmens.
- **Die Kontaktdatenbank** enthält Anschriften von Partnerfirmen, Zulieferern etc.

Viele Hersteller bieten Datenbanklösungen auf dem Markt an, die an die Anforderungen der einzelnen Unternehmen angepasst werden können. Die Angebote unterscheiden sich erheblich in Nutzungsumfang und Preis. Häufig werden auch unternehmensspezifische Lösungen entwickelt.

Für Beschäftigte im Dialogmarketing ergeben sich – unabhängig von der konkret genutzten Datenbank – verschiedene Anforderungen hinsichtlich der Dateneingabe und der Datenpflege. Die Umsetzung dieser Anforderungen wird meist noch dadurch erschwert, dass die Nutzung der Datenbank simultan (gleichzeitig) zum Telefongespräch erfolgt (sogenanntes „Multitasking"). 5|2.4

## 4.3 Relationale Datenbank

Die gebräuchlichste Art der Datenbank ist die **relationale Datenbank**. Deshalb werden im Folgenden die **allgemeinen Bestandteile** einer Datenbank am Beispiel der relationalen Datenbank erläutert.

### Bestandteile einer Datenbank

Die kleinste logische Einheit einer Datenbank ist das **Datenfeld**, welches aus einzelnen **Zeichen** besteht.

**Beispiel**

In der Dialogfix-Kundendatenbank ist die Kundennummer „658741" ein Datenfeld.

Die Zusammenfügung von mehreren logisch zusammengehörenden Datenfeldern, die ein bestimmtes Objekt repräsentieren, ergibt einen Datensatz. Einen **Datensatz** kann man sich als eine Art Karteikarte vorstellen.

**Beispiel**

In der Dialogfix-Kundendatenbank ergeben alle Datenfelder pro Kunde (Nachname, Vorname, Anschrift etc.) einen Datensatz.

Eine **Datei** setzt sich aus einer Vielzahl von gleichartigen, zusammengehörenden Datensätzen zusammen.

**Beispiel**

In der Dialogfix-Kundendatenbank setzt sich die Datei „Kunden“ aus allen Kundendatensätzen zusammen.

Die Verknüpfung verschiedener Dateien, zwischen denen eine logische Abhängigkeit besteht, wird schließlich als **Datenbank** bezeichnet.

**Beispiel**

Die Dialogfix-Kundendatenbank besteht u.a. aus der Datei „Kunden“ und verschiedenen Produktdateien.

## Aufbau einer relationalen Datenbank

Grundsätzlich kann man sich eine relationale Datenbank als eine Sammlung von Tabellen vorstellen. Jede Tabelle entspricht einer Datei. Jede Zeile einer Tabelle entspricht einem Datensatz. Jeder Datensatz setzt sich aus den einzelnen Datenfeldern zusammen, die sich in den einzelnen Spalten der Tabelle befinden. Am Feldnamen (der Überschrift jeder Spalte) kann man erkennen, welche Daten in die Datenfelder eingetragen werden können. Jede relationale Datenbank basiert auf einem „Bauplan“, dem sogenannten **Datenbankschema**.

**Beispiel**

| Kundennummer | Vorname | Nachname |
|---|---|---|
| **402879** | Stefan | Hogarth |
| **658741** | Wilhelm | Dick |
| **804154** | Markus | Kelly |

*Abb.: Tabelle Kunden*

Die Tabelle Kunden wird durch die Feldnamen Kundennummer, Vorname und Nachname beschrieben. Die Datenfelder „402879“, „Stefan“ und „Hogarth“ bilden einen Datensatz.

### Eindeutige Identifizierung über Primärschlüssel

Um Verwechslungen von Datensätzen zu vermeiden, muss jeder Datensatz eindeutig zu erkennen sein. Hierfür werden sogenannte Schlüssel vergeben. Als Schlüssel eignen sich jene Spalten in der Tabelle, deren Inhalt sich nicht wiederholt (z.B. Personalausweisnummer). Theoretisch kann eine Tabelle über mehrere Schlüssel verfügen. Der Einfachheit halber gibt es in den folgenden Beispielen nur einen Schlüssel, den „Primärschlüssel“. Jede Tabelle sollte also einen **Primärschlüssel** (z.B. den Feldnamen „Produktnummer“) besitzen, bei dem der Inhalt jedes Datenfeldes (z.B. „523417“) nur einmal vorkommt. Üblich ist es, den Primärschlüssel in die erste Spalte einer Tabelle zu setzen.

**Verknüpfung von Tabellen über Fremdschlüssel**

Relationale Datenbanken sind enorm flexibel. Mithilfe einer geeigneten Abfragesprache, z. B. SQL (Structured Query Language), können gewünschte Daten aus der Datenbank herausgesucht werden (z. B. welcher Kunde welche Produkte bestellt hat).

Um verschiedene Daten in Abfragen miteinander kombinieren zu können, müssen die Tabellen sinnvoll miteinander verknüpft werden. Dies geschieht über die schon beschriebenen Schlüssel. In der vereinfachten Darstellung wird der Primärschlüssel einer Tabelle in eine andere Tabelle übernommen. Dort heißt er dann **Fremdschlüssel**. So kann z. B. aus den Primärschlüsseln zweier Tabellen eine neue Tabelle erstellt werden. Diese neue Tabelle besteht dann aus den Fremdschlüsseln.

**Beispiel**

| Kundennummer | Vorname | Nachname |
|---|---|---|
| 402879 | Stefan | Hogarth |
| 658741 | Wilhelm | Dick |
| 804154 | Markus | Kelly |

*Abb.: Tabelle Kunden*

| Artikelnummer | Kundennummer |
|---|---|
| 4120 | 658741 |
| 2515 | 804154 |
| 8741 | 804154 |

*Abb.: Verknüpfte Tabelle Verkäufe*

| Artikelnummer | Drucker | Format | Preis |
|---|---|---|---|
| 2515 | Printfix 200 | DIN A4 | 289,80 € |
| 6954 | Printfix 500 | DIN A2 | 478,90 € |
| 1201 | LaserFix 9 | DIN A3 | 2 415,90 € |
| 8741 | InkFix XL | DIN A4 | 69,70 € |
| 4120 | Nadelfix classic | DIN A4 | 30,90 € |

*Abb.: Tabelle Drucker*

Diese Datenbank ist wie folgt aufgebaut:

Jeder Kunde der Dialogfix GmbH ist in der Tabelle Kunden enthalten und verfügt über genau eine Kundennummer. Die Kundennummer stellt den Primärschlüssel dar, da jeder Kunde hierüber eindeutig identifiziert werden kann.

In der Tabelle Drucker können alle Datensätze der zum Verkauf angebotenen Drucker eindeutig über die Artikelnummer (Primärschlüssel) identifiziert werden. Möchte man nun die verkauften Drucker den jeweiligen Käufern zuordnen, so verknüpft man die beiden Tabellen über ihre jeweiligen Primärschlüssel. So entsteht die verknüpfte Tabelle Verkäufe. In dieser Tabelle werden die Primärschlüssel der Ausgangstabellen zu Fremdschlüsseln.

### Verwaltung der Datenbank

Das Datenbankmanagementsystem (DBMS) ist die Software zur Verwaltung der Datenbanken. Das DBMS bildet die Schnittstelle zwischen der Datenbank und den auf sie zugreifenden Anwendungsprogrammen (z. B. Programm zur Personalverwaltung). Es ermöglicht das Anlegen von Datenbanken, die Speicherung, Änderung und Löschung von Daten, ihre strukturierte Abfrage sowie die Verwaltung von Benutzern, Zugriffen und Zugriffsrechten.

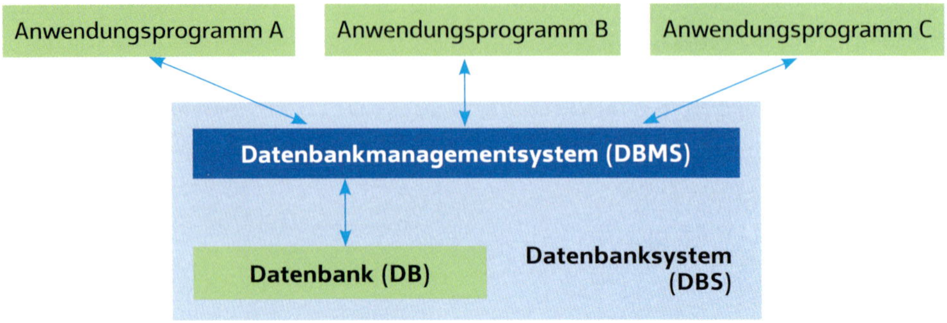


***Abb.: Zugriffsschema im Datenbanksystem***

Wichtig ist außerdem, bei der Erstellung der Datenbank darauf zu achten, im Datenbankmanagementsystem sogenannte **Regeln** festzusetzen. Eine Regel sorgt z. B. dafür, dass beim Ändern eines Datensatzes in einer Tabelle diese Änderung automatisch auch in allen verknüpften Tabellen vorgenommen wird. Verzichtet man auf solche Regeln, würde die Datenbank schnell unbrauchbar werden.

## 4.4 Datenarten

Datenarten lassen sich durch folgende Kategorien klassifizieren:

- **Einteilung nach Aufgabenart**
  Hier lassen sich **Rechendaten** und **Ordnungsdaten** unterscheiden. Rechendaten werden immer dann verwendet, wenn Werte zu ermitteln sind (z. B. Rechnungserstellung, Preiskalkulation). Ordnungsdaten dienen der eindeutigen Identifikation von Personen oder Elementen im Verarbeitungsprozess (z. B. Kundennummer).
- **Einteilung nach Veränderungsintervall**
  Oft werden Daten aufgrund ihres Veränderungsintervalls unterschieden. Daten, die sich häufig ändern (z. B. Bestellmenge, Bestelldatum), nennt man **Bewegungsdaten**. Daten, die sich selten bis gar nicht verändern (z. B. Adresse, Geburtsdatum), nennt man **Stammdaten**.
- **Einteilung nach der Stellung im Verarbeitungsprozess**
  Je nach Status innerhalb eines Verarbeitungsprozesses können Daten entweder **Eingabedaten** oder **Ausgabedaten** sein. Eingabedaten sind Daten, die in eine Datenbank eingegeben werden (z. B. Eingabe einer Bestellnummer). Ausgabedaten sind Ergebnis einer Datenbankabfrage (z. B. Abfrage des Bestellstatus).

- **Einteilung nach der Zeichenart**

| Zeichenart | Beispiel |
|---|---|
| numerisch | 21061601 |
| alphanumerisch | KDNR 1269745-14 |
| alphabetisch | Erwin Rinoa |

## Zusammenfassung

- **Datenbanken** fassen Daten in einer großen Einheit zusammen und ermöglichen das schnelle Auffinden von Daten anhand von **Schlüsselmerkmalen**.
- Die **relationale Datenbank** ist die gebräuchlichste Datenbankart. Sie wird durch das Datenbankschema beschrieben und speichert Daten in Form von Tabellen ab.
- Durch einen **Primärschlüssel** werden Datensätze eindeutig identifiziert. Um Abfragen erstellen zu können, werden die Tabellen über **Fremdschlüssel** miteinander verknüpft.
- Eine Datenbank beinhaltet **Datenfelder, Datensätze und Dateien**. Sie wird von einem **Datenbankmanagementsystem** verwaltet.
- Daten können nach der Aufgabenart, dem Veränderungsintervall, der Stellung im Verarbeitungsprozess und nach der Zeichenart eingeteilt werden.

## *Aufgaben*

1. ***Welche Vorteile bietet die Nutzung einer Datenbank?***
2. ***Entscheiden Sie begründet, ob es sich bei den nachfolgenden Angaben um Datensätze, Datenfelder oder Dateien handelt:***
   a) ***Druckerpreis***
   b) ***Lieferanten von Dialogfix***
   c) ***Druckerdatenblatt mit technischen Spezifikationen***
   d) ***Druckgeschwindigkeit***
3. ***Ergänzen Sie den nachfolgenden Lückentext:***

In einer ____________ Datenbank sind die Daten in ____________ organisiert. Die Zeilen der Tabelle heißen ____________. Die Spaltenüberschriften der Tabelle werden ____________ genannt. Im einfachen Fall können wir eine Datenbanktabelle mit einem ____________ vergleichen. Die einzelnen ____________ entsprechen hier den Datensätzen. Ein Datenfeld, das einen Datensatz eindeutig identifiziert, nennt man ____________.

4. ***Beschriften Sie in der folgenden Tabelle die einzelnen Bereiche mit den passenden Bezeichnungen:***

| | Artikelnummer ① | Drucker | Format | Preis ③ |
|---|---|---|---|---|
| ④ | 2515 | Printfix 200 ② | DIN A4 | 289,80 € |

5. ***Bei der Dialogfix GmbH sind auch Materialien für die Büroarbeit sowie bestehende Lieferanten in einer relationalen Datenbank hinterlegt.***

***Tabelle Lieferanten***

| | | | | | |
|---|---|---|---|---|---|
| 420167 | Bürosmart GmbH | Hanauer Landstr. 523a | 60314 | Frankfurt a. M. | 069 123456 |
| 740135 | Paperback AG | Stadthausstr. 22 | 55116 | Mainz | 06131 11332 |

***Tabelle Büromaterial***

| Materialnummer | Bezeichnung | Packungsgröße |
|---|---|---|
| | | |
| | | |

a) ***Ergänzen Sie in der Tabelle Lieferanten die Feldnamen und in der Tabelle Büromaterial exemplarisch je einen Datensatz für Büroklammern und Druckerpapier.***

b) ***Benennen Sie für beide Tabellen die Primärschlüssel. Nach welchem Kriterium suchen Sie die Primärschlüssel aus?***

c) ***Die Bürosmart GmbH liefert sowohl Büroklammern als auch Druckerpapier. Die Paperback AG hingegen liefert nur das Druckerpapier. Entwerfen Sie die verknüpfte Tabelle „Zuordnung Lieferanten zu Büromaterial", in der Sie diese Beziehungen als Datensätze darstellen.***

6. ***Geben Sie begründet an, ob sich folgende Daten als Primärschlüssel eignen:***
   a) ***Bestelldatum***
   b) ***Kundennummer***
   c) ***Geburtsdatum***
   d) ***Sozialversicherungsnummer***
   e) ***Flughafenkürzel (z. B. SCN für Saarbrücken)***
   f) ***Pkw-Kennzeichen***

7. ***Welche Aufgaben hat das Datenbankmanagementsystem?***

8. ***Erläutern Sie die Kriterien, nach denen sich Datenarten klassifizieren lassen.***

9. ***Die Rechnungen der Dialogfix GmbH an ihre Kunden enthalten zahlreiche Daten. Überprüfen Sie, ob es sich dabei um Stamm- oder Bewegungsdaten handelt:***
   a) ***Lieferdatum***
   b) ***Bestellmenge***
   c) ***Artikelnummer***
   d) ***Geburtsdatum des Kunden***
   e) ***Steuernummer der Dialogfix GmbH***

10. ***Entscheiden Sie, ob es sich bei den Daten aus Aufgabe 9 jeweils um Rechendaten oder Ordnungsdaten handelt.***

# 5 Datensicherheit beachten

## Einstiegssituation

Um die Mittagszeit an einem schönen Sommertag ist in der Bestellannahme der Dialogfix GmbH nicht viel los. Azubi Thomas langweilt sich und sucht im Internet nach Browserspielen, um sich die Zeit ein wenig zu vertreiben. Nach kurzer Zeit wird er fündig und probiert verschiedene Spiele aus. Als er versucht, das Spiel Rocket Bomber zu starten, zeigt der Webbrowser einen Sicherheitshinweis an. Genervt klickt Thomas die Meldung weg und möchte mit dem Spielstart fortfahren. Plötzlich meldet das Antivirenprogramm einen Virenfund und zeigt ein Alarmfenster an. Ohne weiter darauf zu achten, schließt Thomas auch dieses Fenster und schaltet kurzerhand das Antivirenprogramm aus, um in Ruhe mit dem Spiel fortfahren zu können. Nach kurzer Zeit stoppt der komplette PC und zeigt einen Bluescreen mit einer kritischen Fehlermeldung an. Erschrocken zieht Thomas den Stromstecker und sucht sich schleunigst einen anderen Arbeitsplatz.

## Arbeitsaufträge

1. ***Beschreiben Sie, welche Fehler Thomas gemacht hat.***
2. ***Sammeln Sie betriebliche Situationen, die an Ihrem PC-Arbeitsplatz besondere Verhaltensweisen voraussetzen.***
3. ***Schildern Sie persönliche Erfahrungen, die Sie mit der Sicherheit von Daten gemacht haben.***

Die **Datensicherheit** beschäftigt sich mit den technischen und organisatorischen Maßnahmen zum Schutz der Daten gegen Beschädigungen und Verlust sowie vor dem Zugriff Unbefugter.

## 5.1 Bedrohungen

Um den Datenbestand, die Funktion von firmeninternen Netzwerken sowie die Hard- und Software zu schützen, müssen Unternehmen heutzutage umfangreiche Maßnahmen ergreifen. Auch privat sollte jeder Computer- und Internetnutzer sich mit dem Thema **Sicherheit** auseinandersetzen, denn es lauern zahlreiche Gefahren und **Bedrohungen**. Dazu gehören z.B. Schaden verursachende Software (Viren, Spyware, Trojaner etc.), Spam und Phishing.

### 5.1.1 Schaden verursachende Software

Unter Schaden verursachender Software (auch Schadprogramme oder **Malware** genannt) versteht man jede Art von Software, die den reibungslosen Betrieb von Computersystemen behindert, stört oder völlig lahmlegt.

dialogfix GmbH

**Auszug aus dem Dialogfix-Intranet:**
**Lexikon der Schadsoftware**

**Adware**
Adware ist ein Kunstwort aus dem englischen Wort für Werbung („Advertising") und „Software". Oft finanzieren sich vermeintlich kostenlose Programme über Werbeeinblendungen und zusätzliche Werbeprogramme, die mit dem eigentlichen Programm mitinstalliert werden.

**Hoax**
Ein passendes Synonym für Hoax in der deutschen Sprache ist Ente (vgl. Zeitungsente). Ein Hoax ist also eine Falschmeldung, die Panik und häufiges Weiterleiten von E-Mails auslösen soll. Ein **Hoax-Virus** ist eine Datei, die sich als Virus ausgibt (durch Fehlermeldungen, Öffnen und Schließen von Laufwerken etc.). Diese Art Virus soll dem Nutzer einen Schrecken einjagen bzw. für einen Scherz herhalten.

**Spyware**
Spyware ist eine Software, die meist ohne Wissen des Benutzers installiert wurde (z. B. über kostenlose Downloads). Spyware kann Informationen über den PC-Nutzer wie etwa persönliche Daten und Surfgewohnheiten ausspionieren und sie über das Internet übertragen.

**Trojanisches Pferd**
Der Name kommt von der griechischen Legende um die Stadt Troja. Ein Trojaner gaukelt vor, ein harmloses Programm zu sein, hat häufig allerdings das Ziel, Daten und persönliche Informationen (z. B. Passwörter für Homebanking oder E-Mail-Accounts, Kreditkartennummern) zu stehlen und zu versenden. Auch können Viren und Würmer über Trojaner verbreitet werden.

**Virus**
Viren befallen Programmdateien und Betriebssysteme und schädigen sie (z. B. Datenverlust, Fehlfunktionen). Sie vermehren sich unkontrolliert, meist über die Nutzung bestimmter Programme (z. B. Word- und Excel-Dateien oder Dateien mit der Endung .exe). Umgangssprachlich wird der Begriff Virus auch als Sammelbegriff für Malware verwendet.

**Wurm**
Ein Wurm ist ein Netzwerk-Virus, der auf dem PC oder im Netzwerk Rechenzeit beansprucht und somit das System lahmlegen kann. Er befällt – anders als andere Viren – keine Dateien, kann sich aber selbstständig vermehren und in andere Netzwerke ausbreiten.

→ ***Praxistipp***
Aktuelle Informationen finden Sie z. B. auf folgenden Webseiten: www.computerbetrug.de, www.trojaner-info.de, www.heise.de/security/.

Eher harmlos sind hingegen die sogenannten **„Cookies“** (engl. = Kekse oder Krümel). Damit werden während des Surfens im Internet Informationen abgespeichert (z. B. Anmeldedaten oder benutzerspezifische Einstellungen). Bei erneutem Aufruf einer Webseite wird der Benutzer wiedererkannt.

Cookies stellen zwar kein direktes Sicherheitsrisiko dar. Jedoch besteht die Gefahr, dass ein Nutzerprofil über Surfgewohnheiten und Interessen angelegt wird, das für gezielte Werbung genutzt werden kann. Zudem können die gespeicherten Informationen von anderen Nutzern abgefragt werden.

### 5.1.2 Spam

Unter **Spam** versteht man den flutartigen Massenversand von elektronischen Nachrichten, meist via E-Mail. Spam ist für Unternehmen zum Kostenfaktor geworden, da unangeforderte Werbebotschaften die Mailboxen verstopfen und viel Zeit investiert werden muss, erwünschte E-Mails von unerwünschten zu trennen.

Um Spam zu reduzieren, kommen verschiedene **Abwehrmechanismen** zum Einsatz. E-Mail-Anbieter versuchen, mögliche Spammails bereits auszusortieren, bevor eine E-Mail dem Adressaten zugestellt wird. Meist arbeiten die Provider mit Hilfsprogrammen, die Spam identifizieren und automatisch filtern. Dieses Vorgehen deckt jedoch meist nur einen gewissen Anteil von Spammails ab. Die meisten E-Mail-Programme und Provider bieten dem Benutzer zudem Optionen an, sich gegen unerwünschte E-Mails zu schützen. Sehr verbreitet sind dabei **Spamfilter** 4|5.2.4
mit den verschiedensten Funktionen.

**Falscher Umgang mit Spam: Nur jeder fünfte Internet-Nutzer trainiert seinen Spam-Filter**

Mit Spam-Mails möchten die deutschen Internet-Nutzer möglichst wenig zu tun haben: Lediglich jeder Fünfte (19 %) markiert verdächtige E-Mails im eigenen Postfach als Spam. Die überwiegende Mehrheit (60 %) löscht potenzielle Spam-Nachrichten ungelesen, sieben Prozent lesen zuerst und löschen im Anschluss, drei Prozent belassen die Spam-Mail einfach im Posteingang, und einer von hundert deutschen Internetnutzern antwortet sogar auf E-Mail-Spam. Das ist das Ergebnis einer repräsentativen Umfrage im Auftrag der größten deutschen E-Mail-Dienste WEB.DE und GMX. Die beiden Anbieter setzen jetzt mit der Funktion „Verbesserte Spam-Erkennung“ auf die Mitwirkung der Nutzer.

Werden Spam-Mails einfach gelöscht, geht dem E-Mail-Anbieter die Spam-Bewertung des Nutzers verloren. Noch kritischer ist das Antworten auf Spam- oder Phishing-Nachrichten: Das beweist dem Spam-Versender, dass die E-Mail-Adresse korrekt ist – und animiert ihn zu noch mehr Spam-Versand. Besser ist es daher, verdächtige E-Mails direkt in der Webmail-Anwendung oder in der App des Mail-Anbieters als Spam zu markieren und in den Spam-Ordner zu verschieben. [...]

*Quelle: Friemel, Christian: Falscher Umgang mit Spam: Nur jeder fünfte Internet-Nutzer trainiert seinen Spam-Filter. In: www.newsroom.web.de. Veröffentlicht am 30.01.2020 unter: https://newsroom.web.de/2020/01/30/falscher-umgang-mit-spam-nur-jeder-fuenfte-internet-nutzer-trainiert-seinen-spam-filter/ [02.11.2022].*

## 5.1.3 Phishing

Phishing ist ein kombiniertes Wort aus den Begriffen **Password** und **Fishing**. Durch eine E-Mail wird der Nutzer dazu aufgefordert, persönliche Daten wie z. B. sein Passwort oder seine Bankdaten einzugeben. In den E-Mails befinden sich meist Hyperlinks zu gefälschten Webseiten, die dem Nutzer eine echte bzw. vertrauenswürdige Webseite vorgaukeln. Sollte der Benutzer seine Daten eingeben, kann der Phisher diese Daten missbrauchen.

> **→ *Praxistipp***
> Häufig sind Phishingmails in englischer Sprache oder in schlechtem Deutsch mit zahlreichen Fehlern verfasst. Ursache für die merkwürdige Sprache sind Übersetzungsprogramme, die für die Übertragung in andere Sprachen verwendet werden. Anhand dieser Merkmale können Sie leicht eine gefälschte E-Mail erkennen. Am besten werden Phishingmails unverzüglich gelöscht.

**Beispiel**

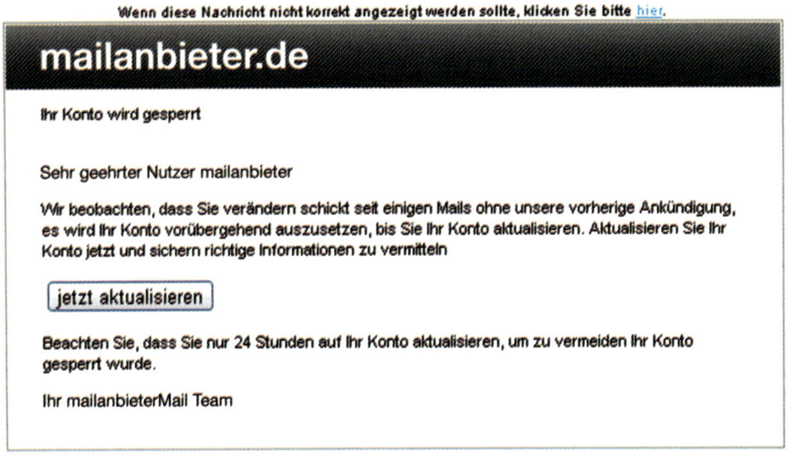
Wenn diese Nachricht nicht korrekt angezeigt werden sollte, klicken Sie bitte hier.

mailanbieter.de

Ihr Konto wird gesperrt

Sehr geehrter Nutzer mailanbieter

Wir beobachten, dass Sie verändern schickt seit einigen Mails ohne unsere vorherige Ankündigung, es wird Ihr Konto vorübergehend auszusetzen, bis Sie Ihr Konto aktualisieren. Aktualisieren Sie Ihr Konto jetzt und sichern richtige Informationen zu vermitteln

jetzt aktualisieren

Beachten Sie, dass Sie nur 24 Stunden auf Ihr Konto aktualisieren, um zu vermeiden Ihr Konto gesperrt wurde.

Ihr mailanbieterMail Team

***Abb.: Phishingmail***

## 5.1.4 Ransomware

Der Begriff stammt von dem englischen Wort Ransom (Lösegeld). Ziel dieser Schadsoftware (Trojaner) ist es, den geschädigten Nutzer eines Rechners zu erpressen. In der Regel verschlüsselt die Ransomware Dateien auf dem befallenen PC und macht sie somit für den Benutzer unzugänglich. Meist verlangt die Schadsoftware ein Lösegeld für das Entschlüsseln der Daten. Dieses soll

dann in anonymen Zahlungsmitteln wie Kryptowährungen oder Prepaidkarten geleistet werden. Am häufigsten werden Ransomware-Trojaner über Phishingmails oder den Besuch einer Webseite, die Malware enthält, installiert.

### 5.1.5 Weitere Bedrohungen

Technische Anlagen sind ständig **Gefahren aus der Umwelt** ausgesetzt. So könnte z. B. bei einem Gewitter ein Blitzeinschlag das Stromnetz überlasten und für einen Hardwaredefekt an der Anlage selbst sorgen oder durch einen Stromausfall Datenverlust verursachen. Denkbar sind z. B. auch eine Überschwemmung durch einen Wasserrohrbruch oder ein Brand durch eine Überhitzung der Anlage im Sommer. Zusammenfassend werden diese Bedrohungen auch als „höhere Gewalt" bezeichnet.

Ungesicherte Systeme sind zudem anfälliger für Sabotage bzw. **mutwillige Zerstörung** durch Dritte. Nicht zuletzt kann es auch durch **Fehlbedienung** durch Mitarbeiter zu erheblichen Schäden kommen.

## 5.2 Schutzmaßnahmen

### 5.2.1 Passwortsicherheit

Ständige Begleiter bei der Nutzung von technischen Anlagen und im Alltag sind **Passwörter, Pincodes** und **Sicherheitsabfragen**. Passwörter schützen persönliche Daten und Systeme vor fremdem Zugriff. Ein Passwort sollte immer sicher gewählt und nur dem Inhaber des Passworts bekannt sein. Durch die Fülle von Passwörtern, die sich die Menschen heutzutage merken müssen, neigen viele dazu, einfache Passwörter zu wählen, die leicht zu behalten sind. Entscheidender Nachteil dieser Art von Passwörtern ist, dass sie immens schnell herausgefunden werden können und unbefugten Personen Zugriffe ermöglichen.

Typische **unsichere Passwörter:**

Username: asdf
Passwort: jklö

Username: Vorname
Passwort: Passwort
Qwertz
123456

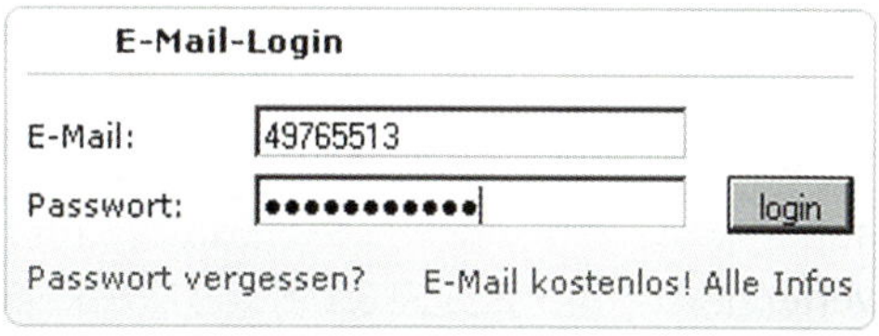

Als ebenso unsicher gelten Passwörter, die mit dem Benutzer in direkte Verbindung gebracht werden können, wie z. B.

- Geburtstage,
- Lieblingsfilme,
- Hobbys,
- Haustiere.

Diese Passwörter gelten als unsicher, weil sie bereits ohne großen technischen Aufwand durch Ausprobieren und Erraten herausgefunden werden können. Ein Hacker wird im Regelfall diese einfachen, gängigen Passwörter zuerst ausprobieren.

Sollte das Ausprobieren nicht zum Erfolg führen, kommen kleine Hilfsprogramme zum Einsatz, deren Zweck es ist, Passwörter herauszufinden. Diese Programme gehen nach zwei verschiedenen Methoden vor.

### Dictionary(Wörterbuch)-Methode

In einem solchen Spionageprogramm ist meist eine sogenannte **Wordlist** hinterlegt, in der sämtliche Wörter verzeichnet sind, die es auch in einem Wörterbuch gibt. Das Programm versucht nun, jedes dieser Wörter als Passwort einzusetzen, bis es Erfolg hat.

> **_Praxistipp_**
> Sämtliche Wörter, die es in gesprochenen Sprachen gibt, eignen sich nicht als Passwort.

### Brute-Force(Brutale-Gewalt)-Methode

Diese Methode kommt zum Einsatz, wenn die Dictionary-Methode versagt hat. Man gibt dem Programm einen **Zeichenpool** vor (z. B. Buchstaben A–Z und die Zahlen 0–9) und eine maximale Passwortlänge. Das Programm versucht nun, alle nur erdenklichen Kombinationen durch, die es aus diesen Vorgaben erstellen kann, bis es Erfolg hat.

Besteht das Passwort z. B. nur aus Kleinbuchstaben aus dem Alphabet (26 verschiedene Zeichen) ergeben sich bei einer Passwortlänge von

| | | |
|---|---|---|
| 4 Zeichen | = | 456 976 Kombinationsmöglichkeiten, |
| 8 Zeichen | = | 208 827 064 576 Kombinationsmöglichkeiten, |
| 12 Zeichen | = | 95 428 956 661 682 200 Kombinationsmöglichkeiten. |

Erhöht sich der Zeichenpool z. B. auf den kompletten **ASCII-Zeichensatz** (128 verschiedene Zeichen) verhalten sich die Kombinationsmöglichkeiten wie folgt:

| | | |
|---|---|---|
| 4 Zeichen | = | 268 435 456 Kombinationsmöglichkeiten |
| 8 Zeichen | = | 72 057 594 037 927 900 Kombinationsmöglichkeiten |
| 12 Zeichen | = | 19 342 813 113 834 100 000 000 000 Kombinationsmöglichkeiten |

> **Praxistipp**
> Durch die Erhöhung von Zeichenpool und Anzahl der Zeichen innerhalb eines Passworts erhöht sich auch die Zeit, die ein Brute-Force-Algorithmus benötigt, um alle Kombinationsmöglichkeiten durchzuprobieren. Ein sicheres Passwort besteht somit aus verschiedenen Zeichen (Zahlen, Buchstaben und Sonderzeichen) und sollte mindestens acht Zeichen lang sein, besser sind mehr Zeichen.

Sichere Passwörter enthalten somit

- GROSS- und Kleinschreibung,
- Sonderzeichen wie #+!"§$%&/()=?^°,.-,
- Buchstaben und Zahlen,
- mindestens acht Zeichen, besser mehr,
- keine Wörter, die es in gesprochenen Sprachen gibt.

Vielen Benutzern fällt es schwer, sich komplex aufgebaute Passwörter zu merken. Dennoch gibt es bewährte Methoden, ein sicheres Passwort zu erstellen, das leicht zu merken ist.

**Beispiel**

Man nehme den Satz:

*Ich bin so vergesslich, wie merke ich mir ein Passwort?*

Als Passwort werden nun die Anfangsbuchstaben der Wörter sowie die Satzzeichen genommen.

*ibsv,wmim1P?*

Somit erhält man ein leicht zu merkendes Passwort, das dennoch die Sicherheitskriterien erfüllt. Noch sicherer ist:

*#(Ibsv,wmim1P?)#*

## 5.2.2 Antivirenprogramme

Ein **Virus** ist eine Datei oder ein Programm, das auf einem oder mehreren PCs Schaden verursachen soll. Ein **Antivirenprogramm** kann solche schadenverursachenden Dateien erkennen, den Benutzer informieren und die Viren sicher verwahren bzw. entfernen. Auf dem Markt finden sich viele Antivirenprogramme, sowohl kostenlose Programme für den Heimgebrauch als auch Vollpreisprodukte für Unternehmen und Komplettpakete für zu Hause. 4|5.1

Die meisten Antivirenprogramme arbeiten vollautomatisch, der Benutzer muss dennoch dafür Sorge tragen, dass das Programm in der Lage ist, sich selbst aktuell zu halten, d. h., dass es Zugriff auf das Internet hat. Damit die Antivirenprogramme ständig auf dem neusten Stand sind, muss ein regelmäßiges Internetupdate erfolgen.

## Bestandteile von Antivirenprogrammen

Ein Antivirenprogramm verfügt meist über folgende Funktionen:

- **Scannen**
  Virenprogramme können Festplatten und angeschlossene Laufwerke eines PCs auf Viren überprüfen. Der Scan kann je nach Geschwindigkeit des PCs und Größe der Laufwerke zwischen 20 Minuten und zwei Stunden dauern. Die Antivirenprogramme greifen dabei auf Datenbanken zurück, in denen sogenannte Virendefinitionen enthalten sind. Diese Definitionen sorgen dafür, dass das Programm die Viren als solche erkennt und entfernen kann.
- **Wächter**
  Verschiedene Virenprogramme verwenden zusätzlich zu dem Virenscan eine Art Echtzeitschutz. Dieser Wächter überwacht ständig im Hintergrund sämtliche Anwendungen, die auf einem PC laufen, und überprüft, ob eine schädliche Datei versucht, auf den Rechner zuzugreifen. In diesem Fall schlägt der Wächter Alarm und bietet dem Benutzer Optionen zur Behebung des Virenfundes.
- **Quarantäne**
  Fast jedes Antivirenprogramm besitzt ein verschlüsseltes Verzeichnis, in dem eine schadenverursachende Datei wie in einer Art Gefängnis eingesperrt werden kann. Diese Option bietet sich an, um im Falle einer fälschlich verschobenen Datei den Ursprungszustand wieder herzustellen.

- **Internetupdate**
  Um die Virendefinitionen auf dem neusten Stand zu halten, werden diese regelmäßig über das Internet aktualisiert. Diese Funktion hilft dem Programm, erst kürzlich aufgetretene Viren zu erkennen. Die meisten Virenprogramme haben mittlerweile die Möglichkeit, laufend neue Updates herunterzuladen. Die Frequenz, in der neue Updates zur Verfügung stehen, hängt vom Programmhersteller ab.
- **Zeitplaner**
  Der Benutzer kann im Zeitplaner einstellen, zu welchen Uhrzeiten bzw. an welchen Wochentagen Operationen ausgeführt werden sollen, wie z. B. das Internetupdate oder die Rechnerüberprüfung.

### 5.2.3 Firewall

Eine **Firewall** ist eine Anwendung, die den Datenverkehr zwischen zwei Netzen regelt, protokolliert, kontrolliert und ggf. verhindert. Die Firewall ist also eine Art Türsteher zwischen dem Internet und dem eigenen Netzwerk. Für den Heimgebrauch kommt eine Personal-Firewall zum Einsatz. Dabei handelt es sich um eine Softwarefirewall, die auf dem PC installiert ist. In großen Firmennetzen hingegen wird eine Netzwerk-Firewall eingesetzt (Hardwarefirewall).

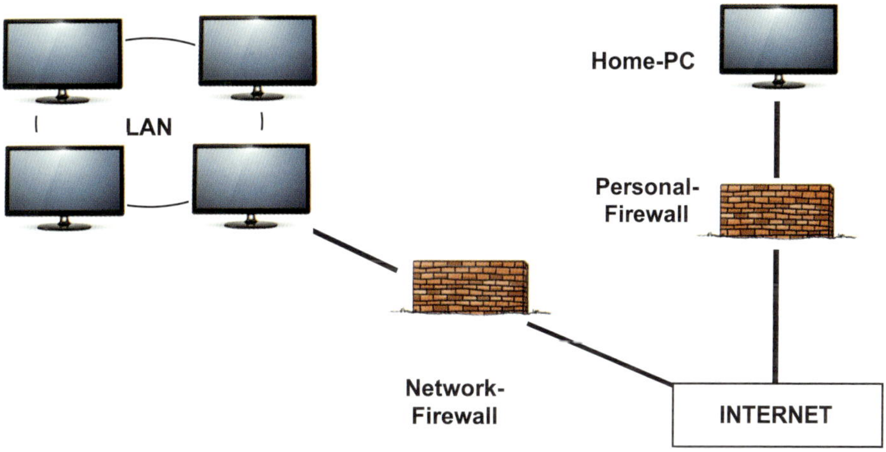


***Abb.: Schematischer Aufbau von firewallgeschützten Netzwerken***

#### Aufgaben einer Firewall

Die Firewall kann verschiedene Aufgaben erfüllen:
- Programmzugriffskontrolle (Welche Software darf Kontakt mit dem Internet herstellen und welche nicht?)
- Blockieren von Hacker-Angriffen
- Meldung von Angriffen
- Abschirmen des eigenen Netzwerks nach außen
- Reglementierung von Diensten
- Paketfilterung

## Funktionen einer Firewall

### Sicherheitsstufe

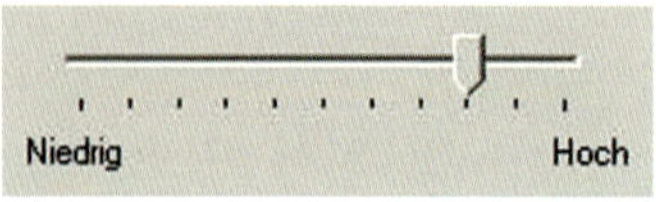


Viele Firewalls bieten vereinfachte Optionen durch standardisierte Sicherheitsstufen. Diese Sicherheitsstufen umfassen Regeln, die bei einzelnen Sicherheitsmaßnahmen eingeschaltet sind.

Eine **hohe Einstellung** bedeutet, dass nur Programme einen Internetzugriff bekommen, die explizit vom Benutzer freigegeben wurden. Unbekannte Anwendungen und IP-Adressen werden ohne weitere Nachfrage abgeblockt. Auch sonstige Anfragen an die Firewall werden blockiert.

Eine **mittlere Einstellung** bedeutet, dass bei neuen Anwendungen durch eine Meldung der Benutzer gefragt wird, ob eine Anwendung oder ein Dienst auf das Internet zugreifen darf. Standardanwendungen haben vollen Zugriff.

Eine **niedrige Einstellung** lässt grundsätzlich alle Anwendungen und Dienste zu. Nur fest definierte Angriffe auf das Netzwerk werden blockiert.

### Anwendungskontrolle

In der Anwendungskontrolle kann der Nutzer festlegen, welche Programme auf das Netzwerk zugreifen dürfen. Je nach Firewall kann z. B. eingestellt werden, zu welchen Uhrzeiten Zugriffe erlaubt sind oder in welche Richtung (ein- oder ausgehende Verbindungen oder beides).

### Warneinstellungen

Hierbei können Optionen über Warnungen und Protokolle der Firewall eingestellt werden, beispielsweise welche Ereignisse die Firewall melden soll oder welche Vorkommnisse zu protokollieren sind.

### Zoneneinstellungen

In Firewalls können oft vom Benutzer Zonen definiert werden bzw. sind bereits definiert. Es wird z. B. die Netzwerk- und die Internetzone unterschieden. Für jede Zone können eigene Richtlinien und Freigaben erstellt werden. Für das eigene Netzwerk bestimmt man etwa eine vertrauenswürdige Einstellung, für die Internetzone Anwendungsregeln mit einer höheren Sicherheit.

**→** ***Praxistipp***
Nützliche Hinweise zur Konfiguration der Firewall (Windows) bietet https://www.pcwelt.de/article/1085504/sicherheit-so-nutzen-sie-ihre-windows-firewall-am-besten.html.

### 5.2.4 IT-Richtlinien

Jedes Unternehmen hat **IT-** oder **EDV-Richtlinien** bzw. Vorschriften. Diese Richtlinien dienen dazu, die firmeneigene Hard- und Software so wenigen Bedrohungen wie möglich auszusetzen.

**dialogfix** GmbH

## Auszug aus den Vorschriften zur EDV-Nutzung

**1 Geltungsbereich**

Diese Vorschriften zur EDV-Nutzung gelten für alle Beschäftigte der Dialogfix GmbH sowie sämtlicher Partnerfirmen.

**2 Allgemeine Sicherheitshinweise**

Den Mitarbeiterinnen und Mitarbeitern ist es untersagt,
- Downloads von ausführbaren Dateien, nichtlizenzierter Software oder von Dateien mit nach geltender Rechtslage illegalen Inhalten vorzunehmen,
- Software des Arbeitgebers auf nicht für den Dienstgebrauch bestimmten Datenträgern zu speichern oder zu verschicken,
- an der Hardware Veränderungen vorzunehmen, die Geräte zu öffnen, Hardwareteile ein- oder auszubauen oder eigene Hardware mit der Hardware am Arbeitsplatz in Verbindung zu bringen,
- private und/oder firmenfremde Komplettsysteme mit dem firmeneigenen Netzwerk zu verbinden,
- bestehende Software zu verändern oder zu löschen, sodass hierdurch eine Nutzung durch andere erschwert, eingeschränkt oder unmöglich wird,
- Veränderungen am Antivirensystem vorzunehmen, d.h. insbesondere es zu löschen oder abzuschalten.

**3 Umgang mit Daten, Software und Passwörtern**

- Es ist untersagt, Passwörter an Dritte weiterzugeben, zu speichern, zu notieren oder in irgendeiner Form für andere zugänglich zu machen.
- Ein Passwort muss umgehend geändert werden, wenn der Verdacht besteht, dass es einer anderen Person bekannt wurde.
- Die Mitarbeiter sind dazu verpflichtet, ihre persönlichen Daten regelmäßig auf den dafür vorgesehenen Backup-Medien zu sichern. Im Falle einer Nichtbeachtung ist der Mitarbeiter für einen eventuellen Datenverlust verantwortlich.
- Die auf den Arbeitsstationen installierte Software ist nur für Unternehmenszwecke zu nutzen.
- [...]

→ ***Praxistipp***

Informieren Sie sich in Ihrem Ausbildungsbetrieb, welche Vorschriften es gibt, und halten Sie sich gewissenhaft daran.

## 5.2.5 Spamfilter

Jeder E-Mail-Anbieter und jedes E-Mail-Programm bieten dem Benutzer Schutzmaßnahmen gegen Spam. Häufig wird dazu ein **Quarantäne- bzw. Spamordner** genutzt, in dem verdächtige E-Mails zunächst abgelegt werden.

### Adressatenfilter

Der Benutzer kann eine Liste mit Adressen erstellen, denen es erlaubt ist, E-Mails zu versenden (**Whitelist**).

Der umgekehrte Weg ist, alle Adressen, von denen keine E-Mails empfangen werden sollen, zu sperren (**Blacklist**).

### Wortfilter

Über den Wortfilter können **Schlüsselwörter** eingegeben werden, die typisch für Spammails oder E-Mails sind, die der Nutzer nicht empfangen möchte.

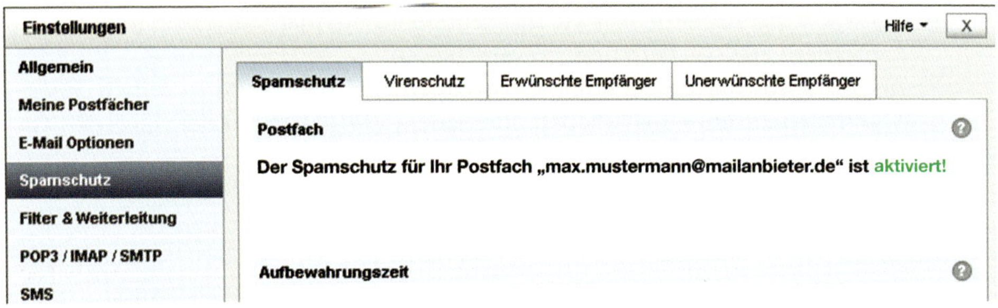


*Abb.: Einstellungen für den Spamschutz*

## 5.2.6 Physikalischer Schutz

Zum Schutz vor Umwelteinflüssen und Manipulation von Dritten sind folgende Maßnahmen sinnvoll:

- **Notstromversorgung** bzw. unterbrechungsfreie Stromversorgung (USV) aller wichtigen EDV-Anlagen
- **Lagerung** von Hardware in abgetrennten, verschlossenen Bereichen
- Nutzung von **Parallelsystemen**, z. B. Mehrrechnerbetrieb oder Spiegelung der Festplatte auf weitere (externe) Festplatten
- **Zugangskontrollen** mithilfe von elektronischen Schlössern, Alarmanlagen, Videoüberwachung etc.
- **klimatisierte Räumlichkeiten** zum Schutz der Hardware vor Überhitzung und Umwelteinflüssen
- Verbot von offenem **Feuer**, Rauchen oder sonstigen Gefährdungen
- Sicherung von Computerzugängen durch **Passwörter** und Benutzerkennungen
- **Schreibschutz**, um ein versehentliches Löschen von Daten zu verhindern

## 5.2.7 Backup

Zur Datensicherheit gehört eine regelmäßige **Datensicherung**. Man unterscheidet dabei verschiedene **Backup-Arten**:

- Beim **kompletten Backup** (Voll-Backup) werden alle Daten 1 : 1 gesichert, dies dient als Basis jedes weiteren Backups. Nachteil des Verfahrens ist der immense Speicherbedarf.
- Bei einem **inkrementellen Backup** werden nur die Daten gesichert, die sich seit dem letzten inkrementellen Backup geändert haben. Der Nachteil der inkrementellen Methode besteht darin, dass die neu gesicherten Daten wertlos sind, wenn das Voll-Backup verloren geht.
- Bei einem **differenziellen Backup** werden hingegen alle Daten, die seit dem letzten Voll-Backup hinzugekommen sind, gesichert. Jeder Durchlauf geht vom letzten Voll-Backup aus.
- Beim **partiellen Backup** werden lediglich die wichtigsten Dateien in einem Verzeichnis zusammengefasst und täglich auf wiederbeschreibbaren Medien wie externen Festplatten, USB-Sticks und CD/DVD-RWs gesichert. Dies sollte abwechselnd auf verschiedenen Medien geschehen, um im Falle einer Beschädigung Ersatz zu haben.

Die **Wichtigkeit eines Backups** darf nicht unterschätzt werden. Ein Verlust der Kundendaten in einem Contact Center kann ein Desaster bedeuten. Es ist bereits ärgerlich, wenn beim Schreiben eines Textes auf dem Heimcomputer durch einen Absturz die Arbeit von mehreren Stunden auf einmal weg ist. Auf Unternehmensebene nimmt ein solcher Verlust ganz andere Dimensionen an. Wenn alle an einem ganzen Tag bearbeiteten Daten plötzlich und unwiederbringlich verschwunden wären, ließen sich die finanziellen Auswirkungen auf das Unternehmen nur schwer kalkulieren. Aus diesem Grund sichern Firmen meist mit **mehreren Ebenen von Sicherheitskopien** ihre Datenbestände ab.

## 5.2.8 SSL-Zertifikate

Ein geeignetes Instrument, um den **Datentransfer im Internet** abzusichern, ist die SSL-Technologie. SSL steht für Secure Socket Layer. Über SSL werden bestimmte Webseiten **verschlüsselt**. Zu erkennen ist dies über den Zusatz „s" bei einer http-Adresse. Zusätzlich verwenden die meisten Browser ein Schloss-Symbol in der Fußleiste oder machen sichere Seiten besonders kenntlich.

**Beispiel**

http**s**://www.anmelden.dialogfix.de

Internetanwendungen, die vertrauliche Daten abfragen, müssen aus Datenschutzgründen mit SSL verschlüsselt werden, z. B.

- Onlinebanking,
- Anmeldefenster (Webmail, eBay etc.),
- persönliche Daten wie Geburtsdatum, Bankverbindung, Adresse etc.

Um eine sichere Verbindung zwischen Computer und Internetseite aufzubauen, werden **SSL-Zertifikate** verwendet. Diese bauen einen eigenen, sicheren Kommunikationskanal auf, auf den Dritte keinen Zugriff haben. Jedes Zertifikat besteht aus einem öffentlichen und einem privaten Schlüssel. Wenn der Browser auf die Internetanwendung zugreift, werden beide Parteien über SSL authentifiziert. Der öffentliche Schlüssel wird zur Verschlüsselung der vertraulichen Daten verwendet, der private zur Entschlüsselung. Diese Zertifikate werden nur von zertifizierten Stellen ausgegeben, d.h., jeder Anbieter sicherer Webseiten musste sich vorher ausweisen und wurde streng auf Echtheit überprüft.

Moderne Browser erkennen Webseiten mit geprüften Zertifikaten und kennzeichnen dies z.B. mit einem grünen Symbol in der Adressleiste. Ein Mausklick auf das Symbol liefert weitere Informationen über die Firma und darüber, wer das Zertifikat ausgestellt hat. Ein Klick auf „Weitere Informationen“ blendet eine detaillierte Ansicht ein.

## Zusammenfassung

- **Bedrohungen**
  - **Schaden verursachende Software** (Malware): Viren, Trojaner etc.
  - **Spam:** unerwünschte Massen-Mails
  - **Phishing:** Ausspähen von Passwörtern und persönlichen Daten
  - **Höhere Gewalt:** Blitz, Feuer, Überschwemmung etc.
  - **Sabotage:** Manipulation durch Dritte
  - **Fehlbedienung:** unbeabsichtigte Schäden durch eigene Mitarbeiter

- **Schutzmaßnahmen**
  - **Passwortsicherheit:** Verwendung von sicheren Passwörtern
  - **Technische Lösungen:** Antivirenprogramme, Spamfilter, Firewall etc.
  - **IT-Richtlinien:** Sicherheitshinweise für die Mitarbeiter
  - **Physikalischer Schutz:** Sicherungsmaßnahmen am Arbeitsplatz
  - **Backup:** regelmäßige Datensicherung, um Datenverluste zu vermeiden
  - **SSL-Zertifikate:** gesicherter Datentransfer im Internet

## Aufgaben

1. ***Nennen Sie mögliche Datenverluste, vor denen die Datensicherung schützen soll.***
2. ***Unterscheiden Sie Adware von Spyware.***

3. *Wie lässt sich ein PC vor Schadsoftware (Malware) schützen?*
4. *Als Thomas zu Arbeitsbeginn seinen Rechner hochfährt, erscheint eine Meldung:*

   Achtung!
   Aktuell sind Schadprogramme im Umlauf, die Passwörter abfragen. Sollten Sie aufgefordert werden, mehrfach Ihr Passwort einzugeben, brechen Sie den Vorgang bitte sofort ab und wenden Sie sich umgehend an den Administrator.

   *Mit welcher Art von Schadsoftware ist Thomas hier konfrontiert?*
5. *Ihr Teamleiter erteilt Ihnen den Auftrag, eine Checkliste mit Maßnahmen gegen Spam zu erstellen, die mindestens fünf Aspekte enthält. Führen Sie dazu eine Onlinerecherche durch.*
6. *Welche Gefahr geht von einer Phishingmail aus? Woran kann man diese E-Mails erkennen?*
7. *Die Datensicherheit genießt bei der Dialogfix GmbH einen hohen Stellenwert. Prüfen Sie, ob bei den folgenden Vorgängen eine Gefahr für die Daten besteht.*
   *a) Durch starke Frostschäden droht im Firmengebäude ein Wasserrohrbruch.*
   *b) Auf der Webseite des Lieferanten für Büromaterial wird ein Cookie gesetzt.*
   *c) Die E-Mail eines Kunden enthält einen Virus.*
   *d) Azubi Thomas installiert auf einem USB-Stick gespeicherte private Programme auf dem Arbeitsplatzrechner.*
   *e) Um die Geschwindigkeit der Arbeitsplatz-PCs zu erhöhen, wird in Peakzeiten das Antivirenprogramm deaktiviert.*
8. *Die Dialogfix GmbH möchte die Sicherheit der betrieblichen Daten weiter erhöhen. Nennen Sie geeignete Sicherungsmaßnahmen für folgende Fälle:*
   *a) unbefugter Zugriff*
   *b) Stromausfall*
   *c) Hardwareausfall*
9. *Wie baut man ein sicheres Passwort auf? Begründen Sie Ihre Antwort.*
10. *Warum sind IT-Richtlinien für Unternehmen wichtig? Vergleichen Sie die unterschiedlichen Richtlinien in den einzelnen Ausbildungsbetrieben.*
11. *Sowohl Antivirenprogramme als auch Spamfilter nutzen einen Quarantäne-Ordner. Erläutern Sie die Funktionsweise eines solchen Ordners.*
12. *Dialogfix möchte den Übergang vom lokalen Firmennetzwerk ins öffentliche Internet besonders schützen. Mit welcher Technologie kann das erreicht werden?*
13. *Thomas hat an einer innerbetrieblichen Schulung zur Datensicherung teilgenommen und sich dabei zahlreiche Notizen gemacht. Bei der Durchsicht seiner Unterlagen bekommt er aber das Gefühl, dass sich einige Fehler eingeschlichen haben. Prüfen Sie die Notizen und korrigieren Sie im Bedarfsfall.*
    *a) Ein Backup dient dazu, Spammails aus dem Posteingang herauszufiltern.*
    *b) Den geringsten Speicherbedarf verursacht ein Voll-Backup.*
    *c) Beim inkrementellen Backup werden alle Daten vollständig gesichert.*
    *d) Ein partielles Backup sichert täglich die wichtigsten Daten.*
14. *Welche Medien bieten sich für betriebliche Backups an?*
15. *Was können Sie persönlich zur Datensicherheit an Ihrem Arbeitsplatz beitragen?*

# 6 Datenschutzbestimmungen einhalten

## Einstiegssituation

Karla wird zurzeit in der kaufmännischen Beratung von Dialogfix am Telefon eingesetzt. Sie erhält einen Anruf von Herrn Schneider, der Fragen zu einer Buchung auf seinem Kundenkonto hat. Karla erfragt die Kundennummer von Herrn Schneider und ruft den Datensatz in der Kundendatenbank auf. Ihr fällt auf, dass die Kundendaten des genannten Kontos zu einer anderen Person, Maria Lehmann gehören.

**Karla:** *„Herr Schneider, unter der genannten Kundennummer finde ich nur die Daten eines anderen Kunden. Ich darf Ihnen dazu leider keine Auskunft erteilen."*

**Herr Schneider:** *„Das geht schon in Ordnung, das ist meine Mutter. Ich habe über ihre Kundennummer bestellt, deshalb möchte ich nun auch wissen, woher die Differenz auf dem Konto kommt."*

**Karla:** *„Tut mir sehr leid, Herr Schneider, Sie sind hier nicht als Ansprechpartner eingetragen, ich darf Ihnen keinerlei Auskünfte erteilen. Ihre Mutter möchte uns bitte in dieser Angelegenheit direkt kontaktieren."*

**Herr Schneider:** *„Nun hören Sie mal, was fällt Ihnen ein? Ich bin der Sohn und kann Ihnen alle Daten nennen, die Sie brauchen. Jetzt machen Sie mal hin!"*

**Karla:** *„Herr Schneider, ich kann Ihren Ärger durchaus nachvollziehen, gerade deshalb ist es wichtig, dass ich mich an den Datenschutz halte. Wenn jeder Anrufer hier persönliche Daten von Ihnen erfragen könnte, wären Sie doch bestimmt noch mehr verärgert, oder?"*

**Herr Schneider:** *„Hmm, da ist was Wahres dran ..."*

## Arbeitsaufträge

1. ***War das Verhalten von Karla richtig oder hätte sie den Wunsch des Kunden erfüllen müssen?***
2. ***Mit welchen schützenswerten Daten sind Sie in Ihrem Ausbildungsbetrieb konfrontiert?***

Durch den stetigen technischen Fortschritt, der das Erheben, Sammeln, Speichern und Verarbeiten von **personenbezogenen Daten** immer einfacher und schneller macht, gewinnt auch der **Datenschutz** gleichermaßen immer mehr an Bedeutung. Gerade die neuen Medien wie Internet und PC vereinfachen die Datenverarbeitung erheblich und fördern das Sammeln von Daten.

## 6.1 Datenschutz-Grundverordnung (DSGVO) und Bundesdatenschutzgesetz (BDSG)

In 2018 wurde das alte BDSG abgelöst durch die europäische **Datenschutz-Grundverordnung** (DSGVO) und im neuen **Bundesdatenschutzgesetz** (BDSG) in nationales Recht umgesetzt. Die DSGVO enthält Öffnungsklauseln, die es erlauben, den nationalen Gesetzgebern Spielräume zu lassen, um diese „offenen Stellen" mit eigenen Regelungen zu füllen bzw. bereits etablierte Datenschutzgesetze in der nationalen Gesetzgebung zu erhalten.

Wesentliche Änderungen umfassen vor allem die Stärkung der Rechte von Betroffenen, die Bußgelder bei Verstößen steigen dramatisch an und Unternehmen werden verstärkt in die Pflicht genommen. Weiterhin ergeben sich durch die neuen Regelungen ein stärkerer Fokus auf technische und organisatorische Maßnahmen zugunsten des Datenschutzes sowie erhöhte Dokumentationspflichten.

### DSGVO führt bei Unternehmen zu Problemen

Die Datenschutzgrundverordnung, kurz DSGVO, feierte Ende April dieses Jahres schon fünften Geburtstag. Sie bereitet vielen Unternehmen aber immer noch Probleme. Das zeigt eine aktuelle Bitkom-Umfrage unter deutschen Unternehmen. 50 Prozent der Unternehmen sagen, Deutschland übertreibe es mit dem Datenschutz. 66 Prozent sind der Auffassung, dass der strenge Datenschutz sowie die uneinheitliche Auslegung des Datenschutzes in Deutschland die Digitalisierung erschwert. Das sind nur einige der Ergebnisse einer Befragung im Auftrag des Digitalverbands Bitkom. 42 Prozent geben an, dass sie seit der DSGVO-Einführung mehr Aufwand haben – und dieser auch künftig bestehen bleiben wird. 32 Prozent geht sogar davon aus, dass der Aufwand weiter steigen wird, 19 Prozent erwarten, dass ihr gestiegener Aufwand langsam wieder sinkt und sechs Prozent haben keinen erhöhten Aufwand mehr. [...] „Unternehmen stehen beim Datenschutz unter permanenten Stress.", sagt Susanne Dehmel, Geschäftsleiterin Bitkom. [...]

*Quelle: pj: DSGVO führt bei Unternehmen zu Problemen. In: www.marktforschung.de. Veröffentlicht am 08.10.2021 unter: https://www.marktforschung.de/marktforschung/a/dsgvo-unternehmen-probleme/ [02.11.2022].*

An dem Grundprinzip des Datenschutzes hat sich jedoch nichts geändert. Beim Datenschutz geht es um die Wahrung der **informationellen Selbstbestimmung**. Darunter versteht man das Recht des Einzelnen, selbst darüber zu bestimmen, was mit seinen personenbezogenen Daten geschieht und wie sie verarbeitet werden dürfen. Zentraler Zweck des Datenschutzes ist es also, das Persönlichkeitsrecht von Privatpersonen vor Missbrauch zu schützen.

→ ***Praxistipp***
Juristische Personen fallen **nicht** unter diese gesetzlichen Schutzbestimmungen.

Unter **personenbezogene** Daten lassen sich sämtliche Daten fassen, die einer natürlichen Person fest zugeordnet werden können, selbst dann, wenn die Person nicht namentlich genannt wird.

### Auszug aus dem Bundesdatenschutzgesetz (BDSG)

**§ 46: Begriffsbestimmungen**

Es bezeichnen die Begriffe:

1. „personenbezogene Daten" alle Informationen, die sich auf eine identifizierte oder identifizierbare natürliche Person (betroffene Person) beziehen; als identifizierbar wird eine natürliche Person angesehen, die direkt oder indirekt, insbesondere mittels Zuordnung zu einer Kennung wie einem Namen, zu einer Kennnummer, zu Standortdaten, zu einer Online-Kennung oder zu einem oder mehreren besonderen Merkmalen, die Ausdruck der physischen, physiologischen, genetischen, psychischen, wirtschaftlichen, kulturellen oder sozialen Identität dieser Person sind, identifiziert werden kann;
2. „Verarbeitung" jeden mit oder ohne Hilfe automatisierter Verfahren ausgeführten Vorgang oder jede solche Vorgangsreihe im Zusammenhang mit personenbezogenen Daten wie das Erheben, das Erfassen, die Organisation, das Ordnen, die Speicherung, die Anpassung, die Veränderung, das Auslesen, das Abfragen, die Verwendung, die Offenlegung durch Übermittlung, Verbreitung oder eine andere Form der Bereitstellung, den Abgleich, die Verknüpfung, die Einschränkung, das Löschen oder die Vernichtung; **[...]**

**Beispiel**

In der Kundendatenbank von Dialogfix sind u. a. folgende Daten gespeichert:

- Name
- Straße
- Hausnummer
- Postleitzahl
- Wohnort
- Telefonnummer
- Kontonummer
- Name des Ehepartners
- Produkte
- Anrufhistorie

Alle diese Daten lassen sich fest einer Person zuordnen.

Die DSGVO sieht im Grundsatz vor, dass jegliche Verarbeitung von personenbezogenen Daten verboten ist, sofern es ein anderes Gesetz nicht erlaubt oder ein Betroffener der Verarbeitung seiner Daten zustimmt. Man spricht von einem sogenannten **Erlaubnisvorbehalt**. So ist sichergestellt, dass jeder Betroffene sein Grundrecht auch wahrnehmen kann.

Dies ist z. B. auch relevant für das in der Dialogmarketingbranche häufig anzutreffende **Monitoring**, d. h. das Mitschneiden oder Mithören von Telefongesprächen zu Ausbildungs- oder Schulungszwecken. Hier erfolgt die Einverständniserklärung meist durch eine dem Telefonat vorangestellte Bandansage. 8|7.2

**Beispiel**

Bei Bedarf wird in der Dialogfix-Hotline folgende Bandansage dem Kundengespräch vorangestellt: „Wir weisen Sie darauf hin, dass Gespräche zur Qualitätskontrolle unserer Mitarbeiter aufgezeichnet und/oder mitgehört werden können. Telefonmitschnitte erfolgen ausschließlich zum Zwecke der Verbesserung unseres Services. Die aufgezeichneten Daten werden anonymisiert und unmittelbar nach dem Gespräch zwischen Mitarbeiter und Trainer gelöscht. Sollten Sie damit einverstanden sein, drücken Sie bitte die 1. Sollten Sie damit nicht einverstanden sein, drücken Sie bitte die 2."

## Grundsätze der Datenverarbeitung

Art. 5 der DSGVO beschreibt die Grundsätze für die Verarbeitung personenbezogener Daten wie folgt:

| (1) Personenbezogene Daten müssen | Abgeleiteter Grundsatz |
|---|---|
| a) auf rechtmäßige Weise, nach Treu und Glauben und in einer für die betroffene Person nachvollziehbaren Weise verarbeitet werden; | Rechtmäßigkeit, Verarbeitung nach Treu und Glauben, Transparenz |
| b) für festgelegte, eindeutige und legitime Zwecke erhoben werden und dürfen nicht in einer mit diesen Zwecken nicht zu vereinbarenden Weise weiterverarbeitet werden; [...] | Zweckbindung |
| c) dem Zweck angemessen und erheblich sowie auf das für die Zwecke der Verarbeitung notwendige Maß beschränkt sein; | Datenminimierung |
| d) sachlich richtig und erforderlichenfalls auf dem neuesten Stand sein; es sind alle angemessenen Maßnahmen zu treffen, damit personenbezogene Daten, die im Hinblick auf die Zwecke ihrer Verarbeitung unrichtig sind, unverzüglich gelöscht oder berichtigt werden; | Richtigkeit |
| e) in einer Form gespeichert werden, die die Identifizierung der betroffenen Personen nur so lange ermöglicht, wie es für die Zwecke, für die sie verarbeitet werden, erforderlich ist; [...] | Speicherbegrenzung |
| f) in einer Weise verarbeitet werden, die eine angemessene Sicherheit der personenbezogenen Daten gewährleistet, [...] | Integrität und Vertraulichkeit |
| (2) Der Verantwortliche ist für die Einhaltung des Absatzes 1 verantwortlich und muss dessen Einhaltung nachweisen können. | Rechenschaftspflicht |

### Verzeichnis von Verarbeitungstätigkeiten

Das Verzeichnis von Verarbeitungstätigkeiten nach Art. 30 DSGVO dient in erster Linie der rechtlichen Absicherung der Betriebe, schafft aber auch Transparenz darüber, wie personenbezogene Daten verarbeitet werden. Es umfasst alle Verarbeitungen von personenbezogenen Daten – egal ob automatisiert oder manuell –, die gespeichert sind oder zukünftig gespeichert werden sollen. Unternehmen kommen mit der Pflege der Verzeichnisse ihrer **Rechenschaftspflicht** nach. Die Verzeichnisse müssen auf Anfrage der zuständigen Aufsichtsbehörden jederzeit zur Verfügung gestellt werden. Sollte ein Unternehmen als Verantwortlicher einen Dritten mit der Verarbeitung von Daten beauftragen, einen sogenannten Auftragsverarbeiter, so muss dieser ebenfalls ein Verzeichnis aller durchgeführten Tätigkeiten führen.

In beiden Arten von Verzeichnissen gibt die DSGVO vor, dass technische und organisatorische Datenschutzmaßnahmen (TOM) allgemein beschrieben werden sollen, sodass die Aufsichtsbehörde deren Rechtmäßigkeit gegebenenfalls überprüfen kann. Der Gesetzestext liefert dazu eine Fülle an konkreten Handlungsanweisungen und zu treffenden Maßnahmen:

#### Auszug aus dem Bundesdatenschutzgesetz (BDSG)

**§ 64: Anforderungen an die Sicherheit der Datenverarbeitung**

[...]

(3) Im Fall einer automatisierten Verarbeitung haben der Verantwortliche und der Auftragsverarbeiter nach einer Risikobewertung Maßnahmen zu ergreifen, die Folgendes bezwecken:

1. Verwehrung des Zugangs zu Verarbeitungsanlagen, mit denen die Verarbeitung durchgeführt wird, für Unbefugte (Zugangskontrolle),
2. Verhinderung des unbefugten Lesens, Kopierens, Veränderns oder Löschens von Datenträgern (Datenträgerkontrolle),
3. Verhinderung der unbefugten Eingabe von personenbezogenen Daten sowie der unbefugten Kenntnisnahme, Veränderung und Löschung von gespeicherten personenbezogenen Daten (Speicherkontrolle),
4. Verhinderung der Nutzung automatisierter Verarbeitungssysteme mit Hilfe von Einrichtungen zur Datenübertragung durch Unbefugte (Benutzerkontrolle),
5. Gewährleistung, dass die zur Benutzung eines automatisierten Verarbeitungssystems Berechtigten ausschließlich zu den von ihrer Zugangsberechtigung umfassten personenbezogenen Daten Zugang haben (Zugriffskontrolle),

6. Gewährleistung, dass überprüft und festgestellt werden kann, an welche Stellen personenbezogene Daten mit Hilfe von Einrichtungen zur Datenübertragung übermittelt oder zur Verfügung gestellt wurden oder werden können (Übertragungskontrolle),
7. Gewährleistung, dass nachträglich überprüft und festgestellt werden kann, welche personenbezogenen Daten zu welcher Zeit und von wem in automatisierte Verarbeitungssysteme eingegeben oder verändert worden sind (Eingabekontrolle),
8. Gewährleistung, dass bei der Übermittlung personenbezogener Daten sowie beim Transport von Datenträgern die Vertraulichkeit und Integrität der Daten geschützt werden (Transportkontrolle),
9. Gewährleistung, dass eingesetzte Systeme im Störungsfall wiederhergestellt werden können (Wiederherstellbarkeit),
10. Gewährleistung, dass alle Funktionen des Systems zur Verfügung stehen und auftretende Fehlfunktionen gemeldet werden (Zuverlässigkeit),
11. Gewährleistung, dass gespeicherte personenbezogene Daten nicht durch Fehlfunktionen des Systems beschädigt werden können (Datenintegrität),
12. Gewährleistung, dass personenbezogene Daten, die im Auftrag verarbeitet werden, nur entsprechend den Weisungen des Auftraggebers verarbeitet werden können (Auftragskontrolle),
13. Gewährleistung, dass personenbezogene Daten gegen Zerstörung oder Verlust geschützt sind (Verfügbarkeitskontrolle),
14. Gewährleistung, dass zu unterschiedlichen Zwecken erhobene personenbezogene Daten getrennt verarbeitet werden können (Trennbarkeit).

Ein Zweck nach Satz 1 Nummer 2 bis 5 kann insbesondere durch die Verwendung von dem Stand der Technik entsprechenden Verschlüsselungsverfahren erreicht werden.

## Wesentliche Änderungen durch die DSGVO

Der Fokus der Neuregelung liegt auf der Stärkung der **Betroffenenrechte**. Diese werden maßgeblich unterstützt durch deutlich ausgeweitete **Dokumentationspflichten**. Daraus ergeben sich umfangreichere Pflichten für Unternehmen und Auftragnehmer, die im Auftrag dritter personenbezogene Daten verarbeiten. Die bisher übliche und ausreichende Vorabkontrolle wird durch eine **Datenschutz-Folgeabschätzung** ersetzt und ist ebenfalls wesentlich umfangreicher. Sie soll dazu dienen, mögliche Auswirkungen auf die Rechte von Betroffenen herauszufinden. Die Ergebnisse dieser Analyse sind ebenfalls zu dokumentieren und vorzuhalten.

Weiterhin gibt es neue **Bußgeldbestände**, die drastische Geldstrafen nach sich ziehen können. Diese können bis zu 20 Mio. € oder 4 % des weltweiten Jahresumsatzes eines Unternehmens betragen, abhängig davon, welcher Betrag höher ist.

Zum Zweck der Datenminimierung gelten die Prinzipien **Privacy by Design** (durch technische Gestaltung den Datenschutz sicherstellen) und **Privacy by Default** (unternehmensseitige Voreinstellungen sollen datenschutzkonform sein).

### Bundesbeauftragter für den Datenschutz und die Informationsfreiheit

Zur Wahrung des Datenschutzes und als Ansprechpartner in Missbrauchsfällen wählt der Bundestag einen Bundesbeauftragten für den Datenschutz und die Informationsfreiheit. Die Amtszeit beläuft sich auf fünf Jahre, wobei eine einmalige Wiederwahl möglich ist. Der Bundesbeauftragte **informiert Behörden über Verstöße gegen das BDSG und die DSGVO** und ist allgemein für die Einhaltung der Bestimmungen verantwortlich. Zudem kontrolliert er öffentliche Einrichtungen in Sachen Datenschutz und überwacht die Einhaltung bei Unternehmen, die Dienstleistungen in den Bereichen Post und Telekommunikation anbieten. Jährlich erstellt der Bundesbeauftragte einen Tätigkeitsbericht und macht diesen der Öffentlichkeit zugänglich.

→ ***Praxistipp***
Auf der Webseite des Bundesbeauftragten für den Datenschutz und die Informationsfreiheit www.bfdi.bund.de finden sich weitere aktuelle Informationen.

## 6.2 Betriebliche Umsetzung

### Datenschutzbeauftragter

Nach § 38 BDSG besteht die Verpflichtung, einen betrieblichen **Datenschutzbeauftragten** zu bestimmen, wenn mindestens 20 Personen ständig mit der automatisierten Verarbeitung personenbezogener Daten beschäftigt sind. Dazu darf aber nur bestellt werden, wer die zur Erfüllung dieser Aufgaben erforderliche Fachkunde und Zuverlässigkeit besitzt. Zudem dürfen keine Personen ernannt werden, die in einen Interessenkonflikt geraten könnten oder für die eine Gefahr der Selbstkontrolle besteht (z. B. Mitglieder der Unternehmensleitung, IT-Administratoren). Der Beauftragte ist zwar immer der höchsten Leitungsebene unterstellt, er ist jedoch nicht dazu verpflichtet, Weisungen zu befolgen, sofern er dadurch bei der Wahrung seiner Pflichten beeinträchtigt werden würde. Um die ausreichende Unabhängigkeit sicherzustellen, genießt er auch einen besonderen Kündigungsschutz. Rechtlich ist es auch zulässig, einen externen Datenschutzbeauftragten zu bestellen.

Zu seinen Aufgaben gehört im Wesentlichen die **Wahrung der Datenschutzbestimmungen** innerhalb des Betriebs. Das bedeutet im Einzelnen:

- Vorabkontrolle der im Betrieb angewendeten Datenverarbeitungsprogramme, mit deren Hilfe personenbezogene Daten verarbeitet werden sollen
- Vermitteln von Kenntnissen über das BDSG und die DSGVO sowie die praktische Anwendung für Mitarbeiter, die personenbezogene Daten verarbeiten
- Überwachen und Koordinieren der Datenschutzbestimmungen im Betrieb
- Mitwirkung bei der Benachrichtigungs- und Auskunftserteilung
- Beratung über technische und organisatorische Maßnahmen im Betrieb zur Wahrung des Datenschutzes. Er muss sicherstellen, dass allen Anforderungen entsprochen wird.
- Führen eines Verfahrensverzeichnisses
- Entgegennahme von Beschwerden
- Einhaltung des Datengeheimnisses
- Einhalten der Verschwiegenheitspflicht

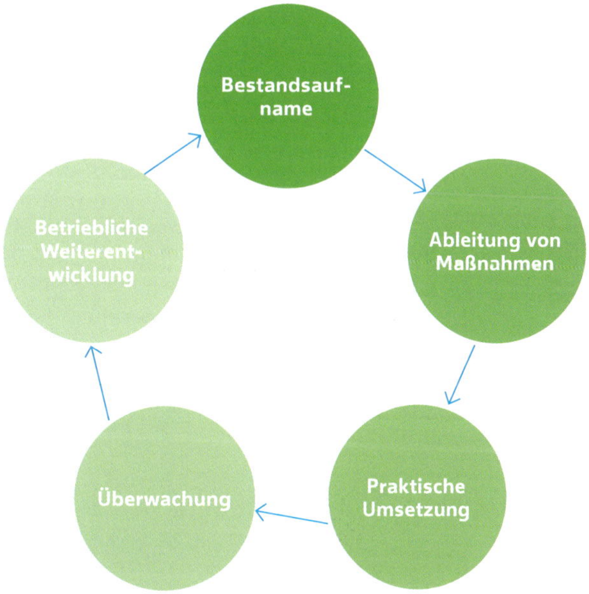

***Abb.: Kontinuierliche Datenschutzorganisation***

Im ersten Schritt muss der Datenschutzbeauftragte erfassen, welche Prozesse im Unternehmen personenbezogen Daten verarbeiten, um daraus die notwendigen **Rechtsgrundlagen** zu ermitteln („Bestandsaufnahme"). Die zentrale Frage lautet, ob das Unternehmen eine funktionierende **Datenschutzorganisation** hat und alle Maßnahmen, die zum Schutz von Daten getroffen werden, wirksam und nachhaltig sind. Dazu müssen sämtliche Dokumente zum Thema gesichtet und eine Liste mit allen Dienstleisterbeziehungen erstellt werden.

Nach Sichtung der Dokumentation muss geprüft werden, ob sie den Vorgaben der DSGVO gerecht wird. Typische Fragestellungen lauten etwa:

- Sind Prozesse etabliert, um Datenschutzverletzungen korrekt melden zu können? (**Meldepflicht**)
- Ist die Sicherheit der Datenverarbeitung ausreichend gewährleistet?
- Wie wird die Wirksamkeit der Maßnahmen regelmäßig überprüft?
- Sind alle Dienstleisterverträge konform mit der DSGVO?
- Ist die Einhaltung aller Betroffenenrechte gewahrt?
- Werden die Grundsätze von **Privacy by Design** und **Privacy by Default** befolgt?
- Gibt es für alle internen Vorgänge eine Rechtsgrundlage?

Alle Vorgänge und internen Strukturen im Unternehmen, die diesem Regelwerk nicht folgen, müssen angepasst werden („Ableitung von Maßnahmen"). Jedem Vorgang wird eine Rechtsgrundlage zugeordnet und der **Zweck der Datenverarbeitung** festgehalten. Je nach Ergebnis der Bestandsaufnahme sind Anpassungen in den Bereichen Dokumentation, Dienstleisterverträge, IT-Sicherheit, Datenschutzorganisation und Risikomanagement denkbar. Sämtliche Rechte von Betroffenen sowie alle Informationspflichten müssen gewahrt und sichergestellt werden.

Die kontinuierliche Aufgabe des Datenschutzbeauftragten ist es, die komplette Datenschutzorganisation zu überwachen sowie Meldungen bei Datenlecks zu erstellen und deren Behebung sicherzustellen („Überwachung"). Moderne Unternehmen entwickeln sich stets weiter, es wird immer wieder neue Verfahren, Dienstleister oder Programme geben, die es erneut notwendig machen, die Datenschutzkonformität zu prüfen („Betriebliche Weiterentwicklung"). Somit schließt sich der Kreis der **kontinuierlichen Datenschutzorganisation**.

→ ***Praxistipp***

Um den Dokumentationspflichten nachzukommen, müssen im Betrieb diverse Dokumente gepflegt und vorgehalten werden. Manche sind öffentlich, andere für den internen Gebrauch vorgesehen. Bestimmte Dokumente müssen auf Anfrage den Aufsichtsbehörden vorgezeigt werden können. Eine praktische Übersicht bietet z. B. www.frankfurt-main.ihk.de/recht/uebersicht-alle-rechtsthemen/datenschutzrecht/dokumentationspflichten-5192984.

## Verpflichtungserklärung für Mitarbeiter

Im neuen BDSG wird nicht länger explizit eine **Verpflichtungserklärung** verlangt. Dennoch gebietet die DSGVO, dass Verantwortliche sicherstellen, dass alle Beteiligten Kenntnis aller gesetzlichen Vorschriften haben und auch nach diesen handeln. Am besten lässt sich dies mit einer Verpflichtungserklärung realisieren, die beide Parteien unterzeichnen.

**dialogfix** GmbH

## Verpflichtungserklärung zur Wahrung des Datengeheimnisses

Dialogfix GmbH, 66250 Randstadt

Sehr geehrte(r) Frau/Herr ______________________

Hiermit verpflichten wir Sie, im Rahmen des Datenschutzes und Ihrer Aufgaben, auf die Wahrung des Datengeheimnisses. Dadurch ist es Ihnen untersagt, im Rahmen des Arbeitsverhältnisses ohne entsprechende Anweisung personenbezogene Daten zu erheben, zu verarbeiten oder zu nutzen.

Auch über die Dauer Ihrer Tätigkeit hinaus hat diese Verpflichtung Bestand.

Eine Missachtung dieser Vereinbarung kann Sanktionen gemäß der Datenschutz-Grundverordnung (DSGVO) und anderer Gesetze nach sich ziehen. Außerdem kann eine Verletzung dieser Verpflichtung arbeits- oder dienstrechtliche Konsequenzen haben.

__________ ______________________________

Ort, Datum Unterschrift der verantwortlichen Stelle

Über die notwendigen Pflichten und Verhaltensweisen zum Datenschutz gemäß der DSGVO wurde ich aufgeklärt und habe die entsprechenden Merkblätter erhalten.

__________ ______________________________

Ort, Datum Unterschrift des Verpflichteten

***Abb.: Verpflichtungserklärung (Beispiel)***

### Datenschutzerklärung

Abgleitet aus Art. 13 DSGVO muss jeder, der personenbezogene Daten verarbeitet, in einer Datenschutzerklärung die Betroffenen darüber informieren. Das Erstellen einer DSGVO-konformen Datenschutzerklärung erfordert die Beachtung von umfangreichen Pflichten. Da bei einer Missachtung hohe Bußgelder drohen, ist dieser Aspekt zu einem nicht zu unterschätzenden Risiko für Unternehmen und Webseiten-Betreiber geworden. Es ist daher ratsam, sich rechtlich umfangreich beraten zu lassen, um eine korrekte Datenschutzerklärung sicherzustellen.

**dialogfix GmbH**

## Datenschutzerklärung (Auszug)

Der Schutz Ihrer personenbezogenen Daten hat bei der Dialogfix GmbH oberste Priorität. Die nachfolgende Datenschutzerklärung informiert Sie darüber, wie Ihre Daten unter dem Aspekt eines zuverlässigen Datenschutzes genutzt werden. [...]

*Informationspflicht bei Erhebung von personenbezogenen Daten bei der betroffenen Person gemäß Artikel 13 DSGVO*

(1) Werden personenbezogene Daten bei der betroffenen Person erhoben, so teilt der Verantwortliche der betroffenen Person zum Zeitpunkt der Erhebung dieser Daten Folgendes mit:

a) den Namen und die Kontaktdaten des Verantwortlichen sowie gegebenenfalls seines Vertreters;

b) gegebenenfalls die Kontaktdaten des Datenschutzbeauftragten;

c) die Zwecke, für die die personenbezogenen Daten verarbeitet werden sollen, sowie die Rechtsgrundlage für die Verarbeitung;

d) gegebenenfalls die Empfänger oder Kategorien von Empfängern der personenbezogenen Daten und

e) gegebenenfalls die Absicht des Verantwortlichen, die personenbezogenen Daten an ein Drittland oder eine internationale Organisation zu übermitteln, [...]

***Abb.: Datenschutzerklärung (Beispiel)***

→ ***Praxistipp***

Besuchen Sie die Webseite www.westermann.de/Datenschutz und schauen Sie sich die umfangreiche Datenschutzerklärung an. Sie werden staunen, wie viele Themengebiete abgedeckt wurden!

### *Zusammenfassung*

- Beim Datenschutz geht es um die Wahrung der **informationellen Selbstbestimmung**. Das Recht einer Privatperson an ihren Daten soll geschützt werden.
- Durch die DSGVO und das BSDG wurden die Rechte Betroffener vielfach gestärkt und Verantwortliche stärker in die Pflicht genommen.
- Die DSGVO sieht im Grundsatz einen **Erlaubnisvorbehalt** vor. Ohne Einwilligung oder gesetzliche Regelung dürfen personenbezogene Daten nicht verarbeitet werden.
- Die **Grundsätze der Datenverarbeitung** lauten Rechtmäßigkeit, Verarbeitung nach Treu und Glauben, Transparenz, Zweckbindung, Datenminimierung, Richtigkeit, Speicherbegrenzung, Integrität, Vertraulichkeit und Rechenschaftspflicht.

- Der **Bundesbeauftragte für den Datenschutz und die Informationsfreiheit** hat eine beratende und kontrollierende Funktion.
- Unter bestimmten Bedingungen sind Unternehmen dazu verpflichtet, einen **betrieblichen Datenschutzbeauftragten** zu bestimmen.
- Eine **Verpflichtungserklärung** zur Wahrung des Datengeheimnisses ist ein geeignetes Mittel, um den Anforderungen aus der DSGVO gerecht zu werden.
- Eine formal richtige **Datenschutzerklärung** zu erstellen, ist für datenverarbeitende Unternehmen unverzichtbar.

## Aufgaben

1. ***Beschreiben Sie die Hauptaufgabe des Datenschutzes. Welche Unterschiede bzw. Gemeinsamkeiten gibt es zwischen Datenschutz und Datensicherheit?***
2. ***Warum ist es laut DSGVO grundsätzlich verboten, personenbezogene Daten zu verarbeiten? Benennen Sie den Sachverhalt, auf den sich diese Regelung bezieht.***
3. ***Prüfen Sie laut § 46 BDSG (neu), welchen Begriffen bei der Verarbeitung von personenbezogenen Daten die nachfolgenden Situationen entsprechen.***
   a) ***Kauf von 1 000 Premium-Adressen bei Adressverlag LUX KG zum Preis von 250,00 €.***
   b) ***Julia erfasst eine Druckerbestellung des Kunden Heinz Horn im CRM-System.***
   c) ***Die Key-Account-Managerin Gaby Engel überprüft in der Top100-Kundentabelle, welche Kunden der Dialogfix GmbH im vergangenen Jahr die meisten Umsätze generiert haben.***
   d) ***Um die Bonität eines Kunden im Rahmen einer Finanzierungsanfrage zu prüfen, schickt Thomas die Daten zur SCHUFA.***
   e) ***Janina Mayer ruft an, um mitzuteilen, dass sich ihr Nachname aufgrund ihrer Heirat in Schmitt geändert hat. Thomas aktualisiert die Daten im System.***
   f) ***Frau Marina Tausend hat ihr Kundenkonto geschlossen. Alle nicht mehr benötigten Daten werden aus der Datenbank entfernt.***
4. ***Welchen Grundsätzen der Datenverarbeitung entsprechen folgende Situationen?***
   a) ***Dialogfix hat in der Datenschutzerklärung die technischen Maßnahmen erläutert, wie Daten erhoben, gespeichert und verarbeitet werden, sowie die Gründe dargelegt, warum Daten verarbeitet werden.***
   b) ***Azubi Thomas aktualisiert die Adresse einer Kundin in der Datenbank, da sie letzte Woche umzogen ist.***
   c) ***Daten von Mitarbeitern der Dialogfix GmbH, die selbst Kunden bei der Dialogfix sind, können nur von autorisierten Kundenberatern eingesehen werden.***
   d) ***Die Personalabteilung löscht automatisch Bewerbungsunterlagen sechs Monate nachdem sie auf das Dialogfix Karriere-Portal hochgeladen wurden. Es wird nur nach Daten gefragt, die für den Bewerbungsprozess zwingend notwendig sind.***
   e) ***Bevor die Dialogfix GmbH ein Mailing an eine Zielgruppe verschickt, lässt das Unternehmen die Datensätze mit der Robinson-Liste abgleichen. Personen, die in der Liste eingetragen sind, werden aus dem Mailingverteiler entfernt.***
5. ***Die Datenschutzbeauftragte der Dialogfix GmbH prüft, ob alle Kontrollen eingehalten werden. Sie hat folgende Checkliste erstellt:***
   a) ***Ist die Rechtevergabe bei der Nutzung der Kundendaten durch die Mitarbeiter der Dialogfix GmbH geregelt? Mitarbeiter der Beratungshotline sollten z. B. Kundendaten aktualisieren, aber nicht endgültig löschen dürfen.***
   b) ***Verfügt jeder Mitarbeiter mit Zugang zur Kundendatenbank über Login-Daten sowie ein sicheres Passwort, das regelmäßig erneuert wird?***

c) Werden die Kundendaten, die an die SCHUFA zwecks Prüfung der Kreditwürdigkeit des Kunden verschickt werden, sicher verschlüsselt?

d) Werden von den Kundendaten regelmäßig Sicherheitskopien (=Backups) angefertigt?

e) Ist gewährleistet, dass die Änderungen, die von Kundenbetreuern in der Kundendatenbank vorgenommen werden, auch nachvollzogen werden können (wer hat wann welche Daten eingegeben, verändert, gelöscht)?

f) Werden die Serverräume im Untergeschoss mit Zugangscode gesichert und per Videokamera überwacht?

Prüfen Sie, welche Maßnahmen aus § 64 BDSG (neu) jeweils angesprochen werden.

6. Unterscheiden Sie die Prinzipien Privacy by Design und Privacy by Default. Nennen Sie jeweils ein praktisches Beispiel aus dem Alltag.

7. Beantworten Sie anhand einer Internetrecherche:

a) Wer ist zurzeit Bundesbeauftragter für den Datenschutz und die Informationsfreiheit?

b) Welche Aufgaben hat der Bundesbeauftragte für den Datenschutz und die Informationsfreiheit?

c) Erklären Sie, was man unter „Informationsfreiheit" versteht.

8. Reinhold Groß, Geschäftsführer der KommunikativAktiv KG, hat sich in letzter Zeit intensiv mit der betrieblichen Umsetzung des Datenschutzes beschäftigt. Dabei sind einige Fragen aufgetaucht.

a) Ist sein Betrieb verpflichtet, einen Datenschutzbeauftragten zu bestellen?

b) Welche Personen können dazu ernannt werden?

c) Wie wird die Unabhängigkeit des Datenschutzbeauftragten sichergestellt?

9. Bei der Dialogfix GmbH soll ein neuer Datenschutzbeauftragter ernannt werden. Folgende Personen interessieren sich für den Posten. Geben Sie begründet an, ob die Personen ernannt werden könnten oder nicht.

a) Thomas Müller, Azubi im 1. Ausbildungsjahr

b) Angela Hariri-Bozdag, Programmiererin

c) Dorothea Russ, Geschäftsführerin, verantwortlich für die IT-Abteilung

d) Boris Braun, Küchenhilfe, zehn Jahre Betriebszugehörigkeit

e) Nathalie Huwig, Übersetzerin, Mitglied des Betriebsrats

10. Julia hat sich zur Vorbereitung auf die Zwischenprüfung ein umfangreiches Lernskript zum Datenschutz erstellt. Prüfen Sie die Aufzeichnungen und nehmen Sie bei Bedarf Korrekturen vor.

a) Der betriebliche Datenschutzbeauftragte muss technische Maßnahmen programmieren, damit der Datenschutz gewährleistet wird.

b) Der betriebliche Datenschutzbeauftragte muss Beschwerden von Betroffenen entgegennehmen und bearbeiten.

c) Betriebliche Datenschutzdokumente müssen erstellt werden, sobald eine Aufsichtsbehörde diese anfragt.

d) Die Dialogfix GmbH muss für den externen Postversand Dienstleister BriefExpress ein Verzeichnis der Verarbeitungstätigkeiten erstellen.

e) Der betriebliche Datenschutzbeauftragte ist kraft seines Amtes Mitglied des Betriebsrats.

f) Eine GmbH besitzt kein Persönlichkeitsrecht im Sinne des BDSG.

g) Erheben bedeutet die Nutzung von Daten über den Betroffenen.

Lernfeld 5

# Kundinnen und Kunden im Dialogmarketing betreuen und binden

## 1 Professionelle Beratungsgespräche führen

### Einstiegssituation

Julia wird gerade von ihrem Teamleiter Torben bei einigen Servicegesprächen begleitet. Momentan bearbeitet Julia im Inbound Anrufe für den Kundenservice von Dialogfix. Beim letzten Anruf hatte Julia einige Schwierigkeiten, das Gespräch zu steuern. Zunächst schien sie von einem Lösungsvorschlag zum nächsten zu springen und wirkte etwas unsicher, hatte dann am Ende aber doch die richtige Lösung parat.

Nach ein paar Minuten bittet der Teamleiter Julia, das Headset abzunehmen, damit er ihr eine Rückmeldung zu ihrem Gespräch geben kann.

**Torben:** *„Du hast die Gespräche sehr freundlich geführt, die Kundenanliegen konntest du kompetent lösen. Was du verbessern kannst, ist die Struktur deiner Gespräche. Damit wirst du auch mehr Sicherheit gewinnen."*

**Julia** sieht ihren Vorgesetzten etwas ratlos an: *„Struktur? Ist es nicht besser, immer gerade das zu sagen, was in dieser Situation passt? Ich möchte doch schnell eine Lösung anbieten, um den nächsten Kunden zu bedienen."*

**Torben:** *„Richtig, aber es bringt nichts, dem Kunden vorschnell eine Lösung anzubieten, bevor du nicht ganz genau herausgefunden hast, was der Kunde möchte und ob du ihn richtig verstanden hast. Wenn du die Struktur eines Gesprächs kennst, kannst du auch besser darauf achten, welche Schritte in welcher Phase eines Gesprächs wichtig sind."*

## Arbeitsaufträge

1. ***Welche Vorteile hat es, Gespräche zu strukturieren?***
2. ***Entwerfen Sie einen Vorschlag für eine sinnvolle Gesprächsstruktur.***
3. ***In vielen Gesprächen im Dialogmarketing wird ein Gesprächsleitfaden eingesetzt. Sammeln Sie Vor- und Nachteile, die ein solcher Leitfaden beim Einsatz in einem Servicegespräch bringt.***

Das **Beratungsgespräch** am Telefon ist im Dialogmarketing die wichtigste Kontaktmöglichkeit zum Kunden. Dabei legen Kunden nicht nur Wert auf eine gute Erreichbarkeit. Genauso wichtig ist für den Kunden, dass seine Anliegen professionell und kompetent gelöst werden bzw. dass er eine perfekte Beratung erhält.

2|2.2 Im Dialogmarketing können vielfältige **Beratungsanlässe** auftreten:

- Kundenbefragung
- Kundenbedarfsanalyse
- produkt- oder dienstleistungsbezogene Beratungen
- Zufriedenheitsbefragungen
- Beschwerdemanagement
- Haltegespräche
- Rückgewinnungsgespräche

Die Beratungsanlässe sind im Dialogmarketing natürlich sehr unterschiedlich. Dennoch hat es sich bewährt, unabhängig vom Gesprächsthema eine gemeinsame Grundstruktur zu nutzen. Häufig ergeben sich aus Beratungsgesprächen auch
8|2 Verkaufsanlässe. Das eigentliche **aktive Verkaufsgespräch** steht an dieser Stelle aber nicht im Mittelpunkt.

Um den Kunden optimal zu beraten, muss der Mitarbeiter im Dialogmarketing zum einen **Experte** der Produkte und Dienstleistungen seines Unternehmens oder Auftraggebers sein, zum anderen aber auch **Methodenspezialist** in der Gesprächsführung. Reines Fachwissen reicht nicht aus, um beim Kunden kompetent und überzeugend zu erscheinen.

Mitarbeiterinnen und Mitarbeiter im Dialogmarketing sollen als Kommunikationsprofis das Gespräch mit dem Kunden steuern und dabei stets freundlich bleiben. Um dies zu gewährleisten, sind neben einem strukturierten Vorgehen viele
3|2 u. 3 **kommunikative Kompetenzen notwendig**.

Ein professionelles Beratungsgespräch gliedert sich üblicherweise in vier Schritte:

**Begrüßung und Kontaktaufbau:**
Der Gesprächspartner wird freundlich begrüßt.

↓

**Bedarfsermittlung:**
Hier wird das Anliegen des Kunden ermittelt.

↓

**Beratung und Lösung:**
Das Anliegen des Kunden wird gelöst.

↓

**Abschluss:**
Das Ergebnis wird zusammengefasst und der Kunde verabschiedet.

***Abb.: Die vier Schritte des Beratungsgesprächs***

Dabei gibt es in jedem Schritt besondere Methoden, die Kundenbetreuer nutzen können, um das Gespräch aktiv zu steuern und den Kunden zufriedenzustellen.

## 1.1 Die vier Schritte im Beratungsgespräch

### 1.1.1 Begrüßung und Kontaktaufbau

#### Der Anfang vor dem Anfang

In dieser Phase des Gesprächs legen Sie den Grundstein für den späteren Erfolg. Auch im Beratungsgespräch gilt: **Der erste Eindruck zählt**.

Achten Sie dabei auf eine gerade Körperhaltung und lächeln Sie, bevor Sie das 3|3.2.6
Gespräch annehmen. Auch wenn Ihr Gesprächspartner Sie nicht sieht, wirkt sich Ihre „Haltung“ auf den weiteren Gesprächsverlauf aus. Ab der ersten Sekunde müssen Sie sich auf den Kunden konzentrieren. Es ist wichtig, jeden Kunden individuell anzunehmen, auch wenn Sie täglich eine Vielzahl von Kunden am Telefon bedienen und sich bestimmte Gesprächsinhalte wiederholen.

→ ***Praxistipp***
Wenn Sie gerade ein sehr anstrengendes Gespräch geführt haben, atmen Sie mehrmals tief durch, bevor Sie den nächsten Anruf entgegennehmen.

## Die Meldeformel

Die meisten Unternehmen im Dialogmarketing geben den Agents am Telefon eine verbindliche Meldeformel vor, mit der das Gespräch startet. In der Praxis hat sich die folgende Struktur für eine **Meldeformel** bewährt:

- **Begrüßung**
  Der Anrufer erkennt, dass er nun einen Gesprächspartner zur Verfügung hat, und erhält einen ersten Eindruck.

- **Name der Firma/der Abteilung**
  Die Nennung des Firmennamens bzw. der Abteilung versichert dem Anrufer, dass er genau an der richtigen Stelle ist.
- **Name des Mitarbeiters**
  Durch die Namensnennung des Agents wird das Gespräch auf eine individuelle Ebene geführt. Der Anrufer erkennt, dass er mit einer konkreten Person spricht, nicht mit einem anonymen Unternehmen. Dies verschafft einen Sympathiegewinn. Auch für spätere Rückfragen ist die Namensnennung wichtig.
- **Offene Frage**
  Damit ist der Anrufer am Zug. Durch die offene Frage wird er ermuntert, umfangreiche Informationen zu geben.

**Beispiel**

Die vorgegebene Meldeformel der Auszubildenden Julia Lauer bei Aufträgen für Dialogfix lautet: „Dialogfix, schönen guten Tag, mein Name ist Julia Lauer. Was kann ich für Sie tun?“

Berücksichtigen Sie bei der Meldeformel stets, ein Lächeln in Ihre Stimme zu legen. Auch am Telefon kann man Lächeln hören! Verwenden Sie eine deutliche Aussprache und die richtige Lautstärke, der Kunde soll merken, dass er willkommen ist.

→ ***Praxistipp***

Manche Unternehmen verzichten auf eine einheitliche Formel. Stattdessen sollen die Kundenbetreuer sich individuell melden, aber dabei darauf achten, den eigenen Namen und den des Unternehmens zu nennen. Auch die offene Frage ist längst nicht mehr vorgeschrieben. Alternativ lädt z. B. auch eine Pause den Gesprächspartner ein, sein Anliegen vorzutragen.

## Name des Kunden

Achten Sie zu Beginn des Gesprächs auf den Namen des Kunden. Sollte der Kunde seinen Namen nicht nennen oder haben Sie ihn nicht richtig verstanden, fragen Sie nach. Es ist wichtig, den Kunden während des weiteren Gesprächsverlaufs mit Namen anzusprechen, das wirkt persönlicher, wertschätzender und verstärkt die Aufmerksamkeit

Ihres Gesprächspartners. Sicherheitshalber sollte der Name des Kunden zu Beginn des Gesprächs notiert werden, um ein späteres peinliches Nachfragen zu vermeiden. Mit der Frage „Wie war noch mal Ihr Name?“ können Sie im Gesprächsverlauf einen guten Eindruck sofort ruinieren.

> **→ *Praxistipp***
> Als Faustregel gilt: Setzen Sie den Namen des Kunden mindestens dreimal pro Gespräch ein!

## Datenschutz

Ruft ein Bestandskunde Ihres Unternehmens an, ist es wichtig sicherzustellen, dass es sich auch tatsächlich um diesen Kunden handelt (Legitimation). Bevor Sie also weiter in das Gespräch einsteigen und unter Umständen wichtige persönliche 4|6
Daten preisgeben, müssen Sie prüfen, dass der Anrufer berechtigt ist, Auskünfte zu erhalten.

Dafür ist in der Regel eine unternehmensspezifische **Prüfungsroutine** vorgesehen. Dabei handelt es sich um Daten, die der Betrieb über den Kunden gespeichert hat und die nur dem Kunden bekannt sein können. Durch gezielte Fragen über diese Daten kann nun rasch die Identität des Anrufers überprüft werden. Bei häufigem telefonischen Kontakt wird zur Vereinfachung zwischen dem Kunden und dem Unternehmen oft ein Passwort oder Code vereinbart.

Mögliche **Prüfdaten** sind z. B.

- die Kontonummer,
- das Geburtsdatum des Kunden,
- das Datum der ersten Bestellung,
- die Kundennummer,
- der letzte Rechnungsbetrag,
- eine vom Kunden erdachte Frage inklusive Antwort.

Je nachdem, um welchen telefonischen Service es sich handelt, sind diese Richtlinien mehr oder weniger streng. Die Hotline einer Direktbank wird sicher mehr und genauere Daten abfragen als die Bestellhotline eines Buchclubs. Ergänzend zur gesetzlichen Verpflichtung sollte jedes Unternehmen darauf achten, nur seinen tatsächlichen Kunden Auskunft zu geben, um das gegenseitige Vertrauen nicht zu gefährden.

**Beispiel**

Dialogfix erfragt bei jedem Gespräch, in dem es um personenbezogene Daten geht, zunächst die Kundennummer und das Geburtsdatum.

## 1.1.2 Bedarfsermittlung

### Bedeutung der Bedarfsermittlung

Um ein Gespräch kundenorientiert führen zu können, ist es notwendig, das Anliegen des Kunden genau herauszufinden. Nur wenn Sie genau wissen, was der Kunde möchte und welche Erwartungen er an das Gespräch hat, wird es Ihnen später gelingen, eine optimale Lösung zu erzielen. Dabei ist es wichtig, jeden Kunden individuell zu betrachten und jedes Mal aufs Neue zu prüfen, welches Anliegen der Kunde hat. Achten Sie darauf, **Kundenanliegen** nicht vorschnell einzuordnen. Stecken Sie den Kunden auf keinen Fall in eine Schublade, nur weil Sie eventuell kurz zuvor einen ähnlichen Fall erlebt haben.

### Durchführung der Bedarfsermittlung

Die **Bedarfsanalyse** beginnt mit der ersten Frage, die Sie dem Kunden stellen. Meist ist diese auch der letzte Satz in der Meldeformel. Beispielsweise beginnt die Bedarfsermittlung mit der Frage „Was kann ich für Sie tun?".

> **→ *Praxistipp***
> Alternative Einstiegsmöglichkeiten in die Bedarfsermittlung lauten:
>
> „Wie kann ich Ihnen helfen?"
>
> „Welche Frage kann ich Ihnen beantworten?"
>
> „Welchen Wunsch haben Sie?"

Gleich zu Beginn des Gesprächs erhalten Sie so sehr viele wichtige Informationen. Setzen Sie die Technik des **aktiven Zuhörens** ein, um auch die emotionale Ebene des Kunden aufzunehmen, und filtern Sie die für Ihre Beratung wichtigen Informationen heraus.

Nachdem der Kunde diese erste Frage beantwortet hat, ist es in vielen Fällen notwendig, näher nachzufragen, um das Anliegen einzugrenzen. Der Kunde kann häufig aus seinem Sachverständnis heraus gerade bei komplizierten Anfragen, z. B. zu technischen Geräten oder Abrechnungsfragen, nicht genau einschätzen, welche Informationen Sie benötigen. Oft weiß er auch nur, dass etwas nicht funktioniert, kann aber die Symptome nicht beschreiben.

> **Beispiel**
> Ein Kunde beantwortet die Frage „Was kann ich für Sie tun?" in der technischen Beratung von Dialogfix mit der Aussage: „Der Drucker geht nicht."
>
> In diesem Fall ist es wichtig, dass der Agent genauer nachfragt: „Welche Fehlermeldung wird denn angezeigt?"

Die Bedarfsanalyse wird so lange fortgesetzt, bis der Mitarbeiter sich absolut sicher ist, dass er das Anliegen des Kunden richtig verstanden hat. Dafür werden verschiedene **Fragetechniken** eingesetzt. 3|3.2.2

Zu Beginn der Bedarfsanalyse werden vor allem **offene Fragen** gestellt, zum Ende **geschlossene Fragen**. Offene Fragen stellen sicher, dass Sie genügend Informationen erhalten, und schaffen eine positive Beziehung zum Kunden.

Mit den geschlossenen Fragen zum Ende sichern Sie ab, ob Sie den Kunden richtig verstanden haben oder ob noch weitere Informationen notwendig sind. Somit machen Sie sich erst ein umfassendes Bild von der Situation des Kunden, um dann anhand aller Informationen die genaue Anfrage einzugrenzen. Auch Entscheidungen können so herbeigeführt werden.

Im weiteren Verlauf der Bedarfsermittlung leisten auch Gegenfragen und Alternativfragen nützliche Dienste, um den Bedarf des Kunden zu konkretisieren.

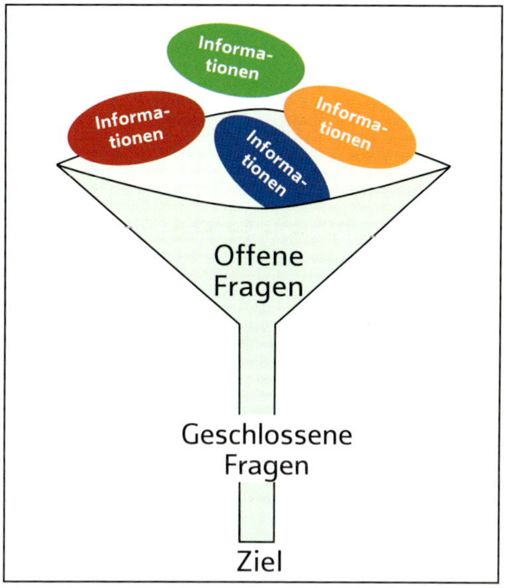


***Abb.: Fragetrichter***

> **Praxistipp**
> Vergegenwärtigen Sie sich stets die Besonderheiten der verschiedenen Fragetechniken und achten Sie auf einen situationsgerechten Einsatz.

### Auswertung der Bedarfsermittlung

Nachdem Sie alle wichtigen Informationen erhalten haben, fassen Sie das Ergebnis für den Kunden zusammen. Damit können Sie mit dem Kunden gemeinsam absichern, ob Sie seine Situation richtig einschätzen bzw. seine Anfrage richtig verstanden haben. Erst wenn der Kunde Ihnen bestätigt hat, dass Sie auf dem richtigen Weg sind, können Sie in die Beratung einsteigen.

## 1.1.3 Beratung und Lösung

Durch die vorangegangenen Schritte können Sie jetzt sicher sein, das Anliegen des Kunden genau zu kennen. Jetzt steht die **kundenorientierte Bearbeitung** im Mittelpunkt. In dieser Phase des Gesprächs erarbeiten Sie mit dem Kunden eine Lösung bzw. beantworten seine Anfrage.

Der konkrete Inhalt dieser Gesprächsphase hängt entscheidend davon ab, welche Art von Leistung genau erbracht wird.

**Beispiele**

- **Technischer Support**
  Der Kunde erhält direkte Hilfestellung zu einer technischen Anfrage.
- **Kaufmännische Anfragen**
  Der Kunde erhält Beratung zu Preisen, Tarifen, Kosten etc.
- **Lieferungsanfragen**
  Der Kunde erhält Auskunft über den Verbleib seiner bestellten Ware.

Inhaltlich können sich diese Gespräche also stark unterscheiden, methodisch ist die Vorgehensweise jedoch ähnlich. Es ist wichtig, in der Beratungs- und Lösungsphase des Gesprächs zusammen mit dem Kunden ein **Ergebnis** zu erzielen, das sowohl für den Kunden als auch für das Unternehmen einen Nutzen bringt. Der Anrufer hat meist sehr hohe Erwartungen an das Gespräch, diese gilt es zu erfüllen. Gleichzeitig müssen aber auch die Vorgaben des Unternehmens oder eines externen Auftraggebers eingehalten werden.

Um diese Ziele zu erreichen, treffen in dieser entscheidenden Gesprächsphase zahlreiche Faktoren zusammen, die gemeinsam zu einem gelungenen Gespräch beitragen:

### Sprechweise

3|3.2.5 Sprechen Sie nicht zu schnell, aber auch nicht zu langsam. Wenn Sie zu langsam sprechen, wirken Sie gelangweilt und desinteressiert, der Kunde wird rasch ungeduldig. Bei zu schneller Sprechweise wirken Sie gehetzt, und der Kunde kann Ihnen nur schwer folgen.

Sprechen Sie daher ruhig und deutlich. Achten Sie auch darauf, dass die zu vermittelnden Informationen klar strukturiert sind. Machen Sie genügend **Pausen**, um sich zu versichern, dass der Kunde Ihnen folgen kann. Dabei gilt es, lieber öfter und dafür kürzere Pausen einzulegen. Eine Gesprächspause von 1–2 Sekunden wird von den meisten Anrufern als ausreichend betrachtet, deutlich längere Pausen werden hingegen als Gesprächslücke empfunden.

> → ***Praxistipp***
> Prüfen Sie während der Beratung durch Fragen, ob der Kunde Ihnen folgen konnte.

Achten Sie auch auf die **Lautstärke**, mit der Sie sprechen. Wenn Sie zu laut werden, wirken Sie schnell hektisch und unsympathisch. Wenn Sie sehr leise sprechen, wirken Sie unsicher und wenig kompetent. Sprechen Sie stets mit einer für den Kunden angenehmen Lautstärke und Tonlage.

> **Praxistipp**
> Sitzen Sie während des Gesprächs mit dem Kunden aufrecht oder stehen Sie, dann erhält Ihre Stimme mehr Volumen. Achten Sie darauf, dass Ihr Mikrofon die richtige Entfernung zum Mund hat.

### Wortwahl und Satzbau

Die meisten Unternehmen im Dialogmarketing achten darauf, dass die Mitarbeiter ein angenehmes **Hochdeutsch** einsetzen, aber auch den alltäglichen Sprachgebrauch berücksichtigen. Ziel ist dabei, eine Vertrauensbasis zum Kunden zu schaffen. Unangebrachte Fachausdrücke oder Anglizismen sind daher zu vermeiden.

Jede Aussage sollte in einfache und klar strukturierte **Sinneinheiten** gegliedert werden. Lange und verschachtelte Sätze werden oft nicht verstanden. Kurze und knappe Sätze unterstützen eine prägnante Ausdrucksweise. Setzen Sie, wann immer es möglich ist, **Beispiele und Bilder** ein, um dem Kunden komplexe Vorgänge näher zu bringen.

> **Praxistipp**
> Eine mit unnötigen Fachbegriffen gespickte Sprache wirkt auf den Kunden nicht professionell, sondern abgehoben.

### Sichere Formulierungen einsetzen

In der Beratung geht es oft darum, einen Kunden von einem bestimmten **Sachverhalt zu überzeugen**. Grundvoraussetzung ist es daher, dass Sie dem Kunden gegenüber sicher und glaubwürdig auftreten. Reden Sie nicht „um den heißen Brei herum“, sondern sprechen Sie jeden Sachverhalt direkt an.

Vermeiden Sie Konjunktive, diese lassen Sie unsicher erscheinen und wirken dem Kunden gegenüber unterwürfig.

| Unsichere Formulierung | Sichere Formulierung |
|---|---|
| „Dürfte ich Sie nach Ihrer Adresse fragen?“ | „Bitte nennen Sie mir Ihre Adresse.“ |
| „Ich würde vorschlagen ...“ | „Wir gehen wie folgt vor ...“ |
| „Könnten Sie mir Ihren Namen nennen?“ | „Wie lautet Ihr Name?“ |
| „Hätten Sie vielleicht die Möglichkeit, morgen anzurufen?" | „Bitte melden Sie sich morgen telefonisch bei ..." |

## Missverständnisse verhindern

Achten Sie während der Gesprächsführung stets darauf, keine Aussagen zu treffen, die der Kunde **falsch interpretieren** könnte. Viele Aussagen kommen beim Kunden anders an, als Sie das vielleicht beabsichtigt haben.

| Aussage | Was der Kunde hört |
|---|---|
| „Ich werde versuchen, Ihnen das zu erklären." | „Sie werden mich bestimmt nicht verstehen." |
| „Wie wir Ihnen bereits schriftlich mitgeteilt haben." | „Sie haben den Brief nicht richtig gelesen." |
| „Das habe ich noch nicht erlebt." | „Sie sind seltsam." |
| „Der Kollege hatte keine Ahnung." | „Bei uns arbeiten nur unfähige Menschen." |
| „Das kann ich am Telefon nicht klären." | „Ich habe keine Zeit für Sie." |
| „Sie irren sich." | „Sie sind dumm." |

## Reizwörter vermeiden

Viele Wörter oder Phrasen werden von Kunden falsch aufgenommen und lösen negative Gefühle und Assoziationen aus. Diese **Tabu-** oder **Reizwörter** sollten Sie vermeiden:

- „Ja, aber ..."
  Sie bestätigen nicht, was der Kunde gesagt hat, sondern zeigen, dass Sie anderer Meinung sind.
- „Vielleicht ..."
  Mit Relativierungen wollen Sie eine klare Festlegung vermeiden, signalisieren dem Kunden aber Unsicherheit und Unverbindlichkeit.
- „Müssen"
  Der Kunde muss nichts! Er fühlt sich zu einer Handlung gezwungen.
- „Nein"
  Bevor Sie kategorisch Nein sagen, bieten Sie lieber Alternativen an.
- „Problem"
  Wenn der Kunde nicht von einem Problem spricht, dann tun Sie es auch nicht. Reden Sie dem Kunden nicht ein, dass er eines hat.
- „Unmöglich"
  Nichts ist unmöglich!

## Positive Formulierungen verwenden

Viele Formulierungen sind geeignet, beim Kunden positive Gefühle auszulösen. Sie werden auch als **Verstärker** bezeichnet:

- „Gut, dass Sie sich damit an uns wenden."
  Sie laden den Kunden ein und zeigen ihm, dass er willkommen ist.
- „Da haben Sie recht."
  Der Kunde ist nicht mehr alleine mit seiner Meinung, er hat einen Verbündeten in Ihnen gefunden. Jetzt können Sie gemeinsam an einer Lösung arbeiten.

- „Wir beide ..."
  Sie zeigen dem Kunden, dass Sie zusammen mit ihm eine Lösung erarbeiten wollen.
- „Bitte", „Danke"
  Wird immer gern gehört!

Versuchen Sie im Gesprächsverlauf möglichst viele dieser Verstärker einzusetzen.

## Bestätigen des Kunden

Vermitteln Sie dem Kunden stets das Gefühl, dass Sie das Gesagte aufgenommen und verstanden haben. Setzen Sie dazu geeignete **Techniken des Zuhörens** ein. 3|3.2.3
Viele **Bestätigungsmöglichkeiten** (z. B. Körpersprache, Kopfnicken) fehlen am Telefon. Daher ist eine verbale Bestätigung von besonderer Bedeutung:

- „Das sehe ich genauso ..."
- „Da haben Sie recht ..."
- „Ich bin ganz Ihrer Meinung ..."
- „Das kann ich nachvollziehen ..."
- „Ich verstehe ..."
- „Das glaube ich Ihnen ..."

Hilfreich können auch kurze Bestätigungen wie „Ja" oder „Mmmh" sein.

## Nutzenargumentation

Ein Kunde wird eine Lösung dann akzeptieren, wenn er den **Nutzen** dieser Lösung für sich selbst erkennt. Der Nutzen ist vielfach der zentrale Antrieb für den Kunden. Verbinden Sie daher stets Ihre Lösungsangebote mit Argumenten, die den Nutzen des Angebots für den Kunden verdeutlichen. Dies ist auch im **Verkaufsgespräch** sehr wichtig. 8|1.3.1

**Beispiele**

- „Sie erhalten die Software direkt per Download aus dem Internet, dadurch sparen Sie Zeit."
- „Sie geben uns eine Einzugsermächtigung, die Zahlung erfolgt dann ganz bequem für Sie direkt von Ihrem Konto."

Typische Satzeinleitungen helfen dem Kunden, den Nutzen zu erkennen:

- „Ihr Vorteil ist ..."
- „Dadurch haben Sie ..."
- „Sie können hiermit ..."
- „Für Sie bedeutet das ..."
- „Dies ermöglicht Ihnen ..."

## Einwandbehandlung

In manchen Gesprächen wird der Kunde **Einwände** gegen Ihre Argumentation finden. Einwände bedeuten aber nicht, dass sich ein Gespräch zu Ihren Ungunsten entwickelt. Einwände zeigen, dass der Kunde gedanklich in Ihre Argumentation einsteigt: Zum einen ist der Kunde zwar noch abgeneigt, Ihrer Lösung direkt zuzustimmen, zum anderen hat er aber Interesse an eben dieser oder einer ähnlichen Lösung.

> **Praxistipp**
> Die Methode bzw. die **Vorgehensweise** bei einer Einwandbehandlung wird
8|2.1.5 ausführlich in Band 2 im Rahmen des **Verkaufsgesprächs** behandelt.

## Sie-Ansprache

Vermitteln Sie dem Kunden, dass er im Mittelpunkt des Handelns steht. Um dieses Ziel zu erreichen, werden sämtliche Aussagen, in denen es um eine Leistung geht,
3|1.2 in der „**Sie-Ansprache**" formuliert. Vermeiden Sie Aussagen in der Ich-Form, wenn dem Kunden ein Vorschlag unterbreitet wird oder er von einem Produkt überzeugt werden soll. Verwenden Sie stattdessen besser Formulierungen wie *Sie, Ihnen* oder den *Namen des Kunden*.

| Ich-Ansprache | Besser: Sie-Ansprache |
|---|---|
| „Ich sende Ihnen die benötigten Unterlagen umgehend per Post." | „Sie erhalten die benötigten Unterlagen umgehend per Post." |
| „Ich möchte Sie über unseren neuen Drucker informieren." | „Sie erhalten von mir Informationen über unseren neuen Drucker." |
| „Ich empfehle Ihnen ..." | „Was halten Sie davon, wenn ..." |
| „Ich versichere Ihnen ..." | „Sie können sicher sein, dass ..." |

Wenn Sie dem Kunden allerdings eine **schlechte Nachricht** überbringen müssen, gilt es, die „Sie-Ansprache" zu vermeiden. Beziehen Sie negative Botschaften immer auf eine Sache oder einen Vorgang („**Es-Ansprache**").

| Sie-Ansprache | Besser: sachbezogene Ansprache |
|---|---|
| „Sie haben Ihre Rechnung nicht bezahlt." | „Die Zahlung ist bei uns bisher nicht eingegangen." |
| „Sie müssen die Lieferung bei der Post abholen. Sie waren nicht zu Hause, als der Postbote geklingelt hat." | „Die Lieferung wartet bei der Post auf Sie. Der Postbote hat Sie zu Hause nicht angetroffen." |
| „Sie haben einen defekten Drucker." | „Der Drucker ist defekt." |

Die **Ich-Ansprache** sollte nur in Situationen verwendet werden, in denen Sie sich persönlich für den Kunden einsetzen, sich vorstellen oder Ihr Bedauern für eine vorgetragene Beschwerde äußern.

**Beispiele**

- „Ich entschuldige mich für die entstandenen Unannehmlichkeiten."
- „Das tut mir sehr leid."
- „Ich bin der zuständige Berater für Ihre Anfrage."
- „Ich werde mich sofort um Ihr Anliegen kümmern."

### Ergebnis absichern

Nachdem Sie den Kunden bedarfsgerecht beraten oder ihm ein entsprechendes Angebot unterbreitet haben, müssen Sie sicherstellen, dass er mit dem **Ergebnis einverstanden** ist. Es ist wichtig, dass der Kunde die angebotene Lösung akzeptiert. Vergewissern Sie sich daher, dass die gefundene Lösung für den Kunden in Ordnung ist, und klären Sie, ob er weitere Fragen hat.

## 1.1.4 Gesprächsabschluss

Idealerweise sollte das Gespräch jetzt angenehm beendet werden. Genau wie bei der Gesprächseröffnung gilt es hier, eine **gute Stimmung** beim Kunden zu erzeugen. Stellen Sie sicher, dass der Kunde eine positive Erinnerung an das Gespräch behält.

Folgende Schritte sind in der Abschlussphase zu beachten:

1. **Zielvereinbarung**
   Stellen Sie für Vereinbarungen, die während der Beratung getroffen wurden, an dieser Stelle noch einmal die Verbindlichkeit dar.
2. **Zusammenfassung**
   Fassen Sie am Ende des Gesprächs das Wichtigste noch einmal zusammen.
3. **Terminvereinbarung**
   Treffen Sie bei Bedarf genaue Terminvereinbarungen.
4. **Abschlussfrage**
   Geben Sie durch eine abschließende geschlossene Frage dem Gesprächspartner die Möglichkeit, selbst die Initiative zur Gesprächsbeendigung zu ergreifen. Nennen Sie den Gesprächspartner dabei noch einmal beim Namen.

   **Beispiel**

   „Kann ich sonst noch etwas für Sie tun, Herr Ralus?"
5. **Verabschiedung**
   Eine freundliche Abschlussformel rundet das Gespräch ab. Wünschen Sie dem Gesprächspartner z. B. einen schönen Tag oder ein schönes Wochenende. Je nach Beratungsanlass kann auch ein Dank angebracht sein.
6. **Gesprächsende**
   Beenden Sie erst dann technisch das Gespräch, wenn Sie sich versichert haben, dass der Gesprächspartner aufgelegt hat. Ist der Kunde noch in der Leitung, kann eine technische Beendigung des Gesprächs einen ungeduldigen und unhöflichen Eindruck hinterlassen.

Web

Ein **typisches Beratungsgespräch** gliedert sich also wie folgt:

**Begrüßung und Kontaktaufbau**

Der erste Eindruck zählt: Steigen Sie positiv in das Gespräch ein, nutzen Sie eine professionelle Meldeformel. Achten Sie außerdem gleich zu Beginn auf den Namen des Kunden und sichern Sie Ihre Leistungen durch einen Abgleich wichtiger Kundendaten ab (Datenschutz).

↓

**Bedarfsermittlung**

Die Bedarfsermittlung beginnt mit der ersten Frage an den Kunden (z. B. „Was kann ich für Sie tun?"). Setzen Sie zu Beginn zunächst offene Fragen ein, um möglichst viele Informationen zu erhalten. Geschlossene Fragen helfen Ihnen dann, das Ergebnis abzusichern.
Außerdem ist die Technik des „aktiven Zuhörens" gefragt, um den Kunden sowohl inhaltlich als auch emotional zu bestätigen.
Fassen Sie das Ergebnis der Bedarfsermittlung nochmals zusammen, um Missverständnisse zu vermeiden.

↓

**Beratung und Lösung**

In dieser Phase wird das Anliegen des Kunden kompetent und freundlich gelöst. Achten Sie neben einer ausgeglichenen Sprechweise (nicht zu schnell und nicht zu langsam) auch auf ausreichende Pausen während des Sprechens sowie auf eine ruhige, deutliche und strukturierte Aussprache.
Setzen Sie „sichere Formulierungen" ein und formulieren Sie stets klar und eindeutig, um Missverständnisse zu vermeiden.
Die Techniken „Nutzenargumentation" und „Einwandbehandlung" helfen Ihnen, ein gutes Ergebnis mit dem Kunden zu erzielen.

↓

**Gesprächsabschluss**

In der Abschlussphase werden wichtige Ziele verbindlich vereinbart, die Lösung zusammengefasst und Termine genau festgelegt.
Mit einer Abschlussfrage kann geklärt werden, ob der Kunde weitere Fragen hat.
Beenden Sie das Gespräch angenehm und hinterlassen Sie ein gutes Gefühl beim Kunden.
Erst nachdem der Kunde aufgelegt hat, wird das Gespräch technisch beendet.

## 1.2 Gesprächsleitfaden verwenden

Um Mitarbeitern den Aufbau und die Struktur der Gespräche zu vereinfachen, wird oft ein Gesprächsleitfaden vorgegeben. Der **Gesprächsleitfaden** ist ein vorbereitetes Telefonskript, das dazu dient, den Kundenbetreuern den Ablauf sowie einzelne Formulierungen in einem Gespräch vorzuzeichnen.

### Leitfaden zur Bedarfsermittlung

In Gesprächssituationen zur Bedarfsermittlung wiederholen sich viele Anfragen der Kunden. Für den Agent ist es daher nicht immer einfach, alle wichtigen Fragen zu stellen und keinen Aspekt außer Acht zu lassen. Ein standardisierter Leitfaden zur Bedarfsermittlung gewährleistet, dass alle Eventualitäten berücksichtigt werden und sichergestellt ist, dass das Anliegen des Kunden exakt erfragt wird.

**Beispiel**

**Auszug aus dem Leitfaden zur Bedarfsermittlung von Dialogfix**

dialogfix GmbH

| Anfrage des Kunden | Fragen |
|---|---|
| Mein Drucker funktioniert nicht. | • Welche Fehlermeldung erhalten Sie?<br>• Was passiert, wenn Sie versuchen, einen Ausdruck zu machen?<br>• Seit wann tritt der Fehler auf?<br>• Wurde an Ihrem System etwas verändert?<br>• Haben Sie bereits die Verkabelung untersucht?<br>• Hat der Drucker vorher funktioniert? |

Viele Unternehmen nutzen zu diesem Zweck auch eine **Lösungsdatenbank**, die z. B. über das Intranet zur Verfügung steht. Die Fragen werden dazu direkt über eine Bildschirmmaske eingegeben bzw. angeklickt, dann liefert das System passende Lösungsmöglichkeiten oder weitere Handlungsalternativen. 4|4.2

## Weitere Einsatzmöglichkeiten

Der Einsatz eines Gesprächsleitfadens ist vor allem dann sinnvoll, wenn die Gesprächssituationen mit den Kunden gleichbleibend sind bzw. die Lösung durch den Anrufgrund bereits vorgegeben ist.

Dies ist z. B. der Fall bei:

- Bestellhotline für einige wenige Produkte
- Auskunftsdienste
- Meinungsumfragen
- Termindisposition

Sehr hilfreich sind Gesprächsleitfäden auch bei **externen Dienstleistern**, die gleichzeitig für mehrere Kunden bzw. Projekte telefonieren.

**Beispiel**

Dialogfix gibt an KommunikativAktiv den Auftrag, die Bestellhotline für den Verkauf einer neuen Steuer- und Finanz-Software zu übernehmen. Die Telefonnummer ist auf einem Werbeflyer abgedruckt, der verschiedenen Computerzeitschriften beiliegt. Damit ohne umfangreiche Schulung der Agents die Bestellungen im Sinne von Dialogfix aufgenommen werden können, liefert das Unternehmen einen entsprechenden Gesprächsleitfaden, der von KommunikativAktiv eingesetzt wird.

**Auszug aus dem Gesprächsleitfaden für KommunikativAktiv**

| Aussagen/Formulierungen | Gesprächsphase |
|---|---|
| *„Herzlich willkommen bei der Kundenbetreuung von Dialogfix, mein Name ist <Name des Mitarbeiters>. Was kann ich für Sie tun?"*<br>*„Herr/Frau <Name des Kunden>, zum Abgleich Ihrer Daten nennen Sie mir bitte Ihre Kundennummer sowie Ihr Geburtsdatum."* | **Begrüßung und Kontaktaufbau**<br><br>**Datenschutz** |
| *„Welche Software haben Sie bisher genutzt?"*<br>*„Für welche Zwecke möchten Sie die Software einsetzen?"*<br>*„Welches Betriebssystem nutzen Sie zurzeit?"* | **Bedarfsanalyse** |
| *„Ich empfehle Ihnen <Name des Produktes>."*<br>*„Sind Sie mit dem Angebot einverstanden?"*<br>Falls der Kunde nicht einverstanden ist:<br>*„Ich kann Ihnen folgende Alternative <Alternativvorschlag> anbieten."*<br>*„Um Ihre Bestellung aufzunehmen, benötige ich Ihre vollständige Anschrift."*<br>*„Die Lieferung erfolgt für Sie bequem per Post."* | **Beratung und Lösung** |
| *„Haben Sie noch weitere Fragen, Herr/Frau <Name des Kunden>?"*<br>*„Vielen Dank für Ihren Anruf. Ich wünsche Ihnen noch einen schönen Tag."* | **Abschluss** |

Der Einsatz eines Gesprächsleitfadens stößt immer dann an seine Grenzen, wenn es **individuelle** Anliegen des Kunden zu klären gilt oder vom Leitfaden abweichende Situationen eintreten. So ist z. B. bei einer Beschwerdehotline der Einsatz eines Gesprächsleitfadens wenig sinnvoll, da hier die Nachteile die Vorteile deutlich überwiegen.

## Vor- und Nachteile eines Gesprächsleitfadens

| Vorteile | Nachteile |
|---|---|
| Die Gesprächsstruktur ist vorgegeben und bietet dem Agent Formulierungshilfen. | Die Struktur lässt nicht zu, auf individuelle Anfragen einzugehen. |
| Die Gesprächszeit kann besser geplant bzw. eingehalten werden. | Wenn von den Kundenbetreuern nur Formulierungen aus dem Gesprächsleitfaden eingesetzt werden, besteht die Gefahr, dass die Gesprächsführung nicht authentisch wirkt. |
| Ein Mitarbeiter kann ohne großen Schulungsaufwand mithilfe des Leitfadens arbeiten. | Auf Situationen, die im Leitfaden nicht berücksichtigt sind, können die Mitarbeiter ggf. nicht angemessen reagieren. |
| Der Leitfaden gibt den Kundenbetreuern Sicherheit. | Treten Situationen ein, die der Leitfaden nicht berücksichtigt, werden Mitarbeiter unsicher. |
| Ein einheitliches Auftreten des Unternehmens ist gewährleistet. | Die individuellen Kommunikationsstärken des Agents können nicht eingesetzt werden. |

## Zusammenfassung

- Ein **Beratungsgespräch** gliedert sich in vier Schritte:
  1. Begrüßung und Kontaktaufbau
  2. Bedarfsermittlung
  3. Beratung und Lösung
  4. Gesprächsabschluss
- In der **Begrüßungsphase** wird die Basis für ein erfolgreiches Gespräch gelegt. Dabei ist auf Freundlichkeit, Sprechweise und Körperhaltung zu achten. Der Name des Kunden sollte während des gesamten Gesprächs mehrfach eingesetzt werden.
- Die **Bedarfsermittlung** ist der Schlüssel zur richtigen Beratung. Erst wenn genau geklärt ist, welches Anliegen der Kunde hat, kann richtig beraten werden.
- Bei der Bedarfsermittlung werden zu Beginn **offene Fragen** eingesetzt und am Ende **geschlossene Fragen**. Nachdem der Bedarf ermittelt wurde, wird das Ergebnis für den Kunden zusammengefasst.
- In der anschließenden **Beratungs-** und **Lösungsphase** wird zusammen mit dem Kunden eine Lösung erarbeitet. In dieser Phase ist es wichtig, nutzenorientiert zu kommunizieren und in einfachen und verständlichen Sätzen den Kunden zu beraten.
- Zum **Gesprächsabschluss** werden die sechs Schritte der Abschlussphase eingesetzt:
  1. Zielvereinbarung
  2. Zusammenfassung
  3. Terminvereinbarung
  4. Abschlussfrage
  5. Verabschiedung
  6. Beendigung des Gesprächs
- Ein **Gesprächsleitfaden** dient dazu, Ablauf und Formulierungen in einem Gespräch vorzugeben. Dabei ist auf einen situationsgerechten Einsatz zu achten.

## Aufgaben

1. ***Stellen Sie die vier Schritte des Beratungsgesprächs mit ihren einzelnen Komponenten in einer Mindmap dar.***
2. ***In einem Meeting der Dialogfix GmbH sagt Olaf Schäfer, Leiter Kundenservice: „Wir müssen weg von dieser einheitlichen Meldeformel mit der offenen Frage am Ende. Früher war das ein Qualitätsmerkmal, heute reagieren die Kunden genervt, da sie so eine Meldung überall hören."***
   a) ***Vergleichen Sie in der Klasse die unterschiedlichen in den Ausbildungsbetrieben verwendeten Meldeformeln.***
   b) ***Nehmen Sie kritisch Stellung zu der obigen Aussage. Was sind Vor- und Nachteile einer einheitlichen Meldeformel?***
   c) ***Wie schätzen Sie das Empfinden der Kunden hinsichtlich des Aufbaus der Meldeformel ein?***
3. ***Was sind typische Prüfdaten, um den Datenschutz in einem Beratungsgespräch zu gewährleisten?***
4. ***Dialogfix möchte verstärkt Kundengespräche auch über Videokonferenzsysteme wie Zoom oder GoToMeeting anbieten. Welche Herausforderungen und Chancen ergeben sich dabei aus Ihrer Sicht?***

5. *Ein entscheidender Bestandteil der Bedarfsermittlung ist der Fragetrichter.*
   a) *Was versteht man unter dem Fragetrichter?*
   b) *Welche Bedeutung hat der Fragetrichter im Beratungsgespräch?*
6. *Die Bedarfsanalyse ist wichtig für den Erfolg eines Beratungsgesprächs. Trotzdem kommt diese in der Praxis häufig zu kurz. Stattdessen starten Mitarbeiter schnell Lösungsversuche, oft nach einigen wenigen Erklärungen des Kunden.*
   a) *Was sind mögliche Gründe dafür?*
   b) *Welche (rhetorischen) Mittel eignen sich, um diesen Effekt zu verhindern?*
7. *Analysieren Sie die folgenden Formulierungen eines Hotline-Agents:*
   a) *„Haben Sie etwas dagegen, wenn ich Ihnen unsere Angebote vorstelle?“*
   b) *„Dürfte ich, bevor ich mit dem Gespräch weitermache, eventuell noch fragen, wie Ihre Kundennummer wäre?“*
   c) *„Vor einer Woche wurde ja bereits unser neuer Katalog an alle Kunden verschickt.“*
   *Finden Sie jeweils eine bessere Formulierung.*
8. *Bilden Sie Kleingruppen und diskutieren Sie folgende Frage: Welche Wörter und Formulierungen haben auf Sie eine störende bzw. ärgernde Wirkung?*
9. *Analysieren Sie typische Gesprächssituationen aus Ihrer betrieblichen Praxis.*
   a) *Wann setzen Sie aktuell die „Sie-Ansprache" ein?"*
   b) *Wie reagieren die Kunden darauf?*
   c) *Sind Situationen denkbar, in denen die sachbezogene Ansprache besser wäre?*

Web

10. *Dialogfix möchte eine Beratungshotline für das neue Textverarbeitungsprogramm „EasyText 2.0“ einführen. Ihre Aufgabe ist es, den zuständigen Teamleiter dabei zu unterstützen. Zunächst müssen Sie sich dazu das entsprechende Produktdatenblatt besorgen (zu finden unter dem vorne abgedruckten Webcode, www.westermann.de).*
    a) *Erstellen Sie nun für mögliche Kundenanfragen einen Leitfaden zur Bedarfsermittlung.*
    b) *Welche Frageformen setzen Sie zu Beginn des Gespräches ein, welche gegen Ende?*
    c) *Wie bereiten Sie das Team der Beratungshotline auf die neue Aufgabe vor?*
    d) *Entwerfen Sie einen typischen Gesprächsverlauf im Beratungsgespräch und simulieren Sie anschließend das Beratungsgespräch in einem Rollenspiel.*
11. *Ein Trainer der Dialogfix GmbH schlägt vor, zukünftig auf alle Formen der Gesprächsleitfäden zu verzichten. Die Abteilung „Kaufmännische Beratung" möchte hingegen, dass jeder Mitarbeiter zu jedem Anlass einen Leitfaden erhält.*
    a) *Entwickeln Sie einen eigenen Standpunkt.*
    b) *Wie kann eine sinnvolle Lösung aussehen?*
12. *Die Dialogfix GmbH bietet zukünftig mehrere Tablet-PCs an. In der Bestellhotline sollen die Mitarbeiter anhand eines Leitfadens zur Bedarfsanalyse genau herausfinden, ob der Kunde ein Tablet benötigt und wenn ja, welches Gerät am besten geeignet ist.*
    a) *Suchen Sie sich drei typische Produkte im Internet aus. Nehmen Sie eine günstige, eine mittelpreisige und eine hochpreisige Alternative.*
    b) *Entwickeln Sie einen passenden Leitfaden zur Bedarfsanalyse.*
13. *Karla soll eine Kundin zurückrufen, die sich über eine aus ihrer Sicht zu hohe Rechnung wundert und einen Fehler seitens Dialogfix vermutet. Nach einiger Recherche stellt Karla fest, dass die Rechnung korrekt ist und der Betrag in voller Höhe bezahlt werden muss. Entwickeln Sie für den Rückruf eine geeignete Formulierung und begründen Sie ihre Entscheidung.*

# 2 Kundendaten erfassen und pflegen

## ■ *Einstiegssituation*

Thomas ist in der kaufmännischen Beratung von Dialogfix eingesetzt. Gerade hat er einen Kunden am Telefon, der einen neuen Drucker bestellen möchte. Thomas nimmt sorgfältig alle Kundenwünsche auf und trägt diese in die Eingabemaske des Bestellprogramms ein.

Da es sich um einen Kunden handelt, der in der Datenbank schon vorhanden ist, erfragt er weder Name, Adresse, Telefonnummer etc., sondern übernimmt einfach den bestehenden Datensatz. Nach dem Gespräch fällt ihm auf, dass die letzte Bestellung des Kunden schon mehr als fünf Jahre zurückliegt, außerdem fehlt in der Datenbank die Telefonnummer.

Thomas wendet sich an seinen Kollegen Jürgen, der neben ihm sitzt.

**Thomas:** *„Sag mal, Jürgen, ich habe die Daten des Kunden gerade einfach aus unserer Datenbank übernommen, um das Gespräch etwas abzukürzen. Jetzt ist mir erst aufgefallen, dass der Datenbestand schon alt ist und die Telefonnummer fehlt. Kann es da Schwierigkeiten geben?“*

**Jürgen:** *„Das kann schon problematisch sein, Thomas. Wenn die Daten nicht mehr stimmen, dann liefern wir vielleicht an die falsche Adresse. Wenn das passiert, haben wir dann nicht mal die Möglichkeit, den Kunden anzurufen.“*

**Thomas:** *„Oje ...“*

**Jürgen:** *„Wir sollen eigentlich jeden Kontakt nutzen, um die Kundendaten zu überprüfen, damit wir immer die aktuellen Daten unserer Kunden haben. So können wir auch sichergehen, dass Mailings oder andere Aktionen unsere Kunden erreichen. Die Kundendatenbank muss immer aktuell sein.“*

**Thomas:** *„Dann habe ich jetzt an der falschen Stelle gespart ...“*

## ■ *Arbeitsaufträge*

1. ***Sammeln Sie typische Kundendaten, die bei einer Bestellung per Hotline gespeichert werden.***
2. ***Warum ist es für ein Unternehmen wichtig, die Kundendaten immer aktuell zu halten?***
3. ***Welche Möglichkeiten kennen Sie, die Daten von Bestandskunden zu pflegen?***

## 2.1 Kundendatenbank

### Bedeutung der Kundendatenbank

Unternehmen pflegen seit jeher Dateien, in denen vielfältige Informationen über die Kunden verzeichnet sind. Früher setzte man dafür **Karteikästen** mit Karteikarten ein, auf denen wichtige Informationen über den Kunden eingetragen wurden. Mittlerweile wurde dieses Verfahren durch moderne, leistungsfähige **Datenbanksysteme** ersetzt, die rasch und effizient eine Vielzahl von Kundendaten und Informationen verwalten können.

4|6.1 Im Rahmen der **gesetzlichen Bestimmungen** der Datenschutz-Grundverordnung (DSGVO) und des Bundesdatenschutzgesetzes (BDSG) sind Unternehmen daran interessiert, möglichst viele Informationen über Interessenten und Kunden zu speichern und mit anderen Daten, die im Verlauf der Kundenbeziehung gesammelt werden, zu verknüpfen. Diese Daten werden dann laufend gepflegt und ausgewertet, um z. B. Marketingkampagnen gezielter einsetzen zu können oder um mit Bestandskunden einen intensiven Kontakt aufzubauen.

Je größer der Bestand an Kunden- und Interessentendaten ist und je genauer diese Daten sind, desto größer ist z. B. der **Erfolg** von Marketingkampagnen.

**Beispiel**

Dialogfix hat rund 200 000 Kunden erfasst und kann exakt feststellen, welche Kunden davon schon einmal einen Drucker gekauft haben und wie lange dieser Kauf zurückliegt. In einer Aktion erhalten alle Kunden, die einen Drucker länger als drei Jahre besitzen, per Post ein Angebot, einen neuen Drucker zu einem vergünstigten Preis zu erwerben. Zudem wird noch ein günstiger Wartungsvertrag angeboten.

Die Erfolgsaussichten dieser Aktion sind weitaus höher und die Kosten gleichzeitig niedriger, als wenn alle Kunden der Datenbank eine Broschüre erhalten.

Der Aufbau einer stabilen und umfassenden **Kundendatenbank** hat für ein Unternehmen im Dialogmarketing daher eine erhebliche strategische Bedeutung:

- Minimierung von Streuverlusten
- direkte Zielgruppenansprache
- Ermittlung von Cross- und Up-Selling-Gelegenheiten
- langfristige Kundenbindung
- höhere Kundenzufriedenheit

Zum Aufbau der Datenbank werden beim ersten Kundenkontakt die relevanten Informationen gesammelt und gespeichert. Dies ist jedoch nur der erste Schritt. Im weiteren Verlauf der Kundenbeziehung geht es darum, diese Daten ständig zu pflegen und anzupassen. Alte oder falsche Daten bringen keinen Nutzen.

Wenn man z. B. Marketingaktionen oder Aktionen zur Kundenbindung auf der Basis falscher Daten plant, wird die Aktion keinen Erfolg haben. Je nach Unternehmen werden sich Art und Umfang der gesammelten Daten im Detail unterscheiden.

## Kategorien in einer Kundendatenbank

Grundsätzlich lassen sich die erfassten Daten in verschiedene Kategorien einteilen. Häufig wird dabei in Grund-, Aktions- und Ergebnisdaten differenziert:

| **Grunddaten**<br>***Wer ist der Kunde?*** | **Aktionsdaten**<br>***Was passierte wann?*** | **Ergebnisdaten**<br>***Welche Ergebnisse liegen vor?*** |
|---|---|---|
| **Adressdaten:**<br>• Name, Vorname<br>• Anschrift<br>• Telefonnummer<br>• E-Mail-Adresse<br>**Soziodemografische Daten:**<br>• Geburtsdatum<br>• Familienstand<br>• Nationalität<br>**Bonitätsdaten:**<br>• Einkommen<br>• Arbeitgeber<br>• SCHUFA-Auskunft | • Anfragen<br>• Anzahl der Kontakte<br>• Abwicklung<br>• Reaktionen auf Werbung und Aktionen<br>• Umtausch/Retouren<br>• Gutschriften<br>• Beschwerden<br>• Mahnungen | • Umsatz<br>• Kaufhäufigkeit<br>• letzter Einkauf<br>• Zahlungsart<br>• Artikelpräferenz<br>• Zahlverhalten<br>• Käufe in Relation zu Anfragen<br>• Bestellweg (Internet, Hotline, Post)<br>• Durchschnittsumsatz je Bestellung |

***Abb.: Typische Kategorien in einer Kundendatenbank***

> ***Praxistipp***
> Da sich die meisten **Grunddaten** nur selten bis gar nicht ändern, werden sie auch als **Stammdaten** bezeichnet.

4|4.4

## Externe Daten nutzen

Wenn der Bestand an eigenen Adressen, die ein Unternehmen zur Verfügung hat, für eine Marketingaktion zu gering ist oder wenn ein Unternehmen gerade neu in den Markt eingestiegen ist, können über spezielle Anbieter – sogenannte **Adressbroker** – sowohl Privat- als auch Geschäftsadressen und -daten eingekauft werden. Die gewünschten Kundendaten können dabei nach verschiedenen **Kriterien** wie z. B. Geschlecht, Kaufkraft oder Alter selektiert werden.

### Beispiele für Adressbroker im Internet

- www.schober.de
- www.interfon-adress.de
- www.ama-adress.de

## Datenschutz im Adresshandel

Generell gilt bei jeder Verarbeitung und Nutzung von Kundendaten das Datenschutzrecht (DSGVO und BDSG) mit dem die Rechte der Verbraucher bei der Nut-
4|6 zung und Verarbeitung persönlicher Daten geschützt werden sollen.

Daraus ergeben sich Beschränkungen im Adresshandel und in der Nutzung von Daten zu Werbezwecken. Bis auf wenige Ausnahmen gilt, dass der Betroffene einer entsprechenden Nutzung der Daten zugestimmt haben muss, ansonsten gilt eine Weitergabe der Daten als un-
8|5.1 zulässig. Auch müssen Unternehmen Empfänger von Werbung darüber informieren, aus welcher Quelle sie die entsprechenden Daten ursprünglich erhalten haben.

Eine Einwilligung in die Datenverarbeitung kann wie folgt gegeben werden:

- **Einwilligung in Schriftform**
  Die Einwilligung kann schriftlich erfolgen. Sollte die Einwilligung aber zusammen mit anderen Erklärungen erfolgen (z. B. Einwilligung in die AGB), ist sie optisch besonders hervorzuheben.

- **Einwilligung in elektronischer Form**
  Die Einwilligung kann auch elektronisch erfolgen, z. B. durch das aktive Setzen eines Häkchens im Internet. Dann muss aber diese Einwilligung protokolliert werden und der Verbraucher muss jederzeit die Möglichkeit haben, deren Inhalt abzurufen und diese mit Wirkung für die Zukunft zu widerrufen.

- **Einwilligung in anderer Form**
  Prinzipiell kann auch eine Einwilligung in einer anderen Form als den oben beschriebenen erfolgen, nur ist dann dem Betroffenen eine schriftliche Bestätigung mit Inhalt der Einwilligung zuzusenden. Eine nachträgliche Zweckänderung der Einwilligung ist dabei ausgeschlossen.

Die Einwilligung zur Verarbeitung sollte allerdings grundsätzlich nachweisbar sein. Auch dürfen Daten nur zu dem Zweck verarbeitet werden, der auch vereinbart wurde. Der Betroffene muss außerdem umfassend über Zweck, Nutzung und seine Rechte informiert werden.

Seit 2018 ist die neue Datenschutz-Grundverordnung (DSGVO) in Kraft. Darin ist das früher geltende Listenprivileg, welches unter bestimmten Umständen eine listenmäßige Verarbeitung von Daten zu Werbezwecken erlaubte, nicht mehr enthalten. Ein wichtiger Grundsatz in der DSGVO ist Transparenz, auch dürfen Daten in den meisten Fällen nur mit Einwilligung des Betroffenen genutzt werden.

Eine Ausnahme von dieser Einwilligung kann nach Art. 6 Abs. 1 lit. f DSGVO dadurch entstehen, dass die Verarbeitung durch ein berechtigtes Interesse des Verantwortlichen (in diesem Fall Adressbroker) in Abwägung zu den Rechten der Betroffenen Person erforderlich wird. Laut dem „Erwägungsgrund 47" der als eine der Grundlagen der DSGVO gilt, **kann** „Direktmarketing" ein berechtigtes Interesse sein. Außerdem sind juristische Personen, wie z. B. eine GmbH, AG oder Kommanditgesellschaft vom Schutz durch die DSGVO ausgeschlossen („Erwägungsgrund 14"). Mit dieser Argumentation setzen viele Adressbroker den Adresshandel in Deutschland fort.

### DSGVO-konforme Datennutzung: Wie Sie Adressdienste weiter nutzen können

Nach endgültigem Inkrafttreten der DSGVO herrscht Verunsicherung darüber, was im Adresshandel und der -veredelung noch rechtskonform erlaubt und machbar ist. [...] Ein Grund, weshalb die Adressanbieter relativ unbesorgt den 25. Mai verstreichen ließen, ist das schon länger geltende Bundesdatenschutzgesetz. Dieses enthielt auch bisher schon weitgehende Regelungen. Dennoch gibt es Verschärfungen, die insbesondere im B2C-Bereich deutlich werden, wie Post-Direkt-Chefin Weber sie benennt: „Mit der DSGVO werden im Vergleich zum BDSG höhere Anforderungen an die Informationspflichten gegenüber der betroffenen Person gestellt." Sie unterstreicht einen Passus, der für Marketer wichtig ist: „Im Falle des Datenhandels sind daher die Werbeinteressen explizit zu erklären. Zudem ist die Interessenabwägung zu dokumentieren." Zwar ergaben sich im Bereich der Adressverkäufe durch die DSGVO Veränderungen, doch wie Marco Gaspar, Geschäftsführer von Schober Direct Media, für sein Unternehmen erklärt: „Wir haben als Adressanbieter bereits sehr früh und konsequent den Anpassungsbedarf ermittelt und abgearbeitet. Mit Kunden und Geschäftspartnern haben wir beispielsweise Informationspflichten, Umsetzung von Betroffenenrechten oder Verarbeitungsverträge angepasst." [...]

*Quelle: Steiger, Susanne C.: DSGVO-konforme Datennutzung: Wie Sie Adressdienste weiter nutzen können. In: www.onetoone.de. Veröffentlicht am 03.08.2018 unter: www.onetoone.de/artikel/db/oto_50726.html [04.11.2022].*

Diese Punkte werden von Datenschützern in der Regel deutlich kritischer gesehen. Vor allem die Deutung, dass eine **Interessenabwägung** in einem solchen Fall zugunsten des Adressbrokers ausgelegt werden kann, ist umstritten. Auch die Frage, ob man Firmendaten verarbeiten darf, ist nicht einfach zu beantworten. Nur weil juristische Personen nicht durch die DSGVO geschützt werden, kann daraus nicht geschlossen werden, dass die Daten von dort angestellten natürlichen Personen verarbeitet werden können. Die einzig wirklich rechtsichere Variante bleibt die tatsächliche Einwilligung des Betroffenen.

→ ***Praxistipp***

Bislang stehen (höchst-)richterliche Urteile hinsichtlich der Interessenabwägung im Adresshandel bzw. Direktmarketing noch aus.

## 2.2 Daten von neuen Kunden erfassen

Agents am Telefon haben oft den ersten Kontakt zu einem neuen Kunden, z. B. bei einer Outbound-Aktion oder in einer Bestellhotline. Kommt es zu einer konkreten Bestellung bzw. der Aufnahme einer Geschäftsbeziehung, werden alle relevanten Kundendaten aufgenommen. Zu diesem Zweck werden die wichtigsten Daten des Kunden in der **Eingabemaske** der Kunden- oder Bestelldatenbank eingegeben.

4|4.2 Meist stehen den Mitarbeiterinnen und Mitarbeitern neben der eigentlichen Kundendatenbank noch weitere Datenbanksysteme zur Verfügung, die gleichzeitig genutzt werden müssen, z. B.:

- Produktdatenbank
- Lösungsdatenbank
- Lieferdatenbank

Um den späteren Aufwand zur Datenpflege zu reduzieren, sollten bereits bei der Aufnahme von Kundendaten folgende allgemeingültige **Grundsätze der Datenerfassung** beachtet werden:

- **Richtigkeit**
  Die Daten müssen sachlich korrekt sein. Wenn z. B. die Adresse falsch geschrieben ist, kann keine Lieferung erfolgen.
- **Vollständigkeit**
  Es müssen alle relevanten Daten aufgenommen werden. Wenn z. B. die Telefonnummer fehlt, können später keine Rückfragen beim Kunden erfolgen. Um die Vollständigkeit sicherzustellen, werden häufig Pflichtfelder in der Eingabemaske vorgegeben.
- **Redundanzvermeidung**
  Bevor tatsächlich ein neuer Kunde in die Datenbank aufgenommen wird, muss unbedingt überprüft werden, ob der Kunde eventuell schon im System vorhanden ist. Ist ein Datensatz doppelt vorhanden, spricht man bei Datenbanken von **Mehrfach-Adressen** oder **Dubletten**. Diese doppelten Datensätze können einen großen Schaden anrichten. So erhält z. B. der Kunde jede Werbeaktion doppelt, das kostet das Unternehmen Geld und der Kunde wird verärgert.
- **Zeitstabilität**
  Die Kundendaten sollten so erfasst werden, dass sie für einen längeren Zeitraum Gültigkeit haben. So sollte z. B. bei der Angabe des Berufs nicht nur „Auszubildender“ erfasst werden, sondern auch die Ausbildungsdauer.
- **Konsistenz**
  Die verarbeiteten Daten müssen frei von logischen Widersprüchen sein, also keine gegensätzlichen Informationen enthalten.

## 2.3 Daten von Bestandskunden pflegen

Datenbestände haben häufig nur eine kurze Lebensdauer, da sich das Umfeld des Kunden ständig ändern kann:

- Umzug/Änderung der Adressen
- Änderung von Interessen
- Änderungen im Berufsleben (z. B. Wechsel des Arbeitgebers, Berufswechsel)
- Änderungen in der Bonität (z. B. Steigerung des Verdienstes, Insolvenz)

Falsch geschriebene, nicht mehr existierende oder nicht dublettenfreie Datenbestände sind für ein Unternehmen wertlos. Die **Datenpflege**, also die regelmäßige Aktualisierung der Datenbank, hat daher höchste Priorität. Durch verschiedene Maßnahmen versuchen Unternehmen, die Datenbestände auf dem neuesten Stand zu halten:

- **Bereinigung von Kundendaten**
  Kunden, mit denen schon lange kein Kontakt besteht (z. B. eine Bestellung vor fünf Jahren, dann keine Reaktion mehr auf Mailingaktionen, kein direkter Kontakt möglich), werden aus der Datenbank gelöscht.
- **Externer Abgleich**
  Die Daten werden unter Beachtung der datenschutzrechtlichen Erfordernisse (Auftragsdatenverarbeitung) an ein anderes Unternehmen gegeben, das diese auf Richtigkeit überprüft, indem es z. B. eigene Datenbestände damit vergleicht. 4|6.1
- **Interner Abgleich**
  Jeder Kontakt mit dem Kunden (z. B. über die Servicehotline) wird genutzt, um die Richtigkeit der Daten zu überprüfen.
- **Abgleich per Outbound**
  Die Kunden werden angerufen, um die Richtigkeit der Daten zu überprüfen.

Der **interne Abgleich** ist kostengünstig und effizient. Wenn der Kunde sich ohnehin meldet – also die Geschäftsbeziehung pflegt –, sollte diese Gelegenheit genutzt werden, um den Datenbestand auf Richtigkeit zu überprüfen.

Viele Unternehmen, die telefonische Dienstleistungen anbieten, führen ohnehin einen **Sicherheitsabgleich** der Daten durch, um z. B. zu verhindern, dass unbefugte Dritte eine Bestellung für einen anderen Kunden vornehmen. Bei diesem Abgleich fällt es dann auch auf, wenn Daten nicht mehr richtig sind. 5|1.1.1

**Beispiel**

Die Hotline-Mitarbeiterin Gowsika Ratheethathas fragt einen Kunden zum Sicherheitsabgleich der Daten nach Anschrift und Telefonnummer. Der Kunde nennt andere Daten als diejenigen, die in der Datenbank vorhanden sind. Auf Rückfrage erfährt die Mitarbeiterin, dass der Kunde inzwischen umgezogen ist. Der Kunde kann die alte Adresse zum Abgleich noch nennen, und die neue Adresse wird danach in die Datenbank eingetragen.

Bei jedem Kundenkontakt eröffnet sich die Gelegenheit, **weitere Daten** als nur Adresse oder Telefonnummer in die Datenbank einzupflegen.

Jede Anfrage und jeder Anrufgrund werden so dokumentiert und dauerhaft gespeichert. Auch wenn es nicht zu einer direkten Bestellung kommt oder wenn es sich um eine Reklamation handelt, sind diese Daten wichtig. Es entsteht so im Laufe der Zeit eine **Kundenhistorie**, auf die das Unternehmen bei Bedarf zurückgreifen kann. Das Unternehmen lernt den Kunden somit immer besser kennen.

→ ***Praxistipp***

Nutzen Sie jeden telefonischen Kontakt zum Ausbau und zur Pflege der Kundendaten.

## 2.4 Multitasking

Beschäftigte im Dialogmarketing müssen meistens neben dem Gespräch mit dem Kunden nicht nur ein Computerprogramm zur Aufnahme der notwendigen Kundendaten bedienen, sondern situationsabhängig auch auf weitere Programme zurückgreifen, wie z. B.:

- **Kundendatenbank:** zur Pflege der relevanten Daten und der Kundenhistorie
- **Bestellmaske:** zur Aufnahme der Bestellung
- **Lösungsdatenbank:** um fachbezogenes Wissen oder Lösungen nachzuschlagen

Die gleichzeitige Ausführung von mehreren Tätigkeiten wird im Dialogmarketing auch als **Multitaskingfähigkeit** bezeichnet. Der Begriff stammt eigentlich aus der EDV und beschreibt die Fähigkeit von Computersystemen, verschiedene Anwendungen gleichzeitig ablaufen zu lassen. Beim Menschen beschreibt der Begriff die Fähigkeit, sich auf mehrere Tätigkeiten zur selben Zeit zu konzentrieren und diese korrekt auszuüben.

Multitasking erfordert von den Beschäftigten ein Höchstmaß an Auffassungsgabe, Konzentration und geistiger Flexibilität. Ob Menschen *wirklich* mehrere Dinge gleichzeitig tun können, gilt als umstritten. Forschungsergebnisse deuten darauf hin, dass wir eher ständig mit unserer Aufmerksamkeit zwischen verschiedenen
3|6 Themen wechseln.

## Alles gleichzeitig funktioniert nicht

Multitasking ist ein Mythos: Niemand kann mehrere komplexe Tätigkeiten gleichzeitig ausführen, das macht das menschliche Hirn nicht mit. Multitasking soll die Effizienz und Produktivität steigern, tatsächlich führt die gleichzeitige Arbeit an mehreren Aufgaben jedoch zu einem erheblichen Konzentrations- und Leistungsverlust. [...] Manche Forscher nehmen sogar an, dass Multitasking den IQ senkt. Macht es also dumm? Es macht zumindest nicht effizienter, produktiver oder leistungsfähiger. Neurowissenschaftler und Arbeitspsychologen haben das Phänomen über Jahre untersucht. Ihr Fazit: Neurobiologisch gibt es gar kein Multitasking. Das Gehirn kann sich nur auf eine, maximal zwei komplexe Tätigkeiten gleichzeitig konzentrieren, wie die französischen Wissenschaftler Sylvain Charron und Etienne Koechlin herausgefunden haben. Musik hören und dabei den Gedanken freien Lauf lassen – das mag noch funktionieren. Wer aber ein Telefonat führt und gleichzeitig mitschreibt, tut nicht wirklich beides zur selben Zeit. Vielmehr wechselt das Hirn rasant zwischen beiden Tätigkeiten hin und her. Das Ergebnis: Man bekommt nur die Hälfte mit. [...]

*Quelle: ©Tina Groll für ZEIT ONLINE (www.zeit.de) vom: 20.09.2012 „Alles gleichzeitig funktioniert nicht"*

*Link: https://www.zeit.de/karriere/beruf/2012-08/multitasking-gehirnleistung/komplettansicht [04.11.2022].*

**Praxistipp**

Der Kunde sieht nicht, was Sie tun! Sollte z. B. die Bedienung eines Programms während des Telefonats Ihre volle Aufmerksamkeit benötigen, weisen Sie den Kunden darauf hin, was Sie gerade machen, oder wiederholen Sie bei der Eingabe laut, welche Daten Sie gerade aufnehmen. Er wird Verständnis dafür haben, dass in diesem Moment nur ein eingeschränkter Dialog mit Ihnen möglich ist.

### Zusammenfassung

- Der Aufbau einer stabilen und umfassenden **Kundendatenbank** hat für ein Unternehmen im Dialogmarketing erhebliche strategische Bedeutung.
- Die Speicherung und Verwendung von personenbezogenen Daten unterliegen immer den **datenschutzrechtlichen Bestimmungen**.
- Während der gesamten Kundenbeziehung werden verschiedenste Daten aus den Kategorien **Grund-, Aktions-** und **Ergebnisdaten** gesammelt.
- Viele Unternehmen nutzen Daten von externen **Adressdienstleistern**, um den eigenen Datenbestand zu erweitern oder ein neues Geschäft aufzubauen.
- Bei der Datenerfassung müssen die Grundsätze **Richtigkeit, Vollständigkeit, Redundanzvermeidung, Zeitstabilität** und **Konsistenz** beachtet werden.
- Da Kundendaten sich regelmäßig ändern, muss ein Unternehmen sicherstellen, dass die Datenbestände regelmäßig **gepflegt** und **aktualisiert** werden.
- Datenbestände können durch **Datenbereinigung**, **externen** und **internen** Abgleich sowie durch Outbound-Aktionen aktualisiert werden.
- Führt ein Agent mehrere Tätigkeiten zur gleichen Zeit durch, bezeichnet man dies als **Multitasking**.

## Aufgaben

1. *Bewerten Sie die Aussage der angehenden Teamleiterin Albina Beqiraj: „Die Anzahl der Kundendaten spielt für unser Unternehmen eine untergeordnete Rolle, wichtiger ist die Qualität der Kundendaten."*
2. *Ordnen Sie nachfolgende Daten in die Kategorien einer Kundendatenbank ein:*
   *a) Mahnung verschickt am 23.06.*
   *b) Schreinermeister*
   *c) Bestellung am 15.05. per Hotline*
   *d) Preisanfrage Drucker am 12.05.*
   *e) Gutschrift Mahngebühr am 25.05.*
   *f) Hardware-Interessent*
   *g) Geburtsdatum: 27.06.1976*
   *h) Kurt-Schumacher-Str. 30*
3. *Recherchieren Sie im Internet:*
   *a) Welche verschiedenen Arten von Daten bieten Adressbroker an? Nutzen Sie dazu die auf Seite 427 angegebenen Adressen.*
   *b) Wie gehen die Adressbroker mit den Änderungen durch die DSGVO um?*
4. *Warum ist es wichtig, Kundendaten regelmäßig zu aktualisieren?*
5. *Erläutern Sie die Grundsätze, die bei der Erfassung von Kundendaten beachtet werden sollten.*
6. *Welche Probleme verursachen Dubletten in der Datenbank für ein Unternehmen? Beschreiben Sie Maßnahmen, die diese Probleme beseitigen.*
7. *Das Team der Dialogfix-Hotline ist in den letzten Wochen stark angewachsen. Deshalb wird Thomas von seinem Teamleiter gebeten, den neuen Agents an der Hotline mit Rat und Tat zur Seite zu stehen. Besonders die Grundsätze der Datenerfassung haben noch nicht alle neuen Beschäftigten verinnerlicht. Thomas zieht sich aus der Kundendatenbank eine Liste der von den neuen Teammitgliedern erfassten Kundendaten:*

| Name | Straße | PLZ | Ort | Telefon | E-Mail | Beruf |
|---|---|---|---|---|---|---|
| Meier, Ferdi | Kaiserstr. 8 | 6613 | SB | 0681-44684 | Meier.ferdinand @lumix.co | Student |
| Fuchs, Rita | Rosengaße 2 | 66482 | Zwei-brücken | | fuchsrita@ gml.de | Angestellte |
| Kaiser, Paul | Tannenflur a | 55131 | Mainz | 0179,1144335 | paulkateol.com | Anwalt |

*Danach setzt er sich mit den neuen Kolleginnen und Kollegen zusammen. Auf welche Fehler wird er sie aufmerksam machen müssen?*

9. *Was versteht man unter der „Kundenhistorie"?*
10. *Erläutern Sie die spezielle Bedeutung von Multitasking im Dialogmarketing. Welche Möglichkeiten sehen Sie, diese „Fähigkeit" zu trainieren?*
11. *Diskutieren Sie in der Klasse, welche Erfahrungen Sie mit Multitasking an Ihrem Arbeitsplatz gemacht haben. Nutzen Sie dazu auch den Zeitungsartikel von Seite 433, recherchieren Sie bei Bedarf weitere Artikel.*

# 3 Instrumente der Kundenbindung anwenden

## ■ *Einstiegssituation*

Karla führt gerade ein Servicegespräch mit dem Kunden Herbert Maus. Sie gibt die relevanten Informationen und das Ergebnis des Gesprächs in die Maske der Kundendatenbank ein.

Nachdem sie die Eingabe abgeschlossen hat, öffnet sich auf dem Bildschirm ein Dialogfeld:

„Biete dem Kunden die neue FinanzFix-Software Version 3.0 an!"

Karla sieht kurz auf den Bildschirm und wendet sich mit dem Angebot an Herrn Maus. Nach einigen kurzen Rückfragen stimmt Herr Maus dem Angebot zu.

Nachdem Karla das Telefonat erfolgreich beendet hat, wendet sie sich in der anschließenden Pause an ihre Ausbilderin Laura Frank:

**Karla:** *„Ich finde es immer wieder erstaunlich, dass diese Software so oft die passenden Angebote für die verschiedenen Kunden findet."*

**Laura:** *„Ja, ich auch. Da steckt aber auch eine Menge Arbeit dahinter. Ich glaube, dass da alles ausgewertet wird, was wir über die Jahre hinweg zu unseren Kunden erfahren haben oder was die gekauft haben, und dementsprechend bekommen wir dann hier angezeigt, was wir anbieten können."*

## ■ *Arbeitsaufträge*

1. ***Finden Sie eine Erklärung, wie diese Art der Angebotserstellung zustande gekommen sein könnte.***
2. ***Welche Daten sind notwendig, um einem Kunden ein maßgeschneidertes Angebot zu unterbreiten? Welche Vorteile bieten solche Angebote dem Kunden, welche dem Unternehmen?***
3. ***Sammeln Sie Möglichkeiten, die Ihr Ausbildungsbetrieb nutzt, um Kunden dauerhaft zu binden.***

Für Unternehmen ist es wichtig, eine große Anzahl an Kunden zu gewinnen. Dennoch sollten nicht einfach alle Kräfte auf die **Neukundenakquise** gerichtet werden. Mindestens genau so wichtig ist es, **bestehende Kunden** zufriedenzustellen und dauerhaft an das Unternehmen zu binden. 8|1.2

**Wodurch unterscheiden sich Kundenzufriedenheit und -loyalität?**

Wenn Kundinnen und Kunden zufrieden sind, sind sie dann nicht automatisch auch loyal? Bedeutet das nicht dasselbe? Die Loyalität eines Kunden baut zweifelsohne auf seiner Zufriedenheit mit einem Produkt oder einer Dienstleistung auf, geht aber noch ein großes Stück weiter. [...] Denn Kunden möchten also nicht lediglich zufriedengestellt werden. Sie möchten begeistert werden – ihre Erwartungen werden im Idealfall übertroffen. Und hier kommt die Kundenloyalität ins Spiel, die sich auf das Kundenverhalten in der Zukunft konzentriert. Hierbei spielt die emotionale Bindung an ein Unternehmen bzw. an eine Marke die entscheidende Rolle. Diese muss mithilfe verschiedener Maßnahmen erzeugt werden, wobei es dafür kein Patentrezept oder eine immer funktionierende Strategie gibt. [...] Zufriedenheit kann auch nur von kurzer Dauer sein und schnell in Unzufriedenheit kippen – Loyalität verzeiht vieles. Die langfristige, emotionale treue Bindung an ein Unternehmen ist die beste Voraussetzung für wirtschaftliche Stabilität und Wachstum auch in der Zukunft. Es empfiehlt sich daher, in einer Kundenzufriedenheitsanalyse regelmäßig Feedback der Kunden zu ihren Wünschen, ihren Erwartungen, ihrer Zufriedenheit sowie zum Ausmaß ihrer emotionale Bindung einzuholen, um auf der Basis solider Daten neue Strategien entwickeln zu können – oder auch um bisherige Bemühungen bestätigt zu wissen.

*Quelle: Rogator AG (Hrsg.): Wodurch unterscheiden sich Kundenzufriedenheit und -loyalität? In: www.rogator.de. Veröffentlicht am 12.10.2020 unter: https://www.rogator.de/unterscheiden-kundenzufriedenheit-loyalitaet/ [02.11.2022].*

Dialogorientierten Unternehmen stehen viele Möglichkeiten zur Verfügung, um die Zufriedenheit der Kunden mit dem Unternehmen zu messen und zu verbessern. Zusammenfassend wird für diese Aktivitäten häufig der Begriff **Kundenbeziehungsmanagement** oder auch **Customer Relationship Management (CRM)** verwendet.

## 3.1 Customer Relationship Management (CRM)

### 3.1.1 Aufgaben im Dialogmarketing

In der heutigen Marktsituation sind Unternehmen mehr und mehr bestrebt, eine positive Beziehung zu ihren Kunden aufzubauen, um nachhaltig am Markt bestehen zu können. Diese Entwicklung ergibt sich vor allem daraus, dass viele Produkte austauschbar geworden sind, der Kunde kann frei entscheiden, welchem Anbie-
2|1.3 ter er vertraut. Man spricht auch von **gesättigten Märkten**.

Während von der Mitte des 20. Jahrhunderts bis zum Anfang der 1990er-Jahre vor allem Produktorientierung und Funktionalität der Unternehmenseinheiten im Fokus standen, stehen mittlerweile die **Kundenorientierung** und das Kundenerleb-
8|1.1 nis im Mittelpunkt. Hier kommt dem CRM eine zentrale Bedeutung zu.

#

*Definition*

Unter **CRM (Customer Relationship Management, Kundenbeziehungsmanagement)** versteht man die Strategie eines Unternehmens, alle Unternehmensbereiche und Unternehmensaktivitäten auf langfristige Kundenbeziehungen auszurichten. Dadurch sollen der Erfolg eines Unternehmens gesteigert und die Zufriedenheit der Kunden erhöht werden.

Während der Begriff „CRM" ursprünglich nur die Verwendung von Datenbanken und Vertriebssoftware zur Datennutzung und zur Kundendatenpflege beschrieb, geht es heute um die Ausrichtung der gesamten Unternehmensorganisation, der eingesetzten Technik und des Personals auf den Kunden. Dabei wird die Integration und Umsetzung durch die Einbindung in das IT-System bzw. die Software des Unternehmens erreicht. Ein entsprechendes System unterstützt diese Vorgänge dabei über die gesamte Dauer der Kundenbeziehung.

Im Dialogmarketing hat CRM insbesondere folgende **Aufgaben**:

- **Bestandskundenpflege**
  Die Beziehung zu Bestandskunden soll durch CRM verbessert werden. Dies geschieht dadurch, dass man das Handeln des Unternehmens auf den Kunden ausrichtet. Bestehenden Kunden werden maßgeschneiderte Angebote unterbreitet. Außerdem bietet man den Kunden einen umfassenden Service an. Beschwerden von Bestandskunden werden ebenso ernst genommen und berücksichtigt wie Anfragen zu neuen Produkten.

- **Neukundengewinnung**
  Interessentenanfragen werden dokumentiert und gespeichert, nach Auswertung der Daten können den Interessenten gezielt Angebote unterbreitet werden.

- **Kundenrückgewinnung**
  Ehemalige Kunden werden erneut angesprochen. Mit maßgeschneiderten Angeboten kann man diese eventuell davon überzeugen, die Geschäftsbeziehung erneut einzugehen.

## 3.1.2 Einsatz und Integration im Unternehmen

### Datensammlung und Auswertung

Ab dem ersten Kundenkontakt werden die relevanten Daten gesammelt. Diese Daten werden anschließend ausgewertet und ggf. in bereits bestehende Daten integriert. Häufig geschieht dieser Prozess des **Data-Minings** (Datenschürfung, Datenanalyse) mit mathematisch-statistischen Methoden, um typische Muster im Datensatz zu erkennen. Die Auswertung erfolgt in einem **Data-Warehouse** (Datenwarenhaus).

> #
> *Definition*
> Ein **Data-Warehouse** ist eine zentrale Datensammlung (meist eine Datenbank), die sich aus verschiedenen Datenquellen im Unternehmen zusammensetzt.

Alle Kundendaten und Erfolgsdaten, die das Unternehmen an verschiedenen Stellen sammelt, werden in das Data-Warehouse geladen und dort vor allem für die Datenanalyse und zur betriebswirtschaftlichen Entscheidungshilfe im Unternehmen langfristig gespeichert. Meist werden im Data-Warehouse neben relevanten Kundendaten auch Informationen aus **Erfolgsmessungen** verarbeitet (z. B. Verkaufsquote,
5|5.1 AHT, FCR).

Im Data-Warehouse können Datenbestände beliebig in Relation gesetzt, miteinander verknüpft und nach verschiedenen Parametern analysiert und ausgewertet werden. Je genauer und vollständiger die Daten erhoben werden, desto aussagekräftiger sind die darauf basierenden Auswertungen.

Für den einzelnen Kunden betrachtet liefern diese Analysen z. B. Aussagen über
- den Kundenwert (s. u.),
- den Kundenlebenszyklus (s. u.),
- bisherige Interessen des Kunden.

Betrachtet man Daten ausgewertet nach Kundengruppen, Marketingaktionen oder speziellen Zeiträumen, sind verlässliche Aussagen über folgende Punkte möglich:
- Aus dem Anrufvolumen bei vergangenen Marketingaktionen folgt das wahrscheinliche Anrufvolumen bei zukünftigen Marketingaktionen (wichtig für die Personaleinsatzplanung).
- Erfolg einzelner Marketingaktionen
- Einfluss verschiedener Marketingaktionen auf Erfolgskennzahlen des Unternehmens

Außerdem können Kunden in verschiedene Interessengruppen bzw. Marktsegmente unterteilt werden
8|1.3 **(Kundensegmentierung)**.

## Kundenwert

Nicht jeder Kunde hat den gleichen finanziellen Wert für ein Unternehmen. Mittels CRM wird versucht, einen genauen Kundenwert für jeden einzelnen Kunden zu ermitteln. Dafür werden Daten betrachtet wie
- Dauer der Geschäftsbeziehung,
- bisheriger Gewinn, der mit diesem Kunden erzielt wurde,
- Aufwand durch Serviceleistungen für den Kunden,
- Zahlungsmoral,
- Image (z. B. prominente Kunden).

Einige Kunden verursachen einem Unternehmen durch überzogene Forderungen und ständige Beschwerden mehr Kosten, als sie – auch langfristig betrachtet – einbringen. Andererseits gibt es Kunden, die über lange Jahre eine gute Partnerschaft zu einem Unternehmen pflegen, die für **beide Seiten einen Nutzen** bringt. Durch die Auswertung im CRM kann ein Unternehmen einem langjährigen und profitablen Kunden auch entsprechend gute Angebote unterbreiten.

Ziel ist es nicht, Kunden, die erst seit Kurzem in einer Geschäftsbeziehung stehen oder nur selten etwas kaufen, grundsätzlich schlechter zu behandeln. Diese Kundengruppe soll natürlich nicht verärgert werden. Ziel ist es vielmehr, besonders gute und treue Kunden auch entsprechend zu behandeln. So können der Gruppe von loyalen oder umsatzstarken Kunden auf Basis des hohen Kundenwertes z. B. besondere Rabatte oder Zugeständnisse unterbreitet werden.

## Kundenlebenszyklus

Ein wesentlicher Grundgedanke des CRM ist es, den vollständigen **Kundenlebenszyklus** zu betrachten, also die Zeitspanne der gesamten Geschäftsbeziehung zwischen Kunde und Unternehmen. Hiermit soll erreicht werden, dass der Kunde dauerhaft auch nach der Entscheidung für ein bestimmtes Unternehmen bzw. ein bestimmtes Produkt mit dieser Wahl zufrieden ist. Diese Sichtweise steht im Gegensatz zur Produktorientierung, in der es vor allem darum geht, dass der Kunde ein Produkt kauft. Nach dem eigentlichen Kauf ist der Kunde hier nicht mehr von Interesse.

Ein möglicher Kundenlebenszyklus (je nach Branche bzw. Produkt sind auch Abweichungen denkbar) umfasst folgende **Phasen:**

Akquisitionsphase → Angebotsphase → Kaufphase → After-Sales-Phase → Betreuungsphase → Optimierungsphase

1. **Akquisitionsphase**
   Am Anfang geht es dem Unternehmen um Interessentengewinnung, Bedarfsermittlung oder Adressbewertung. Der Kunde sucht zwar nicht direkt nach neuen Informationen, ist aber offen dafür. Über diverse Kanäle wird der Kunde angesprochen, um ein erstes Interesse zu wecken.

2. **Angebotsphase**
   In dieser Phase geht es darum, dem Kunden das passende Angebot zu unterbreiten. Als Basis dienen alle Informationen, die in der Akquisitionsphase beschafft wurden.

3. **Kaufphase**
   Wenn man ein wenig mehr Wissen über den Kunden hat als der Mitbewerber und das richtige Angebot unterbreiten konnte, kauft der Kunde jetzt das Produkt.

4. **After-Sales-Phase**
   Diese Phase beschreibt den Zeitraum kurz oder unmittelbar nach dem Kauf. Wie reagiert das Unternehmen auf direkt auftauchende Fragen oder Reklamationen? Welche Kontaktmöglichkeiten hat der Kunde?

5. **Betreuungsphase**
   In dieser Phase besitzt der Kunde das Produkt schon eine gewisse Zeit. Wie tritt das Unternehmen erneut mit dem Kunden in Kontakt, wie wird er über Neuerungen informiert? Welchen Service hat er zu erwarten? Der Kunde hat möglicherweise Wünsche in Verbindung mit seinem Kauf, auch wenn dieser länger zurückliegt, eventuell hat er Verbesserungsvorschläge.

6. **Optimierungsphase**
   Diese Phase steht in direkter Verbindung zur Betreuungsphase. Hier geht es z. B. darum, wie das Unternehmen mit Beschwerden des Kunden umgeht. Werden Verbesserungsvorschläge angenommen; hat der Kunde überhaupt eine einfache Möglichkeit, mit dem Unternehmen im Beschwerdefall in Kontakt zu treten? Im Idealfall gelingt es, eine Beendigung der Geschäftsbeziehung möglichst lange hinauszuzögern bzw. vollständig zu vermeiden.

## Operative Nutzung von CRM

Nachdem die Daten ausgewertet sind, werden sie vom Unternehmen aktiv genutzt Dies kann z. B. durch die Ansprache von Kunden während eines Inbound-Gesprächs oder durch genau abgestimmte Marketingaktionen erfolgen. Im direkten Kontakt mit dem Kunden bzw. durch die Reaktionen der Kunden auf Marketingaktionen werden wiederum Daten gesammelt und zur Analyse genutzt.

Um das **Beziehungsmanagement** im Unternehmen zu optimieren, muss es genügend Kontaktmöglichkeiten zwischen Kunde und Unternehmen geben. Ein Unternehmen, das CRM erfolgreich einsetzen möchte, sollte also genügend Kommunikationswege eröffnen, wie z. B. Hotline, E-Mail oder über die Webseite. Es reicht nicht aus, dass nur ein oder zwei Unternehmensbereiche dieses Prinzip verfolgen. Vielmehr ist es für eine vollständige Umsetzung nötig, dass ein Unternehmen sein Kundenmanagement auf die Säulen

- Technik,
- Organisation und
- Personal

ausrichtet und CRM somit in die gesamten Unternehmensstrukturen einbindet.

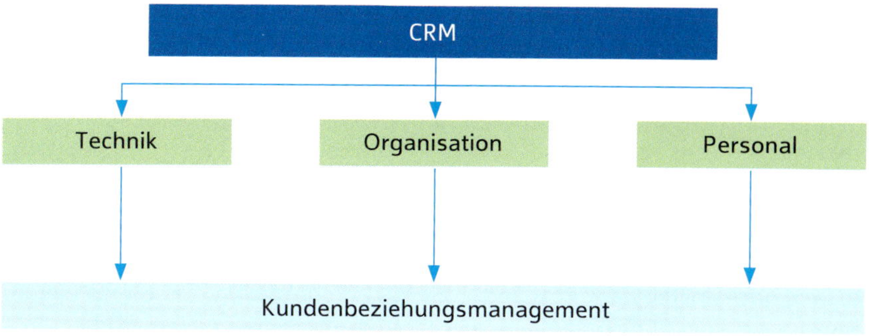


***Abb.: Integration von CRM im Unternehmen***

Daraus lassen sich für die Praxis folgende Erkenntnisse ableiten:

| | |
|---|---|
| **Technik** | Entsprechende CRM-Software und Datenbanksysteme müssen jeder Unternehmenseinheit gleichermaßen zur Verfügung stehen. Jede Unternehmenseinheit, die im Kontakt zum Kunden steht, muss also zum einen Daten zur Analyse erfassen, zum anderen aber auch das Ergebnis dieser Analyse konsequent einsetzen.<br><br>Es wird ein einheitliches CRM-System in allen Unternehmenseinheiten eingesetzt, um unterschiedliche Aussagen gegenüber dem Kunden sowie Datenbank-Dubletten zu verhindern. Dieses System kann auch auf Tablets oder Smartphones zur Verfügung stehen, um auch den Außendienst entsprechend einzubinden.<br><br>Es darf z. B. keinesfalls passieren, dass ein Kunde von einem Hotline-Mitarbeiter ein sehr gutes Angebot bekommt, da dieser durch eine CRM-Software über den Kundenwert informiert ist, aber ein Außendienstmitarbeiter dem gleichen Kunden ein viel teureres Angebot unterbreitet, da er keinen Zugriff auf dieses Ergebnis hat. |
| **Organisation** | Hier gilt es, Schnittstellen zwischen den einzelnen Unternehmenseinheiten zu schaffen.<br><br>Alle Prozesse im Unternehmen sowie zwischen Unternehmen und Abnehmern sollen kundenorientiert gestaltet werden und ständig auf Kundenorientierung überprüft werden.<br><br>Der Vertrieb, der Kundenservice, die Technik und die Marketingabteilungen sollen also einerseits ihr Handeln auf den Kunden ausrichten, sich andererseits in diesem Handeln auch ständig miteinander abgleichen. |
| **Personal** | Um CRM erfolgreich zu gestalten, ist es wichtig, dass das gesamte Personal über Zielsetzung und Umsetzung genau informiert ist.<br><br>Damit alle Beschäftigten im Unternehmen den Kunden als zentralen Bestandteil ihrer Arbeit verstehen, müssen entsprechende Rahmenbedingungen für die Mitarbeiter geschaffen werden. Die Belegschaft sollte motiviert sein und sich mit dem Unternehmen identifizieren. Alle Schnittstellen und Berichtswege zu anderen Organisationseinheiten sind für die Mitarbeiter jederzeit zugänglich und transparent zu halten. |

### 3.1.3 CRM-Datenbanken und Software

CRM-Lösungen bestehen aus einer **Datenbank**, die im Hintergrund läuft und eingehende Daten analysiert, und einer **Software**, die Mitarbeitern das Ergebnis (also z. B. den Kundenwert oder mögliche Angebote) anzeigt und über die die Mitarbeiter wiederum Daten zur Auswertung eingeben können.

5|2.1 Diese Software ist entweder Bestandteil der **Kundendatenbank** oder mit dieser verknüpft. Die Software und Datenbanklösungen werden in Unternehmen an allen **Schnittstellen** zwischen Kunde und Mitarbeiter eingesetzt. Außerdem werden alle Unternehmensprozesse auf die Anwendung solcher Systeme zugeschnitten.

**Beispiel**

Mitarbeiter von Dialogfix tragen nicht nur Adressdaten und die Lösung des Kundenanliegens in ihre Kundendatenbank ein, sondern auch Anfragen des Kunden zu neuen Produkten oder Reaktionen zu Marketingaktionen. Die Kundendatenbank ist mit einer CRM-Datenbank verknüpft, die diese Daten auswertet.

CRM-Lösungen sorgen auch dafür, dass relevante Kundeninformationen an allen wichtigen Stellen im Unternehmen vorliegen. Dies kann also neben telefonischen Kundenbetreuern auch Mitarbeiter im Bereich Marketing oder Einkauf betreffen.

Bei Bedarf können dann mögliche Aktionen und Angebote für diesen Kunden jedem Mitarbeiter angezeigt werden.

**Beispiel**

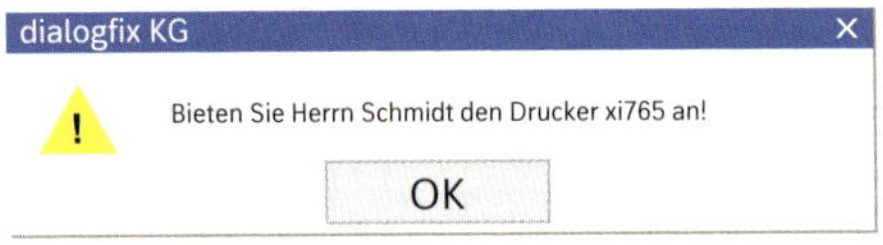


Eine Mitarbeiterin von Dialogfix bekommt am Ende eines Gesprächs eine Einblendung (Pop-up) auf den Bildschirm mit dem Hinweis, dem Kunden ein gewisses Produkt oder eine bestimmte Dienstleistung anzubieten. Die entsprechende Auswahl des Produkts ist Ergebnis der Auswertung der über den Kunden gesammelten Daten.

### 3.1.4 Integration von Social Media in CRM

Soziale Netzwerke sind als Plattformen für Kommunikation und Austausch in un-
4|3.4 serer Gesellschaft nicht mehr wegzudenken. Daher ist es für Unternehmen durchaus sinnvoll, die eigene CRM-Strategie auch auf diese Kommunikationsplattformen auszudehnen.

\# *Definition*

Die Integration von sozialen Netzwerken bzw. Social Media in CRM wird als **Social CRM** bezeichnet.

Mit der Nutzung von Social CRM werden ganz unterschiedliche Ziele verfolgt:
- Kontakt mit Kunden herstellen
- Meinung der Kunden erfahren
- Werbung und Produktinformation
- Beschwerdemanagement
- Data Mining

- Beobachtung der Mitbewerber
- neue Chancen für Vertrieb oder Produktentwicklung erkennen
- Vertriebs- und Servicekosten senken

Bei der Integration von Social Media in CRM können für das Unternehmen unterschiedliche **Herausforderungen** auftreten. Wie schon bei der erfolgreichen Umsetzung von CRM ist es notwendig, dass alle Unternehmensbereiche in dieses Thema eingebunden werden. Eine „Social-Media-Abteilung" allein reicht nicht aus, um die extrem großen Datenmengen zu verarbeiten. Das Unternehmen muss zudem herausfinden, auf welchen Plattformen seine Kunden jeweils unterwegs sind. Schließlich benötigen auch die einzelnen Mitarbeiter Erfahrung im Umgang mit Social Media.

Zur erfolgreichen Integration von Social CRM sind daher folgende Schritte nötig:

1. **Integration in das gesamte Unternehmen**
   Entwicklung eines Social-CRM-Modells, das auf dem bisherigen CRM im Unternehmen basiert und die gesamte Unternehmensstruktur einbezieht. Die Mitarbeiter sollten für dieses neue Thema gut ausgebildet werden.

2. **Definition der Kommunikationsplattformen**
   Es ist wichtig, zu entscheiden, welche Plattformen genutzt werden sollen. Dafür muss vorab überprüft werden, welche Plattformen die jeweiligen Zielgruppen ansprechend finden. Dazu werden Kundenumfragen und Marktanalysen genutzt.

3. **Aufbau einer IT-Umgebung**
   Zur Auswertung und Gestaltung der Social-Media-Themen wird weitere Software im Bereich Data-Mining benötigt. Außerdem empfiehlt sich die Einbindung von vorhandenen Analysefunktionen der Social-Media-Anbieter.

4. **Aufbau einer Kommunikationsstrategie**
   Das Unternehmen benötigt klare Regeln für die Gestaltung der Beiträge in sozialen Netzwerken. Es muss eindeutig definiert sein, wie auf Beschwerden reagiert werden soll. Dazu gehören auch Richtlinien für den Umgang mit schwerwiegenden Konflikten und Eskalationen, wie z.B. einem sogenannten „Shitstorm", bei dem – oft auf einer unsachlichen Ebene – Beiträge wie „ein Sturm der Entrüstung" im Internet verbreitet werden. Hier sollte das Unternehmen schon im Vorfeld Verhaltensweisen für den Ernstfall festlegen, um keinen Reputationsschaden zu erleiden.

5. **Gestaltung passender Kundenbindungsprogramme**
   Die bisherigen Programme zur Kundenbindung passen nicht zwangsläufig zu den sozialen Netzwerken und der Internetgemeinschaft. Hier empfiehlt es sich, weitere Programme und Aktionen aufzubauen.

6. **Integration von mobilem Internet**
   Aufgrund der flächendeckenden Verbreitung von Smartphones gibt es zahlreiche Möglichkeiten, wie z. B. die Nutzung von „QR-Codes“, die auf die Social-Media-Seiten im Internet verweisen.

## 3.2 Zufriedenheitsbefragungen

Ein wichtiger Faktor für den Erfolg von Unternehmen ist die **Zufriedenheit** der Kunden mit Produkten, Dienstleistungen, Service, CRM-Aktionen etc.

Der Kunde ist dann mit einem Produkt oder einer Dienstleistung zufrieden, wenn die Erwartungen, die er daran stellt, erfüllt werden. Gelingt es dem Unternehmen sogar, die Erwartungen zu übertreffen, wird der Kunde begeistert sein. Wenn die Erwartungen dagegen nicht erfüllt werden, also die Ist-Leistung unter der Soll-Leistung liegt, wird der Kunde enttäuscht reagieren, somit nicht mit Leistung und/oder Produkt zufrieden sein.

Um den Service und die Produktgestaltung an den Wünschen der Kunden auszurichten, ist es für Unternehmen wichtig, regelmäßig zu prüfen, wie zufrieden die Kunden mit dem Unternehmen sind oder wie gut einzelne Produkte von den Kunden angenommen werden. Daher führen Unternehmen regelmäßig Zufriedenheitsbefragungen durch. Bei diesen Befragungen kann die **allgemeine Zufriedenheit** des Kunden mit einem Produkt oder der Firma und die **spezielle Zufriedenheit** des Kunden mit einzelnen Aktionen Inhalt sein.

Für Zufriedenheitsbefragungen bieten sich z. B. folgende **Möglichkeiten** an:

- Outbound-Aktion für einen bestimmten Kundenkreis
- automatisch verschickte E-Mail an einen Kunden, zu dem gerade ein Kontakt bestanden hat (z. B. nach dem Gespräch mit der Hotline)
- Social-Media-Aktionen (z. B. Bewertung bei Facebook)
- Versand eines Fragebogens per Post
- Onlinebefragung über spezielle Links
- Direktbefragung nach einem telefonischen Kontakt

**Beispiel**

Nach einem Gespräch mit der Hotline geht eine automatische Zufriedenheitsbefragung per E-Mail an den Kunden. Dort wird er gefragt, wie zufrieden er mit

- dem Unternehmen Dialogfix,
- den Produkten, die er nutzt,
- der Hotline im Allgemeinen,
- dem Hotline-Mitarbeiter

ist.

Die Ergebnisse solcher Umfragen fließen dann entweder in die Gestaltung neuer Produkte, die Umgestaltung bestehender Produkte oder bei Rückmeldungen zu CRM-Aktionen direkt in die Analyse der CRM ein. Damit ist sichergestellt, dass keine Maßnahmen getroffen oder beibehalten werden, die nicht das Interesse des Kunden treffen, und dass die Produktgestaltung die Wünsche der Kunden beachtet.

Ergebnisse aus diesen Umfragen können auch Maßnahmen sein, die die Mitarbeiter oder die technische Ausstattung des Unternehmens betreffen.

## 3.3 Weitere Instrumente der Kundenbindung

Darüber hinaus stehen Unternehmen im Dialogmarketing weitere Instrumente der Kundenbindung zur Verfügung:

### Kundenclubs und Kundenkarten

Der Kunde tritt einem **Kundenclub** bei und erhält eine spezielle Kundenkarte, ähnlich z. B. einer Kreditkarte. Auf dieser Karte sind dann Kundennummer und eine spezielle Kartennummer eingetragen. Als Besitzer dieser Karte bzw. Mitglied des Kundenclubs profitiert der Kunde von verschiedenen Vorteilen im Kontakt mit dem ausstellenden Unternehmen.

**Vorteile** einer Clubmitgliedschaft können sein:

- Es werden Rabatte beim Einkauf gewährt.
- Clubmitglieder erhalten vorab Zugang zu neuen Produkten (Besitzer der Kundenkarte erhalten zuerst Informationen zu neuen Produkten und/oder werden bei der Bestellung bevorzugt).
- Das Sammeln von Bonuspunkten bei jedem Einkauf. Diese Punkte können später dann wieder beim Einkauf eingelöst werden, oder man kann sich je nach Punktanzahl ein Werbegeschenk aussuchen.
- Der Kunde erhält ein Clubmagazin, über das ihm z. B. besondere Angebote unterbreitet werden, die ausschließlich Mitgliedern zur Verfügung stehen.

Unternehmen stellen Kundenkarten aus, um Kunden fester an das Unternehmen zu binden und die **Loyalität** des Kunden zu erhöhen. Durch die Mitgliedschaft in einem Kundenclub und die damit verbundenen Vorteile ist der Kunde eher bereit, noch einmal bei dem Unternehmen einzukaufen bzw. Dienstleistungen in Anspruch zu nehmen. Darüber hinaus stellt der Kundenclub eine hervorragende Möglichkeit dar, weitere Informationen über den Kunden zu bekommen.

Je nach Leistungen und gewährten Rabatten ist die Mitgliedschaft in einem Kundenclub kostenlos oder kostenpflichtig.

**Beispiel**

Jeder Kunde von Dialogfix kann Mitglied in einem speziellen Kundenclub werden. Dafür zahlt er im Jahr eine Gebühr von 19,90 €. Er erhält dann auf jeden Einkauf 5 % Rabatt und sammelt Bonuspunkte, die am Ende des Jahres in ein Geschenk (z. B. Software, Tasche mit Firmenlogo etc.) eingetauscht werden können.

## Gutscheine

Gegen direkte Bezahlung haben Kunden die Möglichkeit, einen **Gutschein** bei einem Unternehmen zu erwerben. Der Gutschein kann dann zu einem späteren Zeitpunkt eingelöst werden. Gutscheine bieten Unternehmen die Möglichkeit, den Kundenstamm zu erweitern. Dies geschieht dadurch, dass Bestandskunden, die mit den Leistungen zufrieden sind, Gutscheine an Dritte, also potenzielle Neukunden, verschenken.

Gutscheine können darüber hinaus von den Unternehmen an Bestandskunden verschenkt werden, z. B. im Rahmen einer besonderen Marketingaktion, als Belohnung für die Teilnahme an einer Zufriedenheitsbefragung oder als Entschädigung für entstandene Unannehmlichkeiten (lange Lieferfrist, Beschwerden etc.).

## Kundenmagazine

Viele Unternehmen nutzen die Adressen ihrer Bestandskunden nicht nur für den Versand von Werbung, sondern bringen in regelmäßigen Zeitabständen (monatlich, vierteljährlich etc.) ein **Kundenmagazin** heraus. Dort finden Kunden neben interessanten Artikeln, Informationen, Rätseln etc. auch Informationen über das Unternehmen und neue Produkte. Selbst wenn das Magazin komplett auf Informationen zum Unternehmen verzichtet, wird der Kunde durch Erhalt dieses Magazins an das Unternehmen positiv erinnert.

### Coupon- und Rabattaktionen

Oft führen Unternehmen **Coupon-Aktionen** durch. Dabei sammelt der Kunde bei jedem Einkauf Coupons oder Punkte (in einem Sammelheft oder elektronisch auf einer Kundenkarte). Wenn er eine gewisse Anzahl gesammelt hat, erhält er ein bestimmtes Produkt oder einen Preisnachlass (Rabatt).

Solche Aktionen sind oft deswegen erfolgreich, weil vielen Kunden dabei zum einen die Tätigkeit – also das Sammeln – Spaß macht und zum anderen der Ehrgeiz groß ist, am Ende die Belohnung für den Einsatz zu erhalten.

### *Zusammenfassung*

- CRM steht für **Customer Relationship Management** und beschreibt die Auswertung und Integration von Kundendaten mit dem Ziel, Kunden durch maßgeschneiderte Aktionen an das Unternehmen zu binden.
- Der Vorgang der **Datenpflege, Auswertung** und **Angebotsgestaltung** wird durch entsprechende IT- und Softwaresysteme unterstützt.
- Die **Haupteinsatzgebiete von CRM** sind Kundenbindung, Neukundengewinnung und die Rückgewinnung ehemaliger Kunden. Die Integration von sozialen Netzwerken in CRM wird als **Social CRM** bezeichnet.
- Durch Datensammlung und Auswertung kann der individuelle **Kundenwert** für ein Unternehmen ermittelt werden.
- Der **Kundenlebenszyklus** umfasst die Akquisitions-, Angebots-, Kauf-, After-Sales-, Betreuungs- und Optimierungsphase.
- Die **Kundenzufriedenheit** ist ein wichtiger Faktor für den Erfolg des Unternehmens. Deswegen werden regelmäßig Umfragen durchgeführt, um die Zufriedenheit zu messen. Die Ergebnisse dieser Umfragen fließen in die Gestaltung von Produkten und Dienstleistungen ein.
- Weitere Möglichkeiten der **Kundenbindung** sind:
  - Kundenclubs und Kundenkarten
  - Gutscheine
  - Kundenmagazine
  - Coupon- und Rabattaktionen

## *Aufgaben*

1. ***Die Dialogfix GmbH möchte die Loyalität ihrer Kunden steigern. Sie erhalten den Auftrag, gemeinsam mit Ihrem Teamleiter verschiedene Maßnahmen zu planen.***
   a) ***Wie können Sie die Loyalität der Kunden messen?***
   b) ***Welche konkreten Maßnahmen zur Steigerung der Kundenloyalität schlagen Sie der Geschäftsleitung vor?***
   c) ***Wie reagieren Sie auf unternehmensinterne Kritiker, die der Meinung sind, dass auf dieses Thema keine Zeit verwendet werden sollte?***
2. ***Die Dialogfix GmbH möchte zukünftig jedem Kunden einen „Kundenwert" zuordnen.***
   a) ***Schlagen Sie Kriterien vor, die dafür geeignet sind.***
   b) ***Einige Kritiker in Reihen der Geschäftsführung behaupten, dass man Kunden auf keinen Fall unterschiedlich behandeln darf. Nehmen Sie zu dieser Aussage kritisch Stellung.***

3. *Welche Daten werden in einem Data-Warehouse zusammengefasst? Welche konkreten Daten könnten dabei in Ihrem Ausbildungsbetrieb anfallen? Was versteht man in diesem Zusammenhang unter Data-Mining?*

4. *Ein Geschäftspartner der KommunikativAktiv KG fragt an, welche Vorteile mit der Einführung eines CRM-Systems verbunden sind. Julia erhält den Auftrag, ein Argumentationspapier zu erstellen. Prüfen Sie, ob die von Julia verfassten Argumente so an den Geschäftspartner herausgeschickt werden können. Korrigieren Sie die einzelnen Argumente im Bedarfsfall.*
   a) *CRM ist ausschließlich bei der Neukundengewinnung hilfreich.*
   b) *Die Nutzung von CRM ist der Geschäftsführung vorbehalten, die anderen Mitarbeiter im Unternehmen haben damit nichts zu tun.*
   c) *Für eine erfolgreiche CRM-Nutzung müssen alle organisatorischen Einheiten, Prozesse, Technik und Mitarbeiter optimal aufeinander abgestimmt sein.*
   d) *Der Nutzen von CRM kommt ausschließlich dem Unternehmen zugute, der Kunde hat nichts davon.*
   e) *CRM kann während des gesamten Kundenlebenszyklus eingesetzt werden.*

5. *Führen Sie eine Internetrecherche zu folgenden Arbeitsaufträgen durch:*
   a) *Nennen Sie vier Social-Media-Plattformen und beschreiben Sie deren Funktionsweisen.*
   b) *Geben Sie jeweils ein Beispiel, wie diese Social-Media-Plattformen von Unternehmen genutzt werden.*
   c) *Erstellen Sie Screenshots und bereiten Sie Ihre Ergebnisse in einem Präsentationsprogramm auf.*
   d) *Präsentieren Sie Ihre Ergebnisse vor der Klasse.*

6. *Ihr Unternehmen möchte zukünftig „Social Media" in die bisherige Gestaltung der Kundenbeziehungen integrieren. Unter dem Begriff „Social CRM" soll dafür ein Projekt gestartet werden.*
   a) *Welche Vorgehensweise schlagen Sie vor, um dieses Projekt umzusetzen? Begründen Sie Ihren Vorschlag.*
   b) *Welche Widrigkeiten könnten auftreten?*
   c) *Welche sozialen Netzwerke im Internet sollten genutzt werden?*
   d) *Gestalten Sie für Ihr Unternehmen ein Handbuch zum Umgang mit Beschwerden in sozialen Netzwerken.*

7. *Stellen Sie verschiedene Möglichkeiten der Zufriedenheitsbefragung gegenüber und diskutieren Sie, welche Auswirkungen die Ergebnisse der Befragungen nach sich ziehen können.*

8. *Nach Beendigung einer Rückrufaktion für den Drucker „Printfix 100" möchte die Dialogfix GmbH die Zufriedenheit der Betroffenen mit dieser Aktion erfahren. Entwerfen Sie einen Fragenkatalog, der den Kunden per E-Mail zugeschickt werden soll.*

9. *In welchen Kundenclubs sind Sie Mitglied?*
   a) *Welche Vorteile ergeben sich daraus für Sie?*
   b) *Welche Daten werden dafür von Ihnen erhoben?*
   c) *Wie wurden Sie auf den Club aufmerksam bzw. wie wurden Sie von der Clubmitgliedschaft überzeugt?*

10. *Erarbeiten Sie gemeinsam in der Klasse Kriterien, nach denen Sie Kundenkarten vergleichen können. Führen Sie danach eine Internetrecherche durch und vergleichen Sie die Kundenkarten nach den erarbeiteten Kriterien.*

# 4 Besondere Gesprächssituationen bearbeiten

## ■ Einstiegssituation

Julia holt Ausdrucke aus dem Nebenraum und hört, wie sich zwei **Kollegen** unterhalten: *„Zum Glück hat sich Herr Ralus beschwert, stell dir mal vor, er hätte seine ganze Software umstellen müssen."* Verwundert fragt **Julia** nach: *„Wieso freust du dich denn, wenn sich jemand beschwert? Wäre es nicht besser, wenn sich niemand beschweren würde?"*

*„Nicht unbedingt. Herr Ralus hat sich bei uns beschwert, weil er die Stammdaten seiner Kunden in unserer FinanzFix-Software nicht ändern konnte. Herr Ralus war daher sehr verärgert. Ich habe dann mit ihm gemeinsam die Einstellungen überprüft, und wir haben festgestellt, dass er nicht als Administrator angemeldet war. Er hatte sich schon überlegt, eine andere Software zu kaufen, weil ihm unsere defekt vorkam. Jetzt ist er wieder zufrieden. Nun stell dir mal vor, er hätte sich nicht beschwert ..."*

## ■ Arbeitsaufträge

1. ***Sammeln Sie Situationen, in denen Ihr Ausbildungsbetrieb mit Beschwerden konfrontiert wird.***
2. ***Wie kann ein Unternehmen von Beschwerden profitieren?***
3. ***Diskutieren Sie in der Klasse, wie sich ein Mitarbeiter bei einem Beschwerdeanruf verhalten sollte.***

## 4.1 Beschwerden

Auf den ersten Blick scheint eine **Beschwerde** oder eine **Reklamation** eine unangenehme und lästige Angelegenheit zu sein. Wie aber die Einstiegssituation eindrucksvoll zeigt, verbergen sich hier häufig **Chancen** für das Unternehmen, wenn angemessen reagiert wird.

In der Vergangenheit hatten viele Firmen nur im Blick, die Anzahl der eingehenden Beschwerden zu verringern, aus dem Inhalt der Beschwerde oder Reklamation hat man keinen Nutzen gezogen. Diese Strategie ist überholt. Ziel ist es heute vielmehr, dafür zu sorgen, dass unzufriedene Kunden sich melden und den Grund für ihren Unmut oder ihre Reklamation vortragen. So kann das Unternehmen einen **Nutzen** aus jeder Beschwerde ziehen.

**Praxistipp**
Sehen Sie Beschwerden nicht als Angriff auf Ihre Person oder Ihr Unternehmen. Auch wenn der Kunde aufgebracht ist, nutzen Sie jede Beschwerde als Möglichkeit, die Beziehung zwischen dem Kunden und dem Unternehmen zu verbessern.

Kunden, die sich beschweren, geben dem Unternehmen in vielerlei Hinsicht die Möglichkeit zu handeln. In erster Linie hat man die Chance, den reklamierenden Kunden zu halten und die Geschäftsbeziehung zu stärken. Kunden, denen man nach einer Beschwerde professionell geholfen hat, sind oft zufriedener als vor der Situation, die zur Beschwerde geführt hat. Dagegen sind Kunden, die sich trotz Unzufriedenheit nicht melden, oft für immer verloren und berichten in ihrem Umfeld über die negative Erfahrung mit dem Unternehmen.

Kunden zu binden ist aber nur einer der Gründe, warum Beschwerden nutzbar gemacht werden sollten. Ein weiterer Grund ist, dass das Unternehmen aus den Beschwerden konkretes **Verbesserungspotenzial** ableiten kann. Kunden, die Grund für eine Beschwerde oder Reklamation haben, decken damit oft Schwächen in den Produktionsabläufen oder Prozessen des Unternehmens auf. Ein möglicher Nutzen kann also die Verbesserung der Unternehmensabläufe sein, oft werden aus Beschwerden auch neue Ideen geboren.

**Auszug aus dem Mitarbeiterhandbuch** — dialogfix GmbH

**Warum wir von Beschwerden profitieren**

Wir freuen uns über jeden Kunden, der uns hilft, besser zu werden.

Wir erkennen eigene Fehler und können sie zukünftig beheben.

Wir können unsere Arbeitsprozesse optimieren.

Wir intensivieren die Kommunikation mit unseren Kunden.

Wir zeigen unseren Kunden, dass wir sie ernst nehmen.

Wir können einen zufriedenen Kunden gewinnen.

Wir nutzen Beschwerden, um die Geschäfte mit dem Kunden auszubauen.

## 4.1.1 Professionelles Beschwerdemanagement

Kunden können Beschwerden
- persönlich,
- schriftlich (Brief, Chat, E-Mail, Social Media) oder
- telefonisch

äußern.

Beschäftigte im Dialogmarketing sind vorrangig mit **telefonischen Beschwerden** konfrontiert. Zunehmende Bedeutung als Beschwerdekanal gewinnen dabei eigens eingerichtete Beschwerdehotlines, bei denen der Kunde direkt die Beschwerde vortragen kann und eine Lösung für sein Anliegen erhält.

Für ein Unternehmen ist es langfristig problematisch, wenn sich unzufriedene Kunden nicht beschweren. Dafür kommen viele Gründe infrage:

- Der Kunde scheut einen befürchteten Konflikt.
- Ansprechpartner bzw. Kontaktdaten für eine Beschwerde sind schwer zu ermitteln.
- Das Unternehmen baut Hürden auf, z. B. eine kostenintensive Telefonnummer oder lange Wartezeiten in der Hotline.
- Der Kunde hat in der Vergangenheit schlechte Erfahrungen gemacht.
- Der Kunde befürchtet einen hohen Zeitaufwand.
- Es fehlt das Vertrauen in ein funktionierendes Beschwerdemanagement.

Serviceorientierte Unternehmen stellen den Kunden daher verschiedene **Kanäle** zur Verfügung, um die Beschwerde zu äußern.

**Beispiel**

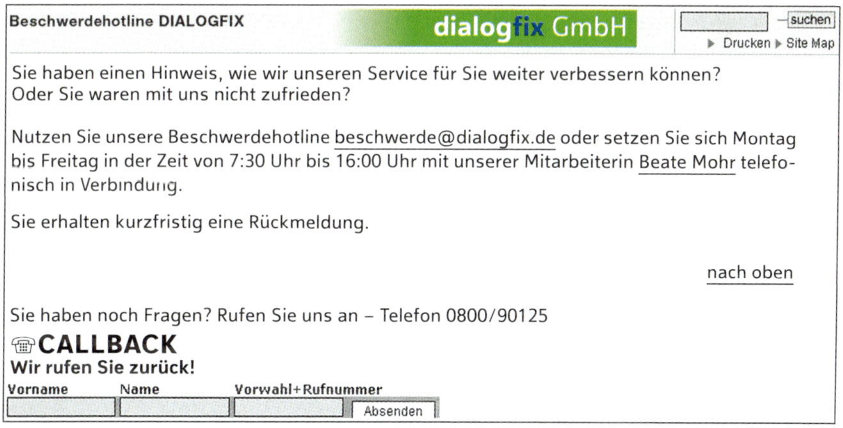
Beschwerdehotline DIALOGFIX

dialogfix GmbH

suchen

Drucken Site Map

Sie haben einen Hinweis, wie wir unseren Service für Sie weiter verbessern können?
Oder Sie waren mit uns nicht zufrieden?

Nutzen Sie unsere Beschwerdehotline beschwerde@dialogfix.de oder setzen Sie sich Montag bis Freitag in der Zeit von 7:30 Uhr bis 16:00 Uhr mit unserer Mitarbeiterin Beate Mohr telefonisch in Verbindung.

Sie erhalten kurzfristig eine Rückmeldung.

nach oben

Sie haben noch Fragen? Rufen Sie uns an – Telefon 0800/90125

CALLBACK

Wir rufen Sie zurück!

Vorname Name Vorwahl+Rufnummer Absenden

In diesem Beispiel fällt es dem Kunden leicht, eine Beschwerde loszuwerden. Es sind verschiedene **Kontaktmöglichkeiten** angegeben, ein persönlicher **Ansprechpartner** wird genannt und es steht eine **kostenlose Rufnummer** zur Verfügung.

Die Notwendigkeit eines **professionellen Beschwerdemanagements** wird durch eine Vielzahl von Untersuchungen bestätigt:

- Bis zu 90 % aller Beschwerden werden nicht geäußert. Der Kunde zieht einfach die Konsequenz und meidet das Unternehmen zukünftig.

- Beschwerdeanlässe sind ein beliebtes Gesprächsthema und werden bis zu 15 Personen weitererzählt.
- Nach einer zufriedenstellend bearbeiteten Beschwerde steigt die Loyalität zum Unternehmen an. Bis zu 70 % der Kunden werden danach Stammkunden.
- Einen neuen Kunden zu gewinnen kostet bis zu zehnmal mehr, als einen bestehenden zu halten.

8 | 4.5
Wenn von einer **Beschwerde** gesprochen wird, ist damit die ausgedrückte Unzufriedenheit eines Kunden oder Interessenten gemeint. Eine **Reklamation** hat darüber hinaus noch einen rechtlichen Hintergrund, bei dem ein berechtigter Anspruch auf Mangelbeseitigung im Rahmen einer **Kaufvertragsstörung** geltend gemacht wird. Oftmals gehen beide Aspekte ineinander über. Meist spielt auch die emotionale Ebene in einer solchen Situation eine wichtige Rolle.

**Beispiel**

Ein Kunde beschwert sich bei der Servicehotline von Dialogfix, dass der gelieferte Scanner eine fehlerhafte Farberkennung hat. Gleichzeitig macht er eine Reklamation geltend, da dieser Defekt innerhalb der Garantiefrist aufgetreten ist.

→ ***Praxistipp***
Für die Durchführung des Servicegesprächs ist es zunächst unerheblich, ob es sich um eine Beschwerde oder Reklamation handelt.

Die Ursachen für Beschwerden lassen sich in der Regel einem der nachfolgenden drei Bereiche zuordnen:

1. Die Probleme treten im Zusammenhang mit dem Produkt oder der Dienstleistung auf, die Grundlage der Geschäftsbeziehung ist.
2. Die Interaktion zwischen Mitarbeiter und Kunde steht im Zentrum der Beschwerde.
3. Einzelne Aspekte des Abwicklungsprozesses der Geschäftsbeziehung zwischen Unternehmen und Kunde stehen im Vordergrund.

| Produkt- bzw. dienstleistungsbezogen | Mitarbeiterbezogen | Abwicklungsbezogen |
|---|---|---|
| • Sachmangel<br>• Preis-Leistungs-Verhältnis<br>• Einsetzbarkeit<br>• mangelnde Bedienungsfreundlichkeit<br>• enttäuschte Erwartungshaltung<br>• Funktionalität | • Unfreundlichkeit<br>• mangelnde Fachkompetenz<br>• fehlendes Engagement<br>• unzureichendes Interesse<br>• schlechte Verständlichkeit | • Lieferzeiten<br>• Vorgangsabwicklung<br>• Einhaltung von Zusagen<br>• Bearbeitungszeiten<br>• mangelnde Transparenz<br>• unklare Zuständigkeiten |

***Abb.: Beispiele für Beschwerdeursachen***

→ ***Praxistipp***
Häufig kommen bei einer Beschwerde mehrere Gründe zusammen.

## 4.1.2 Schritte des Beschwerdemanagements

Um ein optimales **Beschwerdemanagement** durchzuführen, sollten Sie strukturiert und professionell vorgehen. Achten Sie stets darauf, die Führung im Gespräch nicht aus der Hand zu geben. Aufbauend auf den Phasen des Beratungsgesprächs sollten folgende **Handlungsschritte** beachtet werden: Web

1. **In das Gespräch einsteigen**: Steigen Sie positiv in das Gespräch ein. Ihre Meldeformel sollte stets freundlich und professionell vorgetragen werden. Mit einer offenen Frage leiten Sie in die Bedarfsermittlung über, um den sachlichen Hintergrund des Anrufs zu erfragen (z. B. „Was kann ich für Sie tun?“).

2. **Den sachlichen Hintergrund ermitteln**: Hier gilt es zu ermitteln, aus welchem Grund der Kunde die Hotline angerufen hat. Wenn der Kunde gleich zu Beginn sehr stark seinen Unmut äußert, beginnt jetzt schon eine sehr schwierige Phase des Gesprächs. In diesem Fall ist es wichtig, dass der Kunde erst einmal **Dampf ablassen** kann, Sie sollten ihm zuhören, ihn ausreden lassen und interessiert bleiben. Die Technik des **aktiven Zuhörens** kommt verstärkt zum Einsatz. 3|3.2.3 Wenn Sie es schaffen, ruhig zu bleiben, wird der Kunde sich zwangsläufig auf eine andere Ebene begeben. Sie können dann mithilfe verschiedener **Fragetechniken** 3|3.2.2 den genauen sachlichen Hintergrund des Anrufs und damit den Grund der Beschwerde ermitteln.

3. **Die emotionale Ebene klären**: Äußert ein Kunde bereits zu Beginn sehr stark seine Unzufriedenheit oder gar seine Wut, dann ist eine Beschwerde leicht zu erkennen. Oftmals werden Beschwerden aber **„sehr leise“** vorgetragen. Es ist wichtig, dass Sie die Aussagen des Kunden genau auf eventuelle Unmutsäußerungen analysieren, um eine Beschwerde zu erkennen. Auch wenn eine Aussage wie z. B. „Der Drucker funktioniert schon wieder nicht“ ruhig vorgetragen wird, handelt es sich um eine Beschwerde. Nachdem Sie wissen, worüber der Kunde sich beschwert, ist es wichtig, erst auf der emotionalen Ebene Klarheit zu schaffen. Kunden, die sich beschweren, sind oft wütend oder verunsichert. Entschuldigen Sie sich für die entstandenen Unannehmlichkeiten, drücken Sie Ihr **Verständnis** und Ihre Einsicht aus. Der Kunde wird erst eine Lösung akzeptieren, wenn er sich verstanden fühlt und er Sympathie und neues Vertrauen zu Ihnen und Ihrem Unternehmen entwickelt hat. Dabei geht es nicht darum, dem Kunden in jedem Punkt recht zu geben, sondern ihn wertschätzend in seiner Sicht der Dinge zu bestätigen. Bleiben Sie während des gesamten Gespräches ruhig und sachlich.

4. **Für das Anliegen eine Lösung finden**: Bevor Sie in die Lösungsphase einsteigen fassen Sie das Anliegen des Kunden zusammen. Auch in der Lösungsphase ist **Diplomatie** angebracht, seien Sie vorsichtig in Ihrer Wortwahl, formulieren Sie positiv (s. u.). Entwickeln Sie zusammen mit dem Kunden eine Lösung für sein Anliegen. Achten Sie stets darauf, dass der Kunde mit der Lösung einverstanden ist. Seien Sie absolut verbindlich in Ihrer Ausdrucksweise. Die Lösung, die Sie entwickelt haben, muss realisierbar und realistisch sein. Sollte jetzt noch etwas schiefgehen, verliert der Kunde jedes Vertrauen. Achten Sie während Ihrer Ausführungen auf Ihre Wortwahl, spielen Sie das Geschehene in keinem Fall herunter. Lockere Sprüche wie „Na, ob sich da der Fehlerteufel eingeschlichen hat?" gehören nicht in ein Beschwerdegespräch. Vermeiden Sie hier unbedingt die
3|3.2.4 **Gesprächsstörer** und versuchen Sie, **Gesprächsförderer** einzusetzen.

5. **Das Gespräch abschließen:** Fassen Sie zum Ende des Gespräches noch mal alles Wichtige zusammen und legen Sie die **nächsten Schritte** fest. Der Kunde muss wissen, was nun aus seinem Anliegen wird. Vereinbaren Sie auch einen festen Zeitrahmen. Am Ende des Gespräches entschuldigen Sie sich nochmals für die entstandenen Unannehmlichkeiten und danken dem Kunden für seine Beschwerde. Achten Sie auf eine freundliche und positive Verabschiedung.

→ ***Praxistipp***

Die beschriebenen Handlungsschritte laufen in der Praxis nicht immer schematisch hintereinander ab. Oft ist es notwendig, nach kurzer Bedarfsanalyse emotional auf die Beschwerde einzugehen, um später wieder mit konkreten Fragen das Thema einzugrenzen. Ist der Kunde schon zu Beginn des Gespräches sehr aufgebracht, sollte man zunächst die emotionale Ebene klären, bevor die Bedarfsanalyse durchgeführt wird.

## 4.1.3 Positives Formulieren

Die Herausforderung in der Beschwerdebehandlung besteht oft darin, Sache und
5|1.1.3 Person voneinander zu trennen. Wie sich bereits beim Beratungsgespräch gezeigt hat, können durch die Technik des **positiven Formulierens** ungünstig klingende Aussagen in einer neutralen Form zum Ausdruck gebracht werden.

Negativaussagen lauten z. B.:

- „Das machen wir grundsätzlich nicht."
- „Da kann ich Ihnen leider nicht weiterhelfen."
- „Dafür bin ich nicht zuständig."

Hierzu gehören auch generell alle Aussagen, die Negativwörter wie z. B „kein" und „nicht" enthalten.

Das Gehirn setzt verbal empfangene Informationen direkt in Bilder um. Deshalb fehlt dem Menschen die Fähigkeit, eine Negativaussage direkt nachzuvollziehen, das Gehirn kann zu einer Verneinung kein Bild liefern.

**Beispiel**

Denken Sie jetzt **nicht** an einen roten Luftballon.
Was passiert, wenn Sie diesen Satz lesen? Es ist nicht möglich, sich **keinen** roten Luftballon vorzustellen.

Durch **positives Formulieren** nehmen Sie hingegen aktiv Einfluss auf ein angenehmes und zielführendes Gesprächsklima.

| Negative Formulierung | Besser: positive Formulierung |
|---|---|
| „Dafür bin ich nicht der richtige Ansprechpartner." | „Herr YX ist ein kompetenter Ansprechpartner, ich verbinde Sie gerne." |
| „Da lässt sich leider nichts machen." | „Wir werden sehen, was sich da machen lässt." |
| „Verstehen Sie mich da nicht falsch." | „Da habe ich mich wohl missverständlich ausgedrückt." |
| „Da müssen Sie zwei Tage warten." | „Binnen der nächsten 48 Stunden erhalten Sie eine Lösung." |
| „Das kann ja gar nicht sein." | „Das ist neu für mich." |
| „Sie haben bestimmt etwas falsch eingestellt." | „Welche Einstellungen haben Sie denn vorgenommen?" |
| „Um diese Uhrzeit ist keiner mehr da." | „Sie können uns täglich von 09:00 Uhr bis 17:00 Uhr erreichen." |
| „Dafür kann ich nichts." | „Lassen Sie uns gemeinsam eine Lösung finden." |
| „Sie hätten eben das Handbuch genauer lesen müssen." | „Welcher Teil war Ihnen denn unklar?" |
| „Herr Meyer ist nicht zu erreichen." | „Herr Meyer ist um 13:00 Uhr wieder im Haus." |

## 4.1.4 Unfaire Gesprächsmethoden

Beschwerden von Kunden sind nicht immer gerechtfertigt. Im erfolgreichen Beschwerdemanagement ist es wichtig, auf **unangemessene Forderungen** von Kunden ebenso professionell zu reagieren wie auf unfaire Gesprächsmethoden. Behandeln Sie dennoch nicht jeden Kunden wie einen Schwerverbrecher. Gehen Sie im Grundsatz davon aus, dass der Kunde ein berechtigtes Anliegen hat. Halten Sie mithilfe von **positiven Formulierungen** das Gesprächsklima auf der sachlichen Ebene.

Die Bemühungen, ein Beschwerdegespräch neutral zu halten, verhalten sich entgegengesetzt zu den Bemühungen eines Beschwerdeführers, der eine unangemessene Reklamation durchzusetzen versucht. Eine solche Person wird immer bemüht sein, Sie persönlich anzugehen und Sie zu verunsichern. Häufig werden dabei auch **manipulative Elemente** eingesetzt. Dabei gilt es, die unterschiedlichen Strategien zu erkennen und darauf sachgerecht zu reagieren. 3|3.1

### Drohen

*„Wenn Sie das jetzt nicht zu meiner Zufriedenheit lösen, werde ich auf weitere Bestellungen verzichten."*

Unternehmerisches Ziel ist es natürlich, den Kunden zu halten, jedoch nicht um jeden Preis. Durch das Eingehen auf Drohungen fühlt sich der Kunde ermuntert, auch bei künftigen Beschwerden zu drohen, da er hiermit bereits Erfolg hatte.

Äußern Sie Verständnis für die Situation des Kunden und zeigen Sie Ihre Kooperationsbereitschaft. Gehen Sie dennoch nicht auf überzogene Forderungen des Kunden ein.

### Übertreiben

*„Durch Ihren Fehler entstehen mir extreme Folgekosten."*

Der Kunde versucht in diesem Fall, Sie mit der Schilderung eines überzogenen Szenarios einzuschüchtern.

Hier gilt im Prinzip die gleiche Vorgehensweise wie beim Drohen. Spielen Sie jedoch nicht das Anliegen des Kunden herunter, sondern geben Sie dem Kunden das Gefühl, ernst genommen zu werden, und die Möglichkeit, sein Gesicht zu wahren.

### Verallgemeinern

*„Es ist absolut branchenüblich, dass Sie in einem solchen Fall für Ersatz sorgen."*

Mithilfe von angeblich allgemeingültigen Regeln versucht der Kunde, Sie in eine schwächere Position zu bringen. Der Kunde gibt vor, einen Wissensvorsprung zu haben.

Veranschaulichen Sie dem Kunden, dass es Ihnen nicht um einen allgemeinen Fall geht, sondern um das konkrete Anliegen des Kunden. Lassen Sie den Kunden spüren, dass Ihnen der einzelne Fall wichtig ist.

### Schmeicheln

*„Ach, Herr Müller, wie schön, dass ich Sie dran habe. Sie konnten mir bisher immer am besten helfen."*

Der Kunde versucht, Sie mit übertriebener Höflichkeit in eine wohlgesonnene Stimmung zu bringen, um Ihr Entgegenkommen zu fördern.

Bedanken Sie sich kurz für das Kompliment und äußern Sie Ihre Bereitschaft, eine Lösung zu finden. Gehen Sie im weiteren Gesprächsverlauf aber nicht mehr auf die Schmeichelei vom Anfang ein.

### Anteilnahme erwecken

*„Sie denken bestimmt, dass ich zu schusselig bin, um die Software richtig zu installieren.“*

Mit dieser manipulativen Strategie möchte der Kunde sich selbst in eine schwächere Position bringen, um bei Ihnen Mitleid zu erzeugen und Verständnis für seine Situation zu erwecken.

Versuchen Sie, Sache und Person voneinander zu trennen. Formulieren Sie z. B. „Die Software kann über die Optionen richtig eingestellt werden“ und nicht: „**Sie** können die Software ...“ So erhält das Gespräch die Neutralität zurück, die der Kunde eingangs mittels seiner eigenen Person in den Hintergrund gestellt hat.

### Aggressiv werden

*„Sie sind wirklich der unfähigste Mitarbeiter, mit dem ich jemals zu tun hatte.“*

Auch hier versucht der Kunde, auf die emotionale Ebene zu wechseln und vom eigentlichen Sachverhalt abzulenken. Lassen Sie sich davon nicht provozieren. Versuchen Sie, durch ruhige und zweckdienliche Antworten wieder auf die Sachebene zurückzukehren. Gelingt dies dauerhaft nicht, kann es im Zweifelsfall notwendig sein, das Gespräch zu beenden bzw. den Kunden weiterzuverbinden.

> → ***Praxistipp***
> Durch **aktives Zuhören** können Sie rasch erkennen, wenn der Kunde versucht, eine unfaire Gesprächsmethode anzuwenden.

3|3.2.3

## 4.1.5 Die zehn Fehler im Beschwerdegespräch

Einige Verhaltensweisen und Formulierungen führen dazu, das Beschwerdegespräch bereits von Anfang an stocken zu lassen bzw. zu einem nicht optimalen Ergebnis zu bringen. **Vermeiden** Sie daher:

1. **Routine:** Wenn Sie zu standardisiert vorgehen, kommt sich der Anrufer leicht vor wie ein Fall von vielen. Es ist wichtig, individuell auf den Kunden einzugehen.

2. **Innere Ablehnung:** Kunden hören sich im Moment der Beschwerde oft sehr unsympathisch an, da dies meist eine sehr emotionale Situation ist. Wenn Sie den Kunden aufgrund seiner Emotionalität ablehnen, entgleitet das Gespräch.

3. **Keine Zuständigkeit:** Wenn Sie einem sich beschwerenden Kunden direkt mitteilen, dass Sie für seinen Fall nicht die richtige Ansprechperson sind, so fühlt sich dieser alleine gelassen. Der Kunde kann die inneren Strukturen Ihres Unternehmens nicht kennen. Hier gilt: Zuerst Grund der Beschwerde erfragen, dann entschuldigen und die Bitte, sich an Ansprechpartner XY zu wenden, in die Lösungsphase einbauen.
4. **Den Kunden „erziehen":** Oft kommen Beschwerden vor, wenn der Kunde sich nicht an die unternehmensübliche Vorgehensweise gehalten hat. In solchen Momenten ist der Mitarbeiter oft versucht, dem Kunden lange zu erklären, wie er hätte vorgehen müssen, um den Fehler zu vermeiden. Das interessiert den Kunden in dem Moment allerdings nicht. Er möchte eine Lösung für sein jetziges Problem. Sie sollten sich allerdings die Frage stellen, ob der Kunde wirklich „schuld" ist oder ob der Prozessablauf des Unternehmens nicht kundenorientiert genug ist.
5. **Lösung zu schnell anbieten:** Auch wenn Sie direkt wissen, wie das Anliegen des Kunden zu lösen ist, lassen Sie ihn ausreden und führen Sie ein komplettes Beschwerdemanagement durch. Wenn Sie dem Kunden keinen Raum für seinen Ärger lassen, akzeptiert er keine Ihrer Lösungen. Signalisiert der Kunde allerdings, dass er direkt eine Lösung benötigt und kein Interesse an einer Entschuldigung hat, bevor das Anliegen geklärt ist, sollte der Ablauf entsprechend verändert werden.
6. **Schuld zuschieben:** Oft haben Ihr Unternehmen oder Sie objektiv alles richtig gemacht und trotzdem beschwert sich der Kunde. Manchmal auch über eine Situation, für die der Kunde tatsächlich selbst verantwortlich ist. Versuchen Sie in solchen Fällen nicht, den Kunden von seiner Schuld zu überzeugen. Um sein Gesicht zu wahren, wird er alles daran setzen, um zu beweisen, dass der Fehler doch bei Ihnen liegt.
7. **Reklamation anzweifeln:** Auch wenn der Grund für eine Reklamation oder Beschwerde sich sehr seltsam oder ungewöhnlich anhört, zweifeln Sie gegenüber dem Kunden den Grund nicht an.
8. **Beschwerdegrund herunterspielen:** Nehmen Sie den Anrufer ernst, auch wenn Sie den Fall des Kunden schon hundertmal erlebt haben. Wenn Sie dem Kunden erzählen, dass er mit diesem Fehler nicht alleine ist, hilft ihm das nicht weiter.
9. **Interne Fehler erklären:** Verschwenden Sie keine Zeit damit, dem Kunden zu erklären, wie der Fehler in Ihrem Unternehmen entstanden ist (z. B.: „Das liegt daran, dass mein Kollege im Urlaub war und ..."). Erklären Sie ihm lieber, wie Sie den Fehler beheben wollen.
10. **Rechtfertigung:** Sicherlich kommen Sie oft in Versuchung, dem Kunden zu erklären, dass Sie und Ihr Unternehmen nicht schuld sind, sondern äußere Umstände. Der Kunde ist jedoch vorrangig an einer Lösung seines Problems interessiert. Ihn interessiert nicht, wer aus Ihrer Sicht Schuld hat oder welche Umstände zu dem Fehler geführt haben.

**→ *Praxistipp***

Nicht jedes Gespräch verläuft optimal. Nehmen Sie sich nach einem unglücklich beendeten Beschwerdeanruf kurz Zeit, Ihr eigenes Verhalten zu analysieren. Überprüfen Sie, ob Sie alle Schritte und Regeln des Beschwerdemanagements eingehalten haben. Überlegen Sie sich Strategien für zukünftige Anrufe.

### 4.1.6 Techniken zum Gesprächsabschluss

In manchen Fällen entstehen trotz professionellem Beschwerdemanagement und hoher Servicebereitschaft Situationen, in denen **keine Lösung** mit dem Kunden erzielt werden kann oder in denen der Kunde eine negative Nachricht nicht verstehen will. In diesen Situationen dreht sich ein Dialog oft sehr lange im Kreis, beide Gesprächspartner werden gereizt, zumal der Mitarbeiter im Callcenter auch bestimmte Ziele hinsichtlich der Gesprächsdauer zu berücksichtigen hat.

Für diese Fälle eignen sich folgende **Techniken zum Gesprächsabschluss**:

#### Auf den Punkt bringen

Wenn sich ein Dialog schon lange im Kreis dreht und der Kunde trotz aller sachlichen Argumente des Mitarbeiters immer wieder die gleiche Forderung stellt, empfiehlt es sich, die Hauptaussage immer weiter zu komprimieren bzw. auf den Punkt zu bringen.

**Beispiel**

Julia: *„Ich kann sehr gut verstehen, dass die Situation ärgerlich ist. Der Drucker kann aber leider nicht zurückgenommen werden, da die Garantie bereits seit mehr als sechs Monaten abgelaufen ist. Ich bitte Sie für diese Entscheidung um Verständnis."*

Kunde: *„Das kann ich nicht akzeptieren, ich will den vollen Ersatz."*

Julia: *„Ich kann gut nachvollziehen, dass Sie verärgert sind. Leider ist die Garantie bereits abgelaufen."*

Kunde: *„Da werde ich nicht klein beigeben, ich schalte den Verbraucherschutz ein."*

Julia: *„Es tut mir leid, wenn Sie diesen Schritt gehen. Die Garantie ist bereits abgelaufen."*

Kunde: *„Das ist unerhört, was denken Sie, wen Sie vor sich haben?!"*

Julia: *„Es tut mir leid, ich bitte Sie für diese Entscheidung um Verständnis."*

Kunde: *„Sie werden schon sehen."*

Julia: – Schweigen –

#### Wiederholungsmethode

Ähnlich wie in der Methode „Auf den Punkt bringen" geht diese Variante davon aus, dass der Kunde eine bestimmte Zeit benötigt, um eine schlechte Nachricht zu akzeptieren. Deshalb wird hier die Nachricht so oft wiederholt, bis der Inhalt angekommen ist.

**Beispiel**

Julia: *„Ich kann sehr gut verstehen, dass die Situation ärgerlich ist. Der Drucker kann aber leider nicht zurückgenommen werden, da die Garantie bereits seit mehr als sechs Monaten abgelaufen ist. Ich biete Ihnen allerdings 15 % Rabatt auf einen neuen Drucker an."*

Kunde: *„Das ist wohl ein Witz. Ich verlange sofort einen kompletten Austausch."*

Julia: *„Das ist das einzige Angebot, das ich Ihnen unterbreiten kann."*

Kunde: *„Frechheit! Ich wende mich an meinen Anwalt."*

Julia: *„Das ist das Angebot, das ich Ihnen machen kann: Ich biete Ihnen 15 % Rabatt auf einen neuen Drucker an."*

Kunde: *„Wie stellen Sie sich das vor, ich werde mir das nicht bieten lassen."*

Julia: *„Es tut mir wirklich leid, aber das ist das einzige Angebot, das ich Ihnen unterbreiten kann."*

### Schweigen

Sowohl bei der Methode „Auf den Punkt bringen" als auch bei der Wiederholungsmethode wird das Gespräch durch das Schweigen des Mitarbeiters beendet. Nachdem die schlechte Nachricht überbracht und die entsprechende Technik angewandt wurde, schweigt der Mitarbeiter. Dadurch wird der Aussage eine gewisse Rechtfertigung verliehen und der Kunde hat die Möglichkeit, diese zu verdauen und auf die sachliche Ebene zurückzukehren.

→ ***Praxistipp***
Setzen Sie diese Techniken erst dann ein, wenn alle anderen Methoden des Beschwerdemanagements gescheitert sind. Außerdem sollten Sie vorher prüfen, ob Sie dem Kunden ein besseres Angebot unterbreiten können, welches er leichter annehmen kann.

## 4.2 Haltegespräche

Wenn Beschwerden aus der Sicht des Kunden zu sehr großem Unmut geführt haben, melden sich Kunden nicht mehr mit der Absicht, durch eine Beschwerde eine Lösung herbeizuführen, sondern möchten vom Geschäft zurücktreten bzw. das Geschäftsverhältnis ganz beenden. Somit gilt grundsätzlich, dass jeder Beschwerdegrund zu einem **Kündigungsgrund** werden kann.

Auch in solchen Gesprächen leistet ein konsequentes **Beschwerdemanagement** wertvolle Dienste. Wenn es gelingt, den Grund herauszufinden, warum ein Kunde das Unternehmen verlassen will, so kann man oft dafür sorgen, dass ein Kunde seine Entscheidung überdenkt. So wird aus einem Kündigungsgespräch ein **Haltegespräch**.

**Beispiel**

Ein Kunde ruft bei Dialogfix an und möchte den Wartungsvertrag für seinen Laserdrucker kündigen. Der Kunde gibt ein Konkurrenzangebot als Grund für seine Kündigung an. Der Mitarbeiter möchte den Kunden nun davon überzeugen, den Wartungsvertrag nicht zu kündigen.

Ein Kunde, der die Entscheidung getroffen hat, die Geschäftsbeziehung zu Ihrem Unternehmen zu lösen, wird nicht unbedingt von sich aus erklären, warum er so entschieden hat. Ihr Ziel ist es aber trotzdem, nicht jede Kündigung oder Stornierung hinzunehmen. Finden Sie heraus, warum der Kunde geht, und bringen Sie ihn dazu, seine Entscheidung zu revidieren. Prinzipiell wird in Haltegesprächen dem Kunden das Produkt neu verkauft, allerdings unter erschwerten Bedingungen.

Neue Kunden zu gewinnen ist für jedes Unternehmen sehr teuer. Daher ist es sinnvoll, in solchen Haltegesprächen kulant mit dem Kunden umzugehen. In Haltegesprächen werden dem Kunden daher oft sehr lukrative **Vergünstigungen** (z. B. Preisnachlässe, Zugaben etc.) angeboten.

## 4.2.1 Schritte im Haltegespräch

In Haltegesprächen gelten grundsätzlich die beschriebenen Regeln und die Struktur des Beschwerdemanagements. Beachten Sie darüber hinaus folgende Besonderheiten:

| **Besonderheiten im Haltegespräch** | **Handlungsschritt** |
|---|---|
| Steigen Sie positiv in das Gespräch ein. Nachdem der Kunde seinen Kündigungswunsch geäußert hat, drücken Sie Ihr Bedauern aus. Der Kunde soll wissen, dass Ihr Unternehmen sehr unglücklich über eine Beendigung der Geschäftsbeziehung wäre.<br><br>**Beispiel**<br>„Es tut mir sehr leid, das zu hören, Herr Ralus." | In das Gespräch einsteigen |
| Fragen Sie nach, was der Grund für diese Entscheidung ist. Hören Sie aktiv zu und stellen Sie offene Fragen. Ermitteln Sie genau, warum der Kunde das Unternehmen verlassen möchte.<br><br>**Beispiel**<br>„Aus welchen Gründen möchten Sie die Geschäftsbeziehung denn beenden?" | Den Grund für die Kündigung ermitteln |
| Zeigen Sie Verständnis für die Entscheidung des Kunden. Sollte Ihr Unternehmen Fehler begangen haben, entschuldigen Sie sich. Betonen Sie an dieser Stelle, dass eine Beendigung des Geschäftsverhältnisses aus Ihrer Sicht sehr bedauerlich wäre.<br><br>**Beispiele**<br>• „Ich entschuldige mich für die Unannehmlichkeiten, ich verstehe, dass das für Sie sehr ärgerlich ist."<br>• „Ich finde es sehr schade, Sie als Kunden zu verlieren."<br>• „Für uns wäre das ein großer Verlust." | Die emotionale Ebene klären |

| | |
|---|---|
| In der Lösungsphase des Haltegesprächs bieten Sie dem Kunden Alternativen zur Kündigung an. Zeigen Sie hier genau den Nutzen auf, den eine weitere Geschäftsbeziehung zu Ihrem Unternehmen mit sich bringt.<br><br>Unterbreiten Sie dem Kunden im Rahmen Ihrer Möglichkeiten ein kulantes Angebot, legen Sie sich dabei auf eine Lösung fest. Machen Sie dem Kunden den Vorteil dieser Lösung transparent.<br><br>**Beispiele**<br>• „Ich kann Ihnen folgendes Angebot machen ..."<br>• „Wenn Sie sich dazu entscheiden, wieder mit uns ins Geschäft zu kommen, biete ich Ihnen ..." | Eine Lösung anbieten |
| Stimmt der Kunde Ihrem Angebot zu, danken Sie ihm für seine Entscheidung. Drücken Sie Ihre Freude darüber aus, dass Sie nun weiter in einer Geschäftsbeziehung stehen.<br><br>Sollte der Kunde Ihr Angebot ablehnen, verabschieden Sie sich dennoch freundlich und empfehlen Sie sich für zukünftige Geschäfte.<br><br>**Beispiele**<br>• „Ich freue mich, dass wir eine Lösung finden konnten und Sie weiter unser Kunde sind."<br>• „Sehr schade, dass wir Sie nicht überzeugen konnten. Ich wünsche Ihnen alles Gute, wir würden uns sehr freuen, wieder von Ihnen zu hören." | Das Gespräch abschließen |

## 4.2.2 Widrigkeiten im Haltegespräch

Haltegespräche gehören zu den anspruchsvollsten Dialogprozessen. Sie werden auf verschiedene Schwierigkeiten stoßen, auf die es zu reagieren gilt:

- **Versteckte Gründe für die Kündigung:** Die Bedarfsanalyse in Haltegesprächen stellt sich oft schwieriger dar als in sonstigen Beschwerdegesprächen. Kunden, die sich entschieden haben zu kündigen, sind nicht immer bereit, dies mit Ihnen zu diskutieren. Viele Kunden wissen auch, dass Sie versuchen werden, diese Entscheidung zu ändern. Klären Sie deshalb genau, ob außer den Informationen, die der Kunde bereitwillig gibt, noch weitere versteckte Gründe zur Unzufriedenheit vorhanden sind.
- **Der Kunde hat Einwände gegen die angebotene Lösung:** Einwände bedeuten, dass der Kunde eventuell noch Fragen hat oder noch nicht hundertprozentig überzeugt ist. Lassen Sie nicht locker, wenden Sie eine professionelle Strategie zur **Einwandbehandlung** an. Bleibt ein Kunde allerdings bei seinem Nein, lassen Sie ihn ziehen. Sie können nicht jeden Kunden halten.

8 | 2.1.5

- **Der Kunde stellt unangemessene Forderungen:** Ab einem bestimmten Punkt lohnt es sich für das Unternehmen nicht mehr, den Kunden zu halten. Manche Kunden verknüpfen die Bereitschaft, weiterhin dem Unternehmen als Kunde erhalten zu bleiben, mit zu hohen Forderungen. Ist die Kulanz im Rahmen des wirtschaftlichen Prinzips ausgereizt, lassen Sie den Kunden ziehen.

### 4.2.3 Kulanz und wirtschaftliches Prinzip

> **#** ***Definition***
> Unter **Kulanz** versteht man ein großzügiges Entgegenkommen zwischen Vertragspartnern **nach** einem Vertragsabschluss. Im Allgemeinen bezeichnet sie Service- oder Reparaturleistungen bei Dienstleistungen oder Gütern auf freiwilliger Basis bzw. nach Ablauf der gesetzlichen Gewährleistungspflicht.

Kulanz ist eine Maßnahme zur **Kundenbindung**. Auch ohne eine Verpflichtung kann es für ein Unternehmen sinnvoll sein, den Kunden bei einer Beschwerde oder einer Kündigung zufriedenzustellen, um ihn zu halten und auch künftig weitere Geschäfte mit ihm tätigen zu können. Ein kulantes Verhalten weckt häufig ein **Sicherheits- und Vertrauensgefühl** beim Kunden.

**Beispiel**

Die langjährige Kundin Sabrina Lienhard wendet sich an die Hotline von Dialogfix, weil ihr Laserdrucker defekt ist. Obwohl die gesetzliche Gewährleistungspflicht bereits seit drei Monaten abgelaufen ist, übernimmt Dialogfix die Kosten für die Reparatur, um Frau Lienhard weiterhin als zufriedene Kundin zu behalten.

Jedes Unternehmen stellt eigene Regelungen auf, wie kulant man in einzelnen Situationen reagiert. Es gilt der Grundsatz, dass es sinnvoller ist, dem Kunden entgegenzukommen, als den Kunden zu verlieren. Eine weitere Rolle spielen natürlich auch Dauer und Ausprägung des Geschäftsverhältnisses zum Kunden. Bei einem Kunden, mit dem man seit mehreren Jahren gute Geschäfte macht, ist es auch möglich, bei einer Beschwerde so kulant zu reagieren, dass man beim aktuellen Geschäft keinen Gewinn erzielt, wenn man dadurch erreicht, dass dieser Kunde das Geschäftsverhältnis nicht beendet. Grundsätzlich sollte die Kulanz jedoch spätestens dann enden, wenn dadurch die Geschäftsbeziehung zum Kunden dauerhaft ein Verlustbringer wird. Konkrete Hinweise kann hier z. B. der ermittelte Kundenwert liefern.

## 4.3 Kundenrückgewinnung

Bei der **Kundenrückgewinnung** (Winback) gelten im Prinzip die gleichen Regeln wie bei Haltegesprächen. Die Einstiegssituation für eine Kundenrückgewinnung kann dabei variieren. Grundsätzlich ist zu unterscheiden, ob der Kunde von sich aus aktiv die Geschäftsbeziehung beendet hat oder ob die Kundenbeziehung einfach im Laufe der Zeit „eingeschlafen“ ist und nun reaktiviert werden soll.

## Auf der Suche nach einem verlorenen Schatz

Ein kürzlich durchgeführtes Studienprojekt des Fachbereichs Wirtschaft der Hochschule Darmstadt in 130 Unternehmen aus den Bereichen B2B und B2C zum Thema Kundenrückgewinnung brachte Folgendes zutage: Erst 61 Prozent der befragten Unternehmen hatten bereits fallweise oder dauerhaft Maßnahmen zur Reaktivierung verlorener Kunden ergriffen. Mehr als die Hälfte der übrigen Unternehmen zeigten sich aber für künftige Rückgewinnungsaktivitäten aufgeschlossen. Warum nur so zögerlich? In aller Regel ist es nicht nur kostengünstiger, sondern häufig auch leichter, abgesprungene Kunden zurückzuholen, als mühsam neue Kunden zu gewinnen. Denn oft waren es nur Kleinigkeiten, die für Verärgerung und Missstimmung gesorgt haben. Wir Menschen vergessen meist schnell und verzeihen gern. Viele ehemalige Kunden wären demnach bereit, ihren Ex-Anbietern eine zweite Chance zu geben, würde man sie nur gebührend darum bitten, etwaige Probleme aus der Welt schaffen – und ihnen das Comeback ein wenig versüßen. [...]

Die Neukunden-Gewinnung ist in vielen Branchen völlig ausgereizt. Die Märkte sind gesättigt. Erstnutzer werden immer seltener. Das Wachsen geht meist nur noch zulasten des Wettbewerbs – und oft über ruinöse Preiszugeständnisse. Auch die Bestandskundenpflege wird zunehmend beschwerlich. Kunden sind informierter, gewiefter und flatterhafter geworden – und eigentlich nie so richtig zufrieden. Klassische Kundenbindungsstrategien funktionieren nicht mehr. Die Wechselbereitschaft ist sozial akzeptiert. Und sie steigt dramatisch. Das neue Phänomen heißt: der flüchtende Kunde. Da bleibt nur noch die dritte Säule im Kundenbeziehungsmanagement: der verlorene Kundenbestand, ein vielfach tabuisiertes und weitgehend noch unentdecktes Potenzial mit gewaltigen Ertrags-Chancen. Die professionelle Kundenrückgewinnung muss somit stärker in den Brennpunkt rücken. [...]

*Quelle: Schüller, Anne M.: Auf der Suche nach einem verlorenen Schatz. In: www.business-wissen.de. Veröffentlicht am 17.03.2011 unter: www.business-wissen.de/artikel/kundenrueckgewinnung-auf-der-suche-nach-einem-verlorenen-schatz/ [04.11.2022].*

### 4.3.1 Anlässe zur Kundenrückgewinnung

Zunächst ist zu prüfen, ob bzw. welche der ehemaligen Kunden kontaktiert werden dürfen sowie welche Daten noch vorhanden sind. Nach Beendigung des Vertragsverhältnisses dürfen nur bestimmte Daten für eine gewisse Dauer noch gespeichert
8 | 5.1 werden. Wichtige Rechtsquellen sind hier das **UWG** sowie das **Datenschutzrecht**.
4 | 6.1 Dann benötigt man einen passenden Gesprächsanlass sowie einen Aufhänger, um in ein Rückgewinnungsgespräch einsteigen zu können. Mögliche Anlässe sind:

- **Allgemeine Outbound-Aktion**
  Gegenstand einer Outbound-Aktion können z. B. alle Kunden sein, die im letzten Jahr die Geschäftsbeziehung beendet haben. Allein der Umstand, dass ein Unternehmen sich auf diese Art und Weise um einen Kunden bemüht, stimmt viele Menschen schon positiv.

- **Bedarfsanalyse**
  Mittels einer individuellen Analyse der vorliegenden Kundendaten wird versucht herauszufinden, warum der einzelne Kunde überhaupt die Geschäftsbeziehung beendet hat. Durch Anpassen der Angebotsstruktur kann so ein ehemaliger Kunde reaktiviert werden.
- **Mailing**
  Bei einem Mailing werden ehemalige Kunden zunächst angeschrieben. Über den Schriftweg werden spezielle Angebote unterbreitet. Dies kann per Brief, E-Mail oder Fax geschehen. Häufig folgt mit einigem zeitlichen Abstand eine telefonische Nachfassaktion.
- **Sonderangebote**
  Durch spezielle Angebote kann ehemaligen Kunden das Zurückkehren besonders schmackhaft gemacht werden, sei es durch Nachlässe, Spezialkonditionen oder sogar Geschenke.

**Beispiel**

Die KommunikativAktiv KG erhält vom Zeitschriftenverlag Mittelmann den Auftrag, ehemalige Abonnenten anzurufen, um diese als Kunden zurückzugewinnen. Diesen ehemaligen Kunden ist zuvor ein Schreiben zugegangen, das über ein aktuelles Angebot des Verlags informiert. Bei Abschluss eines neuen Vertrags wird den Kunden ein Rabatt von 10 % und die Ersparnis der Versandkosten angeboten.

## 4.3.2 Schritte der Kundenrückgewinnung

In **Gesprächen zur Kundenrückgewinnung** gelten ähnliche Regeln und Strukturen wie bei Beschwerdemanagement und Haltegesprächen:

Web

| Besonderheiten im Gespräch zur Kundenrückgewinnung | Handlungsschritt |
|---|---|
| Erklären Sie dem Kunden den Grund für die Kontaktaufnahme, achten Sie auf eine positive Beziehungsebene. | In das Gespräch einsteigen |
| Fragen Sie nach, was der Grund für die Kündigung war. Ermitteln Sie genau, warum der Kunde das Unternehmen verlassen hat. Setzen Sie vor allem offene Fragen ein. | Den Grund für die Kündigung ermitteln |
| Zeigen Sie Verständnis für die Entscheidung des Kunden. Sollte Ihr Unternehmen Fehler begangen haben, entschuldigen Sie sich. Drücken Sie an dieser Stelle Ihr Bedauern über das beendete Geschäftsverhältnis aus. | Die emotionale Ebene klären |
| In der Lösungsphase des Rückgewinnungsgesprächs unterbreiten Sie dem Kunden ein kulantes Angebot. Zeigen Sie hierbei genau den Nutzen auf, den eine erneute Geschäftsbeziehung zu Ihrem Unternehmen mit sich bringt.<br>Klären Sie auch, wie eine erneute Unzufriedenheit (die der Grund für die frühere Kündigung war) vermieden werden kann. | Eine verkaufsorientierte Lösung finden |

| | |
|---|---|
| Stimmt der Kunde Ihrem Angebot zu, danken Sie ihm für seine Entscheidung und sein erneutes Vertrauen. Drücken Sie Ihre Freude darüber aus, dass Sie nun wieder in einer Geschäftsbeziehung stehen.<br><br>Sollte der Kunde Ihr Angebot ablehnen, verabschieden Sie sich dennoch freundlich und empfehlen Sie sich für zukünftige Geschäfte. | Das Gespräch abschließen |

**Praxistipp**
Eine nützliche Checkliste zur Kundenrückgewinnung finden Sie unter www.anneschueller.de/rw_e13v/schueller3/usr_documents/checkliste_Comeback_10Tipps.pdf.

## 4.4 Kundenservice in Chat und Social Media

3|1.5 Wie bereits beschrieben, gibt es in der Kundenkommunikation per **Chat und Social Media** verschiedene Regeln und Rahmenbedingungen zu beachten. Hier sollen nun noch einmal beispielhaft und praxisnah die Besonderheiten und Herausforderungen dieser Kontaktmöglichkeiten im Kundenservice dargestellt werden, um den möglichen Nutzen für das Unternehmen zu verdeutlichen.

### Kundenkontakt per Chat

Der Kundenkontakt im Chat ist für Kundenbetreuer eine interessante Herausforderung. Da es sich um eine synchrone Kommunikation handelt, kann man sich nicht lange passende Texte zurechtlegen. Zwar schaffen Textbausteine hier eine kleine Abhilfe für häufige Fragen oder für Begrüßung und Verabschiedung. Diese vorbereiteten Texte sollten allerdings eher sparsam verwendet werden, da sie oftmals nicht authentisch wirken.

Beispiel
„Hallo, @Name. Womit kann ich Ihnen helfen?“
„Löst das Ihr Anliegen?“
„Vielen Dank. Ich freue mich, dass ich Ihnen weiterhelfen konnte.“
„Ich wünsche Ihnen noch einen schönen Tag/Abend.“

Mitarbeiter im Dialogmarketing benötigen also die Fähigkeit, sehr schnell eine passende Antwort in den Chat einzugeben. Dabei sollte ebenfalls eine entsprechende Struktur eingehalten werden, die an die vier Schritte im Beratungsgespräch angelehnt sind:

1. **Begrüßung und Kontaktaufbau**
   Nachdem der Kunde den Chat(raum) betreten hat, erfolgt eine freundliche Begrüßung.
2. **Bedarfsermittlung**
   Das Kundenanliegen wird herausgearbeitet. Dafür werden verschiedene Fragen gestellt.

3. **Beratung und Lösung**
   Der Kunde erhält eine Antwort oder ein Lösungsangebot. Hier sollte auf lange Texte verzichtet werden. Stattdessen sollten bebilderte Anleitungen und auch Erklärvideos, sogenannte „How2Videos“ zum Einsatz kommen. Schließlich hat der Kunde sich bereits für das Medium Internet entschieden. Also sollten auch die Vorteile dieses Mediums genutzt werden.

   **Beispiel**
   Eine Kundin wendet sich im Chat an Dialogfix, da sie Probleme mit der Konfiguration der Finanzfix-Software hat. Karla beantwortet einige ihrer Fragen im Chat und geht parallel mit der Kundin ein How2Video zu einer typischen Installation durch.

4. **Abschluss**
   Der Kunde wird freundlich verabschiedet. Nach Verweis auf How2Videos oder Anleitungen kann es allerdings sein, dass der Kunde den Chat bereits verlassen hat. Gegebenenfalls wird dann eine E-Mail versendet, um zu prüfen, ob das Anliegen gelöst wurde.

## Kundenkontakt über Social Media

Hierbei handelt es sich um eine asynchrone Kommunikation, die trotzdem eine hohe Dynamik und Geschwindigkeit annehmen kann. Eine entsprechende Antwortgeschwindigkeit muss also gegeben sein. Leider ist die Hemmschwelle für sehr harte Botschaften und auch sogenannte Hassbotschaften in den letzten Jahren gesunken. Darüber hinaus sind Unternehmen nicht vor Shitstorms geschützt. Hier wird für kritische Anfragen und Beschwerden eine besonders diplomatische Kommunikation nötig, welche trotzdem authentisch und offen wirkt.

Für Reaktionen bei Beschwerden sollten die Kundenbetreuer daher eine Antwort anhand der „vier Seiten einer Nachricht“ vorbereiten: 3|2.4

1. **Sachinhalt**
   Welche Themen sollen angesprochen werden? Was sind Zahlen, Daten und Fakten?
2. **Selbstaussage (Unternehmensbotschaft)**
   Wie stellt sich die Situation aus Sicht des Mitarbeiters (oder des Unternehmens) dar? Was sind Gründe? Was ist der Standpunkt des Unternehmens?
3. **Beziehung**
   Wie sollte formuliert werden, sodass eine offene wertschätzende Beziehung möglich wird? Wie werden Missverständnisse vermieden?
4. **Appell**
   Zu welcher Handlung soll der Kunde eingeladen werden? Was kann der Kunde tun, um eine Lösung zu erhalten? Ähnlich wie bei der Kommunikation im Chat können hier dann zahlreiche Anleitungen und Hilfe-Videos angeboten werden.

Diese Schritte müssen **nicht** zwingend in der hier dargestellten Reihenfolge kommuniziert werden. Oftmals bietet es sich auch an, mit der Beziehungsebene (und einer Entschuldigung) zu beginnen.

### Proaktivität

Der Kundenkontakt über soziale Medien sollte proaktiv verwendet werden. Schon bevor (viele) Kunden nach Anleitungen und Hilfe fragen, können im eigenen Servicekanal How2Videos, Anleitungen und „Best Practices" veröffentlicht werden. Dann werden manche Anfragen gar nicht erst nötig sein.

### ✳ *Zusammenfassung*

- **Beschwerden** eröffnen für ein Unternehmen vielfältige Chancen zur Optimierung der Kundenbeziehung.
- Ein professionelles **Beschwerdemanagement** ermuntert den Kunden, seine Beschwerde dem Unternehmen mitzuteilen.
- Typische Beschwerdeursachen können **produkt-** bzw. **dienstleistungsbezogen**, **abwicklungsbezogen** oder **mitarbeiterbezogen** sein.
- Als Beschwerde bezeichnet man jede Form der geäußerten Unzufriedenheit des Kunden, bei einer **Reklamation** knüpfen sich daran noch juristische Konsequenzen.
- Ein Beschwerdegespräch beinhaltet folgende **Handlungsschritte**:
  1. In das Gespräch einsteigen
  2. Den sachlichen Hintergrund ermitteln
  3. Die emotionale Ebene klären
  4. Für das Anliegen eine Lösung finden
  5. Das Gespräch abschließen
- **Positives Formulieren** wandelt negativ klingende Aussagen positiv um.
- Beschwerden sind nicht immer berechtigt. Es gilt, **unfaire Gesprächsmethoden** zu entlarven.
- **Haltegespräche** und **Kundenrückgewinnungsgespräche** sind anspruchsvolle Variationen von Beschwerdegesprächen.
- Um bei einem abwanderungswilligen Kunden ein erfolgreiches Haltegespräch zu führen, muss das Produkt bzw. die Dienstleistung unter erschwerten Bedingungen **neu verkauft** werden.
- Die gebotene **Kulanz** in Beschwerde-, Halte- und Kundenrückgewinnungsgesprächen wird durch das **wirtschaftliche** Prinzip begrenzt.
- Anlässe für Kundenrückgewinnungsgespräche sind z. B. allgemeine **Outbound-Aktionen**, **konkrete Bedarfsanalysen**, **Mailings** oder **Sonderangebote**.
- Im Kundenservice über **Chat und Social Media** gelten einige Besonderheiten hinsichtlich Kommunikation und Vorgehensweise. Es handelt sich dabei um eine asynchrone Kommunikation, die trotzdem eine hohe Dynamik und Geschwindigkeit annehmen kann.

## ■ Aufgaben

1. ***Bewerten Sie die Aussage: „Kunden, die sich nicht beschweren, sind zufriedene Kunden."***
2. ***Betrachten Sie nachfolgenden Ausschnitt einer Unternehmenshomepage. Wie beurteilen Sie die Möglichkeiten eines Kunden, sich beim Unternehmen zu beschweren? Erarbeiten Sie in Kleingruppen verschiedene Verbesserungsvorschläge und präsentieren Sie Ihre Ergebnisse auf einem Plakat.***

> Internetsupport
>
> Deutschland 0900 111 0000 € 1.86 per minute
> Mon–Fre 08.00–19.00 Sam 10.00–14.00 Son 10.00–14.00

3. ***Welche drei Beschwerdeursachen lassen sich grundsätzlich unterscheiden? Entwerfen Sie zu jeder Beschwerdeursache eine typische Beschwerdesituation.***
4. ***In der Dialogfix-Hotline gehen folgende Beschwerden ein:***
   ***a) „Ich warte nun schon seit zwei Wochen auf die Retourenbearbeitung!"***
   ***b) „Das Handbuch für meinen neuen Drucker fehlt!"***
   ***c) „Ich verstehe nicht, wie sich die Versandkosten zusammensetzen!"***
   ***d) „Die Beratung war schlecht, ich habe das falsche Produkt gewählt!"***
   ***Ordnen Sie jeweils die richtige Beschwerdeursache zu.***
5. ***Stellen Sie die Handlungsschritte und die damit verbundenen Verhaltensweisen, die bei einem professionellen Beschwerdemanagement zu beachten sind, mit einer Mindmap dar.***
6. ***Beschreiben Sie einen Gesprächsverlauf für folgenden Beschwerdeanruf:***

   ***Kunde: „Ich warte seit drei Wochen auf die Lieferung."***
7. ***Finden Sie für folgende Aussagen eine positive Formulierung:***
   ***a) „Aber das habe ich Ihnen doch schon eben erklärt."***
   ***b) „Sie haben eine falsche Einstellung gewählt."***
   ***c) „Wenn Sie uns das richtige Formular geschickt hätten, wäre alles kein Problem."***
   ***d) „Das kommt bei uns laufend vor."***
   ***e) „In Ihrer Haut möchte ich jetzt nicht stecken."***
8. ***Sammeln Sie in Gruppenarbeit zu jeder der unfairen Gesprächsmethoden (Drohen, Übertreiben, Verallgemeinern, Schmeicheln, Anteilnahme erwecken, Aggression) mindestens zwei Beispielsituationen, die Sie selbst erlebt haben.***
   ***a) Notieren Sie die Situationen.***
   ***b) Wie haben Sie damals reagiert?***
   ***c) Wie würden Sie nun reagieren, wenn Sie die beschriebenen Strategien berücksichtigen?***
9. ***Nachfolgend sind verschiedene Aussagen von Mitarbeitern einer Hotline aufgeführt. Ordnen Sie die Aussagen jeweils den Fehlern im Beschwerdegespräch zu und formulieren Sie für jeden „Fehler" eine bessere Aussage bzw. eine angemessene Reaktion.***
   ***a) „Tut mir leid, aber mit Verbindungsschwierigkeiten zum Internet kenne ich mich nicht aus. Ich arbeite in der Bestellannahme."***
   ***b) „Wenn Sie unsere Geschäftsbedingungen richtig gelesen hätten, wüssten Sie auch, dass wir ein vierzehntägiges Rückgaberecht haben. Sie sind einen Tag zu spät."***
   ***c) „Was, Ihr acht Jahre alter Drucker spinnt? Vergessen Sie es, den können Sie wegwerfen. Ich mache Ihnen gleich ein Angebot für ein neues Gerät!"***

d) „Also die erste Mahnung ist vor vier Wochen raus. Sorry, aber wenn Sie mit der Post nicht zurechtkommen, dann ist das wirklich nicht unser Problem!"

e) „Tut mir leid, aber so, wie Sie es schildern, kann das Problem gar nicht auftauchen!"

10. Ein Kunde ruft bei Dialogfix an und möchte das Abonnement für seine Antivirensoftware kündigen. Der Kunde hat eine günstigere Software von einem Konkurrenten gefunden und gibt dies als Grund für seine Kündigung an. Sie als Mitarbeiter wissen genau, dass die Software zwar günstiger ist, jedoch auch schlechter in der Virenerkennung und der Systemstabilität.

    a) Entwickeln Sie die Handlungsschritte für diese Haltegesprächssituation.

    b) Überlegen Sie, welche Hürden im Gesprächsverlauf auf Sie zukommen könnten, und entwerfen Sie mögliche Reaktionen.

    1 | 3.7 c) Simulieren Sie die Gesprächssituation mit einem Rollenspiel in der Klasse.

11. Im Social-Media-Kanal von Dialogfix postet ein Kunde folgende Aussage: „Seit 4 Wochen habt ihr jetzt schon meinen Laptop zur Reparatur. Keine Rückmeldung! WAS SOLL DAS?" Um die Anfrage zu lösen, braucht der Service eine Kundennummer und einen Datenabgleich. Dafür ist ein Telefonat oder eine Mail nötig. Entwerfen Sie eine Antwort anhand der „vier Seiten einer Nachricht".

12. Eine Teamleiterin bei Dialogfix trifft in einem Meeting die Aussage: „Die Emotionen des Kunden spielen im Beschwerdefall eine untergeordnete Rolle. Viel wichtiger ist, dass er schnell eine Lösung erhält."

    a) Bewerten und analysieren Sie diese Aussage.

    b) Entwickeln Sie einen eigenen Standpunkt.

13. Warum benötigen Unternehmen einen Anlass zur Kundenrückgewinnung? Finden Sie konkrete Anlässe, um eine Kundenrückgewinnungsaktion zu starten.

14. Recherchieren Sie im Internet Quellen zum Thema „Kundenrückgewinnung" (z. B. unter https://www.business-wissen.de/hb/kunden-zurueckgewinnen-massnahmen-und-strategien/).

    a) Nennen Sie wichtige Erfolgsfaktoren.

    b) Beschreiben Sie, auf welche Hürden man treffen kann.

    c) Stellen Sie dar, wie ein Mitarbeiter im Dialogmarketing optimal geschult werden kann, um diese Aufgabe zu bewältigen.

15. Vergleichen Sie in Kleingruppen unterschiedliche Kundenrückgewinnungsaktionen, die Sie selbst als Kunde erlebt haben.

    a) Welche Aktionen waren erfolgreich und warum?

    b) Wie sind die Mitarbeiter jeweils vorgegangen?

    c) Was würden Sie jeweils besser machen?

16. Entwerfen Sie einen Leitfaden zur Kundenrückgewinnung. Nutzen Sie dazu die Internetquelle von Seite 466.

17. Eine Datenanalyse der Dialogfix GmbH hat ergeben, dass ehemalige Kunden das Unternehmen aus folgenden Gründen verlassen haben:

    a) Unzufriedenheit mit dem Preis-Leistungsverhältnis bzw. bessere Konditionen bei einem Mitbewerber

    b) Enttäuschung oder Ärger über den Service

    c) wiederholte Mängel eines Produktes (mehrfache Defekte)

    Entwerfen Sie für die unterschiedlichen Gründe jeweils eine passende Strategie für das „Rückholtelefonat".

# 5 Erfolgskennzahlen berücksichtigen

## Einstiegssituation

Das wöchentliche Teammeeting in Karlas Team steht an. Teamleiterin Ulrike stellt die aktuellen Erfolgskennzahlen an einem Flipchart vor. Karla wird schon etwas unruhig.

**Ulrike:** *„Gut waren wir im letzten Monat mit unserer Gesprächszeit. Auch unser Ziel, die Erfolgsquote im Verkauf auf 3,5 % zu steigern, haben wir erreicht. Bei der Nachbearbeitungszeit sind wir allerdings meilenweit vom Ziel entfernt. Was mir auch Sorgen macht, ist die First Call Resolution, da gibt es einen deutlichen Abfall im Vergleich zum Vormonat. Viele Kunden müssen uns also mehr als einmal anrufen, um ihr Anliegen zu klären. Da müssen wir im nächsten Monat besser werden!"*

**Karla:** *„Ulrike, ich kann ehrlich gesagt nicht ganz nachvollziehen, dass wir immer in jedem Bereich diese Zielwerte erreichen müssen. Ist es nicht egal, wie oft jemand hier anruft? Spielt es wirklich eine Rolle, wenn der Kunde erst beim dritten Mal eine Hilfe bekommt? Wichtig ist doch schließlich nur, dass ihm geholfen wird, oder?"*

**Ulrike:** *„Nicht ganz, Karla! Erstens ist ein Kunde, der beim ersten Anruf eine Lösung für sein Problem erhält, zufriedener, als wenn er dafür dreimal oder viermal anrufen muss, zweitens ist es für unser Unternehmen deutlich kostengünstiger. Die Zielwerte sind uns vorgegeben, um einen guten Service zu wirtschaftlichen Bedingungen zu liefern."*

## Arbeitsaufträge

1. **Welche Erfolgskennzahlen werden in Ihrem Ausbildungsbetrieb gemessen? Wie werden diese Werte überprüft?**
2. **Wie wirken sich die Erfolgskennzahlen auf Ihre tägliche Arbeit aus?**
3. **Beurteilen Sie die wirtschaftliche Notwendigkeit von Erfolgskennzahlen.**

## 5.1 Erfolgskennzahlen im Inbound

Im **Inbound-Bereich** eines Contact Centers stehen die Kundenbetreuung und die Kundenbindung im Mittelpunkt. Der Kunde soll zufrieden sein und einen qualitativ hochwertigen und guten Service erhalten. Trotzdem unterliegen auch diese Leistungen des Unternehmens betriebswirtschaftlichen Erfordernissen. Daher werden

verschiedene **Erfolgskennzahlen** erhoben, an denen sich das Unternehmen oder der beauftragte Outsourcing-Partner messen lassen muss. Diese Kennzahlen entstehen im Arbeitsprozess und werden meist auch dort gemessen, im Inbound z. B.
4|1.2.2 durch die ACD-Anlage.

Meist werden Erfolgskennzahlen zunächst in ihrer Gesamtheit für das ganze Unternehmen oder für einen Outsourcing-Partner ermittelt. Dann können sie als **Vorgaben** auf einzelne Abteilungen, Teams oder sogar auf Mitarbeiterebene umgelegt werden. Die Teams oder der einzelne Mitarbeiter erhalten dadurch ein Bündel an Zielen, die zu erfüllen sind. Der Grad der Zielerreichung kann auch die
10|6.3.3 Basis sein für eine **erfolgsabhängige Vergütung**.

> **Praxistipp**
> Beachten Sie, dass in Einzelfällen bestimmte Kennzahlen unternehmensspezifisch anders bezeichnet oder definiert werden können.

## 5.1.1 Average Handling Time (AHT)

> **Definition**
> Die **Average Handling Time** (AHT) umfasst die durchschnittliche **gesamte Zeitdauer**, die ein Kundengespräch (Inbound, aber auch Outbound) verursacht. Sie setzt sich zusammen aus der Gesprächszeit und der Nachbearbeitungszeit.

Die **AHT** besteht also aus zwei Komponenten:

1. **Gesprächszeit** (Handle Time, Talking Time): Zeitspanne, in der der Agent mit dem Kunden spricht, um eine Lösung zu erarbeiten oder einen bestimmten Vorgang abzuschließen
2. **Nachbearbeitungszeit** (Wrap Up Time, After Call Work): Zeitspanne, die der Agent nach dem Telefonat benötigt, um alle notwendigen Schritte einzuleiten oder Datenbankeinträge vorzunehmen; allgemein die benötigte Zeit, bevor ein Mitarbeiter das nächste Gespräch annehmen kann

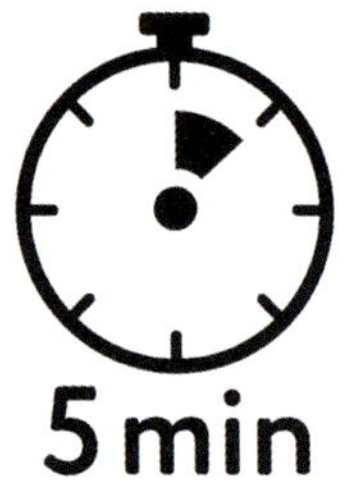


***AHT = Gesprächszeit + Nachbearbeitungszeit (Angabe in Sekunden oder Minuten)***

**Beispiel**

In der Bestellhotline von Dialogfix beträgt die Gesprächszeit durchschnittlich 160 Sekunden, die Nachbearbeitungszeit durchschnittlich 30 Sekunden. Dies ergibt eine AHT von insgesamt 190 Sekunden.

Berechnung: 160 Sekunden + 30 Sekunden = 190 Sekunden

Die Bedeutung der AHT als Erfolgskennzahl lässt sich an zwei Punkten festmachen:

1. **Kostenfaktor**: Jede Sekunde der AHT verursacht Kosten. Gelingt es dem Unternehmen, die AHT zu reduzieren, sinken auch die Kosten. Zu bedenken ist allerdings, dass eine niedrige AHT zulasten der Gesprächsqualität gehen kann und einen Stressfaktor für die Mitarbeiter bedeutet.
2. Basis für die **Personalplanung**: Wenn neben der AHT das Anrufaufkommen bekannt ist (z. B. durch Forecasting), kann das Arbeitsvolumen und damit der Mitarbeiterbedarf ermittelt werden. Auch im Outbound spielt die AHT eine wichtige Rolle, z. B. bei der Berechnung der benötigten Mitarbeiter für ein Outbound-Projekt. **9**|2.3

→ ***Praxistipp***

Beginnen Sie mit der Pflege der Datenbank oder der schriftlichen Dokumentation bereits während des Gesprächs, um die Nachbearbeitungszeit zu verkürzen. Achten Sie dabei darauf, dass Sie dem Kunden trotzdem Ihre volle Aufmerksamkeit schenken, erklären Sie dem Kunden, dass sie einen notwendigen Eintrag vornehmen, damit er weiß, womit Sie beschäftigt sind.

## 5.1.2 Servicelevel

# ***Definition***

Der **Servicelevel** ist die Größe zur Messung der **Erreichbarkeit** eines Callcenters.

Durch den Servicelevel wird ausgedrückt, wie viel Prozent der Anrufe innerhalb einer bestimmten Zeit vom Agent entgegengenommen werden.

***Servicelevel = Prozentsatz der Anrufer/Zeitspanne Anrufannahme***

**Beispiel**

Ein Servicelevel von 90/10 bedeutet, dass 90 % aller Anrufer maximal zehn Sekunden warten müssen, bis sie einen Agent erreichen. Im Umkehrschluss bedeutet dies, dass 10 % der Anrufer länger als zehn Sekunden in der Warteschleife warten müssen, bis sie einen Agent erreichen.

Ein hoher Servicelevel steigert tendenziell die Zufriedenheit der Anrufer, da sie nicht lange in der Warteschleife ausharren müssen. Andererseits entstehen für das Unternehmen höhere Kosten, da mehr Agents vorgehalten werden müssen.

Die Wahl des **optimalen Servicelevels** hängt daher von mehreren Überlegungen ab: **10**|8.2

- Wie groß ist die Bereitschaft der Anrufer, zu warten (Anrufertoleranz)?
- Welchen Wert hat ein Anruf für ein Unternehmen?
- Wie sind die Vergleichswerte bei Mitbewerbern?
- Wie hoch sind die Personalkosten?

In vielen Callcentern wird ein **Standardservicelevel** von 80/20 genutzt, bei dem zu wirtschaftlich vertretbaren Bedingungen der Großteil aller Kunden zufriedengestellt wird.

Im Tagesgeschäft können viele Faktoren den Servicelevel negativ beeinflussen:
- Die Zahl der Anrufe ist höher als erwartet (z. B. bei schlechtem Wetter).
- Die AHT dauert länger als geplant (z. B. viele schwierige Anfragen).
- Die notwendige Technik steht nicht zur Verfügung (z. B. Ausfall der Datenbank).
- Die eingeplanten Agents sind nicht einsatzfähig (z. B. Grippewelle).

### 5.1.3 Lost Calls

#

***Definition***
Als **Lost Calls** (auch Abandoned Calls oder einfach „Aufleger") werden die Anrufe bezeichnet, die vom Anrufer durch **Auflegen** beendet wurden, bevor ein Mitarbeiter den Anruf angenommen hat.

Die Lost Calls sind eng mit dem Servicelevel verknüpft. Anrufer legen meist auf, wenn ihnen die Zeit in der Warteschleife zu lang erscheint oder die Warteschleife unattraktiv gestaltet ist (z. B. nervende Hintergrundmusik). Ein niedriger Servicelevel begünstigt somit die Zahl der Lost Calls, da vermehrt Anrufer länger warten müssen. Die entsprechende Erfolgskennzahl wird als **Lost-Call-Quote** bezeichnet. Alternativ sind auch die Begriffe Abandoned-Call-Rate (ACR) oder Auflegerquote geläufig.

$$\textbf{\textit{Lost-Call-Quote}} = \frac{\textbf{\textit{aufgelegte Anrufe}} \cdot \textbf{\textit{100}}}{\textbf{\textit{eingehende Anrufe}}}$$

**Beispiel**

In der technischen Hotline von Dialogfix gehen in einer Stunde 300 Anrufe ein. Allerdings können von den Agents nur 280 Anrufe angenommen werden, 20 Anrufer haben bereits vorher aufgelegt. Die Lost-Call-Quote liegt somit bei 6,7 %.

$$\text{Berechnung: } \frac{\text{20 Anrufe} \cdot 100}{\text{300 Anrufe}} = 6{,}7\,\%$$

Jeder verlorene Anruf ist aus Sicht des Unternehmens eine verpasste Gelegenheit. Daher wird meist eine Lost-Call-Quote angestrebt, die **nahe 0 %** liegt. Dies kann z. B. durch eine optimierte Personaleinsatzplanung erreicht werden. Denkbar ist auch, die **überlaufenden Anrufe (Overflow)** durch die Einschaltung eines externen Dienstleisters aufzufangen. **2**|2.1.1

## 5.1.4 Produktivität/Auslastung

> \#
> ***Definition***
> Die **Produktivität** wird im Callcenter durch die **Zahl** der bearbeiteten Anrufe pro Zeiteinheit (Stunde) gemessen.

Produktivität ist in der Wirtschaft generell eine Maßgröße für die **Leistung**. Man betrachtet das Verhältnis von dem, was produziert wird, und den dafür eingesetzten Mitteln. Im Inbound-Callcenter ist das „Produkt" der bearbeitete Anruf (oder ein bestimmter Erfolg wie z. B. ein Abschluss), der Mitteleinsatz die verbrauchte Arbeitszeit, die letztlich Kosten verursacht.

Auf Mitarbeiterbasis wird meist die **Produktivität pro Stunde** ermittelt. Grundlage dabei ist die **Nettoarbeitszeit** des Mitarbeiters (Gesprächszeiten, Nachbearbeitungszeiten sowie erforderliche Warte- und Rüstzeiten).

$$\textit{Produktivität} = \frac{\textit{bearbeitete Anrufe}}{\textit{Nettoarbeitszeit}}$$

**Beispiel**

Julia bearbeitet während ihrer Nettoarbeitszeit von 8 Stunden insgesamt 76 Anrufe. Dies ergibt eine Produktivität von 9,5 Anrufen pro Stunde.

Berechnung: $\frac{\text{76 Anrufe}}{\text{8 Stunden}} = \text{9,5 Anrufe/Stunde}$

Eine vergleichbare Erfolgskennzahl ist die **Auslastung** (Occupancy). Während die Produktivität eine absolute Zahl als Ergebnis liefert, misst die Auslastung hingegen ein **Verhältnis**.

> \#
> ***Definition***
> Die **Auslastung** gibt den **Anteil** der Produktivzeit an der Nettoarbeitszeit an.

Im Sinne einer Erfolgskennzahl umfasst die **Produktivzeit** eines Agents lediglich die **Gesprächszeiten und die Nachbearbeitungszeiten**. Die nach diesen Kriterien festgelegte Produktivzeit bildet auch eine wichtige Grundlage für die **Personaleinsatzplanung**. **10**|8.4

$$\textit{Auslastung} = \frac{\textit{Produktivzeit} \cdot 100}{\textit{Nettoarbeitszeit}}$$

**Beispiel**

Julia ist während ihrer Nettoarbeitszeit von 8 Stunden insgesamt 6 Stunden mit Gesprächs- und Nachbearbeitungszeiten beschäftigt. Ihre Auslastung beträgt somit 75 %.

$$\text{Berechnung: } \frac{6 \text{ Stunden} \cdot 100}{8 \text{ Stunden}} = 75\,\%$$

Hohe Werte in der Produktivität bzw. der Auslastung sind auf den ersten Blick für das Unternehmen positiv, da der Agent einen Großteil der Arbeitszeit mit seiner eigentlichen Aufgabe verbringt. Zu hohe Werte führen jedoch dauerhaft zu einer Belastung für den Agent, die sich negativ auf Freundlichkeit und Gesprächsqualität auswirken kann. Als angemessen gilt eine Auslastung von 80 %.

Zu niedrige Werte stellen für ein Contact Center hingegen unnötige Kosten dar, weil der Agent in der Hotline zu wenig zu tun hat. Die nachstehende Abbildung verdeutlicht die einzelnen Zusammenhänge:

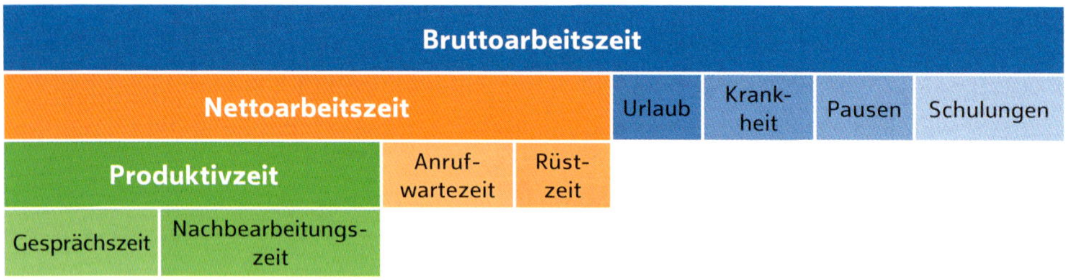


## 5.1.5 First Call Resolution (FCR)

*Definition*

Die **First Call Resolution (FCR)** zeigt an, in wie viel Prozent aller Fälle die Anfrage eines Kunden beim ersten Anruf gelöst werden konnte.

Diese Kennzahl misst den Prozentsatz der Kundenanfragen, die im ersten Kontakt geklärt werden konnten. Alternativ sind auch die Bezeichnungen First Contact Resolution, First-Time-Fix-Rate, Erstlösungsquote oder fallabschließende Bearbeitung gebräuchlich.

$$\textit{FCR} = \frac{\textit{Lösung beim Erstanruf} \cdot 100}{\textit{bearbeitete Anrufe}}$$

**Beispiel**

In der Hotline von Dialogfix werden in einer Stunde 280 Kundenanrufe bearbeitet. 224 dieser Kunden erhalten eine direkte Lösung für ihr Anliegen, 56 müssen erneut anrufen, damit eine Lösung herbeigeführt werden kann. Die FCR liegt bei 80 %.

$$\text{Berechnung: } \frac{224 \text{ Lösung Erstanruf} \cdot 100}{280 \text{ Anrufe}} = 80\,\%$$

Unternehmen streben eine möglichst hohe FCR an. Ruft der Kunde in einem Contact Center an, so besteht in der Regel die Erwartungshaltung, dass nur ein Anruf genügt, um die Anfrage abschließend zu klären. Auch aus Unternehmenssicht ist es vorteilhaft, wenn die Anfrage im ersten Kontakt gelöst werden kann. So wird zum einen eine **höhere Kundenzufriedenheit** erzeugt und zum anderen werden unnötige Gesprächszeiten, in denen der Kunde mehrfach sein Anliegen vortragen muss, verringert und damit Kosten eingespart.

## 5.1.6 Verkaufsquote

#

***Definition***

Die **Verkaufsquote im Inbound** misst den zusätzlichen Verkaufserfolg des Agents.

Der Verkauf von Produkten ist im Inbound entweder aus der grundsätzlichen Aufgabenstellung (z. B. Bestellhotline) oder als Zusatzleistung (Verkauf von Produkten in einer Servicehotline) denkbar. Die Verkaufsquote misst dabei den **zusätzlichen Erfolg**, den ein Agent im **aktiven Verkauf** hat, der also über eine passive Bestellannahme hinausgeht. Unternehmensspezifisch können hier z. B. Verkaufserfolge im Up- und Cross-Selling (höherwertige bzw. zusätzliche Produkte) erfasst werden. 8|1

$$\textbf{Verkaufsquote} = \frac{\textbf{Verkäufe} \cdot \textbf{100}}{\textbf{bearbeitete Anrufe}}$$

**Beispiel**

Eine Mitarbeiterin in der kaufmännischen Beratung von Dialogfix bietet zusätzlich zur Kundenanfrage aktiv eine neue Finanzsoftware an. In einer Schicht hat die Mitarbeiterin 120 Anrufe. Bei 18 dieser Anrufe kann sie zusätzlich zur normalen Beratungsleistung dem Kunden eine Software verkaufen. Dies ergibt eine Verkaufsquote von 15 %.

$$\text{Berechnung: } \frac{18 \text{ Verkäufe} \cdot 100}{120 \text{ Anrufe}} = 15\,\%$$

Viele Contact Center streben auch im Inbound eine hohe Verkaufsquote an. Wenn das Anliegen des Kunden, das den Anruf ursprünglich auslöste, erfolgreich geklärt wurde, besteht häufig eine gute Voraussetzung für weitere Verkäufe. Der Servicebereich kann so als **zusätzliche Vertriebsschiene** genutzt werden. 8|1.2.1

## 5.2 Erfolgskennzahlen im Outbound

Um Neukunden zu gewinnen, Bestandskunden für ein neues Produkt zu begeistern oder ehemalige Kunden zurückzugewinnen, werden oft Outbound-Aktionen gestartet. Häufig werden diese Aktionen im Dialogmarketing auch als **Kampagne** oder **Pro-**
9|1 **jekt** bezeichnet.

Der Erfolg einer Outbound-Aktion wird meist in zwei Stufen gemessen:

1. tatsächlich **erreichte Personen** (Kontakte)
2. bei den erreichten Personen **erzielte Erfolge** (Verkäufe etc.)

Basis jeder Outbound-Aktion ist eine bestimmte Menge an **Kontaktdaten**, die
5|2.1 z. B. aus dem eigenen Datenbestand selektiert oder von einem anderen Unternehmen zur Verfügung gestellt werden. Bei der Abarbeitung der Kontaktdaten werden im Outbound zwei wichtige Größen differenziert:

1. Als **Bruttokontakte** werden alle angewählten Telefonnummern innerhalb einer Aktion bezeichnet, inklusive Fehlversuchen (z. B. niemanden erreicht, Anrufbeantworter, falsche Rufnummer) und falscher Zielperson.
2. Die **Nettokontakte** bezeichnen hingegen lediglich die Kontakte mit der gewünschten **Zielperson**.

Konkret bedeutet dies in der Praxis, dass für einen Nettokontakt meist mehrere Bruttokontakte notwendig sind.

**➔ *Praxistipp***
Achtung: Je nach Auftraggeber und Projekt sind unterschiedlich weit gefasste Definitionen von Brutto- und Nettokontakten möglich! Beachten Sie deshalb immer genau die Rahmenbedingungen der jeweiligen Aktion.

### 5.2.1 Ausschöpfungsquote

**# *Definition***
Die **Ausschöpfungsquote** beschreibt die Anzahl der Personen, die erreicht wurden, im Verhältnis zur Anzahl der zur Verfügung stehenden Adressen bzw. Telefonnummern.

Eine Quote misst immer einen prozentualen Anteil an einer Gesamtmenge. Erfolgskennzahl für die erreichten Personen ist die Ausschöpfungsquote. Gerechnet wird hier meist mit den erzielten **Nettokontakten**, die auf eine Datenmenge bezogen werden.

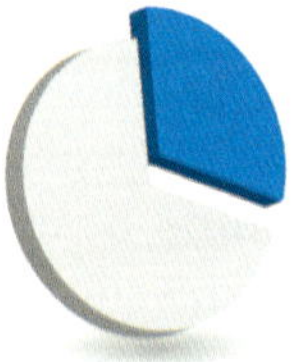

$$\textbf{Ausschöpfungsquote} = \frac{\textbf{erreichte Personen (Nettokontakte)} \cdot \textbf{100}}{\textbf{Anzahl der Kontaktdaten}}$$

**Beispiel**

Dialogfix stellt KommunikativAktiv 12000 Adressen von inaktiven Altkunden zur Verfügung, um eine neue Software zu verkaufen. Die Dauer der Outbound-Aktion ist auf zwei Wochen festgelegt. In dieser Zeit werden 8400 Zielpersonen (ehemalige Kunden) erreicht. Die Ausschöpfungsquote beträgt somit 70%.

$$\text{Berechnung: } \frac{\text{8400 Nettokontakte} \cdot 100}{\text{12000 Kontaktdaten}} = 70\,\%$$

Sachlich geht es bei dieser Kennzahl darum, wie gut die vorliegenden Kontaktdaten genutzt werden. Eine niedrige Ausschöpfungsquote kann bedeuten, dass eine Vielzahl von „guten" Daten nicht verwertet werden konnte und somit ungenutzt bleibt. Es kann aber auch sein, dass der zur Verfügung stehende Datensatz von schlechter Qualität ist (z.B. viele Dubletten oder veraltete Daten). 5|2.3

## 5.2.2 Erfolgsquote

#

*Definition*

Die **Erfolgsquote** misst den Anteil der Erfolge (positive Gesprächsergebnisse) an den insgesamt geführten Gesprächen (Nettokontakte).

Je nach Aktion kann „Erfolg" unterschiedlich festgelegt werden, z.B. ein Verkauf, eine Terminvereinbarung oder eine Kundenrückgewinnung. Die Erfolgsquote basiert auf den tatsächlich erreichten Zielpersonen (Nettokontakte), mit denen ein Gespräch stattfand.

$$\textbf{Erfolgsquote} = \frac{\textbf{Erfolge} \cdot \textbf{100}}{\textbf{Nettokontakte}}$$

**Beispiel**

KommunikativAktiv verkauft bei den 8400 erzielten Nettokontakten (ehemalige Kunden) 1050 Einheiten der Software. Die Erfolgsquote beträgt somit 12,5%.

$$\text{Berechnung: } \frac{\text{1050 Erfolge} \cdot 100}{\text{8400 Nettokontakte}} = 12{,}5\,\%$$

Eine hohe Zahl an Nettokontakten ist für sich genommen wertlos, wenn kein positives Gesprächsergebnis erzielt wird. Letztlich zählt die Erfolgsquote mehr.

### 5.2.3 Stornoquote

**#** ***Definition***

Die **Stornoquote** misst das Verhältnis von stornierten Aufträgen zu den Gesamtaufträgen.

Nicht jeder erzielte Erfolg ist dauerhaft. Mindestens innerhalb der **gesetzlichen Widerrufsfrist** von zwei Wochen haben die Kunden die Möglichkeit, vom Kauf ei-
8|5.2 nes Produktes zurückzutreten. In diesem Fall spricht man von einem **Storno**. Auch vereinbarte Termine (Erfolge) werden teilweise nicht eingehalten.

$$\textit{Stornoquote} = \frac{\textit{Stornos} \cdot 100}{\textit{Gesamtaufträge}}$$

**Beispiel**

Von den 1050 Bestellungen (Erfolge) werden innerhalb der Widerrufsfrist 210 Aufträge storniert. Das entspricht einer Stornoquote von 20 %.

$$\text{Berechnung: } \frac{210 \text{ Stornos} \cdot 100}{1050 \text{ Gesamtaufträge}} = 20\,\%$$

Eine hohe Stornoquote führt zu erheblichen Mehrkosten und damit möglicherweise zur Unwirtschaftlichkeit der gesamten Aktion. So können z. B. **Retouren** anfallen oder personalintensive Arbeiten zur **Rückabwicklung** von Veträgen notwendig sein. Eine dauerhaft **hohe Stornoquote** kann zu einem langfristigen Imageverlust des Unternehmens führen. Ursachen für eine hohe Stornoquote können z. B. in einer mangelhaften Produktqualität liegen, aber auch in einer nicht bedarfsgerechten Gesprächsführung.

Unter dem Strich verbleiben letztlich als **„echte Erfolge“** die tatsächlich realisierten endgültigen Aufträge, also die um Stornos bereinigten Erfolge. Dieser Wert wird auch als **Festbestellquote** bezeichnet.

**Beispiel**

Bei den 8400 erzielten Nettokontakten (ehemalige Kunden) wurden zunächst 1050 Einheiten der Software verkauft, später aber 210 Aufträge storniert. Die Festbestellquote liegt also bei 10 %.

$$\text{Berechnung: } \frac{(1050 \text{ Erfolge} - 210 \text{ Stornos}) \cdot 100}{8400 \text{ Nettokontakte}} = 10\,\%$$

## Zusammenfassendes Beispiel zur Erfolgskontrolle einer Outbound-Aktion

Dialogfix erteilt einen Auftrag an KommunikativAktiv mit dem Ziel, ausgewählten Bestandskunden das Produkt „FinanzFix“ zu verkaufen. Für die Aktion stellt Dialogfix 17 000 Adressen zur Verfügung.

1. Im Lauf der Aktion erreicht KommunikativAktiv genau 14 500 Kunden (Nettokontakte). Die Ausschöpfungsquote beträgt 85,3 %.

$$\frac{14\,500 \text{ Nettokontakte} \cdot 100}{17\,000 \text{ Adressen}} = 85{,}3\,\% \text{ Ausschöpfungsquote}$$

2. Von den 14 500 Kunden resultieren im ersten Schritt 2 200 Bestellungen. Die Erfolgsquote liegt bei 15,2 %.

$$\frac{2\,200 \text{ Erfolge} \cdot 100}{14\,500 \text{ Nettokontakte}} = 15{,}2\,\% \text{ Erfolgsquote}$$

3. Im Nachhinein werden von diesen Bestellungen aber 230 storniert. Die Stornoquote liegt bei 10,45 %.

$$\frac{230 \text{ Stornos} \cdot 100}{2\,200 \text{ Erfolge}} = 10{,}5\,\% \text{ Stornoquote}$$

4. Die Anzahl der Festbestellungen liegt also bei 1 970 (2 200 Erfolge − 230 Stornos). Die Festbestellquote beträgt somit 13,6 %.

$$\frac{1\,970 \text{ Festbestellungen} \cdot 100}{14\,500 \text{ Nettokontakte}} = 13{,}6\,\% \text{ Festbestellquote}$$

***Praxistipp***

Zahlreiche weitere Übungsaufgaben zu diesem Kapitel sowie zu allen Themen der **Zwischen- und Abschlussprüfung** finden Sie in **„Ausbildung im Dialogmarketing – Prüfungstraining“** (ISBN 978-3-427-23021-7).

## *Zusammenfassung*

- **Erfolgskennzahlen Inbound**
  - **AHT (Average Handling Time):** durchschnittliche Gesamtgesprächszeit inklusive Nachbearbeitungszeit
  - **Servicelevel:** Anteil der Anrufe, die innerhalb einer bestimmten Zeit von einem Mitarbeiter entgegengenommen werden
  - **Lost-Call-Quote:** Anteil der Anrufer, die aufgelegt haben, bevor sie mit einem Mitarbeiter verbunden wurden
  - **Produktivität/Auslastung:** Zahl der bearbeiteten Anrufe pro Zeiteinheit bzw. Anteil der Produktivzeit an der Nettoarbeitszeit
  - **FCR (First Call Resolution):** Anteil aller Anfragen eines Kunden, die beim ersten Anruf abschließend gelöst werden konnten
  - **Verkaufsquote:** misst den zusätzlichen Verkaufserfolg des Agents im Inbound

**Erfolgskennzahlen Outbound**

- **Bruttokontakte:** alle angewählten Telefonnummern innerhalb einer Aktion inklusive Fehlversuchen und falscher Zielperson
- **Nettokontakte:** Kontakte ausschließlich mit der gewünschten Zielperson
- **Ausschöpfungsquote:** Anteil der erreichten Personen an den zur Verfügung stehenden Adressen bzw. Telefonnummern
- **Erfolgsquote:** Anteil der Erfolge (positive Gesprächsergebnisse) an den insgesamt geführten Gesprächen
- **Stornoquote:** Anteil der Bestellungen, die im Nachhinein storniert werden
- **Festbestellquote:** Anzahl der tatsächlichen Bestellungen in Relation zu den Nettokontakten

## Aufgaben

1. ***Erläutern Sie Gemeinsamkeiten und Unterschiede der Begriffe Average Handling Time (AHT) und Produktivzeit. Welche Bedeutung hat die AHT für Mitarbeiter und Unternehmen?***

2. ***In einer Stunde bearbeitet die Kundenberaterin Julia Michel neun Gespräche. Ermitteln Sie die Gesprächszeit (Handle Time), wenn die Nachbearbeitungszeit pro Gespräch zwei Minuten dauert und eine Bildschirmpause von sechs Minuten pro Stunde zu berücksichtigen ist.***

3. ***Dialogfix hat für ihre Bestellhotline einen Servicelevel von 90/10 festgelegt.***
   a) ***Erläutern Sie den Begriff Servicelevel.***
   b) ***Zwischen 16:00 Uhr und 17:00 Uhr rufen 720 Interessenten an. Wie viele dieser Anrufe muss Dialogfix in welcher Zeit annehmen, um den Servicelevel einzuhalten?***
   c) ***Nennen Sie je einen Vorteil und einen Nachteil, den die Dialogfix GmbH durch die Festlegung des Servicelevels auf 90/10 hat.***
   d) ***Beim wöchentlichen Teammeeting stellt sich heraus, dass der Servicelevel nicht erreicht wurde. Nennen Sie drei mögliche Ursachen für die Zielverfehlung.***

4. ***In der technischen Hotline von Dialogfix gehen in einer Stunde 500 Calls ein, leider beenden 36 Kunden die Verbindung, bevor ein Agent abhebt. Ermitteln Sie die Lost-Call-Quote.***

5. ***Thomas ist von 10:00 Uhr bis 13:30 Uhr in der technischen Hotline von Dialogfix eingesetzt. In dieser Zeit bearbeitet er 28 Gespräche. Berechnen Sie die Produktivität von Thomas.***

6. ***Während einer 6-Stunden-Schicht wurde bei der Mitarbeiterin Verena Schäfer eine Produktivzeit von 342 Minuten gemessen.***
   a) ***Wie hoch war die Auslastung der Mitarbeiterin?***
   b) ***Bewerten Sie die ermittelte Auslastung.***

7. ***An einem Tag gehen bei der Dialogfix GmbH 260 Social Media Posts ein, von denen 221 fallabschließend bearbeitet werden können. Ermitteln Sie sinngemäß die FCR.***

8. ***Bei Dialogfix rufen in einer Stunde 280 Kunden an, 25 von diesen Kunden müssen erneut anrufen, um eine endgültige Lösung zu erhalten.***
   a) ***Berechnen Sie die tatsächliche FCR.***
   b) ***Unternehmensintern wurde eine Ziel-FCR von 90 % vorgegeben. Wie viele Kunden hätten erneut anrufen dürfen, um diesen Wert zu erreichen?***

*9.* ***Die Dialogfix GmbH setzt eine Verkaufsquote von 5,4 % fest, in einer Schicht erhält ein Agent 120 Anrufe. In wie vielen Fällen muss er einen Verkauf erzielen, um sein Ziel zu erreichen? Runden Sie sinnvoll.***

*10.* ***Zu Schulungszwecken erhalten Sie folgenden anonymisierten Reporting-Auszug der ACD-Anlage. Er enthält die Ist-Daten eines Agenten Ihrer Abteilung.***

| Zeiten (in Stunden) | Mo | Di | Mi | Do | Fr |
|---|---|---|---|---|---|
| Brutto | 8 | 9 | 8 | 7,5 | 8 |
| Pause | 1 | 1,5 | 1 | 0,75 | 1 |
| Schulung | 0 | 2 | 2 | 0 | 0 |
| Anruf-Warte | 0,75 | 0,55 | 0,85 | 0,5 | 0,55 |
| Rüst | 0,1 | 0,1 | 0,1 | 0,1 | 0,1 |
| Gespräch | 4,2 | 3,3 | 2,3 | 4,3 | 4,5 |
| Anzahl Anrufe | 38 | 33 | 35 | 52 | 58 |

*a)* ***Berechnen Sie jeweils den Durchschnitt der täglichen Nettoarbeitszeit, Produktivzeit und Nachbearbeitungszeit des Agenten.***

*b)* ***Wie viele Minuten und Sekunden betrug am Montag die durchschnittliche Nachbearbeitungszeit pro Gespräch?***

*c)* ***An welchem Wochentag war seine Produktivität am höchsten?***

*d)* ***An welchem Wochentag war seine Auslastung am höchsten?***

*e)* ***Beurteilen Sie die in der Woche erreichten Auslastungsquoten.***

*11.* ***In einer Outbound-Aktion möchte die Dialogfix GmbH ehemalige Kunden von einer neuen Antivirensoftware überzeugen. Für dieses Projekt stehen 16 000 Adressen zur Verfügung. Innerhalb von zwei Wochen werden 6 800 Personen erreicht. 950 Personen können von der Virensoftware überzeugt werden, allerdings treten innerhalb der Widerrufsfrist 150 Kunden vom Vertragsabschluss zurück. Ermitteln Sie***

*a)* ***die Ausschöpfungsquote,***

*b)* ***die Erfolgsquote,***

*c)* ***die Stornoquote,***

*d)* ***die Festbestellquote.***

*12.* ***Im Rahmen einer innerbetrieblichen Weiterbildung festigen Sie Ihr Wissen zur Berechnung von Outbound-Kennziffern. Folgende Daten liegen Ihnen vor:***

| | |
|---|---|
| Zielperson beim 1. Anruf erreicht | 2 035 |
| Zielperson beim 2. Anruf erreicht | 355 |
| Zielperson beim 3. Anruf erreicht | 206 |
| Summe Fehlversuche, z. B. falsche Rufnummer (je ein Anruf) | 350 |
| Erfolgsquote (in Prozent) | 25 |
| Innerhalb der Frist widerrufene Abschlüsse | 95 |

*a)* ***Ermitteln Sie die Anzahl der Bruttokontakte.***

*b)* ***Ermitteln Sie die Anzahl der Nettokontakte.***

*c)* ***Wie viele Verträge wurden abgeschlossen?***

*d)* ***Ermitteln Sie die Stornoquote.***

*e)* ***Ermitteln Sie die Festbestellquote.***

*f)* ***Beurteilen Sie anhand der ermittelten Kennziffern den Erfolg der durchgeführten Outbound-Aktion und begründen Sie Ihre Einschätzung.***

# 6 Zahlungsverkehr abwickeln

## Einstiegssituation

Julia hat gerade ein längeres Verkaufsgespräch mit Paul Müller geführt und ist jetzt bei der Klärung der Zahlungsbedingungen angelangt. Herr Müller hat für seine Familie zwei hochwertige PC-Systeme mit Laserdrucker, Scanner und Flachbildschirm erworben. Da er demnächst seine Steuererklärung abgeben muss, hat er außerdem noch die neue FinanzFix-Software bestellt. Für den Gesamtpreis von 3998,00 € für die PC-Systeme hat Julia mit Herrn Müller eine Finanzierung über zwölf Monate vereinbart, die über die Hausbank von Dialogfix abgewickelt wird, geliefert werden soll in vier Wochen. Die Software ist sofort verfügbar und soll direkt bei Lieferung an der Haustür bezahlt werden.

**Julia:** *„Herr Müller, vielen Dank für Ihre Bestellung. Die Software wird direkt verschickt, Sie zahlen wie gewünscht per Nachnahme an der Haustür.*

*Wegen der Ratenzahlung der anderen Bestellung habe ich die notwendigen Daten aufgenommen, es erfolgt jetzt noch eine Bonitätsprüfung bei unserer Hausbank. Ich muss Sie jedoch darüber informieren, dass wir vorab eine SCHUFA-Auskunft einholen. Das ist bei Finanzierungen so üblich.*

*Sobald die Anfrage erfolgreich abgeschlossen ist, werden Sie informiert und die Ware wird Ihnen dann zum vereinbarten Liefertermin zugestellt. Die Raten zahlen Sie dann monatlich per Bankeinzug. Sind Sie mit dieser Vorgehensweise einverstanden oder haben Sie dazu noch eine Frage, Herr Müller?“*

**Herr Müller:** *„Bonität? SCHUFA? Ich verstehe nur Bahnhof. Das müssen Sie mir noch genauer erklären!“*

## Arbeitsaufträge

1. ***Erläutern Sie die Bedeutung einer Bonitätsprüfung. In welchen Fällen ist eine Bonitätsprüfung empfehlenswert?***
2. ***Beschreiben Sie, wie die Bonitätsprüfung in Ihrem Ausbildungsbetrieb abläuft.***
3. ***Welche Zahlungsmöglichkeiten kennen Sie aus Ihrem Unternehmen? Stellen Sie in der Klasse verschiedene Zahlungsmöglichkeiten gegenüber und vergleichen Sie Vor- und Nachteile.***

## 6.1 Bonität der Kunden prüfen

Häufig werden im Dialogmarketing Geschäfte abgeschlossen, bei denen der Kunde erst zahlt, nachdem das Unternehmen die Leistung bereits erbracht hat. Typische Fälle einer nachträglichen Zahlung des Kunden sind z. B.:

- Eine Ware wird auf Rechnung geliefert, zahlbar innerhalb einer Frist.
- Ein hochwertiges Produkt wird finanziert und in monatlichen Raten gezahlt.
- Eine Leistung wird vom Kunden regelmäßig genutzt und erst nachträglich abgerechnet (z. B. Mobilfunk).

In all diesen Fällen gewährt das Unternehmen letztlich einen **Kredit** (vom lateinischen credere = glauben), vertraut also darauf, dass der Kunde seine Verpflichtungen einhält. Es besteht aber das Risiko, dass die Zahlung des Kunden nicht erfolgt. Um sich vor möglichen Zahlungsausfällen zu schützen, prüfen Unternehmen – insbesondere bei Neukunden – die **Bonität** (vom lateinischen bonus = gut) der Kunden.

# *Definition*
**Bonität** oder Kreditwürdigkeit bezeichnet die Fähigkeit eines Kunden, seine Zahlungsverpflichtungen vertragsgemäß zu erfüllen.

Der Grad der Bonität beeinflusst ganz entscheidend, wie sich die gesamte Geschäftsbeziehung mit dem Kunden darstellt und wie der Zahlungsverkehr abgewickelt wird.

### 6.1.1 Bonitätsrelevante Daten

Je nach Unternehmen kann der Umfang der **Bonitätsprüfung** unterschiedlich ausfallen. Dabei muss zwischen Privatpersonen und juristischen Personen unterschieden werden. 8|3.2

Eine Vielzahl von Daten kann bei **Privatpersonen** Gegenstand einer Bonitätsprüfung sein:

- Kommunikationsdaten: Name, Anschrift, Telefonnummer, E-Mail-Adresse
- Alter, Familienstand, familiäre Zahlungsverpflichtungen
- Wohnlage (z. B. gute oder schlechte Wohngegend)
- berufliche Tätigkeit, erlernter Beruf
- Arbeitgeber, Sicherheit des Arbeitsplatzes
- regelmäßige Einnahmen und Ausgaben
- Vermögen (z. B. Immobilien) und Schulden
- bisheriges Zahlungsverhalten, Beurteilung von früheren Geschäften
- Informationen über bestehende oder aufgelöste Bankverbindungen

Bei **juristischen Personen** können folgende Daten von Interesse sein:

- Kommunikationsdaten: Firma, Anschrift, Telefonnummer, E-Mail-Adresse
- 1 | 1.3 Rechtsform, rechtsformabhängige Informationen
- Handelsregistereinträge, haftende Personen, haftendes Kapital
- Tätigkeitsbereich und Branche des Unternehmens
- Finanzlage (Zahlungsfähigkeit, Zahlungsmoral)
- Krediterfahrungen (bestehende und zurückgezahlte Kredite)
- Informationen über bestehende oder aufgelöste Bankverbindungen
- 11 | 5 Geschäftszahlen (Bilanz, Jahresabschluss)

> ***Praxistipp***
> Die Bonitätsprüfung bei juristischen Personen ist eine sehr komplexe Angelegenheit, die in der Regel von Spezialisten durchgeführt wird.

Die ermittelte Bonität liefert die Grundlage für die Entscheidung, ob bzw. zu welchen Konditionen ein Geschäft mit dem Kunden abgeschlossen wird. Häufig werden die bei der Bonitätsprüfung gesammelten Daten zu einem einzigen Wert gebündelt. Dies wird auch als **Scoring-Verfahren** bezeichnet. Für bestimmte bonitätsrelevante Daten (s. o.) werden einzelne Punkte vergeben, die in der Summe schließlich einen Score (Marke, Punktestand) ergeben.

Der Score erlaubt eine Aussage darüber, wie wahrscheinlich es ist, dass der Kunde seinen Zahlungsverpflichtungen nachkommt. Ermittlung und Auswertung des Scores sind meist unternehmensspezifisch gestaltet.

**Beispiel**

Die Hausbank von Dialogfix ermittelt anhand der bonitätsrelevanten Daten für Paul Müller einen Score von 93. Dieses Ergebnis liegt deutlich über dem für Finanzierungen notwendigen Score von 80, die Finanzierung wird somit gewährt.

> ***Praxistipp***
> Detaillierte Informationen zum Scoring-Verfahren erhalten Sie z. B. unter www.smava.de/kredit/was-bedeutet-scoring/.

## 6.1.2 Datenbeschaffung

Damit das Unternehmen eine fundierte Entscheidung fällen kann, sollten möglichst viele bonitätsrelevante Daten vorliegen und ausgewertet werden. Dazu können verschiedene Quellen ausgeschöpft werden:

- Im **Unternehmen selbst** vorhandene Daten, z. B. aus einer bestehenden oder früheren Geschäftsbeziehung. Bei Neukunden können relevante Daten erfragt werden.

- **Allgemein zugängliche** Daten, z. B. das vom Amtsgericht geführte öffentliche Schuldnerverzeichnis oder Informationen aus dem Handelsregister
- Über eine **Bankauskunft** können allgemeine Auskünfte über Kreditwürdigkeit und wirtschaftliche Lage eingeholt werden. Bei Privatpersonen ist dazu – im Gegensatz zu juristischen Personen – die ausdrückliche Zustimmung des Kunden erforderlich.
- Eine **Wirtschaftsauskunftei** liefert die darüber hinaus gewünschten Daten.

Im Massengeschäft wird häufig auf die Leistung von Wirtschaftsauskunfteien zurückgegriffen. Am bekanntesten und am meisten genutzt ist dabei die SCHUFA.

Die **SCHUFA** (Schutzgemeinschaft für allgemeine Kreditsicherung) ist eine privatwirtschaftliche Auskunftei, die von den kreditgebenden Unternehmen getragen wird. Sie erteilt Auskünfte, um die Kreditwürdigkeit von **Privatpersonen** zu beurteilen. Darüber hinaus wertet sie auch Informationen zur Bonität und zu den Kerndaten von **Unternehmen** aus. Vorrangiger Zweck ist somit der Schutz der Vertragspartner vor Zahlungsausfällen. Zudem kann die SCHUFA zur Identitätsüberprüfung oder Altersverifizierung genutzt werden. Die SCHUFA ermittelt die Daten nicht selbst, dies wird von den Vertragspartnern (Banken, Einzelhändler, Versandhäuser, Telekommunikationsunternehmen etc.) übernommen. Darüber hinaus nutzt die SCHUFA auch Informationen aus öffentlichen Verzeichnissen (s. o.). Auskünfte erteilt die SCHUFA nach dem **Prinzip der Gegenseitigkeit**: Nur wer selbst Daten an die SCHUFA liefert, ist berechtigt, Auskünfte einzuholen.

Die SCHUFA speichert bei Privatpersonen **persönliche Daten** wie Namen, Geburtsdatum, Geburtsort sowie gegenwärtige und ehemalige Anschriften. Alle weiteren Daten beziehen sich auf das **Geschäfts- und Zahlungsverhalten**, dazu gehört bereits die Anfrage wegen Finanzprodukten. Dabei bezeichnen die sogenannten **Positivmerkmale** die Aufnahme und vertragsgemäße Abwicklung von Geschäftsbeziehungen. Als **Negativmerkmale** („negative SCHUFA-Einträge“) werden hingegen Daten über nicht vertragsgemäßes Verhalten und gerichtliche Vollstreckungsmaßnahmen geführt.

| Positivmerkmale (Beispiele) | Negativmerkmale (Beispiele) |
|---|---|
| eröffnete Girokonten, ausgegebene Kreditkarten | fällige und angemahnte Forderungen (z. B. bei Kreditrückzahlung) |
| beantragte, gewährte und zurückgezahlte Kredite | nicht vertragsgemäße Nutzung von Giro- oder Kreditkartenkonten |
| eingegangene Bürgschaften | Erklärung der Zahlungsunfähigkeit („eidesstattliche Versicherung“); Eröffnung der Privatinsolvenz |
| eingerichtete Kundenkonten (z. B. Versandhandel, Telekommunikation) | gerichtliche Entscheidungen zu Forderungen (z. B. Zwangsvollstreckung, Lohnpfändung) |

Daten über Einkommens- oder Vermögensverhältnisse werden nicht erhoben.

Die SCHUFA speichert die Daten nur für eine bestimmte Zeit. Negativmerkmale und Informationen über zurückgezahlte Kredite werden nach **drei Jahren** gelöscht. Daten zu Girokonten, Kreditkartenkonten und Kundenkonten werden sofort nach deren Kündigung gelöscht. Bereits nach zwölf Monaten erfolgt die Löschung für Anfragen wegen Finanzprodukten.

Jeder Bürger hat das Recht, über eine **Eigenauskunft** die zu seiner Person gespeicherten Daten einzusehen und Fehlinformationen berichtigen zu lassen.

> → ***Praxistipp***
> Erkunden Sie die Möglichkeiten der kostenlosen Datenkopie nach Art. 15 DSGVO (Eigenauskunft) unter www.meineschufa.de.

Neben der SCHUFA gibt es eine Vielzahl weitere Auskunfteien, z. B.:

- arvato infoscore
- CRIF Bürgel
- Informa Solutions
- Creditreform Boniversum
- creditPass

## 6.1.3 Datenschutz

Bis vor Kurzem enthielten viele Verträge die sogenannte **SCHUFA-Klausel**. Sie regelte die automatische Weitergabe der Daten eines Verbrauchers nach seiner Unterzeichnung an die SCHUFA. Mittlerweile gibt es diese Klausel in der bisherigen Form nicht mehr.

Neue Rechtsgrundlage für die Übermittlung von Daten an die SCHUFA ist Art. 6 Abs.
4|6 1 lit. f DSGVO. Demgemäß ist bei Vorliegen eines **berechtigten Interesses** an der
Datenverarbeitung diese auch ohne konkrete Einwilligung erlaubt. Dies kann z. B.
der Fall sein bei

- Anbahnung von Geschäftsbeziehungen,
- Kreditanfragen, Bestimmung des Kreditlimits,
- Einzug von Forderungen,
- Bekämpfung von Betrug und Kriminalität,
- Abschluss von Kauf- oder Mietverträgen.

Verbraucher werden jedoch auch weiterhin über die Weitergabe ihrer Daten informiert. Dies geschieht aber in der Regel durch die Unternehmen, die ihre Daten an die SCHUFA übermitteln wollen und erfolgt durch einen **SCHUFA-Hinweis** (Unterrichtung über die Datenweitergabe) und ein **SCHUFA-Informationsblatt**, welches umfangreiche Hinweise zur Datenverarbeitung bei der SCHUFA enthält.

**SCHUFA-Hinweis**

Der Vertragspartner [...] übermittelt im Rahmen dieses Vertragsverhältnisses erhobene personenbezogene Daten über die Beantragung, die Durchführung und Beendigung dieser Geschäftsbeziehung, außerdem Daten über nicht vertragsgemäßes Verhalten oder betrügerisches Verhalten an die SCHUFA Holding AG, Kormoranweg 5, 65201 Wiesbaden. Rechtsgrundlagen dieser Übermittlungen sind Art. 6 Abs. 1 lit. b und Art. 6 Abs. 1 lit. f der Datenschutz-Grundverordnung (DSGVO). Übermittlungen auf der Grundlage von Art. 6 Abs. 1 lit. f DSGVO dürfen nur erfolgen, soweit dies zur Wahrung berechtigter Interessen des Vertragspartners oder Dritter erforderlich ist und nicht die Interessen oder Grundrechte und Grundfreiheiten der betroffenen Person, die den Schutz personenbezogener Daten erfordern, überwiegen. Der Datenaustausch mit der SCHUFA dient auch der Erfüllung gesetzlicher Pflichten zur Durchführung von Kreditwürdigkeitsprüfungen von Kunden (§ 505a und 506 des Bürgerlichen Gesetzbuches).

Die SCHUFA verarbeitet die erhaltenen Daten und verwendet sie auch zum Zwecke der Profilbildung (Scoring), um ihren Vertragspartnern im Europäischen Wirtschaftsraum und in der Schweiz sowie ggf. weiteren Drittländern (sofern zu diesen ein Angemessenheitsbeschluss der Europäischen Kommission besteht) Informationen unter anderem zur Beurteilung der Kreditwürdigkeit von natürlichen Personen zu geben. Nähere Informationen zur Tätigkeit der SCHUFA können dem SCHUFA-Informationsblatt nach Art. 14 DS-GVO entnommen oder online unter www.schufa.de/datenschutz eingesehen werden.

## 6.2 Zahlungsmöglichkeiten für Kunden

Wenn zwischen Geschäftspartnern Zahlungen abgewickelt werden, tauchen immer wieder zwei zentrale Begriffe auf: Der **Gläubiger** (derjenige, der eine Forderung hat) und der **Schuldner** (derjenige, der zahlen muss). Begleicht der Schuldner seine Zahlungsverpflichtungen, wechselt Geld den Besitzer. **Geld** lässt sich grundsätzlich in zwei Arten unterteilen:

1. Bargeld (Münzen, Banknoten)
2. Buchgeld (Guthaben oder Kredite auf Bankkonten)

In der Praxis steht meist eine Vielzahl von Zahlungsmöglichkeiten zur Verfügung. Die einzelnen **Zahlungsmöglichkeiten** lassen sich wie folgt unterscheiden:

Zahlungsmöglichkeiten

| Barzahlung | Halbbare Zahlung | Bargeldlose Zahlung | Elektronische Zahlung | Finanzierung |
|---|---|---|---|---|
| Beide Zahlungspartner verwenden Geld. | Ein Zahlungspartner verwendet Buchgeld. | Beide Zahlungspartner verwenden Buchgeld. | Die Zahlung erfolgt bargeldlos mithilfe elektronischer Mittel. | Die Zahlung – in welcher Form auch immer – erfolgt erst zu einem späteren Zeitpunkt. |

Beschäftigte im Dialogmarketing müssen über die Vor- und Nachteile der einzelnen Zahlungsmöglichkeiten gut informiert sein, um für den Kunden und das Unternehmen eine bedarfsgerechte Zahlungsabwicklung auszuwählen.

> ***Praxistipp***
> Die verschiedenen Zahlungsmöglichkeiten sind für manche Kunden nur schwer durchschaubar: Achten Sie daher bei der Beratung auf eindeutige und transparente Zahlungsbedingungen. Dies ist ein wichtiger Beitrag zur Kundenzufriedenheit.

## 6.2.1 Barzahlung

Bei der Barzahlung erhält der Gläubiger (Verkäufer) vom Schuldner (Käufer) den offenstehenden Betrag in Form von **Banknoten und Münzen**. Diese Zahlungsart ist z. B. im Einzelhandel bei Zahlungen des täglichen Bedarfs gebräuchlich. Der Käufer erhält die Ware gegen sofortige Bezahlung (Zug-um-Zug-Geschäft), der Verkäufer hat kein Zahlungsrisiko. Im Alltagsleben ist Barzahlung vor allem bei kleineren Beträgen noch sehr geläufig. Als Zahlungsbeleg wird meist eine Quittung oder ein Kassenbon ausgestellt.

Die Barzahlung findet im Dialogmarketing faktisch keinen Einsatz, da hier alle Transaktionen per Telefon – meist über eine größere räumliche Distanz – abgewickelt werden. Der notwendige persönliche Kontakt zwischen Gläubiger und Schuldner zur Übergabe der Zahlung kommt daher nicht zustande.

## 6.2.2 Halbbare Zahlung

Bei der halbbaren Zahlung wickelt ein Beteiligter die Zahlung mit Bargeld ab, der andere mit Buchgeld. In der Praxis bedeutet das meist, dass der Gläubiger die Zahlung auf einem Konto empfängt, der Schuldner hingegen bar bezahlt.

### Bareinzahlung zugunsten Dritter

Hat der Schuldner kein Konto oder möchte er die Zahlung nicht über sein Konto abwickeln, kann er den fälligen Betrag bar bei einem Kreditinstitut einzahlen. Für diese **Bareinzahlung zugunsten Dritter** (früher: Zahlschein) fällt eine entsprechende Bearbeitungsgebühr an. Der offene Betrag wird direkt dem Konto des Gläubigers gutgeschrieben. Mit dieser Art der Zahlung kann jeder beliebige Geldbetrag bezahlt werden, die Gebühren sind dabei vom Schuldner zu tragen.

Diese Form der halbbaren Zahlung verliert im Zuge der fortschreitenden **Digitalisierung** zunehmend an Bedeutung. Im Gegenzug finden moderne und mobile Zahlungsmethoden wie z. B. PayPal immer mehr Akzeptanz. 5|6.2.4

**Beispiel**

Sarah Combe kauft als Geburtstagsgeschenk für ihren Mann einen Laptop bei der Dialogfix GmbH. Damit die Überraschung erhalten bleibt, möchte sie die Zahlung nicht über das gemeinsame Girokonto abwickeln. Sie begleicht daraufhin die Rechnung durch eine Bareinzahlung bei einem Kreditinstitut, der Betrag wird anschließend dem Konto von Dialogfix gutgeschrieben.

### Nachnahme

Werden Waren oder Dokumente per Nachnahme verschickt, erhält sie der Kunde erst gegen Zahlung des fälligen Betrages an der Haustür. Der Betrag wird dann umgehend dem Konto des Gläubigers gutgeschrieben. Für das Unternehmen entsteht somit kein Zahlungsrisiko. Daher bietet sich diese Zahlungsart insbesondere bei Kunden mit einer schlechten oder unklaren Bonität an. Die **Zahlung per Nachnahme** bietet für den Empfänger den Vorteil, dass er erst mit der Übergabe der Sendung zahlen muss. Allerdings ist diese Versandart insgesamt teurer als andere Zahlungsformen, da zusätzliche Nachnahmegebühren (Nachnahmeentgelt) anfallen, die in der Regel vom Empfänger zu zahlen sind.

**Beispiel**

Aufgrund eines Werbespots im Fernsehen bestellt Jonathan Raffaele erstmalig bei Dialogfix. Da dem Unternehmen der Kunde bislang nicht bekannt ist, wird Zahlung per Nachnahme vereinbart.

→ ***Praxistipp***

Für Briefsendungen per Nachnahme mit der Deutschen Post AG wird eine Gebühr von 4,40 € zusätzlich zum Porto verlangt. Für den Paketversand mit DHL kommen zusätzlich zum Porto 6,90 € hinzu (Stand: 2023).

## 6.2.3 Bargeldlose Zahlung

Sowohl im halbbaren als auch im bargeldlosen Zahlungsverkehr spielt das **Girokonto** eine wichtige Rolle. Girokonten werden bei **Kreditinstituten** (Banken, Postbanken, Sparkassen) geführt, über Guthaben und ggf. einen eingeräumten Überziehungskredit kann jederzeit verfügt werden. Kontoauszüge informieren über sämtliche Zahlungsbewegungen auf dem Konto. Die Kontoauszüge bekommt man entweder über den Auszugsdrucker in den Bankfilialen, in elektronischer Form (s. u.) oder gegen eine Gebühr per Post.

Ohne Girokonto ist es für ein Unternehmen praktisch unmöglich, am Geschäftsverkehr teilzunehmen. Viele Unternehmen unterhalten sogar mehrere Girokonten bei verschiedenen Kreditinstituten. IBAN und BIC (s. u.) werden in der Regel auf der Geschäftskorrespondenz abgedruckt. Für Privatpersonen ist ein Girokonto nützlich, um an wesentlichen Bereichen des wirtschaftlichen Lebens teilnehmen zu können. Aus diesem Grund hat auch jede Privatperson das Anrecht auf ein sogenanntes **Basiskonto**, unabhängig von der individuellen Bonität. Das Basiskonto ist für einen Dispokredit (Überziehungskredit) gesperrt.

→ ***Praxistipp***
Einen Vergleich von Kosten und Leistungen unterschiedlicher Girokonten können Sie unter https://www.capital.de/tools-rechner/girokonto-vergleich durchführen.

Bei der bargeldlosen Zahlung benötigen sowohl Schuldner als auch Gläubiger ein Girokonto bei einem beliebigen Kreditinstitut. Der Schuldner kann sein Konto auf verschiedenen Wegen um den zu zahlenden Betrag belasten. Der fällige Betrag wird dann dem Konto des Gläubigers gutgeschrieben.

### Überweisung

Ein Schuldner hat die Möglichkeit, den zu zahlenden Betrag von seinem Konto auf das Konto des Gläubigers zu überweisen. Dieser Auftrag wird auf einem **Überwei-**
5 | 6.2.4 **sungsträger** an das eigene Kreditinstitut erteilt, dies ist auch online möglich.

Die einfache Handhabung und die geringen Kosten (es fallen lediglich Buchungsgebühren an) machen die Überweisung zu einem bevorzugten Zahlungsmittel, z. B. bei der Abwicklung von Bestellungen. Allerdings muss der Gläubiger darauf vertrauen, dass der Schuldner tatsächlich die Überweisung tätigt. Um das Zahlungsrisiko zu minimieren, wird bei Neukunden meist vorab eine Bonitätsprüfung durchgeführt.

**Beispiel**
Kerstin Jung bestellt einen neuen Drucker bei Dialogfix, es wird Zahlung per Überweisung vereinbart. Nach Erhalt der Rechnung füllt sie einen Überweisungsvordruck aus und beauftragt ihre Bank mit der Durchführung der Überweisung.

### Vorauskasse

Bei Vorauskasse wird dem Gläubiger der zu zahlende Betrag **vorab überwiesen**, erst nach Eingang der Zahlung wird dann die Ware versandt. Die Vorteile liegen bei dieser Zahlungsart beim Verkäufer. Er kann sichergehen, dass der Käufer auf jeden Fall zahlt, da er ansonsten die Ware nicht erhält. Zum Einsatz kommt diese Zahlungsart daher insbesondere bei einer unklaren oder **schlechten Bonität** des Kunden.

Für den Käufer hat diese Zahlungsart den entscheidenden Nachteil, dass die Ware erst nach Eingang des Kaufpreises versandt wird und so längere Wartezeiten bis zum Erhalt der Ware zu erwarten sind als bei anderen Zahlungsarten.

Im Vergleich zu der einer Vorauskasse ähnlichen Zahlung per Nachnahme fällt für den Käufer allerdings nur eine geringe Gebührenbelastung (Buchungsgebühr für Überweisung) an.

**Beispiel**

Die Kundin Kathrin Gantner hat bereits mehrfach Rechnungen von Dialogfix erst nach Mahnungen gezahlt. Zukünftige Bestellungen dieser Kundin werden nur noch nach Vorauskasse ausgeführt.

## Dauerauftrag

Über einen Dauerauftrag beauftragt der Kunde sein Kreditinstitut, eine Überweisung **regelmäßig** und in **gleicher Höhe** an einen **bestimmten Empfänger** auszuführen. Diese Zahlungsart ist nur dann sinnvoll, wenn die Überweisung über einen längeren Zeitraum unverändert ausgeführt werden soll. Der Dauerauftrag bleibt gültig bis zum Widerruf oder einem vorab festgelegten Endtermin.

**Beispiel**

Julia hat für die Zahlung ihrer monatlichen WG-Miete sowie für einen Wertpapier-Sparvertrag jeweils einen Dauerauftrag eingerichtet.

## Lastschriftverfahren

Bei dieser bargeldlosen Zahlung erlaubt der Schuldner dem Gläubiger, den zu zahlenden Betrag von seinem Konto einzuziehen. Dafür stellt der Schuldner **dem Gläubiger** eine Einzugsermächtigung aus, die in der Regel schriftlich erteilt wird (**Einzugsermächtigungsverfahren**). Auch eine online ausgestellte Einzugsermächtigung ist mittlerweile gebräuchlich. Die Bank des Gläubigers belastet das Konto des Schuldners und schreibt dem Gläubiger anschließend den entsprechenden Betrag gut.

Für den Kunden stellt die Lastschrift eine einfache und sichere Zahlungsart dar. Es müssen keine weiteren Belege ausgefüllt werden, Zahlungstermine werden nicht vergessen. Sollte ein Einzug unberechtigt erfolgt sein, kann der Kontoinhaber **innerhalb einer bestimmten Frist** den Einzug ohne Angabe von Gründen **widerrufen**. Für das Unternehmen verbleibt somit ein Zahlungsrisiko, bis die Gutschrift endgültig erfolgt ist. Zudem kann es passieren, dass auf dem Konto des Schuldners keine ausreichende Deckung vorliegt, die Lastschrift also von vornherein nicht eingelöst werden kann (Rücklastschrift). Vorteilhaft für das Unternehmen ist, dass es selbst den Zahlungszeitpunkt bestimmen kann und damit den Zahlungseingang nicht überwachen muss.

Eine Lastschrift bietet sich bei regelmäßigen Zahlungen an und zwar bei Zahlungen mit gleichen Beträgen, insbesondere aber bei Zahlungen in unterschiedlicher Höhe.

**Beispiel**

Ein Kunde von Dialogfix hat eine Antivirensoftware abonniert. Sobald eine neue Version oder ein Update auf den Markt kommt, erhält er die Neuerung automatisch. Für die Zahlung hat er Dialogfix eine Einzugsermächtigung erteilt, Dialogfix kann also ohne weitere Rücksprache die anfallenden Beträge einziehen.

***Praxistipp***

Das Zahlungsmittel **Scheck** hat aufgrund seiner umständlichen Handhabung erheblich an Bedeutung eingebüßt. Es spielt im Dialogmarketing keine Rolle.

## Vereinheitlichung des bargeldlosen europäischen Zahlungsverkehrs

Seit 2014 werden Bankleitzahl und Kontonummer in ihrer herkömmlichen Form durch die „IBAN" ersetzt. Der Begriff **IBAN** steht für International Bank Account Number, also die internationale Bankkontonummer. Sie setzt sich aus folgenden Elementen zusammen:

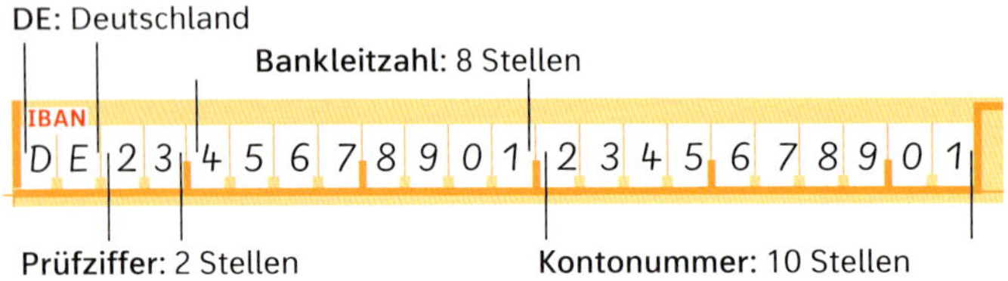


Alle in Deutschland verwendeten IBAN beginnen mit der Länderkennung DE. Es folgt die individuelle Prüfziffer, die Fehleingaben verhindert. Verschreibt man sich in den hinteren Stellen der IBAN, kann dies durch die individuelle Prüfziffer erkannt und eine Fehlüberweisung vermieden werden. Danach folgen die gewohnte Bankleitzahl und die Kontonummer. Die IBAN wurde im Rahmen der Vereinheitlichung des Euro-Zahlungsverkehrsraums (engl. = **SEPA** – Single Euro Payments Area) geschaffen. Alle EU-Staaten machen bei dem SEPA-System mit, zusätzlich Island, Liechtenstein, Norwegen, Monaco, die Schweiz sowie Großbritannien.

Die Nutzung von **SEPA** bringt viele Vorteile:

1. Durch die Vereinheitlichung wird ein technischer Standard für Deutschland und Europa genutzt. Geld in teilnehmende Länder zu überweisen ist genauso leicht und sicher wie Überweisungen innerhalb Deutschlands.
2. Die Überweisungsdauer – egal wohin im SEPA-Zahlungsraum – beträgt nur einen Bankgeschäftstag.
3. Verbraucher haben acht Wochen Zeit, einem Lastschrifteinzug zu widersprechen, statt wie früher nur sechs Wochen.
4. Moderne Zahlungsverfahren über Internet oder Smartphone profitieren von der Vereinheitlichung. So wird es für Entwickler einfacher, entsprechende Programme und Apps zu schreiben.
5. Mit SEPA werden die Kosten des Zahlungsverkehrs verringert und der Nutzen verbessert sich.

Neben der Kontonummer IBAN existiert die **BIC** (Bank Identifier Code). Durch die BIC können Kreditinstitute weltweit eindeutig identifiziert werden. Sie finden Ihre persönliche IBAN und die BIC Ihrer Bank auf Ihrem Kontoauszug.

➔ ***Praxistipp***
Auf Youtube können Sie sich unter www.youtube.com/watch?v=FcnpTrlfg2g einen leicht verständlichen Kurzfilm des Bankenverbandes anschauen: „Erklär mir: das SEPA-Verfahren".

## 6.2.4 Elektronische Zahlung

Die Möglichkeiten im Zahlungsverkehr haben sich in den letzten Jahren enorm erweitert. Dazu haben vor allem die verbesserten technischen Angebote beigetragen. In vielen Fällen wird der Zahlungsverkehr mittlerweile papierlos und in elektronischer Form abgewickelt. Zusammenfassend werden diese Zahlungsmethoden auch als **elektronische Zahlung** oder **Electronic Banking (E-Banking)** bezeichnet.

So kann man heutzutage fast überall mit einer Karte zahlen („Plastikgeld"), viele Bankgeschäfte werden inzwischen über das Internet abgewickelt.

### Onlinebanking

Immer mehr Privatkunden nutzen die vielfältigen Möglichkeiten, Bankgeschäfte bequem online zu tätigen: So lassen sich z. B. neben dem Abruf des Kontostandes die bargeldlosen Zahlungsarten Überweisung/Vorauskasse, Dauerauftrag und Lastschriftverfahren über Onlinebanking (Homebanking/Telebanking) abwickeln.

Alle Kontoführungsmöglichkeiten können über die Webseite der Bank genutzt werden, alternativ auch über Homebankingprogramme (z. B. Quicken, Microsoft Money). Um die Sicherheit der Daten zu gewährleisten, greifen die Kreditinstitute auf unterschiedliche Schutzmaßnahmen zurück (Passwort, PIN etc.). Trotzdem sollte der Nutzer selbst aktiv auf **Gefahren aus dem Internet** achten.
4|5.1.3

> ***Praxistipp***
> Sicherheitshinweise zum Onlinebanking finden sich z. B. unter https://bankenverband.de/dossier/online-und-mobile-banking-bequem-einfach-und-sicher/.

Alternativ bzw. ergänzend zum Onlinebanking bieten viele Kreditinstitute das **Telefonbanking** an. Geschützt durch eine spezielle Geheimzahl können viele Transaktionen unkompliziert am Telefon abgewickelt werden.

### Kreditkarte

Ein weltweit einsetzbares und bequemes Zahlungsmittel ist die Kreditkarte. Die gängigsten **Kreditkartengesellschaften** (auch als Kreditkartensysteme bezeichnet) in Deutschland sind Visa und Mastercard. Ausgegeben werden die Karten von den Kreditkartengesellschaften selbst, von Banken und Sparkassen oder von anderen Kooperationspartnern (z. B. ADAC). Die Ausgabe der Karte ist meist an Voraussetzungen geknüpft, z. B. ein Mindesteinkommen oder eine nachgewiesene Bonität. Mit der Kreditkarte kann der Inhaber bei jeder Akzeptanzstelle bargeldlos nach Vorlage der Karte zahlen, die Zahlung wird dabei **garantiert**. Die Autorisierung der Zahlung erfolgt online bzw. nach Rücksprache mit dem Callcenter der Kreditkartengesellschaft durch Angabe der **Kartendaten** (Kreditkartennummer, Gültigkeitsdatum, Inhaber, Kartenprüfnummer).

Die **Zahlung per Kreditkarte** wird üblicherweise wie folgt abgewickelt:

1. Der Inhaber legt die Karte vor (z. B. Hotel, Tankstelle, Einzelhandel) und unterschreibt einen **Beleg**, alternativ ist auch die Eingabe der PIN oder **kontaktlose Zahlung** möglich. Am Telefon oder im Onlineshop (z. B. E-Commerce, Teleshopping) gibt er die notwendigen Kartendaten an.

2. Das akzeptierende Unternehmen übermittelt die Daten an die Kreditkartengesellschaft.

3. Die Kreditkartengesellschaft überweist den offenen Betrag an das Unternehmen. Diese Summe wird um eine Gebühr für die Kreditkartengesellschaft verringert (üblicherweise maximal 0,3 % des Umsatzes).
4. Der Karteninhaber erhält von der Kreditkartengesellschaft eine (meist monatliche) Abrechnung, welche Zahlungen mit der Karte geleistet wurden, und zahlt den offenen Betrag an die Kreditkartengesellschaft.

Für die Abrechnung zwischen Kreditkartengesellschaft und Karteninhaber stehen unterschiedliche Modelle zur Verfügung:

- **Charge-Card:** Die Kartenumsätze werden monatlich gesammelt, der Abrechnungsbetrag wird anschließend – in wenigen Tagen oder Wochen – in voller Höhe fällig. Der Karteninhaber erhält einen kurzfristigen Kredit, für den keine Zinsen anfallen (üblich u. a. in Deutschland).
- **Credit-Card:** Verfahren wie bei der Charge-Card, allerdings wird der monatliche Abrechnungsbetrag in Raten gezahlt. Dafür fallen für den Kunden (meist überdurchschnittliche) Zinsen an (gängiges Verfahren z. B. in den USA). Hier handelt es sich um eine „echte" Kreditkarte.
- **Debit-Card:** Die Kartenumsätze werden nicht gesammelt, sondern unmittelbar dem Konto des Karteninhabers belastet. Hier steht die Zahlungsfunktion im Mittelpunkt, die Kreditfunktion spielt keine Rolle. Zunehmend wird die Debit-Card auch in Verbindung mit einem Girokonto ausgegeben und ersetzt die herkömmliche Girocard („EC-Karte").
- **Prepaid-Card:** Die Umsätze können bei dieser Kartenvariante lediglich im Rahmen eines vorher aufgeladenen Guthabens getätigt werden. Dies ist insbesondere für bonitätsschwache Kunden interessant, die dennoch die Möglichkeiten einer Kreditkarte nutzen möchten.

Für das Unternehmen bietet die Kreditkarte den großen Vorteil der **Zahlungsgarantie**, dies ist insbesondere bei Neukunden attraktiv. Die Sicherheit wird allerdings mit vergleichsweise hohen Transaktionskosten bezahlt. Daher ist die Zahlung per Kreditkarte häufig an einen bestimmten Mindestbetrag gebunden. Der Inhaber der Kreditkarte zahlt meist eine **Jahresgebühr** für die Kartennutzung, teilweise werden aber auch kostenlose Karten angeboten. Kosten für die einzelnen Transaktionen fallen für den Kunden nicht an.

### Kundenkarte

Ein beliebtes Instrument der Kundenbindung ist die Kundenkarte. Viele dieser Karten sind inzwischen mit einer **Zahlungsfunktion** ausgestattet, die einer Kreditkarte nahe kommt. Der Kunde kann bargeldlos zahlen, entweder wird der Rechnungsbetrag unmittelbar dem Girokonto belastet oder es ist sogar eine spätere Zahlung möglich. 5 | 3.3

### Online-Bezahldienste

2|2.2.3

Insbesondere der seit Jahren steigende Umsatz, der über Onlineshops generiert wird, erhöht die Bedeutung des elektronischen Zahlungsverkehrs. Um eine möglichst einfache und sichere Bezahlung im **E-Commerce** zu ermöglichen, setzen viele Onlineshops auf Online-Bezahldienste wie z. B. PayPal oder das Online-Zahlungssystem Sofortüberweisung der Sofort GmbH (Klarna-Gruppe). Weitere beliebte Online-Bezahldienste sind z. B. Amazon Pay, Giropay, Apple Pay oder Google Pay.

Die Funktionsweise der einzelnen Dienste ähnelt sich dabei meist: Die Bezahlung wird unkompliziert über einen Vermittler abgewickelt. Kunden richten bei den Online-Bezahldiensten ein eigenes Benutzerkonto ein. Dort werden die persönlichen Finanzdaten wie Konto- oder Kreditkartennummern gespeichert. Der Online-Bezahldienst bucht nach abgeschlossenem Kaufvorgang den Betrag vom Bankkonto des Kunden ab.

Online-Bezahldienste erfreuen sich großer Beliebtheit, weil die Käufer nicht jedes Mal ihre Bank- oder Kreditkartendaten neu eingeben müssen. Gleichzeitig bieten Sie dem Verkäufer die Gewähr für einen sicheren Zahlungseingang.

> ***Praxistipp***
> Während Online-Bezahldienste für Käufer meist kostenfrei sind, fallen für die Verkäufer pro Transaktion Gebühren an.

## 6.2.5 Finanzierung

Wird zwischen Kunde und Unternehmen vereinbart, dass erst zu einem späteren Zeitpunkt oder in monatlichen Raten gezahlt wird, spricht man von einer **Finanzierung**. Für das Unternehmen bietet sich dadurch die Möglichkeit, dem Kunden die Kaufentscheidung zu erleichtern und somit den Absatz der Produkte zu fördern.

### Zahlung mit festem Zahlungsziel

Bei dieser Variante räumt der Verkäufer dem Käufer ein, dass der Rechnungsbetrag erst zu einem späteren Zeitpunkt **in einer Summe** beglichen wird. Dieses Verfahren wird auch als **Zielkauf** bezeichnet, da der Käufer schon über die Ware verfügen kann, aber die Zahlung erst zu einem späteren Zahlungsziel vornimmt.

Zahlungsziele von sieben bis 30 Tagen sind dabei für den Kunden üblicherweise ohne zusätzliche Kosten und werden meist nicht als Finanzierung betrachtet. Längere Zahlungsziele (z. B. drei Monate) sind in der Regel mit Zusatzkosten (Zinsen und Bearbeitungsgebühren) verbunden. Als spezielles Instrument der Absatzförderung finden sich auch Angebote ohne Zusatzkosten.

## Ratenzahlung

Hier vereinbaren Verkäufer und Käufer, dass der fällige Betrag in mehreren gleichbleibenden Raten zurückgezahlt wird. Üblich sind dabei Laufzeiten zwischen sechs und 72 Monaten. Dieses Verfahren wird auch als **Finanzkauf** bezeichnet. Es fallen in der Regel Zusatzkosten an (Zinsen und Bearbeitungsgebühren), gelegentlich sind auch für den Kunden kostenfreie Finanzkaufangebote zu finden.

Gemeinsam ist den Finanzierungsvarianten, dass sie eine ausreichende Bonität des Kunden voraussetzen, um ein späteres Ausfallrisiko zu minimieren.

### *Zusammenfassung*

- Um sich vor Zahlungsrisiken zu schützen, kann ein Unternehmen eine Wirtschaftsauskunftei beauftragen, diese liefert Informationen über die Bonität des Kunden.
- Die bekannteste Auskunftei ist die SCHUFA. Bei SCHUFA-Einträgen wird zwischen Negativeinträgen und Positiveinträgen unterschieden.
- **Zahlungsmöglichkeiten**

| Barzahlung | Halbbare Zahlung | Bargeldlose Zahlung | Elektronische Zahlung | Finanzierung |
|---|---|---|---|---|
| – Banknoten<br>– Münzen | – Zahlschein<br>– Nachnahme | – Überweisung<br>– Vorauskasse<br>– Dauerauftrag<br>– Lastschriftverfahren | – Onlinebanking<br>– Kreditkarte<br>– Kundenkarte<br>– Online-Bezahldienste | – Zahlungsziel<br>– Ratenzahlung |

## Aufgaben

1. ***Unterscheiden Sie bonitätsrelevante Daten von juristischen Personen und Privatpersonen. Nennen Sie geeignete Quellen, wie diese Daten ermittelt werden können.***
2. ***Geben Sie je drei Beispiele für positive und negative Einträge bei der SCHUFA an.***
3. ***Beschreiben Sie die Unterschiede zwischen halbbarer und bargeldloser Zahlung. Welche verschiedenen Möglichkeiten der halbbaren Zahlung gibt es?***
4. ***Führen Sie eine Internetrecherche zum Thema Onlinebanking durch.***
   a) ***Beschreiben Sie kurz die angebotenen Verfahren des Onlinebankings.***
   b) ***Stellen Sie dar, welche technischen Voraussetzungen zur Nutzung jeweils erfüllt sein müssen.***
   c) ***Erläutern Sie, wie Bankkunden die Sicherheit beim Onlinebanking erhöhen können.***
5. ***Jan Zorn bestellt bei Dialogfix einen Scanner zum Verkaufspreis von 99,00 €. Es wird Zahlung per Nachnahme vereinbart, der Kunde soll sämtliche anfallenden Kosten tragen.***
   a) ***Suchen Sie im Internet „DHL Online Frankierung". Berechnen Sie den Preis für ein DHL-Paket, Maße: 100 cm × 50 cm × 50 cm, Gewicht 3 kg, zahlbar per Nachnahme. Wie schlüsseln sich die Kosten auf?***
   b) ***Bringen Sie mehr über den Standardservice „Nachnahme" in Erfahrung, erklären Sie zudem den Begriff Nachnahmeentgelt.***

6. Erläutern Sie Vor- und Nachteile der Zahlung per Nachnahme für den Kunden und für das Unternehmen.
7. In welchen Fällen würden Sie einem Kunden am Telefon zu einem Dauerauftrag oder zu einer Einzugsermächtigung raten? Geben Sie jeweils zwei Beispiele an.
8. Unter welchen Bedingungen sollte ein Unternehmen die Zahlung per Vorauskasse wählen?
9. Testen Sie spielerisch Ihr Wissen zum Zahlungsverkehr unter https://bankenverband.de/service/schulbank/unterrichtsmaterialien/geld-im-unterricht/zahlungsverkehr-sb/sepa-quiz/.
10. Katrin Mathis hat für 123,50 € bei dem Handelsunternehmen Expressionen Versand GmbH eingekauft. Sie möchte am 10.08. das Geld überweisen. Besorgen Sie sich online einen SEPA-Überweisungsträger und füllen Sie diesen mithilfe der folgenden Informationen richtig aus.
    - Kontoinhaber: Katrin Mathis
    - Bankbezeichnung: Sparkasse Saarbrücken
    - BIC: SAKSDE55XXX
    - Prüfziffer: 55
    - Bankleitzahl: 590 501 01
    - Kontonummer: 3698528843
    - Rechnungsnummer: 159753
    - Kundennummer: 888777
    - Zahlungsempfänger: Expressionen Versand
    - Bankbezeichnung: Deutsche Bank Hamburg
    - BIC: DEUTDEDBHAM
    - Prüfziffer: 46
    - Bankleitzahl: 200 700 24
    - Kontonummer: 8521472255
11. Stellen Sie den typischen Ablauf einer Kreditkartenzahlung dar.
12. Welche Zahlungsmöglichkeiten sollte die Dialogfix GmbH bei den folgenden Geschäftsfällen den Kunden vorschlagen bzw. in Anspruch nehmen?
    a) monatliche Fälligkeit der Internetgebühren des Kunden (nutzungsabhängig)
    b) Zahlung der von der Dialogfix-Homepage heruntergeladenen Software
    c) Gutschrift an den Kunden wegen Werbung eines Neukunden im Rahmen einer zeitlich begrenzten Aktion
    d) Kauf von Briefmarken für das Backoffice
13. Führen Sie in einer arbeitsteiligen Gruppenarbeit eine Onlinerecherche zu verschiedenen Online-Bezahldiensten durch. Erläutern Sie die Funktionsweise des jeweiligen Dienstes und geben Sie Vor- und Nachteile an.
14. Geben Sie an, welche Zahlungsmöglichkeit jeweils beschrieben wird:
    a) Zur Zahlung werden eine Bankkarte und die Unterschrift des Kunden benötigt.
    b) Die Umsätze werden monatlich gesammelt und anschließend abgebucht.
    c) Der Kunde zahlt bei Aushändigung der Ware an der Haustür.
    d) Kann innerhalb einer bestimmten Frist widerrufen werden.
    e) Ein gleichbleibender Betrag wird regelmäßig an einen bestimmten Empfänger überwiesen.
15. Welche Vorteile ergeben sich für ein Unternehmen durch das Angebot, den Warenkauf zu finanzieren?
16. Unterscheiden Sie die Finanzierungsvarianten Zahlung mit festem Zahlungsziel und Ratenzahlung.

# 7 Warenlieferungen disponieren

## Einstiegssituation

Julia und Max unterhalten sich auf dem Pausenhof der Berufsschule. Max hat sich eine neue Grafikkarte für seinen PC bestellt und wartet bereits ungeduldig auf die Lieferung.

**Max:** *„Die wird über DHL verschickt und sollte gestern rausgehen. Blöd nur, dass ich nicht weiß, wann genau das Paket ankommt. Vielleicht wurde es ja noch gar nicht abgeschickt. Ich habe nur eine E-Mail von dem Unternehmen bekommen, mit einer Trackingnummer oder wie das noch mal hieß ...“*

**Julia:** *„Dann kannst du doch ganz genau herausfinden, ob dein Paket schon abgeschickt wurde oder ob schon jemand versucht hat, es zuzustellen.“*

**Max:** *„Ach ja?“*

**Julia:** *„Ja, ich habe doch letztens in einem Projekt für ein großes Versandhaus gearbeitet, die verschicken auch über DHL. Und dort, wie bei vielen anderen Paketdiensten auch, kann man mit der Paketnummer online herausfinden, wie der aktuelle Status des Pakets ist.“*

**Max:** *„Hmm ... Gut, dass du das sagst, das schaue ich mir mal an.“*

## Arbeitsaufträge

1. ***Welche Bedeutung hat eine zuverlässige Lieferung für den Kunden?***
2. ***Sammeln Sie verschiedene Möglichkeiten der Warenzustellung.***
3. ***Diskutieren Sie in der Klasse die Vor- und Nachteile unterschiedlicher Zustellarten.***

Per Telefon oder online kann heute nahezu jeder Einkauf getätigt werden. Da anders als im Einzelhandel kein direkter Kontakt zwischen Verkäufer und Käufer besteht, gilt ein besonderes Augenmerk in der Kundenbeziehung der Auswahl einer zuverlässigen und kostengünstigen **Versandart**. Kommt es hingegen zu langen Lieferzeiten, Falschlieferungen oder Beschädigungen bei der Lieferung, führt dies meist zu einer massiven Störung der Kundenbeziehung.

→ ***Praxistipp***
Insbesondere nicht eingehaltene Liefertermine verärgern den Kunden.

## 7.1 Träger der Güterbeförderung

Zu den Trägern der Güterbeförderung zählt man
- Frachtführer,
- Spediteure,
- Lagerhalter.

Sie haben die Aufgabe, die räumliche Distanz zwischen den einzelnen Teilnehmern der Wirtschaft und dem Handel zu überbrücken und Güter zu verteilen. Je nach **Verkehrsweg** wird dabei zwischen Land-, Wasser- und Luftbeförderung unterschieden.

Verkehrsträger sind demnach
- Eisenbahnverkehr,
- Güterkraftverkehr,
- Luftfahrt,
- Binnen- und Seeschifffahrt.

### Frachtführer

Wenn Unternehmen ihre Güter nicht mit eigenen Transportmitteln versenden können oder möchten bzw. wenn keine eigenen Transportmittel zur Verfügung stehen, beauftragen sie einen Frachtführer mit dem Transport.

#

***Definition***
**Frachtführer** ist, wer gewerbsmäßig die Beförderung von Gütern zu Lande, auf Binnengewässern und in der Luft übernimmt (§ 407 ff. HGB).

Häufig eingesetzte Frachtführer sind große Unternehmen des Lkw-Güterverkehrs und der Binnenschifffahrt, z. B. Deutsche Bahn AG, Deutsche Lufthansa AG und Deutsche Post DHL. Frachtführer handeln als selbstständige Kaufleute in eigenem Namen, aber auf fremde Rechnung. Zwischen dem Auftraggeber und dem Frachtführer wird ein Frachtvertrag, meist in Form eines **Frachtbriefes,** geschlossen. Aus diesem ergeben sich die Rechte und Pflichten des Frachtführers. Der Frachtbrief ist ein Begleitpapier für die Sendung vom Absender bis zum Empfänger.

Folgende Angaben sind im Frachtbrief enthalten:

- Name und Adresse des Frachtführers
- Namen des Absenders und des Empfängers
- Ort der Ablieferung
- Ort und Tag der Ausstellung
- Bezeichnung des Gutes nach Menge und Art
- Höhe des Frachtentgeltes

Der Frachtvertrag gilt als erfüllt, wenn die Übergabe der Waren und des Frachtbriefes erfolgt ist.

## Spediteur

> # *Definition*
> Der **Spediteur** ist ein Kaufmann, der gewerbsmäßig Güterversendungen auf Rechnung des Versenders, aber in eigenem Namen besorgt (§ 453 ff. HGB).

Der Spediteur arbeitet als Vermittler des Güterverkehrs zwischen dem Versender und dem Frachtführer. Dabei können Spediteure auch gleichzeitig Frachtführer sein, wenn sie den Transport selbst durchführen.

Zwischen Spediteur und Auftraggeber (Versender) wird ein Speditionsvertrag geschlossen. Falls der Spediteur nicht gleichzeitig Frachtführer ist, schließt er in seinem eigenen Namen Frachtverträge mit den Frachtführern ab. Für seine Tätigkeit erhält der Spediteur entsprechende Provisionen und Aufwandsentschädigungen.

## Lagerhalter

> # *Definition*
> Ein **Lagerhalter** übernimmt gewerbsmäßig die Lagerung und Aufbewahrung von Gütern für andere (§ 467 ff. HGB).

Zwischen Auftraggeber und Lagerhalter wird ein Lagervertrag geschlossen und für die eingelagerten Güter ein Lagerschein ausgestellt. Lagerhalter sind oft gleichzeitig Spediteure und Frachtführer, haben die Ware also eingelagert und können sie dann auch direkt ausliefern.

In diesem Zusammenhang fällt oft die Bezeichnung **Distributor**. Ein Distributor ist allgemein ein Verteiler oder ein Großhändler. Die Distribution (Verteilung) beschreibt den Weg der Güter von der Produktionsstätte bis zum Konsumenten. Während der Spediteur die Waren direkt vom Auftraggeber erhält, um diese entweder selbst auszuliefern oder einen Frachtführer zu beauftragen, hat der Distributor die Ware meist selbst auf Lager, sodass das verkaufende Unternehmen nur die Bestellungen an den Distributor weitergibt, dieser übernimmt dann den Versand aus eigenen Beständen, aber auf Rechnung des Auftraggebers. Zunehmende Bedeutung gewinnen Distributoren auch durch den rasch wachsenden Onlinehandel (**E-Commerce**). 2|2.2.3

## 7.2 Zustellung durch die Deutsche Post DHL Group

Die **Deutsche Post DHL Group** ist das größte deutsche Post- und Logistikunternehmen, welches aus dem privatisierten ehemaligen Staatsunternehmen Deutsche Bundespost entstand. Die Deutsche Post DHL Group ist verpflichtet, alle Postsendungen zu befördern, die ihren Beförderungsbestimmungen entsprechen (Kontrahierungszwang). Die Angebote für die Warenzustellung und weitere Zusatzleistungen durch die Deutsche Post DHL Group sind vielfältig und werden regelmäßig aktuellen Erfordernissen angepasst.

**Deutsche Post DHL Group**

### Sendungsarten der Deutschen Post DHL Group

Sendungsarten
- Gewöhnliche Sendungen
- Sendungen mit besonderer Sicherheit
- Beschleunigte Sendungen gegen zusätzliches Entgelt

| Gewöhnliche Sendungen | Sendungen mit besonderer Sicherheit | Beschleunigte Sendungen gegen zusätzliches Entgelt |
|---|---|---|
| **Bücher- und Warensendung**<br>• verschlossener Versand von z. B. Ersatzteilen, Textilien, kleinen elektronischen Geräten und Büchern<br>• Höchstgewicht entweder bis 500 g oder bis 1 000 g<br>• Regellaufzeit vier Werktage<br>• umsatzsteuerfrei<br>• keine Haftung | **Einschreiben Standard**<br>• Brief, Postkarte oder Blindensendung<br>• Empfänger erhält Sendung nur gegen Empfangsbestätigung, auch als „Einschreiben International“ verfügbar.<br>• Haftung maximal 25,00 € bei Versand im Inland | **DHL EXPRESSEASY INTERNATIONAL**<br>• Versand in über 220 Länder, Zustellung in der EU bereits am nächsten Werktag (Montag bis Freitag)<br>• Auch eine Zustellung an Samstagen ist möglich.<br>• Für den Versand von eiligen Dokumenten und Kleinteilen kann eine Versandtasche genutzt werden.<br>• maximal 31,5 kg<br>• Transportversicherung zubuchbar |
| **Warenpost**<br>• für Unternehmen, die kleinformatige Waren versenden, die nicht für ein Paket geeignet sind<br>• Vertrag notwendig über Mindestmenge von 200 Sendungen im Jahr<br>• Preise abhängig von der Menge der Ware<br>• Gewicht bis 1 000 g<br>• Sendungsankündigung und Sendungsverfolgung | **Einschreiben Eigenhändig**<br>Die Sendung wird nur an den Empfänger persönlich oder an einen Bevollmächtigten übergeben.<br><br>**Einschreiben Rückschein**<br>Der Absender erhält ein vorbereitetes Dokument (Rückschein) mit der Bestätigung durch Unterschrift eines Empfangsberechtigten, dass die Sendung abgeliefert wurde. | |

| Gewöhnliche Sendungen | Sendungen mit besonderer Sicherheit | Beschleunigte Sendungen gegen zusätzliches Entgelt |
|---|---|---|
| **Päckchen (DHL)**<br>• verschlossene Umhüllung<br>• Gegenstände aller Art<br>• Persönliche Mitteilungen sind erlaubt.<br>• Höchstgewicht 2 kg<br>• keine Haftung<br>• wird innerhalb Deutschlands automatisch und ohne Aufpreis klimaneutral verschickt (GoGreen) | **Nachnahme**<br>• Empfänger erhält Sendung nur gegen Zahlung des Nachnahmebetrags.<br>• Höchstbetrag bei Päckchen und Paketen: 3 500,00 €<br>• Haftung je nach Sendungsart | **DHL Same Day**<br>Die Lieferung erfolgt weltweit über die schnellste verfügbare Verbindung (auch Flugzeug). |
| **Paket (DHL)**<br>• verschlossene Umhüllung<br>• Gegenstände aller Art<br>• Persönliche Mitteilungen sind erlaubt.<br>• Höchstgewicht 31,5 kg<br>• Haftung bis 500,00 €<br>• Für Wertgegenstände sind zusätzliche Transportversicherungen möglich.<br>• Internationaler Versand ist möglich.<br>• Für Vielversender sind verschiedene Optionen zum vergünstigten Versand erhältlich. | **Einschreiben Wert**<br>• Versand von Briefen mit erhöhter Haftung<br>• Bargeld bis 100,00 € national<br>• wertvolle Gegenstände bis 500,00 € national<br>• Einschreiben Wert bietet die Möglichkeit, Wertpapiere oder andere wertvolle Gegenstände bis zu einem Wert von 5 000,00 € zu versenden. |  |

**→ *Praxistipp***

Für die optimale Auswahl der passenden Sendungsart prüfen Sie immer die aktuellen Angebote der Deutschen Post AG unter www.deutschepost.de und www.dhl.de.

## Sendungsverfolgung

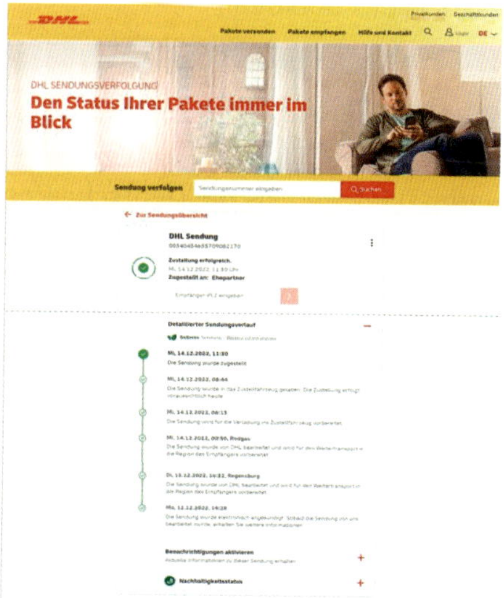


Für den Versand von Paketen bietet DHL die Möglichkeit, den **Sendungsstatus** des Pakets online zu verfolgen. Dieser Service wird zum einen dem Kunden angeboten (z. B. über eine entsprechende App), zum anderen auch den Unternehmen, die DHL als Frachtführer einsetzen. So kann ein Agent an der Bestellhotline dem Kunden jederzeit eine qualifizierte Rückmeldung zum Stand des Versands geben.

**Beispiel**

Die Kundin Nicole Vajpan meldet sich bei Dialogfix und möchte wissen, ob ihre Retoure eingetroffen ist. Azubi Thomas ruft den Status der Sendung bei DHL auf und kann eine genaue Rückmeldung zum aktuellen Status geben.

### Haftung

Die Deutsche Post DHL Group **haftet**

- ohne zusätzliche Transportversicherung bei Verlust oder Beschädigung eines Pakets bis zu einem Betrag von 500,00 € je Paket,
- bei Verlust von eingeschriebenen Sendungen pauschal mit 25,00 €,
- bei Verlust von Nachnahmesendungen je nach gewählter Sendungsart.

Die Deutsche Post DHL Group übernimmt **keine Haftung**

- wenn der Schaden durch den Versender hervorgerufen wurde,
- wenn sie nicht unmittelbar nach der Entdeckung des Schadens informiert wurde,
- wenn der Schaden nicht nachgewiesen werden kann,
- generell bei Verlust oder Beschädigung von Warensendungen, Büchersendungen oder Päckchen.

## 7.3 Zustellung durch private Paketdienste

Neben dem Marktführer Deutsche Post DHL Group gibt es eine ganze Reihe von **privaten Paketdiensten**, die mit ähnlichen Angeboten für die Zustellung der Waren genutzt werden können. Bekannte Anbieter sind z. B. UPS, Hermes, DPD, FedEx und GLS.

Oft bieten diese Dienste ein breites Spektrum an **Zusatzleistungen** an und werben damit, dass sie besser und zuverlässiger sind als die Deutsche Post.

Die wichtigsten Vorteile sind:

- je nach Versandart schneller als die Deutsche Post
- häufig eine höhere Haftung als bei der Deutschen Post
- teilweise bessere Serviceleistungen

Hier gilt es, die einzelnen Leistungen genau miteinander zu vergleichen, um so für das Unternehmen eine optimale Wahl zu treffen.

## Versand mit Licht und Schatten: Paketdienste im Test

Was ist bei einem Paketdienst besonders wichtig? Eine schnelle Lieferung? Guter Service? Günstige Preise? Wahrscheinlich ist es ein Mix aus allem. Welcher Paketdienst insgesamt am besten abschneidet, hat das Deutsche Institut für Service-Qualität getestet.

Ärger über den Paketdienst? Diese Erfahrung hat wohl jeder schon einmal gemacht. Kein Wunder bei einer Anzahl von rund 1,8 Milliarden(!) Paketen, die allein Marktführer DHL im letzten Jahr transportiert hat. Doch wie schlagen sich die Paketdienste insgesamt? Das Deutsche Institut für Service-Qualität hat fünf große Paketdienste getestet. Das Positive zuerst: Im Test werden bis auf eine Ausnahme alle versendeten Pakete letztlich erfolgreich ausgeliefert. Beim Transport geht es allerdings nicht selten ruppig zu. Die Testexperten decken auf, dass fast jedes sechste Paket unsachgemäß behandelt wird. Gemessen wurde dies mittels Stoßindikatoren, die in den Paketen angebracht waren. Zudem ist die Verpackung bei gut 30 Prozent der Pakete beschädigt oder verschmutzt. Auch ein häufig gehörtes Ärgernis bewahrheitet sich: Trotz Anwesenheit werden immerhin rund 13 Prozent der Sendungen nicht direkt den wartenden Empfängern zugestellt, sondern in eine Filiale oder einen Paketshop gebracht.

Verbesserungspotenzial gibt es auch bei der Versanddauer, die bei durchschnittlich 2,6 Tagen liegt. Allerdings wurden die Tests unter erschwerten Bedingungen – nämlich im Vorweihnachtsgeschäft – durchgeführt. Beim Service zeigen sich am Telefon wie auch bei E-Mail-Anfragen noch Defizite. Die Mitarbeiterinnen und Mitarbeiter beraten oft teils oberflächlich und ohne klaren Kundenbezug, so die Tester. Dagegen ist der Online-Service auf den informationsreichen Websites der Paketdienste insgesamt gut.

Markus Hamer, Geschäftsführer des Deutschen Instituts für Service-Qualität, entdeckt auch bei den Preisen große Unterschiede: „Neben dem Versand und dem Service ist natürlich auch der Preis eine relevante Größe. Dabei zeigen sich zwischen den fünf getesteten Paketdiensten zum Teil erhebliche Unterschiede. So können Verbraucherinnen und Verbraucher zum Beispiel bei der Aufgabe eines mittelgroßen 3-Kilo-Pakets mehr als 50 Prozent sparen, wenn sie statt des teuersten den günstigsten Paketdienst wählen." Testsieger ist DHL mit dem Qualitätsurteil „gut". [...]

*Quelle: ntv.de/awi: Versand mit Licht und Schatten: Paketdienste im Test. In: www.n-tv.de. Veröffentlich am 17.03.2021 unter: https://www.n-tv.de/ratgeber/tests/Paketdienste-im-Test-article22428935.html [04.11.2022].*

## 7.4 Unternehmenseigene Zustellung

Große Kauf- und Versandhäuser haben oft einen eigenen Fuhrpark und leisten die gesamte **Auslieferung** der Ware zu einem Wunschtermin selbst. Dazu wird für die Fahrzeuge ein Fahrplan oder eine Tour festgelegt, die dann vom Fahrer genau befolgt wird. Regel im Vorfeld mit dem Kunden abgesprochen, sodass dieser bei der Lieferung zu Hause auch anzutreffen ist. Der Fahrer lässt sich bei der Zustellung einen **Lieferschein** unterschreiben. Es besteht auch die Möglichkeit, dass der Kunde die Ware direkt bei Auslieferung bezahlt. Bei dieser Art der Zustellung kann es sein, dass bei der Lieferung noch eine weitere **Dienstleistung** erbracht wird, wie beispielsweise der fachgerechte Aufbau (z. B. Möbel) oder die technische Installation (z. B. Elektroartikel) der Ware.

Das Unternehmen haftet bei dieser Art der Zustellung bei Verlust oder Beschädigung der Ware bis zum Zeitpunkt der Übergabe.

## *Zusammenfassung*

- **Träger der Güterbeförderung**
  - Frachtführer (befördert Güter)
  - Spediteur (organisiert Beförderung)
  - Lagerhalter (lagert Güter)

- **Sendungsarten der Deutschen Post**

| **Gewöhnliche Sendungen:** | **Sendungen mit besonderer Sicherheit:** | **Beschleunigte Sendungen gegen zusätzliches Entgelt:** |
|---|---|---|
| – Bücher- und Warensendung<br>– Warenpost<br>– Päckchen<br>– Paket | – Einschreiben Standard<br>– Einschreiben Eigenhändig<br>– Einschreiben Rückschein<br>– Nachnahme<br>– Einschreiben Wert | – EXPRESSEASY INTERNATIONAL<br>– DHL Same Day |

- Neben der Deutschen Post DHL Group gibt es auch private Paketdienste mit abweichenden Services und Konditionen.
- Große Unternehmen besitzen oft einen eigenen Fuhrpark und damit die Möglichkeit, die Lieferung bestimmter Waren selbst durchzuführen.

## *Aufgaben*

1. ***Vergleichen Sie den Paketversand mit dem Päckchenversand. Wann ergeben sich welche Vorteile?***
2. ***Dialogfix möchte der Kundin Joana Schirra eine Zahlungserinnerung zustellen und sichergehen, dass die Kundin diese auf jeden Fall erhält. Welche Zustellungsart empfehlen Sie? Begründen Sie Ihre Entscheidung.***
3. ***Ermitteln Sie mithilfe einer Internetrecherche für folgende Sendungen die anfallenden Entgelte (innerhalb Deutschlands, Versand über die Deutsche Post DHL Group).***
   *a)* ***Bücher- und Warensendung, 700 g***
   *b)* ***Brief, 200 g, Einschreiben Eigenhändig mit Rückschein***

*c) Päckchen, 2 kg*

*d) Paket, 12 kg*

*e) Paket, 2 kg, Zustellung am nächsten Werktag bis 09:00 Uhr*

4. *Die Auszubildende Ann-Kathrin Mergen soll folgende Postsendungen frankieren:*

- *zwei Briefe je 16 g; Einschreiben Einwurf*
- *einen Brief 75 g; Einschreiben mit Rückschein*
- *zwei Briefe je 685 g; Einschreiben Eigenhändig*

*Ermitteln Sie den für alle Sendungen insgesamt zu zahlenden Preis.*

| Preise Briefe | | |
|---|---|---|
| **Art der Sendung** | **Gewicht** | **Porto** |
| Postkarte | – | 0,70 € |
| Standardbrief | bis 20 g | 0,85 € |
| Kompaktbrief | bis 50 g | 1,00 € |
| Großbrief | bis 500 g | 1,60 € |
| Maxibrief | bis 1.000 g | 2,75 € |

| Preise Einschreiben | |
|---|---|
| Einschreiben Standard | + 2,65 € |
| Einschreiben Rückschein | + 4,85 € |
| Einschreiben Eigenhändig | + 4,85 € |
| Einschreiben Einwurf | + 2,35 € |
| Die Preise für diese Zusatzleistungen verstehen sich immer als Aufpreis zum Briefporto. | |

5. *Für Unternehmen werden von der Deutschen Post DHL Group verschiedene Zusatzservices angeboten. Recherchieren Sie im Internet, welche Vorteile sich ergeben, wenn sich Unternehmen als „Vielversender" anmelden.*

6. *Recherchieren Sie unter www.deutschepost.de/de/g/gogreen.html wie sich die Deutsche Post DHL Group für den Klimaschutz einsetzt:*

   *a) Wie gewährleistet die Deutsche Post DHL Group einen klimaneutralen Versand mit dem GoGreen-Programm?*

   *b) Welche Vorteile ergeben sich dadurch für ein Unternehmen?*

   *c) Diskutieren Sie in Zweiergruppen ähnliche Programme aus anderen Unternehmen.*

   *d) Wie kann Ihr Unternehmen mehr zum Thema $CO_2$-Reduktion beitragen?*

7. *Welche Aufgaben hat ein Spediteur? Wie lassen sich diese Aufgaben von denen eines Frachtführers abgrenzen?*

8. *Bilden Sie Zweier- oder Dreiergruppen. Stellen Sie dann die Sendungsarten Ihrer Ausbildungsbetriebe gegenüber.*

   *a) In welchem Zusammenhang sind Ihnen die oben beschriebenen Sendungsarten bereits begegnet (Zustellung von Gütern, Dokumenten, Briefen)?*

   *b) Wo gibt es Gemeinsamkeiten und wo Unterschiede?*

9. *Informieren Sie sich über zwei Mitbewerber der Deutschen Post DHL Group im Bereich Paketversand.*

   *a) Was sind die Vorteile der Konkurrenzunternehmen und ihrer Produkte?*

   *b) Was sind die Nachteile der Konkurrenzunternehmen und ihrer Produkte?*

   *c) Welches Unternehmen würden Sie für Ihren Ausbildungsbetrieb bevorzugen? Begründen Sie Ihre Entscheidung.*

10. *Recherchieren Sie unter www.deutschepost.de/de/d/dialogmarketing/uebersicht.html welche Leistungen die Deutsche Post speziell im Dialogmarketing anbietet.*

    *a) In welchen Bereichen können Geschäftskunden unterstützt werden?*

    *b) Welche dieser Themen bieten sich für Ihren Ausbildungsbetrieb an?*

# 8 Produkte und Dienstleistungen kennen

## Einstiegssituation

Thomas trifft sich mit einigen Bekannten aus der Berufsschule in der Mittagspause. Dabei erzählt ihm Jana, angehende Kauffrau für Büromanagement, von ihrem jüngsten Erlebnis mit einer Hotline.

**Jana:** *„Ich weiß ja, dass ihr im Dialogmarketing gut ausgebildet werdet, aber letzte Woche hatte ich ein Gespräch mit der Hotline meines Mobilfunkanbieters. Bei diesem Anruf habe ich mich gefragt, was die Leute dort überhaupt machen... Ich wollte wissen, wie ich Videos von meinem neuen Smartphone auf den Fernseher meiner Eltern streamen kann und ob ich dazu weitere Hardware brauche. Der Typ hatte aber gar keine Ahnung, wovon ich spreche. Nun ja, freundlich war er ja, aber Kompetenz ... Fehlanzeige!"*

## Arbeitsaufträge

1. ***Diskutieren Sie in der Klasse, welche Bedeutung Produktkenntnisse in den Berufen im Dialogmarketing haben.***
2. ***Welche Möglichkeiten gibt es, sich Produktkenntnisse anzueignen?***

Neben einer hohen **Methodenkompetenz** im Bereich Kommunikation benötigen Kundenbetreuer im Dialogmarketing ein breites **Fachwissen** über Produkte, Dienstleistungen und Abläufe innerhalb des Unternehmens. Um eine kundenorientierte Beratung durchführen zu können, sind diese Kenntnisse unabdingbar.

Da die Aufgabengebiete von Call- und Servicecentern sehr unterschiedlich sind, können Inhalt, Tiefe und Ausrichtung je nach Unternehmen variieren.

Typische **Produktkenntnisse** sind z. B.:
- Kenntnisse über Tarife, Abrechnungsmodalitäten, Vertragsarten (kaufmännische Kundenberatung, z. B. Mobilfunkprovider)
- Kenntnisse über Lieferfristen, Kosten (Bestellhotline, z. B. Versandhaus)
- allgemeine und herstellerspezifische Kenntnisse über Hard- und Software (technischer Support, z. B. Technikhotline eines Softwarehauses)
- Kenntnisse über Produktnutzen für den Kunden (Verkaufshotline, z. B. Outbound-Verkaufshotline eines Verlags)

## 8.1 Wissensbereiche

### Produkt- und Dienstleistungsvielfalt

Beschäftigte im Dialogmarketing müssen sich in der gesamten **Produktpalette** auskennen, zu der sie eine Beratung anbieten bzw. die sie dem Kunden direkt vekaufen. Hier ist es wichtig, die verschiedenen Vor- und Nachteile der einzelnen Produkte zu kennen und diese voneinander abgrenzen zu können.

**Beispiel**

Alle Kundenbetreuer der Dialogfix GmbH kennen sämtliche Soft- und Hardware, die das Unternehmen anbietet, deren jeweiligen Vorteile, die Preise und die Systemvoraussetzungen.

Wenn die Anzahl der von einem Unternehmen angebotenen Produkte, Dienstleistungen oder Tarife so groß ist, dass sie in der Tiefe nicht mehr von jedem einzelnen Mitarbeiter überschaut werden kann, werden den Mitarbeitern verschiedene Beratungsbereiche zugeordnet. Auch eine Einbeziehung des **Second Level** bei einzelnen Anfragen kann hier eine Lösung sein. Ein Agent ist dann in Beratung oder Verkauf nur für einen Teil der Produkte zuständig, diese muss er genau kennen. **2**|2.1.3

**Beispiel**

Dialogfix hat eine technische Beratung. In dieser Abteilung kennt sich jeder Mitarbeiter mit jedem Softwareprodukt aus. Die kaufmännische Beratung ist für den Bereich Abrechnung und Lieferung zuständig, dort kennt jeder Mitarbeiter die Preise, Tarife und Versandbestimmungen.

### Branchenübergreifendes Produkt- und Dienstleistungswissen

Die notwendigen Wissensbereiche im Dialogmarketing – insbesondere wenn das Unternehmen als Outsourcer häufig externe Aufträge annimmt – können sich für die Beschäftigten sehr schnell ändern. Auch durch einen Arbeitgeber- oder Abteilungswechsel ist es möglich, dass Mitarbeiterinnen und Mitarbeiter im Dialogmarketing mit der Beratung oder dem Verkauf von verschiedensten oder für sie neuen Produkten konfrontiert werden. Daher ist es wichtig, allgemeine Merkmale zu kennen, die nahezu jedem Produkt oder jeder Dienstleistung zugeordnet werden können. Daraus ergeben sich meist auch ähnlich lautende Fragen des Kunden. Typische Wissensbereiche sind z. B.:

| Wissensbereich | Was fragt der Kunde? |
|---|---|
| Einmalige oder laufende Kosten | Was muss ich zahlen?<br>Welche Zahlungsfristen gibt es? |
| Hinweise zu Aufbau, Wartung oder Umgang | Wie funktioniert das?<br>Wie kann ich das anschließen?<br>Wie funktioniert die Handhabung? |

| | |
|---|---|
| Informationen zum Versand | Wann ist die Ware bei mir?<br>Wie hoch sind die Versandkosten? |
| Vertragskonditionen | Wie lange bin ich gebunden?<br>Wann kann ich den Vertrag kündigen? |
| Qualitätsmerkmale (z. B. DIN-Norm, Testberichte) | Wie gut ist der Artikel?<br>Warum kostet der Artikel so viel? |
| Nutzen | Was kann ich damit alles machen?<br>Wieso sollte ich das kaufen?<br>Was habe ich davon? |

### Branchenbezogenes Produkt- oder Dienstleistungswissen

Um im Dialogmarketing als Verkäufer oder in der Kundenberatung erfolgreich zu sein, benötigt man ein tiefgehendes Wissen, abhängig vom jeweiligen Aufgabengebiet. Dieses **Fachwissen** wird in der Regel vom eigenen Unternehmen oder dem jeweiligen Auftraggeber bereitgestellt oder sogar vermittelt. Dabei werden oft Grundkenntnisse vorausgesetzt, damit der Mitarbeiter durch betriebsinterne Maßnahmen schnell auf dem notwendigen Kenntnisstand ist.

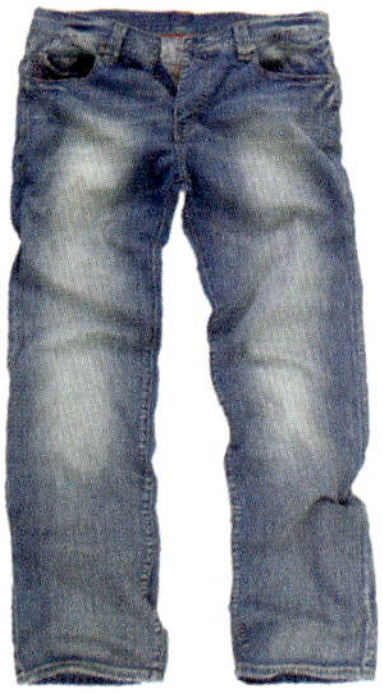

**Beispiel**

In der Hotline eines Textilversandhauses arbeiten nur Agents, die in einem Einstellungstest Grundkenntnisse von Stoffen und Modemarken bewiesen haben. Diese Kundenbetreuer werden dann noch auf die speziellen, häufig wechselnden Produkte des Unternehmens geschult.

### Kenntnisse über Mitbewerber

Um eine Kundenabwanderung zur Konkurrenz zu vermeiden oder um das eigene Produkt in einem Verkaufsgespräch klar von den Mitbewerbern abgrenzen zu können, sollten die Kundenbetreuer stets gut über die Produkte von Mitbewerbern informiert sein. Meistens stellen Unternehmen einen solchen Vergleich für ihre Mitarbeiter zur Verfügung, z. B. in Form eines Konditionen- oder Tarifvergleichs. Diese Vergleiche werden dann häufig noch mit Argumentationshilfen für das Beratungsgespräch versehen.

## 8.2 Informationsquellen

### Trainings und Schulungen im Betrieb

In vielen Unternehmen werden die wichtigsten Kenntnisse über Produkte, Abläufe und Dienstleitungen über **interne Trainings** und **Schulungen** vermittelt. Dazu werden entweder eigene Trainer eingesetzt oder von externen Unternehmen Trainer herangezogen. Im Anschluss an diese Trainings kann das Unternehmen **Lernerfolgskontrollen** durchführen, um sicherzustellen, dass die Mitarbeiter über die notwendigen Kenntnisse verfügen.

Da diese Maßnahmen sehr teuer sind, wird allerdings nicht für jedes Produkt oder jede kleine Neuerung eine Schulung angeboten. Eine kostengünstige Alternative liegt z. B. in kurzen Schulungseinheiten innerhalb eines Teammeetings.

**Beispiel**

Karla und andere Beschäftigte von Dialogfix erhalten eine Produktschulung zum neuen Fitnesstracker, der ab sofort vom Unternehmen angeboten wird. In der Schulung werden Funktionsumfang, Kosten, Lieferung, Gewährleistung und Bedienung behandelt. Zudem besteht die Möglichkeit, das Produkt selbst zu testen.

## Produkt oder Dienstleistung als Informationsquelle

Die beste Möglichkeit, ein Produkt gut kennenzulernen und so überzeugend und glaubwürdig zu beraten, ist es, das Produkt auch selbst als Kunde zu nutzen oder zu testen.

**Beispiel**

Thomas hat selbst einen der Drucker aus dem Sortiment von Dialogfix zu Hause, außerdem benutzt er hauptsächlich die Software, die das Unternehmen vertreibt. Das Unternehmen bietet seinen Mitarbeitern alle Produkte zu einem stark vergünstigten Preis, um solche Tätigkeiten zu fördern.

→ ***Praxistipp***

Nutzen Sie wenn möglich die Produkte Ihres Unternehmens, fragen Sie in Ihrem Betrieb nach, welche Vergünstigungen es für Mitarbeiter gibt oder ob es möglich ist, an Produkttests teilzunehmen.

## Herstellerinformationen

Wenn Sie das Produkt oder die Dienstleistung einer anderen Firma vertreiben oder dazu eine Beratung durchführen, empfiehlt es sich, genau die Informationen des Herstellers zu studieren. Durch Außendienstmitarbeiter, Prospekte, externe Schulungen etc. können Sie Ihre Produktkenntnisse aufbessern.

## Intranet und Wissensmanagement

Viele Firmen verfügen über ein firmeneigenes **Informationsnetzwerk,** über das
1|5.1 sie – auch standortübergreifend – Informationen vermitteln können. Das Intranet wird vielfach eingesetzt, um Mitarbeiter über neue Produkte, Meldungen, Regelungen und Arbeitsanweisungen zu informieren. Modernes **Wissensmanagement** sorgt dafür, dass passende Informationen im Moment des Bedarfs abgerufen werden können. Dort liegen Infos als Text, Prozess oder auch Tutorial-Video vor.

**Beispiel**

Dialogfix bietet ein Update für die FinanzFix-Software an. Diese Information sowie der Link, über den der Download zu erreichen ist, werden den Agents im Intranet zur Verfügung gestellt. Außerdem kann man dort die Bedienungsanleitung der Software downloaden.

## E-Learning

# ***Definition***

**E-Learning** bezeichnet ein Lernverfahren, mit dem es möglich ist, betriebsinterne Schulungen und Lehrgänge elektronisch – also über den Computer – abzuwickeln.

Diese Schulungen laufen dabei meist **interaktiv** ab. Der Mitarbeiter meldet sich in einem entsprechenden System an und erhält ein Training auf dem Bildschirm. Häufig werden dabei nicht nur reine Informationen dargestellt, sondern auch Animationen, Filme oder Sprachausgabe eingesetzt. Am Ende eines Lernmoduls kann dann eine **Lernerfolgskontrolle** stattfinden.

## Informationsquellen außerhalb des Unternehmens

- **Seminare und Schulungen**
  Viele Bildungsträger bieten eigens für Berufstätige branchenübergreifende Seminare und Schulungen an. Dort können neben der Arbeitszeit verschiedene Kenntnisse aufgefrischt oder neu erworben werden, z. B. in Fremdsprachen.

- **Fachliteratur**
  Fast für jeden Dienstleistungsbereich oder jeden Produktbereich gibt es einschlägige Fachliteratur oder Magazine. In vielen Branchen ist eine sehr schnelle Entwicklung zu verzeichnen, daher empfiehlt es sich, mit der entsprechenden Fachliteratur immer auf dem neuesten Stand zu bleiben.

- **Ausstellungen und Messen**
  Dort finden sich Hersteller, die für die neuesten Produkte werben und natürlich informieren. Besonders reizvoll ist, dass man auf Messen die Produkte meist auch selbst testen kann.

- **Internet**
  Im Internet findet sich nahezu zu jedem Produkt oder jeder Dienstleistung eine unerschöpfliche Fülle an Informationen. Die meisten Hersteller haben eigene Internetseiten, auf denen die Produkte genauestens beschrieben sind.

## *Zusammenfassung*

- Neben einer hohen **Methodenkompetenz** benötigt ein Mitarbeiter im Dialogmarketing ein breites Fachwissen im Produkt- oder Dienstleistungsbereich.
- Die einzelnen **Wissensbereiche** lauten
  - Produkt- und Dienstleistungsvielfalt,
  - branchenübergreifendes Produkt- und Dienstleistungswissen,
  - branchenbezogenes Produkt- und Dienstleistungswissen,
  - Kenntnisse über Mitbewerber.
- **Informationsquellen**

  **Betrieblich:**
  - interne Trainings und Schulungen
  - Nutzung des eigenen Produkts
  - Herstellerinformationen
  - Intranet und Wissensmanagement
  - E-Learning

  **Überbetrieblich:**
  - Schulungen und Seminare
  - Fachliteratur
  - Ausstellungen und Messen
  - Internet

## *Aufgaben*

1. ***Wählen Sie ein typisches Produkt bzw. eine typische Dienstleistung Ihres Ausbildungsbetriebes.***
   ***a) Erstellen Sie eine Mindmap über das Produkt bzw. die Dienstleistung. Was wissen Sie konkret darüber?***
   ***b) An welchen Stellen können Sie Ihr Wissen noch vertiefen?***
   ***c) Diskutieren Sie das Ergebnis in der Klasse. Gibt es Unterschiede hinsichtlich der Wissenstiefe in den einzelnen Betrieben?***
   ***d) In welchen Ausbildungsbetrieben kann die gesamte Produktpalette von einer Mitarbeitergruppe betreut werden, in welchen Betrieben ist es notwendig, verschiedene Beratungsbereiche zu bilden oder einen Second Level anzubieten?***
2. ***Ordnen Sie folgende Kundenanfragen verschiedenen branchenübergreifenden Wissensbereichen zu:***
   - ***Wie hoch sind die Kosten?***
   - ***Welche Versandmöglichkeiten gibt es?***
   - ***Wie erfolgt die Installation?***
   - ***Wie schneidet das Produkt in Vergleichstests ab?***

3. *Wählen Sie ein Produkt bzw. eine Dienstleistung aus dem Angebot Ihres Ausbildungsbetriebs und grenzen Sie dieses anhand von verschiedenen Eigenschaften von einem ähnlichen Produkt/einer ähnlichen Dienstleistung eines Mitbewerbers ab.*

4. *Im Kontext E-Learning fällt häufig der Begriff „Learning Nugget".*
   a) *Recherchieren Sie im Internet, was damit gemeint ist.*
   b) *In welcher Form nutzen Sie diese Learning Nuggets bereits?*

5. *Recherchieren Sie im Internet, welche Möglichkeiten sich durch die Nutzung von Webinaren ergeben.*
   a) *Wie können Unternehmen dies für sich nutzen?*
   b) *Welche Vorteile ergeben sich für Privatpersonen?*
   c) *Welche Anbieter von Webinaren und Webinarsoftware finden Sie?*

6. *Diskutieren Sie in der Klasse Vor- und Nachteile der Nutzung des Produkts als Informationsquelle.*

7. *Suchen Sie im Internet nach Erklärvideos für ein Ihnen bekanntes Produkt.*
   a) *Wie sind diese Videos gestaltet?*
   b) *Wie sehr helfen diese Videos Ihnen, das Produkt und dessen Handhabung zu verstehen?*

8. *Analysieren Sie interne Schulungsmaßnahmen Ihres Ausbildungsbetriebs mit Schwerpunkt Produktwissen.*
   a) *Welche Themen werden dort behandelt?*
   b) *Wie werden die Beschäftigten an das Produktwissen herangeführt?*
   c) *Welche Verbesserungsvorschläge haben Sie?*

# Die Zwischenprüfung

Die Zwischenprüfung „Servicefachkraft für Dialogmarketing“ (zweijährige Ausbildung) und „Kaufmann/Kauffrau für Dialogmarketing“ (dreijährige Ausbildung) ist in der jeweiligen „Verordnung über die Berufsausbildung (Ausbildungsordnung)“ vom 23. Mai 2006 geregelt.

> **Praxistipp**
> Die Verordnung ist z. B. über das Bundesinstitut für Berufsbildung verfügbar: www.bibb.de/dienst/berufesuche/de/index_berufesuche.php/profile/apprenticeship/h161205.

Folgende Regelungen für die Zwischenprüfung sind bedeutsam:

- Sie soll zu Beginn des 2. Ausbildungsjahres stattfinden.
- Sie erstreckt sich auf die **Inhalte des 1. Ausbildungsjahres**.
- schriftliche Prüfung (**programmierte Fragen**), maximal 120 Minuten
- Die Zwischenprüfung ist **für beide Berufe identisch** (da auch die Inhalte im 1. Ausbildungsjahr identisch sind).
- Die Teilnahme an der Zwischenprüfung (unabhängig vom Ergebnis) ist **Voraussetzung für die Zulassung zur Abschlussprüfung** (§ 43 BBiG).

Gegenstand der Zwischenprüfung sind vier Themengebiete:

1. Leistungsangebote im Dialogmarketing
2. Kommunikationsprozesse
3. Arbeits- und Aufgabengestaltung
4. Wirtschafts- und Sozialkunde

Grundlage für die Bewertung ist der **IHK-Notenschlüssel**:

| Punkte | Note |
|---|---|
| 100 bis 92 Punkte | sehr gut |
| unter 92 bis 81 Punkte | gut |
| unter 81 bis 67 Punkte | befriedigend |
| unter 67 bis 50 Punkte | ausreichend |
| unter 50 bis 30 Punkte | mangelhaft |
| unter 30 bis 0 Punkte | ungenügend |

Eine **Grobgliederung** der Inhalte der einzelnen Themengebiete ergibt sich aus den im Ausbildungsrahmenplan vorgegebenen **Fragenkomplexen**.

Der Aufbau der Lehrbuchreihe „**Ausbildung im Dialogmarketing**" orientiert sich hingegen an den Lernfeldern des KMK-Rahmenlehrplans. Zur leichteren Prüfungsvorbereitung enthält die nachfolgende Tabelle eine Zuordnung der Lernfelder bzw. Lehrbuchkapitel zu den einzelnen Themen.

> ***Praxistipp***
> Eine detaillierte Aufschlüsselung der einzelnen Fragenkomplexe finden Sie im AKA-Prüfungskatalog für die IHK-Zwischenprüfung, der im U-Form-Verlag erhältlich ist (www.u-form.de).

## Themengebiet 1: Leistungsangebote im Dialogmarketing

| Fragenkomplex laut Ausbildungsrahmenplan | Lernfeld/Kapitel im Lehrbuch |
|---|---|
| Dienstleistungsangebot | LF 2/Kapitel 1–2 |

## Themengebiet 2: Kommunikationsprozesse

| Fragenkomplex laut Ausbildungsrahmenplan | Lernfeld/Kapitel im Lehrbuch |
|---|---|
| Sprachliche und schriftliche Kommunikation | LF 3/Kapitel 1–6 |
| Kundenbetreuung/Kundenbindung | LF 5/Kapitel 1–8 |

## Themengebiet 3: Arbeits- und Aufgabengestaltung

| Fragenkomplex laut Ausbildungsrahmenplan | Lernfeld/Kapitel im Lehrbuch |
|---|---|
| Arbeitsorganisation, Kooperation, Teamarbeit | LF 1/Kapitel 1.1<br>Kapitel 4–6<br>LF 2/Kapitel 3 |
| Software, Netze und Dienste | LF 4/Kapitel 1–3 |
| Datenbanken, Datenschutz und Datensicherheit | LF 4/Kapitel 4–6<br>LF 5/Kapitel 2 |

## Themengebiet 4: Wirtschafts- und Sozialkunde

| Fragenkomplex laut Ausbildungsrahmenplan | Lernfeld/Kapitel im Lehrbuch |
|---|---|
| Stellung, Rechtsform und Struktur des Ausbildungsbetriebes | LF 1/Kapitel 1.2, 1.3, 1.4 |
| Berufsbildung, arbeits-, sozial- und tarifrechtliche Vorschriften | LF 1/Kapitel 2 |
| Sicherheit und Gesundheitsschutz bei der Arbeit | LF 1/Kapitel 3 |
| Umweltschutz | LF 1/Kapitel 3 |

→ ***Praxistipp***

Das vorliegende Lehrbuch deckt sämtliche prüfungsrelevanten Inhalte der Zwischenprüfung ab. Wiederholen Sie zur Vorbereitung auf die Zwischenprüfung auch die Aufgaben am Ende des jeweiligen Kapitels.

Zahlreiche weitere Übungsaufgaben zur Vorbereitung auf die **Zwischen- und Abschlussprüfung** finden Sie darüber hinaus in **„Ausbildung im Dialogmarketing – Prüfungstraining“** (ISBN 978-3-427-23021-2).

# Glossar

### Abandoned Calls
Siehe Lost Calls.

### ACD
Abkürzung für Automatic Call Distribution; Kernstück moderner TK-Anlagen zur Verteilung der eingehenden Anrufe mit weiteren Funktionen zur Steuerung, Kontrolle und Auswertung des Anrufvolumens

### Adware
Werbesoftware, die sich bei Programmen aus dem Internet mitinstalliert

### After Call Work
Siehe Wrap Up Time.

### Agent
branchenübliche Bezeichnung in der Contact Center Branche bzw. im Dialogmarketing für im direkten Kundenkontakt eingesetzte Beschäftigte

### AHT
Abkürzung für Average Handling Time; durchschnittliche Gesprächszeit inklusive Nachbearbeitungszeit; setzt sich aus Handle Time und Wrap Up Time zusammen

### B2B
Abkürzung für Business-to-Business, Geschäftsbeziehungen zwischen zwei Unternehmen

### B2C
Abkürzung für Business-to-Consumer, Geschäftsbeziehungen zwischen Unternehmen und Privatkunden

### B2G
Abkürzung für Business-to-Government, Geschäftsbeziehungen zwischen Unternehmen und Behörden

### Backoffice
Weiterbearbeitung der Daten und Informationen, die im Frontoffice gewonnen wurden; Unternehmensprozesse ohne direkten Kundenkontakt

### Benchmarking
Messen der Leistung eines Unternehmens im Vergleich mit anderen (branchenführenden oder branchenübergreifenden) Unternehmen

### Blacklist
Liste mit unerwünschten E-Mail-Adressen, die blockiert werden

### Browser
Programm zum Betrachten von Webseiten

### Call
branchenübliche Bezeichnung für Anruf

### Call Blending
Vermischung von Inbound- und Outbound-Tätigkeiten

### Call-Me-Button
Angebot eines Rückrufservices auf einer Internetseite

### Chatbots
Software, die einfache Kundenanfragen selbstständig beantworten kann

### Cloud-Computing
Auslagern von IT-Infrastrukturen wie Speicherplatz, Software oder Rechenleistung ins Internet bzw. in ein entferntes Rechenzentrum

### Contact Center
alternative bzw. erweiterte Bezeichnung für Callcenter; neben Telefonaten werden auch Briefe, Faxe, E-Mails, Chat und Social-Media-Kanäle bearbeitet

### CRM
Abkürzung für Customer Relationship Management; beschreibt die Auswertung und Integration von Kundendaten mit dem Ziel, Kunden durch maßgeschneiderte Maßnahmen an das Unternehmen zu binden

### CTI
Abkürzung für Computer Telephony Integration; Verschmelzung mehrerer Medien am Arbeitsplatz, insbesondere Telefonie und Datenbanken

### Customer Centricity
Marketingkonzept, welches die Bedürfnisse und Wünsche des Kunden in den Mittelpunkt stellt

### Customer Journey
Marketing-Modell, in dem die „Reise“ eines Kunden von der ersten Kenntnisnahme bis hin zu einer Kaufentscheidung abgebildet wird

### Data-Mining
mathematisch-statistische Methoden, um typische Muster in einem Datensatz zu erkennen und zu selektieren

### Data-Warehouse
Auswertungsort der gesamten Datenquellen eines Unternehmens

### Dialer
Siehe Outbound Dialer.

### Dial-in-Konferenz
Anrufer wählen sich auf einer Konferenzplattform ein

### Dial-out-Konferenz
Teilnehmer werden angerufen und zusammengeschaltet

### Direct Response
TV- oder Radiowerbespot, in dem auffordernd die Servicerufnummer des Unternehmens angegeben wird

### E-Learning
Verfahren, bei dem Mitarbeiter via PC an einer Schulung teilnehmen

### FCR
Abkürzung für First Call Resolution: abschließende Bearbeitung des Kundenanliegens beim ersten Anruf ohne Einschaltung weiterer Mitarbeiter (auch First Contact Solution)

### Firewall
Anwendung, die den Datenverkehr zwischen zwei Netzen regelt und kontrolliert

### Forecasting
Vorhersage des zu erwartenden Anrufvolumens

### Freecall
für den Nutzer kostenlose Hotline

### Frontoffice
Hier werden alle Tätigkeiten geleistet, die in direktem Kundenkontakt stehen.

### Handle Time
die Zeit, in der der Mitarbeiter mit dem Kunden spricht, um eine Lösung zu erarbeiten oder einen bestimmten Vorgang abzuschließen

### Help Desk
Unterstützungseinheit vorrangig für technischen Support, auch unternehmensintern

### Idle
inaktiver Status eines Agents; für Gespräche freier Agent

### Inbound
eingehende Anrufe

### IVR
Abkürzung für Interactive Voice Response, ein Sprachcomputer innerhalb von TK-Anlagen

### Junk Call
Spaßanruf

### Knowledge Base
Lösungsdatenbank

### Kryptowährung
Digitale Zahlungsmittel (z. B. Bitcoin), die anonym genutzt werden können

### Lost Calls
Anrufe, die vom Anrufer beendet wurden, bevor ein Mitarbeiter den Anruf angenommen hat (auch Abandoned Calls)

### Longest Idle
Mitarbeiter, der am längsten kein Gespräch mehr geführt hat

**Longest Waiting**
Anrufer, der am längsten in der Warteschlange wartet

**Mailing**
schriftliche Massenwerbung

**Malware**
Schaden verursachende Software

**Monitoring**
Allgemeine Bezeichnung für die qualitätssichernde Beobachtung oder Überwachung von Prozessen. Im Dialogmarketing bezeichnet Monitoring (auch Call-Monitoring) alle Maßnahmen, in denen Gespräche eines Mitarbeiters mitgehört und im Anschluss bewertet werden.

**Multichannel**
Kommunikation über mehrere Kanäle hinweg unter Einbeziehung von Social Media und mobilen Endgeräten

**Occupancy**
Auslastung, Anteil der produktiven Zeit eines Agents an der vereinbarten Arbeitszeit (Mitarbeiterauslastung)

**OCR**
Abkürzung für Optical Character Recognition, Bezeichnung für Texterkennungssoftware

**Omnichannel**
Sämtliche Kanäle, die ein Kunde zur Interaktion mit dem Unternehmen nutzen möchte, sind verfügbar und miteinander vernetzt

**Outbound**
ausgehende Anrufe

**Outbound Dialer**
Wählroboter, der Telefonnummern wählt und die Kontakte an die Agents verteilt

**Outsourcing-Partner**
externer Dienstleister, der einzelne Serviceaufgaben übernimmt

**Overflow**
überlaufende Anrufe, die nicht bearbeitet werden können und daher weitergeleitet werden

**Phishing**
Versuch, mittels einer gefälschten E-Mail Passwörter auszuspähen

**Postpaid**
nachträgliche Zahlung

**Prepaid**
Zahlung im Voraus

**Preselection**
feste vertragliche Bindung an einen Telefonanbieter

**Queuing**
Warteschleifenfunktion der ACD-Anlage

**Ransomware**
Schadsoftware (Trojaner), die versucht, den geschädigten Nutzer eines Rechners zu erpressen

**Remote Work**
berufliche Tätigkeit, die außerhalb der Büroräume – von überall – ausgeübt werden kann, vereinfacht auch als Homeoffice bezeichnet

**Response**
Rückmeldung aufgrund einer (Mailing-)Aktion

**Routing**
Weiterleitung von Calls nach festgelegten Kriterien, Funktion der ACD-Anlage

**Screen Pop-up**
automatische Anzeige von Kundendaten oder Angeboten auf dem Bildschirm; Funktionsmerkmal von CTI- oder CRM-Systemen

**Seats**
physisch vorhandene Arbeitsplätze

**Servicelevel**
zeigt die Erreichbarkeit des Callcenters an

**Shared Browsing**
Auch Co-Browsing. Der Kunde surft gemeinsam mit dem Agent im Internet. Beide können zeitgleich die gleichen Seiten betrachten.

### Servicerufnummern
Bezeichnung für 0180-Nummern

### Skill Based Routing
Verteilen von Anrufen durch die ACD nach Fähigkeiten (Skills) der Mitarbeiter

### Spyware
Spionagesoftware, die meist das Nutzerverhalten aufzeichnet

### Social Media
Sammelbezeichnung für soziale Netzwerke und interaktive Kommunikationsmöglichkeiten

### Swinging Agent
Agent, der sowohl Inbound als auch Outbound telefonieren kann

### Talking Time
Siehe Handle Time.

### Thank-You-Call
Dankanruf für einen erteilten Auftrag

### Top Level Domain
gibt an, aus welchen Land eine Webseite kommt bzw. welchen Inhalt die Webseite hat

### Touchpoints
Stellen bzw. Gelegenheiten, an denen ein Kunde mit dem Produkt oder der Dienstleistung eines Unternehmens in Berührung kommt

### Unified Desktop
Bereitstellung sämtlicher Informationen über alle Kundenkommunikationskanäle in einer Oberfläche

### URL
Uniform Resource Locator, gibt die exakte Bezeichnung und Identifizierung einer Webseite an

### Value-added Services
Mehrwertdienste

### Vanity-Rufnummer
Wortwahl-Rufnummer

### Voicemail
digitale Sprachnachricht

### VoIP
Abkürzung für Voice over IP; internetbasierte Telefonie

### Welcome-Call
Willkommensanruf für einen neuen Kunden

### Whitelist
Liste mit erwünschten E-Mail-Adressen, die nicht blockiert werden

### Whitemail
branchenübliche Bezeichnung für Briefe

### Workforce Management
Prozess der Personaleinsatzplanung

### Wrap Up Time
Nachbearbeitungszeit nach einem Anruf

## Bildquellenverzeichnis

**ABBYY**: 351.1
**Archiv für Alltagskultur in Westfalen**: Inv.-Nr. 1998.01828 154.1
**AVERY ZWECKFORM GmbH, Oberlaindern/Valley**: 120.1
**AVM GmbH, Berlin**: 311.1
**BC GmbH Verlags- und Medien-, Forschungs- und Beratungsgesellschaft, Ingelheim**: 201.2
**Bitkom Servicegesellschaft mbH, Berlin**: 105.1
**Customer Service & Call Center Verband Deutschland e. V., Berlin**: 100.1
**Deutsche Post AG, Bonn**: 491.1, 504.1, 505.1, 505.2
**Europäische Kommission, Berlin**: 94.1
**Foto Stephan - Behrla Nöhrbaß GbR, Köln**: Foto Stephan 212.2; Foto Stephan - Behrla Nöhrbaß GbR 12.1, 13.1, 97.1, 112.1, 132.1, 140.1, 170.1, 196.1, 208.1, 230.1, 232.1, 238.1, 255.1, 304.1, 312.1, 317.1, 322.2, 347.1, 366.1, 379.1, 407.2, 425.1, 449.1, 471.1, 501.1
**fotolia.com, New York**: adam121 426.1; Al Rublinetsky 19.1; alder 200.2; azeller 461.1; Botie 127.1; Butch 119.1; by-studio 372.1; contrastwerkstatt 45.1, 189.1, 245.1, 296.1, 419.1; Dark Vectorangel 174.1, 183.1, 266.1; dedi 11.2, 32.1; Denis Wiens 167.1; Eisenhans 502.1; evgeniya_m 117.1; fizkes 338.1; Flächle, Jürgen 383.1; fotomek 60.1; FX Berlin 512.1; Gesina Ottner 463.1; goodluz 355.1; lyavka 446.1; JiSign 152.2; ladysuzi 320.1; Leonardo Franko 182.2; Luis Escóbar 392.1; m.mphoto 506.1; Matthias Buehner 86.2; Maxim_Kazmin 362.1; micromonkey 61.1; momius 396.1; moonrun 334.2; moquai86 69.1; nikbu 283.1; nikolayn 128.5; Panos 272.1; psdesign1 128.6, 314.1, 439.1; rdnzl 112.2, 128.1; refresh(PIX) 128.3, 178.1; rosifan19 86.1; sdecoret 431.1; seen0001 56.1; Sergey Ilin 106.1; SG- design 42.1; shock 27.1; snyGGG 146.1; sonne Fleckl 179.1; Subbotina Anna 306.1; Syda Productions 26.1; T. Michel 86.3; Thomas Reimer 67.1; tiagozr 63.1; Tr3 157.1; vectorfusionart 408.1; vege 54.1; Zerbor 84.1
**Getty Images, München**: Ed Maker/Kontributor 248.1
**Google LLC, Berlin**: 368.1, 498.1
**Grutzeck-Software GmbH, Hanau**: 340.1
**guenstiger.de GmbH, Hamburg**: 368.2
**iStockphoto.com, Calgary**: adventtr 164.1; AJ_Watt 305.2; BernardaSv 474.1; Deagreez 457.1; DragonImages 300.1; fizkes 266.2; Geber86 98.1; Jag_cz 337.1; kyoshino 128.4; laflor 208.2; luismmolina 371.1; Lund, Jacob Ammentorp 253.1; margaritabezkrovnaya 249.1; mdegt 107.1; mico_images 358.1; mikdam 490.1; Nikada 324.1; PeopleImages 293.1, 319.1, 410.1; sdominick 510.1; shapecharge 99.1; shvili 305.1; sturti 88.1, 104.2, 115.1, 313.3; TaiChesco 91.1; tashka2000 496.1; vgajic 102.1, 294.1, 453.1; wabeno 281.1; wetcake 104.1; ymgerman 367.1; Yozayo 43.1

**Kalch, Franziska, Gornau**: 387.6, 387.7
**Kleer, Michael, Plankstadt**: 208.3
**Langner & Partner Werbeagentur GmbH, Hemmingen**: 200.1
**Mair, Jörg, München**: 313.1, 313.2
**Microsoft Deutschland GmbH, München**: 87.1, 348.1, 350.1
**NEW WORK SE - Am Strandkai 1, 20457 Hamburg, Germany**: 369.1
**PantherMedia GmbH (panthermedia.net), München**: yacobchuk1 236.1
**Picture-Alliance GmbH, Frankfurt a.M.**: dpa-infografik 76.1, 78.1, 160.1
**RAL gGmbH, Bonn**: 93.1
**SCHUFA Holding AG, Wiesbaden**: 489.1
**Schulz von Thun Institut für Kommunikation, Hamburg**: 241.1
**Shutterstock.com, New York**: ankudi 352.3; Billion Photos 443.1; Boyo Ducks 352.1; cash1994 114.1; chungking 206.1; cobalt88 387.1, 387.2, 387.3, 387.4, 387.5; fizkes 38.1; linear_design 352.2; Monory 428.1; Nicescene 382.2
**solute GmbH/billiger.de, Karlsruhe**: 368.3
**stock.adobe.com, Dublin**: aleksandrsb 200.3; Alterfalter 493.1; Annibell82 444.1; ant 343.1; bnenin 118.2; Butch 480.1; CDPiC 227.1; Coloures-Pic 398.1, 403.1; dashu83 484.1; Dietl, Jeanette, Donaustauf 218.1; dlyastokiv 143.1; dolgachov, lev 41.1; Drobot Dean Titel; Eppele, Klaus 128.2; fotomek 344.1; fovito 182.1; Goygel-Sokol, Dmitry 207.1; Hallstrom, Lars 144.1; Herhold, Robert 13.2; Hüls, Jürgen 108.1; Iaremenko 363.1; Jo Panuwat D 90.1; juergenphilipps 503.1; Kneschke, Robert 11.1, 118.1; Kozhedub, Nadezhda 15.1; LStockStudio 400.1; Mediteraneo 26.2; mi-vector 224.1; nattstudio 329.3, 329.4, 329.5, 329.6; nd3000 197.1; onkelotti 124.1; opolja 247.1; PeJo 44.1; Photographee.eu 250.1; pressmaster 14.2; pyty 478.1; Racle Fotodesign 31.1; Rawpixel.com 297.1; rea_molko 164.2; Rudolf, Gaj 123.1; sekinekhanim 472.1; seventyfour 193.1; Starwalker 215.1; Studio_East 325.1; subhanbaghirov 352.4; Svyatoslav Lypynskyy 53.1; Syda Productions 39.1, 290.1, 321.1; techstockstudio 329.2, 329.7; Tetiana Pustovoitova 497.1; tournee 329.1; ty 187.1; Vakhrushev, Pavlo 74.1; VectorMine 386.1; Westend61/NOVELLIMAGE 12.2, 271.1, 328.1, 334.1, 394.1, 435.1, 467.1, 513.1; ©Michael Traitov 399.1
**Tchibo GmbH, Hamburg**: 445.1
**telepublic Verlag GmbH & Co.Medien KG, Hannover**: 4.1
**The Apache Software Foundation/Apache OpenOffice PMC**: Apache®, Apache Ignite, Ignite, and the flame logo are either registered trademarks or trademarks of the Apache Software Foundation in the United States and/or other countries. No endorsement by The Apache Software Foundation is implied by the use of these marks. 348.2, 349.1
**ullstein bild, Berlin**: dpa 235.1; Granger Collection 265.1
**Weiß, Joachim, Saarbrücken**: 204.1, 205.1, 205.2
**Zahlenbilder, Bergmoser + Höller Verlag AG, Aachen**: 70.1

# Sachwortverzeichnis